QUALIFICATIONS GUIDEBOOK **2026**

資格 取り方 選び方 全ガイド

高橋書店

最新トレンド

資格・検定 Top News

社会の変化とともに求められる資格も変化します。注目の新資格や有力資格の認定方法の見直しなど最新の動向を紹介します。自分の志向と照らして目標を明確にしましょう。

News 1

国家資格手続きをマイナンバーとの連携でデジタル化 24年度中に32の資格で運用開始

政府はこれまで紙ベースで運用していた国家資格の登録申請手続きを24年度から順次オンライン化する。対象となるのは約80の国家資格で、このうち医師、薬剤師、介護福祉士など32の資格は2024年度からの運用開始を目指す。マイナンバーカードの専用サイトであるマイナポータルを活用して、資格保有者本人のマイナンバーと登録情報が連携。これにより住民票などの添付書類が不要となり資格保有者・管理者双方にとって手続き負担が軽減される。

News 2

介護福祉士試験に一部合格制度導入を提言 担い手不足を背景に取得促進に向け制度見直しへ

厚生労働省は有識者検討会の提言を受け、介護福祉士試験の筆記試験の合否判定方法を見直す。従来は全13科目の総合得点での合否判定のみだったが、13科目を2～3の分野に分け、分野ごとに合否判定。「一部合格」した分野がある場合は次回の受験時に該当分野の試験を免除する仕組みを導入する。総合判定か一部免除を利用するかは受験者が選べるようにする。より多くの受験者が合格しやすい環境をつくり、担い手不足の解消を目指す。具体的な制度設計は24年度に提示される見込み。

News 3

世界遺産検定に準1級新設 興味引く切り口で上位級へのいざない

世界遺産検定を実施するNPO法人世界遺産アカデミーは、2024年7月開催の第56回検定より準1級を新設した。従来の2級と1級の間に位置づけられ、これまで指摘されてきた難易度の大きな隔たりを解消するものとなる。2級の出題範囲は日本の全遺産プラス世界の代表的遺産300件なのに対して1級は世界の遺産全件。今回新設される準1級は日本の全遺産プラス世界の遺産700件を対象とする。「海賊」「文学」「映画」など学習者の興味を引く切り口も取り入れられた。

News 4

賃貸住宅メンテナンス主任者 受験者急増中

2023年11月に創設された賃貸住宅メンテナンス主任者資格試験は創設から3か月で受験申込者数が15,000人を突破。賃貸物件の原状回復に関する初診判断と関係各所への連携ができる同資格はトラブルの約4割を占める退去時の原状回復に役立つと注目される。

News 5

個人資産の形成運用を手助けする資産形成コンサルタント

日本証券アナリスト協会は2024年3月から顧客の資産形成・運用の相談にのる金融機関職員や資産形成に興味のある個人を対象に資産形成コンサルタント試験を開始した。株式・債券・投資信託のほか新NISAなど時流に沿った資産形成方法に関する知識を身に付ける。

News 6

日本の伝統工芸・文化の 魅力を検定で発信

2024年秋冬から日本伝統文化検定が開始される。「陶磁器・硝子（ガラス）」「和紙・染織」「茶道・和菓子・日本茶」「芸能（歌舞伎など）」など8ジャンルを設定。検定チャレンジを通じて、生活様式の変化の中で継承が難しくなった伝統文化の魅力を再発見し広く発信する狙い。

News 7

データサイエンスに必須の Python能力検定スタート

（株）サーティファイは数理・AI・データサイエンス分野で人気のプログラミング言語Pythonの活用力を認定する検定を2024年に開始。細かいレベル設定によって中高生からIT業界のプロまで幅広くスキル測定が可能になり、未来を担うデジタル人材の基礎力向上に役立てる。

宅地建物取引士
（宅建士）

不動産取引の専門性を証明する国家資格。不動産の賃貸や売買契約の際に重要事項を説明できるのは宅建士だけ。不動産取引事業所は従業員の5人に1人は設置する義務がある。➡314ページ

学習期間
5か月

取得費用
5万円

勉強方法
自習
（毎日2時間、定期的に実施）

試験前の過ごし方

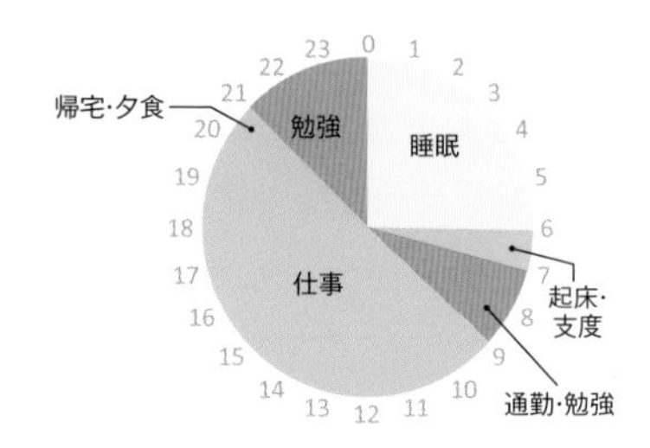

松橋 翼さん

商業施設の企画・運営会社に勤務。宅建士取得後、2019年より現職。中古・リノベーション住宅の流通プラットフォーム「カウカモ」におけるエージェントサービスとエージェントの育成を担当。

「場づくり」を通じて不動産の新たな価値を届けたい

Q 資格取得のきっかけは？

10年間勤めた前職では、商業施設の企画・運営会社のテナント誘致を担当していました。業務上、不動産の知識を深めたかったので、宅建士の取得を目指しました。

Q 勉強方法と期間は？

基本は市販のテキストでの自習とスクールの直前講習です。ネットで調べた合格体験談なども参考に、自分なりに学習プランを立てました。毎日2時間学習時間を確保し、知識をコツコツ積み上げ、直前には本番を想定して試験時間2時間のうち、1時間半で解答、残りの30分は見直しにあてる習慣を身に付けました。そのかいあってトータル5か月ほどの準備期間で2018年に合格できました。

Q 資格を取得して変わったことは？

せっかく資格を取得したのでそれを活用できる仕事に携わりたいと考えるようになりました。そんなとき、既存住宅を生かしたリノベーション物件を中心に扱う「カウカモ」に出合い、2019年に株式会社ツクルバに転職。以前から、中古住宅市場の可能性が広がることは予想していましたが、ツクルバは業界のパイオニアであり、SDGs意識の高い世代にも訴求するサービスだと思い魅力を感じました。仲介は未経験でしたが、宅建士資格があった点はアピールの1つになりました。現在は中古住宅の購入やリノベーションに興味のあるお客様への接客や提案を担当しています。契約時の重要事項説明には宅建士資格は必須ですし、勉強した知識を生かして、お客様に根拠をもって物件の価値を説明できています。今後もお客様に新しい価値を提供できる営業職を目指します。

CFP®
（ファイナンシャル・プランナー）

個人のライフプランに応じた資金設計の相談にのるほか、お金の専門家として企業内でも活躍。基本知識を証明するAFPと世界標準のサービスが提供できるCFP®（上級）がある。➡64ページ

学習期間

約5年間
（間に2度の出産あり）

取得費用

約15万円
（通信教育、過去問）

勉強方法

通信教育

試験前の過ごし方

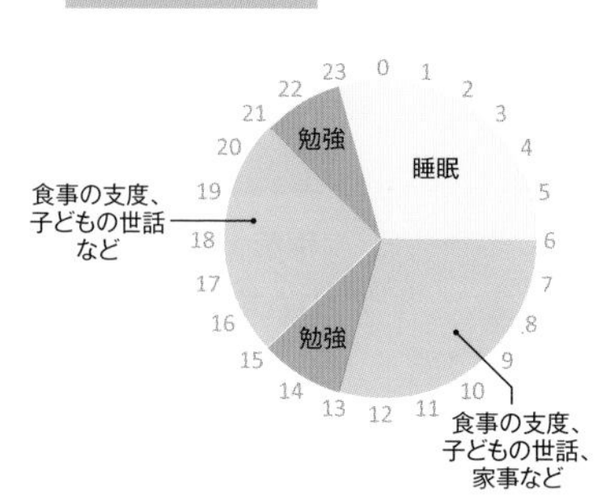

山本美紀さん

出産を機にメーカー事務職を退職後、子育てをしながらAFPおよびCFP®を取得。独立開業後は顧客のライフプランとお金の相談にのるほか、記事執筆、セミナー講師などもしている。1男1女の母。

安心して相談できる人生設計の伴走者になりたい

Q 資格取得のきっかけは？

第1子出産を機に会社員を辞めて専業主婦になりました。そのとき、子育て費用のことなど、人生で初めてお金と真剣に向き合う状況に直面しました。そこで、せっかく勉強するならライフステージに合わせた資金設計を学ぶことができ、将来仕事をする際にも役立つ資格取得を目指そうとFPの勉強を始めました。

Q 勉強方法と期間は？

まずはAFP取得を目指して、協会認定の講習をテキストとDVDの通信教育で受講。子どもの昼寝や就寝後など、隙間時間をフル活用して約半年の勉強期間を経て合格しました。次は難関で上位資格のCFP®を目指しましたが、長期戦を覚悟し、4年かけて6課目すべて合格することができました。継続してがんばれたのは、子育て中には勉強がかえって息抜きになったのと、学んだ知識を使って我が家の予算を見直したりして実生活に生かせる手ごたえがあったからです。

Q 資格を取得して変わったことは？

2013年に筆記試験に合格後、実務経験を積んで2018年にCFP®登録。自宅を事務所にして独立開業しました。最初は無料で友人の相談を受けたり、講座開催の依頼を受けたり、SNSで発信もしました。また、女性FPの会では、勉強会や先輩FPに相談するなどしてスキルアップや情報のアップデートに努めています。そのおかげで次第に顧客を増やし、安定的に依頼をいただくようになりました。特に子育て世代のお金の悩みに経験者として共感をもって相談者に接することができるところが強みです。人生設計を一緒に考え、顧客が安心して相談できる「伴走者」になりたいと思います。

中小企業診断士

中小企業診断士は中小企業の経営状況を診断し、課題の解決法を助言する専門家。成長戦略策定と実行のためのアドバイスを行うほか行政・金融機関とのパイプ役も果たす。➡72ページ

平阪靖規さん

IT企業にてエンジニアとしてシステム導入に10年間従事後、2012年中小企業診断士を取得し登録。独立後、2014年に株式会社コムラッドファームジャパンを設立し代表取締役に就任。

学習期間

約1年間
(2010年9月
~2011年10月の
2次試験まで)

取得費用

約50万円
(資格の学校への
通学費用、書籍代など)

勉強方法

スクール通学

試験前の過ごし方

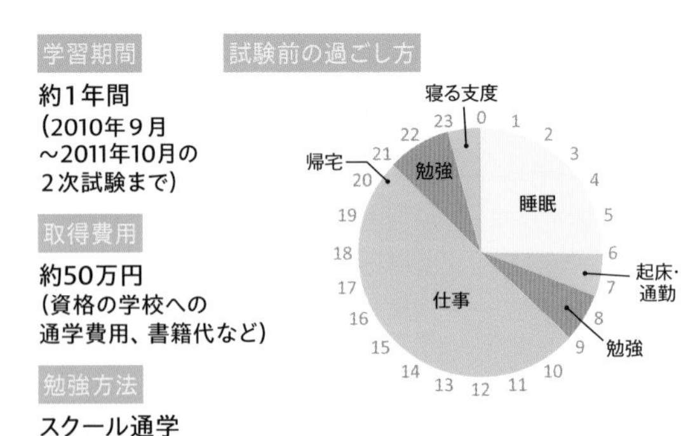

専門知識を生かして中小企業をチームでサポート

Q 資格取得のきっかけは?

ITベンチャーに憧れ、大学・大学院と情報系を専攻。大手IT企業にエンジニアとして就職し、プロジェクト・マネージャーも経験しました。マネジメント職になって経営者と接する機会も増え、改めて経営の知識が重要と気づき情報収集するうち中小企業診断士の存在を知り、取得を目指しました。

Q 勉強方法と期間は?

仕事を続けながらスクール通学と独習の時間を捻出しました。スクールでは毎年8月の試験に向けて1年計画の合理的なカリキュラムが組まれていたので、それに沿って効率よく学習を進められました。それに加えて、毎日出勤の前後にカフェに寄って最低30分はテキストや過去問にあたりました。ネックとなる「財務・会計」の計算問題には毎日取り組み、暗記系の科目は試験前2か月くらいで追い込みました。そのかいあって1回目の受験で合格。2次試験でも計算力の基本を身に付けていたことが生きました。

Q 資格を取得して変わったことは?

中小企業診断士として独立し、1年後には法人を立ち上げました。公の中小企業支援策があっても、情報が行き届かない現状がありますが、中小企業診断士として経営者と行政の間を取り持つことができるようになりました。顧客企業の事業計画を作る際には、経営者からありのままの情報を引き出して現状を正しく分析する力と、課題に応じた解決策を提案する力が求められます。自分はITに強みがありますが、社内にはさまざまな分野を経験してきた資格保有者を抱えていますので、協力し合って個性的な経営者の悩みに寄り添える体制を整えています。

社会保険労務士
（社労士）

法律に基づいた従業員の労務管理や職場環境の整備を支援する労務事務の専門家。働き方改革を背景に、経営者・従業員双方の頼れる相談役として活躍の場が広がっている。➡78ページ

学習期間

約3年間

取得費用

約70万
（資格学校
通学費用）

勉強方法

スクール通学

試験前の過ごし方

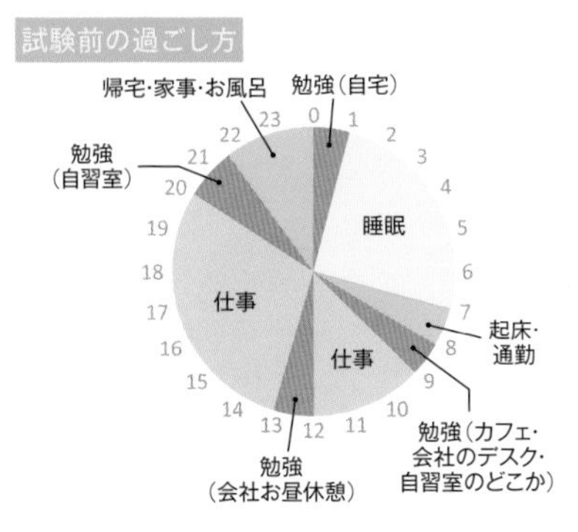

佐藤三和さん

損保会社営業職を5年経験後、社労士事務所、メーカー人事部で働きながら2021年社労士資格取得。独立後は企業との顧問契約及びセミナー講師として活動。現在MBA取得を目指して勉強中。

経営感覚を身に付けて適切なアドバイスができる社労士に

Q 資格取得のきっかけは？

新卒で入社した損害保険会社に5年勤務。営業職として好成績を出せていたのですが、専門的なスキルを身に付けて独立したいと思うようになり、士業について調べたところ、社労士が自分に合っていると思いました。現場を知りたくて社労士事務所に転職しました。

Q 勉強方法と期間は？

社労士試験を受験し始めて最初の2年間は不合格。3回目以降は本気モードを発動し、さらに試験合格後の独立時のことを考えて、実務経験を積むために転職。スクールにも通い、最前列で毎回1つは質問すると自分に課して授業に臨みました。最後の1年は仕事以外の時間はほぼ自習室にこもって、友人との付き合いを断ちSNSも全削除。2021年5回目の受験でついに合格を手にしました。

Q 資格を取得して変わったことは？

リスクは若いうちに取ったほうがよいと考え、資格取得した翌年にメーカーを退職し独立開業。顧客開拓のためにできることは何でもしました。経営者や士業の交流会への参加。近隣の会社へのDM送付。無料セミナーの開催や原稿執筆。営業職時代に培われた物おじしない性格が功を奏したと思います。そのかいあって、企業から顧問契約やセミナー講師の依頼をいただけるようになりました。労務問題のトラブルに関するアドバイスは一つ間違うとその会社のイメージを大きく左右しかねないので細心の注意を払います。状況を正しく理解し、経営者と一緒に考えて最適解が導き出せるようになるため、現在は仕事の傍ら大学院のMBAコースに通学中。経営感覚を身に付けた社労士を目指して研鑽は続きます。

本当に役に立つ資格を厳選！

10～20代必見！ 就活生におすすめ 資格6選

時代を問わず、企業は「意欲のある人材」を求めている。その点で、資格ホルダーはその取得意欲を買われる。特に、「ビジネスの基礎」をアピールできる資格が就職活動で武器となる。ここでは、就職活動でライバルと差をつけられるおすすめの6資格を紹介！

1 秘書検定

沈着冷静な事務処理から、人間関係の機微に触れる折衝まで、多忙な上司を的確にサポートするのが、秘書の役割。3級は、秘書を目指すというより、秘書業務の初歩が理解できるレベル。具体的には、一般事務や上司のサポートスキル、ビジネスマナーなど社会人としての基礎力が求められる。その点で、就活生や新入社員にも役に立つ資格。

➡152ページ

目安取得期間　1～3か月

目安費用　約1万～2万円（予備校費用／テキスト・問題集+受験料）

2 eco検定（環境社会検定試験）®

国を挙げての課題となっている「環境問題」。今や、環境の知識は社会人としての常識になりつつある。ECO検定は、環境教育の入門編として、知識を幅広く体系的に身に付けるため、多くの業種・職種で活用されている。ECO検定を取得することで、就活生は環境知識を備えていることをアピールでき、社会人になった際、顧客への提案力に差をつけられることが期待できる。

➡514ページ

目安取得期間　1～3か月

目安費用　約1万～2万円（予備校費用／テキスト・問題集+受験料）

3

ITパスポート試験（iパス）

情報技術を活用するために必要な「ITの基礎知識」を証明できる国家試験。「ITの基礎知識」とは「職業人が共通に備えておくべき情報技術に関する基礎的な知識」で、どの業界においても役に立つ。試験はCBT方式で随時実施されていて、経営全般、マネジメント、IT技術から合計100問出題される。IT時代の現代社会に求められるスキルがアピールできる。

➡114ページ

目安取得期間　1～3か月

目安費用　約1万～2万円（予備校費用／テキスト+受験料）

4

ビジネス・キャリア検定試験®

ビジネスの実務能力を客観的に評価する公的資格。分野は人事・人材開発・労務管理、経理・財務管理、営業・マーケティング、生産管理、企業法務・総務、ロジスティックス、経営情報システムなど。BASIC級は年に1回、生産管理とロジスティクスの2区分で試験が行われる。学生、就活生、内定者、新入社員等におすすめの検定。

➡159ページ

目安取得期間　1～3か月

目安費用　約1万円（テキスト・問題集+受験料）

5

TOEIC® Listening & Reading Test

外資系企業はもちろんだが、国内企業でも受験を社員に義務付けたり、スコアを昇進の目安にしているところも少なくない。合否を決めるのではなく、結果をスコア表示する試験のため、学習の個人差がはっきりと反映される試験。業種・職種を問わず、英語が必要な職場では、高スコア取得者はどこでも有利になる。

➡180ページ

目安取得期間　合否ではなく、スコア評価
個人差が大きい

目安費用　7,810円（受験料）

6

電話応対技能検定（もしもし検定）

電話応対技能検定は、あらゆるビジネスシーンにおいて必要なコミュニケーションスキルをアピールできる。加えて、電話を受ける、かける、取り次ぐなどの電話応対スキルやビジネスマナーなどを学ぶことができる。3級は、検定実施機関で15時間以上の講習の後、筆記と実技試験がある。近年の新入社員は電話応対が苦手な人が多く、電話応対スキルのニーズが高い。

目安取得期間　15時間以上の講習（3級）

目安費用　約1万3,000円（講習費+受験料）

本当に役に立つ資格を厳選！

20～30代必見！ 転職に強い 資格6選

終身雇用が崩れつつあり、転職市場は活発な動きをしている。激化する転職市場では、いかに「マネジメントスキル」や「専門スキル」をアピールできるかが重要だ。その証明として公的資格が強みを発揮する。ここでは、転職に強い公的資格、高難度の資格6つを紹介！

1 宅地建物取引士（宅建士）

公正で円滑な不動産取引を遂行する専門家で、重要事項の説明等は宅建士でなければならない。宅建士は、知名度が高く、いろいろな分野への応用が利く。試験内容のほとんどが法律知識で、特に民法は初学者にとって手ごわい科目。企業内でのキャリアアップ、他の部門への異動、不動産業以外への転職にも有効な資格である。もちろん自宅の購入にも役に立つ。

➡314ページ

目安取得期間　4～12か月

目安費用　約6万～15万円（予備校費用+受験料）

2 日商簿記検定2級

簿記とは、企業の経営活動を記録し、経営成績と財政状態を明らかにすること。2級は、高度な商業簿記、原価計算を含む工業簿記を習得し、財務諸表から経営内容を把握できる能力を持つことが証明される。企業の経理、会計事務所など必要とされる場は多く、ビジネス全般に役に立つ。将来、経営管理の分野に進みたい方、転職希望の方も、チャレンジしておきたい資格。

➡54ページ

目安取得期間　6～12か月

目安費用　約5万～8万円（予備校費用+受験料）

3 ビジネスマネジャー検定試験®

ビジネスマネジャー検定は、マネジャーとして活躍が期待されるビジネスパーソンに対し、その土台づくりのサポートを目的とし、「あらゆるマネジャーが共通して身に付けておくべき重要な知識」を有していることを客観的に証明する検定。業種や職種を問わないことも特徴のひとつで、昇進や転職にあたり、自分の武器としてアピールすることができる。

➡178ページ

目安取得期間　6か月

目安費用　約3万5,000円（公式通信講座+受験料）

4 ビジネス実務法務検定試験® 2級

法務部門に限らず、営業・販売・総務・人事などあらゆる職種で必要とされる法律知識が習得できる資格。身に付けた正しい法律知識は、業務上のリスクを回避し、会社へのダメージを未然に防ぐことができ、同時に、自分の身を守ることにもなる。昇進、転職にも有利に働く管理職にとっては、部下のリスク管理にも役立つ。

➡96ページ

目安取得期間　6～12か月

目安費用　約1万～4万円（予備校費用+受験料）

5 社会保険労務士（社労士）

社労士とは、労務管理のアドバイスや労働・社会保険に関する法令に基づく書類の作成を行う国家資格。試験は労働基準法や労働安全衛生法など、労務管理の分野と、健康保険法、厚生年金保険法など、社会保険分野が出題される。試験の難度は高く、取得は容易ではないが、取得すれば、企業内の昇格はもちろん、転職、独立の道は近い。

➡78ページ

目安取得期間　6か月～3年

目安費用　約15万～30万円（予備校費用+受験料）

6 衛生管理者

労働災害の防止、労働者の安全と健康の確保、快適な職場環境の形成などを目的として、一定規模以上の事業所に選任が必要な資格。選任を必要としない職場であっても現場第一線の職長にはその知識が大変役に立つ。受験資格として、第一種衛生管理者試験または第二種衛生管理者試験に合格することが必要条件。

➡364ページ

目安取得期間　3か月

目安費用　約2万～5万円（通信講座／テキスト+受験料）

本当に役に立つ資格を厳選！

30〜40代必見！ 副業に強い 資格6選

副業は資格を持っていなくてもできるが、持っていることでプラスにはたらくことも少なくない。副業で活かせる資格とはズバリ、専門のスキルを短時間で発揮できるもの。ここでは、ガイドから経営支援まで、副業に活かせる資格を幅広く紹介！

1 中小企業診断士

中小企業の経営状態を診断し、改善・教育まで幅広い助言を行う。試験科目は、1次試験は幅広く、2次試験は筆記の企業診断と口述試験がある。資格取得後は、研究会などに参加すると、さらにレベルアップが図れ、人脈も広がる。人気資格だが、試験の難度は高い。副業だけでなく、転職、独立開業も可能で、企業内で取得すれば、経営管理部門に異動できることも。

➡72ページ

目安取得期間　約1～3年

目安費用　約15万～20万円（予備校費用）

2 ファイナンシャルプランナー（AFP資格）

AFP資格に合格すれば、2級ファイナンシャル・プランニング技能検定も同時に取得できる。資産に関する相談業務に従事する人のファイナンシャル・プランニングの業務知識や技能を検定する。試験は、金融資産運用、不動産、相続・事業承継等の6科目。副業だけでなく、自己の再就職や退職金、年金の計算など老後の生活設計を考えるにあたって役立つ。

➡64ページ

目安取得期間　約6か月（研修期間を含める）

目安費用　約8万円（予備校費用+受験料）

3 健康経営エキスパートアドバイザー

健康経営エキスパートアドバイザーの役割は、健康経営に取り組む上での課題を抽出・整理した上で、その課題解決に必要な取り組みを企業等に提案し、さらにその実践を具体的にサポートすること。受験には一定の資格や実務経験が必要だが、エキスパートアドバイザーを取得すれば、副業として中小企業へのアドバイスが可能になる。

目安取得期間　約６か月

目安費用　約３万円（ワークショップ受講料+テスト料）

4 ウェブデザイン技能検定

ウェブデザイン技能検定とは、ウェブデザインの技術、サイトの運営・管理を評価する国家技能検定。２級は実務経験２年以上、１級は７年以上を想定している。ウェブ技能の検定試験はこの試験のほかに複数あり、比較検討の上、選択する必要がある。ウェブの仕事は、資格がなくとも可能だが、国家検定保有者は、副業の際に有利にはたらく。

➡145ページ

目安取得期間　学習期間は実務経験で大きく異なる

目安費用　学習費用は個人差が大きい

5 登山ガイド

登山ガイドステージⅠは国内で無積雪期において、整備された登山道のガイドができる資格。ただし岩壁登攀（とうはん）などは不可。自然に興味・関心のある人へは、「自然ガイド」という資格もおすすめ。自然ガイドは、里山・山地・高原において自然、歴史、民俗等を解説ができることを証明する資格。登山、ハイキングを趣味にしている人に適した資格で、副業にも活かせる。

➡548ページ

目安取得期間　学習期間は経験により異なる

目安費用　約25万円（教本+受験料）

6 唎酒師

日本酒の正しい知識を持ち、香りや味わいの違いを把握し、お客様の好みや要望に沿った提案をするのが唎酒師。学習にはテイスティングやセールスプロモーションなどがあり、試験でも同様の内容が出題される。唎酒師は飲食店従事者、愛好家向けの資格であるが、資格保有者は、飲食店の副業でも優遇される。

➡509ページ

目安取得期間　約３か月

目安費用　約13万円（講座+受験料）

本当に役に立つ資格を厳選！

50~60代必見！ 学び直しにおすすめ 資格6選

「資格を取ることが趣味」「リタイアが近く趣味を見つけたい」「時間に余裕がある」…これら1つでも当てはまる方必見！
ここでは「趣味と実益を兼ねた資格」「ボランティア活動のための資格」「人生を豊かにするための資格」など厳選した6資格を紹介！

1 自然観察指導員

仲間と一緒に「自然観察から始まる自然保護」に取り組むボランティアリーダー。講習会を修了するとなれる、指導員のシンボルである腕章を巻いて活動する。仕事ではなく、ボランティア活動が基本。自然観察会を通して自然の大切さを伝え、仲間もつくることができるので、趣味としておすすめ。

➡529ページ

目安取得期間　2日間

目安費用　約2万～4万円（講習受講料）

2 温泉ソムリエ

日本各地の温泉の泉質や入浴法を楽しみながら学び、心も体も健康になることが目的の資格。全国各地の温泉などで開催されるセミナーを受講したり、温泉ソムリエ認定ツアーに参加するなどして取得できる。各種イベントへの参加回数により、称号が追加される。温泉巡りがいっそう楽しくなる資格。

➡556ページ

目安取得期間　1～2日間

目安費用　約2万～4万円（講座受講料）

3

防災士

日本防災士機構が、防災に対する高い意識、知識、技能を有すると認定する資格。自治体や企業の防災担当者、ボランティア団体に所属する人などが取得している。取得には指定の研修を受講し、受験する。また救急救命講習の受講が義務付けられている。社会貢献活動をしたいシニア向けの資格。
➡377ページ

目安取得期間 約１か月

目安費用 約６万円（研修機関の受講料+受験料）

4

終活ガイド

「終活」とは、老後の医療や介護、相続やお墓の準備など、人生の終末を迎えるにあたり行う活動のこと。就活ガイドでは「終活の知識を身に付けたいが時間がない」といった人を対象に講座が開催される。講座では、健康・医療、介護・認知症、保険・相続、葬儀・お墓などの知識が身に付く。類似資格が複数あるため、比較検討が必要。

目安取得期間 約３時間（動画講座+ウェブテスト）

目安費用 約5,000～５万円（動画受講+ウェブテスト）

5

盆栽技能検定 盆栽士

近年、日本のみならず海外でも人気がある盆栽。専門家の指導による通信講座を受講することで、基礎知識から、高度な実践技術まで身に付けられる。講座ですべての課題に合格すると「盆栽士」の資格が取得できる。リタイア後の趣味と実益を兼ねた資格。類似資格が複数あるため、比較検討が必要。

目安取得期間 約６か月

目安費用 約５万円（講座受講料）

6

世界遺産検定・日本遺産検定

世界遺産についての知識と理解を深めることで、国際的な教養を身に付け持続可能な社会の発展に寄与する人材の育成を目指した検定。2024年から準１級クラスが新設され、さらに受験しやすくなった。「海外はどうも苦手…」という方には、日本遺産検定もあり、身近な遺産が検定の対象に。地理、歴史や旅行が好きな方に最適な資格。
➡534ページ（世界遺産検定）

目安取得期間 学習期間はクラスにより異なる

目安費用 約7,000円（世界遺産検定２級受験料）

資格ランキング
Annual Ranking

資格試験の受験者数を見ると社会でのニーズや注目度が見えてきます。ここでは受験資格に制限がなく取得しやすい人気資格を分野ごとにランキング形式で紹介します。仕事のスキルアップ、実力測定、生活に彩りを加えるなど目的に応じてチャレンジする資格を選ぶ際の参考にしましょう。

人気資格 ビジネス編

1位 日本漢字能力検定（漢検）
受検者数（3級） 31万6,250人　合格率 48.0%

➡165ページ

2位 日商簿記検定
受験者数（3級統一） 9万770人　合格率 34.1%

➡54ページ

3位 ファイナンシャル・プランニング技能検定（金融財政事情研究会主催）
受検者数（2級学科） 8万4,559人　合格率 17.8%

➡58ページ

4位 実用数学技能検定「数検」
受検者数（3級） 7万7,106人　合格率 66.9%

➡171ページ

5位 品質管理検定（QC検定）
申込者数（3級） 5万9,714人　合格率 48.1%

➡74ページ

さまざまな仕事に対応する「漢検」「日商簿記検定」「ファイナンシャル・プランニング技能検定」の人気は根強い。とはいえ、上位にランキングされたビジネス系資格の受験者数は全体的に減少傾向にある。人口減少と回復前のコロナ禍による受験控えのほかに、より専門性の高い資格に受験者が分散している可能性が考えられる。

人気資格 語学編

1位 TOEIC®Listening & Reading Test

受験者数 約192万2,000人 合格率 ー

➡180ページ

2位 TOEIC Bridge®Listening & Reading Tests

受験者数 13万1,300人 合格率 ー

➡187ページ

3位 日本語能力試験

受験者数(N1国内) 8万6,534人 認定率 29.9%

➡202ページ

4位 TOEIC®Speaking & Writing Tests

申込者数 約3万6,600人

➡186ページ

合格率 ー

5位 中国語試験HSK(漢語水平考試)

申込者数 3万2,477人

➡200ページ

合格率 ー

「TOEIC®Listening & Reading Test」は採用・昇進の際、評価の指標とする企業も増えている。初級～中級者向けの「TOEIC Bridge®Listening & Reading Tests」も人気が高く、早期からの英語力養成ニーズがうかがえる。世界的なコミュニケーションが求められる中で、今後も英語をはじめとする語学系資格への注目度は高まると予想される。

人気資格 IT編

1位 ITパスポート試験(iパス)

受験者数 26万5,040人 合格率 50.3%

➡114ページ

2位 基本情報技術者試験

受験者数 12万1,611人 合格率 47.1%

➡118ページ

3位 応用情報技術者試験

受験者数 7万103人 合格率 25.0%

➡120ページ

4位 情報セキュリティマネジメント試験

受験者数 3万6,362人

➡122ページ

合格率 72.6%

5位 情報処理安全確保支援士試験

受験者数 2万7,110人

➡122ページ

合格率 20.9%

2021年から3年連続で受験者数が20万人を突破している「ITパスポート」は、依然として人気が高い。業種別では金融・保険・不動産の受験者が多く、IT業界以外でも活用が広がっていることがうかがえる。「情報セキュリティマネジメント試験」「情報処理安全確保支援士試験」もランクインし、セキュリティ系のニーズの高さを反映している。

人気資格 法律編

1位 行政書士
受験者数 4万6,991人　合格率 14.0%

➡88ページ

2位 ビジネス実務法務検定試験®
受験者数（3級） 1万5,603人　合格率 50.7%

➡96ページ

3位 司法試験予備試験
受験者数 1万3,372人　合格率 3.6%

➡98ページ

4位 司法書士
受験者数 1万2,727人
合格率 5.2%

➡86ページ

5位 マイナンバー実務検定
受験者数（2級） 1万1,912人
合格率 52.5%

➡102ページ

法律系の人気資格は全体に受験者数を維持している。1位の行政書士は5万人弱で推移。上位4位までは昨年と同じだが、5位には新たに「マイナンバー実務検定」がランクインした。マイナンバーカードの導入でさまざまな場面での活用が見込まれることを受けての動きだろう。法律系資格は独立開業だけでなく企業内でのニーズも高まっている。

人気資格 福祉・医療編

1位 介護福祉士
受験者数 7万4,595人　合格率 82.8%

➡264ページ

2位 看護師
受験者数 6万3,301人　合格率 87.8%

➡292ページ

3位 介護支援専門員（ケアマネジャー）
受験者数 5万6,494人　合格率 21.0%

➡260ページ

4位 社会福祉士
受験者数 3万4,539人
合格率 58.1%

➡262ページ

5位 医療事務技能審査試験（メディカル クラーク®）
受験者数 1万4,637人
合格率 76.1%

➡299ページ

ここ数年不動の1位の「介護福祉士」は、現場で仕事に携わりながら取得できるのが人気とはいえ、現場では依然として人手不足の状況。2024年には合否判定方法に提言され「部分合格制」の導入で取得しやすくなる見込み。以降4位までの資格と順位は昨年と同じ。5位「医療事務技能審査試験」が新たにランクインした。

人気資格 不動産・建築編

1位 宅地建物取引士(宅建士)
受験者数 23万3,276人 合格率 17.2%

➡314ページ

2位 建築士
受験者数(一級) 3万4,479人 合格率 9.9%

➡331ページ

3位 土木施工管理技士
受検者数(1級第一次検定) 3万2,931人 合格率 49.5%

➡337ページ

4位 建築施工管理技士
受検者数(1級第一次) 2万4,078人
合格率 41.6%

➡332ページ

5位 建設業経理士/建設業経理事務士
受験者数(2級) 1万8,621人
合格率 38.7%

➡335ページ

不動産業界では必須の「宅地建物取引士(宅建士)」が不動の1位。金融・保険業界など不動産業界以外でも生かされる場面が多く人気が高い。2位と3位は入れ替わったものの、ほぼ同列。4・5位も昨年と変化なし。不動産・建築業界では定期的なメンテナンスや防災対策に加えて、空き家対策など新たなニーズに対応できる人材も求められている。

人気資格 工業・技術編

1位 危険物取扱者
申請者数(全種合計) 28万548人 合格率 39.9%

➡384ページ

2位 電気工事士
申込者数(第二種) 17万3,133人 合格率 39.1%

➡352ページ

3位 消防設備士
申請者数(甲・乙種合計) 17万2,573人 合格率 33.6%

➡366ページ

4位 衛生管理者
受験者数(第1種) 6万8,066人
合格率 45.8%

➡364ページ

5位 電気主任技術者
申込者数(第3種) 3万6,978人
合格率 12.7%

➡354ページ

トップ5資格は昨年同様。1位の「危険物取扱者」は化学工場、運送業、ガソリンスタンドなどさまざまな職場で活用できるため安定して人気が高い。3位の「消防設備士」は受験者数が1.4倍に増加。防災意識の高まりを反映していると推察される。技術系の業務には資格が必須で、資格取得者の設置が義務付けられているものもあり、取得の意義が大きい。

人気資格 生活・美容編

1位 美容師
受験者数 2万3,672人 合格率 81.8%
➡473ページ

2位 色彩検定®
申込者数（2級） 1万5,872人 合格率 72.2%
➡485ページ

3位 家電製品アドバイザー
受験者数（2種目合計） 1万4,092人 合格率 33.8%
➡461ページ

4位 サービス接遇検定
受験者数（2級） 1万3,918人
合格率 72.0%
➡470ページ

5位 アロマテラピー検定
申込者数 約1万3,000人
合格率 約90%
➡464ページ

美容師は昨年同様1位。順調に申込者数を伸ばしている「色彩検定」が昨年4位から2位に浮上した。色が人に与える影響をビジネスに活用しようという意識の表れかもしれない。昨年の2位から3位にダウンしたとはいえ依然人気なのは「家電製品アドバイザー」。IoT家電の普及に伴って、適切なアドバイスができる人材は多く求められている。

人気資格 調理・衛生編

1位 野菜ソムリエ
受講者数（全コース累計） 約6万9,985人 合格率 約89%
➡507ページ

2位 管理栄養士
受験者数 1万6,329人 合格率 49.3%
➡496ページ

3位 食品表示検定
受験者数（中級） 7,939人 合格率 41.8%
➡503ページ

4位 食生活アドバイザー®
受験者数（2級） 約5,000人
合格率 約40%
➡500ページ

5位 ソムリエ
受験者数 3,224人
合格率 17.7%
➡506ページ

1位「野菜ソムリエ」以下、上位にランクインした資格は健康志向を反映していると言えそうだ。コロナ後の飲食業の復調、インバウンドの活性化と追い風が吹く飲食業界には円安、物価高騰、人手不足などの課題もある。配膳ロボットの活用などで定型業務が置き換えられる傾向にある分、専門的スキルの証明となる資格のニーズはさらに高まると予想される。

初心者におすすめ！ 取得しやすい資格

1位 アロマテラピー検定

申込者数 約1万3,000人　合格率 約90%

➡464ページ

2位 日商PC検定試験

受験者数（3級） 1万7,586人　合格率 82.7%

➡163ページ

3位 医療事務技能審査試験（メディカル クラーク®）

受験者数 1万4,637人　合格率 76.1%

➡299ページ

4位 色彩検定®

申込者数（2級） 1万5,872人
合格率 72.2%

➡485ページ

5位 サービス接遇検定

受験者数（2級） 1万3,918人
合格率 72.0%

➡470ページ

受験資格に制限がなく、受験者数が1万人を超える資格を合格率が高い順に見てみよう。生活に潤いを与えセルフケアにも使える「アロマテラピー検定」は独習だけで取得可能。オフィスワークの基本が学べる「日商PC検定試験」も初心者にはおすすめ。昨年の5位から3位にランクアップした「医療事務技能審査試験」は在宅で受験できる。

受験制限なし！ 難関資格

1位 司法試験予備試験

受験者数 1万3,372人　合格率 3.6%

➡98ページ

2位 司法書士

受験者数 1万2,727人　合格率 5.2%

➡86ページ

3位 気象予報士

受験者数 8,218人　合格率 5.4%

➡512ページ

4位 弁理士

受験者数 3,065人
合格率 6.1%

➡90ページ

5位 総合無線通信士

受験者数（1級） 212人
合格率 6.6%

➡360ページ

受験資格に制限がないが、難度の高い資格を合格率の低い順に並べた。1位の「司法試験予備試験」は本番の「司法試験」と同レベルの難易度。2位「司法書士」3位「気象予報士」は定番。4位にランクインした知的財産を扱う「弁理士」は国際特許出願のニーズが広がる中、注目度が高まっている。いずれも合格率は1ケタ台の狭き門。対策は万全にしたい。

ジャンル別 目指す資格が見つかる!

資格レベルチャート

取得を目指す資格は早めに決めたいもの。とはいえ、ハードルが高い資格もあります。目指す資格に近づくための戦略を立てるためにも、各資格のレベルを把握しておきましょう。上位資格試験が一部免除になる基礎資格もあります。

ビジネス分野

業種や職種を問わず、ビジネスの基本となる事務処理力、コミュニケーション能力、市場分析力などを認定する資格を把握しておこう。就職・転職でも有利にはたらき、高い専門性が身に付けば独立開業にも役立つ。

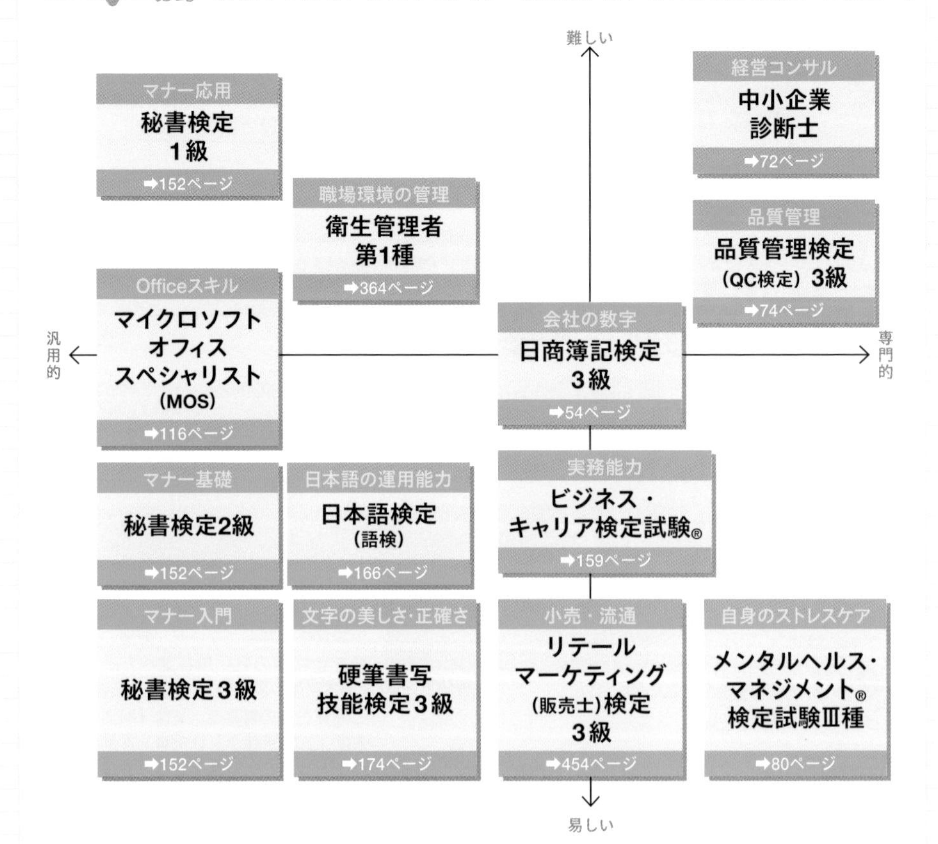

語学（英語）分野

外資系企業に限らず通常のビジネスで英語が求められるシーンは多くなっている。TOEICなどスコア判定の出る試験は毎年受けて英語力の向上を証明することができる。目的・用途や難易度を知って試験を選ぼう。

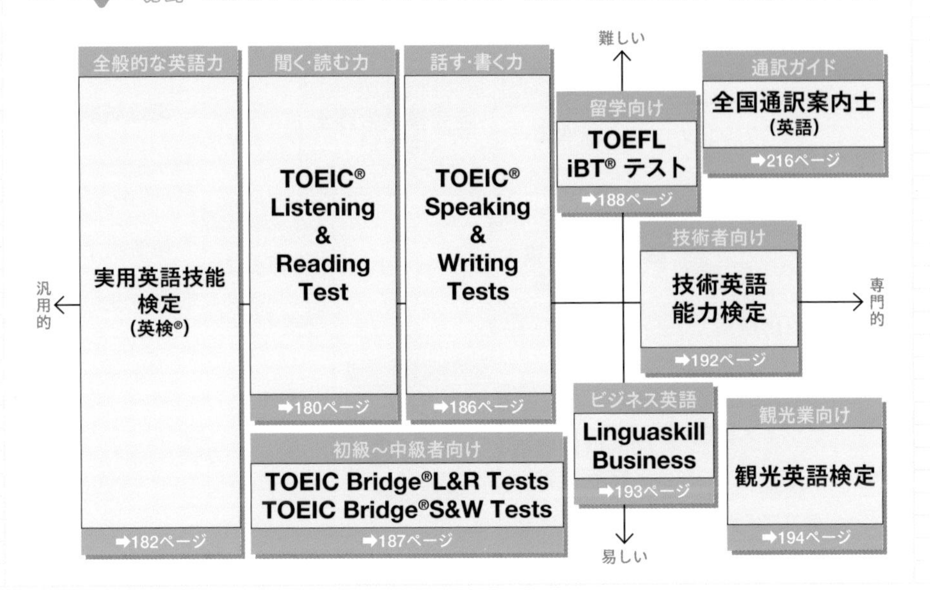

IT分野

多種多様なIT系資格があり、どれを選べばよいか迷うところだが、入門者ならITパスポート（iパス）や基本情報技術者試験といった全職種に共通して求められるIT知識を身に付ける資格から取り組むのがおすすめ。

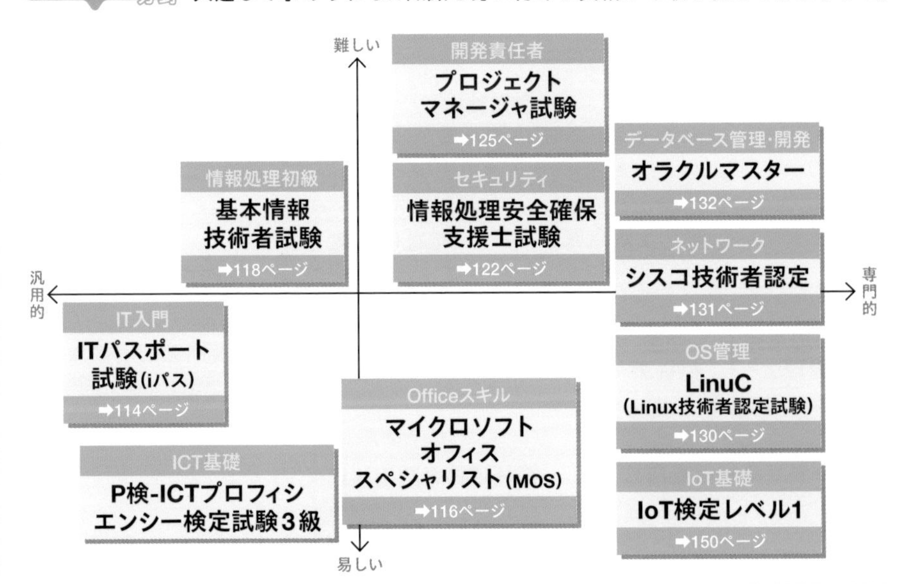

法律 分野

コンプライアンス（法令遵守）意識が高まる近年、法律系資格は企業・団体でもニーズが上昇。難関な分、取得すればキャリアアップや独立に強みを発揮できる。試験範囲が重なる資格も多く重複取得も狙える。

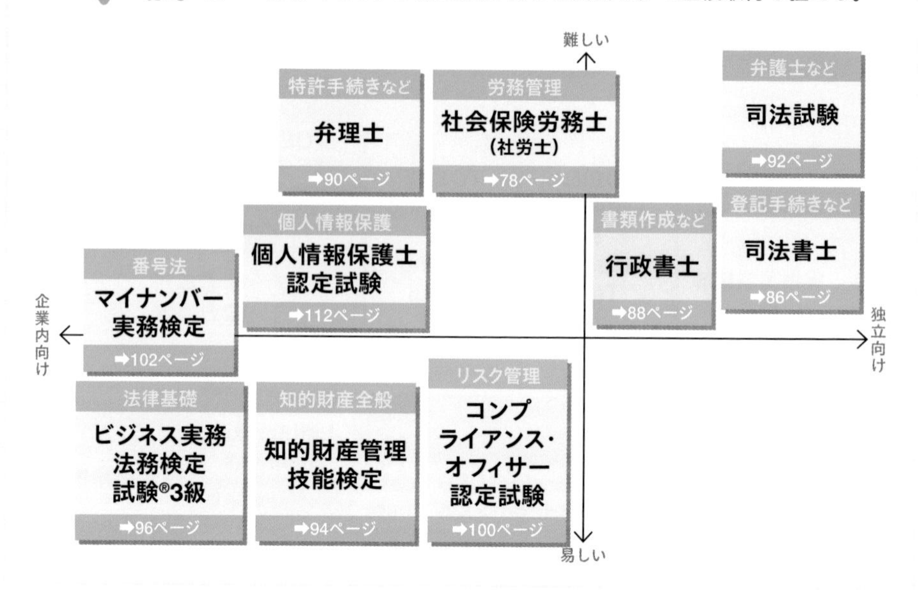

福祉 分野

介護人材のニーズは高まる一方。未経験でも取得可能な介護職員初任者研修からスタートし実務に携わりながら介護福祉士など上位資格を目指す方法もある。認知症ケア専門士のニーズも高まると予想される。

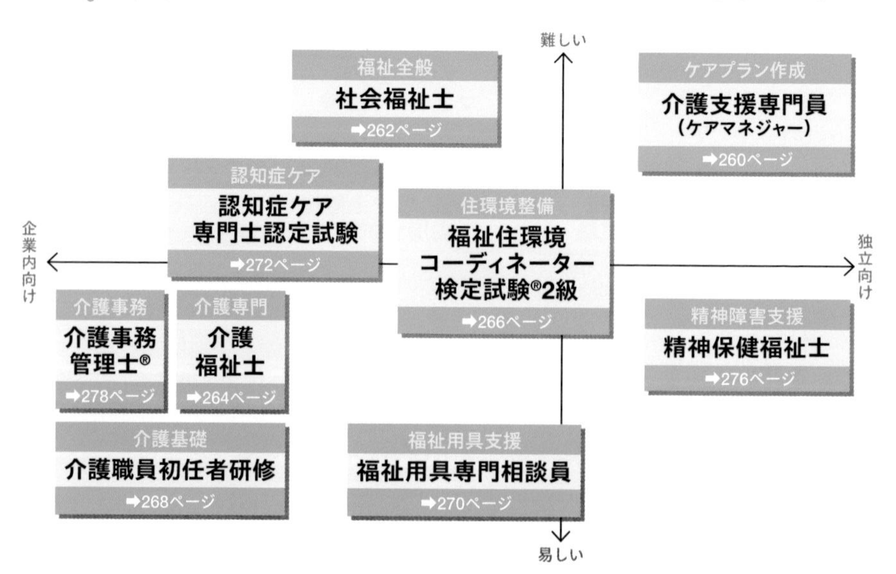

金融分野

業種問わず必要とされる経理系の定番資格から、金融業界必須の知識を身に付ける資格、さらに個人の資産運用や資金計画をサポートする資格まで目的に応じて選びたい。

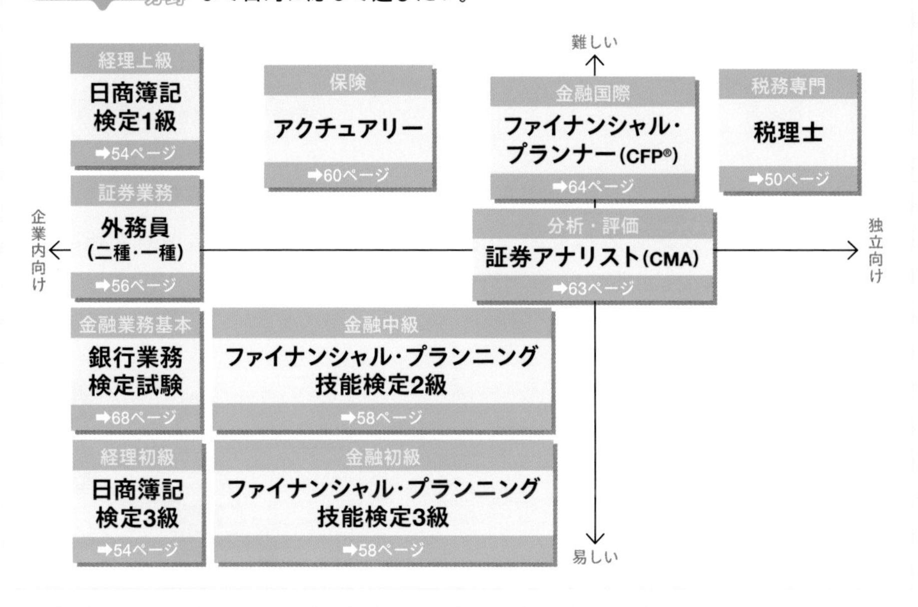

不動産・建築分野

業務独占で就職・転職に有利な宅建士や管理業務主任者が人気。加えて近年ニーズの高まっているマンション管理士も併せて取得するのもおすすめ。試験範囲の一部が重複するので並行して学習しやすい。

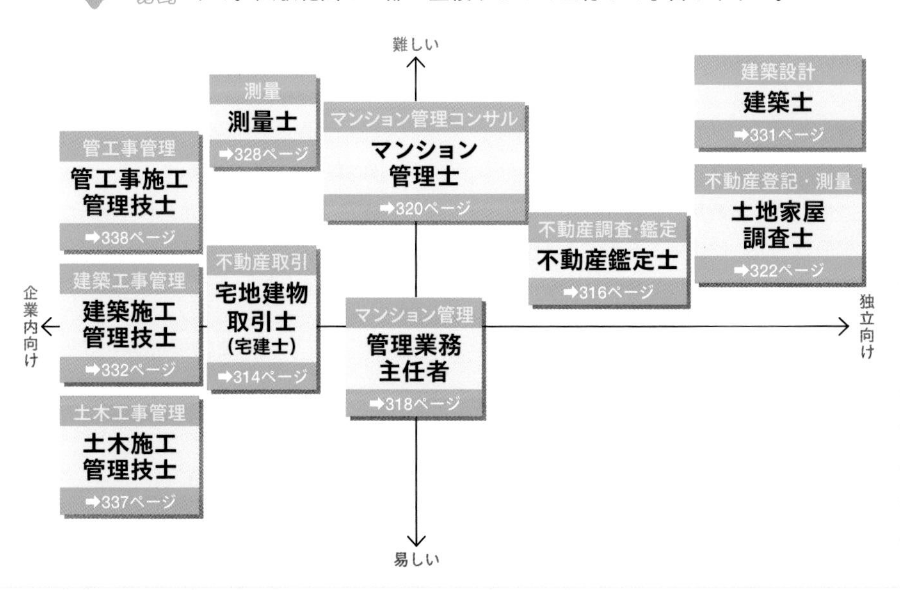

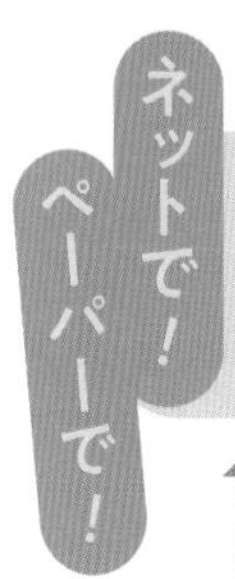

自宅で手軽に受けられる 資格・検定

仕事や家事が忙しくて試験会場まで行く余裕がない……。まずは手軽に受けられる資格や検定を試したい……。そんな人はインターネットを利用した「ネット受験」、問題や解答用紙が郵送される「在宅受験」を試してみましょう！　自宅で落ち着いて試験にチャレンジできます。

執筆 **上井 光裕**先生

503の資格を持つ、本書の資格アドバイザー。資格試験講座の講師としても活躍中。著書に『そうだったのか、こんなに面白い資格』（ギャラクシーブックス）などがある。

スキルを磨く

省エネに脱炭素、最も旬な知識

省エネ脱炭素エキスパート検定[家庭・ビル]

省エネにカーボンニュートラルが加わり、リニューアルした検定。家庭分野とビル分野があり、家庭分野なら、住宅の省エネ、機器による省エネ、そしてカーボンニュートラルの基礎がある。多くの業種で求められるスキル。

➡525ページ

試験形式	ネット受験
試験時間	1時間20分
受験料	9,900円

身近になったSNS活用の知識を学ぶ

SNSエキスパート検定

近年、身近になったSNS。企業向けにSNSを活用する際の必要な知識・注意すべきポイントを体系的に学ぶことができ、SNS活用に必要な用語、概念、考え方、注意点といった基礎的な知識の習得を目指せる検定。

試験形式	ネット受講・ネット受験
試験時間	2時間15分（ライブ版） 3時間（オンデマンド版）
受験料	1万1,000円

ビジネスのキーワード

SDGs検定

SDGsは国連の「持続可能な開発のための2030アジェンダ」に記載された国際目標。SDGs検定はSDGsのさらなる普及促進のため実施している検定。SDGsの基本的な理解、世界で起こっている課題やその取り組みに関する幅広い知識の習得を目指す。

試験形式	ネット受験
試験時間	1時間30分
受験料	5,500円

ビジネスパーソンの働き方改革

働き方マスター試験

新聞やニュースで話題となっている「働き方改革」。言葉としては知っているが、内容をよく知らないという人は多いのではないだろうか。「働き方改革」がなぜ必要なのかなど、「働き方改革」の概要や正しい知識を学ぶ初級クラスの試験。

試験形式	会場及びネット受験
試験時間	1時間45分
受験料	8,800円

誰もが必要な「ほめる力」

ほめ達！検定

「ほめる力」は管理者だけではなく、組織の従業員、教員、子育て中の保護者などあらゆる人に求められるスキル。この検定ではそんな「ほめる力」を学ぶ。自分が言われてうれしいほめ言葉を書き出すなど、日常生活ですぐに活用できるようになる。

試験形式	ネットセミナー・ ネット受験（3級）
試験時間	3時間（セミナー+検定）
受験料	7,700円

LGBTに関する初の検定

LGBT基礎理解検定

LGBTに関する資格制度として日本で初めて実用化された検定。単純な知識の深さや量をはかるものではなく、考え方やLGBT理解促進者としてのサービス展開など、相手を配慮する部分を学ぶ。オンライン形式で行われ、講座を受講してから試験が行われる。

試験形式	ネット受講
試験時間	1時間30分（初級）
受験料	1万780円（初級）

趣味を活かす

名城を巡りお城の知識を深める

日本城郭検定

「日本のお城の魅力をより多くの人に知ってもらいたい」という思いにより誕生した検定。お城が好きな人はもちろん、歴史に関心のある人や、日本文化に詳しくなりたい人などにもおすすめ。日本百名城スタンプを集めながら学習でき、お城の構造や特徴などを楽しく学べる。

試験形式	ネットまたは会場受験
試験時間	1時間（3級）
受験料	4,700円（3級）

美術作品を見る力をステップアップ

美術検定

美術は、「作る力」と「見る力」から育まれ伝えられた。美術検定は「見る力」のステップアップを応援するもので、作品や作家、美術の歴史的な流れを学べる。「美術館や展覧会をもっと楽しみたい」「感動を人に伝えたい」といった人向けの資格。

➡559ページ

試験形式	ネット受験
試験時間	1時間（3級）
受講料	6,110円（3級）

ワインの魅力を知りワインを楽しむ

ワイン検定

ワインの魅力を消費者に知ってもらう機会を広く提供し、消費者がワインをもっと楽しむことを目的に実施している資格。５級はワインの基礎知識・周辺知識を活用し、ワインの魅力を自身で楽しむレベル。複数の類似資格があるため、比較検討が必要。

試験形式	ネット受験（4、5級）
試験時間	50分（4、5級）
受験料	1,100円（4、5級）

女性受験者の多いチョコレート検定

チョコレート検定

私たちにとって身近な存在であるチョコレートについての検定。初級は、生産現場から最終商品にいたる、カカオやチョコレートに関する幅広い知識を習得できる。複数の類似資格があるため比較検討が必要。

➡560ページ

試験形式	初級CBT受験
試験時間	1時間（初級）
受験料	5,800円（初級）

生活を充実させる

遊ぶ力、作る力、指導する力がつく

おもちゃインストラクター

身近な素材で簡単にできるおもちゃや遊びを知り、その指導のコツ、遊びのスキルやマインドを学ぶことができる。「遊びの本質」や「おもちゃ」の本当の役割を、遊びのプロである経験豊富な講師と、体験型カリキュラムを通して学び合う。子育てにも活かせる。

受講形式	通学またはネット講座
受講時間	6時間 (動画視聴+自宅学習など)
受講料	1万1,000円

パン好きを極める!

パンシェルジュ検定

パンシェルジュとは、「奥深いパンの世界を迷うことなく案内できる幅広い知識を持った人」という意味の造語。検定は、パンの製法、歴史や文化・マナー、トレンド、健康や衛生に関することなど、総合的にパンの知識を習得できる内容となっている。

➡556ページ

試験形式	ネット受験
試験時間	最大1時間（3級）
受験料	4,900円（3級）

正しい入浴を学び、楽しく入浴

入浴検定

「入浴」は、身近な日本人の習慣。正しい入浴法を知り、毎日の入浴を楽しくするとともに、美容・健康・ダイエットに役立つ知識の向上を目指す。入浴の基本的な知識・ノウハウを伝える、日本初のお風呂の検定。

➡560ページ

試験形式	ネット受験
試験時間	40分
受験料	6,600円

整理整頓で気持ちもスッキリ

整理収納アドバイザー

この資格は、プロとして「整理の考え方・方法」や「収納のコツ」などに精通し、お部屋などの整理や収納で困っている人にアドバイスをする資格。複数の類似資格があり、比較検討が必要。

➡542ページ

受講形式	ネット受講
受講時間	約1時間30分(動画視聴)
受講料	8,800円

自分磨きに活かせる

個性派検定を集めてみました！

世の中にはあまり知られていないユニークな検定がたくさんあります。仕事に直接つながらなくても、好きな分野なら楽しく学習でき、取得すれば特技の証明にもなります。人とは一味違う検定にチャレンジしてみてはいかがでしょう？

美容・生活

ネイリスト技能検定

➡477ページ

ネイリストの育成を目指す検定。3級はネイリストベーシックのマスターで、ネイルケア、ネイルアートに関する基本的な技術及び知識の検定となる。複数の類似資格があるため、比較検討が必要。

アロマテラピー検定

➡464ページ

アロマテラピーの効用が、家庭だけでなく、ビジネスや医療・介護の現場でも注目されている。この検定で基礎知識を習得することにより、さまざまな場面で植物の香りを役立てられるようになる。

ペット

愛玩動物飼養管理士

➡527ページ

動物の習性や正しい飼い方、人と動物の関係などを通信教育で学び、試験に合格すれば認定される。ペットの飼育に役立つのはもちろん、ペット関連業界や動物病院への就職・転職にも有効。

認定ペットシッター

➡527ページ

飼い主からの依頼を受け、ペットの散歩や食事などのお世話をするのがペットシッターの仕事。動物の生態や飼育方法、ペットシッターの実務などを幅広く学べる。取得すれば開業の道も開ける。

健康

ダイエット検定

➡561ページ

健康を維持しながら食事、身体活動などダイエットに関するあらゆる分野を網羅したダイエット知識のスタンダードを伝えていく日本で初めての試験。自己レベルの2級、職業レベルの1級などがある。

ラジオ体操指導者

➡561ページ

ラジオ体操を実践している方を対象に、ラジオ体操等の理論と実技、指導方法等に対して指導員として認定するもので、さらに上位の指導員資格もある。講習は全国各地やオンラインで開催される。

家事力

食生活アドバイザー®

➡500ページ

食を通して健康な生活を送るための提案を行う専門家。健康的な食生活を送りたい人、食に関する知識を仕事に活かしたい人などが対象。消費者目線の3級と、飲食業従事者目線の2級がある。

クリンネスト®

クリンネスト®資格講座（ハウスキーピングメソッド）は、さまざまな場所に応用が利く掃除方法を、理論から実践まで体系的に学べる。2級、1級、講師までステップを踏んでいく。

読み聞かせ

朗読検定®

➡563ページ

声に出して表現する「朗読」の知識と技能を測る。基礎の4級からプロレベルの1級まである。4級は中学1年生から受験可能。小学1年生から受けられる「ジュニア朗読検定」もある。

読み聞かせ検定®

➡563ページ

対面で行う「集団読み聞かせ」での絵本の読み方、取り扱い方の技術を認定する。読んでいる姿の動画を送信して評価されることも。幼稚園教諭や保育士、ボランティア活動を行う人にも役立つ。

資格取得に使える「お金」のサポート制度

資格によっては取得するためにある程度のお金が必要となりますが、それらの費用を一部サポートする制度があります。資格取得のために受講した場合、スクールなどに支払った費用の一部を雇用保険などで助成する制度や、ハローワークの求職申し込み者を対象とした職業訓練制度もあります。指定講座や利用条件などをチェックして、さらなるスキルアップを図りましょう。

教育訓練給付制度

労働者や離職者が、自ら費用を負担して、厚生労働大臣が指定する教育訓練講座を受講し修了した場合、本人がその教育訓練施設に支払った受講料などの一部を国が支給してくれる雇用保険の給付制度です。

対象者

雇用保険の一般被保険者、または一般被保険者だった人。

一般教育訓練給付：被保険者の期間が３年（初回は１年）以上あるなどの要件がある。

専門実践教育訓練給付：被保険者の期間が３年（初回は２年）以上あるなどの要件がある。

給付額

一般教育訓練給付：受講料の20%に相当する額。10万円を超える場合は10万円とし、4,000円を超えない場合は支給されない。

専門実践教育訓練給付：受講料の50%※に相当する額。1年間で40万円を超える場合は40万円（最大3年120万円）とし、4,000円を超えない場合は支給されない。

※資格取得が就職に結びついた場合は受講料の20%が追加給付される。

対象講座

厚生労働大臣の指定を受けている講座。指定講座は、ハローワークでの閲覧、教育訓練講座検索システムなどで確認できる。

手続き

一般教育訓練給付：受講修了後、本人の住所を管轄するハローワークに必要書類を提出する。

専門実践教育訓練給付：受講開始日の１か月前までにジョブ・カードの交付を受け、ハローワークに必要書類を提出し、受講修了後、ハローワークに必要書類を提出する。

※いずれも提出期限は受講修了日の翌日から起算して１か月以内。

【問い合わせ先】

最寄りのハローワーク

（https://www.hellowork.mhlw.go.jp）

公共職業訓練

求職者（離職者・在職者・学卒者）の再就職を支援するため、専修学校、各種学校等の教育訓練機関を活用し、必要な技能や知識の習得を図るために実施されている訓練制度です。失業期間中は、失業給付を受けながら勉強もできます。

対象者

ハローワークに求職申し込みをしていて、受講開始日からさかのぼって１年以内に公共職業訓練を受講していない人が対象。また、雇用保険の受給資格の有無にかかわらず受講できる。

給付額

失業給付を受けながら学校に通える。さらに受講１日につき500円の受講手当（上限額20,000円）、通所手当（交通機関、自動車などを利用する場合で、通所方法により異なるが最高42,500円／月）、寄宿手当（扶養同居親族と別居時に10,700円／月）も支給される。

対象講座

公共職業訓練は、国（独立行政法人 高齢・障害・求職者雇用支援機構）が実施するものと各都道府県が実施するものがある。訓練コースは、近くのハローワークでの閲覧、厚生労働省（https://www.mhlw.go.jp）などで確認できる。

各都道府県が実施する職業訓練には、職業能力開発センターやポリテクセンターなどによるものがあり、電気、機械、建設などの現場系の技術からパソコンなどを利用した事務、IT系の技術まで学習できる。また、民間教育訓練機関などに委託して実施する委託訓練もある。

手続き

失業給付を受けながら受講するには、ハローワークからの入校指示や推薦が必要となり、ハローワークを通して申し込まなければならない。

【問い合わせ先】

独立行政法人 高齢・障害・求職者雇用支援機構

（https://www.jeed.go.jp/js/）

知って得する!

資格の分類

資格は、国家資格、公的資格、民間資格の3つに大きく分類され、
試験の難易度や社会的信頼性など、それぞれに特徴があります。
資格取得の参考に、ぜひ役立ててください!

国家資格

法律に基づいて国あるいは国から委任を受けた機関が実施する試験などにより、一定の行為を行うことを許可する資格。取得が難しい資格も多いが、抜群の安定性があり、社会的信頼性も高い。企業や事務所などを運営するうえで規定人数以上の取得者を置かなければならない資格もある(必置資格)。

業務独占資格

特定の業務を行うために、その資格を取得することが必要。資格がなければその業務を行うことが禁止されている。

- 司法試験(弁護士)
- 行政書士
- 公認会計士
- 社会保険労務士(社労士)
- 宅地建物取引士(宅建士)
- 建築士 など

独立開業に強い!

名称独占資格

その資格の呼称を有資格者以外が利用することはできないが、資格がなくても有資格者と同様の行為は可能。

- 中小企業診断士
- マンション管理士
- 知的財産管理技能検定
- 管理栄養士
- 介護福祉士
- 保育士 など

公的資格

商工会議所、中央職業能力開発協会を含む、地方行政機関やそれに準ずる機関が実施する資格。国家資格と民間資格の中間に位置付けられる。取得すると一定の能力が認められ、キャリアアップも可能。

- 日商簿記検定
- ビジネス実務法務検定試験®
- 介護支援専門員(ケアマネジャー)
- 福祉住環境コーディネーター検定試験®
- カラーコーディネーター検定試験®
- 消費生活アドバイザー(消費生活相談員)
- eco検定(環境社会検定試験®) など

キャリアアップを目指す!

民間資格

協会、団体、企業などが独自の審査基準を設けて任意で認定する資格。独立やキャリアアップ、スキルアップに有効な資格だけではなく、生活に役立つ資格、趣味の幅を広げる資格などバラエティーに富んでいる。実施団体や資格の認知度などによって信頼性が変わる。

- ファイナンシャル・プランナー(AFP/CFP®)
- 証券アナリスト(CMA)
- 秘書検定
- TOEIC® Listening & Reading Test
- インテリアコーディネーター など

スキルを身につける!

- 世界遺産検定
- 歴史能力検定(歴検)
- アロマテラピー検定
- 食生活アドバイザー® など

趣味を極める!

本書の見方・使い方

※本書では極力、最新のデータを取り入れていますが、詳細は必ず主催団体にご確認ください。

資格の概要

資格の内容、社会的役割をわかりやすく解説！

登録・受講の有無／オンライン対応

取得にあたり、特定の講座の受講や、特定の機関への登録の必要がある場合に下記のアイコンを表示。

登録必要	特定の機関への登録が必要
受講必要	特定の講座の受講が必要
受講・登録必要	受講と登録の両方が必要

また、コンピュータを使用して実施する試験に下記のアイコンを表示。

オンライン	自宅などにあるコンピュータを使用
CBT	試験会場にあるコンピュータを使用

データ

取得のための条件や試験内容など、知りたい情報を見やすく掲載！
公認会計士や税理士などの人気50資格は、業務内容や資格取得後の進路などを見開きで詳しく紹介！

※2024年5月1日公表の最新データに基づく。
※掲載項目は資格に合わせて選択。

問い合わせ先

主催団体（複数あれば主要団体）の名称・所在地・電話番号・ホームページアドレス・メールアドレスを掲載。

資格名

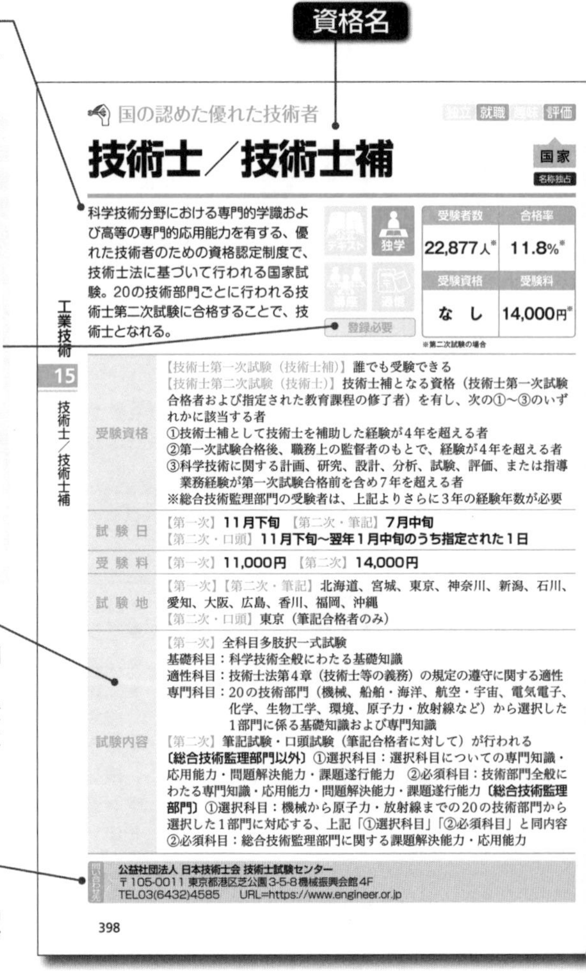
国の認めた優れた技術者　独立 就職 趣味 評価

技術士／技術士補　国家 名称独占

工業技術 15 技術士／技術士補

科学技術分野における専門的学識および高等の専門的応用能力を有する、優れた技術者のための資格認定制度で、技術士法に基づいて行われる国家試験。20の技術部門ごとに行われる技術士第二次試験に合格することで、技術士となれる。

独学　登録必要

受験者数	合格率
22,877人※	11.8%※
受験資格	受験料
なし	14,000円※

※第二次試験の場合

受験資格	【技術士第一次試験（技術士補）】誰でも受験できる 【技術士第二次試験（技術士）】技術士補となる資格（技術士第一次試験合格者および指定された教育課程の修了者）を有し、次の①～③のいずれかに該当する者 ①技術士補として技術士を補助した経験が4年を超える者 ②第一次試験合格後、職務上の監督者のもとで、経験が4年を超える者 ③科学技術に関する計画、研究、設計、分析、試験、評価、または指導業務経験が第一次試験合格前を含め7年を超える者 ※総合技術監理部門の受験者は、上記よりさらに3年の経験年数が必要
試験日	【第一次】11月下旬【第二次・筆記】7月中旬 【第二次・口頭】11月下旬～翌年1月中旬のうち指定された1日
受験料	【第一次】11,000円【第二次】14,000円
試験地	【第一次】【第二次・筆記】北海道、宮城、東京、神奈川、新潟、石川、愛知、大阪、広島、香川、福岡、沖縄 【第二次・口頭】東京（筆記合格者のみ）
試験内容	【第一次】全科目多肢択一式試験 基礎科目：科学技術全般にわたる基礎知識 適性科目：技術士法第4章（技術士等の義務）の規定の遵守に関する適性 専門科目：20の技術部門（機械、船舶・海洋、航空・宇宙、電気電子、化学、生物工学、環境、原子力・放射線など）から選択した1部門に係る基礎知識および専門知識 【第二次】筆記試験・口頭試験（筆記合格者に対して）が行われる 〔総合技術監理部門以外〕①選択科目：選択科目についての専門知識・応用能力・問題解決能力・課題遂行能力　②必須科目：技術部門全般にわたる専門知識・応用能力・問題解決能力・課題遂行能力〔総合技術監理部門〕①選択科目：機械から原子力・放射線までの20の技術部門から選択した1部門に対応する、上記「①選択科目」「②必須科目」と同内容 ②必須科目：総合技術監理部門に関する課題解決能力・応用能力

問い合わせ先
公益社団法人 日本技術士会 技術士試験センター
〒105-0011 東京都港区芝公園3-5-8機械振興会館4F
TEL03(6432)4585　URL=https://www.engineer.or.jp

398

資格のQ&A

株式会社 東京リーガルマインド（LEC）の現役講師と資格アドバイザーの上井光裕氏らが、人気50資格について「資格を取るメリット」「取得にかかる費用・期間」「おススメの勉強方法」をアドバイス。

受験対策アイコン

主な受験対策の方法。なお、試験がなく、講習だけで取得できる資格、講習後の修了試験合格で取得できる資格などもある。あくまで目安なので、資格によっては掲載以外の方法もある。

実施・主催団体が認定している公式テキストがある。

独学で知識や技術を習得する。

実施・主催団体が行っている試験対策の講座がある。

実施・主催団体が行っている試験対策の通信教育制度がある。

※実施・主催団体へのアンケート結果に基づいて表示。

カーボンニュートラルに貢献するプロ　独立 就職 趣味 評価

エネルギー管理士（熱／電気）

国家　必置

エネルギーの安定確保と脱炭素化においては、省エネは最重要課題。エネルギー管理士の職務は、燃料や電気消費量の多い工場での設備の維持、使用方法の改善などの業務を管理し、エネルギー使用の合理化を図ること。取得方法は国家試験と認定研修の2通りがある。

工業技術 15 エネルギー管理士（熱／電気）

取得方法	①経済産業大臣指定の省エネルギーセンター実施の国家試験に合格 ②省エネルギーセンターの実施する認定研修（エネルギー管理研修）を受講し、修了試験に合格 ※2005年の法改正前での熱管理士、電気管理士資格保有者には、現行制度におけるエネルギー管理士への移行措置がある
受験・受講資格	〔試験〕誰でも受験できる（ただし、合格後の免状申請の際にエネルギーの使用の合理化に関する実務経験1年以上が必要となる。これは合格前でも後でも構わない） 〔研修〕エネルギーの使用の合理化に関する実務経験3年以上の者
試験・研修日	〔試験〕8月上旬　〔研修〕12月中旬
受験・受講料	〔試験〕17,000円　〔研修〕70,000円
試験・研修地	〔試験〕北海道、宮城、東京、愛知、富山、大阪、広島、香川、福岡、沖縄 〔研修〕宮城、東京、愛知、大阪、広島、福岡
受験者数 合格率	〔試験〕8,137人、37.8% 〔研修〕970人、67.1%
試験・研修内容	〔必須基礎〕課目Ⅰ：エネルギー総合管理及び法規 〔選択専門〕熱分野または電気分野のいずれかを選択 ①熱分野 課目Ⅱ：熱と流体の流れの基礎（熱力学の基礎、流体工学の基礎、伝熱工学の基礎） 課目Ⅲ：燃料と燃焼（燃料及び燃焼管理、燃焼計算） 課目Ⅳ：熱利用設備及びその管理（計測及び制御、熱利用設備） ②電気分野 課目Ⅱ：電気の基礎（電気及び電子理論、自動制御及び情報処理、電気計測） 課目Ⅲ：電気設備及び機器（工場配電、電気機器） 課目Ⅳ：電力応用（電動力応用）

問い合わせ先
一般財団法人 省エネルギーセンター エネルギー管理試験・講習本部 試験部
〒108-0023 東京都港区芝浦2-11-5 五十嵐ビルディング
TEL03(5439)4970　URL=https://www.eccj.or.jp

Chapter15 工業技術・技能士 399

資格のメリット

資格取得、試験合格、講座受講などのメリットや活用できる場面などを表示。

- 独立　独立・開業に活かせる
- 就職　就職・転職に活用できる
- 趣味　趣味を実益につなげやすい
- 評価　社内で高評価を受けやすい

資格の種類

国家　国家資格（採用試験）

法律に基づき、国あるいは国から委任を受けた機関が実施する、資格または採用試験。

- 業務独占　は特定の業務を行うために取得が必要。
- 名称独占　は資格の呼称を名乗るために取得が必要。
- 必置　は企業や事業所に規定人数以上の有資格者を置くことが必要。

公的　公的資格

商工会議所、中央職業能力開発協会を含む、地方行政機関やそれに準ずる機関が実施する資格または試験。

※省庁後援資格として公式発表されている資格は「民間資格」として表示。

民間　民間資格

協会、団体、企業などが実施・主催する、上記2種を除く資格または試験。

主な受験データ

「受験者数」「合格率」「受験資格」「受験料」など資格を知る目安となる情報をまとめて表示。

受験者数と合格率

主催団体発表の、1年間のデータを表示。非公開は「非公開」、未集計や数字で表せない場合などは「−」でそれぞれ示した。

※2024年5月1日公表の最新のデータに基づく。

受験資格

年齢、学歴、実務経験などを中心に表示。

※最も低い級を基準にし、制限のない場合は「なし」と表示。2つのうちの一方が必要なら「or」、両方必要なら「&」、複数必要なら「など」で示した。

受験料

各試験の受験料を表示。

※複数の級などがある資格の場合、主に中間の級の受験料を示した。

CONTENTS
目次

巻頭特集

Chapter 1

財務・金融

Chapter 2

経営・労務管理

Chapter 3

司法・法務

Chapter 4

コンピュータ

CONTENTS

Chapter 5

オフィス技能・事務

Chapter 6

語学

Chapter 7

国際業務

CONTENTS

Chapter 8

公務関連

Chapter 9

教育・学術

Chapter 10

福祉

Chapter 11

医療・健康

Chapter 12

不動産・建築・施工

Chapter 15

工業技術・技能士

Chapter 16

車両・航空・船舶

CONTENTS

Chapter 17

生活・美容・デザイン

Chapter 18

調理・衛生・フードサービス

Chapter 19

自然環境・動物

Chapter 20

趣味・教養・スポーツ

Chapter 21

ご当地検定・おもしろ検定

協　力　LEC東京リーガルマインド

1979年、司法試験の受験指導機関として創立して以来、各種資格や公務員試験をはじめとした国家試験等の受験指導およびキャリアアップ支援を行う総合スクール。「成長を喜びに」の理念のもと、法人研修、雇用支援、教育出版、大学院運営など幅広い事業を展開。全国各地に支社があり、資格取得・キャリアアップに関する相談、通学講座・通信講座等を提供している。

〒101-0061 東京都千代田区神田三崎町2-2-12　URL https://www.lec-jp.com/

◆監修ページ

51, 53, 55, 59, 73, 79, 87, 89, 91, 93, 95, 97, 115, 153, 209, 221, 223, 247, 263, 315, 317, 319, 321, 323, 329, 353, 457

執筆協力　上井光裕（かみい みつひろ）

アップウエルサポート合同会社代表社員。資格アドバイザー。1955年生まれ。35年間東京ガス㈱に勤務。退職後、中小企業診断士として独立。中小企業の経営診断や社員研修を行うかたわら、資格試験講座・ネット講座講師としても活躍。取得資格数は503（2024年5月現在）。著書に『そうだったのか、こんなに面白い資格』（ギャラクシーブックス）などがある。ブログ「資格の達人ブログ」。

◆監修ページ

8, 9, 10, 11, 12, 13, 14, 15, 26, 27, 28, 29, 30, 31, 57, 61, 117, 119, 181, 183, 185, 211, 261, 265, 267, 283, 355, 365, 385, 427, 455, 481, 483, 513, 515

Chapter 1

財務・金融

税　理　士

税制は複雑なうえ、しばしば改正されるので、企業では税務に関する業務は税理士に依頼している。試験はかなり難しいが、独立して税理士事務所の開業もできるし、一般企業に勤務するにも断然有利であり、税のスペシャリストとして将来性のある資格である。

公式テキスト　独学　講座　通信

登録必要

受験者数	合格率
32,893人	21.7%
受験資格	受験料
学歴 or 他資格	4,000円（1科目の場合）

受験資格	(1)　学識による受験資格 ①大学、短大又は高等専門学校を卒業した者で、社会科学に属する科目を1科目以上履修した者②大学3年次以上で、社会科学に属する科目を1科目以上含む62単位以上を取得した者③一定の専修学校の専門課程を修了した者で、社会科学に属する科目を1科目以上履修した者④司法試験合格者⑤公認会計士試験の短答式試験に合格した者 (2)　資格による受験資格 ①日商簿記検定1級合格者②全経簿記検定上級合格者 (3)　職歴による受験資格 ①法人又は事業を行う個人の会計に関する事務に2年以上従事した者②銀行、信託会社、保険会社等において、資金の貸付け・運用に関する事務に2年以上従事した者③税理士・弁護士・公認会計士等の業務の補助事務に2年以上従事した者 上記は受験資格のうち、主なものを取り上げた。会計学に関する科目（簿記論及び財務諸表論）のみを受験する場合、上記受験資格不要
試験日	**8月上旬**
受験料	1科目**4,000円**　2科目　**5,500円**　3科目**7,000円** 4科目**8,500円**　5科目**10,000円**（収入印紙）
試験地	北海道、宮城、埼玉、東京、石川、愛知、大阪、広島、香川、福岡、熊本、沖縄
試験内容	**〔会計学〕**①簿記論　②財務諸表論 **〔税法〕**次の①～⑨から3科目を選択（ただし、①と②のいずれかを必ず選択すること。また、④と⑤、⑦と⑧はそれぞれどちらか一方の科目しか選択できない） ①所得税法　②法人税法　③相続税法　④消費税法　⑤酒税法 ⑥国税徴収法　⑦住民税　⑧事業税　⑨固定資産税 ※上記の会計学2科目、税法のうち3科目の計5科目の合格で資格が与えられるが、科目合格制のため一度に5科目を受験する必要はない 試験については最寄りの各国税局（事務所）に問い合わせる

問い合わせ先
各国税局人事第二課（沖縄国税事務所は人事課）試験担当係、または国税庁国税審議会税理士分科会
〒100-8978 東京都千代田区霞が関3-1-1 国税庁
TEL03(3581)4161　URL=https://www.nta.go.jp/taxes/zeirishi/zeirishishiken/zeirishi.htm

資格のQ&A

Q この資格を取るメリットは？

A **一般企業の経理部門、税理士法人、税理士事務所などへの就職、転職、再就職に有利なことが大きなメリットです。**税理士は独立開業系の国家資格の中でも人気が高く、合格後、実力次第では、自分の事務所を構えることも可能です。また、現在、経理業務に従事していてキャリアアップを目指したいという人にも有効です。税のスペシャリストとして将来性が高く、今後も変わらず高い需要が見込まれることも魅力のひとつでしょう。

Q この資格取得にかかる費用・期間は？

A 試験合格まで**2年から6年**、費用は累計で**600,000～900,000円**（LECの場合）が標準的です。費用・期間ともに負担はありますが、それだけ取得する価値の高い資格といえます。

Q 資格取得後に有利な業界はどこですか？

A 多くの税理士が**独立開業**していますが、企業内で活躍する税理士もいます。また、現在、経理・財務業務に従事している人は、キャリアアップに有利となります。

Q 次のステップとして、取得すべき資格はありますか？

A 日本企業の海外進出や海外企業の国内参入など、ビジネスのグローバル化が進んでいるため、税理士にも語学力が必要になるケースが少なくありません。特に**英語関連の資格**を取得しておくと仕事のフィールドが広がるでしょう。また、**社会保険労務士**や**ファイナンシャル・プランナー**の資格をダブルライセンスでもっていれば、業務上、非常に有用です。

Q おススメの勉強方法・学習のポイントは？

A **税理士試験は科目選択制度を採用しているので、どの科目を受験するかが、戦略上、第一のポイントです。**自分が点を取りやすい科目、得意な科目を選ぶためにも、まずはどんな試験科目があるのか把握しておきましょう。

回答者　富田茂徳LEC専任講師（税理士講座担当）

独立 就職 趣味 評価

公認会計士

業務独占

企業の経営状況を報告する「財務書類」が公正なものかを判断する監査は、公認会計士の独占業務である。会計監査は各種法人で必要とされており、有資格者は高く評価されている。企業の会計業務、経営コンサルティングなど、幅広い分野で活躍できる。

公式テキスト　独学　講座　通信

登録必要

申込者数	合格率
20,317人	7.6%
受験資格	受験料
なし	19,500円（収入印紙）

受験資格	誰でも受験できる
試験日	【短答式試験】**12月上旬　翌年5月下旬** 【論文式試験】**8月の3日間**
受験料	**19,500円**（書面出願の場合は収入印紙）
試験地	北海道、宮城、東京、愛知、石川、大阪、広島、香川、福岡、熊本、沖縄
試験内容	【短答式】 ①財務会計論（120分、40問以内）：簿記、財務諸表論、企業などの外部の利害関係者の経済的意思決定に役立つ情報を提供することを目的とする会計の理論 ②管理会計論（60分、20問以内）：原価計算、その他企業等の内部の経営者の意思決定及び業績管理に役立つ情報を提供することを目的とする会計の理論 ③監査論（60分、20問以内）：金融商品取引法及び会社法に基づく監査制度及び監査諸基準その他の監査理論 ④企業法（60分、20問以内）：会社法、商法、金融商品取引法、監査を受けるべきこととされる組合その他の組織に関する法 【論文式】短答式合格者と免除者のみ。①～④は必須、⑤～⑧から1科目選択 ①会計学（財務会計論、管理会計論）（300分、大問5問）：短答式①②に同じ ②監査論（120分、大問2問）：短答式③に同じ ③企業法（120分、大問2問）：短答式④に同じ ④租税法（120分、大問2問）：法人税法、所得税法、租税法総論及び消費税法、相続税法その他の租税法各論 ⑤経営学（120分、大問2問）：経営管理及び財務管理の基礎的理論 ⑥経済学（120分、大問2問）：ミクロ経済学、マクロ経済学その他の経済理論 ⑦民法（120分、大問2問）：財産法（民法第１～３編）並びに関連する特別法 ⑧統計学（120分、大問2問）：記述統計及び推測統計の理論並びに金融工学の基礎的理論

問い合わせ先
公認会計士・監査審査会事務局 総務試験課
〒100-8905 東京都千代田区霞が関3-2-1 中央合同庁舎第７号館
TEL03(5251)7295　URL＝https://www.fsa.go.jp/cpaaob/index.html

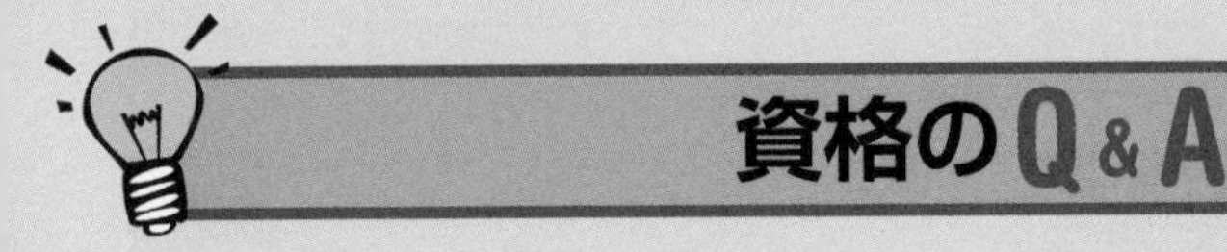

Q この資格を取るメリットは？

A **就職や転職、あるいは再就職に有利であるのはもちろん、資格取得を独立への足がかりにする人も増えています。**ただし、独立するには、監査法人に就職して実務経験を積むことが必要です。また、現在の職場でのキャリアアップに役立ったり、給料が上がったり、職能手当がついたりと待遇面などでもプラスになることがあります。それぱかりか、この資格を取ったら、将来のキャリアパスが無限に広がるといっても過言ではないでしょう。

Q この資格取得にかかる費用・期間は？

A LECの場合、**短答式試験対策だけなら280,000円**程度、**短答式・論文式試験対策なら450,000円**程度です。**1年半から3、4年**をかけ取得するケースが多いようです。

Q 資格取得後に有利な業界はどこですか？

A **監査法人、税理士法人、税理士事務所、会計事務所、一般企業の財務・経理部門、コンサルティング会社**などが、この資格を生かせる主な場所となります。

Q 次のステップとして、取得すべき資格はありますか？

A **英語などの語学やパソコンスキルに関する資格**、MBAを取得しておくと、より有利となるでしょう。

Q おススメの勉強方法・学習のポイントは？

A **計算科目については、同じ問題を何回も繰り返して解き、迅速かつ正確に会計処理できるようにすること。**理論科目は、とにかく正確に覚えることが大切です。まずはテキストなどで知識をしっかりとインプットし、どのくらい頭に入ったかを問題集で確認し、間違えた箇所や判断に迷った箇所はもう一度テキストに戻って復習しましょう。

回答者　影山一人LEC専任講師（公認会計士講座担当）

日商簿記検定

公的

簿記は、企業の経営活動を記録・計算・整理して、経営成績と財政状態を明らかにする技能。企業の活動を適切、かつ正確に情報公開するとともに、経営管理能力を身につけるためにも必須な知識。実務に役立つ知名度No.1資格だ。ネット試験も始まり受験しやすくなった。

公式テキスト　独学　講座　通信　CBT

受験者数	合格率
90,770人※	34.1%※
受験資格	**検定料**
なし	3,300円※

※3級統一の場合

受験資格	誰でも受験できる
試験日	【簿記初級・原価計算初級】**随時（試験実施機関が日時を決定）** 【3～1級：統一試験】**6月上旬　11月中旬**　【3・2級】**翌年2月下旬** 【3・2級：ネット試験】**随時（試験実施機関が日時を決定）**
検定料	【簿記初級・原価計算初級】**2,200円** 【3級】**3,300円**　【2級】　**5,500円**　【1級】**8,800円**（各税込）
試験地	統一試験：全国各地の商工会議所が指定する会場 ネット試験：希望する試験センター
受験者数 合格率	統一試験：【3級】90,770人、34.6% 【2級】33,004人、16.0%　【1級】24,354人、14.8% ネット試験：【簿記初級】3,271人、59.9% 【原価計算初級】1,211人、89.9% 【3級】238,155人、37.1% 【2級】119,036人、35.2%
試験内容	【簿記初級】商業簿記（40分）：入門レベル。複式簿記の仕組みを理解し、業務に利活用できる 【原価計算初級】原価計算（40分）：入門レベル。原価計算の基本用語や原価と利益の関係を分析・理解し、業務に利活用できる 【3級】商業簿記（60分）：基本的な商業簿記を修得し、小規模企業の企業活動や会計実務を踏まえ、経理関連書類の適切な処理ができる 【2級】商業簿記、工業簿記（90分）：高度な商業簿記、工業簿記（原価計算を含む）を修得し、財務諸表の数字から経営内容を把握できる 【1級】商業簿記、会計学、工業簿記、原価計算（3時間）：極めて高度な商業簿記、会計学、工業簿記、原価計算を修得し、会計基準や会社法、財務諸表等規則などの企業会計に関する法規を踏まえて、経営管理や経営分析ができる ※合格基準：各級とも、100点満点で70点以上が合格。ただし、1級は1科目ごとの得点が40%以上

商工会議所
URL=https://www.kentei.ne.jp/bookkeeping（簿記検定ホームページ）

資格のQ&A

Q この資格を取るメリットは？

A まず、**現在の職場でキャリアアップにつながったり、待遇がよくなったりするなどのメリットが考えられます**。具体的には月収やボーナスが上がる、職能手当がつくなどです。また、この資格を採用の判断材料に活用している企業も多いので、就職や転職・再就職に役立つことはいうまでもありません。

Q この資格取得にかかる費用・期間は？

A LECの場合、1級は**半年から1年**で**130,000～160,000円**、2級なら4カ月から半年で60,000～80,000円、3級なら1カ月から2カ月で17,000～27,000円が目安となります。

Q 資格取得後に有利な業界はどこですか？

A **個人商店、中小企業、大企業の経理課・財務課、会計事務所**をはじめ、簿記会計の知識やスキルを必要とする場は数多くあります。会計部門はもちろん、ビジネス全般に役立つ資格なので、幅広い分野で生かせます。

Q 次のステップとして、取得すべき資格はありますか？

A 簿記検定の知識を応用して、**公認会計士**や**税理士**など上位の会計資格を取得し、ステップアップしていけば、昇進や独立のチャンスが広がります。

Q おススメの勉強方法・学習のポイントは？

A 講義を1回受けたら、それと同じだけの時間をかけて復習しましょう。復習では、テキストを見直す、問題を自分の手と電卓を使って解く、間違った問題は解説やテキストを見直してなぜ間違ったかを必ず確認する、という方法が効果的です。さらに、間違った箇所・論点をまとめた「間違いノート」を作成しておき、それをたまに見直すことで、弱点を減らすことができるでしょう。**弱点克服が合格への一つのポイントになることは間違いありません。**

回答者　柳澤真哉LEC専任講師（日商簿記検定講座担当）

独立 就職 趣味 評価

外務員（二種・一種）

民間

外務員として証券業務を行うには、外務員資格試験に合格し、金融商品取引業者等に就職したうえで外務員登録を受ける必要がある。金融商品取引業者等とは、有価証券の売買等の業務を行う金融商品取引業者（証券会社など）や登録金融機関（銀行など）をいう。

公式テキスト　独学　講座　通信　登録必要　CBT

受験者数	合格率
3,833人※	65.6%※
受験資格	受験料
なし	13,860円

※二種の場合（2023年度）

受験資格	誰でも受験できる
試験日	**月～金曜日（土日・祝日・年末年始を除く） ただし、試験会場（テストセンター）によって異なるため、受験申し込みの際に確認する**
合格発表	試験終了後、試験会場で「外務員資格試験受験結果通知」が交付される
申込方法	プロメトリック（株）（https://www.prometric-jp.com）に申し込む
受験料	【二種】【一種】**各13,860円**（税込）
試験地	全国の主要都市のプロメトリック（株）試験会場（テストセンター）
試験内容	出題範囲：「外務員必携」（【二種】は第1～3巻、【一種】は第1～4巻）を中心とした範囲に関し、直近の法令・諸規則に基づいた内容。出題科目は以下のとおり 【二種】（試験時間120分）下記①～③についての基礎的知識 ①法令・諸規則：金融商品取引法、金融商品の勧誘・販売に関する法律、協会定款・諸規則、取引所定款・諸規則 ②商品業務：株式業務、債券業務、投資信託及び投資法人に関する業務、付随業務 ③関連科目：証券市場の基礎知識、株式会社法概論、経済・金融・財政の常識、財務諸表と企業分析、証券税制、セールス業務 【一種】（試験時間160分） ①上記①～③についての実務的、専門的知識 ②商品業務にデリバティブ取引（先物取引、先渡取引、オプション取引ほか）を含む ※解答の方法はパソコンへの入力方式。合否判定基準は以下のとおり 【二種】300点満点のうち70%（210点）以上得点した者が合格 【一種】440点満点のうち70%（308点）以上得点した者が合格

問い合わせ先

日本証券業協会
〒103-0027 東京都中央区日本橋2-11-2 太陽生命日本橋ビル
URL=https://www.jsda.or.jp/

資格のQ&A

Q この資格を取るメリットは？

A **証券会社、銀行などへの就職、再就職、転職に有利です**。特に窓口、営業などの業務を希望する人には、採用における大きなアピールポイントになります。また、金融業界でキャリアアップを目指す人にとっても、取得しておいて損のない資格です。試験のための勉強では法律、経済、税制など幅広いジャンルについて学ぶため、金融以外のビジネスにも役立つことは間違いないでしょう。

Q この資格取得にかかる費用・期間は？

A テキストや参考書などで勉強する場合は、**2,000～5,000円**程度、Web・スマホ講座などを受ける場合は10,000～40,000円程度かかります。**1カ月から3カ月**くらいで合格まで行き着く人が多いようです。

Q 資格取得後に有利な業界はどこですか？

A やはり**金融業界**です。特に証券会社や銀行への就職を希望する人、すでに勤務している人には必須の資格です。それらの会社ではほとんどの場合、社員にこの資格取得を勧めるようです。

Q 次のステップとして、取得すべき資格はありますか？

A 外務員試験には二種と一種があるので、二種を取得したら、**一種**を目指すといいでしょう。そのほか、**ファイナンシャル・プランナー**や**簿記検定**、**証券アナリスト**など、次のステップとして取得したい資格は幅広く存在します。出題範囲が重なる試験もあるので、並行して、あるいは時間を置かずに受験すると効率的です。

Q おススメの勉強方法・学習のポイントは？

A **記述式ではなく選択式・正誤判断の問題なので、テキストを読んで、とにかく問題演習を行いましょう**。似たような問題が出題されることも多いので、過去問をしっかり解いておくことが大切です。

回答者　上井光裕（資格アドバイザー）

ライフプランニングの相談役

ファイナンシャル・プランニング技能検定

（金融財政事情研究会・日本FP協会）

国家

名称独占

金融機関の職員をはじめ資産に関する相談業務に従事する人の、ファイナンシャル・プランニング業務知識と実践の技能を検定する国家資格。試験は3～1級に分けて実施、金融財政事情研究会、日本FP協会のどちらで受検しても、取得できる資格は同一である。

講座

受検者数	合格率
84,559人※ 75,207人※ （2級学科の場合）	17.8%※ 46.9%※ （2級学科の平均）
受検資格	**受検手数料**
経験など	5,700円 （2級学科の場合）

※上段数値は金融財政事情研究会、下段は日本FP協会の場合

受検資格	【3級】FP業務に従事している者、または従事しようとしている者 【2級】①3級合格者　②日本FP協会認定AFP認定研修修了者 ③FP業務に関し2年以上の実務経験を有する者　ほか 【1級】2級合格かつFP業務に関し1年以上の実務経験を有する者　ほか
試験日	金融財政事情研究会の場合 【3級】〔学科・実技〕通年（休止期間あり） 【2級】〔学科・実技〕**5月　9月　翌年1月**（実施種目により異なる） 【1級】〔学科〕**5月　9月　翌年1月**　〔実技〕**6月上旬～中旬　9月下旬　翌年2月上旬～中旬**（学科合格者に通知） 日本FP協会の場合 【3級】〔学科・実技〕通年（休止期間あり） 【2級】〔学科・実技〕**5月　9月　翌年1月**　【1級】〔実技のみ〕**9月**
受検手数料	金融財政事情研究会の場合【3級】〔学科・実技〕各4,000円【2級】〔学科〕5,700円〔実技〕6,000円【1級】〔学科〕8,900円〔実技〕28,000円 日本FP協会の場合【3級】〔学科・実技〕各4,000円【2級】〔学科〕5,700円〔実技〕6,000円【1級】〔実技のみ〕20,000円（非課税）
試験地	47都道府県主要都市
試験内容	【3級】〔学科〕CBT試験（○×式、3答択一式、60問） 〔実技〕CBT試験 個人資産相談業務、保険顧客資産相談、資産設計提案業務 【2級】〔学科〕筆記試験（マークシート形式、4答択一式、60問） 〔実技〕筆記試験（記述式） 個人資産相談業務、中小事業主資産相談業務、生保顧客資産、相談業務、損保顧客資産相談業務、資産設計提案業務 【1級】〔学科〕①基礎編： 筆記試験（マークシート方式、4答択一式、50問） ②応用編：筆記試験（記述式、事例形式5題） 〔実技〕（学科合格者）資産相談業務、資産設計提案業務 ※金融財政事情研究会と日本FP協会で実技試験の選択科目などが異なる。2級学科と3級学科は同一問題。

一般社団法人 金融財政事情研究会 検定センター
〒160-8529 東京都新宿区荒木町2-3
TEL03(3358)0771　URL=https://www.kinzai.or.jp/

NPO法人 日本ファイナンシャル・プランナーズ協会
〒105-0001 東京都港区虎ノ門4-1-28-5F
TEL03(5403)9890　URL=https://www.jafp.or.jp/

資格のQ&A

Q この資格を取るメリットは？

A **就職、転職、再就職あるいはキャリアアップにおいて強力な武器となります**。銀行や証券会社、生命保険会社では、ファイナンシャル・プランナー資格の取得を採用の判断材料にする会社も少なくありません。また、ある程度経験を積んで実績ができれば、独立開業も可能です。

Q この資格取得にかかる費用・期間は？

A ３級FP技能士の場合は約**２カ月間**で費用は**15,000円**程度、２級FP技能士の場合は約５カ月間で費用は90,000円程度（LECの場合）です。

Q 資格取得後に有利な業界はどこですか？

A **銀行や証券会社**、生命保険会社、損害保険会社などの金融業界や、不動産販売会社、賃貸不動産管理会社などの不動産業界で有用です。独立して事務所を設け、講演や執筆活動などで活躍するファイナンシャル・プランナーもいます。

Q 次のステップとして、取得すべき資格はありますか？

A 企業内ファイナンシャル・プランナーであれば、**証券外務員、宅地建物取引士**、貸金業務取扱主任者、簿記検定、独立系ファイナンシャル・プランナーであれば、行政書士、社会保険労務士、税理士の資格を併せもてば、ビジネスの幅がいっそう広がるでしょう。

Q おススメの勉強方法・学習のポイントは？

A FP技能士の試験のために学習する項目は、資産運用やライフプランニングなどすべて生活に密着した内容ばかりです。まずは、テキストの暗記や試験対策にとらわれず、**身近な具体例を考えながら勉強を始め、知識のインプットが終わったら過去問を活用し、頻出論点を徹底して覚えましょう。**

回答者　伊東伸一LEC専任講師（ファイナンシャル・プランニング技能検定講座担当）

アクチュアリー

保険会社や信託銀行などで、毎月の保険料の算定をはじめ、保険や年金にかかわる数理面に従事する専門家。今後ますます活躍の場は広がるものと思われる。国際的にも認められている高度な資格で、金融・保険業界で注目されている。

受験者数	合格率
2,704人※ (2023年度)	23.1%※ (2023年度)
受験資格	**受験料**
年齢 (18歳以上)	8,500円 (1科目)

※1次5科目の延べ人数と平均合格率

受験資格	〔1次〕 試験実施年の3月31日時点で満18歳以上の方 〔2次〕 1次試験の全5科目に合格した日本アクチュアリー会準会員
申込期間	9月中旬～10月中旬（2023年度の場合）
試験日	**12月中旬**（4日間）（2023年度の場合）
受験料	1科目につき **8,500円**（税込） ※会員・非会員とも
試験地	全国各地（2023年度の場合）
試験内容	〔1次〕基礎科目（必須） ①数学：確率・統計・モデリング ②生保数理：生保数理の基礎および応用 ③損保数理：損保数理の基礎および応用 ④年金数理：年金数理・年金財政の基本 ⑤会計・経済・投資理論：会計・経済・投資理論の基本 〔2次〕生保コース、損保コース、年金コースから1コースを選択 **〈生保コース〉** ①生保1：生保商品の実務　②生保2：生保会計・決算 **〈損保コース〉** ①損保1：損保商品の実務　②損保2：損保会計・決算・資産運用 **〈年金コース〉** ①年金1：公的年金制度および各種退職給付制度の設計・税務 ②年金2：公的年金制度および企業年金制度の財政ならびに退職給付会計

公益社団法人 日本アクチュアリー会
〒104-6002 東京都中央区晴海1-8-10 晴海アイランド　トリトンスクエア　オフィスタワーX2F
TEL03(5548)6033　URL=https://www.actuaries.jp

資格のQ&A

Q この資格を取るメリットは?

A アクチュアリーは全国で約2,000人と数少なく、価値のある資格です。生命保険会社や損害保険会社で「数理のプロ」として活躍しています。アクチュアリー会に入会して人脈を増やし、視野の広がる活動も行えます。もちろん**希少価値のある資格ですから、就職や転職時にも歓迎されます。**

Q この資格取得にかかる費用・期間は?

A **1次試験に合格するまで平均約5年、2次試験に合格するまで平均約8年**と、長期の受験生活が必要になります。受験講座は、企業内や民間のスクール、家庭教師などもあります。長期間の学習ですから、学習機関をよく調べて選択したいものです。

Q 資格取得後に有利な業界はどこですか?

A アクチュアリーの多くは**生命保険会社**、**損害保険会社**、**銀行**などで活躍しています。また、リスクマネジメント分野でも活躍の場が広がっています。

Q 次のステップとして、取得すべき資格はありますか?

A アクチュアリーは「数理のプロ」資格です。次のステップを考えた場合、リスクマネジメント分野で**CERA**(Chatered Enterprise Risk Actuary)という国際的な資格があります。

Q おススメの勉強方法・学習のポイントは?

A **まず独学や企業内外の講座などを利用して、基本科目5科目合格を目指しましょう。**合格率は科目や年によって10~30%とばらつきがありますが、手の届かないレベルではありません。次に専門科目の2科目に合格し、プロフェッショナリズム研修を受講すると、アクチュアリー会の正会員となります。これが資格取得までの一般的なルートになります。長期間の受験生活になりますので、講座やネットなどを利用して受験仲間をつくることをおすすめします。

回答者 上井光裕(資格アドバイザー)

貸金業の実用的知識を判定

独立 就職 趣味 評価

貸金業務取扱主任者

貸金業の営業所・事務所では、国家資格である貸金業務取扱主任者試験に合格し登録を完了した者をそれぞれ配置しなければならない、と貸金業法に定められている。貸金業務に従事する者に対し、法令を遵守して適正業務の実施に必要な助言・指導を行う。

受験資格	誰でも受験できる
申込期間	7月上旬～9月上旬
試験日	**11月中旬**
合格発表	翌年1月上旬
受験料	**8,500円**（非課税）
試験地	札幌、仙台、高崎、埼玉、千葉、東京、神奈川、名古屋、金沢、京都、大阪、神戸、広島、高松、福岡、熊本、沖縄
試験内容	試験科目は以下の4科目 出題形式は四肢択一方式、50問 ①法及び関係法令に関すること（22～28問） 貸金業法、同施行令・同施行規則、利息制限法、出資の受入れ、預り金及び金利等の取締りに関する法律　ほか ②貸付け及び貸付けに付随する取引に関する法令及び実務に関すること（14～18問） 民事法（民法、商法、会社法、保険法、手形法・小切手法など）、民事手続法、倒産法（破産法、民事再生法、会社更生法など）、刑事法 ③資金需要者等の保護に関すること（4～6問） 個人情報保護法、消費者保護法、経済法、貸金業法その他関係法令 ④財務及び会計に関すること（2～4問） 家計診断、財務会計 ※貸金業務取扱主任者資格試験に合格後は、主任者登録の申請を行う必要がある。ただし、申請の日が、資格試験の合格日から10カ月を超える場合は、申請の日前6カ月以内に行われる登録講習を受講し、その登録講習の「修了証明書の写し」が必要となる なお、登録の有効期間は3年間で、更新するには登録講習機関が実施する登録講習を受講することが必要となる

問い合わせ先

日本貸金業協会 資格試験センター

〒108-0074 東京都港区高輪3-19-15 二葉高輪ビル
TEL03(5739)3867　URL=https://www.j-fsa.or.jp/

 幅広い分野で活躍する金融・投資のプロ　独立 就職 趣味 評価

証券アナリスト（CMA）

証券アナリストは、証券投資の分野において、高度な専門知識と分析技術を応用し、各種情報の分析と投資価値の評価を行っており、投資助言や投資管理サービスを提供するプロフェッショナルである。金融機関や事業会社の財務・IR部門など活躍の場も幅広い。

受験者数	合格率
11,706人※	48.1%※
受講・受験資格	受講料
なし	66,000円（第1次・一般の場合）

※1次3科目の延べ人数と平均合格率

受講資格	第1次レベル講座は誰でも受講できる。1次2次とも受験は講座の受講が必須
試験日	【1次】**春（4月下旬）　秋（9月下旬または10月上旬）** 【2次】**6月上旬** ※1次、2次ともに、受講年度の翌年から3年間の受験が可能
受講料	【第1次レベル講座】会員：**60,000円**　一般：**66,000円**（各税込）
試験地	国内9都市、海外3都市（1次・2次共通）
講習・試験内容	証券アナリスト（CMA）資格の取得にはまず、第1次レベル講座（以下の6つの学習分野）を一括受講する必要がある。受講終了後、第1次試験を3科目受験して全科目に合格すれば第2次レベル講座を受講できる ①証券分析とポートフォリオ・マネジメント ②財務分析 ③コーポレート・ファイナンス ④市場と経済の分析 ⑤数量分析と確率・統計 ⑥職業倫理・行為基準 学習方法は講座テキストによる自習方式で、試験問題は講座テキストの内容から出題される 試験概要 【1次】 科目別に実施 科目Ⅰ（上記①）、科目Ⅱ（同、②、③）、科目Ⅲ（同④～⑥） 【2次】 総合試験 ※詳細は、ホームページを参照

問い合わせ先
公益社団法人 日本証券アナリスト協会 教育運営部
〒103-0026 東京都中央区日本橋兜町2-1 東京証券取引所ビル5F
URL=https://www.saa.or.jp/　E-MAIL=education@saa.or.jp

独立 就職 趣味 評価

ファイナンシャル・プランナー（AFP／CFP®）

家計のホームドクター®としてニーズが高いファイナンシャル・プランナーは、金融機関や会計事務所はもちろん、コンサルタント会社などでも必要とされる注目資格。AFP資格とCFP®資格（上級）があり、高度な専門知識と厳しい倫理観が求められる。

公式テキスト 独学 講座 通信

受講・登録必要

受験者数	合格率
24,550人	6.9%※
受験資格	受験料
研修受講など	6,600円（CFP®1課目の場合）

※CFP®全6課目合格者輩出率

受験資格	【AFP資格】日本FP協会認定のAFP認定研修を修了し、2級FP技能検定に合格した者。3級FP技能検定合格者または実務経験2年以上の者も2級FP技能検定の受験は可能だが、AFP資格取得にはAFP認定研修修了が必須 【CFP®資格（上級）】AFP資格取得者または日本FP協会が指定した大学院で所定の課程を修了した者 CFP®認定には全6課目試験合格後、以下の①②が必要となる：①協会指定研修（CFP®エントリー研修）の修了　②実務経験要件3年の申請
試験日	【AFP資格審査試験】 **年3回：5月　9月　翌年1月** 【CFP®資格審査試験】 **年2回：6月　11月**
受験料	【AFP資格審査試験】**〔学科〕5,700円　〔実技〕6,000円**（各非課税） 【CFP®資格審査試験】1課目 **6,600円** (2課目以上の場合は、1課目ごとに3,300円の加算。各税込)
試験地	【AFP資格審査試験】各都道府県にて実施 【CFP®資格審査試験】札幌、仙台、宇都宮、水戸、埼玉、千葉、東京、神奈川、新潟、金沢、富山、松本、静岡、名古屋、京都、大阪、広島、松江、岡山、高松、松山、福岡、熊本、那覇
試験内容	【AFP資格】**〔学科〕**①ライフプランニングと資金計画　②リスク管理　③金融資産運用　④タックスプランニング　⑤不動産　⑥相続・事業承継　**〔実技〕**①資産設計提案業務　②個人資産相談業務　③中小事業主資産相談業務　④生保顧客資産相談業務　⑤損保顧客資産相談業務 ※金融財政事情研究会実施の2級FP技能検定の合格でも可 【CFP®資格】6課目で、CFP®認定者に必要な知識と応用を問う。1課目2時間、2日にわたり実施。1課目ずつの受験・合格が認められ、数回に分けて受験可　①金融資産運用設計　②不動産運用設計　③ライフプランニング・リタイアメントプランニング　④リスクと保険　⑤タックスプランニング　⑥相続・事業承継設計 ※家計のホームドクター®は、NPO法人日本FP協会の登録商標である CFP®は、米国以外においてはFinancial Planning Standards Board Ltd.(FPSB)の登録商標で、FPSBとのライセンス契約のもとに、日本国内においてはNPO法人日本FP協会が商標の使用を認めている

問い合わせ先

NPO法人 日本FP協会
〒105-0001 東京都港区虎ノ門4-1-28 虎ノ門タワーズオフィス5F
TEL03(5403)9890　URL=https://www.jafp.or.jp/

 銀行業務で力を発揮

独立 就職 趣味 評価

金融窓口サービス技能検定

名称独占

銀行など金融機関の仕事は窓口での応対をはじめ、事務処理や預金業務、金融商品の販売、為替業務など多彩である。第一線で金融業務をこなすために必要な能力・技術を国が検定し、合格すると金融窓口サービス技能士の称号が付与される。

受検者数	合格率
723人※	62.1%※
受検資格	受検手数料
経験など	8,600円※

※2級学科の場合（2023年度）

受検資格	【3級】金融機関関連業務に従事している者または従事しようとする者 【2級】①金融機関等での実務経験2年以上の者 ②3級合格者　ほか 【1級】①金融機関等での実務経験4年以上の者 ②2級合格者　ほか
申込期間	【3・2級】試験日の3カ月前の1日から試験日の3日前まで 【1級】7月上旬～下旬
試験日	【3・2級】**通年（休止期間あり）** ※2級については、2025年度以降にCBT方式で実施予定 【1級】**9月上旬**
受検手数料	【3級】〔学科〕**5,000円**　〔実技〕**5,500円** 【2級】〔学科〕**8,600円**　〔実技〕**9,000円** 【1級】〔学科〕**8,900円**　〔実技〕**17,000円**（非課税）
試験地	47都道府県主要都市
試験内容	**〔学科〕**【3・2級】CBT方式（40問） 【1級】マークシート式（50問） ①顧客対応・コンプライアンス等　②関連法令・規制 ③金融経済知識・投資理論　④金融商品知識　⑤相談業務等に係る知識 **〔実技〕**【3級テラー業務】CBT方式（20問程度） ①顧客対応　②事務手続・実務知識　③コンプライアンス　④商品知識 ⑤情報収集、提案・セールス 【3級金融商品コンサルティング業務】CBT方式（20問程度） ①投資型金融商品知識　②コンプライアンス　③説明・提案技能 ④苦情対応力 【2級】CBT方式（25問程度） ①顧客対応・情報収集　②商品知識・説明技能　③コンプライアンス ④相談業務・提案技能　⑤顧客フォロー 【1級】記述式（15問程度） ①顧客対応・情報収集　②商品知識・説明技能 ③コンプライアンス　④相談業務・提案技能　⑤顧客フォロー

一般社団法人 金融財政事情研究会 検定センター
〒160-8529 東京都新宿区荒木町2-3
TEL03(3358)0771　URL=https://www.kinzai.or.jp/

年金・退職金と投資教育のエキスパート　独立　就職　趣味　評価

DCプランナー（企業年金総合プランナー）　公的

（金融財政事情研究会・日本商工会議所共催）

確定拠出年金をはじめとする年金制度全般の専門的な知識に加え、投資やライフプランに関する知識をもち、公共性と専門性を兼ね備えた“年金・退職金と投資教育のエキスパート”がDCプランナーだ。2021年度よりCBT方式で試験施行。

受験者数	合格率
2,746人※	38.5%※
受験資格	受験料
なし※	7,700円※

※2級の場合

受験資格	金融機関職員、企業経営者、福利厚生担当者、ファイナンシャルプランナー、学生など自らの年金・資産をより効率的に運用したいと考えている個人向け 【2級】誰でも受験できる 【1級】2級試験合格者
試験水準	【2級】確定拠出年金やその他の年金制度全般に関する基本的事項を理解し、金融商品や投資などに関する一般的な知識を有し、確定拠出年金の加入者・受給者、確定拠出年金制度を実施する企業の福利厚生担当者などに対し説明できる 【1級】確定拠出年金やその他の年金制度全般、金融商品、投資などに関する専門的な知識を有し、企業に対しては現行退職給付制度の特徴と問題点を把握のうえ、確定拠出年金を基軸とした適切な施策を構築でき、加入者などの個人に対しては確定拠出年金の加入者教育の実施と老後を見据えた資産形成およびその前提となる生活設計を提案できる
申込期間	通年申込可能
試験日	**通年実施**
受験料	【2級】**7,700円** 【1級】**A分野、B分野、C分野各5,500円**（各税込）
試験地	350カ所のテストセンターでのCBT方式試験
受験者数 合格率	【2級】2,746人、38.5%【1級】A分野：613人、41.3%　B分野：527人、48.0%　C分野：709人、34.5%　※2023年度データ
試験内容	A分野：年金・退職給付制度等　B分野：確定拠出年金制度　C分野：老後資産形成マネジメント 【2級】CBT方式：四答択一式30問、総合問題10題 【1級】CBT方式：「四答択一式各10問、総合問題各4題」で3分野ごとの試験を実施。全分野合格で1級合格

問い合わせ先
一般社団法人 金融財政事情研究会 検定センター
TEL03(3358)0771
URL=https://www.kinzai.or.jp/

日本商工会議所
URL=https://www.kentei.ne.jp/
（検定ホームページ）

経理関係の就職に有利

独立 就職 趣味 評価

文部科学省、日本簿記学会後援

簿記能力検定

公的

商店、企業の経営に必要不可欠ともいえる経理能力。基本的な商業簿記から税理士の受験資格が得られる高度なものにいたるまで内容も幅広く、その中から自分の目的に合わせて受験ができる。経理分野を目指す人の第一ステップの資格。ネット試験も実施。

受験者数	合格率
15,658人※	66.7%※
受験資格	**受験料**
なし	2,000円※

※3級の場合

受験資格	誰でも受験できる
申込期間	試験日の約1カ月前（指定日）に締め切る（11月試験分は10月28日締切）
試験日	【基礎簿記会計～1級】**5月の最終日曜日　7月の第2日曜日　11月の第4日曜日　翌年2月の第3日曜日** 【上級】**7月の第2日曜日　翌年2月の第3日曜日**
受験料	【基礎簿記会計】**1,600円**　【3級】**2,000円**　【2級】1科目：**2,200円** 【1級】1科目：**2,600円**　【上級】1科目：**7,800円**（各税込）
試験地	全国各地の協会加盟校および協会の指定する学校　ほか
受験者数 合格率	【基礎簿記会計】1,879人　75.7%　【3級】15,658人　66.7% 【2級商簿】6,657人　48.9%　【2級工簿】2,577人　77.9% 【1級商会】1,466人　47.1%　【1級原工】1,589人　57.8% 【上級】1,791人　14.2%
試験内容	基礎簿記会計および3・2・1・上級の5階級に区分される。区分の出題範囲の変更はあるが、それぞれのレベルは変わらない 【基礎簿記会計】（1時間30分）：商業簿記の基礎理論 【3級】商業簿記（1時間30分）：小規模企業の経理担当者レベル 【2級】商業簿記（1時間30分）、工業簿記（1時間30分）：中規模企業の経理担当者レベル 【1級】商業簿記・会計学（1時間30分）、原価計算・工業簿記（1時間30分）：大会社の経理・財務担当者レベル 【上級】商業簿記・会計学（1時間30分）、工業簿記・原価計算（1時間30分）：上場企業の経理担当レベル ※1級の1科目（商業簿記・会計学、または原価計算・工業簿記）に合格し、残りの科目に合格した場合「1級合格証書」の交付となる。2級商業簿記または2級工業簿記に合格した場合はそれぞれの合格証書の交付となり、「2級合格証書」の交付はしない 上級合格者は、税理士試験の受験資格が得られる

問い合わせ先
公益社団法人 全国経理教育協会
〒170-0004 東京都豊島区北大塚1-13-12
TEL03(3918)6133　URL=https://www.zenkei.or.jp/exam/bookkeeping

銀行業務検定試験

金融に携わる人たちの実務能力水準の向上を目指して行われている検定試験。法務、財務、税務など23系統・36種目の試験が実施されている。受験者の多くは銀行、保険、証券、ノンバンクなどの業務に直結する金融関係者だが、学生も増えてきている。

公式テキスト　独学　講座　通信　CBT

申込者数	合格率
14,212人※	29.2%※
受験資格	**受験料**
なし	5,500円※

※法務3級の場合

受験資格	誰でも受験できる
受験種目	〔6月試験〕**法務3**・2級、**財務4・3**・2級、**信託実務3級**、営業店マネジメントⅠ・Ⅱ、窓口セールス3級、金融経済3級、法人融資渉外3・2級、個人融資渉外3級、金融商品取引3級、デリバティブ3級、**事業性評価3級** 〔10月試験〕**法務4・3**・2級、財務2級、**税務3級**、証券3級、**年金アドバイザー3級**、外国為替3級、営業店マネジメントⅠ・Ⅱ、資産形成アドバイザー3・2級、**事業承継アドバイザー3級**、**相続アドバイザー3級**、保険販売3級 〔3月試験〕**財務3級**、**税務4・3**・2級、**年金アドバイザー4・3**・2級、外国為替3・2級、融資管理3級、投資信託3級、経営支援アドバイザー2級、**相続アドバイザー3**・2級　※太字はCBT試験あり
申込期間	**〔全国一斉試験〕4月上旬～中旬　8月中旬～9月上旬　1月上旬～中旬** **〔CBT試験〕4月下旬～翌年3月下旬　4月下旬～翌年3月下旬**
試験日	**〔全国一斉試験〕6月上旬　10月下旬　翌年3月上旬** **〔CBT試験〕5月上旬～翌年3月下旬　6月上旬～翌年3月下旬**
試験地	〔全国一斉試験〕協会が全国に設置する約220会場 〔CBT試験〕全国280ヶ所のテストセンター
受験料	【4級】**4,950円** 【3級】**5,500円** 【2級】**8,250円**（各税込）※個別の種目についてはホームページで確認
合格率	【4級】40～75% 【3級】20～65% 【2級】20～40%
試験内容	出題形式は三答択一式、四答択一式、五答択一式、記述式など 合格基準は満点の60%あるいは50%以上など種目によって異なる

問い合わせ先
銀行業務検定協会（株式会社経済法令研究会 検定試験運営センター）
〒162-8421 東京都新宿区市谷本村町3-21
TEL03(3267)4821　URL=https://www.kenteishiken.gr.jp/

経理・財務スキル検定(FASS)

経済産業省の「経理・財務人材育成事業」の一環として実施。総合点からレベル分けでスキルが評価され、分野ごとの達成度合いも示される。経理・財務能力を測る手段として評価の高い検定試験。
【受験資格】 誰でも受験できるが、対象者は経理・財務部門の定型的実務従事者、経理・財務部門への従事希望者
【試験科目】 四肢択一式 「経理・財務サービス・スキルスタンダード」のうち、定型業務として標準化された業務(資産・決算・税務・資金の4分野)、任意で「オプション科目(FP&A〈経営企画スキル〉)」
【試験日】 5月上旬〜7月下旬
11月上旬〜翌年1月下旬
【受験料】 11,000円(税込)

【問い合わせ先】
一般社団法人 日本CFO協会
〒102-0093 東京都千代田区平河町2-7-1
URL=https://www.cfo.jp/fass/

文部科学省後援 所得/法人/消費/相続税法能力検定

経理事務に必要な税の知識を測る税務会計能力検定。所得、法人、消費、相続税法の4試験で、それぞれ3〜1級がある。
【受験資格】 誰でも受験できる
【試験科目】 **〔所得税法〕** ①所得税のしくみ ②各種所得の金額の計算 ほか **〔法人税法〕** ①法人税のしくみ②法人の会計処理 ほか **〔消費税法〕** ①消費税のしくみ②税額控除などの計算 ほか **〔相続税法〕** ①相続税・贈与税のしくみ②税額・税額控除などの計算 ほか
【試験日】 **〔3級・2級〕** 10月下旬 翌年2月上旬 **〔1級〕** 5月中旬 10月下旬
【受験料】 **〔3級〕** 2,300円
〔2級〕 2,700円 **〔1級〕** 3,500円(税込)
【試験地】 協会が指定する全国の専門学校

【問い合わせ先】
公益社団法人 全国経理教育協会
URL=http://www.zenkei.or.jp/

電子会計実務検定

企業の会計実務では電子会計が普及している。簿記の理論・知識をもとに、会計ソフトから得られる会計情報を分析・活用し、経営に役立てる能力を判定する。
【受験資格】 誰でも受験できる
【試験科目】 **〔3級〕** ①電子会計データの流れ ②電子会計情報の活用 **〔2級〕** ①業務データなどの活用 ②電子会計情報の活用 ③電子会計データの保管・管理 **〔1級〕** ①会計ソフトの導入・運用 ②会計データの電子保存と公開 ほか
【試験日】 **〔3級・2級〕** 各ネット試験会場にて決定
〔1級〕 2024年度は施行しません
【受験料】 **〔3級〕** 4,400円 **〔2級〕** 7,700円(税込)

【問い合わせ先】
商工会議所
TEL050(5541)8600(検定情報ダイヤル)
URL=https://www.kentei.ne.jp/accounting

経理事務パスポート(PASS)

経理の業務標準として定着した経済産業省「経理・財務サービススキルスタンダード」に準拠し、人材派遣・紹介でも使われる現場重視の3段階のレベルに対応した実践重視の資格
【受験資格】 誰でも受験できる
【試験科目】 学習から資格取得までを行えるe-ラーニングプログラム
【受験料】 **〔3級〕** 1,650円 **〔2級〕** 6,600円 **〔1級〕** 8,800円(各級税込。e-ラーニング受講料と受験料を含む)

【問い合わせ先】
一般社団法人 日本CFO協会
〒102-0093 東京都千代田区平河町2-7-1
URL=https://www.cfo.jp/pass/

ビジネス会計検定試験®

会計・財務の分野で重要視される財務諸表を読む能力を評価する試験。企業を数字で読み解く力は、あらゆるビジネスシーンで求められている。

【受験資格】 誰でも受験できる

【試験科目】〔3級〕マークシート式：財務諸表に関する基礎知識・基本的分析　ほか

〔2級〕マークシート式：連結財務諸表、財務諸表関連の諸法令に関する知識　ほか

〔1級〕マークシート・論述式：会計情報に関する総合的知識・分析　ほか

【試験日】〔3・2級〕10月　翌年3月

〔1級〕翌年3月

【受験料】〔3級〕4,950円〔2級〕7,480円〔1級〕11,550円（各税込）

【問い合わせ先】

ビジネス会計検定試験センター

〒540-0029 大阪市中央区本町橋2-8 大阪商工会議所

TEL06(6944)6295

URL＝https://www.b-accounting.jp

金融業務能力検定・サステナビリティ検定

金融機関の行職員に求められる知識が多様化かつ複雑化するなか、若手行職員から役席者まで、基本的な業務知識～実務対応力を検証する試験である。

【受験資格】 誰でも受験できる

【試験科目】 ①AML／CFT　②事業承継・M&A　③シニアライフ・相続　④資産承継　⑤デジタルトランスフォーメーション　⑥事業再生　⑦サステナビリティ・オフィサー　⑧SDGs・ESGベーシック　ほか

【試験日】 CBT方式で全国約340カ所のテストセンターにて通年実施

【受験料】 4,400～11,000円(種目によって異なる、各税込)

【問い合わせ先】

一般社団法人 金融財政事情研究会 検定センター

〒160-8529 東京都新宿区荒木町2-3

TEL03(3358)0771

URL=https://www.kinzai.or.jp

CAP (Certified Administrative Professional)

米国IAAPが実施する国際資格。経営・会計・IT・ビジネスコミュニケーション・情報セキュリティーといった広範なビジネス知識を評価する。

【受験資格】 高校卒業以上で、学位に応じて社会人としての実務経験が2～4年必要

【試験科目】 ①IT知識　②データのセキュリティ管理　③人間工学　④人的ネットワーキング　⑤オフィスコミュニケーション　⑥会議の準備・議事録の作成　ほか

【試験日】 3月下旬～4月中旬　10月上旬～下旬

【受験料】 US$575（IAAP会員はUS$375)

【試験地】 日本では東京、横浜、大阪、名古屋、福岡、在宅オンライン試験も可

【問い合わせ先】

バベル

〒180-0003 東京都武蔵野市吉祥寺南町2-13-18　TEL0422(45)0139

URL＝https://babel-edu.jp/cap/

CFA®（CFA協会認定証券アナリスト）

投資関連の最難関資格の一つ。世界的にもステータスが高く、金融関連の高度な知識の証として企業・顧客から大きな信頼を得られる。米国の資格だが、東京でも受験可。

【受験資格】 学士号取得者、4年以上の実務経験者ほか

【試験科目】 Level1～3の3段階。次の範囲から総合的に出題：①倫理規範　②職業行為基準　ほか

【試験日】〔Level 1〕5月　8月　11月　翌年2月〔Level 2〕5月　8月　11月

〔Level 3〕8月　翌年2月

※資格取得には、投資分析関連での実務経験4年以上、全レベルの試験に合格しCFAプログラムを完了する、CFA Instituteの正会員になる、などが必要

【問い合わせ先】

一般社団法人 日本CFA協会

〒100-0004 東京都千代田区大手町1-9-7　大手町フィナンシャルシティサウスタワー5F

URL=https://www.cfasociety.org/japan

Chapter 2

経営・労務管理

中小企業診断士

企業の経営状態を総合的に診断し、改善・支援・教育まで、幅広いコンサルティング業務を行う中小企業診断士。中小企業の頼もしいパートナーとして注目を浴びている。登録の更新要件として「新たな知識の補充」と「診断実務の従事」が求められる。

公式テキスト　独学　講座　通信　登録必要

受験者数	合格率
17,345人※	28.9%※
受験資格	受験料
なし※	14,500円※

※1次の場合

受験資格	〔1次〕誰でも受験できる 〔2次〕1次合格者（1次試験合格の有効期間は2年）
試験日	〔1次〕**8月上旬の2日間** 〔2次〕**筆記：10月下旬　口述：翌年1月下旬**
受験料	〔1次〕**14,500円**〔2次〕**17,800円**
試験地	札幌、仙台、東京、名古屋、大阪、広島、福岡、那覇（那覇は1次のみ）ほか
受験者数 合格率	〔1次〕17,345人、28.9% 〔2次〕　8,712人、18.7%
試験内容	〔1次〕筆記試験（多肢選択式） ①経済学・経済政策　②財務・会計 ③企業経営理論　④運営管理（オペレーション・マネジメント） ⑤経営法務 ⑥経営情報システム ⑦中小企業経営・中小企業政策 〔2次〕1次合格者のみ ①筆記試験：中小企業の診断および助言に関する実務の事例Ⅰ～Ⅳ ②口述試験：筆記試験に、相当の成績を修めた者に実施される ※7科目すべてに合格すれば1次試験合格となるが、一部の科目だけ合格した場合は科目合格となり、翌年・翌々年度の試験では、申請によりその科目の試験が免除される。3年間で7科目の試験に合格後、中小企業基盤整備機構または登録養成機関が実施する養成講座修了者、あるいは2次試験合格者で3年以内に15日以上の実務従事または実務補習修了者は、経済産業大臣に中小企業診断士の登録申請ができる。登録の有効期間は5年間で、更新するには有効期間内に以下の要件を満たすことが必要 ①新しい知識補充のための理論政策更新研修 ②論文審査合格 ①②のいずれかを合計して5回以上行う

問い合わせ先
一般社団法人 中小企業診断協会
〒104-0061 東京都中央区銀座1-14-11 銀松ビル5F
TEL03(3563)0851　　URL=https://www.j-smeca.jp/

資格のQ&A

Q この資格を取るメリットは?

A **就職や転職、再就職でこの資格を取るメリットは大きいといえます。**経験を積んで実績を重ねれば、独立開業の可能性もあります。また、キャリアアップに有効、職務手当がつくといったメリットも考えられます。この資格は守備範囲が広いので、経営に関する一通りの知識を学ぶことができ、企業をトータルな視点で見る目も養われます。

Q この資格取得にかかる費用・期間は?

A LECの場合、費用は基幹講座で**160,000～210,000円**程度、期間は**1～3年**程度が標準的です。

Q 資格取得後に有利な業界はどこですか?

A **中小企業支援機関**や**政府系金融機関**への転職や、**経営コンサルタントとして独立**するのに有利です。外資系コンサルタントファームの分野でも有効な資格といえます。また、この資格を取得すると、経営管理部門への異動、管理職ポジションへの昇進の可能性も考えられます。

Q 次のステップとして、取得すべき資格はありますか?

A 独立を考えている人は、**社会保険労務士**、**税理士**の資格がいいでしょう。

Q おススメの勉強方法・学習のポイントは?

A 過去問分析と頻出テーマに絞った学習です。試験では会社の経営状態やその周辺環境の状態などを分析するために、広範囲で多くの知識が問われています。しかし過去問を分析すると、似たテーマや出題形式が毎年繰り返し出題されていることがわかります。**頻出テーマ、応用知識を中心に学習し、過去問を何度も解きながらしっかり理解することが重要です。**

回答者 金城順之介LEC専任講師(中小企業診断士講座担当)

品質管理検定（QC検定）

優れた製品やサービスをつくり出すために、企業内では品質管理（QC）活動が推進されている。品質管理検定では、今後仕事に就こうとする人から品質管理部門の責任者まで、それぞれのレベルで必要とされる品質管理の知識を、4〜1級の筆記試験で評価する。

申込者数	合格率
59,714人※	48.1%※
受検資格	受検料
なし	5,170円※

※3級の場合

受検資格	誰でも受験できる
試験日	9月上旬　翌年3月中旬
受検料	【4級】**3,960円**　【3級】**5,170円** 【2級】**6,380円**　【1級】**11,000円**（各税込）
試験地	【4〜2級】東京、名古屋、大阪など全国主要都市57カ所 【1級】宮城／福島※、埼玉、東京、神奈川、長野、名古屋、富山／石川※、静岡市、大阪、広島、香川、福岡　※は3月／9月で交互に開催
申込者数 合格率	【4級】17,563人　84.0%　【3級】59,714人　48.1% 【2級】23,129人　24.5%　【1級】1,870人　2.1%
試験内容	【4級】90分。総合得点のおおむね70%以上で合格 ①品質管理、管理、改善、工程、検査、標準・標準化、データ、QC七つ道具、企業活動の基本など　②企業活動の基本常識に関する理解度の確認 【3級】90分。出題を手法分野と実践分野に分類し、各分野のおおむね50%以上、総合得点のおおむね70%以上で合格 ①データの取り方やまとめ方の基本とQC七つ道具の利用　②新QC七つ道具の基本　③品質、プロセス管理、問題解決、標準化など、基本的な管理・改善活動に関する事項　④4級の試験範囲を含む理解度の確認 【2級】90分。合格基準は3級と同じ ①QC七つ道具を含む統計的な手法の活用や実践を自主的に実施するために必要とされる知識の理解度　②確率分布、検定・推定、相関分析・回帰分析などの基本的事項　③4・3級の試験範囲を含む理解度の確認 【1級・準1級】マークシート90分。手法・実践各分野がおおむね50%以上、総合得点がおおむね70%以上で準1級合格。論述30分。準1級合格基準を満たした上で論述得点がおおむね70%以上で1級合格 ①品質管理活動のリーダーとして期待される品質管理の手法全般、実践全般に関する理解度　②品質管理周辺の手法や品質管理周辺の活動としてトピック的事柄に関する基礎知識　ほか

問い合わせ先
一般財団法人 日本規格協会 QC検定センター
〒108-0073 東京都港区三田3-11-28 三田Avanti
TEL050(1742)6445　　URL=https://webdesk.jsa.or.jp

商業経済検定

民間

商業経済についてどれだけの知識と能力があるかを、商業高等学校の在校生・卒業生などを対象に検定する。現在学校で学んでいることや、すでに学び終えた学科について実力を試す絶好のチャンス。将来、役に立つこと間違いなしだ。

受験者数	合格率
24,878人※	69.8%※
受験資格	**受験料**
なし	1,300円（1科目）

※3級の場合

受験資格	誰でも受験できる
申込期間	11月上旬～中旬
試験日	**2月の第1日曜日**
申込方法	①受験票に受験料を添えて申し込む ②2科目以上受験する場合には、それぞれについて受験票と受験料を提出する ③在校生については、原則として在籍校に申し込むこと ④高校生以外は、一般受験を受け付ける試験場校に申し込むこと
受験料	1科目につき **1,300円**（税込）
試験地	下記へ問い合わせること
試験内容	【3級】ビジネス基礎 【2級】（①～④のうち、いずれか1科目） ①マーケティング ②商品開発と流通 ③ビジネス法規 ④ビジネス・マネジメント 【1級】（①～④のうち、いずれか2科目） ①マーケティング ②商品開発と流通 ③ビジネス法規 ④ビジネス・マネジメント ※問題は文部科学省高等学校学習指導要領に準拠し、1級および2級の科目は、3級の内容を基礎としたものである 2級合格者が1級を受験する場合、2科目のうち1科目は、2級合格科目を充てることができる

問い合わせ先

公益財団法人 全国商業高等学校協会
〒160-0015 東京都新宿区大京町26
TEL03(3357)7911　URL=https://www.zensho.or.jp

ERE ミクロ・マクロ

民間

経済学の数理的・理論的な基礎知識の習得程度と実体経済での初歩的な応用能力を全国規模でランク判定する。レベルは7段階。経済学部や社会科学系学部の学生を対象としているが、学部、社会人を問わず誰でも受験でき、自分の習熟度が測れる。

受験者数	合格率
2,678人※	ー
受験資格	受験料
なし	4,400円

※2021年度

受験資格	誰でも受験できる
試験日	**随時**（CBT方式）
受験料	**4,400円**（税込）
試験地	全国47都道府県の約150カ所のテストセンター
試験内容	4答択一式、50問、90分 ①ミクロ経済学（25問） 選好と効用、最大化・最小化、需要の変化、 異時点間代替、余暇、指数その他、短期企業行動、 長期企業行動、利潤最大化、部分均衡、均衡の安定性、余剰分析・その他 一般均衡、厚生、公共財、外部性、 独占、寡占・その他、不確実性、 情報の非対称性、同時手番ゲーム、展開型ゲーム ②マクロ経済学（25問） 経済統計、消費、投資、労働市場、金融、 金融政策手段、財政、IS-LM、AD-AS、 国際経済、経済成長、景気循環、 インフレーション、経済学説 ※合否判定ではなく、ランク判定 D：0～110点程度。経済学の基本に立ち返り、要学習 C：120～200点程度。経済学の不得意分野に重点を置いて要学習 B：210～250点程度。経済学の入門知識を習得。基礎知識の要学習 B＋：260～300点程度。経済学の基本・基礎知識を十分に習得 A：310～350点程度。大学の専門課程程度の知識を習得 A＋：360～400点程度。大学院（経済学研究科等）で専門的な研究を始めるのに十分な知識を取得 S：410点以上程度。経済学の専門的活用を目指す方に必要とされる高度な知識を習得

特定非営利活動法人 日本経済学教育協会
〒162-0845 東京都新宿区市谷本村町3-21
TEL03(3267)4819　URL=https://www.ere.or.jp/

VEリーダー

民間

VEとはValue Engineeringの略で、製品やサービスの機能（役割・働き）とコストに着目して、新たな価値を創造する革新手法のこと。業種や企業規模を超えて、革新的なアイデアが導き出されるのが特徴で、これを普及・活用することがVEリーダーの役割だ。

受験者数	合格率
1,819人	79.9%
受験資格	**受験料**
研修受講	22,000円

受験資格	必要とする内容を含むVE研修（社内研修、学内での授業も含む）受講者
申込期間	4月上旬～　8月中旬～
試験期間	**4月中旬～7月下旬** **9月上旬～翌年2月下旬** ※試験期間中の都合のよい日に受験する
申込方法	協会ホームページから申し込む
受験料	**22,000円** （学生**11,000円**、各税込）
試験地	全都道府県の試験会場
試験内容	試験は、CBT（コンピュータで受験）方式で行われる VEリーダー認定試験の受験資格要件は「必要とする内容を含むVE研修（社内研修、学内での授業も含む）を受講していること」である。必要とする内容を含むVE研修とは、以下のいずれか ①VE概論とVE実施手順に関する講義、及びVE実施手順に関するワークショップセミナー　計12時間以上 ②VE概論の講義とVE実施手順に関する講義　6時間 ③VE概論とVE実施手順に関する講義3時間、及びVE実施手順に関するワークショップセミナー6時間 ④日本VE協会が認定する通信講座 ※②③は『新・VEの基本』（参考図書）の自習と理解度テストまたは『VEリーダー認定試験問題集』による確認及び復習が必要となる ※②③の指導講師は、VESまたはCVSであることが条件となる 日本VE協会で開催している受験資格要件を満たす講座は以下の通り ①バリューデザインスクール（VE初級コース） ②VEの基礎通信講座

問い合わせ先
公益社団法人 日本バリュー・エンジニアリング協会 事務局 VEL試験係
〒154-0012 東京都世田谷区駒沢1-4-15 真井ビル6F
TEL03(5430)4488　URL=https://www.sjve.org/

独立 就職 趣味 評価

社会保険労務士（社労士）

業務独占

労務管理のアドバイスや指導をはじめ、労働・社会保険に関する法令に基づき書類作成などを行う。よりよい職場環境をつくるための、幅広い知識と優れた能力を備えた企業の強力なパートナーとして、活躍の場はますます広がっている。

公式テキスト 独学 講座 通信

登録必要

受験者数	合格率
42,741人	6.4%
受験資格	受験手数料
学歴など	15,000円

受験資格	①4年制大学の卒業者または62単位以上の修得者、短大、専門職大学、高等専門学校（5年制）の卒業者 ②修業年限が2年以上で、課程修了に必要な総授業時間数が1,700時間以上の専修学校の専門課程を修了した者 ③全国社会保険労務士会連合会の個別の受験資格審査により、学校教育法に定める短期大学を卒業した者と同等以上の学力があると認められる者 ④司法試験予備試験、旧法の規程による司法試験の第一次試験、旧司法試験の第一次試験または高等試験予備試験に合格した者 ⑤行政書士となる資格を有する者、弁理士・税理士・司法書士などの厚生労働大臣が認めた国家試験の合格者 ⑥公務員として行政事務に通算して3年以上従事した者 ⑦社会保険労務士もしくは社会保険労務士法人、または弁護士もしくは弁護士法人もしくは弁護士・外国法事務弁護士共同法人の業務の補助の事務に通算して3年以上従事した者 ⑧労働組合または会社などの従業員として労働社会保険諸法令に関する事務に通算して3年以上従事した者　ほか
申込期間	4月中旬～5月下旬
試験日	**年1回：8月下旬**
申込方法	インターネットまたは必要書類を郵送（簡易書留郵便）
受験手数料	**15,000円**
試験地	北海道、宮城、群馬、埼玉、千葉、東京、神奈川、石川、静岡、愛知、京都、大阪、兵庫、岡山、広島、香川、福岡、熊本、沖縄
合格率	6.4%（受験者数42,741人、合格者数2,720人）（2023年度実績）
試験内容	**〔学科〕** 5肢択一式70問と選択式8問 択一式試験は、各問1点とし1科目10点満点、合計70点満点 選択式試験は、各問1点とし1科目5点満点、合計40点満点 ①労働基準法および労働安全衛生法　②労働者災害補償保険法　③雇用保険法　④労務管理その他の労働に関する一般常識　⑤社会保険に関する一般常識　⑥健康保険法　⑦厚生年金保険法　⑧国民年金法 ※択一式試験の試験科目のうち②③は、それぞれの問題10問のうち3問が「労働保険の保険料の徴収等に関する法律」から出題。選択式試験では同法からの出題なし

問い合わせ先
全国社会保険労務士会連合会 試験センター
〒103-8347 東京都中央区日本橋本石町3-2-12 社会保険労務士会館5F
TEL03(6225)4880　URL=https://www.sharosi-siken.or.jp

資格のQ&A

Q この資格を取るメリットは？

A **就職や転職に有利であること、独立して開業できること、キャリアアップにつながること、職務手当がつくことです**。加えて、労働法や社会保険に関する知識を養えば、世の中を生き抜くための力にもなります。

Q この資格取得にかかる費用・期間は？

A 期間は**半年から1年半**で、**140,000～290,000円**程度（LECの場合）をみておけばよいでしょう。

Q 資格取得後に有利な業界はどこですか？

A **コンサルティング会社、人材サービス会社**、社会保険労務士事務所、一般企業の人事部門への就職や転職で強い武器となります。総務部門で働いている人は、ワンランク上のポジションにステップアップする可能性が高まります。独立開業系の国家資格としても人気が高いですね。

Q 次のステップとして、取得すべき資格はありますか？

A 労使間の個別労働紛争の解決業務を行える**特定社会保険労務士、中小企業診断士**、キャリアコンサルタント、ファイナンシャル・プランナー、年金アドバイザーの資格も取得しておきたいですね。人事・労務関係の仕事をするにはプラスになります。開業志向の方には、**行政書士**もおススメです。

Q おススメの勉強方法・学習のポイントは？

A まず、大まかな制度の仕組みを理解し、その後少しずつ細かい部分を押さえていく方法がいいでしょう。試験は科目ごとに基準点があるので、苦手科目をつくらないよう心がけることも大切です。また、問題演習にも力を注いでください。**引っかけ問題のパターンを頭に入れたうえで知識を確実に定着させるようにしましょう**。

回答者　滝則茂LEC専任講師（社会保険労務士講座担当）

独立 就職 趣味 評価

メンタルヘルス・マネジメント®検定試験

公的

仕事や職場環境に対してストレスを抱える人は増加傾向にあり、心の病を未然に防ぐためには、心の健康管理の知識を正しく理解し、ストレスに対処することが重要。個人だけでなく企業での取り組みも必要とされるメンタルヘルスケアを効率的に学べる検定試験。

受験者数	合格率
26,907人※	65.1%※
受験資格	受験料
なし	7,480円※

※Ⅱ種の場合

受験資格	誰でも受験できる
申込期間	9月中旬～9月下旬　翌年1月下旬～2月上旬（一般申込）
試験日	【Ⅲ・Ⅱ種】**11月上旬の日曜日、翌年3月中旬の日曜日** 【Ⅰ種】**11月上旬の日曜日**
受験料	【Ⅲ種】**5,280円**【Ⅱ種】**7,480円**【Ⅰ種】**11,550円**（各税込）
試験地	札幌、仙台、さいたま、千葉、東京、横浜、新潟、浜松、名古屋、京都、大阪、神戸、広島、高松、福岡
受験者数 合格率	【Ⅲ種】10,518人、72.0%【Ⅱ種】26,907人、65.1% 【Ⅰ種】 1,961人、20.5%
試験内容	【Ⅲ種・セルフケアコース】一般社員対象 ①メンタルヘルスケアの意義 ②ストレスおよびメンタルヘルスに関する基礎知識 ③セルフケアの重要性　④ストレスへの気づき方　ほか 【Ⅱ種・ラインケアコース】管理監督者（管理職）対象 ①メンタルヘルスケアの意義と管理監督者の役割 ②ストレスおよびメンタルヘルスに関する基礎知識 ③職場環境等の評価および改善の方法 ④個々の労働者への配慮　⑤労働者からの相談への対応　ほか 【Ⅰ種・マスターコース】人事労務管理スタッフ、経営幹部対象 ①企業経営におけるメンタルヘルス対策の意義と重要性 ②メンタルヘルスケアの活動領域と人事労務部門の役割 ③ストレスおよびメンタルヘルスに関する基礎知識 ④人事労務管理スタッフに求められる能力 ⑤メンタルヘルスケアに関する方針と計画 ⑥産業保健スタッフ等の活用による心の健康管理の推進 ⑦相談体制の確立　⑧教育研修　⑨職場環境等の改善 ※Ⅰ種とⅡ種、Ⅱ種とⅢ種を同日に受験可 （ただし、3月施行試験はⅡ種とⅢ種のみ実施）

問い合わせ先
メンタルヘルス・マネジメント検定試験センター
TEL06(6944)6141（土・日・祝休日・年末年始を除く、10:00～17:00）
URL＝https://www.mental-health.ne.jp

資格のQ&A

Q この資格を取るメリットは？

A いまや企業で働く人にとって、心の健康管理はきわめて重要な課題になっています。この検定は以下の３つのコースがあります。①社内のメンタルヘルスケア計画が立案できる、人事労務管理者向けの「Ⅰ種」、②部下のメンタルヘルス対策（ラインケア）ができる、管理監督者向けの「Ⅱ種」、③適切なセルフケアができる、一般社員や新入社員向けの「Ⅲ種」。
合格レベルに達すれば、職位に応じたメンタルヘルスケアに関する知識や対処方法が身につき、学んだ内容を職場で実践することで、**職場での心の健康を保持し、生産性の向上を図ることができるとともに、業務に起因した労災の発生や民事訴訟などを防ぐことにもつながります。**

Q この資格取得にかかる費用・期間は？

A 受験料のほかに、公式テキストの購入費用（Ⅰ種**4,730円**、**Ⅱ種3,410円**、Ⅲ種2,200円〈各税込〉）が必要です。過去問題集や副読本なども市販されており、教育事業者などが通信教育講座などを開講しています。また、大阪商工会議所などが、受験対策講座を開講しています。学習期間は個人差もありますが、Ⅰ種で**3～6カ月**、Ⅱ種で**2～3カ月**、Ⅲ種は１～２カ月程度です。

Q 資格取得後に有利な業界はどこですか？

A メンタルヘルスケアに関する適切な知識を備えた人材は、**特定の業界に限らず、すべての企業が必要としています。**Ⅱ種合格者ならば、部下が不調に陥らないような適切な対応ができる人材、Ⅲ種合格者ならば、自身が不調に陥ることを未然に防ぎ、万一不調に陥ってもケアの仕方を習得している人材、と評価されます。

Q おススメの勉強方法・学習のポイントは？

A 試験では、公式テキストの内容を理解したうえで、さらに応用力を問われますので、**まずは公式テキストを読み込むことです**。あとは、必要に応じて過去問題集や、受験対策講座、通信講座、副読本などで補強するとよいでしょう。

回答者 大阪商工会議所 森松直樹

産業カウンセラー®

民間

社会経済の大転換期となる21世紀を生き抜くには、勤労者は健康で自立した人間として生きること、企業においてもフレキシブルな組織づくりと創造性豊かな人材開発は避けられない。こうしたときに人間の本質にアプローチできるのが産業カウンセラー®である。

※講座はe-Learning制を含む

受験者数	合格率
2,776人※	60.3%※
受験資格	**受験料**
講座受講など	36,684円※

※産業カウンセラーの場合（2022年度）

受験資格	【産業カウンセラー】 ①協会が行う養成講座を修了した者 ②心理学などを専攻し修士以上の学位を有する者で、書類審査において必要科目数・単位数を取得した者　など 【シニア産業カウンセラー】 ①産業カウンセラーの資格を有し、協会が行う講座を修了した者 ②産業カウンセラーの資格を有し、心理学などを専攻し修士以上の学位を有する者で、必要科目数・単位数を取得し、協会が行う講座を修了した者
申込期間	【産業カウンセラー】11月中旬～11月下旬 4月中旬～5月上旬 【シニア産業カウンセラー】12月中旬～翌年1月上旬　（予定）
試験日	【産業カウンセラー】**〔学科〕1月中旬　6月下旬** **〔実技〕1月下旬　7月上旬** 【シニア産業カウンセラー】**2月下旬～3月上旬**　（予定）
受験料	【産業カウンセラー】**36,684円** 【シニア産業カウンセラー】**33,374円**（各税込、2023年度実績）
試験地	【産業カウンセラー】東京、大阪　ほか 【シニア産業カウンセラー】東京
試験内容	【産業カウンセラー】**〔学科〕**①基礎的な学識を問う（産業カウンセリング概論、カウンセリングの原理及び技法　ほか）②基本的な事例への対応能力・傾聴の技法の対話分析能力を問う **〔実技〕**ロールプレイ（ミニカウンセリング）、口述試験 【シニア産業カウンセラー】**〔面接〕**

問い合わせ先
一般社団法人 日本産業カウンセラー協会
〒105-0004 東京都港区新橋6-17-17 御成門センタービル6F
TEL03(3438)4568　　URL=https://www.counselor.or.jp

質の高いキャリアカウンセリングを実践　独立 就職 趣味 評価

キャリアコンサルタント試験

名称独占

労働者の職業の選択、職業生活設計に関する相談に応じ、助言や指導を行うキャリアコンサルタント。2016年4月より国家資格となった。登録試験機関が実施する学科試験と実技試験（論述および面接）の両方に合格し、名簿に登録することで資格が与えられる。

公式テキスト　独学　講座　通信

登録必要

受験者数	合格率
10,919人※	54.9%※
受験資格	受験料
講習受講など	8,900円（学科の場合）

※学科・実技同時受験合計数とその平均合格率

受験資格	次の①～③のいずれかの条件を満たす者 ①厚生労働大臣が認定する講習の課程を修了した者 ②労働者の職業の選択、職業生活設計または職業能力開発および向上のいずれかに関する相談に関し3年以上の経験を有する者 ③技能検定キャリアコンサルティング職種の学科試験または実技試験に合格した者
申込期間	4月上旬～下旬　8月中旬～下旬 12月中旬～下旬（詳細は登録試験機関のHPで確認）
試験日	**〔学科〕〔実技論述〕7月上旬、11月上旬、翌年3月上旬** **〔実技面接〕7月中旬～下旬、11月上旬～下旬、翌年3月上旬～下旬** （詳細は登録試験機関のホームページを参照）
受験料	**〔学科〕8,900円　〔実技〕29,900円**（各税込）
試験地	札幌、仙台、東京、大宮、金沢、名古屋、大阪、広島、高松、愛媛、福岡、沖縄（予定。詳細は登録試験機関のHPで確認）
試験内容	**〔学科〕**四肢択一、マークシート方式、50問、100分。 合格基準は100点満点中70点以上。 試験科目は以下のとおり ①キャリアコンサルティングを行うために必要な知識に関する科目 ②キャリアコンサルティングを行うために必要な技能に関する科目 ③キャリアコンサルティングの社会的意義に関する科目 ④キャリアコンサルタントの倫理と行動に関する科目 **〔実技論述〕**記述式、1～2問、50分。逐語記録を読み、設問に解答 ①キャリアコンサルタントを行うために必要な技能 **〔実技面接〕**①ロールプレイ（15分）　②口頭試問（5分） 合格基準は論述試験と面接試験あわせて150点満点中90点以上
登録試験機関	特定非営利活動法人 キャリアコンサルティング協議会 特定非営利活動法人 日本キャリア開発協会

問い合わせ先

厚生労働省 人材開発統括官付 キャリア形成支援室
〒100-8916 東京都千代田区霞が関1-2-2
TEL03(5253)1111（内線5975）　URL=https://www.mhlw.go.jp

環境経営士

環境省等の認定講座。企業経営に環境やCSR・SDGsの導入を支援する（全能連認定）。
【受講資格】 企業への支援を志す者
【取得方法】 環境経営士の養成講座受講
【講習日】 奇数月（年6回、Zoom開催）
【問い合わせ先】（一社）日本経営士会
TEL03(3239)0691

経営企画スキル検定（FP＆A）

米国AFP認定のFP&A資格プログラムの日本版。経営企画・経営管理の実務スキルを測定する。
【受験資格】 誰でも受験できる
【試験日】 5月～7月、11月～翌年1月
【試験方法】 四肢択一式
【問い合わせ先】（一社）日本CFO協会
URL＝https://www.cfo.jp/fp_and_a/

マネジメント検定

経営の基礎的・専門的知識、実践的な経営技能などの有無を判定する試験。
【受験資格】 Ⅰ・Ⅱ・Ⅲ級：誰でも受験できる
【試験日】 6月～7月、11月～12月の各約40日間（予定）
【試験内容】 CBT方式　ほか
【問い合わせ先】（一社）日本経営協会
URL＝https://www.mqt.jp

経営労務コンサルタント（正・補）

企業の経営労務（人事労務）に関する改善・指導を行う専門家の資格。
【受験資格】 補：20歳以上　ほか
正：27歳以上、規定の講座修了　ほか
【試験内容】 論文
【問い合わせ先】（一財）日本経営教育センター
TEL03(5809)0812

人材測定コンサルタント®

個人の能力や仕事への適性など、人材の特性把握に関するスペシャリスト。
【受験資格】 認定講座の受講修了
【講座内容】 採用分野と評価分野から選ぶ
【問い合わせ先】NPO法人 人事コンサルタント協会　URL＝http://hrm-consultant.or.jp
TEL06(6195)3113

M&Aスペシャリスト検定

時代の要請に応え、企業のM&A実務の専門家であることを証明する資格。
【受験資格】 誰でも受験できる
【試験日】 年2回　7月　12月
【受験料】 11,000円（税込）
【問い合わせ先】（一社）日本経営管理協会
TEL03(3261)1145

経営管理士

経営指導、マネジメント業務に必要な実践的理論や技術などの能力を認定する。
【受講資格】 誰でも受講できる
【取得方法】 研修講座受講後、面接審査などを経て認定
【問い合わせ先】（一社）日本経営管理協会
TEL03(3261)1145

統計士

統計の基本を理解し、マーケティングや品質管理、研究・開発などに活かすことができる。
【受講資格】 誰でも受講できる
【取得方法】 現代統計実務講座を修了
【問い合せ先】（一財）実務教育研究所
TEL03(3357)8153
URL=https://www.jitsumu.or.jp

産業保健法務主任者（メンタルヘルス法務主任者）

法務を中心に実践的な知識を総合的に学ぶ。
【受験資格】 学会が実施する学術大会や研修講座に参加し、所定の単位を取得した学会員
【取得方法】 HPで確認する
【問い合わせ先】（一社）日本産業保健法学会
URL=https://jaohl.jp

IPO・内部統制実務士

IPO（新規公開株）と内部統制にかかわる全般的な知識と実務能力を問う。標準と上級の2資格がある。
【受験資格】 誰でも受験できる
【試験日】 年2回：8月　翌年2月
【問い合わせ先】（一社）日本経営調査士協会
TEL03(6903)4075

Chapter 3

司法・法務

司法書士

業務独占

われわれ国民の権利と生活を守る法律のプロとして期待されているのが司法書士。登記や供託に関する契約の法的評価や手続きを代行し、裁判所や検察庁などに提出する書類を作成する。試験は難しいが、登記業務のエキスパートとして将来は保証される。

公式テキスト　独学　講座　通信

登録必要

受験者数	合格率
12,727人	5.2%
受験資格	**受験手数料**
なし	8,000円（収入印紙）

受験資格	誰でも受験できる
申込期間	5月上旬～中旬
試験日	**年1回 〔筆記〕7月上旬 〔口述〕10月中旬**
申込方法	筆記試験を受験する試験場の所在地（受験地）を管轄する法務局・地方法務局総務課に受験申請書類を提出する
受験手数料	**8,000円**（収入印紙）
試験地	**〔筆記〕**札幌、仙台、さいたま、東京、横浜、千葉、静岡、名古屋、京都、大阪、神戸、高松、広島、福岡、那覇の各法務局 **〔口述〕**札幌、仙台、東京、名古屋、大阪、高松、広島、福岡の各法務局 ※いずれも指定された試験場以外の試験場では受験できない
合格率	5.2%（受験者数12,727人、合格者数660人）
試験内容	**〔筆記試験〕** **〈午前の部〉**多肢択一式 ①憲法に関する知識　②民法に関する知識 ③商法（会社法その他の商法分野に関する法令を含む）に関する知識 ④刑法に関する知識 **〈午後の部〉**多肢択一式 ①不動産登記に関する知識　②商業（法人）登記に関する知識 ③供託に関する知識　④民事訴訟に関する知識 ⑤民事執行に関する知識　⑥民事保全に関する知識 ⑦司法書士法第3条第1項第1号から第5号までに規定する業務を行うのに必要な知識および能力 記述式 ①不動産登記に関する知識　②商業（法人）登記に関する知識 **〔口述試験〕**筆記試験合格者のみ 下記科目の知識について口述で回答を求められる ①不動産登記に関する知識　②商業（法人）登記に関する知識 ③司法書士法第3条第1項第1号から第5号までに規定する業務を行うのに必要な知識および能力

問い合わせ先
各管区法務局または地方法務局総務課　東京：東京法務局民事行政部総務課
〒102-8225 東京都千代田区九段南1-1-15 九段第2合同庁舎
TEL03(5213)1323　URL=https://www.moj.go.jp/（法務省）

資格のQ&A

Q この資格を取るメリットは？

A **就職に有利であることはもちろん、独立開業への道も開けています**。キャリアを高めたい、現在の会社よりよい待遇で働きたい人にも、たいへん有効な資格といえるでしょう。

Q この資格取得にかかる費用・期間は？

A 受験までの期間によりますが、資格予備校を利用した場合、初級基幹講座や答練・模試などでおおよそ**500,000円**前後（LECの場合）は必要です。期間も人によって異なり、1回で合格する人で1年半程度、受験回数を重ね6、7年かかる人もいます。平均すると勉強開始から**3、4年**です。試験範囲が広いので、働きながら合格を目指すなら、ある程度の長期戦を覚悟しておいたほうがいいでしょう。

Q 資格取得後に有利な業界はどこですか？

A 企業の法務部に勤務する、いわゆる企業法務の道に進む人もいますが、大半が、勤務司法書士として経験を積んだのち**独立開業**を目指すようです。

Q 次のステップとして、取得すべき資格はありますか？

A 行政書士の資格を取得すると、会社設立に必要な手続きを一手に引き受けられるようになります。また、**土地家屋調査士**の資格があれば、測量や表題登記申請まで行うことができるため、文字通り、不動産のプロフェッショナルになることができます。これらの資格も併せてもっていると、業務の範囲が広がるので、独立にも非常に有利です。

Q おススメの勉強方法・学習のポイントは？

A 勉強すべき事項が多いので、**最初は基本事項の理解や記憶の徹底反復に努めてください**。そうして基本事項がしっかり頭に定着した後に、少しずつ派生事項に広げていくと効率よく学習できます。

回答者　吉澤厚LEC専任講師（司法書士講座担当）

官公署への提出書類を作成

独立 就職 趣味 評価

行政書士

業務独占

報酬を得て、法人設立の手続きや外国人の永住許可申請など、官公署に提出する書類（電磁的記録を含む）の作成を行う。また、憲法で保障されている権利行使や義務履行に関する書類（遺産分割協議書、内容証明など）を作成する専門家だ。

公式テキスト 独学 講座 通信

登録必要

受験者数	合格率
46,991人	14.0%
受験資格	受験料
なし	10,400円

受験資格	誰でも受験できる
合格基準	以下の要件をいずれも満たした者が合格となる ①〔行政書士の業務に関し必要な法令等科目〕の得点が、満点の50%以上である者 ②〔行政書士の業務に関し必要な基礎知識科目〕の得点が、満点の40 %以上である者 ③試験全体の得点が、満点の60%以上である者 ※受験者には、合否通知書に配点、合格基準点および得点を付記して通知される。合格基準点は、行政書士試験研究センターのホームページで公表される
試験日	**11月の第2日曜日**
申込方法	郵送（簡易書留郵便）またはインターネット（7月下旬～8月下旬） ※インターネットで申し込む場合は、顔写真のカラー画像データが必要。受験料は、本人名義のクレジットカードまたはコンビニエンスストアで払い込む
受験料	**10,400円**
試験地	全国47都道府県
試験内容	**〔行政書士の業務に関し必要な法令等〕** 出題数46問。択一式・記述式。法令については、試験実施年4月1日現在施行されている法令に関して出題される ①憲法　②行政法：行政法の一般的な法理論、行政手続法、行政不服審査法、行政事件訴訟法、国家賠償法、地方自治法を中心とする ③民法　④商法　⑤基礎法学 **〔行政書士の業務に関し必要な基礎知識〕** 出題数14問。択一式 一般知識、行政書士法等行政書士業務と密接に関連する諸法令、情報通信・個人情報保護及び文章理解 ※身体の機能に障がいがあり、車椅子の使用、拡大鏡の持ち込み、補聴器の使用などを希望する者は、障がいの状態により必要な措置を講ずることがある。希望者は受験申し込みをする前に、必ず行政書士試験研究センターに相談する

問い合わせ先
一般財団法人 行政書士試験研究センター
〒102-0082 東京都千代田区一番町25番地 全国町村議員会館3F
TEL03(3263)7700（試験専用照会ダイヤル）　URL=https://gyosei-shiken.or.jp/

資格のQ&A

Q この資格を取るメリットは？

A **この資格を武器に独立開業をすることができます**。また、独立開業しなくても、現在勤めている会社で資格手当など月収が上がる待遇アップが期待できる可能性があります。

Q この資格取得にかかる費用・期間は？

A 働きながら学ぶのか、受験だけに集中するのかによっても違いますが、およそ**1年**で、費用は**50,000～250,000円**程度（LECの場合）です。

Q 資格取得後に有利な業界はどこですか？

A 行政書士は独立開業を主な目的とする資格なので、就職・転職でのメリットはそれほど大きくありません。ただ、**官公署への申請や契約書の作成などに強みをもっているので、許認可の申請を取り扱う部署や契約書の作成・チェックをする部署への就職・転職を考えるなら取得しておきたい資格です**。また独立開業以外にも既存の行政書士事務所からの求人もあります。

Q 次のステップとして、取得すべき資格はありますか？

A **司法書士、社会保険労務士、ファイナンシャル・プランナー**などがおススメです。これらの資格とのダブルライセンスの効果は大きく、仕事の幅が広がることでしょう。

Q おススメの勉強方法・学習のポイントは？

A 試験の出題は憲法、民法、行政法など広範囲に及び、合格基準は正答率60%以上です。そこで、**科目ごとの配点や分野の出題範囲に合わせてメリハリをつけて学習を進めていきましょう**。そして、出題数の多い民法・行政法を学習の中心にし、基礎学力を身につけるとともに、問題演習を通じ、対応力を身につけていきましょう。

回答者　二藤部渉LEC専任講師（行政書士講座担当）

発明や商標登録の権利を守る

弁　理　士

国家
業務独占

商品に関する特許・実用新案、意匠、商標を特許庁に出願する手続き代行が主な仕事。一刻を争う国際出願の業務にも携わるので、語学力はもとより、幅広い分野での豊富な知識も要求され、知的財産システムの中心的役割の担い手としての期待が高まっている。

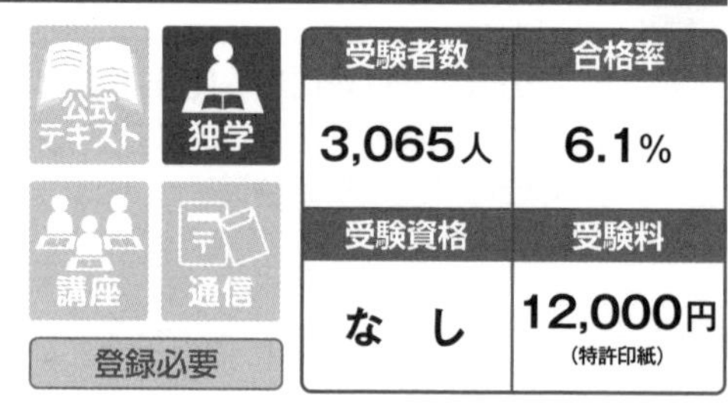

司法・法務 3 弁理士

受験資格	誰でも受験できる
申込期間	3月上旬～4月上旬
試験日	【短答式筆記試験】**5月中旬** 【論文式筆記試験】必須科目：**6月下旬** 選択科目：**7月下旬** 【口述試験】**10月中旬～下旬**
受験料	**12,000円**（特許印紙）
試験地	【短答式筆記】仙台、東京、名古屋、大阪、福岡 【論文式筆記】東京、大阪 【口述】東京
合格率	6.1%（受験者数3,065人、合格者数188人）
試験内容	【短答式筆記】全60問、五肢択一（マークシート方式） ①工業所有権（特許・実用新案、意匠、商標）に関する法令 ②工業所有権に関する条約 ③著作権法および不正競争防止法 【論文式筆記】 短答式筆記試験合格者のみ **〔必須科目〕**工業所有権（特許・実用新案、意匠、商標）に関する法令 **〔選択科目〕**受験願書提出時に下記の6科目から1科目を選択し、その科目の中から1題を選択問題として解答する ①理工Ⅰ（機械・応用力学）：材料力学、流体力学、熱力学、土質工学 ②理工Ⅱ（数学・物理）：基礎物理学、電磁気学、回路理論 ③理工Ⅲ（化学）：物理化学、有機化学、無機化学 ④理工Ⅳ（生物）：生物学一般、生物化学 ⑤理工Ⅴ（情報）：情報理論、計算機工学 ⑥法律（弁理士の業務に関する法律）：民法（総則、物権、債権） 【口述】論文式筆記試験合格者のみ 工業所有権（特許・実用新案、意匠、商標）に関する法令についての口頭試問

問い合わせ先
特許庁 総務部秘書課 弁理士室試験第一班
〒100-8915 東京都千代田区霞が関3-4-3
TEL03(3581)1101　　URL=https://www.jpo.go.jp/news/benrishi/index.html

資格のQ&A

Q この資格を取るメリットは？

A **知的財産分野では最難関ともいえる国家資格なので、取得しておけば就職にはたいへん有利です**。実力次第で独立できるところも魅力です。また、キャリアアップにつながる、給料が上がるなどのメリットもあります。企業の知的財産部などで働く場合は、資格取得によって発言力が大きく変わってくることもあるでしょう。

Q この資格取得にかかる費用・期間は？

A 期間は一般的に、1,500～2,000時間、年数にして**2～4年**です。法律の条文を覚えなければならないので、準備にある程度の時間はかかります。費用は**400,000円**程度（LECの場合）です。

Q 資格取得後に有利な業界はどこですか？

A **特許事務所**や**企業の知的財産部**がこの資格を活かせる場所です。資格取得後、TLO（技術移転機関）で働く人もいます。自分で特許事務所を開業する道もありますが、まずは特許事務所や企業の知的財産部門に就職して経験を積むのがよいでしょう。最近は、海外の特許事務所で働く人も増えています。

Q 次のステップとして、取得すべき資格はありますか？

A **司法試験（弁護士）**、**公認会計士**、税理士、付記試験（特定侵害訴訟代理業務試験）など。

Q おススメの勉強方法・学習のポイントは？

A 弁理士の試験は法律科目が中心であるため、**条文・判例等を基礎からしっかりと理解することが大切です**。最初から細かい箇所を全部覚えていくのは労力がかかるので、まず大まかに全体の内容を把握し、次に細部の理解へと移る方法が効率的です。

回答者 宮口聡LEC専任講師（弁理士講座担当）

司法試験

国家

業務独占

司法試験は、裁判官、検察官または弁護士になろうとする者に必要な学識と応用能力を有するかを判定する、法曹資格付与のための国家試験。法科大学院課程における教育および司法修習生の修習との、有機的連携の下に実施される。

受験者数	合格率
3,928人	45.3%
受験資格	**受験手数料**
学歴など	28,000円（収入印紙）

受験資格	①受験時において法科大学院の課程を修了している者 ②司法試験予備試験に合格した者 ※受験資格を取得した日後の最初の4月1日から5年を経過するまでの期間、受験することができる
申込期間	3月中旬～4月上旬
試験日	**7月上旬～中旬の4日間**
申込方法	願書、写真（45×35mm）、該当者のみ戸籍抄本または除籍抄本、受験資格を証明する書類などの必要書類を郵送（書留扱い・当日消印有効）。直接持参しても受理されない
受験手数料	**28,000円**（収入印紙）
試験地	札幌市、仙台市、東京都、名古屋市、大阪市、広島市、福岡市、那覇市
試験内容	**〔短答式〕**裁判官、検察官、または弁護士になろうとする者に必要な専門的な法律知識および法的な推論の能力の判定 ①憲法　②民法　③刑法 **〔論文式〕**裁判官、検察官、または弁護士になろうとする者に必要な専門的な学識、法的な分析、構成および論述の能力の判定 ①公法系科目 憲法、行政法に関する分野の科目 ②民事系科目 民法、商法、民事訴訟法に関する分野の科目 ③刑事系科目 刑法、刑事訴訟法に関する分野の科目 ④選択科目：専門的な法律の分野に関する科目として法務省令で定める以下の8科目から1科目を選択する―倒産法、租税法、経済法、知的財産法、労働法、環境法、国際関係法（公法系）、国際関係法（私法系）

問い合わせ先
司法試験委員会
〒100-8977 東京都千代田区霞が関1-1-1 法務省大臣官房人事課 司法試験係
TEL03(3580)4111　　URL＝https://www.moj.go.jp/

資格のQ&A

Q この資格を取るメリットは？

A 法を駆使して、社会正義の実現や紛争解決など、**社会貢献につながる仕事をできる点が魅力です。**

Q この資格取得にかかる費用・期間は？

A 法科大学院ルートの場合は、入学のための予備校代で約**200,000〜700,000円**、法科大学院の学費代で約**2,000,000〜5,000,000円**が必要です。予備試験ルートの場合は、予備校の受講料で約400,000〜1,000,000円が必要でしょう。
期間は、法科大学院ルートなら入試の準備から司法試験の合格まで、合計で**4〜6年**程度です。2020年度から導入された法曹コースルートでは、大学（法学部）を3年で早期卒業し法科大学院へ進学後2年間学んで司法試験に合格すると5年程度です。予備試験ルートなら、予備試験合格から合格まで合計で3〜5年程度です。

Q 資格取得後に有利な業界はどこですか？

A 合格すると**裁判官・検察官・弁護士**になることができます。弁護士としては、法律事務所や企業などへの就職、または独立開業が一般的で、弁護士の採用に積極的なのは金融機関、商社、IT企業、不動産関連企業などです。

Q 次のステップとして、取得すべき資格はありますか？

A 弁護士になったあと、自分の専門分野を確立するために、業界ごとの個別法規・判例を常時勉強していくことになります。そのためには、資格取得というより、OJTや弁護士会の委員会に所属して勉強会に参加するなどの自己研鑽（けんさん）が必要です。

Q おススメの勉強方法・学習のポイントは？

A 論文試験を突破することが合格のポイントです。出題範囲は膨大ですから、条文や答案表現（論証）の暗記では対応できません。大学受験に例えると、2次試験で論述問題が中心の国公立大学を目指す勉強に近い感じです。**暗記より理解・表現の学習に力を注ぎましょう。**

回答者 反町雄彦（株式会社東京リーガルマインド代表取締役社長）

知的財産管理技能検定

名称独占

企業や団体などにおける発明、実用新案、意匠、商標などの知的財産の管理・活用を適切に行う。知的財産の知識や技能は就職やキャリアアップなどビジネスモデル創出に関わるビジネスパーソンに不可欠。国家資格制度である技能検定として実施されている。

申込者数	合格率
9,093人※	67.2%※
受検資格	受検料
なし※	6,100円※

※3級学科の場合

受検資格	【3級】知的財産業務に従事している者、また従事しようとする者 【2級】①3級技能検定の合格者　②知的財産に関する業務に2年以上の実務経験を有する者　③ビジネス著作権検定上級の合格者　など5つの条件のうちいずれか1つに該当する者 【1級】①2級技能検定合格者で知的財産に関する業務に1年以上の実務経験を有する者　②知的財産に関する業務に4年以上の実務経験を有する者　などの5つの条件のうちいずれか1つに該当する者
試験日	3月　7月　11月
受検料	【3級】〔学科〕〔実技〕各6,100円　【2級】〔学科〕〔実技〕各8,200円 【1級】〔学科〕8,900円　〔実技〕23,000円（各非課税）
試験地	北海道、宮城、茨城、東京、神奈川、石川、長野、静岡、愛知、京都、大阪、兵庫、岡山、広島、山口、香川、福岡、沖縄　ほか（試験日によって異なる）
試験内容	【3級（管理業務）】〔学科〕（3肢択一式）①保護（競争力のデザイン）②活用　③関係法規　〔実技〕（記述式）〔学科〕の①～②と同じ 【2級（管理業務）】〔学科〕（4肢択一式）①戦略　②管理　③創造（調達）④保護（競争力のデザイン）　⑤活用　⑥関係法規 〔実技〕（記述式）〔学科〕の①～⑤と同じ 【1級（特許専門業務）】〔学科〕（4肢択一式）①管理　②創造（調達）③活用　④関係法規　⑤特許専門業務 〔実技〕（筆記と口頭試問、学科試験合格者のみ） 特許専門業務：戦略、管理、創造（調達）、保護（競争力のデザイン）、活用　ほか 【1級（コンテンツ専門業務）】 〔学科〕（4肢択一式）特許専門業務の①～④と同じ　⑤コンテンツ専門業務 〔実技〕（筆記と口頭試問、学科試験合格者のみ） コンテンツ専門業務：戦略、管理、創造（調達）、保護（競争力のデザイン）、活用　ほか 【1級（ブランド専門業務）】 〔学科〕（4肢択一式）特許専門業務の①～④と同じ　⑤ブランド専門業務 〔実技〕（筆記と口頭試問、学科試験合格者のみ） ブランド専門業務：戦略、管理、創造（調達）、保護（競争力のデザイン）、活用　ほか

知的財産教育協会
URL= https://www.kentei-info-ip-edu.org/

資格のQ&A

Q この資格を取るメリットは？

A **一番のメリットはキャリアアップにつながることです**。企業内でキャリアを高めたいなら、ぜひ挑戦してほしい資格です。もちろん、就職や転職の際に自分をアピールする材料になることは確実です。

Q この資格取得にかかる費用・期間は？

A 試験合格までに**半年から1年**程度、LECの場合、費用は**19,000～49,000円**程度かかります。

Q 資格取得後に有利な業界はどこですか？

A **電気・化学・機械分野**から新聞・音楽などの**メディア分野**まで、この資格を活かせる分野は多岐にわたります。具体的には、そうした企業の知的財産部の管理職や特許事務所などが活躍の場となります。特許流通産業が活性化していくなか、中小・ベンチャー企業などでもニーズが高まっています。

Q 次のステップとして、取得すべき資格はありますか？

A 知的財産管理のスペシャリストを目指すなら**弁理士**、仕事の幅をより拡げたいなら**ビジネス著作権検定®**、**ビジネス実務法務検定試験®**を取得するといいでしょう。

Q おススメの勉強方法・学習のポイントは？

A 基本的な用語・制度について理解しながら学習することが重要です。**基本知識・事項をインプットしたら、過去問題を活用してアウトプットしてみましょう**。間違った箇所はもう一度基本に戻り、自分の弱点を知ることが必要です。試験勉強は独学でも可能ですが体系的にまとまった講座を受講するのもひとつの方法です。知識を安定的に身につけることができます。

回答者　水﨑慎LEC専任講師（知的財産管理技能検定２級対策講座担当）

ビジネス実務法務検定試験®

公的

コンプライアンス強化の必要性が叫ばれるなか、業務を効率的に遂行するうえでも法律実務の知識習得は必須条件。企業活動の主要分野を多くカバーしているので、法務部門に限らず、あらゆる職種・業種で必要とされる法律知識を習得できる。

※ビジネス実務法務検定試験®は東京商工会議所の登録商標です。

公式テキスト　独学　講座　通信　オンライン

受験者数	合格率
15,603人※	50.7%※
受験資格	受験料
なし	5,500円※

※3級の場合

受験資格	誰でも受験できる
申込期間	【3・2級】5月中旬～下旬　9月中旬～10月上旬 【1級】11月上旬～中旬
試験日	【3・2級】**6月下旬～7月上旬　10月下旬～11月中旬** 【1級】**12月上旬（統一試験日）**
受験料	【3級】**5,500円**　【2級】**7,700円**　【1級】**9,900円**（各税込） ※CBT方式は利用料2,200円（税込）が別途発生
試験地	【3・2級】IBT・CBTの2方式 【1級】CBT方式のみ
受験者数 合格率	【3級】15,603人　50.7%　【2級】11,569人　34.4% 【1級】467人　10.5%（2023年度）
試験内容	【3級】多肢選択式（90分） ①ビジネス実務法務の法体系　②企業取引の法務 ③企業財産の管理と法律　④企業活動に関する法規制 ⑤債権の管理と回収　⑥企業と会社のしくみ ⑦企業と従業員の関係　⑧ビジネスに関連する家族法 【2級】多肢選択式（90分） ①企業取引・契約にかかわる法務　②企業財産の管理と法務 ③企業間取引にかかわる法規制　④消費者との取引にかかわる法規制 ⑤情報の管理と活用にかかわる法規制　⑥デジタル社会と法律 ⑦広告・表示等に関する法規制　⑧金融・証券業等に関する法規制 【1級】共通・選択とも論述問題（各90分） **〔共通問題〕**民法および商法・会社法を中心に全業種に共通して発生する法律実務問題 **〔選択問題〕**特定の業種に関連する一定の法律、事例による実務対応能力を試験する（取引上のトラブルを処理、取引関係に立たない第三者とのトラブルを処理、法務関係の上司や弁護士などの専門家に法的トラブルの顛末・処理方法を報告　ほか）

東京商工会議所 検定センター
URL=https://kentei.tokyo-cci.or.jp

資格のQ&A

Q この資格を取るメリットは？

A **就職や転職、再就職の際に有利になることです。**職能手当がつくなど待遇のアップも期待できます。また、企業の法務部門などでは、この資格を管理職への昇進に際しての判断材料にすることも多く、キャリアアップに役立ちます。１級はハードルの高い試験ですが、その分取得する価値は高いでしょう。特に法務部門への配属、異動を視野に入れている人はぜひ１級にチャレンジしてください。

Q この資格取得にかかる費用・期間は？

A LECの場合、費用は**10,000～40,000円**ほどです。試験合格まで**半年から１年**程度かかるのが一般的です。

Q 資格取得後に有利な業界はどこですか？

A ビジネス実務法務検定試験®で問われる知識は、あらゆる業界に共通する法実務の知識です。そのため、**どんな業界でも必要な資格といえるでしょう。**ビジネスパーソンにとっては管理部門配属へのひとつの目安になります。

Q 次のステップとして、取得すべき資格はありますか？

A ステップアップするために目指すなら**司法書士**、**行政書士**、**弁理士**の資格です。これらの試験は、出題範囲が重なるので、学習しやすいといえます。

Q おススメの勉強方法・学習のポイントは？

A 試験範囲が膨大なため、専門的に深く学ぶには限界があります。そのため、**出題される各法律の基本的な趣旨・制度を確認することが重要です。**出題される内容には一定の傾向があるので、過去問題集を利用してつかむとよいでしょう。

回答者　鈴木大介LEC講座担当（ビジネス実務法務検定試験®講座担当）

司法試験予備試験

司法試験予備試験は、法科大学院を経由しない者にも法曹資格を取得する道を開くために設けられた試験。試験は短答式、論文式、口述の3段階で、最終の口述試験に合格すると、法科大学院修了者と同等の資格で司法試験を受験することができる。

公式テキスト　**独学**　講座　通信

受験者数	合格率
13,372人	3.6%
受験資格	**受験料**
なし	17,500円（収入印紙）

受験資格	誰でも受験できる
申込期間	郵送：3月上旬～中旬
試験日	〔短答式〕**7月中旬の1日間** 〔論文式〕**9月上旬の2日間** 〔口述〕**翌年1月下旬の2日間**
合格発表	〔短答式〕8月上旬 〔論文式〕12月中旬 〔口述〕翌年2月上旬
申込方法	願書、写真45×35mm、該当者のみ住民票などを郵送（書留扱い・当日消印有効）。直接持参しても受理されない
受験料	**17,500円**（収入印紙）
試験地	〔短答式〕札幌市、仙台市、東京都、名古屋市、大阪府、広島市、福岡市または各周辺 〔論文式〕札幌市、東京都またはその周辺、大阪府またはその周辺、福岡市 〔口述〕東京都またはその周辺
受験者数 合格率	〔短答式〕2,685人、20.1%　〔論文式〕2,562人、19.0% 〔口述〕487人、98.4%
試験内容	〔短答式〕 ①憲法　②行政法　③民法　④商法 ⑤民事訴訟法　⑥刑法　⑦刑事訴訟法　⑧一般教養科目 〔論文式〕短答式試験合格者のみ ①短答式（①～⑦）と同じ科目 ②選択科目（法務省令で定める8科目）からあらかじめ1科目選択 ③法律実務基礎科目 〔口述〕論文式試験合格者のみ ①法律実務基礎科目

司法試験委員会
〒100-8977 東京都千代田区霞が関1-1-1 法務省大臣官房人事課 司法試験予備試験係
TEL03(3580)4111　URL＝https://www.moj.go.jp/

法学検定試験

民間

法学に関する学力を客観的に評価する国内唯一、全国規模の検定試験。基本科目を体系的に学習することができ、大学での単位認定や企業への就職・配属時の参考資料として、さまざまな場面で利用されている。レベルや進路に合わせてコースを選択できる。

申込者数	合格率
3,669人※	64.7%※
受験資格	**受験料**
なし	4,400円※

※ベーシックの場合

受験資格	誰でも受験できる
申込期間	9月10日～10月10日（Web等の一般申込みは10月15日）
試験日	**11月24日**
申込方法	郵送、ウェブサイト、コンビニ端末のいずれかで申し込む 各コースごとに10名以上のグループ申込みも可能
受験料	【ベーシック〈基礎〉コース】 **4,400円** 【スタンダード〈中級〉コース】 **6,600円** 【アドバンスト〈上級〉コース】 **9,900円** 【ベーシック・スタンダード併願】 **8,800円** 【スタンダード・アドバンスト併願】**13,200円**（各税込）
試験地	札幌、仙台、東京、愛知、京都、大阪、岡山、愛媛、福岡、沖縄
試験内容	多肢選択式（マークシート方式） ベーシックとスタンダードは問題集より6～7割が出題される 【ベーシック】法学の初学者がまずはおさえておくべき基礎的なレベル **〔必須科目〕**法学入門、憲法、民法、刑法 【スタンダード】法学を学習する者が到達すべき必須レベル **〔必須科目〕**法学一般、憲法、民法、刑法 **〔選択科目〕**下記選択A群および基本法総合から1科目 ※基本法総合は、憲法・民法・刑法から必須科目とは異なる問題を出題 【アドバンスト】法学を専門的に学ぶ者が目指すべき上級レベル **〔必須科目〕**法学基礎論、憲法、民法、刑法 **〔選択科目〕**下記選択A群から1科目、A・B群からもう1科目 選択A群：民事訴訟法、刑事訴訟法、商法、行政法 B群：労働法、破産法、経済法、知的財産法

問い合わせ先
法学検定試験委員会 事務局
〒103-0027 東京都中央区日本橋3-6-2 日本橋フロント3F
E-MAIL=houken_since2000@jimu-kyoku.net URL＝https://www.shojihomu.or.jp/hougaku/index

コンプライアンス・オフィサー認定試験

民間

すべての企業人・組織人が必須のベーシックな資質といえば、法令遵守、職業倫理などであろう。試験は、金融機関行職員などが資質として備えておくべき倫理観や社会的常識、特に法令などに関する知識などの習得程度を測る目的で実施されている。

公式テキスト 独学 講座 通信 CBT

申込者数	認定率
5,634人※	63.9%※
受験資格	受験料
なし	5,500円※

※AML［実践］の場合

受験資格	誰でも受験できる
試験日	【金融コンプライアンス・オフィサー2・1級】**6月上旬　10月下旬** 【保険コンプライアンス・オフィサー2級】**10月下旬** 【JAコンプライアンス3級】**3月上旬** 【金融AMLオフィサー〔基本〕〔実践〕】**6月上旬　10月下旬** 【金融AMLオフィサー〔取引時確認〕】**6月上旬** ※金融コンプライアンス・オフィサー2級、金融AMLオフィサー（基本、実践、取引時確認）はCBT方式テストあり（随時）
受験料	【金融2級】**5,500円**【金融1級】**8,250円**【保険2級】**5,500円** 【JA3級】**4,950円**【AML〔基本〕】**4,950円** 【AML〔実践〕】**5,500円**【AML〔取引時確認〕】**4,950円**（各税込）
試験地	協会が全国に設置する約220会場またはCBTテストセンター
認定率	【金融2級】70%【金融1級】40% 【JA3級】80% 【AML［基本］】65%【AML［実践］】75～85%（2023年度）
試験内容	【金融コンプライアンス・オフィサー2級】初級管理者および一般行職員に求められるコンプライアンスに関する実務知識などについて、その習得程度を測定する 【金融コンプライアンス・オフィサー1級】上級管理者に求められるコンプライアンスに関する実務知識などについて、その習得程度を測定する 【保険コンプライアンス・オフィサー2級】保険会社職員に求められるコンプライアンスに関する実務知識などについて、その習得程度を測定する 【JAコンプライアンス3級】JAの業務に求められる基本的なコンプライアンスに関する実務知識などについて、その習得程度を測定する 【金融AMLオフィサー〔基本〕】営業店の一般職員に求められるマネー・ローンダリングの基礎知識などについて、その習得程度を測定する 【金融AMLオフィサー〔実践〕】営業店の管理者に求められるマネー・ローンダリング対策に関する法制度の理解度などについて、その習得程度を測定する 【金融AMLオフィサー〔取引時確認〕】営業店の窓口業務に携わる一般行職員に求められる取引時確認の実務対応力について測定する

問い合わせ先
日本コンプライアンス・オフィサー協会
〒162-8464 東京都新宿区市谷本村町3-21
TEL03(3267)4826　URL=https://jcoa.khk.co.jp/

個人情報保護実務検定

個人情報保護法が大きく改正され、すべての事業者がこの法律の対象となるなど、企業などにおいて個人情報保護が大きな課題となっている。一般人から企業人まで個人情報を適法・適正に利用することができる知識の習得を目的とする検定である。

受検者数	合格率
ー	非公開
受験資格	受験料
なし	8,800円※

※2級の場合

受検資格	誰でも受験できる
申込期間	1月中旬～4月中旬 4月中旬～7月中旬 7月下旬～9月下旬 10月上旬～翌年1月中旬
申込方法	インターネット、郵送
試験日	**5月下旬　8月下旬　11月上旬　翌年2月下旬**
受検料	【2級】　**8,800円** 【1級】**11,000円**（各税込）※団体割引、学生割引あり
試験地	全国主要都市およびオンライン受験（試験日により異なる）CBT受験
試験内容	試験は、Ⅰ 個人情報保護法の理解と、Ⅱ 個人情報保護の対策と情報セキュリティに大別される 【2級】（80問、90分） Ⅰ 個人情報保護法の理解 ①個人情報保護法総説　②個人情報保護法の基本法部分 ③個人情報に関する義務　④データに関する義務 ⑤関連情報に関する義務　⑥保有個人データに関する義務 ⑦仮名加工情報取扱事業者等の義務 ⑧匿名加工情報に関する義務等　⑨実効性を担保する仕組み等 ⑩行政機関等における個人情報等の取扱い Ⅱ 個人情報保護の対策と情報セキュリティ ①脅威と対策 ②組織的・人的セキュリティ ③オフィスセキュリティ 【1級】（100問、120分） 2級の内容に加えて情報システムセキュリティ 合格点は各級とも課題Ⅰ・Ⅱ 70%以上

一般財団法人 全日本情報学習振興協会
〒101-0061 東京都千代田区神田三崎町3-7-12 清話会ビル5F
TEL03(5276)0030　URL=https://www.joho-gakushu.or.jp/pipl/

マイナンバー実務検定

民間

2015年からスタートしたマイナンバー制度をよく理解し、特定個人情報を保護し、適正な取り扱いをするための検定試験。業務に直接携わらない一般社会人レベルの3級から、企業・官公庁の実務者レベルの1級まであり、何級からでも受験できる。

公式テキスト　独学　講座　通信　オンライン

受験者数	合格率
11,912人※	52.5%※
受験資格	受験料
なし	8,800円※

※2級の場合（2015年度）

受験資格	誰でも受験できる
試験日	**6月　9月　12月　翌年3月の各中旬～下旬**
受験料	【3級】 **7,700円** 【2級】**8,800円** 【1級】**11,000円**（各税込）※団体割引・学生割引あり
試験地	全国主要都市および全国オンライン受験（試験日により異なる。ホームページで確認のこと）CBT受験
受験者数 合格率	【3級】10,629人　81.3% 【2級】11,912人　52.5% 【1級】　5,128人　30.3%（2015年度）
試験内容	番号法（マイナンバー法）に関する以下のような内容が問われる 合格点は各級とも70%以上 【3級】マークシート方式、50問・60分 番号法成立の経緯・背景、番号法の概要、個人と番号法、民間企業と番号法、地方公共団体・行政機関・独立行政法人等と番号法、番号法のこれから、罰則、特定個人情報の適正な取扱いに関するガイドライン（事業者編）、関連法令等 【1・2級】マークシート方式、1級80問・120分、2級60問・90分 番号法の背景・概要、総則、個人番号、個人番号カード、特定個人情報の提供の制限等、情報提供ネットワークシステムによる特定個人情報の提供、特定個人情報保護評価等、個人情報保護法の特例等、特定個人情報の取扱いに関する監督等、機構処理事務等の実施に関する措置、法人番号、雑則、罰則、附則、特定個人情報の適正な取扱いに関するガイドライン（事業者編）、関連法令等　ほか ※1級は特定個人情報の適正な取扱いに関するガイドライン（行政機関等編）、金融業務における特定個人情報の適正な取扱いに関するガイドラインからも出題

問い合わせ先
一般財団法人 全日本情報学習振興協会
〒101-0061 東京都千代田区神田三崎町3-7-12 清話会ビル5F
TEL03(5276)0030　　URL=https://www.my-number.or.jp

企画・立案部門で活躍

裁判所職員総合職

国家

政策の企画立案等に係る高い能力を有するかどうかを重視する試験。試験は裁判所事務官と家庭裁判所調査官補があり、それぞれ院卒者区分と大卒程度区分に分かれる。

受験者数	合格率
805人※	9.9%※
受験資格	受験料
年齢など	ー

※大卒程度区分の場合

受験資格	試験実施年4月1日現在、次のいずれかに該当する者 【院卒者区分】 ①30歳未満で、大学院の修士課程または専門職大学院の課程の修了者、および3月までに修了見込みの者 ②最高裁が①と同等の資格があると認める者 【大卒程度区分】 ①21歳以上30歳未満の者 ②21歳未満で、大学を卒業した者および3月までに卒業見込みの者、ならびに最高裁がこれらと同等の資格があると認める者
試験日	**裁判所ウェブサイト（https://www.courts.go.jp/saiyo/index.html）で確認する**
試験地	全国主要都市
試験内容	【院卒者区分】【大卒程度区分】共通 〔1次〕裁判所事務官は、次の①② 家庭裁判所調査官補は、次の① ①基礎能力試験（多肢選択式）　②専門試験（多肢選択式） 〔2次〕裁判所事務官は、次の①②③ 家庭裁判所調査官補は、次の①②③④ ①専門試験（記述式）　②政策論文試験（記述式） ③人物試験（個別面接）　④人物試験（集団討論と個別面接） 〔3次〕裁判所事務官のみ 人物試験（集団討論と個別面接） ※「裁判所事務官」に採用されると、初年度に限り、原則として裁判所書記官になるための入所試験の筆記試験が試験区分により全部または一部免除される。「家庭裁判所調査官補」に採用されると、裁判所職員総合研修所等で約2年間にわたり、家庭裁判所調査官に任命されるための養成研修を受ける

問い合わせ先
最高裁判所 事務総局人事局 総務課職員採用試験係
〒102-8651 東京都千代田区隼町4-2
TEL03(3264)5758　URL=https://www.courts.go.jp/saiyo/index.html

裁判所職員一般職

裁判所での的確な事務処理能力を重視する試験。裁判所事務官として、書記官のもとで各種裁判事務などに従事する。試験は大卒程度区分と高卒者区分に分かれる。大卒程度区分について2025年度から専門試験（記述式）がなくなるなど試験内容が見直され、より受験しやすくなった。

受験者数	合格率
8,575人※	27.4%※
受験資格	受験料
年齢など	ー

※大卒程度区分の場合

受験資格	試験実施年4月1日現在、次のいずれかに該当する者 【大卒程度区分】 ①21歳以上30歳未満の者 ②21歳未満で、大学を卒業した者および3月までに卒業見込みの者、ならびに最高裁がこれらと同等の資格があると認める者 ③21歳未満で、短大または高等専門学校を卒業した者および3月までに卒業見込みの者、ならびに最高裁がこれらと同等の資格があると認める者 【高卒者区分】 ①高校または中等教育学校を卒業した日の翌日から起算して2年を経過していない者、および3月までに卒業見込みの者 ②最高裁が①に準ずると認める者（中学卒業後2年以上5年未満の者も含む）
試験日	**裁判所ウェブサイト（https://www.courts.go.jp/saiyo/index.html）で確認する**
試験地	全国主要都市
試験内容	【大卒程度区分】 **〔1次〕** ①基礎能力試験（多肢選択式）：30題、2時間20分 ②専門試験（多肢選択式）：憲法、民法など30題、1時間30分 **〔2次〕** ①論文試験（小論文）：1題、1時間 ②人物試験（個別面接） 【高卒者区分】 **〔1次〕** ①基礎能力試験（多肢選択式）：45題、1時間40分 ②作文試験：1題、50分 **〔2次〕** 人物試験（個別面接） ※採用後、裁判所書記官養成課程入所試験に合格すると、裁判所書記官になることもできる 【社会人区分】は採用予定がある場合に実施

問い合わせ先
最高裁判所 事務総局人事局 総務課職員採用試験係
〒102-8651 東京都千代田区隼町4-2
TEL03(3264)5758　URL=https://www.courts.go.jp/saiyo/index.html

 海事関係手続きや書類作成を代行

独立 就職 趣味 評価

海事代理士

業務独占

海運業者や造船業者の代わりに、海事関係法令に基づいて国土交通省、法務局、都道府県、市町村などの各行政機関に対して、申請、届出、登記などの手続きやこれら手続きに関する書類を作成する。高度の専門的知識と実務上の技術的知識・経験を必要とする。

公式テキスト　独学　講座　通信

登録必要

受験者数	合格率
409人※	55.7%※
受験資格	**受験料**
なし	6,800円（収入印紙）

※筆記の場合

受験資格	誰でも受験できる（ただし、海事代理士法第3条に規定する欠格事由に該当する者は、試験に合格しても海事代理士の登録はできない）
試験日	〔筆記〕 **9月下旬**（予定） 〔口述〕 **12月上旬**（予定）
受験料	**6,800円**（収入印紙）
試験地	〔筆記〕札幌、仙台、横浜、新潟、名古屋、大阪、神戸、広島、高松、福岡、那覇の各運輸局など 〔口述〕東京（国土交通省本省）
受験者数 合格率	〔筆記〕409人、55.7% 〔口述〕235人、94.9%
試験内容	筆記・口述試験での適用すべき法令などは、原則として試験実施年4月1日現在、施行されているものとする 〔筆記〕 ①一般法律常識（概括的問題） 憲法、民法、商法（第3編「海商」のみ） ②海事法令（専門的問題） 国土交通省設置法、船舶法、船舶安全法、船舶のトン数の測度に関する法律、船員法、船員職業安定法、船舶職員及び小型船舶操縦者法、海上運送法、港湾運送事業法、内航海運業法、港則法、海上交通安全法、造船法、海洋汚染等及び海上災害の防止に関する法律、国際航海船舶及び国際港湾施設の保安の確保等に関する法律、領海等における外国船舶の航行に関する法律、船舶の再資源化解体の適正な実施に関する法律及びこれらの法律に基づく命令 〔口述〕筆記合格者のみ 海事法令：船舶法、船舶安全法、船員法、船舶職員及び小型船舶操縦者法 ※筆記試験の合格者は、口述試験で不合格であっても、次回の試験に限り、申請により筆記試験が免除される

問い合わせ先

国土交通省 海事局総務課
〒100-8918 東京都千代田区霞が関2-1-3
TEL03(5253)8946　URL=https://www.mlit.go.jp/about/file000049.html

受刑者の社会復帰に努める

刑　務　官

国家

刑務所や少年刑務所、拘置所で被収容者への指導を通じて、社会復帰（改善更生）の実現へ向けた処遇を行う。保安・警備のほか、被収容者への日常生活指導や職業訓練指導、悩み事に対する指導、また公平な裁判が受けられるよう配慮することも職務のひとつだ。

申込者数	合格率
2,288人※	23.2%※
受験資格	受験料
年　齢	－

※刑務Ａの場合

受験資格	【刑務A・刑務A（武道）】 試験実施年4月1日現在、17歳以上29歳未満の男子 【刑務B・刑務B（武道）】 試験実施年4月1日現在、17歳以上29歳未満の女子 【刑務A（社会人）・刑務B（社会人）】試験実施年4月1日現在、40歳未満の男子・女子。（上記に規定する受験資格を有しない者に限る）
申込期間	7月中旬～下旬
試験日	**〔1次〕9月中旬** **〔2次〕10月中旬～下旬の指定する日**
試験地	【刑務A】〔1次〕全国47カ所　〔2次〕全国45カ所 【刑務B】〔1次〕全国47カ所　〔2次〕全国16カ所
申込者数 合格率	【刑務A】2,288人、23.2％ 【刑務B】811人、25.6％
試験内容	【刑務A・刑務A（社会人）・刑務B・刑務B（社会人）】 〔1次〕①基礎能力試験（多肢選択式）：40題、1時間30分 ②作文試験：1題、50分 〔2次〕①人物試験：人柄、対人的能力などについての個別面接 ②身体検査：その他一般内科系検査 ③身体測定：視力の測定　④体力検査（立ち幅跳び、反復横跳び、上体起こし。基準に達しないものが1つでもある場合は不合格） 【刑務A（武道）・刑務B（武道）】 〔1次〕①基礎能力試験（多肢選択式）：40題、1時間30分 ②作文試験：1題、50分 ③実技試験：柔道または剣道 〔2次〕①人物試験：人柄、対人的能力などについての個別面接 ②身体検査：その他一般内科系検査 ③身体測定：視力の測定

問い合わせ先
人事院各地方事務局・沖縄事務所、法務省各矯正管区・沖縄刑務所
URL=https://www.moj.go.jp/kyousei1/kyousei_kyouse13.html

犯罪者・非行少年の社会復帰を支援

独立 就職 趣味 評価

法務省専門職員（人間科学）

法務省専門職員は、専門的知識に基づき、犯罪・非行をした人の円滑な社会復帰を図ることを使命とする。矯正心理専門職（少年鑑別所などに勤務）、法務教官（少年院などに勤務）、保護観察官（保護観察所などに勤務）の3区分がある。

公式テキスト 独学 講座 通信

申込者数	合格率
1,990人※	35.8%※
受験資格	受験料
年齢or学歴	ー

※全区分合計数と平均最終合格率

受験資格	試験年度の4月1日現在、次のいずれかに該当する者（A男子、B女子） 【矯正心理専門職A・B】①21歳以上30歳未満 ②21歳未満で、大学を卒業した者および翌年3月までに卒業見込みの者 ③21歳未満で、人事院が②と同等の資格があると認める者 【法務教官A・B】【保護観察官】①21歳以上30歳未満 ②21歳未満で、大学を卒業した者および翌年3月までに卒業見込みの者、ならびに人事院がこれらと同等の資格があると認める者 ③21歳未満で、短大または高等専門学校を卒業した者および翌年3月までに卒業見込みの者、ならびに人事院がこれらと同等の資格があると認める者 【法務教官（社会人）A・B】30歳以上40歳未満
申込期間	2月下旬～3月下旬
試験日	**〔1次〕5月下旬 〔2次〕7月上旬**
試験内容	【矯正心理専門職A・B】 〔1次〕①基礎能力試験（多肢選択式）：30題、1時間50分 ②専門試験（多肢選択式）：40題、2時間20分 必須問題：心理学に関連する領域 選択問題：心理学、教育学、福祉、社会学に関連する基礎 ③専門試験（記述式）：1題、1時間45分。心理学に関連する領域 〔2次〕①人物試験：人柄、対人的能力などについての個別面接 ②身体検査：主として一般内科系検査 ③身体測定：視力についての測定 【法務教官A・B】 〔1次〕①基礎能力試験（多肢選択式）：30題、1時間50分 ②専門試験（多肢選択式）：40題、2時間20分 心理学、教育学、福祉、社会学に関する基礎 ③専門試験（記述式）：1題、1時間45分 心理学、教育学、福祉、社会学に関連する領域から1題選択 〔2次〕①～③矯正心理専門職に同じ 【保護観察官】 〔1次〕①～③法務教官に同じ 〔2次〕人物試験：個別面接

問い合わせ先
人事院各地方事務局・事務所
矯正心理専門職・法務教官は、法務省各矯正管区 保護観察官は、法務省各地方更生保護委員会
URL=https://www.jinji.go.jp/saiyo/.html（人事院）

保護司

犯罪や非行をした者に対して保護観察官と協働して適切な指導や助言を行い、改善更生と社会復帰への援助をするとともに地域社会の犯罪予防活動などを行う。身分上は非常勤の国家公務員だが、職務遂行上の費用の支給以外は無報酬で活動する民間の篤志家。

受験者数	合格率
―	―
受験資格	受験料
―	―

選考基準	保護司になるための資格は特に必要ないが、保護観察所の長が各保護観察所に置かれた保護司選考会（地方裁判所長、地方検察庁検事正、弁護士会長などで構成）に意見を聞いた上で推薦した者の中から法務大臣が委嘱する。任期は2年間だが再任もできる 保護司には以下のすべての条件を備えていることが求められる ①人格・行動について社会的信望を有する ②職務の遂行に必要な熱意・時間的余裕を有する ③生活が安定している ④健康で活動力を有する
活動内容	保護観察所の保護観察官と協働して保護観察対象者に対する処遇活動を行うほか、市町村などの区域（保護区）ごとに組織された保護司会に所属して犯罪予防活動などを行う
申込方法	各都道府県の保護観察所に問い合わせる
研修内容	保護司になると、経験年数や適性に応じて各種の研修を受講する ①新任保護司研修：新任保護司が対象。保護司の使命・役割・身分など、保護司として必要な基礎的知識・心構えの修得を図る ②処遇基礎力強化研修（第一次研修）：新任保護司のうち、保護観察所長が適当と認めた者が対象。保護司の職務遂行に必要な事務手続や処遇実務の具体的履修、保護司会活動についての理解促進を図る ③指導力強化研修（第二次研修）：２期目の保護司のうち、保護観察所長が適当と認めた者が対象。保護観察等の処遇を行う上で必要な知識・技術の伸長、保護司会活動を行う上で必要な知識・技術の修得を図り、処遇や保護司会活動などにおいて、中核的な役割を担うための指導力を身につける ④地域別定例研修：保護司全員が対象。保護区ごとに実施する研修で、実務上必要な知識・技術の全般的な水準向上を図る ⑤特別研修：処遇上特別な配慮を必要とする者の取扱いなどに関する専門的知識・技術の修得を図る ⑥自主研修：各保護司会などにおける自主的な研修

問い合わせ先
各都道府県の保護観察所
URL＝https://www.moj.go.jp/hogo/soumu/hogo_hogo01_01.html

ビジネス著作権検定®

誰もが容易に権利者または侵害者にもなる著作権。その知識を活用できる人材はビジネスシーンでますます重要となるだろう。試験ではビジネス実務や日常生活で必要な著作権の知識・理解から、裁判例やビジネス実務の事例判断を通した応用力までレベル別に測定。

受験者数	合格率
非公開	62.9%※
受験資格	受験料
なし	5,300円（初級の場合）

※初級・上級合算の合格率（2022年度）

受験資格	誰でも受験できる
申込期間	試験日の1週間前まで
試験日	【初級】 **6月上旬** **11月上旬** **翌年2月中旬** 【上級】 **6月上旬** **11月上旬**
受験料	【初級】**5,300円** 【上級】**8,200円**（各税込）
試験地	自宅または所属する団体施設（教育機関・企業等）
試験内容	リモートWebテスト（多肢選択式） 【初級】30問、60分 ビジネス実務、日常生活において必要とされる以下の知識が出題される ①著作権に関する基礎的な知識 ②著作権法および関連する法令に関する基礎的知識 ③インターネットに関連する著作権および情報モラルについての基礎的知識 【上級】40問、90分 ビジネス実務、日常生活において必要とされる以下の知識が出題される ①著作権に関する基礎的な知識 ②著作権法および関連する法令に関する基礎的知識 ③インターネットに関連する著作権および情報モラルについての基礎的知識、および応用力 ※応用力については、事例での問題点発見と解決能力について問う内容

問い合わせ先
（株）サーティファイ 認定試験事務局
〒103-0025 東京都中央区日本橋茅場町2-11-8 茅場町駅前ビル
TEL0120(031)749　URL=https://www.sikaku.gr.jp/bc/　E-MAIL=info@certify.jp

音楽著作権管理者

民間

音楽出版業務や著作権法の基礎知識をはじめ、アニメ、ライブ、音楽配信、最新のデジタル技術に関する内容まで幅広い分野を網羅、また、時代の変化に即したカリキュラムも加え、現在の音楽ビジネスについて総合的に学ぶ。

受験対策
講習＋修了試験合格

オンライン

受講者数	合格率
ー	ー
受講資格	**受講料**
なし	154,000円（一般の場合）

受講資格	誰でも受講できる
申込期間	3月中旬～4月下旬　※定員（240名）になり次第、締め切る
申込方法	指定の申込書に所定事項を記入し、MPA事務局宛にメールで申し込む
講習日	**6～11月**（全17日）
受講料	**154,000円**（一般の場合） **132,000円**（MPA会員の場合） （税込、いずれもテキスト・教材費含む）
開講地	東京、オンライン配信
講習内容	①音楽出版業務 【音楽出版ビジネス概論、著作権ビジネスの未来、著作権契約の注意点、原盤制作、レコード製作者の権利の解説、レコードビジネスに係る各種契約の解説、SUB-PUBLISHINGビジネス、映像に音楽を使う時の留意点、楽曲のプロモーション、中国・韓国等における音楽ビジネス、音楽著作権と国際ビジネス、著作権・原盤使用料の再配分、VTuberに係るSNSビジネスと音楽出版、デジタルを活用した音楽ビジネス】 ②著作権関係法令 【最近の著作権政策の動向、著作権法、契約、判例解説、デジタル・ネットワーク化への対応と著作権制度の役割、SNS利用と著作権、海外の著作権動向（EU著作権指令等の最新情報）、イノベーションの観点から捉える時代の変化と著作権】 ③著作権等管理事業 【JASRAC（総論、定款・約款、演奏・貸与等、許諾・送信、放送等、分配等、管理、国際関係、許諾・複製等）、NexTone（総論・各論）】 ④音楽出版関連業務 【レコードと著作権、実演家の権利と集中管理、ネットクリエイター、YouTube上の音楽利用、ポスト・ストリーミング時代の音楽ビジネス、プロダクション、ライブビジネス、アニメビジネス、音楽配信ビジネスの現況、音楽情報プラットフォーム（MINC）を活用した著作物利用と保護の促進】

問い合わせ先

一般社団法人 日本音楽出版社協会（MPA）
〒107-0062 東京都港区南青山2-31-8-3F
E-MAIL=kouza@mpaj.or.jp　　URL=https://mpaj.or.jp/

独立 就職 趣味 評価

民法法務士認定試験

2020年4月より改正民法が施行。120年ぶりの「世紀の大改正」ということで、社会的な関心が集まっている。2018年6月から始まったこの試験では、取引社会・ビジネスを支える債権・契約を中心に実践的な知識を認定する。

公式テキスト　独学　講座　通信　オンライン

受験者数	合格率
ー	ー
受験資格	受験料
なし	16,500円

受験資格	誰でも受験できる
申込期間	5月中旬～8月上旬 11月中旬～2月上旬
試験日	**9月下旬** **3月中旬**
申込方法	インターネットまたは郵送で申し込み (郵送の場合は、申込書を全日本情報学習振興協会に請求する)
受験料	**16,500円**（税込） ※団体割引・学生割引あり
試験地	東京およびオンライン受験、CBT受検
試験内容	多肢択一式、マークシート方式、70問、2時間30分 合否基準はおおむね70%以上の正答 ①総則： 通則、人、法人、物、法律行為、期間の計算、時効 ②物権： 総則、占有権、所有権、地上権、永小作権、地役権、留置権、先取特権、質権、抵当権 ③債権： 総則、契約、事務管理、不当利得、不法行為 ④親族： 総則、婚姻、親子、親権、後見、保佐及び補助、扶養 ⑤相続： 総則、相続人、相続の効力、相続の承認及び放棄、財産分権 相続人の不存在、遺言、配偶者の居住の権利、遺留分、特別の寄与

問い合わせ先
一般財団法人 全日本情報学習振興協会
〒101-0061 東京都千代田区神田三崎町3-7-12 清話会ビル5F
TEL03(5276)0030　　URL=https://www.minpou.or.jp/

個人情報保護士認定試験

企業にとって重要な個人情報を守るプロとしての知識が問われる。業務で個人情報を扱う人に最適な資格。
【受験資格】 誰でも受験できる
【試験科目】 筆記試験（マークシート）
〔個人情報保護法とマイナンバー法の理解〕
①個人情報保護法総説　②マイナンバー法の理解　ほか
〔個人情報保護の対策と情報セキュリティ〕
①脅威と対策　②組織的・人的セキュリティ　③オフィスセキュリティ　④情報システムセキュリティ
【試験日】 6月　9月　12月　翌年3月
【受験料】 11,000円（税込）
【試験地】 全国主要都市およびオンライン受験、CBT受検（試験日により異なる）

【問い合わせ先】
一般財団法人 全日本情報学習振興協会
〒101-0061　東京都千代田区神田三崎町3-7-12 清話会ビル5F　TEL03(5276)0030

会社法法務士認定試験

企業で必要とされる、会社法の知識に精通した人材を評価する試験。法務や経営戦略の担当者向け。設立、株式、取締役会などの、会社運営に必要な知識が問われる。
【受験資格】 誰でも受験できる
【試験科目】 筆記試験（マークシート）
①会社法総則
②株式会社
③持分会社
④社債　⑤組織変更、合併、会社分割、株式交換、株式移転および株式交付
⑥外国会社　⑦雑則
【試験日】 6月　12月
【受験料】 16,500円（税込）
【試験地】 東京およびオンライン受験、CBT受検（試験日により異なる）

【問い合わせ先】
一般財団法人 全日本情報学習振興協会
〒101-0061　東京都千代田区神田三崎町3-7-12 清話会ビル5F　TEL03(5276)0030

情報セキュリティ初級認定試験

情報セキュリティに関する知識のニーズは業種・業務を問わず高まる一方だ。この試験では、一般社員、ユーザーレベルで習得すべき情報セキュリティ対策の基本知識を問う。
【受験資格】 誰でも受験できる
【試験科目】 筆記試験（マークシート）
①情報セキュリティ総論　②脅威と情報セキュリティ対策1　③脅威と情報セキュリティ対策2　④コンピュータの一般知識
【試験日】 5月　8月　11月　翌年2月
【受験料】 8,800円（税込）
【試験地】 全国主要都市およびオンライン受験、CBT受検
(試験日により異なる)

【問い合わせ先】
一般財団法人 全日本情報学習振興協会
〒101-0061　東京都千代田区神田三崎町3-7-12 清話会ビル5F　TEL03(5276)0030

情報セキュリティ管理士認定試験

セキュリティ対策のリーダーとして必要な知識を有することを認定する試験。近年の情報セキュリティインシデントから、ソフト・ハード両面の知識まで幅広く問われる。
【受験資格】 誰でも受験できる
【試験科目】 筆記試験（マークシート）
①情報セキュリティ総論　②脅威と情報セキュリティ対策1　③脅威と情報セキュリティ対策2　④コンピュータの一般知識
【試験日】 5月　8月　11月　翌年2月
【受験料】 11,000円（税込）
【試験地】 全国主要都市およびオンライン受験、CBT受検
(試験日により異なる)

【問い合わせ先】
一般財団法人 全日本情報学習振興協会
〒101-0061　東京都千代田区神田三崎町3-7-12 清話会ビル5F　TEL03(5276)0030

Chapter 4

コンピュータ

独立 就職 趣味 評価

ITパスポート試験（iパス）

ITパスポート（iパス）は、IT化された社会で、すべての社会人・これから社会人となる人が備えておくべきITの共通的な基礎知識を証明できる国家試験。ITに携わる業務に就きたい人や、担当する業務でITを活用していこうとする人は合格しておきたい試験だ。

受験者数	合格率
265,040人	50.3%
受験資格	受験料
なし	7,500円

受験資格	誰でも受験できる
申込期間	随時
試験日	**随時**
申込方法	インターネットで申し込む
受験料	**7,500円**（税込）
試験地	全国47都道府県（CBT試験会場）
試験内容	ITを活用するために必要な共通的基礎知識が問われる 出題範囲は、ストラテジ系（経営全般）35問、マネジメント系（IT管理）20問、テクノロジ系（IT技術）45問出題される 四肢択一の多肢選択式（120分、100問）、CBT方式 **〈ストラテジ系〉** 企業と法務（企業活動、法務）、経営戦略（経営戦略マネジメント、技術戦略マネジメント、ビジネスインダストリ）、システム戦略（システム戦略、システム企画） **〈マネジメント系〉** 開発技術（システム開発技術、ソフトウェア開発管理技術）、プロジェクトマネジメント、サービスマネジメント（サービスマネジメント、システム監査） **〈テクノロジ系〉** 基礎理論（基礎理論、アルゴリズムとプログラミング）、コンピュータシステム（コンピュータ構成要素、システム構成要素、ソフトウェア、ハードウェア）、技術要素（情報デザイン、情報メディア、データベース、ネットワーク、セキュリティ） **〔合格基準〕** 総合評価点と分野別評価点がそれぞれ1,000点満点のうち、基準点（総合600点、分野別ストラテジ系300点、マネジメント系300点、テクノロジ系300点）以上で合格となる

問い合わせ先
独立行政法人 情報処理推進機構
〒113-8663 東京都文京区本駒込2-28-8 文京グリーンコートセンターオフィス15F
TEL03(6631)0608（ITパスポート試験コールセンター） URL=https://www3.jitec.ipa.go.jp/JitesCbt/index.html

資格のQ&A

Q この資格を取るメリットは？

A アルゴリズム、データベース、セキュリティなどITのテクノロジ知識はもちろん、ビジネス全般の基礎知識をまとめて学べることです。また、試験内容の更新が頻繁に行われるため、AIなど最新のITを学ぶのにも役立つ資格と言えます。

Q この資格取得にかかる費用・期間は？

A 費用は**20,000円**程度です（LECの場合）。期間は、**ITの得意な方なら1ヵ月以内、初心者の方は3ヵ月程度**を見込んで、しっかりと学んだ方が良いでしょう。

Q 資格取得後に有利な業界はどこですか？

A ITパスポートは基礎的な資格と位置付けられており、**どの業界でも役立つ**内容です。IT関係の仕事に就くのであれば、入社前からの取得を推奨する会社も少なくありません。

Q 次のステップとして取得すべき資格はありますか？

A ITパスポートと同様に情報システムの利用側に位置づけられている**「情報セキュリティマネジメント」**はステップアップに最適です。専門性を高めていきたい方は、**基本情報技術者→応用情報技術者→高度情報処理技術者**へチャレンジしていくのも良いでしょう。

Q おススメの勉強方法・学習のポイントは？

A 最近は試験範囲が非常に広くなり、徐々に難しくなってきています。市販の教材も充実していますが、ITに苦手意識があるなど不安な方は講座の受講をおススメします。

回答者　林雄次LEC専任講師（ITパスポート講座担当）

オフィス製品の利用スキルを証明

独立 就職 趣味 評価

マイクロソフト オフィス スペシャリスト（MOS）

民間

マイクロソフト オフィス スペシャリスト（MOS）は、累計受験者数500万人のMicrosoft Office製品の利用スキルを証明する世界共通の資格試験。社内での評価アップや就職・転職時の実務能力の証明として、社会人だけでなく学生の受験者も多い。

受験者数	合格率
非公開	非公開
受験資格	**受験料**
なし	10,780円（一般1科目）

受験資格	誰でも受験できる（試験当日に未成年の受験者は、保護者の同意が必要）
試験日	全国一斉試験：**毎月1～2回**（いずれかの日曜日） 随時試験：**試験実施会場が設定する任意の日**
受験料	【MOS 365】 〔一般〕1科目**10,780円**〔上級〕1科目**12,980円** 【MOS 2019】〔一般〕1科目**10,780円**〔上級〕1科目**12,980円** 【MOS 2016】〔一般〕1科目**10,780円**〔上級〕1科目**12,980円** ※各税別、学割あり
試験地	一斉試験は全国主要都市、随時試験は試験会場として認定したパソコンスクールや教育機関など、全国の約1,500カ所
試験内容	Officeのアプリケーションを使い、どれだけ要求された作業を確実に行えるかを判定する。すべてパソコンを使った実技試験で、結果は試験終了後に画面上ですぐに確認できる。MOSには、【MOS 365】【MOS 2019】【MOS 2016】の3バージョンがある 試験科目は以下の通りで、1科目ごとに受験する。試験時間は各科目50分 ①Word ②Excel ③PowerPoint ④Outlook ⑤Access （2019・2016バージョンのみ） ①Wordと②Excelには、一般レベルと上級レベル（エキスパート）の2種類のレベルがある **〔一般レベル〕**基本的な機能を効率よく利用し、一般的なビジネス文書やスプレッドシートを作成し、その変更・印刷などの作業ができる **〔上級レベル〕**基本的な機能を十分理解した上で、用途や目的に応じて環境設定・データの有効活用など高度な機能を駆使した作業ができる ※Microsoft Officeの同一バージョンの所定科目に合格すると、複数のアプリケーションを効果的に使うことができる、総合的なスキルを証明する称号が贈られる。MOS 2016は「MOSマスター」、MOS 2019とMOS 365には「MOS Associate」、「MOS Expert」の2種類がある

問い合わせ先
（株）オデッセイ コミュニケーションズ カスタマーサービス
〒100-0005 東京都千代田区丸の内3-3-1 新東京ビル
E-MAIL=mail@odyssey-com.co.jp URL=https://mos.odyssey-com.co.jp/

資格のQ&A

Q この資格を取るメリットは？

A Word、Excel、PowerPoint、Access、Outlookなどのマイクロソフトオフィスの操作技能を測定する試験です。民間資格ですが世界共通の資格になっています。ほかのIT系の国家資格とは異なり、**身につけたスキルがマイクロソフト製品でそのまま使えるという実践的な資格です**。いまやパソコンスキルは、ビジネス三種の神器の一つともいわれます。

Q この資格取得にかかる費用・期間は？

A 練習用のパソコンソフト付きのテキストが市販されており、独学も可能です。学習者の基礎スキルによっても学習期間は異なりますが、**1～3カ月**程度です。また初学者から始めた場合、通信・通学は**30,000～60,000円**程度になります。

Q 資格所得後に有利な業界はどこですか？

A 業種、業界を問わず、**事務能力を重視する仕事**では評価される資格です。実践的な能力の証明ですから、即戦力を求める企業には、就職、転職などでアピールできます。

Q 次のステップとして、取得すべき資格はありますか？

A MOS試験は、ITの試験というより事務能力スキルの試験です。引き続き事務能力をアップするなら、**ビジネス・キャリア検定**や**簿記検定**などがおススメです。また、情報リテラシーを向上させるのならITパスポート（iパス）が入門資格になります。

Q おススメの勉強方法・学習のポイントは？

A MOS試験は、パソコンの技能を評価するものですので、**操作技能の練習量が合否を決めます**。また試験はWord、Excel、PowerPoint、Access、Outlookとソフトに応じてあります。随時試験は、試験会場が多く、受験機会に恵まれていますので、欲張らずに一つずつ目標を定めて学習していきたいものです。

回答者　上井光裕（資格アドバイザー）

最もベーシックな情報処理の試験

基本情報技術者試験

国家

基本情報技術者は、IT全般に関する基本的な知識・技能をもつ人、つまり、情報システム開発プロジェクトでプログラム設計書を作成し、プログラム開発を行い、単体テストまでの一連のプロセスを上位者の指導の下に担当する人のための試験である。

受験者数	合格率
121,611人	47.1%
受験資格	**受験料**
なし	7,500円

受験資格	誰でも受験できる
申込期間	随時
試験日	**随時**
申込方法	インターネットで申し込む
受験料	**7,500円**（税込）
試験地	全国47都道府県（CBT試験会場）
試験内容	試験は科目Aとして①、科目Bとして②がそれぞれCBT方式で行われる。出題範囲は、テクノロジ（技術）系、マネジメント（管理）系、ストラテジ（戦略）系の各分野を幅広くカバー ①四肢択一の多肢選択式（90分、60問） **〈テクノロジ系〉**基礎理論、コンピュータシステム、技術要素、開発技術 **〈マネジメント系〉**プロジェクトマネジメント、サービスマネジメント **〈ストラテジ系〉**システム戦略、経営戦略、企業と法務 ②多肢選択式（100分、20問） **〈プログラミング全般に関すること〉**実装するプログラミングの要求仕様の把握、使用するプログラム言語の仕様に基づくプログラムの実装、既存のプログラムの解読及び変更、処理の流れや変数の変化の想定、プログラムのテスト、処理の誤りの特定及び修正方法の検討　ほか（出題するプログラム言語では擬似言語を扱う） **〈プログラムの処理の基本要素に関すること〉**型、変数、配列、代入、算術演算、比較演算、論理演算、選択処理、繰返し処理　ほか **〈データ構造及びアルゴリズムに関すること〉**再帰、スタック、キュー、木構造、グラフ、連結リスト、整列、文字列処理　ほか **〈プログラミングの諸分野への適用に関すること〉**数理・データサイエンス・AIなどの分野を題材としたプログラム　ほか **〈情報セキュリティの確保に関すること〉**情報セキュリティ要求事項の提示、マルウェアからの保護、バックアップ、ログ取得及び監視、情報の転送における情報セキュリティの維持　ほか

問い合わせ先
独立行政法人 情報処理推進機構
〒113-8663 東京都文京区本駒込2-28-8　文京グリーンコートセンターオフィス15F
TEL03(4500)7862（受験サポートセンター）　URL=https://www.ipa.go.jp/shiken/index.html

資格のQ&A

Q この資格を取るメリットは？

A 例年受験者数が年間10万人近くに上る基本情報技術者は、IT業界では最も人気のある資格です。**ITエンジニアの基礎資格なので、取得後は仕事の幅が広がり、また上位資格挑戦の足掛かりとなります**。試験は、マネジメントレベルの問題も出るため、企業人としての基礎固めにも役立ちます。また学生の受験者も多くおり、就職活動でもアピール材料になります。

Q この資格取得にかかる費用・期間は？

A 独学でも多くの人が合格していますが､長期間の独学に自信のない人には、通信・通学講座をおススメします。通信・通学講座で約30,000円〜150,000円と幅があり、講座の比較サイトもあるのでご利用ください。

Q 資格取得後に有利な業界はどこですか？

A 数あるIT業界の資格のうち、数少ない国家資格ですので**IT業界**はもちろん、あらゆる業界でニーズがあります。また、この上位資格を取得すると、企業内では、昇進・昇格に有利になる可能性があります。

Q 次のステップとして、取得すべき資格はありますか？

A 情報処理技術者試験の体系では、ITパスポート（iパス）がユーザー向け、基本情報技術者が基本的知識・技能に位置付けられています。次を目指すとしたら、国家試験では応用的知識・技能にあたる**応用情報技術者**、高度な知識・技能の**ITストラテジスト、情報セキュリティスペシャリスト**などがあります。また、実務に使える資格ならオラクルなど、メーカー系の資格があります。

Q おススメの勉強方法・学習のポイントは？

A ITパスポート（iパス）と比べて合格率が30%台と低く、やや難易度が高い試験です。半年間ぐらいはじっくり取り組む必要があります。**最初はテキストを読み込むインプット学習をし、問題に取り組むアウトプット学習へ早めに移りましょう**。「過去問題は最良のテキスト」です。初めは解けなくても、合格ラインに達するまで繰り返し学習しましょう。

回答者　上井光裕（資格アドバイザー）

応用情報技術者試験

国家

応用情報技術者は、IT全般に関する応用的知識・技能をもち、高度IT人材としての方向性を確立した人を対象とした試験。基本戦略立案またはシステム設計・開発などに関し、独力で役割を果たすことが可能なレベルの知識・技能が求められる。

受験者数	合格率
70,103人	25.0%
受験資格	受験料
な　し	7,500円

受験資格	誰でも受験できる
申込期間	春期：1月中（予定）　秋期：7月中（予定）
試 験 日	**春期：　4月の特定の日曜日** **秋期：10月の特定の日曜日**
申込方法	インターネットで申し込む
受 験 料	**7,500円**（税込）
試 験 地	全国主要都市
試験内容	試験は午前に①、午後に②が行われる。出題範囲は、テクノロジ（技術）系、マネジメント（管理）系、ストラテジ（戦略）系の各分野を幅広くカバー ①四肢択一の多肢選択式（150分、80問） **〈テクノロジ系〉**基礎理論、コンピュータシステム、技術要素、開発技術 **〈マネジメント系〉**プロジェクトマネジメント、サービスマネジメント **〈ストラテジ系〉**システム戦略、経営戦略、企業と法務 ②記述式（150分、11問中5問解答） **〈経営戦略に関すること〉**　**〈情報戦略に関すること〉** **〈戦略立案・コンサルティングの技法に関すること〉** **〈システムアーキテクチャに関すること〉**方式設計・機能分割　ほか **〈サービスマネジメントに関すること〉**サービスマネジメントシステム　ほか **〈プロジェクトマネジメントに関すること〉**プロジェクト全体計画　ほか **〈ネットワークに関すること〉**　**〈データベースに関すること〉** **〈組込みシステム開発に関すること〉**リアルタイムOS・MPUアーキテクチャ、省電力・高信頼設計・メモリ管理　ほか **〈情報システム開発に関すること〉** 外部設計、内部設計、テスト計画・テスト　ほか **〈プログラミングに関すること〉**アルゴリズム、データ構造　ほか **〈情報セキュリティに関すること〉**情報セキュリティポリシー　ほか **〈システム監査に関すること〉**ITガバナンス及びIT統制と監査　ほか

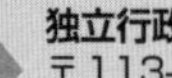

独立行政法人 情報処理推進機構
〒113-8663 東京都文京区本駒込2-28-8 文京グリーンコートセンターオフィス15F
TEL03(4500)7862（受験サポートセンター）　URL=https://www.ipa.go.jp/shiken/index.html

業務改革推進などの部門で活躍

国家

ITストラテジスト試験

ITストラテジストは、企業の経営戦略に基づいて、ビジネスモデルや企業活動の特定のプロセスについて、情報技術を活用して改革・高度化・最適化するための基本戦略を策定・提案・推進する人のための試験であり、CIOやCTOを目指す人に最適。

受験者数	合格率
4,972人	15.5%
受験資格	受験料
なし	7,500円

受験資格	誰でも受験できる
申込期間	1月中（予定）
試験日	**4月の特定の日曜日**
申込方法	インターネットで申し込む
受験料	**7,500円**（税込）
試験地	全国主要都市
試験内容	試験は午前に①②、午後に③④が行われる。①②では能力が期待する技術水準に達しているかの知識を、③④では技能を問う問題が出題される ①四肢択一式（50分、30問）　②四肢択一式（40分、25問） **〈技術要素〉**セキュリティ **〈システム戦略〉**システム戦略、システム企画 **〈経営戦略〉** 経営戦略マネジメント、技術戦略マネジメント、ビジネスインダストリ **〈企業と法務〉**企業活動、法務 ③記述式（90分、3問中2問解答） ④論述式（120分、2問中1問解答） **〈業種ごとの事業特性を反映し情報技術（IT）を活用した事業戦略の策定に関すること〉** 経営戦略に基づくITを活用した事業戦略の策定　ほか **〈業種ごとの事業特性を反映した情報システム戦略と全体システム化計画の策定に関すること〉** 業務モデルの定義、情報システム全体体系の定義　ほか **〈業種ごとの事業特性を反映した個別システム化構想・計画の策定に関すること〉** システム化構想の策定、業務システムの分析　ほか **〈事業ごとの前提や制約を考慮した情報システム戦略の実行管理と評価に関すること〉** 改革実行のリスク管理と対処、システム活用の促進　ほか

問い合わせ先

独立行政法人 情報処理推進機構
〒113-8663 東京都文京区本駒込2-28-8 文京グリーンコートセンターオフィス15F
TEL03(4500)7862（受験サポートセンター） URL=https://www.ipa.go.jp/shiken/index.html

情報処理安全確保支援士試験

セキュアな情報システムの提供に寄与する人の試験。合格後に登録することで名称独占の国家資格が得られる。

受験者数	合格率	受験資格	受験料
27,110人	20.9%	なし	7,500円

受験資格	誰でも受験できる
申込期間	春期：1月中（予定） 秋期：7月中（予定）
試験日	**春期：　4月の特定の日曜日** **秋期：10月の特定の日曜日**
試験内容	試験は午前に①②、午後に③が行われる。①②では能力が期待する技術水準に達しているかの知識を、③では技能を問う問題が出題される ①四肢択一の多肢選択式（50分、30問） ②四肢択一の多肢選択式（40分、25問） ③記述式（150分、4問中2問解答）

問い合わせ先
独立行政法人 情報処理推進機構
〒113-8663 東京都文京区本駒込2-28-8 文京グリーンコートセンターオフィス15F
TEL03(4500)7862（受験サポートセンター） URL=https://www.ipa.go.jp/shiken/index.html

情報セキュリティマネジメント試験

組織の情報セキュリティ確保に貢献し、多種多様な脅威から情報を守るための基本的なスキルを認定する試験。

受験者数	合格率	受験資格	受験料
36,362人	72.6%	なし	7,500円

受験資格	誰でも受験できる
申込期間	随時
試験日	**随時**
試験内容	科目A：多肢選択式（四肢択一） 科目B：多肢選択式 1つの試験時間内（120分）に科目Aと科目B（計60問）を実施 〈情報セキュリティマネジメントの計画、情報セキュリティ要求事項に関すること〉 〈情報セキュリティマネジメントの運用・継続的改善に関すること〉

問い合わせ先
独立行政法人 情報処理推進機構
〒113-8663 東京都文京区本駒込2-28-8 文京グリーンコートセンターオフィス15F
TEL03(4500)7862（受験サポートセンター） URL=https://www.ipa.go.jp/shiken/index.html

システム監査技術者試験

国家

システム監査技術者は、監査対象から独立かつ客観的な立場で、情報システムや組込みシステムを総合的に検証・評価して、監査報告の利用者に情報システムのガバナンス、マネジメント、コントロールの適切性などに対する保証を与え、改善の助言を行う人の試験。

受験者数	合格率
2,039人	16.4%
受験資格	**受験料**
なし	7,500円

受験資格	誰でも受験できる
申込期間	7月中（予定）
試験日	**10月の特定の日曜日**
申込方法	インターネットで申し込む
受験料	**7,500円**（税込）
試験地	全国主要都市
試験内容	試験は午前に①②、午後に③④が行われる。①②では能力が期待する技術水準に達しているかの知識を、③④では技能を問う問題が出題される ①四肢択一式（50分、30問）　②四肢択一式（40分、25問） **〈技術要素〉**データベース、ネットワーク、セキュリティ **〈開発技術〉**システム開発技術 **〈サービスマネジメント〉**サービスマネジメント、システム監査 **〈経営戦略〉**経営戦略マネジメント **〈企業と法務〉**企業活動、法務 ③記述式（90分、3問中2問解答）　④論述式（120分、2問中1問解答） **〈情報システム・組込みシステム・通信ネットワークに関すること〉** 経営一般、情報戦略、情報システム、組込みシステム（IoTを含む）、通信ネットワーク、ソフトウェアライフサイクルモデル、プロジェクトマネジメント、ITサービスマネジメント、インシデント管理　ほか **〈システム監査の実践に関すること〉** ITガバナンスの監査、IT統制の監査、情報システムや組込みシステムの企画・開発・運用・保守、廃棄プロセスの監査、外部サービス管理の監査、事業継続管理の監査、人的資源管理の監査　ほか **〈システム監査人の行為規範に関すること〉** 監査体制、監査人の倫理、監査の独立性と客観性の保持、監査の能力及び正当な注意と秘密の保持、監査計画の策定、監査の実施、監査の報告、フォローアップ、CAAT、デジタルフォレンジックス、CSA　ほか **〈システム監査関連法規に関すること〉** 情報セキュリティ関連法規、個人情報保護関連法規、知的財産権関連法規、労働関連法規、法定監査関連法規　ほか

問い合わせ先
独立行政法人 情報処理推進機構
〒113-8663 東京都文京区本駒込2-28-8 文京グリーンコートセンターオフィス15F
TEL03(4500)7862（受験サポートセンター）　URL=https://www.ipa.go.jp/shiken/index.html

ネットワークスペシャリスト試験

国家

ネットワークスペシャリストは、ネットワークに関係する固有技術を活用して、最適な情報システム基盤の企画・要件定義・開発・運用・保守で中心的な役割を果たし、情報システムの企画・要件定義・開発・運用・保守への技術支援を行う人の試験である。

受験者数	合格率
10,395人	14.3%
受験資格	受験料
なし	7,500円

受験資格	誰でも受験できる
申込期間	1月中（予定）
試験日	**4月の特定の日曜日**
申込方法	インターネットで申し込む
受験料	**7,500円**（税込）
試験地	全国主要都市
試験内容	試験は午前に①②、午後に③④が行われる。①②では能力が期待する技術水準に達しているかの知識を、③④では技能を問う問題が出題される ①四肢択一式（50分、30問）　②四肢択一式（40分、25問） **〈コンピュータシステム〉**コンピュータ構成要素、システム構成要素 **〈技術要素〉**ネットワーク、セキュリティ **〈開発技術〉**システム開発技術、ソフトウェア開発管理技術 ③記述式（90分、3問中2問解答）　④記述式（120分、2問中1問解答） **〈ネットワークシステムの企画・要件定義・設計・構築に関すること〉** ネットワークシステムの要求分析、論理設計、物理設計、信頼性設計、性能設計、セキュリティ設計、アドレス設計、運用設計　ほか **〈ネットワークシステムの運用・保守に関すること〉** ネットワーク監視、バックアップ、リカバリ、構成管理　ほか **〈ネットワーク技術に関すること〉** ネットワークシステムの構成技術、トラフィック制御に関する技術、待ち行列理論、セキュリティ技術、信頼性設計　ほか **〈ネットワークサービス活用に関すること〉** 市場で実現している、または実現しつつある各種ネットワークサービスの利用技術、評価技術および現行システムからの移行技術　ほか **〈ネットワークアプリケーション技術に関すること〉** 電子メール、ファイル転送、Web技術、コンテンツ配信　ほか **〈ネットワーク関連法規・標準に関すること〉** ネットワーク関連法規、ネットワークに関する国内・国際標準およびその他規格　ほか

独立行政法人 情報処理推進機構
〒113-8663 東京都文京区本駒込2-28-8 文京グリーンコートセンターオフィス15F
TEL03(4500)7862（受験サポートセンター）　URL=https://www.ipa.go.jp/shiken/index.html

開発プロジェクトの責任者

プロジェクトマネージャ試験

国家

プロジェクトマネージャは、組織の戦略の実現に寄与することを目的とするシステム開発プロジェクトにおいて、プロジェクトの目的の実現に向けて責任をもってプロジェクトマネジメント業務を行う人のための試験である。

受験者数	合格率
7,888人	13.5%
受験資格	**受験料**
なし	7,500円

受験資格	誰でも受験できる
申込期間	7月中（予定）
試験日	**10月の特定の日曜日**
申込方法	インターネットで申し込む
受験料	**7,500円**（税込）
試験地	全国主要都市
試験内容	試験は午前に①②、午後に③④が行われる。①②では能力が期待する技術水準に達しているかの知識を、③④では技能を問う問題が出題される ①四肢択一式（50分、30問）　②四肢択一式（40分、25問） **〈技術要素〉**セキュリティ **〈開発技術〉**システム開発技術、ソフトウェア開発管理技術 **〈プロジェクトマネジメント〉**プロジェクトマネジメント **〈サービスマネジメント〉**サービスマネジメント **〈システム戦略〉**システム企画**〈企業と法務〉**法務 ③記述式（90分、3問中2問解答）　④論述式（120分、2問中1問解答） **〈プロジェクトの立ち上げ・計画に関すること〉** プロジェクト、プロジェクトの目的と目標、組織の戦略と価値創出、プロジェクトマネジメント、マネジメントプロセスの修整、プロジェクトの環境、プロジェクトライフサイクル、プロジェクトの制約、個別システム化計画の作成と承認、プロジェクト憲章の作成、ステークホルダの特定、プロジェクトチームの編成　ほか **〈プロジェクトの実行・管理に関すること〉** プロジェクト作業の指揮とリーダーシップ、ステークホルダのマネジメント、プロジェクトチームの開発、リスクおよび不確かさへの対応、品質保証の遂行、供給者の選定、情報の配布、プロジェクト作業の管理、変更の管理と変化への適応、スコープの管理、資源の管理　ほか **〈プロジェクトの終結に関すること〉** プロジェクトフェーズまたはプロジェクトの終結、プロジェクトの評価指標と評価手法、プロジェクトの完了基準、プロジェクトの計画と実績の差異分析、検収結果の評価、契約遵守状況評価　ほか

問い合わせ先
独立行政法人 情報処理推進機構
〒113-8663 東京都文京区本駒込2-28-8 文京グリーンコートセンターオフィス15F
TEL03(4500)7862（受験サポートセンター）　URL=https://www.ipa.go.jp/shiken/index.html

システムアーキテクト試験

国家

システムアーキテクトは、ITストラテジストからの提案を受けて、情報システムを利用したシステムの開発に必要となる要件を定義し、それを実現するためのアーキテクチャを設計し、開発を主導する人のための試験である。

受験者数	合格率
3,679人	15.8%
受験資格	**受験料**
なし	7,500円

受験資格	誰でも受験できる
申込期間	1月中（予定）
試験日	**4月の特定の日曜日**
申込方法	インターネットで申し込む
受験料	**7,500円**（税込）
試験地	全国主要都市
試験内容	試験は午前に①②、午後に③④が行われる。①②では能力が期待する技術水準に達しているかの知識を、③④では技能を問う問題が出題される ①四肢択一式（50分、30問）　②四肢択一式（40分、25問） **〈コンピュータシステム〉**コンピュータ構成要素、システム構成要素 **〈技術要素〉**ユーザーインタフェース、データベース、ネットワーク、セキュリティ **〈開発技術〉**システム開発技術、ソフトウェア開発管理技術 **〈システム戦略〉**システム戦略、システム企画 ③記述式（90分、3問中2問解答）　④論述式（120分、2問中1問解答） **〈契約・合意に関すること〉**提案依頼書（RFP）・提案書の準備、プロジェクト計画立案の支援など **〈企画に関すること〉**対象業務の内容の確認、対象業務システムの分析、適用情報技術の調査、業務モデルの作成　ほか **〈要件定義に関すること〉**要件の識別と制約条件の定義、業務要件の定義、組織および環境要件の具体化、機能要件の定義　ほか **〈開発に関すること〉**システム要件定義、システム方式設計、ソフトウェア要件定義、ソフトウェア方式設計、ソフトウェア詳細設計　ほか **〈適用・保守に関すること〉**運用テスト、業務およびシステムの移行、システム運用の評価、業務運用の評価　ほか **〈関連知識〉**構成管理、品質保証、監査、関連法規、情報技術の動向　ほか

問い合わせ先
独立行政法人 情報処理推進機構
〒113-8663 東京都文京区本駒込2-28-8 文京グリーンコートセンターオフィス15F
TEL03(4500)7862（受験サポートセンター）　URL=https://www.ipa.go.jp/shiken/index.html

データベーススペシャリスト試験

国家

データベーススペシャリストは、データベースに関係する固有技術を活用して、最適な情報システム基盤の企画・要件定義・開発・運用・保守の中心的な役割を果たすと同時に、情報システムの企画・要件定義・開発・運用・保守への技術支援を行う人の試験。

受験者数	合格率
8,980人	18.5%
受験資格	受験料
なし	7,500円

受験資格	誰でも受験できる
申込期間	7月中（予定）
試験日	**10月の特定の日曜日**
申込方法	インターネットで申し込む
受験料	**7,500円**（税込）
試験地	全国主要都市
試験内容	試験は午前に①②、午後に③④が行われる。①②では能力が期待する技術水準に達しているかの知識を、③④では技能を問う問題が出題される ①四肢択一式（50分、30問）　②四肢択一式（40分、25問） **〈コンピュータシステム〉** コンピュータ構成要素、システム構成要素 **〈技術要素〉** データベース、セキュリティ **〈開発技術〉** システム開発技術、ソフトウェア開発管理技術 ③記述式（90分、3問中2問解答） ④記述式（120分、2問中1問解答） **〈データベースシステムの企画・要件定義・開発に関すること〉** データベースシステムの計画、要件定義、概念データモデルの作成、コード設計、物理データベースの設計・構築、データ操作の設計、アクセス性能見積り、セキュリティ設計　ほか **〈データベースシステムの運用・保守に関すること〉** データベースの運用・保守、データ資源管理、パフォーマンス管理、キャパシティ管理、再編成、再構成、バックアップ、リカバリ、データ移行、セキュリティ管理　ほか **〈データベース技術に関すること〉** リポジトリ、関係モデル、関係代数、正規化、データベース管理システム、SQL、排他制御、データウェアハウス、その他の新技術動向　ほか

問い合わせ先
独立行政法人 情報処理推進機構
〒113-8663 東京都文京区本駒込2-28-8 文京グリーンコートセンターオフィス15F
TEL03(4500)7862（受験サポートセンター）　URL=https://www.ipa.go.jp/shiken/index.html

ITサービスマネージャ試験

国家

ITサービスマネージャは、サービスの要求事項を満たし、サービスの計画立案、設計、移行、提供および改善のための組織の活動および資源を、指揮し、管理する人のための試験である。

受験者数	合格率
1,936人	15.2%
受験資格	**受験料**
なし	7,500円

受験資格	誰でも受験できる
申込期間	1月中（予定）
試験日	**4月の特定の日曜日**
申込方法	インターネットで申し込む
受験料	**7,500円**（税込）
試験地	全国主要都市
試験内容	試験は午前に①②、午後に③④が行われる。①②では能力が期待する技術水準に達しているかの知識を、③④では技能を問う問題が出題される ①四肢択一式（50分、30問）　②四肢択一式（40分、25問） **〈コンピュータシステム〉**コンピュータ構成要素、システム構成要素 **〈技術要素〉**データベース、ネットワーク、セキュリティ **〈プロジェクトマネジメント〉**プロジェクトマネジメント **〈サービスマネジメント〉**サービスマネジメント、システム監査 **〈企業と法務〉**法務 ③記述式（90分、3問中2問解答）　④論述式（120分、2問中1問解答） **〈サービスマネジメントに関すること〉**サービスマネジメント　ほか **〈サービスマネジメントシステムの計画および運用に関すること〉** サービスマネジメントシステムの計画、サービスマネジメントシステムの支援、運用の計画および管理、サービスポートフォリオ　ほか **〈パフォーマンス評価および改善に関すること〉** パフォーマンス評価、改善　ほか **〈サービスの運用に関すること〉**システム運用管理　ほか **〈ファシリティマネジメントに関すること〉** ハードウェア・ソフトウェアの基礎テクノロジ、システム保守管理　ほか

独立行政法人 情報処理推進機構
〒113-8663 東京都文京区本駒込2-28-8 文京グリーンコートセンターオフィス15F
TEL03(4500)7862（受験サポートセンター）　URL=https://www.ipa.go.jp/shiken/index.html

組込み・IoT系のフルスタックエンジニア

エンベデッドシステムスペシャリスト試験

国家

エンベデッドシステムスペシャリストは、IoTを含む組込みシステム開発に関係する広い知識や技能を活用して、最適な組込みシステムの事業戦略の策定や、組込みシステムの設計・構築・製造を主導的に行う。組込み・IoT系エンジニアを目指す人のための試験。

受験者数	合格率
1,841人	16.6%
受験資格	受験料
なし	7,500円

受験資格	誰でも受験できる
申込期間	7月中（予定）
試験日	**10月の特定の日曜日**
申込方法	インターネットで申し込む
受験料	**7,500円**（税込）
試験地	全国主要都市
試験内容	試験は午前に①②、午後に③④が行われる。①②では能力が期待する技術水準に達しているかの知識を、③④では技能を問う問題が出題される ①四肢択一式（50分、30問）　②四肢択一式（40分、25問） **〈コンピュータシステム〉** コンピュータ構成要素、システム構成要素、ソフトウェア、ハードウェア **〈技術要素〉**ユーザーインタフェース、ネットワーク、セキュリティ **〈開発技術〉**システム開発技術、ソフトウェア開発管理技術 **〈システム戦略〉**システム企画 **〈経営戦略〉**経営戦略マネジメント、技術戦略マネジメント、ビジネスインダストリ ③記述式（90分、2問中1問解答） ④論述式（120分、3問中1問解答） **〈組込みシステム・IoTを利用したシステムの事業戦略・製品戦略・製品企画・開発・サポート及び保守計画の策定・推進に関すること〉** **〈機能要件の分析・機能仕様の決定に関すること〉** **〈対象とするシステムに応じた開発手法の決定・汎用モジュールの利用に関すること〉** **〈組込みシステムのシステムアーキテクチャ設計・要求仕様の策定に関すること〉** **〈組込みシステムのソフトウェア設計・実装に関すること〉** **〈組込みシステムのハードウェア設計・実装に関すること〉** **〈保守に関すること〉**

問い合わせ先
独立行政法人 情報処理推進機構
〒113-8663 東京都文京区本駒込2-28-8 文京グリーンコートセンターオフィス15F
TEL03(4500)7862（受験サポートセンター）　URL=https://www.ipa.go.jp/shiken/index.html

 独立 就職 趣味 評価

LinuC（Linux技術者認定試験）

世界で最も利用されるオープンソースOSのLinuxの技術に加え、AWS/Azure/GCP等を扱う場合にも必須の技術を盛り込んだクラウド・DX時代の認定「LinuC」は、多くの企業が業界標準として採用。就・転職活動や待遇面でも有効な武器になるだろう。

公式テキスト　独学　講座　通信　オンライン

受験者数	合格率
非公開	約70.0%
受験資格	受験料
なし	16,500円※

※レベル1・2・3、各1試験の場合

受験資格	誰でも受験できる
試験日	**随時**
申込方法	ピアソンVUE（https://www.pearsonvue.co.jp）に登録し、希望試験地、希望日時の確認を行い、予約を行う必要がある
受験料	【レベル1】 101・102試験：**各16,500円** 【レベル2】 201・202試験：**各16,500円** 【レベル3】 300・303・304試験：**各16,500円**（各税込）
試験地	国内約130カ所　ピアソンVUEのテストセンター 自宅・職場でのオンライン試験
試験内容	試験時間は90分、マウスで選択する問題とキーボードで入力する記述式とがある 問題はクラウド時代、DX時代に活躍する全てのIT技術者が身につけておきたい内容となっている 【レベル1】全科目必須 101試験：Linux管理1、仮想マシン・コンテナの基礎　ほか 102試験：Linux管理2、クラウドセキュリティ、オープンソースの文化　ほか 【レベル2】全科目必須 201試験：Linux応用管理、総合運用管理、自動化、仮想化サーバー、コンテナ　ほか 202試験：Linuxネットワーク管理、システムアーキテクチャ　ほか 【レベル3】いずれか1科目 300試験：Mixed Environment（混在環境） 303試験：Security（セキュリティ） 304試験：Virtualization and High Availability（仮想化と高可用性）

問い合わせ先
特定非営利活動法人 LPI-Japan 事務局
〒100-0011 東京都千代田区内幸町2-1-1 飯野ビル9F
TEL03(6205)7025　　URL=https://linuc.org

シスコ技術者認定

民間

業界での高い評価と最先端の確かな技術を身につけた証明となるのがシスコ技術者認定だ。自分の実力とニーズに合わせてコースとレベルが選択でき、クラウドやIoTの普及で進化し続けるICT業界で基礎となる知識の確実なレベルアップを図ることができる。

受験者数	合格率
非公開	非公開
受験資格	**受験料**
なし	ー

受験資格	誰でも受験できる
試験日	**随時**（ピアソンVUE社のテストセンターにより異なる）
申込方法	ピアソンVUE社のホームページ（https://www.pearsonvue.co.jp）で予約する。受験が初めての場合は、まず新規登録が必要になる
受験料	各コース・分野により異なる
試験地	全国主要都市のテストセンターやインターネットによるオンライン試験
試験内容	ネットワークや、プログラミング、セキュリティに関する知識を問うものを中心に、筆記及びラボ試験が行われる。 【認定取得モデル】エンタープライズ、コラボレーション、データーセンター、セキュリティ、サービスプロバイダー、DevNet（開発および自動化）、設計、CyberOps 【レベル】エントリ、アソシエイト、プロフェッショナル、エキスパートの5レベル 以下は【DevNet】の認定レベルである **【DevNet】** **〔アソシエイト〕** API、シスコプラットフォームおよび開発、アプリケーション開発およびセキュリティ、インフラストラクチャおよび自動化の理解および使用 **〔プロフェッショナル〕** コア試験：ソフトウェア開発、デザインの知識 コンセントレーション試験：最新のテーマと業界固有のテーマ **〔エキスパート〕** コア試験：ソフトウェアの設計と開発 ラボ試験：複雑なソフトウェア主導型ネットワーク環境内で自動化ソリューションの計画、設計、開発、テスト、導入、保守の実施

問い合わせ先
シスコシステムズ合同会社
〒107-6227 東京都港区赤坂9-7-1 ミッドタウン・タワー
URL=https://www.cisco.com/c/ja_jp/training-events/training-certifications/exams.html

オラクルデータベースの高いスキルを証明

オラクルマスター

民間

オラクルマスターとは日本オラクルがオラクルデータベースに関する技術者を認定する制度。データベース管理者向けの資格と開発者向けの資格があり、ロール別にエンジニアの実力を証明する客観的な指標となる。

受験者数	合格率
非公開	**非公開**
受験資格	**受験料**
な し	**ー**

受験資格	【Bronze DBA・Silver DBA・Silver SQL】誰でも受験できる 【Gold DBA】Silver DBA資格保有者、もしくは10g以降のSilver以上の資格保有者 対象者と認定基準は以下のとおり 【Bronze DBA】広くITエンジニアを対象とし、Oracle Databaseの基礎知識があることを証明 【Silver DBA】運用担当者を対象とし、データベースの日常的な運用管理スキルおよびSQLの基礎知識を証明 【Gold DBA】データベース管理者を対象とし、耐障害性や運用コストに責任を持つデータベース管理者としてのスキルを証明 他にDBAの最上位資格として、実技試験によって認定されるPlatinum資格がある
試験日	**随時**
受験料	問い合わせ先へ
試験地	全国のピアソンVUE社公認試験会場（【Platinum】実技試験のみ日本オラクル直営会場）
試験内容	【Bronze DBA】Bronze DBA Oracle Database Fundamentals（Oracle DBの基礎知識） 【Silver DBA】Oracle Database Administration Ⅰ（DBの運用管理とSQLの基礎） 【Gold DBA】Oracle Database Administration Ⅱ（バックアップ・リカバリ/マルチテナント/インストール/18c,19c新機能概要） ほか 【Silver SQL】Oracle Database SQL（SQL全般） 2020年リリースの新資格からはバージョン共通の資格となっており、上記の試験は12cR1から19cに対応している。なお、付与される資格名称には英語試験がリリースされた年次（2019）が入る

日本オラクル（株） オラクルユニバーシティ
〒107-0061 東京都港区北青山2-5-8オラクル青山センター
TEL03(6834)6666 URL=https://education.oracle.com/ja

プログラミング言語の技術を認定

オラクル認定Java資格

民間

Javaは、Web上のアプリケーションやゲーム機、企業のシステム構築などに幅広く用いられているプログラミング言語。プログラム開発者になくてはならないJavaの技術について、プログラマやSEを目指す人のレベルに応じて認定資格が用意されている。

受験者数	合格率
非公開	非公開
受験資格	**受験料**
なし	―

受験資格	【プログラマ（OCJP Bronze SE)】誰でも受験できる 【プログラマ（OCJP Silver SE 11)】誰でも受験できる 【プログラマ（OCJP Gold SE 11)】 プログラマ（OCJP Silver SE 7、8、11）認定資格取得者、プログラマ（OCJP Gold SE 7、8またはOCJP SE 6）認定資格取得者 【プログラマ（Java EE7 Application Developer)】 誰でも受験できる 【エンタープライズアーキテクト（OCJ-EA)】 Part1：誰でも受験できる（Part2以降はPart1合格者）
試験日	**随時**（詳細は下記問い合わせ先へ）
受験料	問い合わせ先へ
試験地	全国各地のピアソンVUE認定テストセンター／オンライン受験 （詳細は下記問い合わせ先へ）
出題範囲	【プログラマ（OCJP Bronze SE)】 プログラミングの手順、オブジェクト指向概念の知識　ほか 【プログラマ（OCJP Silver SE 11)】 Java文法の包括的な知識、オブジェクト指向プログラミングの知識、Javaモジュールシステムの基礎知識 【プログラマ（OCJP Gold SE 11)】基本クラスライブラリー（コレクション、ファイルI/O、並列処理、ラムダ式とStreamAPI、JDBC）を使用したプログラミング知識、Javaモジュールシステムの詳細知識、セキュア・コーディングに関する知識 【プログラマ（Java EE 7 Application Developer)】サーブレット／JSP、JSF、CDI、JPA、Webサービスなどのjava EE 7 APIを使用したエンタープライズ・アプリケーション・プログラミングの包括的な知識 【エンタープライズアーキテクト（OCJ-EA)】オブジェクト指向分析・設計の知識、Java EEを使用したシステムのアーキテクチャ設計の知識（試験は英語のみ） ※最新情報は、下記問い合わせ先へ

問い合わせ先
日本オラクル（株）オラクルユニバーシティ
〒107-0061 東京都港区北青山2-5-8オラクル青山センター
TEL03(6834)6666　URL=https://education.oracle.com/ja

Javaプログラミングの実力と体系的な知識を証明　独立 就職 趣味 評価

Java™プログラミング能力認定試験

プログラミング言語としてJavaを学習している人を対象に行われている、プログラミング能力を認定する試験である。Java初心者からベテランまで、就・転職時のスキル証明や力だめしに活用できる。

公式テキスト　独学　講座　通信　オンライン

受験者数	合格率
非公開	51.7%（2022年度全級平均）
受験資格	受験料
なし	6,600円（2級の場合）

受験資格	誰でも受験できる
認定基準	【3級】Java™に関する基本的な知識を有し、簡単なプログラムが書ける。オブジェクト指向についての基本的な概念を理解している 【2級】Java™に関する一般的な知識を有し、小規模なプログラムが適切に書ける。オブジェクト指向についての一般的な概念を理解している 【1級】オブジェクト指向に基づく分析・設計（UML）により業務システムの流れを把握し、変更仕様に従ってプログラムの保守ができる。なおUMLの表記はユースケース図、シーケンス図、クラス図などの基本的な知識を有する
申込期間	試験日の1週間前まで（1級は3週間前まで）
試験日	【3級】**6月中旬　9月中旬　翌年1月下旬** 【2級】**6月中旬　翌年1月下旬** 【1級】**6月中旬**
受験料	【3級】**5,400円**　【2級】**6,600円** 【1級】**8,000円**（各税込）
試験地	【3・2級】自宅または所属する団体施設（教育機関・企業等） 【1級】東京、大阪
試験内容	【3級】リモートWebテスト（多肢選択式）、テーマ別大問6問必須、60分 Java™プログラミングに必要なプログラミング知識・技能を出題範囲に従って出題（プログラムの空欄を補完する問題を含む） 【2級】リモートWebテスト（多肢選択式）、テーマ別大問7問必須、90分 Java™プログラミングに必要なプログラミング知識・技能を出題範囲に従って出題（プログラムの空欄を補完する問題を含む） 【1級】実技試験（パソコン使用）、2問必須、150分 事前に公開しているテーマプログラム（2,200行程度）に対する仕様変更、仕様追加に対応したプログラム作成（コーディング・入力・コンパイル・デバッグを含む）および変更仕様書の作成を行う

問い合わせ先
（株）サーティファイ 認定試験事務局
〒103-0025 東京都中央区日本橋茅場町2-11-8 茅場町駅前ビル
TEL0120(031)749　URL=https://www.sikaku.gr.jp/js/cpjv/　E-MAIL＝info@certify.jp

C言語の実践的試験として高評価

独立 就職 趣味 評価

C言語プログラミング能力認定試験

C言語を学習している人たちを対象に、プログラミング能力を認定する。C言語を駆使して応用プログラムが作成できる人材の育成を目指して生まれた試験である。1級は、テーマプログラムに対する仕様変更、仕様追加が出題となる実務重視の内容になっている。

受験者数	合格率
非公開	65.8%（2022年度全級平均）
受験資格	**受験料**
なし	6,600円（2級の場合）

受験資格	誰でも受験できる
認定基準	【3級】 C言語の概念を理解し、簡単なプログラムが書ける 【2級】 小規模プログラム（500行程度）が適切に（理路整然、簡潔、正しく、速く）書ける。また各種基本アルゴリズムを理解している 【1級】 C言語を駆使し、応用プログラム（言語処理系、ユーティリティなど）が作成できる能力を有する。また使用しているOSについて理解している
申込期間	試験日の1週間前まで（1級は3週間前まで）
試験日	【3級】**6月中旬　9月上旬　翌年1月下旬** 【2級】**6月中旬　翌年1月下旬** 【1級】**6月中旬**
受験料	【3級】**5,400円**　【2級】**6,600円** 【1級】**8,000円**（各税込）
試験地	【3・2級】自宅または所属する団体施設（教育機関・企業等） 【1級】東京、大阪
試験内容	【3級】リモートWebテスト（多肢選択式）、テーマ別大問6問必須、60分 C言語プログラミングに必要なプログラミング知識・技能を出題範囲に従って出題（プログラムの空欄を補完する問題を含む） 【2級】リモートWebテスト（多肢選択式）、テーマ別大問8問必須、90分 C言語プログラミングに必要なプログラミング知識・技能を出題範囲に従って出題（プログラムの空欄を補完する問題を含む） 【1級】実技試験（パソコン使用）、2問必須、150分 事前に公開しているテーマプログラム（1,700行程度）に対する仕様変更、仕様追加に対応したプログラム作成（コーディング・入力・コンパイル・デバッグを含む）および変更仕様書の作成を行う

問い合わせ先
（株）サーティファイ 認定試験事務局
〒103-0025 東京都中央区日本橋茅場町2-11-8 茅場町駅前ビル
TEL0120(031)749　URL=https://www.sikaku.gr.jp/js/cpjv/　E-MAIL＝info@certify.jp

文部科学省後援

情報検定（J検）

民間

日常生活や職業生活において必要とされるICT能力を、客観的基準で評価する。情報活用試験、情報システム試験、情報デザイン試験があり、それぞれ「創る・使う・伝える」の3方向において、実践的で専門的な能力を測ることができる。

受験者数	合格率
1,224人※	35.8%※
受験資格	**受験料**
なし	4,000円（情報活用2級の場合）

※情報活用2級、ペーパー方式の場合

受験資格	誰でも受験できる
試験日	【情報活用3～1級】**CBT方式：随時** **ペーパー方式：6月第3日曜日　12月第3日曜日** 【情報システム】**CBT方式：随時** **ペーパー方式：9月第2日曜日　翌年2月第2日曜日** 【情報デザイン初・上級】**CBT方式：随時** ※個人受験希望者はCBT方式で受験。ペーパー方式は団体受験のみ実施。詳細はホームページで確認
受験料	【情報活用3級】**3,000円**　【情報活用2級】**4,000円** 【情報活用1級】**4,500円** 【情報システム】基本スキル：**3,500円**　プログラミングスキル：**3,000円** システムデザインスキル：**3,000円** 【情報デザイン初級】**4,000円**　【情報デザイン上級】**4,500円**
試験地	全国各地の専門学校など（個人受験、CBT方式。約30会場）
合格率	ペーパー方式の場合 【情報活用3級】58.8%　【情報活用2級】35.8%　【情報活用1級】41.5% 【情報システム】〔基本スキル〕37.7% 〔プログラミングスキル〕35.0%　〔システムデザインスキル〕40.4%
試験内容	各試験分野などは、以下のとおり 【情報活用3～1級】情報の利活用能力（使う能力）を総合的に評価する 【情報システム】情報処理技術（システム設計・構築やプログラミングなど情報を創る能力）を総合的に評価する ①基本スキル、②プログラミングスキル、③システムデザインスキルの3科目（単科目合格制）があり、①と②の合格で〔プログラマ認定〕、①と③の合格で〔システムエンジニア認定〕となる 【情報デザイン初・上級】情報デザインの考え方、分析力、論理力、表現力、提案力など情報を伝える能力を総合的に評価する

一般財団法人 職業教育・キャリア教育財団 検定試験センター
〒102-0073 東京都千代田区九段北4-2-25 私学会館別館11F
TEL03(5275)6336　URL=https://jken.sgec.or.jp/

統計知識とデータ分析技能を証明する資格 独立 就職 趣味 評価

ビジネス統計スペシャリスト

民間

ビジネス統計スペシャリストは、ビジネス実務で必要なデータ分析の統計知識（基本統計量、仮説検定、回帰分析など）の"実践"に重点を置き、身近に活用できるExcelを使用したデータ分析技能と、分析結果を正確に理解し、応用する能力を評価します。

受験者数	合格率
非公開	非公開
受験資格	**検定料**
なし	6,600円（ベーシックの場合）

受験資格	誰でも受験できる（試験当日に未成年の受験者は、保護者の同意が必要）
受験日	試験実施会場が設定する任意の日
受験料	【エクセル分析ベーシック】 6,600円（税込） 【エクセル分析スペシャリスト】10,780円（税込） ※それぞれ割引受験制度あり。
試験地	試験会場として認定した全国約300か所のパソコンスクールや専門学校など
検定基準	試験はコンピュータ上で行い、知識を問う問題とExcelの操作をともなう操作問題が出題される。操作問題は、問題で指示された内容をエクセルで操作し、操作結果の情報をもとに択一問題や穴埋め問題に解答する。以下の2科目があり、1科目ごとに合格認定される 【エクセル分析ベーシック】 データの平均値や標準偏差などの基本的な情報の把握、Excelのグラフ機能や関数を使用したデータの傾向や相関などを発見・分析する基礎的な分析スキルを評価する 出題範囲は以下のとおり ①ビジネスデータ把握力（平均、中央値、最頻値、レンジ、標準偏差） ②ビジネス課題発見力（外れ値の検出、度数分布表、標準化、移動平均、季節調査） ③ビジネス仮説検証力（集計、散布図、相関分析、回帰分析など） 【エクセル分析スペシャリスト】 データ分析の"実践"に重点をおき、分析データの理解・まとめ方、仮説検定、相関分析、回帰分析などを出題範囲に含み、Excelの分析ツールや関数を活用して、ビジネスデータ分析の実践力を評価する 出題範囲は以下のとおり ①ビジネスデータ把握力（分析データ・1変量/2変量データのまとめ方など） ②ビジネスデータ仮説検証力（カイ二乗検定、t検定、F検定、回帰分析） ③ビジネス課題発見・予測力（回帰分析の応用、ダミー変数など）

問い合わせ先

（株）オデッセイ コミュニケーションズ カスタマーサービス
〒100-0005 東京都千代田区丸の内 3-3-1 新東京ビル
URL＝https://stat.odyssey-com.co.jp

独立 就職 趣味 評価

パソコン整備士

パソコンのハード、ソフト、インターネットへの接続やトラブル対処法を初心者でも基礎から学べるのがパソコン整備士。資格を取得すれば、OSからネットワーク、情報倫理までの幅広い知識をもち、IT関連のトラブルやセキュリティへの技能証明となる。

公式テキスト 独学 講座 通信 CBT

受験者数	合格率
非公開	非公開
受験資格	受験料
なし※	6,600円

受験資格	【3級】誰でも受験できる 【2級・1級】下位級合格者で、かつパソコン整備士協会活動会員であること
申込期間	随時
試験日	**随時**
受験料	【3・2・1級】**各6,600円**（税込）
試験地	全国47都道府県のテストセンター
合格率	【3級】89%　【2級】56% 【1級】36%
試験内容	多肢選択・CBT方式 【3級】80問中56問以上正解で合格。公式テキストから80%、応用問題として公式テキスト以外から20%出題される ①パソコンのハードウェア　②パソコンのソフトウェア ③インターネットへの接続　④インターネットセキュリティ ⑤トラブル対応　⑥情報倫理 【2級】80問中56問以上正解で合格。公式テキストから70%、応用問題として公式テキスト以外から30%出題される ①パソコンの構成要素　②ネットワーク構築 ③インターネットセキュリティ　④トラブルシューティング ⑤法令の遵守 【1級】80問中64問以上正解で合格。公式テキストから70%、応用問題として公式テキスト外から30%出題される ①サーバ構成 ②サーバ運用と保守 ③ネットワーク ④情報管理 ⑤トラブルシューティング

問い合わせ先
特定非営利活動法人 IT整備士協会
〒160-0004 東京都新宿区四谷4-25-5 KDビル2F
URL=https://www.it-seibishi.or.jp/

IT能力を証明し、即戦力に

CompTIA A+

民間

CompTIA A+（ISO17024認証取得）は、「ポストPC時代」のITスキルを網羅した新しい認定資格。ITスキル、トラブルシューティング、セキュリティやコミュニケーションなどの実務能力を証明するもので、世界中で100万人以上が取得している。

受験者数	合格率
非公開	非公開
受験資格	受験料
なし	32,740円（1科目）

受験資格	誰でも受験できる （1年程度の実務経験、および同等のスキルをもつIT技術者を想定）
試験日	**随時**（試験センターにより異なる）
申込方法	ピアソンVUE（https://www.pearsonvue.co.jp）の試験センターに予約
受験料	1科目**32,740円**（税込）
試験地	全国主要都市のテストセンター／オンライン試験
試験内容	CompTIA A+は、PCやモバイル機器、ノートPCといったハード面、オペレーティングシステムといったソフト面、またプリンターなどの周辺機器に関連した運用・管理、メンテナンスなどのスキルや知識を評価する認定資格で、1年程度の実務経験で必要とされるスキルと知識を評価できるよう設計されている CompTIA A+は、220-1101試験と220-1102試験の2科目で構成される（2科目合格でCompTIA A+認定） **【CompTIA A+220-1101】** コンピュータテクノロジーの基礎として、PC、モバイルデバイスなどのハードウェアや基本的なネットワーク、セキュリティを中心に、関連するトラブルシューティングについて出題される モバイルデバイス15%　ネットワーキング20%　ハードウェア25%　仮想化とクラウドコンピューティング11%　ハードウェアとネットワークのトラブルシューティング29% **【CompTIA A+220-1102】** WindowsやLinuxといったPCクライアントとモバイルデバイスのオペレーティングシステムのインストールや設定、セキュリティについて出題される オペレーティングシステム31%　セキュリティ25%　ソフトウェアのトラブルシューティング22%　運用手順22%

問い合わせ先
CompTIA 日本支局
〒101-0061 東京都千代田区神田三崎町3-4-9 水道橋MSビル7F
TEL03(5226)5345　URL＝https://www.comptia.jp　E-MAIL＝info_jp@comptia.org

IC3

民間

IC3（アイシースリー）はコンピュータやインターネットに関する基礎知識とスキルを総合的に証明する国際資格である。世界中で実施され、信頼性の高い指標として評価されている。資格取得によって、専門的な資格へのステップアップのほか、就・転職時のPCスキルの証明ともなる。

受験資格	誰でも受験できる(試験当日に未成年の受験者は、保護者の同意が必要)
試験日	**試験実施会場が設定する任意の日**
受験料	一般：**5,000円**（1科目、税別） **13,500円**（3科目一括、税別）※GS5のみ対象 学生：**4,000円**（1科目、税別） **12,000円**（3科目一括、税別）※GS5のみ対象
試験地	試験会場として認定した全国約300カ所のパソコンスクールや専門学校など
試験内容	試験はコンピュータ上で行い、【IC3 GS5】と【IC3 GS6】を実施 【IC3 GS5】 知識と実技（PC操作）の混在する試験で、対応するOSは、Microsoft Windows10、アプリケーションはOffice2016・Gmail・Chromeとなる。「コンピューティング ファンダメンタルズ」「キー アプリケーションズ」「リビング オンライン」の3科目で構成され、1科目ずつの受験が可能。3科目すべてに合格すると認定証が発行される 【IC3 GS6】 7つの主要分野（「テクノロジーの基礎知識」「デジタル社会の一員としての責任」「情報の管理」「コンテンツの作成」「コミュニケーション」「共同作業」「安全とセキュリティ」）のなかで、クラウドコンピューティングの概念やモバイルコンピューティングを使用する環境でのコミュニケーション、オンライン上の安全性、デバイスのセキュリティなどのデジタルリテラシーの知識を問う。レベル別に「レベル1（基礎）」「レベル2（実践）」「レベル3（専門）」の3科目があり、1科目合計で、該当レベルのGS6に資格認定される。また、3つのレベルすべてに合格すると、「デジタルリテラシーマスター」に認定される。IC 3のバージョンによる違いや出題範囲の詳細は下記問い合わせ先のホームページへ

問い合わせ先
(株) オデッセイ コミュニケーションズ カスタマーサービス
〒100-0005 東京都千代田区丸の内3-3-1 新東京ビル
URL=https://ic3.odyssey-com.co.jp/

独立 就職 趣味 評価

AI検定

民間

AI検定は「人工知能、機械学習、深層学習とは何か？」といった基本的な内容から「日常生活やビジネスシーンですでに使われているAIとは何か？」といった事例問題まで幅広く出題している。各種のAIシステムを自らの業務で利活用するための能力を認定する。

受験者数	合格率
非公開	72.93%
受験資格	受験料
な　し	4,600円

受験資格	誰でも受験できる
試験日	7月 翌年3月
受験料	4,600円（税込）
試験地	リモートWebテストによる自宅または団体施設
試験内容	50分　30問　知識問題・多肢選択式 ①AI概論 1-1 AIの概要（AIの定義） 1-2 AIの歴史と動向（第1次AIブーム～第3次AIブーム） 1-3 人工知能の種類（人工知能の種類） 1-4 AI分野の課題（AIが抱える問題） 1-5 AIの関連知識（AIを取り巻く環境） ②機械学習 2-1 機械学習の概要（機械学習の定義） 2-2 機械学習の種類（アルゴリズムの分類・教師あり学習の分類・教師なし学習の分類） 2-3 機械学習のプロセス（特徴量の設計） ③深層学習 3-1 深層学習の概要（深層学習の定義・深層学習の用語） 3-2 深層学習のプロセス（深層学習の手法・深層学習の問題） ④基礎数学 4-1 場合の数と確率（順列、組合せ、場合の数、確率） 4-2 データの分布（データの散らばり、データの相関） 4-3 統計的な推測（確率分布、正規分布、統計的な推測） ⑤法規・倫理 5-1 産業への応用（社会での活用事例）、 5-2 知的財産の保護（特許権・著作権・不正競争防止法）、 5-3 倫理（人工知能倫理指標）

問い合わせ先
（株）サーティファイ 認定試験事務局
〒103-0025 東京都中央区日本橋茅場町2-11-8 茅場町駅前ビル
TEL0120(031)749　URL=https://www.sikaku.gr.jp/ai/　E-MAIL=info@certify.jp

Word文書処理技能認定試験

民間

「Microsoft Word」の実務スキルを認定する試験。即戦力となるスキルと実践力を証明する資格である。

受験者数	合格率	受験資格	受験料
非公開	88.05%（2022年度全級平均）	なし	6,100円（3級の場合）

受験資格	誰でも受験できる
申込期間	試験日の5週間前から1週間前まで（試験会場・受験方法によって異なる）
試験日	**〔随時試験〕ホームページを参照　〔公開試験〕年2回（7月　1月）**
受験料	【3級】**6,100円** 【2級】**7,200円**　【1級】**8,300円**（各税込）
試験内容	Microsoft Wordを用いた文書作成能力と、ビジネス実務への展開能力を問う 【3級】〔実技〕60分、ドキュメント作成、大問5問 【2・1級】〔知識〕15分、多肢選択式、15問 〔実技〕90分、ドキュメント作成、大問5問

問い合わせ先

（株）サーティファイ　認定試験事務局
〒103-0025 東京都中央区日本橋茅場町2-11-8 茅場町駅前ビル
TEL0120(031)749　URL=https://www.sikaku.gr.jp/ns/wd/　E-MAIL=info@certify.jp

Excel® 表計算処理技能認定試験

民間

「Microsoft Excel®」の実務スキルを認定する試験。実際の職場で多く用いられるExcelの実践力を証明する。

受験者数	合格率	受験資格	受験料
非公開	81.71%（2022年度全級平均）	なし	6,100円（3級の場合）

受験資格	誰でも受験できる
申込期間	試験日の5週間前から1週間前まで（試験会場・受験方法によって異なる）
試験日	**〔随時試験〕ホームページを参照　〔公開試験〕年2回（7月　1月）**
受験料	【3級】**6,100円** 【2級】**7,200円**　【1級】**8,300円**（各税込）
試験内容	Microsoft Excel®を用いた表計算処理技能と、ビジネス実務への展開能力を問う 【3級】〔実技〕60分、ワークシート作成、大問5問 【2・1級】〔知識〕15分、多肢選択式、15問 〔実技〕90分、ワークシート作成、大問5問

問い合わせ先

（株）サーティファイ　認定試験事務局
〒103-0025 東京都中央区日本橋茅場町2-11-8 茅場町駅前ビル
TEL0120(031)749　URL=https://www.sikaku.gr.jp/ns/el/　E-MAIL=info@certify.jp

インターネット検定 ドットコムマスター

ネットワークやセキュリティに関する最新知識を反映させたベンダーフリーな試験。通年、自分の都合のよい日程・会場で受験可。
【受検資格】 誰でも受検できる
【試験科目】 選択式（パソコン入力）
〔ドットコムマスターベーシック〕 社会人に必要なICTの基礎的レベル
〔ドットコムマスターアドバンス☆〕 適切にICTを利用し、指導もできるレベル
〔ドットコムマスターアドバンス☆☆〕 組織やグループでICTを利用する仕組みを作り、管理できるレベル
【受検料】〔ベーシック〕 4,400円
〔アドバンス〕 8,800円（各税込）

【問い合わせ先】
NTTコミュニケーションズ インターネット検定事務局
〒108-8118 東京都港区芝浦3-4-1 グランパークタワー21F
URL=https://www.ntt.com/com-master/

マルチメディア検定

ビジネスで使われるICT知識の習得を評価する試験。コンピュータや周辺機器、インターネット、デジタルコンテンツ、携帯端末、知的財産権など幅広く出題。
【受験資格】 誰でも受験できる
【試験科目】〔ベーシック〕 ICT、マルチメディアに関する基礎知識
〔エキスパート〕 ICTやマルチメディアに関する専門的な知識と応用力
【申込期間】 前期：4月上旬～ 6月上旬
後期：9月上旬～10月中旬
【試験日】 前期：7月中旬 後期：11月下旬
【検定料】〔ベーシック〕 5,600円
〔エキスパート〕 6,700円
【試験地】 17都道府県

【問い合わせ先】
CG-ARTS（公益財団法人 画像情報教育振興協会）検定実施センター
〒104-0045 東京都中央区築地1-12-22 コンワビル7F TEL03(3535)3501

スマートフォン・モバイル実務検定

生活の必需品となったスマートフォンやモバイル機器。販売員、IT・モバイル関連企業の社員など、それらにかかわる人の通信の基礎知識や法知識の習得力を測る。
【受検資格】 誰でも受験できる
【試験科目】 60問（選択式）60分
・CBT方式（コンピュータによる試験）
・モバイル基礎テキスト最新版を中心に出題
・時事問題（公式テキスト非掲載）
【申込期間】 4月中旬～8月中旬
10月中旬～翌年2月中旬
【試験期間】 4月下旬～8月下旬
10月下旬～翌年2月下旬
【受検料】 11,500円（税込）
【試験地】 全都道府県

【問い合わせ先】
MCPC検定事務局
〒105-0011 東京都港区芝公園3-5-12
長谷川グリーンビル2F TEL03(5401)1735
https://www.mcpc-jp.org/license/

IoTシステム技術検定［基礎］

IoTに関する基礎知識を測る試験。IoTシステム構築・活用に関する基礎知識や習熟度を検定することで、技術者の対応力向上を目的とする。
【受検資格】 誰でも受検できる
【試験科目】 60問（選択式）60分
・CBT方式（コンピュータによる試験）
・IoT技術テキスト基礎編最新版を中心に出題
・IoT構成要素の基本的な用語を理解
【申込期間】 5月中旬～9月中旬
11月中旬～翌年3月中旬
【試験期間】 5月下旬～9月下旬
11月下旬～翌年3月下旬
【受検料】 13,750円（税込）
【試験地】 全都道府県
【問い合わせ先】
MCPC検定事務局
〒105-0011 東京都港区芝公園3-5-12
長谷川グリーンビル2F TEL03(5401)1735
https://www.mcpc-jp.org/license/

画像処理エンジニア検定

工業分野、医療用、リモートセンシング、ロボットビジョン、交通流計測、画像映像系製品などのソフトウェアやシステムなどの開発を行うための知識を問う。
【受験資格】 誰でも受験できる
【試験科目】〔ベーシック〕 ディジタルカメラモデル、画像の濃淡変換とフィルタリング処理、画像の解析　ほか
〔エキスパート〕 ディジタル画像の撮影と画像の性質・色空間、画素ごとの濃淡変換と領域に基づく濃淡変換、幾何学的変換　ほか
【試験日】 前期： 7月中旬
後期：11月下旬

【問い合わせ先】
CG-ARTS（公益財団法人 画像情報教育振興協会）検定実施センター
〒104-0045 東京都中央区築地1-12-22　コンワビル7F　TEL03(3535)3501

Webデザイナー検定

Web制作におけるコンセプトメイキングから、デザインなどの実作業、テストや評価、運用まで、プロのWebデザイナーに必要な能力を測る。
【受験資格】 誰でも受験できる
【試験科目】〔ベーシック〕 Webデザインへのアプローチ、デザインと表現方法、Webページを実現する技術　ほか
〔エキスパート〕 Webデザインへのアプローチ、コンセプトメイキング、情報の構造、インターフェースとナビゲーション　ほか
【試験日】 前期： 7月中旬
後期：11月下旬

【問い合わせ先】
CG-ARTS（公益財団法人 画像情報教育振興協会）検定実施センター
〒104-0045 東京都中央区築地1-12-22　コンワビル7F
TEL03(3535)3501

CGエンジニア検定

アニメーション、映像、バーチャルリアリティなど、ソフトウェアの開発やカスタマイズ、システム開発を行うための知識を測る。
【受験資格】 誰でも受験できる
【試験科目】〔ベーシック〕 ディジタルカメラモデル、画像の濃淡変換とフィルタリング処理、モデリング、レンダリング、アニメーション、システムと規格、関連知識
〔エキスパート〕 CGとディジタルカメラモデル、座標変換、モデリング、レンダリング、アニメーション、画像処理、視覚に訴えるグラフィックス、CGシステム、知的財産権
【試験日】 前期： 7月中旬
後期：11月下旬

【問い合わせ先】
CG-ARTS（公益財団法人 画像情報教育振興協会）検定実施センター
〒104-0045 東京都中央区築地1-12-22　コンワビル7F　TEL03(3535)3501

CGクリエイター検定

デザインや2次元CGの基礎から、カメラワークなどの映像制作の基本、モデリングやアニメーションなどの3次元CG制作の手法やワークフローまで、表現に必要な幅広い知識を測る。
【受験資格】 誰でも受験できる
【試験科目】〔ベーシック〕 2次元CGと写真撮影、表現の基礎、3次元CGの制作、技術の基礎　ほか
〔エキスパート〕 実写撮影、映像編集、モデリング、CGアニメーション、シーン構築、プロダクションワーク、数理造形　ほか
【試験日】 前期： 7月中旬
後期：11月下旬

【問い合わせ先】
CG-ARTS（公益財団法人 画像情報教育振興協会）検定実施センター
〒104-0045 東京都中央区築地1-12-22　コンワビル7F　TEL03(3535)3501

Photoshop® クリエイター能力認定試験

デザイン・印刷などのDTP業界において事実上の基準となっているAdobe　Photoshop®を使った画像の加工、調整などの編集能力を実技試験中心で問う。
【受験資格】 誰でも受験できる
【試験科目】〔知識〕 Photoshop®の知識（多肢選択解答式、エキスパートのみ実施）
〔実技〕 Photoshop®の操作（画像ファイルの作成）**〔実践〕** Photoshop®による作品制作（作品を編集する）
【受験料】〔スタンダード〕 7,800円
〔エキスパート〕 8,800円（各税込）
【試験日】〔随時試験〕 試験会場により異なる。
〔公開試験〕 年2回（7月、翌年1月）

【問い合わせ先】
株式会社 サーティファイ 認定試験事務局
〒103-0025 東京都中央区日本橋茅場町
2-11-8 茅場町駅前ビル
TEL0120(031)749

Illustrator® クリエイター能力認定試験

Illustrator®を使用して、与えられたテーマ・素材から、仕様に従ってコンテンツを制作する能力が問われる。Web系資格とのダブルライセンスがおススメ。
【受験資格】 誰でも受験できる
【試験科目】〔知識〕 Illustrator®の知識（多肢選択解答式、エキスパートのみ実施）
〔実技〕 Illustrator®の操作（作品を仕上げる）**〔実践〕** Illustrator®による作品制作（作品を編集する）
【受験料】〔スタンダード〕 7,800円
〔エキスパート〕 8,800円（各税込）
【試験日】〔随時試験〕 試験会場により異なる。
〔公開試験〕 年2回（7月、翌年1月）

【問い合わせ先】
株式会社 サーティファイ 認定試験事務局
〒103-0025 東京都中央区日本橋茅場町
2-11-8 茅場町駅前ビル
TEL0120(031)749

ウェブデザイン技能検定

ウェブデザインの技術、サイトの運営・管理などを評価する国家技能検定試験。
【受験資格】〔3級〕 ウェブの作成・運営業務の従事者および従事しようとしている者
〔2級〕 ウェブ作成・運営実務経験が2年以上の者　ほか
〔1級〕 学科：ウェブ作成・運営実務経験が7年以上の者　ほか　実技：学科合格者
【試験科目】 学科：インターネット概論　ほか　実技：ウェブサイト構築　ほか
【試験日】〔3・2級〕 5月　8月　12月　翌年2月　**〔1級〕** 学科：12月　実技：翌年2月　※詳細はホームページを参照

【問い合わせ先】
特定非営利活動法人 インターネットスキル認定普及協会
〒160-0023 東京都新宿区西新宿7-16-1
第3歯朶ビル2F
TEL03(6304)0378
URL=https://www.webdesign.gr.jp

検索技術者検定

情報検索とその結果の評価、加工に関する知識・技能、企画力とコンサルティング能力を客観的に認定する試験。3・準2・2・1級がある。1級では、情報活動に関するマネジメント等の高い知識とスキル、教育・指導能力も問われる。
【受験資格】〔3・準2級〕 誰でも受験できる
〔2級・1級〕 前の級の合格者
【試験科目】〔全級〕 CBT方式 **〔2級〕** 筆記　①情報の検索　②情報組織化と流通　ほか **〔1級〕** 1次：記述、2次：面接
【試験日】〔3級〕 8月上旬〜翌年1月下旬
〔準2級・2級・1級1次〕 10月〜翌年1月
【受験料】〔3級・準2級〕 7,000円
〔2級〕 8,000円
〔1級〕 14,000円（各税込）

【問い合わせ先】
一般社団法人 情報科学技術協会 試験係
〒104-0033 東京都中央区新川1-11-14
日本図書館協会会館6F　TEL03(6222)8506

コンピュータサービス技能評価試験

コンピュータでの実務作業を想定した試験内容で、再就職等にも役立つ公的資格試験。
【受験資格】 誰でも受験できる
【試験科目】 **〔ワープロ3～1級〕** 実践的な文書の文字入力、文書の編集・校正・管理ほか **〔表計算3～1級〕** 表・グラフの作成、表の装飾・編集、データの集計・管理　ほか **〔情報セキュリティ〕** 情報セキュリティに関する知識　ほか
【試験日】 5月～翌年3月（受験する認定施設がある都道府県職業能力開発協会に問い合わせること。情報セキュリティは別途指定試験施設で受験可能）
【受験料】 5,350～7,970円（税込）

【問い合わせ先】
中央職業能力開発協会 能力開発支援部
コンピュータサービス試験課
〒160-8327 東京都新宿区西新宿7-5-25
西新宿プライムスクエア11F
TEL03(6758)2840

パソコン技能検定Ⅱ種試験（パソコンインストラクター資格認定）

パソコン指導者の知識・技術の評価試験。優れた指導者の活躍の場は広範囲だ。
【受験資格】 20歳以上で次のいずれかの合格者　①パソコン技能検定Ⅱ種試験（パソコン検定文書・表計算試験）2級以上　②パソコン技能検定ビジネス実務試験実践以上　③MCAS・MOSスペシャリスト（一般）以上　ほか
【試験科目】 基本ソフト・アプリケーションソフト・インターネットに関する高度な知識、情報セキュリティに関する一般知識、個人情報保護に関する一般知識　ほか
【試験日】 4月　6月　8月　10月　12月　翌年2月
【受験料】 4,400～22,000円（税込）

【問い合わせ先】
一般財団法人 全日本情報学習振興協会
〒101-0061 東京都千代田区神田三崎町3-7-12
清話会ビル5F　TEL03(5276)0030

ITコーディネータ（ITC）

経営とITをつなぎ、経営者とともに、経営に役立つITの利活用を推進・支援するプロフェッショナルになるための試験。
【受験資格】 誰でも受験できる
【試験科目】 多肢選択方式100問、120分　①IT経営の認識に関する3つのプロセス　②IT経営を実現する4つのプロセス　③IT経営の全体最適を目指すため共通に求められるマネジメント方法
【試験日】 7月～9月
翌年1月～3月（CBT方式）
【受験料】 19,800円（税込）
※ITCになるには、ケース研修（220,000円〈税込〉）、年2回6日間の受講修了（含む動画視聴（eラーニング））とITC試験合格が必要

【問い合わせ先】
特定非営利活動法人 ITコーディネータ協会
〒103-0007 東京都中央区日本橋浜町2-17-8
浜町平和ビル7F
TEL03(3527)2177

VBAエキスパート

業務効率化に役立つとして注目のソフト、マクロ・VBAのスキルを認定する試験。
【受験資格】 誰でも受験できる
【試験科目】 ①ベーシック：ビジネスで役立つ基礎的なマクロ、VBAのスキル　②スタンダード：より高度なプログラムのスキルの2レベル。試験はExcel VBAベーシック・スタンダード、Access VBAベーシック・スタンダードの4科目
【試験日】 試験実施会場が設定する任意の日
【受験料】 **〔ベーシック〕** 各13,200円（税込）
〔スタンダード〕 各14,850円（税込）
※Excel VBAとAccessVBAのスタンダード2科目取得者に「VBAエキスパートスタンダードクラウン」の称号が贈られる
※割引受験制度あり

【問い合わせ先】
株式会社 オデッセイ コミュニケーションズ
カスタマーサービス
〒100-0005 東京都千代田区丸の内3-3-1
新東京ビル

CATV技術者

ケーブルテレビ設備の設置、運用、維持管理に必要な技術的能力を認定する資格。レベルに応じて第2級・第1級CATV技術者、CATV総合監理技術者に分かれる。

【受験資格】
誰でも受験できる

【試験科目】
〔第2級〕 CATVの基礎
〔第1級〕 調査・施工、システム
〔総合監理〕 調査・施工、システム、ブロードバンド

【試験日】
〔第2級〕 7月上旬～8月中旬
〔第1級・総合監理〕 1月上旬～2月中旬

【問い合わせ先】
一般社団法人 日本CATV技術協会　事業部（技術者育成）
〒160-0022 東京都新宿区新宿6-28-8
ラ・ベルティ新宿　TEL03(5155)6282
URL=https://www.catv.or.jp/

Access®ビジネスデータベース技能認定試験

Microsoft　Access®は顧客管理や商品管理などのデータベースの構築・開発・運用・管理を統合的に行うソフト。これを使ったデータベースシステム構築技術と、データベースに関する実務能力を認定する。

【受験資格】 誰でも受験できる
【試験科目】 知識試験（2・1級のみ）：データベースおよびMicrosoft　Access®に関する知識　実技試験（問題文はパソコン上に表示。テーマ・指示に従いハードディスクやUSBメモリ等に解答を保存し、提出）：Microsoft　Access®の操作によるaccdbファイルの作成、更新
【受験料】〔3級〕 6,100円
〔2級〕7,200円　**〔1級〕**8,300円(各税込)

【問い合わせ先】
株式会社 サーティファイ 認定試験事務局
〒103-0025 東京都中央区日本橋茅場町
2-11-8 茅場町駅前ビル
TEL0120(031)749

マイクロソフト認定トレーナー（MCT）

マイクロソフト テクノロジーの知識とスキルが備わったエキスパートであるとともに、インストラクターとしての能力があることが認定される。

【認定資格】
対象者：①ITテクノロジーやOfficeのトレーナーとして就職・転職を希望する人
②PCユーザーサポート業務に携わる人　ほか

【認定条件】
①MCTプログラム対象の最新マイクロソフト認定資格の取得。
②指導スキルを証明するための資格取得。
③1年以上の指導経験があることの証明。
※公式サイトにて最新の詳細な内容を確認すること

【問い合わせ先】
マイクロソフト認定プログラム事務局　MCT担当
TEL0120(77)2057　URL=https://learn.microsoft.com/ja-jp/

CAD実務キャリア認定制度

CAD操作の習得度合とこれに関するスキルを認定する。

【受験資格】 誰でも受験できる（インターネットに接続できる環境にあること）

【試験科目】
〔3次元CADトレーサー〕 3Dモデリング・アッセンブル、2次元化（機械図面化）スキルを認定　**〔3次元CADアドミニストレーター〕** 3Dモデリング・アッセンブル、編集技術の基本を認定
〔CADアドミニストレーター〕 2次元CAD操作、図形の性質、図学力の基礎を認定
〔TCADs〕 機械部門、建築部門
【試験日】 9月　翌年2月
【試験地】 全国の各認定会場、または自宅(一般受験者：要CADソフト)

【問い合わせ先】
一般社団法人コステックエデュケーション
CAD検定部会 試験センター
URL=https://www.costech.education

CAD利用技術者試験

CAD(Computer Aided Design)が建築、機械設計に導入されて以来、CAD利用技術者の需要は高い。
【受験資格】〔2次元基礎・2級、3次元2級〕誰でも受験できる　〔2次元1級、3次元準1級・1級〕2級合格者
【試験内容】〔2次元基礎〕筆記（IBT方式）〔2次元2級〕筆記（CBT方式）〔2次元1級〕筆記、実技　〔3次元2級〕筆記（CBT方式）〔3次元準1級・1級〕実技
【試験日】〔2次元基礎・2級、3次元2級〕随時　〔2次元1級〕6月中旬　11月上旬　〔3次元準1級・1級〕7月下旬　12月上旬
【受験料】4,400～16,500円（併願なし、級によって異なる、各税込）

【問い合わせ先】
一般社団法人 コンピュータ教育振興協会
CAD利用技術者試験センター
〒107-0052 東京都港区赤坂2-8-14 丸玉第3ビル8F　URL=https://www.acsp.jp/cad/

オートデスク認定AutoCADユーザー

エンジニアとしてのスキルを証明するため、AutoCAD利用に関わる基礎知識の理解と操作技術の基本的な能力を測る試験。
【受験資格】誰でも受験できる
【試験内容】選択式と実技形式。会場に用意されたパソコンにあらかじめインストールされた実際のソフトウェアを使用して行う。指示に従ってパソコンを操作し、解答する。合計30問、50分
【試験日】随時。試験センターに問い合わせる
【試験範囲】①基本的な作図スキルの利用　②オブジェクトの作成・編集・整理　③作図補助機能の使用　④高度な作図編集機能　⑤コンテンツの再利用　⑥図面への注釈　⑦レイアウトと印刷

【問い合わせ先】
オートデスク認定資格事務局
URL=https://www.myautodesk.jp/certification
E-MAIL＝certification@myautodesk.jp

DTPエキスパート認証試験

DTPで印刷物を作るために必要な知識全般を習得し、適切なディレクション能力をもつことを認証する資格。
【受験資格】誰でも受験できる
【試験科目】〔エキスパート〕学科試験〔エキスパート・マイスター〕学科・実技試験
【試験内容】学科試験：①DTP　②色　③印刷技術　④情報システム　⑤コミュニケーションと印刷ビジネス　実技試験(課題制作)：制作コンセプト書と紙面データをアップロード提出する
【試験日】年2回（3月、8月）
【受験料】〔エキスパート〕15,000円〔エキスパート・マイスター〕21,000円（各税込）

【問い合わせ先】
公益社団法人 日本印刷技術協会 資格制度事務局
〒166-8539 東京都杉並区和田1-29-11
TEL03(3384)3115
URL=https://www.jagat.or.jp/

Webクリエイター能力認定試験

CSSによるレイアウト指定を重視し、使いやすさに配慮した質の高いWebページ作成を目指した認定試験である。
【受験資格】誰でも受験できる
【試験科目】〔スタンダード〕実技：①HTML、CSSファイルの作成　②問題データおよび素材データの編集と解答データの提出
〔エキスパート〕知識：Webサイトに関する知識．実技：①HTML、CSSファイルの作成、JavaScript、レスポンシブWebデザインの対応　②問題データおよび素材データの編集と解答データの提出
【試験日】〔随時試験〕試験会場により異なる〔公開試験〕年2回（7月、翌年1月）
【受験料】〔スタンダード〕6,100円
〔エキスパート〕7,700円（各税込）
【問い合わせ先】
株式会社 サーティファイ 認定試験事務局
〒103-0025 東京都中央区日本橋茅場町2-11-8 茅場町駅前ビル　TEL0120(031)749
URL=https://www.sikaku.gr.jp/web/wc/

Adobe Certified Expert (ACE)

アドビ製品に関する知識・スキルを評価する。
【受験資格】 誰でも受験できる
【試験日】 随時（コンピュータによる試験）
【問い合わせ先】 **アドビシステムズ ㈱、またはプロメトリック ㈱**
TEL0120(387)737

Android™技術者認定試験制度

「アプリケーション技術者認定試験」と「プラットフォーム技術者認定試験」の2種がある。
【受験資格】 誰でも受験できる
【試験日】 随時（コンピュータによる試験）
【問い合わせ先】 **プロメトリック ㈱**
TEL03(6204)9830

ネットマーケティング検定

自社と市場との関係を構築するために必要となるインターネット・マーケティング全般の基本知識・方法論などの保有度を測定。
【受験資格】 誰でも受験できる
【試験日】 7月下旬　翌年2月中旬
【問い合わせ先】 **㈱ サーティファイ認定試験事務局**　TEL0120(031)749

CIW資格

インターネット、Webなどに関する知識・スキルを評価する国際的な資格。分野やレベルにより複数の資格がある。
【受験資格】 誰でも受験できる
【試験日】 随時（コンピュータによる試験）
【問い合わせ先】 **CIW Japan**
https://www.pearsonvue.co.jp

CompTIA Data+

データ分析や統計の手法を用いて、データスペシャリストとしてのスキルを評価する。
【受験資格】 誰でも受験できる
【試験日】 随時（コンピュータによる試験）
【試験内容】 選択問題／シミュレーション問題
【問い合わせ先】 **CompTIA日本支局**
TEL03(5226)5345

CompTIA Network+

ネットワーク技術に関する知識、スキル、問題解決能力などを評価する。
【受験資格】 誰でも受験できる
【試験日】 随時（コンピュータによる試験）
【試験内容】 選択問題／シミュレーション問題
【問い合わせ先】 **CompTIA日本支局**
TEL03(5226)5345

CompTIA Project+

プロジェクトマネジメントスキルの向上を目指す人を対象とする認定資格。
【受験資格】 誰でも受験できる
【試験日】 随時（コンピュータによる試験）
【試験内容】 選択問題
【問い合わせ先】 **CompTIA日本支局**
TEL03(5226)5345

CompTIA Security+

セキュリティ分野におけるスキルを評価する。世界でも多く活用されている資格。
【受験資格】 誰でも受験できる
【試験日】 随時（コンピュータによる試験）
【試験内容】 選択問題／シミュレーション問題
【問い合わせ先】 **CompTIA日本支局**
TEL03(5226)5345

CompTIA Server+

サーバーの構築、管理・運用における知識・スキル、活用能力などを評価する。
【受験資格】 誰でも受験できる
【試験日】 随時（コンピュータによる試験）
【試験内容】 選択問題／シミュレーション問題
【問い合わせ先】 **CompTIA日本支局**
TEL03(5226)5345

DTP検定ディレクション

印刷物制作を総合的に管理・監督するディレクターとしての能力を評価する。
【受験資格】 誰でも受験できる
【試験日】 随時（コンピュータによる試験）
【試験内容】 選択問題
【問い合わせ先】 **DTP検定事務局**
TEL03(5215)8665

IoT検定／DX認定

DX推進のレベル、IoTに関する知識とスキルを評価。(ユーザー試験／レベル1試験)
【受験資格】 誰でも受験できる
【試験日】 随時（コンピュータによる試験）
【試験会場】 全国150カ所の試験会場
【問い合わせ先】 **IoT検定制度委員会**
https://www.iotcert.org/

Power Point®プレゼンテーション技能認定試験

Power Point®でプレゼンテーションを行うための技術・能力を測定する。
【受験資格】 誰でも受験できる
【試験日】 随時。試験会場により異なる
【試験内容】 知識試験（上級のみ）、実技
【問い合わせ先】 **㈱サーティファイ 認定試験事務局** TEL0120(031)749

HPE Partner Ready Certification and Learning
(旧HP認定プロフェッショナル・プログラム［ExpertOne］)

日本ヒューレッド・パッカードの専門技術を身につけていることを証明する資格。
【受験資格】 誰でも受験できる
【試験日】 ホームページ参照
【問い合わせ先】 **日本ヒューレット・パッカード 合同会社**

HTML5プロフェッショナル認定試験

HTML5のスキルと知識を評価するWeb系エンジニアのための認定。
【受験資格】 誰でも受験できる
【試験日】 随時（要予約）
【試験内容】 選択問題と記述式
【問い合わせ先】 **NPO法人LPI-Japan事務局**
https://html5exam.jp/

インターネット実務検定試験

企業内で実際に必要とされるインターネットスキルを認定するオンライン検定。
【受験資格】 3・2級：誰でも受験できる
1級：2級合格者
【試験日】 随時（毎月20日～末日）
【問い合わせ先】 **インターネット実務検定協会**
TEL03(3476)7330

UMLモデリング技能認定試験

モデリング技術者のスキルを4レベルに分類し、知識とスキルを評価。
【受験資格】 誰でも受験できる
【試験日】 ホームページ参照
【問い合わせ先】 **NPO法人UMLモデリング推進協議会**
https://umtp-japan.org/

日商プログラミング検定

初学者向けScratchから上級者向けC言語、Java、VBA、Pythonまでレベル別に提供。
【受験資格】 誰でも受験できる
【試験日】 各ネット試験会場にて決定
【試験内容】 知識科目、実技科目
【問い合わせ先】 **商工会議所**
https://www.kentei.ne.jp/pg

SEO検定

自社サイトの担当者や転職・就職希望者が、最新SEO技術を学べる検定試験。
【受験資格】 誰でも受験できる
【試験内容】 基礎（4級）～プロ級（1級）まで、どの級からでも受験可能
【問い合わせ先】 **(一社) 全日本SEO協会**
TEL03(3519)5315、06(6133)5779

Oracle WebLogic Server認定技術者資格

Oracle製品に関する技術者を認定。各製品についての知識・スキルを問う。
【受験資格】 誰でも受験できる
【試験日】 随時 ほか
【問い合わせ先】
日本オラクル㈱オラクルユニバーシティ
TEL0120(155)092

XMLマスター

データ記述言語であるXMLの技術レベルを評価する試験。
【受験資格】 誰でも受験できる
【試験日】 随時（コンピュータによる試験）
【問い合わせ先】 **XML技術者育成推進委員会運営事務局、またはプロメトリック㈱**
TEL0120(387)737（プロメトリック）

Chapter 5

オフィス技能・事務

秘書検定

民間

ますます多彩なスキルが求められている秘書。沈着冷静な事務処理から、人間関係の機微に触れる折衝まで、多忙な上司を的確にサポートする、手応えの感じとれる職種である。難関の1級ライセンス保持者はエグゼクティブから引く手あまたで、将来性も高い。

受験者数	合格率
33,310人※	57.5%※
受験資格	検定料
なし	5,200円※

※2023年度2級の場合

受験資格	誰でも受験できる
申込期間	4月上旬～5月中旬　9月上旬～10月中旬　12月上旬～翌年1月中旬
試験日	【3・2級筆記】 **6月中旬　11月中旬　翌年2月上旬** 【準1・1級筆記】**6月中旬　11月中旬** 【準1・1級面接】**5月下旬～7月下旬　10月下旬～翌年1月下旬** ※3・2級は全国350以上のテストセンターで随時CBT受験も可
受験料	【3級】 **3,800円**　【2級】**5,200円** 【準1級】**6,500円**　【1級】**7,800円**（各税込）
試験地	〔筆記〕全国各地の主要都市 〔面接〕札幌、仙台、新潟、東京、金沢、名古屋、大阪、高松、広島、福岡、鹿児島、宮崎、那覇（級によって変わる）
受験者数 合格率	【3級】 21,560人、73.6%　【2級】33,310人、57.5% 【準1級】 5,395人、43.7%　【1級】 1,402人、27.4%
試験内容	【3級】初歩的な秘書的業務の理解ができ、2級に準じた知識があり、技能が発揮できる 【2級】秘書的業務について理解ができ、準1級に準じた知識があり、技能が発揮できる 【準1級】秘書的業務について理解があり、1級に準じた知識を持つとともに、技能が発揮できる。筆記合格者には面接試験が行われる 【1級】秘書的業務全般について十分な理解があり、高度な知識を持つとともに、高度な技能が発揮できる。筆記合格者には面接試験が行われる 〔筆記〕理論：①必要とされる資質　②職務知識　③一般知識 実技：①マナー・接遇　②技能 〔面接〕ロールプレイング①上司への報告②上司への来客に対応 ※3・2級、2・準1級の併願受験が可能である

問い合わせ先
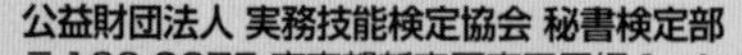
公益財団法人 実務技能検定協会 秘書検定部
〒169-0075 東京都新宿区高田馬場1-4-15
TEL03(3200)6675　URL=https://jitsumu-kentei.jp/HS/index

資格のQ&A

Q この資格を取るメリットは？

A **就職や転職、あるいは再就職する際にも、強力なアピール材料となります。** 実際、ハローワークの資格別求人数でも、秘書検定は上位に位置しています。また、現在の職場で昇進・昇格などキャリアアップできる可能性や、給料が上がる、手当がつくなど、よりよい待遇も期待できます。この資格はビジネスマナーや社会人としての基礎力を習得している証明になり、取得すると、人格育成やポータブルスキル（あらゆる業界・業種で通用するスキル）の向上にもつながります。

Q この資格取得にかかる費用・期間は？

A 費用は、LECの場合、3級は約12,100円、2級は約13,200円、準1級は約27,900円、1級は約46,000円です。期間は、3・2級なら1～3カ月、準1級・1級なら3～6カ月が一般的な目安です。

Q 資格取得後に有利な業界はどこですか？

A 一般企業・公務員・教員も含め、**どんな業界・職種でも有効**な資格です。

Q 次のステップとして、取得すべき資格はありますか？

A 知識やスキルをより高めたいなら、**ビジネス実務マナー検定**、**ビジネス文書検定**、ビジネス電話検定、サービス接遇検定に挑戦してみてください。

Q おススメの勉強方法・学習のポイントは？

A 全級に共通していえることですが、**まずは公式テキストで反復し、次に過去問題を3回以上解いてみる、そして最後に模擬試験で理解度を確認、の順で学習すると効率的です**。難易度の高い準1級・1級については、記述対策・面接対策は必須。秘書の資質、職務知識、一般知識が問われる理論編では行動の型を覚えましょう。マナー・接遇、技能が問われる実技編は、十分に時間をかけてください。暗記的要素が強いので、勉強時間に比例して点数を伸ばすことができます。

回答者　老川香苗LEC専任講師（秘書検定講座担当）

実用マナー検定

就職率の低迷が続くなか、企業が求めている人材は、コミュニケーション能力とマナーを併せもつ人。ビジネスシーンや日常生活に即したマナーが身についているかを問うこの検定は、就職活動を控えた人、マナー教育や研修分野で活躍したい人に好適。

受験者数	合格率
非公開	非公開
受験資格	受験料
な し※	4,070円※

※3級の場合

受験資格	【3級】誰でも受験できる　【2級】3級合格者 【準1級】2級合格者　【1級】準1級合格者
申込期間	会場：試験日の約6週間前～約2週間前　在宅：随時
試験日	【3・2・準1級会場】**予約制**（詳細は問い合わせる） 【1級会場】**6月　12月** 【3・2・準1級在宅】**随時**
申込方法	願書に必要事項を記入のうえ、受験料の払込受領書のコピーを願書に貼付し、指定封筒にて郵送する（願書などの資料は無料）
受験料	【3級】　**4,070円** 【2級】　**6,160円** 【準1級】**8,250円** 【1級】　**9,900円** 【3級・2級併願】**8,250円**　【2級・準1級併願】**11,550円** 【3級～準1級併願】**13,090円**　（各税込） ※10名以上の団体割引がある（詳細は問い合わせる）
試験地	東京（3・2・準1級は在宅受験が可能）
試験内容	【3級】ビジネスシーンにおいての身だしなみ・挨拶、敬語の使い方と公共のマナー、高齢化社会の日本における高齢者などへの心遣い 【2級】ビジネスシーンにおいて重要なコミュニケーション・電話のマナー、来客（訪問）のマナーと日常生活のマナー・おつきあい　ほか 【準1級】社会人としてマナーの範囲をさらに広げ、1級受験に備えた分野：①結婚式に出席する　②葬儀に参列する　③手紙　④贈答　⑤おつきあい　⑥食事 【1級】準1級合格者を対象に、自国の身近なことから世界へと視点を発展させ、より広い人間性を確立する（記述式試験・実技試験） ①年中行事　②冠婚（主催者側）　③葬儀（喪家側）　④祭　⑤国際的に必要なマナー知識　⑥パーティーマナー　ほか ※準1級までは、同時受験が可能

問い合わせ先
マナー文化教育協会
〒170-0002 東京都豊島区巣鴨2-11-1 巣鴨室町ビル3F
TEL03(5980)7735　URL=https://www.manaken.net

コンプライアンスの理解を促進

ビジネスコンプライアンス®検定

民間

健全な企業や組織の活動のために必要なコンプライアンス経営と、ビジネスパーソンとしてのコンプライアンス行動。ビジネスコンプライアンス検定では、これらに必要な法令・倫理などについて、その理念と目的の理解度、価値判断基準、対応能力を認定する。

受験者数	合格率
非公開	49.9%（2022年度全級平均）
受験資格	**受験料**
なし	5,900円（初級の場合）

受験資格	誰でも受験できる
申込期間	試験日の1週間前まで
試験日	**7月の第4日曜日　翌年2月の第1日曜日**
申込方法	Web申し込み
受験料	【初級】**5,900円** 【上級】**8,400円**（各税込）
試験地	自宅または所属する団体施設（企業・教育機関等）
試験内容	【初級】 リモートWebテスト（多肢選択40問）、60分 ビジネスパーソンとしてのコンプライアンス行動において必要とされる以下の知識 ①コンプライアンスに関する基礎的な知識 ②コンプライアンスに関連する基本的な法律知識 ③ビジネスシーンにおける健全な価値判断基準 【上級】 リモートWebテスト（多肢選択40問、記述式1問）、120分 コンプライアンス経営の推進者として必要とされる以下の知識 ①コンプライアンスに関する実践的な知識 ②コンプライアンスに関連する高度な法律知識 ③ビジネスシーンにおける高度な意思決定基準
認定基準	【初級】コンプライアンス経営のもとで、ビジネスパーソンとして日常業務を遂行する際に必要となる基礎的な法律知識と価値判断基準を有し、経営理念や社内規範、社会通念に基づく健全な行動をとることができる 【上級】コンプライアンス経営の推進者・主体者として日々の業務課題の解決に取り組み、具体的な事例について解決手段や対応策を意思決定することができる。また、コンプライアンス経営の根幹となる高度な法律知識と実践的な価値判断基準を有する

問い合わせ先
(株) サーティファイ 認定試験事務局
〒103-0025 東京都中央区日本橋茅場町2-11-8 茅場町駅前ビル
TEL0120(031)749　URL=https://www.sikaku.gr.jp/co/　E-MAIL＝info@certify.jp

独立 就職 趣味 評価

プレ検®（ACEP認定プレゼンテーション検定）

自分の考え方や意志を相手に伝え、円滑なコミュニケーションを図ることは、社会生活を営むうえで欠かせない。プレ検ではビジネスはもちろん、行政、学業、就職・転職、私生活などあらゆる場面で役立つ「伝える力＝プレゼンテーション力」を準3〜1級で認定。

公式テキスト　独学　講座　通信　オンライン

受検者数	合格率
非公開	79.9%※
受検資格	受検料
なし（準3〜準2級の場合）	5,500円※

※3級の場合

受検資格	【準3・3・準2級】誰でも受検できる 【2級】準2級合格者　【準1級】2級合格者　【1級】準1級合格者
申込期間	受検期間開始日の前々日まで
試験日	**月1回、第1土曜日から第2土曜日までの8日間にわたって実施** **受検期間内に受検する**
受検料	【準3級】**3,300円**　【3級】**5,500円** 【準2級】**7,700円**　【2級】**11,000円** 【準1級】**11,000円**　【1級】**16,500円**（各税込）
試験地	【準3・3・準2・準1級】オンライン受検 【2級】オンライン受検（ファイル提出による審査） 【1級】オンライン受検（論文のみファイル提出）
試験内容	「プレ検公式テキスト」の以下の内容に準拠した問題が、各級のレベルに応じて出題される。【2・準1・1級】は公式テキストの範囲に加え、一般常識と時事問題が出題される ・聴き手分析 ・目的と目標分析 ・場所と環境分析 ・シナリオの構築 ・3部構成のシナリオ・ツリー ・デリバリー技術 ・ビジュアル・プレゼンテーション ・双方向のプレゼンテーション　ほか 【準3級】四肢択一、50問、30分、100点満点中70点以上で合格 【3級】四肢択一、50問、30分、100点満点中70点以上で合格 【準2級】四肢択一、50問、45分、100点満点中80点以上で合格 【2級】①論文：3〜5枚以内　②実技：動画（5分以内） 100点満点中各80点以上で合格 【準1級】記述式、50問、60分、100点満点中80点以上で合格 【1級】①論文：制限なし　②実技：10分　③面接：10分 100点満点中各80点以上で合格　※テーマは当日出題

問い合わせ先

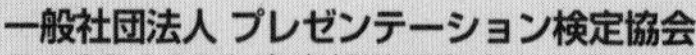

〒105-0022 東京都港区海岸1-2-20 汐留ビルディング3階
URL=https://preken.jp

コミュニケーション検定

民間

コミュニケーション力は組織や人間の成長を決定する重要な要素であり、ビジネス能力の根幹となるスキルである。この検定はコミュニケーション力評価のための試験で、コミュニケーションに関する「基本的な考え方の理解度」と、「実践力」を測定する。

受験者数	合格率
非公開	86.8%（2022年度全級平均）
受験資格	受験料
なし	3,000円（初級の場合）

受験資格	誰でも受験できる
申込期間	【初級】試験日の1週間前まで 【上級】試験日の2週間前まで
試験日	【初級】**7月中旬　翌年2月中旬** 【上級】**7月上旬　翌年2月上旬**
試験地	自宅または所属する団体施設（教育機関・企業等）
受験料	【初級】**3,000円** 【上級】**4,900円**（各税込）
試験内容	コミュニケーションに関する「基本的な考え方の理解度」と、その応用として、状況に応じて的確な対応をとるための「実践力」を測定する 【初級】 リモートWebテスト、多肢選択式、30問、50分 **〔知識〕** ①コミュニケーション・セオリー（理論） コミュニケーションを考える、目的に即して聴く、傾聴・質問する、目的を意識する、話を組み立てる、ことばを選び抜く、表現・伝達する ②コミュニケーション・プラクティス（実践） 〔基礎〕 来客応対、電話応対、アポイントメント・訪問・挨拶、非対面　ほか 〔応用〕 接客・営業、クレーム対応、会議・取材・ヒアリング、面接 【上級】 リモートwebテスト、多肢選択式、40問、60分 **〔知識〕** 【初級】の内容＋プレゼンテーション **〔面接・コミュニケーションテスト〕** web面接：状況対応・受験者の職業に応じた3問程度の質問に対して返答。所要時間3～5分程度

問い合わせ先
（株）サーティファイ 認定試験事務局
〒103-0025 東京都中央区日本橋茅場町2-11-8 茅場町駅前ビル
TEL0120(031)749　URL＝https://www.sikaku.gr.jp/c/nc/　E-MAIL＝info@certify.jp

文書情報の取り扱い方を学べる

独立 就職 趣味 評価

文書情報管理士

個人情報保護、BCP対策等、文書管理の重要性が高まっている。様々な媒体や技術を駆使し、最適な文書情報マネジメントシステムを構築するスキルを持つ人材を認定。多くの官公庁、自治体で、電子化業務の入札参加資格要件として求められている資格。

受験者数	合格率
のべ 250,000人※	50～70%
受験資格	**受験料**
なし	10,000円（税込）

※2024年2月時点

受験資格	２級はだれでも受験可、１級と上級は前級の取得が必須
試験日	7～8月、12～2月で各40日間
成績発表	〔全国一斉試験〕受験日から約1カ月後に発送 〔テストセンター試験〕受験日当日
受験料	10,000円　20名以上で団体割引あり　学生割引あり
試験地	CBT全国300のテストセンターから選択
試験内容	合格基準：70％の正答率 【2級】 CBT択一選択式80問90分 ・電子化文書関連、マイクロ写真関連の基礎知識及び実技能力 ・文書情報マネジメントに関わるハードウェア、ソフトウェア、ネットワーク 関連の基礎知識 ・文書情報マネジメントに関する日本特有の法令、標準規格の基礎知識 【1級】 CBT多肢選択式80問90分 ・２級の能力に加えその専門知識及び実技応用能力 ・文書情報マネジメントの作業に従事する作業者に対する指導力 【上級】 CBT多肢選択式80問90分 ・１級の能力に加え以下の能力 ・顧客の問題点や課題の本質を明確化できる課題分析能力とシステム構築能力 ・保存性、原本性など文書情報管理の専門的知識および提案能力 ・高い費用対効果を発揮できるコスト意識及び能力

公益社団法人　日本文書情報マネジメント協会
〒101-0041 東京都千代田区神田須田町2-19ライダーズビル7F
TEL03(5244)4781

ビジネス・キャリア検定試験®

公的

急速に変化するビジネスの世界において、企業を支えているのは人材一人ひとりの能力であり、優れた人材の育成・確保は企業の発展に不可欠。ビジネス・キャリア検定は、「仕事ができる人材」の実務能力を、8分野41試験で客観的に評価する公的資格である。

申込者数	合格率
35,324人※	55.4%※
受験資格	**受験料**
なし	7,920円（3級の場合）

※全級合計数と平均合格率

受験資格	誰でも受験できる
申込期間	前期：　4月下旬～　7月中旬 後期：10月上旬～12月上旬
試験日	**前期：10月上旬**（3・2・1級） **後期：翌年2月中旬**（BASIC・3・2級）
受験料	【BASIC級】**4,950円**　【3級】　**7,920円** 【2級】　　　**8,800円**　【1級】**12,100円**（各税込）
試験地	全国47都道府県
試験内容	以下の8分野の各等級に応じた試験区分（41試験単位）ごとに実施 ①人事・人材開発・労務管理　②経理・財務管理 ③営業・マーケティング　④生産管理　⑤企業法務・総務 ⑥ロジスティクス　⑦経営情報システム　⑧経営戦略 【BASIC級】 ④⑥の2試験区分、真偽法、70題、60分。合否基準は出題数のおおむね70%以上に正答 レベル：学生、就職希望者、内定者、入社して間もない人 【3級】 ①～⑧の15試験区分、四肢択一、40題、110分。合否基準は出題数のおおむね60%以上に正答 レベル：実務経験3年程度。係長、リーダー相当職を目指す人 【2級】 ①～⑧の16試験区分、五肢択一、40題、110分。合否基準は出題数のおおむね60%以上に正答 レベル：実務経験5年程度。課長、マネージャー相当職を目指す人 【1級】 ①～⑧の8試験区分、論述式、2題、150分。合否基準は試験全体として60%以上かつ問題ごとに30%以上に正答 レベル：実務経験10年以上。部長、ディレクター相当職を目指す人

問い合わせ先
中央職業能力開発協会 能力開発支援部 ビジネス・キャリア試験課
〒160-8327 東京都新宿区西新宿7-5-25 西新宿プライムスクエア11F
TEL03(6758)2836・2909　URL= https://www.javada.or.jp/jigyou/gino/business/

独立 就職 趣味 評価

文部科学省後援

ビジネス能力検定ジョブパス（B検）

ビジネス能力検定ジョブパスには、社会人に必要な基礎能力を評価する3級、職業人としての仕事の実践力を評価する2級、ビジネスリーダーとしてのマネジメント能力を評価する1級がある。就職対策や企業の教育プログラムなどに。

CBT

受験者数	合格率
1,884人※	65.2%※
受験資格	**検定料**
なし	4,200円（2級の場合）

※2級の場合

受験資格	誰でも受験できる
試験日	【3・2級】**年2回：7月の第1日曜日　12月の第1日曜日**（ペーパー方式） **随時**（CBT方式）（詳細はホームページを参照） 【1級】**年2回**（CBT方式のみ） **前期：9月上旬～中旬** **後期：翌年2月上旬**
検定料	【3級】**3,000円**　【2級】**4,200円**　【1級】**8,500円** （2級合格者が1年以内に1級を受験する場合、1回限り5,500円、各税込）
試験地	【3・2級】 ペーパー方式：運営を自団体で行う10名以上の準試験会場のみ CBT方式：個人は全国約30の試験会場、団体は試験センター指定会場 【1級】CBT試験会場で実施（ホームページを参照）
試験内容	【3級】 ①キャリアと仕事へのアプローチ　②仕事の基本となる8つの意識 ③コミュニケーションとビジネスマナーの基本 ④指示の受け方と報告・連絡・相談 ⑤来客応対と訪問の基本マナー　⑥ビジネス文書の基本 ⑦電話対応　⑧統計・データの読み方・まとめ方　ほか 【2級】3級出題範囲を含む ①会社活動の基本　②ビジネス会話とアクティブリスニング ③接客と営業の進め方　④不満を信頼に変えるクレーム対応 ⑤会議への出席とプレゼンテーション ⑥チームワークと人のネットワーク ⑦会社数字の読み方　⑧ビジネスと法律・税金の知識　ほか 【1級】3・2級の出題範囲を含む 2級の知識、技法を前提とし、問題解決を円滑に推進するために必要となる論理的思考、情報発信と表現技法、および基礎的マネジメント技法

一般財団法人 職業教育・キャリア教育財団 検定試験センター
〒102-0073 東京都千代田区九段北4-2-25 私学会館別館11F
TEL03(5275)6336　URL=https://bken.sgec.or.jp/

「職場常識の育成」を目指す

独立 就職 趣味 評価

ビジネス実務マナー検定

誰もが大学へ進学する時代だが、教育修了者の社会性・マナーの欠如が問題視されている。この検定は、社会人・職業人として必要とされる仕事への姿勢・態度、企業活動・対人関係・マナーに対する理解をはじめ、事務処理能力などについても審査を行う。

受験者数	合格率
2,243人※	60.0%※
受験資格	**検定料**
なし	5,200円※

※2023年度2級の場合

受験資格	誰でも受験できる
申込期間	4月上旬～5月中旬　9月上旬～10月下旬
試験日	【3・2・1級筆記】**年2回：6月下旬　11月下旬** 【1級面接】**年2回：7～8月　12～翌年1月**（筆記試験合格者のみ） ※5名以上の場合、団体受験もできる
申込方法	郵送またはインターネットで手続きする
検定料	【3級】**3,800円**【2級】**5,200円** 【1級】**7,800円**（各税込）
試験地	札幌、仙台、東京、横浜、岡谷、上越、名古屋、大阪、広島、福岡、熊本、那覇
受験者数 合格率	【3級】5,043人、68.9%　【2級】2,243人、60.0% 【1級】　129人、38.8%
審査内容	**〔筆記〕** 3・2・1級とも理論と実技に区分され、それぞれが60%以上正解のとき合格となる 理論：必要とされる資質、企業実務 実技：対人関係、電話実務、技能 **〔面接〕** 1級筆記試験合格者に、ビジネスパーソンとしての適性を審査 各級の審査レベルは以下のとおり 【3級】ビジネス実務の遂行に必要な一般的な知識をもち、平易な業務を行うのに必要な技能をもっている 【2級】ビジネス実務の遂行について理解をもち、一般的な業務を行うのに必要な知識・技能をもっている 【1級】ビジネス実務の遂行について深い理解をもち、業務全般に関して、高度の知識・技能を発揮できる ※1級の筆記試験に合格しても面接が不合格になった場合、1年間（次回および次々回）の筆記試験が免除される

問い合わせ先
公益財団法人 実務技能検定協会 ビジネス実務マナー検定部
〒169-0075 東京都新宿区高田馬場1-4-15
TEL03(3200)6675　URL=https://jitsumu-kentei.jp/BZ/index

ビジネス文書検定

民間

パソコン操作はできても、ビジネス文書作成が苦手な人は多い。検定では、文書の作成上必要な知識や技能（用字用語・書式・敬語など）が審査され、高度な技能を身につけることも可能だ。社会の必要性から生まれた実務に必須の資格といえる。

受験者数	合格率
4,285人※	85.6%※
受験資格	検定料
なし	3,800円※

※2023年3級の場合

受験資格	誰でも受験できる
申込期間	4月上旬～　5月下旬 9月上旬～10月下旬
試験日	**年2回：6月下旬　12月上旬** 【3級】12:00～14:10 【2級】14:50～17:10 【1級】12:00～14:30 ※上記のとおり試験時間が異なるので、3・2級、2・1級の併願受験が可能である。また、5名以上の場合、団体受験もできる
検定料	【3級】**3,800円** 【2級】**5,200円** 【1級】**7,000円** 【3・2級併願　**9,000円** 【2・1級併願】**12,200円**（各税込）
試験地	札幌、仙台、成田、東京、横浜、上越、金沢、岡谷、名古屋、京都、豊中、大阪、神戸、広島、高松、福岡、熊本、鹿児島、那覇
受験者数 合格率	【3級】4,285人、85.6%　【2級】2,367人、61.1% 【1級】　414人、26.6%
試験内容	出題は各級とも、①表記技能　②表現技能　③実務技能の3つの領域からなり、各60%以上正解のとき合格となる 各級の審査レベルは以下のとおり 【3級】文書作成の知識と技能の基本を身につけており、上司の指示に従って文書作成ができる 【2級】文書作成の知識と技能の全般を身につけており、単独で文書作成ができる 【1級】文書作成技能について、知識と技能を十分に身につけており、必要に応じて適切に指導することができる

問い合わせ先
公益財団法人 実務技能検定協会 ビジネス文書検定部
〒169-0075 東京都新宿区高田馬場1-4-15
TEL03(3200)6675　URL=https://jitsumu-kentei.jp/BB/index

日商PC検定試験

公的

企業実務ではパソコンソフトをどのように活用すれば、効率的・効果的に業務を遂行できるかが重要だ。この試験では、ビジネス実務に必要とされる基本的なIT・ネットワークの知識・スキルを自己の業務に利活用できる能力を判定する。

受験者数	合格率
17,586人※	82.7%※
受験資格	受験料
なし	5,500円（3級の場合）

※3分野3級合計数の場合

受験資格	誰でも受験できる
試験日	【Basic・3・2級】**各ネット試験会場にて決定** 【1級】**10月の第1日曜日　翌年2月の第3日曜日**
受験料	【Basic】**4,400円**　【3級】**5,500円** 【2級】**7,700円**　【1級】**11,000円**（各税込）
試験地	全国の「商工会議所ネット試験施行機関」から希望会場を選択する(https://links.kentei.ne.jp/organization)
試験内容	3分野に分かれ、知識科目と実技科目を実施（Basicは実技科目のみ）。各級のレベルは以下のとおり 【文書作成・データ活用Basic】 基本的な操作スキルを有し、企業業務に対応できる 【文書作成3級】指示に従い、ビジネス文書の雛形や既存文書を用いて、正確・迅速にビジネス文書を作成できる 【文書作成2級】与えられた情報を整理・分析し、参考となる文書を選択・利用して、状況に応じた適切なビジネス文書・資料などを作成できる 【文書作成1級】必要な情報を入手し、業務の目的に応じた最も適切で説得力のあるビジネス文書・資料などを作成できる 【データ活用3級】正確・迅速に業務データベースを作成し、集計、分類、並べ替え、計算、グラフ作成などができる 【データ活用2級】 業務に最適なデータベースを作成、適切な方法で分析、表やグラフを駆使し業務報告・レポートなどを作成できる 【データ活用1級】 自ら課題やテーマを設定しデータベースを分析、説得力のある業務報告・レポート資料などを作成し、今後の戦略・方針を立案できる 【プレゼン資料作成3級】 雛形や既存文章を用いて正確・迅速にプレゼン資料を作成できる 【プレゼン資料作成2級】与えられた情報を整理・分析し、図解技術、レイアウト技術などを用いて適切でわかりやすいプレゼン資料を作成できる 【プレゼン資料作成1級】 与えられた情報を整理・分析するとともに、必要に応じて情報を入手し、明快で説得力のあるプレゼン資料を作成できる

問い合わせ先
商工会議所
TEL050(5541)8600（検定情報ダイヤル）
URL＝https://www.kentei.ne.jp/pc（検定ホームページ）

文部科学省後援

文書処理能力検定

民間

パソコンの普及で、文書作成や統計データ処理の方法は大きく変わった。文書処理能力検定は、正確、かつ迅速に文書を作成、統計データを処理できる能力を試すことができる検定試験である。有資格者は就職・転職においても有利である。

受験者数	合格率
1,766人※	80.7%※
受験資格	受験料
なし	3,200円※

※ワープロ３級の場合

受験資格	誰でも受験できる
申込期間	試験日の約１カ月前（指定日）に締め切る（11月試験は10月7日締切）
試験日	**7月の第１土曜日　11月の第１土曜日　翌年2月の第１土曜日**
受験料	【4級】**2,200円**　【3級】**3,200円** 【2級】**4,200円**　【1級】**5,200円**（ワープロ・表計算共通／各税込）
試験地	全国各地の協会加盟校および協会の指定する学校
受験者数 合格率	【4級】509人、80.9%　【3級】1,766人、80.7% 【2級】944人、54.6%　【1級】　148人、54.1% （2023年度／ワープロ）
試験内容	【ワープロ４級】**〔実技〕**①入力：200字　②文書作成：提示文書を指示に従い、適宜レイアウトして作成（修正を含める） 【ワープロ３級】**〔実技〕**①入力：300字　②文書作成：提示文書を指示に従い、適宜レイアウトして作成（追加・削除・簡単な表を含める） 【ワープロ２級】**〔筆記〕**①技術常識：ワープロ機能に関する基礎知識 ②国語力：漢字・熟語・同音異義語の知識 **〔実技〕**①入力：500字　②文書作成：指示に従い、提示文書から正式文書を作成（高度な表を含む） 【ワープロ１級】**〔筆記〕**①技術常識：ワープロ機能に関する実務知識 ②国語力：２級の内容、敬語の使い方　漢字の部首名の知識 **〔実技〕**①入力：700字　②文書作成：指示に従い、提示文書から正式文書を作成（図・表・図形の挿入を含む） 【表計算４級】**〔筆記・実技〕**表計算に関する以下の基礎知識を問う ①入力　②関数　③編集機能　④グラフ　⑤データベース　⑥印刷 【表計算３級】**〔筆記・実技〕**表計算に関する基本知識（4級範囲を含む） 【表計算２級】**〔筆記・実技〕**表計算に関する実務知識（3級範囲を含む） 【表計算１級】**〔筆記・実技〕**表計算に関する高度な知識（2級範囲を含む）

問い合わせ先

公益社団法人 全国経理教育協会
〒170-0004 東京都豊島区北大塚1-13-12
TEL03(3918)6133　URL=https://www.zenkei.or.jp/exam/document

進学や企業の採用でも評価される

独立 就職 趣味 評価

日本漢字能力検定（漢検）

民間

「漢字力をつけたい」と思う人は多い。漢検は、10～2級、準1級、1級とステップを踏みながら確実に漢字能力をアップさせ、正しい日本語を身につけられるシステム。小学生から社会人、高齢者まで、目標をもってチャレンジできる検定だ。

受検者数	合格率
1,350,038人	58.5%（10～1級の平均）
受検資格	検定料
なし	3,500円※（10～1級の平均）

※3級の場合

受検資格	誰でも受検できる（複数級の受検も可）
申込期間	検定日の約2カ月前～約1カ月前
検定日	**公開会場：年　3回（6月・10月・2月）** **準会場※　：年16回** **CBT　　：随時**
申込方法	インターネット申し込み（https://www.kanken.or.jp/kanken/） ※検定料はコンビニエンスストア、クレジットカード、QRコード決済、銀行ATM(Pay-easy)において支払い可能
検定料	【10～8級】　**公開会場：各2,500円、準会場：各1,500円** 【7～5級】　**公開会場：各3,000円、準会場：各2,000円** 【4～準2級】**公開会場：各3,500円、準会場：各2,500円** 【2級】　**公開会場：　4,500円、準会場：　3,500円** 【準1級】　**公開会場：　5,500円** 【1級】　**公開会場：　6,000円**（各税込）
検定会場	公開会場、準会場※、CBT会場 ※団体申し込みの学校、企業等における検定会場。
合格率	【10級】94.7%　【9級】89.5%　【8級】82.3%　【7級】86.4% 【6級】78.0%　【5級】72.4%　【4級】52.5%　【3級】48.0% 【準2級】36.7%　【2級】27.9%　【準1級】18.1%　【1級】7.8%
検定内容	漢字の読み書きを基本に、熟語、対義語・類義語、同音・同訓異字、送りがな、部首、筆順・画数などが出題される 時間は、10・9・8級が40分、7～1級が60分 【10・9・8・7・6・5級】小学校で習う漢字 【4・3・準2・2級】常用漢字 【準1・1級】常用漢字と常用漢字以外の漢字（表外漢字） ※合格基準は10～8級と2～1級は80%程度、7～準2級は70%程度。合格者には「合格証書」「合格証明書」を交付

問い合わせ先

公益財団法人 日本漢字能力検定協会
〒605-0074 京都府京都市東山区祇園町南側551番地
TEL0120(509)315　　URL=https://www.kanken.or.jp/kanken/

文部科学省後援事業
日本語検定（語検）

日本人対象の日本語検定は、漢字や語彙に限らず、敬語や文法など日本語の総合的な運用能力が測れる。近年ではSNSやリモートワークなどの、企業活動の変化により、言葉の力がより重要視されており、採用を優遇する企業もあるなど、就職活動にも有効である。

講座 通信

受検者数	認定率
31,776人（全級合計数）	―
受検資格	**受検料**
なし	4,300円（3級の場合）

受検資格	誰でも受検できる
申込期間	〔第1回〕3月上旬～　5月中旬 〔第2回〕8月上旬～10月中旬
試験日	〔第1回〕　**6月中旬** 〔第2回〕**11月上旬**
検定料	【7・6級】**2,200円**　【5級】**2,300円** 【4級】**3,000円** 【3級】**4,300円** 【2級】**5,800円** 【1級】**6,800円**（各税込）
試験地	全国47都道府県の70都市（予定）
試験内容	①敬語：尊敬語、謙譲語、丁寧語の適切な使用 ②文法（言葉のきまり）：語と語の正しい連接 ③語彙：言葉の豊富さ、語と語の関係の理解 ④表記：適切な漢字の使用、正しい送り仮名 ⑤言葉の意味：言葉の意味と用法の理解 ⑥漢字：漢字や熟語の読み方、意味の理解
認定基準	7～1級を受検し、得点率によって準7～準1級も認定される 【準7・準6・準5・準4・準3級】総合得点率60％程度以上 【7～3級】総合得点率70％程度以上 【準2級】総合得点率65％程度以上 【2級】総合得点率75％程度以上 【準1級】総合得点率70％程度以上 【1級】総合得点率80％程度以上（準6級～1級は①～⑥の領域のうち得点率が50％に満たない領域がある場合は認定されない）

問い合わせ先

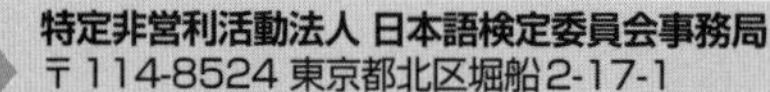

特定非営利活動法人 日本語検定委員会事務局
〒114-8524 東京都北区堀船2-17-1
TEL0120(55)2858　URL＝https://www.nihongokentei.jp

建築やデザインの図面を清書

独立 就職 趣味 評価

文部科学省後援
トレース技能検定

設計図やデザイン画を、正確に美しく、わかりやすく清書するのがトレーサーの仕事。繊細な感覚と粘り強い根気から、芸術的とさえいえるような作品が誕生する。副業として自宅で行うことも可能で、比較的高収入が得られるところも魅力のひとつとなっている。

公式テキスト

講座

受験者数	合格率
3,409人※	86.1%※
受験資格	**検定料**
なし	3,500円※

※3級の場合

受験資格	誰でも受験できる
申込期間	7月上旬～9月中旬
試験日	**10月の第3日曜日**
受験料	【4級】**2,500円** 【3級】**3,500円** 【2級】**4,500円** 【1級】**5,500円**（各税込）
試験地	全国主要都市約300会場で実施（団体受験の場合は別に会場を設営）
受験者数 合格率	【4級】 912人、90.5% 【3級】3,409人、90.1% 【2級】 970人、77.4% 【1級】 238人、61.6%（2023年度）
試験内容	知識・技能の程度により4つの級位に分かれており、実技（2時間30分）と理論（30分）の試験が行われる 各級の程度は以下のとおり 【4級】簡単な図および工業に関連する図面をトレースすることができ、図面作成上必要な初歩的知識をもっている 【3級】やや複雑な図および工業用図面を正しく美しくトレースすることができ、図面表現上必要なJIS（Z8310～Z8318）の基本的事項を理解できる 【2級】かなり複雑な図および工業用図面を正しく美しくかなり速くトレースすることができ、JIS（Z8310～Z8318）全般に関する基本的知識およびトレース技能が適応する専門分野について、図面作成上必要な基本的知識をもっている 【1級】複雑な図および工業用図面を正しく美しく速くトレースすることができ、さらにJIS（Z8310～Z8318）およびトレース技能の適応する各専門分野に関連した知識と印刷用原図として使用できる程度の高度な実技能力をもち、該当専門分野の技術指導ができる ※【4・3級】【3・2級】【2・1級】のダブル受験が可能

問い合わせ先
一般財団法人 中央工学校生涯学習センター トレース技能検定部
〒114-0015 東京都北区中里1-15-7
TEL03(5814)1465 URL=https://chuoko-center.or.jp/trace.html

記憶力や集中力がアップ! 学力向上の効果も

独立 就職 趣味 評価

珠算能力検定(日本商工会議所)

公的

そろばん学習は子どもの能力開発に役立つといわれ、計算力・暗算力はもとより記憶力や集中力、思考力なども養われるとして、その効用が見直されている。習熟すると脳が高速に働くので、学力全体を伸ばすことも期待できる試験。

受験者数	合格率
25,404人※	35.4%※
受験資格	検定料
なし	2,000円※

※2級の場合

受験資格	誰でも受験できる
申込期間	試験日の約2カ月前(各地の商工会議所により異なる)
試験日	【3〜1級】**年3回:6月下旬　10月下旬　翌年2月上旬** 6〜4級はこのほか、4月中旬、8月上旬、12月上旬にも実施
検定料	【6〜4級】**1,200円**　【3級】**1,800円** 【2級】　**2,000円**　【1級】**2,800円**(各税込)
受験者数 合格率	【3級】29,505人、50.6% 【2級】25,404人、35.4% 【1級】21,291人、27.2%
試験内容	検定は6〜1級に分かれ、試験時間はみとり算、かけ算、わり算をあわせて30分の一括施行 【6級】①みとり算:3桁揃いの加算または加減算 ②かけ算:実、法あわせて5桁　③わり算:法、商あわせて4桁 【5級】①みとり算:4桁揃いの加算または加減算 ②かけ算:実、法あわせて6桁　③わり算:法、商あわせて5桁 【4級】①みとり算:5桁揃いの加算または加減算 ②かけ算:実、法あわせて7桁　③わり算:法、商あわせて6桁 【3級】 ①みとり算:6桁揃いの加算または加減算 ②かけ算:実、法あわせて7桁　③わり算:法、商あわせて6桁 【2級】 ①みとり算:8桁揃いの加算または加減算 ②かけ算:実、法あわせて9桁　③わり算:法、商あわせて8桁 【1級】 ①みとり算:10桁揃いの加算または加減算 ②かけ算:実、法あわせて11桁　③わり算:法、商あわせて10桁

問い合わせ先
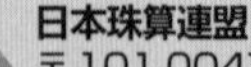
日本珠算連盟
〒101-0047 東京都千代田区内神田1-17-9 TCUビル6F
TEL03(3518)0188　URL=https://www.shuzan.jp/kentei/

珠算検定（全国商工会連合会）

民間

コンピュータが主力となった現在でも、珠算で培われる集中力や計算力は重要である。全国商工会珠算検定の1～3級に合格すれば、履歴書に権威ある資格として記入でき、有利な就職条件となるだろう。頭と指と集中力を鍛えて、一段上の自分をアピール！

受験者数	合格率
11,312人※	53.5%※
受験資格	**検定料**
なし	1,760円（3級の場合）

※全級合計数と平均合格率

受験資格	誰でも受験できる
申込期間	各試験日の2カ月前から約1カ月間 4月上旬～5月上旬　7月上旬～8月上旬 9月上旬～10月中旬　12月上旬～翌年1月上旬
試験日	**年4回** **6月の第3日曜日　9月の第2日曜日** **11月の第3日曜日　翌年2月の第3日曜日**
申込方法	所定の受験申込書を楷書で記入（1級受験者は最近1年以内に撮影した上半身の写真を貼付）のうえ、検定料を添えて、試験を実施する商工会に提出する
検定料	【10～7級】　**各880円** 【6～4級】　**各1,100円** 【3級】　**1,760円** 【2級】　**1.980円** 【1級】　**2,640円**（各税込）
試験地	全国1,620の市町村商工会地区に設置された試験会場
合格率	【10・9級】97.6% 【8級】93.5%　【7級】94.3% 【6級】74.2%　【5級】68.2% 【4級】64.1%　【3級】47.0% 【2級】35.7%　【1級】25.5%
試験内容	【10・9級】みとり算、かけ算 【8～1級】みとり算、かけ算、わり算 ※10・9級は同じ問題で実施。級数によって、桁数、口数、問題数等が変わる 合格発表は検定試験実施後、3週間以内に行われる

問い合わせ先
各市町村商工会、都道府県商工会連合会 または
商工会検定センター　〒105-0004 東京都港区新橋2-16-1-803　TEL03(6257)3031
URL=https://www.shokokai.or.jp/　E-MAIL＝kentei@shokokai.or.jp

珠算検定（全国珠算教育連盟）

民間

全国珠算教育連盟が、珠算技能の格付け、学習者の意欲の増進、珠算による計算能力の向上を目的として実施している最も ポピュラーな珠算検定。いまや"そろばん"は世界に普及し、段位と1～3級は、グローバルに認められつつある資格ともいえる。

受験者数	合格率
24,714人※	58.7%※
受験資格	**検定料**
なし	1,900円※

※3級の場合

受験資格	誰でも受験できる
試験日	【10～4級】**年12回：毎月** 【準3～1級・段位】**年6回：5月　7月　9月　11月　翌年1月　3月**
検定料	【10～7級】**各1,200円**　【準6～4級】**各1,300円** 【準3級】**1,800円**　【3級】**1,900円**　【準2級】**2,000円** 【2級】**2,100円**　【準1級】**2,600円**　【1級】**2,800円** 【段位】**3,500円**（各税込）
試験地	各都道府県の指定会場
受験者数 合格率	【準6級】1,935人、85.5%　【6級】20,805人、82.8% 【準5級】1,564人、78.8%　【5級】20,224人、76.4% 【準4級】1,325人、74.9%　【4級】19,686人、72.7% 【準3級】1,945人、63.3%　【3級】24,714人、58.7% 【準2級】1,359人、70.5%　【2級】21,551人、50.3% 【準1級】1,174人、57.3%　【1級】18,405人、45.6% 【段位】44,304人、38.4%
試験内容	【10級】見取算（A・B）【9級】かけ算、見取算 【8～4級】かけ算、わり算、見取算 【準3～1級】かけ算、わり算、見取算、伝票算、暗算、応用計算 【準初段～十段】乗算、除算、見取算、伝票算、暗算、応用計算、開法 ※上記各種目について級位は各15題、段位は各30題出題される ただし、級位の伝票算、暗算、応用計算、段位の伝票算、暗算、応用計算、開法は審査選択で、級位は成績の優れた2種目を採用、段位は成績の優れた3種目を採用
合格得点	【10・9級】　2種目とも100点以上（1種目150点満点） 【8～4級】　3種目とも100点以上（1種目150点満点） 【準3～1級】5種目とも100点以上（1種目150点満点） 【段位】6種目（各300点満点）について、準初段が6種目とも80点以上で合格得点となり、280点以上で十段となる

問い合わせ先
公益社団法人 全国珠算教育連盟
〒601-8438 京都府京都市南区西九条東比永城町28
TEL075(681)1234　URL=https://www.soroban.or.jp/

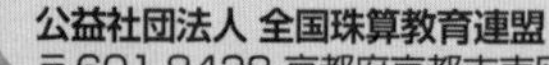

独立 就職 趣味 評価

実用数学技能検定「数検」

実用数学技能検定「数検」（文部科学省後援、対象：1～11級）は数学の実用的技能を通して、論理性などを磨く一助になる。学校の選択授業、生涯学習、大学生の数理技能の証明、進学などにも採用されている。成績優秀者には文部科学大臣賞などが贈呈される。

公式テキスト 独学 講座 通信

受検者数	合格率
77,106人※	66.9%※
受検資格	**検定料**
なし	4,900円（3級）

※3級の場合（2022年度）

受検資格	誰でも受検できる
検定日	**【個人受検A日程】4月　7月　10月**　※11～9級は受検不可 **【個人受検B日程】年12回**　※1級、かず・かたち検定は受検不可
検定料	【かず・かたち検定】**2,700円**　【8～6級】**各3,200円** 【5・4級】**各4,300円**　【3級】**4,900円**　【準2級】**5,600円** 【2級】**6,500円**　【準1級】**7,300円**　【1級】**8,500円**（各税込）
受検地	【個人受検A日程】当協会が全国に設けた会場（かず・かたち検定は自宅受検のみ） 【個人受検B日程】当協会と提携した機関が設置した会場
検定内容	算数検定：かず・かたち検定と11～9級は40分、8～6級は50分 数学検定：5～1級は〔1次〕計算技能検定（5～2級50分，準1・1級60分）と〔2次〕数理技能検定（5～3級60分、準2・2級90分、準1・1級120分）が同日に実施され、初回は1次と2次の両方を受検。 【かず・かたち検定】10までの数の理解　ほか 【11級】たし算・ひき算、長さなどの比較、身の回りにあるものの形とその構成　ほか 【10級】かけ算の意味と九九、三角形・四角形、長さ・水のかさ　ほか 【9級】1けたの数でわるわり算、円と球の理解、棒グラフの理解　ほか 【8級】整数の四則混合計算、長方形・正方形の面積　ほか 【7級】三角形・四角形の面積、立方体・直方体の体積、百分率　ほか 【6級】分数を含む四則混合計算、比例・反比例、資料の整理　ほか 【5級】正負の数、一次方程式、基本的な作図　ほか 【4級】連立方程式、三角形の合同条件、四角形の性質　ほか 【3級】平方根、二次方程式、円の性質、相似比　ほか 【準2級】二次関数、三角比、確率　ほか 【2級】指数関数、円の方程式、微分係数と導関数　ほか 【準1級】極限、微分法・積分法、曲線　ほか 【1級】線形代数、解析、確率統計　ほか（個人受検A日程でのみ実施） ※合格基準は、6級以下は全問題の70％程度、5級以上は1次が全問題の70％程度で2次が全問題の60％程度である

問い合わせ先
公益財団法人 日本数学検定協会
〒110-0005 東京都台東区上野5-1-1 文昌堂ビル4F
TEL03(5812)8349　URL=https://www.su-gaku.net/suken/

文部科学省後援

計算実務能力検定

民間

躍進する企業において、その要となるのは、やはり経理・財務のセクションだ。現金出納、入出金伝票、手形、株式などの計算実務を3・2・1級に分け、経理担当者にとっては重要な技術である計算実務の能力を問う検定で、将来性・有効性の高い資格である。

受験者数	合格率
962人※	72.5%※
受験資格	**受験料**
なし	1,400円※

※3級の場合

受験資格	誰でも受験できる
申込期間	8月中旬～9月上旬　11月下旬～12月下旬
試験日	**10月の第１土曜日** **翌年１月の第４土曜日**
受験料	【3級】**1,400円** 【2級】**1,600円** 【1級】**2,000円**（各税込）
試験地	全国各地の協会加盟校および協会の指定する学校
受験者数 合格率	【3級】962人、72.5% 【2級】834人、63.8% 【1級】161人、61.5%
試験内容	各級とも帳票計算と商業計算を出題範囲とする 【3級】50分 ①帳票計算（仕訳帳、総勘定元帳、得意先元帳、仕入先元帳、入金伝票および出金伝票ほか） ②商業計算（割合の表し方、損益の計算　ほか） 【2級】50分 ①帳票計算（合計残高試算表、商品有高帳　ほか） ②商業計算（売買諸費用の計算、手形割引　ほか） 【1級】50分 ①帳票計算（精算表、棚卸表、固定資産台帳　ほか） ②商業計算（比率の計算、製造原価の計算、年金の計算　ほか） ※合格基準：各級とも100点満点で70点以上 1級の全問正解者には満点表彰がある 2つの級の同時受験も可能

問い合わせ先
公益社団法人 全国経理教育協会
〒170-0004 東京都豊島区北大塚1-13-12
TEL03(3918)6133　　URL=https://www.zenkei.or.jp/exam/calculate

職場や学校で必要な電卓スキルを磨く

電卓技能検定

民間

小学生から社会人まで幅広い年齢層を対象とした、電卓操作の迅速性および正確性を判定する検定。試験は、乗算・除算・見取算・伝票算の4種目で構成され、それぞれ小計・合計・構成比率などを求める。上級者には「範士」「名人」などの段位が与えられる。

申込者数	合格率
非公開	非公開
受験資格	**受験料**
なし	2,100円（1・2級の場合）

受験資格	誰でも受験できる
申込期間	日本電卓技能検定協会受付：4月上旬～中旬　6月上旬～中旬　8月下旬～9月上旬　10月下旬～11月上旬　翌年1月上旬～中旬 会場受付：試験日2カ月前に各会場に問い合わせる
試験日	**5月　7月　9月　11月　翌年2月** ※試験会場によって日程が異なるので必ず問い合わせる
申込方法	日本電卓技能検定協会受付：受験料の払込票兼受領書（コピー可）と申込書（受験票）と希望会場記入用紙（所定用紙に○印）を協会へ郵送 会場受付：検定ホームページの「試験会場一覧」から会場を確認し、試験2カ月前までに受験会場へ問い合わせる
受験料	【3・4級】**1,600円**　【1・2級】**2,100円**　【段位】**2,600円**（各税込）
試験地	日本電卓技能検定協会受付：東京、愛知、大阪、京都 会場受付：全国各地（ホームページで確認する）
試験内容	12桁の速算用電卓を使用する（電源式不可）。制限時間40分 【3・4級】各部とも一般計算、小計、合計、構成比率の算出。一般計算は整数問題 乗算の部（50問）、除算の部（50問） 見取算の部（30問）、伝票算の部（30問） 【1・2級】各部とも一般計算、小計、合計、構成比率の算出。乗算・除算の一般計算は、無名数問題と名数問題。見取算に負数問題1問 乗算の部（50問）、除算の部（50問） 見取算の部（30問）、伝票算の部（30問） 【段位】各部とも一般計算、小計、合計、構成比率の算出。乗算・除算の一般計算は、無名数問題と名数問題。見取算に負数問題2問 乗算の部（100問）、除算の部（100問） 見取算の部（60問）、伝票算の部（60問） ※得点によって「正士」「速士」「正速士」「教士」「範士」「名人」の段位が認定される

一般財団法人 日本電卓技能検定協会
〒101-0064 東京都千代田区神田猿楽町2-1-8 三恵ビル3F
TEL 03(3295)2291　URL=https://www.dentaku.or.jp/

事務 5 電卓技能検定

文部科学省後援

硬筆書写技能検定

文字は、その人の知性や人柄を表す。美しく正確な文字をスピーディに書きあげることは、仕事に役立つだけでなく、生活を豊かにする。この検定は、いろいろな筆記用具を使っての文章書写でその技能を判定する、文部科学省後援の長い実績をもつ資格。

受験者数	合格率
20,479人※	71.0%※
受験資格	**受験料**
なし	3,000円※

※3級の場合

受験資格	誰でも受験できる
申込期間	4月上旬～5月中旬　9月上旬～10月中旬　12月上旬～翌年1月中旬
試験日	**6月の第3日曜日　11月の第2日曜日　翌年2月の第2日曜日**
受験料	【6級】**1,200円**　【5級】**1,500円**　【4級】**1,700円** 【3級】**3,000円**　【準2級】**3,500円**　【2級】**4,000円** 【準1級】**6,000円**　【1級】**7,500円**　(各税込)
試験地	全国65都市の一般会場と、単独会場（単独会場とは、各級通して5名以上の団体受験者があった場合に設置される特別会場）
合格率	【6級】96.7%　【5級】95.9%　【4級】84.7%　【3級】71.0% 【準2級】60.1%　【2級】52.8%　【準1級】17.4% 【1級】9.7%　(2022年度)
試験内容	各級とも、成績が一定の基準に達した者を合格とする 【6級】〔実技〕漢字（楷書）、ひらがな、かたかな、漢字仮名交じり言葉 【5級】〔実技〕漢字仮名交じり言葉、縦書き、横書き、掲示文 〔理論〕筆順 【4級】〔実技〕速書き、漢字仮名交じり言葉、縦書き、横書き、掲示文 〔理論〕筆順、漢字書き取り 【3級】〔実技〕速書き、漢字（楷書、行書）、縦書き、横書き、はがきの宛名、掲示文 〔理論〕漢字の部分名称、筆順（楷書のみ）、草書を読む　ほか 【準2級】〔実技〕漢字（楷書、行書）、はがきの本文　ほか 〔理論〕筆順、草書を読む、漢字の部分の名称、漢字の字体　ほか 【2級】〔実技〕速書き、漢字（楷書、行書）、縦書き、横書き、はがきの本文、掲示文 〔理論〕筆順（楷書、行書）、草書を熟語で読む、漢字の部分の名称、旧字体と書写体を常用漢字に直す　ほか 【準1級】〔実技〕速書き、漢字（楷・行・草書）、自由作品　ほか 〔理論〕草書と古筆を読む、書道用語・書道史　ほか 【1級】〔実技〕速書き、漢字（楷・行・草書）、自由作品　ほか 〔理論〕常用漢字を旧字体と書写体で書く、草書と古典を読む、漢字の添削、書道史、歴史的仮名遣い　ほか

問い合わせ先
一般財団法人 日本書写技能検定協会
〒170-0005 東京都豊島区南大塚3-41-3
TEL03(3988)3581　URL=https://www.nihon-shosha.or.jp/

技術と知識が問われる書道の試験

独立 就職 趣味 評価

文部科学省後援
毛筆書写技能検定

民間

美しい文字を書くだけでなく、誤字訂正、筆順、部首の名称、旧字体と新字体など漢字についての知識も試される。公的な資格として履歴書などに書くこともでき、就職にも有利。学校や企業、塾など団体での受験の場合、5名以上なら単独で試験会場を設置できる。

受験者数	合格率
6,328人※	83.1%※
受験資格	**受験料**
なし	3,500円※

※3級の場合

受験資格	誰でも受験できる
申込期間	4月上旬～5月中旬　9月上旬～10月中旬　12月上旬～翌年1月中旬
試験日	**6月の第3日曜日　11月の第2日曜日　翌年2月の第2日曜日**
受験料	【6級】**1,400円**　【5級】**1,700円**　【4級】**1,900円** 【3級】**3,500円**　【準2級】**4,000円**　【2級】**4,500円** 【準1級】**6,500円**　【1級】**8,000円**（各税込）
試験地	全国65都市の一般会場と、単独会場（単独会場とは、各級通して5名以上の団体受験者があった場合に設置される特別会場）
合格率	【6級】97.4%　【5級】97.0%　【4級】86.4%　【3級】83.1% 【準2級】65.4%　【2級】51.7%　【準1級】17.2% 【1級】9.6%（2022年度）
試験内容	各級とも、成績が一定の基準に達した者を合格とする 【6級】〔実技〕漢字（楷書）、ひらがな、かたかな、漢字仮名交じり言葉 【5級】〔実技〕漢字（楷書）、ひらがな、かたかな、漢字仮名交じり言葉 〔理論〕筆順 【4級】〔実技〕漢字（楷書）、ひらがな、かたかな、掲示文 〔理論〕筆順、漢字書き取り 【3級】〔実技〕漢字（楷書・行書）、漢字仮名交じり文　ほか 〔理論〕漢字の部分名称、筆順（楷書のみ）、草書を読む　ほか 【準2級】〔実技〕漢字（楷書、行書）、漢字の臨書　ほか 〔理論〕筆順、草書を読む、漢字の部分の名称、漢字の字体、文字の歴史　ほか 【2級】〔実技〕漢字（楷書、行書）、漢字・仮名の臨書　ほか 〔理論〕筆順、草書を熟語で読む　ほか 【準1級】〔実技〕漢字（楷・行・草書）、漢字・仮名の臨書　ほか 〔理論〕草書と古筆を読む、書道用語・書道史　ほか 【1級】〔実技〕漢字・仮名の臨書、自由作品、賞状を書く　ほか 〔理論〕草書と古典を読む、書道用語・書道史　ほか

問い合わせ先
一般財団法人 日本書写技能検定協会
〒170-0005 東京都豊島区南大塚3-41-3
TEL03(3988)3581　URL=https://www.nihon-shosha.or.jp

日商マスター

企業のデジタル人材の育成に貢献できる、高度なスキルと卓越した指導力を兼ね備えた指導者を育成し、認定する。

【認定要件】
①日商PCプロフェッショナル認定証を取得していること
②日本商工会議所が指定する集合研修を受講すること
③日商簿記初級以上または日商原価計算初級または電子会計実務検定3級以上を取得すること
④指導実績リスト・レポートを提出し、一定基準以上の評価を得ること（第1次試験）
⑤面接で認定要件を満たしていると評価されること（第2次試験）

【問い合わせ先】
日本商工会議所 事業部
TEL050(5541)8600（検定情報ダイヤル）
URL=https://www.kentei.ne.jp/mas

文書情報マネージャー

DX時代に日々変化してゆく文書情報（紙・電子情報）取り扱い全般を俯瞰し、実業務をまわすポイント・勘所を得られる。

【受験資格】 誰でも受験できる
【認定要件】
①2日間にわたる（Web）セミナー受講
②上記該当の動画を視聴しWebワークショップに参加
上記①あるいは②のいずれかの受講後、理解度テストに合格すること
【受験料】 47,630円（JIIMA会員、文書情報管理士は 38,104円 ）（税込）

【問い合わせ先】
公益社団法人 日本文書情報マネジメント協会
〒101-0041 東京都千代田区神田須田町2-19 ライダーズビル7F
TEL03(5244)4781

財務諸表分析検定

企業が公表する財務諸表の収益性と安全性を判断する能力が身に付く実践力に重きを置いた検定試験。企業価値の見方も学べる。

【受験資格】 誰でも受験できる
【試験日】 12月の第2日曜日
【試験範囲】 財務諸表分析の目的、財務諸表分析の手法、収益性の分析（比率分析）、安全性の分析（比率分析）、企業価値の分析、分析に基づく短評
【受験料】 1,800円（税込）

【問い合わせ先】
（公財）全国商業高等学校協会
TEL03(3357)7911

財務会計検定

連結会計、キャッシュ・フロー会計等の企業会計にとって不可欠な知識の基礎を習得でき、活躍できる会計人を目指せる検定試験。

【受験資格】 誰でも受験できる
【試験日】 12月の第2日曜日
【試験範囲】 財務会計の総論、資産会計、負債会計、純資産会計、リース会計、税効果会計、外貨換算会計、キャッシュ・フロー会計、企業結合会計、連結会計（連結財務諸表）、監査
【受験料】 1,800円（税込）

【問い合わせ先】
（公財）全国商業高等学校協会
TEL03(3357)7911

文章読解・作成能力検定

社会生活に必要なコミュニケーション能力を育成する検定。他者が書いた文章を正確に読み取り、論理的な文章を書く力を身につけることができる。

【受検資格】 誰でも受検できる

【検定日】 個人受検：**〔4～2級〕** 2月中旬
団体受検：7月・8月・11月・翌年1月・2月（2級は2月のみ）

【受検料】 **〔4級〕** 2,000円　**〔3・準2級〕** 3,000円　**〔2級〕** 4,000円（各税込）

【検定内容】 以下①～③の技術が各級のレベルごとに問われる
①基礎力（語彙・文法）
②読解力（意味内容・資料分析・文章構成）
③作成力（構成・表現・総合）

【問い合わせ先】
公益財団法人 日本漢字能力検定協会
〒605-0074 京都府京都市東山区祇園町南側551番地　TEL0120(509)315
URL=https://www.kanken.or.jp/bunshouken/

速記技能検定

会議をはじめ、講演、シンポジウムなど、さまざまな場面で需要の高い速記。入門者向けの６級から、プロ向けの１級までに分かれているが、仕事にするなら３級以上の取得を目指したい。

【受験資格】 誰でも受験できる

【試験科目】 朗読文を速記し、反訳して原稿を作成。級ごとに速度、反訳制限時間、内容のレベルが定められている

【試験日】 2月・5月・8月・11月

【試験地】 東京、名古屋、大阪　ほか

【受験料】 **〔6級〕** 2,000円
〔5級〕 2,500円　**〔4級〕** 3,000円
〔3級〕 4,000円　**〔2級〕** 5,000円
〔1級〕 6,000円

【問い合わせ先】
公益社団法人 日本速記協会
〒171-0033 東京都豊島区高田3-10-11
KGビル４Ｆ
TEL03(6205)9701

校正技能検定

印刷物の誤字脱字、表記の誤りを正す校正の能力を審査する試験。正確さや緻密さはもとより、国語力の有無も問われる。

【受験資格】 **〔中級〕** ①日本エディタースクールの所定のコースを修了した者　②各種機関で一定の実技訓練を受けた者　ほか
〔上級〕 校正技能検定中級合格者

【試験科目】 学科：①校正作業に必要な知識　②用字用語の知識　③一般的知識
実技：縦組・横組原稿引き合わせ、縦組データ入稿の赤字確認と通読、素読みなど

【試験日】 **〔中級〕** 夏季・冬季
〔上級〕 春季

【受験料】 **〔中級〕** 8,800円
〔上級〕 9,900円（各税込）

【問い合わせ先】
日本エディタースクール
〒101-0064 東京都千代田区神田猿楽町2-1-14
TEL03(5577)3096
URL= https://www.editor.co.jp/exam/

校正士

６カ月の通信講座を受講し、認定試験に合格すると「校正士」の称号が与えられる。出版、印刷、広告業界を目指す人に有利な資格。

【受験資格】 実務教育研究所の校正実務講座を修了した者

【試験科目】 校正の基本的実践能力（①引き合わせ原稿と校正刷りを正確に引き合わせることができる技能　②引き合わせ原稿のない校正刷りを素読みで正確にチェックできる技能）を審査。締め切り日までに自宅で試験問題を校正して提出する
※通信講座で学習した範囲内から出題され、正解率80%以上が合格ライン

【試験日】 年６回

【受験料】 6,000円

【問い合わせ先】
一般財団法人 実務教育研究所
〒160-0004 東京都新宿区四谷1-18-12
TEL03(3357)8153

PRプランナー

広報・PR活動に関する知識やスキルを問う。1～3次の試験がある。
【受験資格】〔1次〕誰でも受験できる
【試験日】各次年2回
【試験内容】基本・専門知識、実践技能、CBT
【問い合わせ先】（公社）日本パブリックリレーションズ協会　TEL03(5413)6760

コンピュータ会計能力検定試験

企業で実際に利用している会計ソフト（弥生会計）を用いて、会計事務のスキルを問う。
【受験資格】誰でも受験できる
【試験日】7月下旬、12月中旬
【試験内容】選択、記述　ほか
【問い合わせ先】（公社）全国経理教育協会
TEL03(3918)6133

ビジネスマネジャー検定試験®

管理職（マネジャー）の土台となるマネジメントの知識を身につけることができる。
【受験資格】誰でも受験できる
【試験日】6月下旬～7月上旬　10月下旬～11月中旬
【試験内容】多肢選択式、IBT・CBTの2方式
【問い合わせ先】東京商工会議所 検定センター
https://kentei.tokyo-cci.or.jp

営業力強化検定®

営業担当者の基本知識の理解度、実践力、活用力を問う。
【受験資格】誰でも受験できる
【試験日】6月上旬　翌年3月上旬
【試験内容】リモートWebテストによる多肢選択式
【問い合わせ先】㈱サーティファイ 認定試験事務局　TEL0120(031)749

ITプランニング・セールス検定（ITPS）

IT系企業の営業職などに必要な知識・スキルを評価。指導者対象のマスターもある。
【受験資格】誰でも受験できる
【試験日】年5～10回程度
【試験内容】知識、スキル
【問い合わせ先】（一社）日本経営管理協会
TEL03(3261)1145

管理会計検定試験

短期利益計画や予算編成、予算統制及び短期的な意思決定などが、経営管理に活用できる。
【受験資格】誰でも受験できる
【試験日】12月の第2日曜日

【問い合わせ先】（公財）全国商業高等学校協会
TEL03(3357)7911　http://zensho.or.jp

コンタクトセンター検定試験

国内初の全国版コンタクトセンター資格認定制度。顧客対応力の高さを客観的に評価する。
【受験資格】誰でも受験できる
【試験日】受験科目、受験地により異なる
【問い合わせ先】（一社）日本コンタクトセンター教育検定協会事務局
TEL03(6273)4773

社会人常識マナー検定試験

文部科学省後援の試験で、ビジネスマナーや社会常識を取得できる。ネット試験も実施中。
【受験資格】誰でも受験できる
【試験日】3～1級：6月　9月　翌年1月
Japan Basic：7月　12月　翌年3月
【問い合わせ先】（公社）全国経理教育協会
TEL03(3918)6133

ビジネス心理検定

今、注目されるビジネス心理を学び、国内初となる現場を変える専門家養成を目的に実施。
【受験資格】初級：18歳以上　中・上級：前級合格者　上級特別：実務経験3年以上　ほか
【試験日】6月　12月
【問い合わせ先】日本ビジネス心理学会 ビジネス心理検定センター事務局　https://www.bpa-j.org

キータッチ2000テスト ビジネスキーボード

実務で必要なタッチタイピングの力を問う。
【受験資格】誰でも受験できる
【試験日】各ネット試験会場にて決定
【試験内容】入力文字数に応じて技能認定
【問い合わせ先】商工会議所
https://www.kentei.ne.jp/keytouch

※ビジネスマネジャー検定試験®は東京商工会議所の登録商標です。

Chapter 6

語学

独立 就職 趣味 評価

TOEIC®Listening & Reading Test

TOEIC®Listening & Reading Testは日常生活やグローバルビジネスで活きる"英語で聞く・読む能力"を測定するテストで、結果は10～990点のスコア表示。企業のグローバル化が進み「グローバル人材育成」が活発になり、テストの活用が一層広まっている。

講座

受験者数	合格率
約1,922,000人（2023年度）	―
受験資格	**受験料**
なし	7,810円

受験資格	誰でも受験できる
試験日	**毎月1回（もしくは2回）** **各回午前と午後の2回**
申込方法	TOEIC®公式サイト（https://www.iibc-global.org/toeic/）で申し込む
受験料	**7,810円**（税込）
試験地	全国約70都市（ただし、試験地ごとに実施回数が異なる）
試験内容	マークシート方式の一斉客観テスト。テストは英文のみで構成され、英文和訳・和文英訳といった設問はない **〔リスニングセクション〕**（約45分間・100問） 会話やナレーションを聞いて設問に解答 ①写真描写問題（6問） 写真を見て、その写真を適切に描写しているものを選ぶ ②応答問題（25問） 質問または発言を聞き、その質問または発言に対して最もふさわしい答えを選ぶ ③会話問題（39問） 会話を聞き、質問に対して最もふさわしいものを選ぶ ④説明文問題（30問） アナウンスやナレーションなどの説明文を聞き、質問に対して最もふさわしいものを選ぶ **〔リーディングセクション〕**（75分間・100問） 印刷された問題を読んで設問に解答 ①短文穴埋め問題（30問） 文章を完成させるために、最もふさわしいものを選ぶ ②長文穴埋め問題（16問） 不完全な文章を完成させるために、最もふさわしいものを選ぶ ③1つの文書（29問）／複数の文書（25問） いろいろな文書を読み、質問に対して最もふさわしいものを選ぶ

問い合わせ先
一般財団法人 国際ビジネスコミュニケーション協会IIBC試験運営センター
〒100-0014 東京都千代田区永田町2-14-2 山王グランドビル
TEL03(5521)6033　URL=https://www.iibc-global.org（IIBC公式サイト）

資格のQ&A

Q この資格を取るメリットは？

A 急激にグローバル化が進展する中、世界でも広く通用する人材のニーズが高まっています。TOEIC®L&Rテストは日本人だけでも年間約200万人前後が受験するテストです。スコアによって英語力の有無を認識してもらえるだけでなく、企業が人材を採用する際、採用の基準とすることが多いなど、**就職、転職、キャリアアップおよび昇給・昇格などが有利になる**効果が期待でき、取得のメリットは大きいといえます。

Q この資格取得にかかる費用・期間は？

A 合否を決めるのではなくスコア表示される試験のため、学習は個人差が大きい試験です。また受験者も多く、数多くの講座があるため、比較サイト等を使って講座の特徴をつかみ、ご自分に合った講座を選びましょう。

Q 資格取得後に有利な業界はどこですか？

A 外資系企業はもちろん、受験を社員に義務づけたり、スコアを昇進の目安にしている企業も少なくありません。いまや英語力を測るために最も重要視するテストとなっています。そのため**業種・職種を問わず、英語が必要な職場**ではどこでも有利です。一部の公務員試験ではTOEIC®のスコアに応じて総得点に加算される制度があります。

Q 次のステップとして、取得すべき資格はありますか？

A **より高いスコア**を目指してチャレンジしていくべきです。600点前後であれば海外でも買い物や食事など問題なく過ごせるでしょう。転職などで外資系企業への就職を目指すなら800点！　ハードルは高いですが、さまざまなシーンでスムーズにコミュニケーションをとることができます。

Q おススメの勉強方法・学習のポイントは？

A テストでは、短時間で効率よく解答できる力が必要になります。通学やネット講座を有効に使い、さらに問題集を買って、できるだけ数多くの問題をこなすことが大切です。また、**たくさんの英語を聴き、リスニング力も十分に鍛えておきましょう**。

※第210回公開テスト（2016年5月29日実施）よりテストの出題形式が一部変更になりました。
（http://www.toeic.or.jp/info/2015/i025.html）

回答者　上井光裕（資格アドバイザー）

実用英語技能検定（英検®）

民間

筆記とリスニングによる一次試験、面接形式のスピーキングによる二次試験でコミュニケーション能力を的確に測定する。一定級の取得者は入試等で活用でき、留学時の語学力証明資格としても使える。3級以上はライティングを含む4技能を測定する。

申込者数	合格率
ー	ー
受験資格	**検定料**
なし	9,100円（2級の場合）

※英検®は、公益財団法人 日本英語検定協会の登録商標です。

受験資格	誰でも受験できる
申込期間	第1回：3月中旬～5月上旬 第2回：7月上旬～9月上旬 第3回：11月上旬～12月中旬
試験日	第1回：〔一次〕 **6月上旬** 〔二次〕 **7月上旬～中旬** 第2回：〔一次〕 **10月上旬** 〔二次〕 **11月上旬～中旬** 第3回：〔一次〕 **翌年1月下旬** 〔二次〕 **3月上旬**
検定料	【5級】 **4,100円** 【4級】 **4,700円** 【3級】 **6,900円** 【準2級】 **8,500円** 【2級】 **9,100円** 【準1級】 **10,500円** 【1級】 **12,500円**（以上、本会場の場合。各税込）
試験内容	下記の学校・段階は、問題レベルの目安である 【5級】中学初級程度 ①リーディング（25分） ②リスニング（約20分） 【4級】中学中級程度 ①リーディング（35分） ②リスニング（約30分） 【3級】中学卒業程度 〔一次〕①リーディング・ライティング（65分） ②リスニング（約25分） 〔二次〕スピーキング（約5分） 【準2級】高校中級程度 〔一次〕①リーディング・ライティング（80分） ②リスニング（約25分） 〔二次〕スピーキング（約6分） 【2級】高校卒業程度 〔一次〕①リーディング・ライティング（85分） ②リスニング（約25分） 〔二次〕スピーキング（約7分） 【準1級】大学中級程度 〔一次〕①リーディング・ライティング（90分） ②リスニング（約30分） 〔二次〕スピーキング（約8分） 【1級】大学上級程度 〔一次〕①リーディング・ライティング（100分） ②リスニング（約35分） 〔二次〕スピーキング（約10分）

問い合わせ先
公益財団法人 日本英語検定協会 英検®サービスセンター
TEL03(3266)8311
URL=https://www.eiken.or.jp/eiken/

資格のQ&A

Q この資格を取るメリットは？

A 実用英語検定（英検®）は、数ある検定の中でも日本最大級の検定試験です。日常会話からビジネス活用まで、幅広いレベルが設定されており、受験者も小学生からお年寄りまで広い層にわたっています。**実力に応じて企業では海外業務に、学生では就職活動などにメリットがあります。**

Q この資格取得にかかる費用・期間は？

A 下位級では独学も可能ですが、英会話に必要なコミュニケーション力向上のためには通学をおススメします。オンラインを含めた英会話スクールは多数あるので、複数を比較して決めてください。受験級や学習頻度にもよりますが、学習期間は約**3〜6カ月**で、**50,000〜100,000円**程度です。

Q 資格取得後に有利な業界はどこですか？

A **海外業務を行う会社**、海外赴任や留学では最低限の英語力が不可欠です。もちろん上位級であれば、一層ビジネスチャンスも増えていきます。企業によっては社内公用語を英語にしているところも現れています。

Q 次のステップとして、取得すべき資格はありますか？

A 英検®と並んで人気のある**TOEIC®**は、企業でも能力開発として重要視されています。英検®はTOEIC®のスコアアップにも役に立ちます。まず英検®2級レベルの力を身につけてから本格的にTOEIC®に挑戦すると、実力も伸びやすくなるといわれています。また、**米国公認会計士**（USCPA）などで、英検®＋αの専門スキルを身につけることも今後の飛躍にとっては大切です。

Q おススメの勉強方法・学習のポイントは？

A CBT試験の導入により、英検®の受験機会は増加しています。また、一次試験の有効期間は、合格後1年間ありますので、この期間を上手に使う方法もあります。スコア表示される**英検®CSEスコアは、自分の英語力や伸長度が一目でわかり、学習の指標としても使えます。**

回答者　上井光裕（資格アドバイザー）

中国語検定試験

「中検」は、主に日本語を母語とする中国語学習者を対象とし、外国語学習で求められる「読む」「聞く」「話す」「書く」能力に加えて「訳す」能力を測ることが特徴である。企業等からの需要も高まっており、将来性抜群の資格である。

公式テキスト　独学　講座　通信

受験者数	合格率
5,280人※	46.8%※
受験資格	**受験料**
な　し	5,800円※

※3級の場合

受験資格	誰でも受験できる
試験日	〔一次〕【準4～準1級】**3月、6月、11月の第4日曜日** 【1級】**11月の第4日曜日** 〔二次〕【準1級】**一次の約1カ月後**　【1級】**一次の翌年1月**
受験料	【準4級】**3,500円**　【4級】**4,800円** 【3級】**5,800円**　【2級】**7,800円** 【準1級】**9,800円**　【1級】**11,800円**（各税込）
試験地	〔一次〕【準4～1級】札幌、仙台、東京、横浜、名古屋、大阪、福岡など全国主要都市と台北、シンガポール 〔二次〕【準1級・1級】Zoomによるオンライン
受験者数 合格率	【準4級】3,729人、69.1%　【4級】4,411人、62.4% 【3級】5,280人、46.8%　【2級】2,706人、33.8% 【準1級】〔一次〕905人、19.9%　【1級】〔一次〕204人、10.8%
試験内容	【準4級】基礎単語約500，日常あいさつ語約80から　基本的な発音・表現の聞取，ピンイン表記，基礎的な文法事項，単文の組立，簡体字の書取 【4級】常用語約1,000から　一問一答・文章の聞取と内容理解，ピンイン表記，基本的な文法事項，単文の組立，文章の内容理解，日文中訳 【3級】常用語約2,000から　一問一答・文章の聞取と内容理解，ピンイン表記，基本的な文法事項，文の組立，文章の内容理解，日文中訳 【2級】長文の聞取と内容理解，長文読解，語順選択，語句の用法・解釈，中文日訳，日文中訳，中国語作文 【準1級】〔一次〕長文の聞取と内容理解，指定文の書取，長文読解，語句の用法・解釈，中文日訳，日文中訳，中国語作文 〔二次〕日常会話，日本語・中国語逐次通訳，中国語スピーチ 【1級】〔一次〕長文の聞取と内容理解，指定文の書取，長文読解，語句の用法・解釈，中文日訳，日文中訳，中国語作文 〔二次〕日本語・中国語逐次通訳 ※1級合格者は全国通訳案内士試験の外国語筆記試験が免除される

問い合わせ先

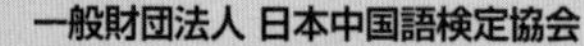

一般財団法人 日本中国語検定協会
〒103-8468 東京都中央区東日本橋2-28-5 協和ビル
TEL03(5846)9751　URL=http://www.chuken.gr.jp

資格のQ&A

Q この資格を取るメリットは？

A 政治的・経済的な状況は刻々と変わっていますが、中国語の必要性は衰えていません。中国語検定を持っていれば、**就職や転職の際でも有利になり、また企業内においても仕事の幅がグンと広がります**。

Q この資格取得にかかる費用・期間は？

A 学習時間の目安は、準４級で60～120時間、４級で120～200時間、３級で**200～300時間**と言われています。下位級は独学でも学習できますが、独特の発音の習得には講座に通ったほうが早道です。講座は講義中心、グループレッスン、オンライン、短期・長期講座などさまざまで、費用も３級対策で**30,000～300,000円**と大きく幅があります。

Q 資格取得後に有利な業界はどこですか？

A 家電・自動車などの**製造業**、量販店・デパートなどの**小売業**、飲食店などの**外食産業**など、中国に拠点を設ける産業全般に強い需要があります。また、インバウンド需要に対応する国内の小売店でもニーズは続いています。

Q 次のステップとして、取得すべき資格はありますか？

A 中国語検定試験は、準４級から１級まで６レベルあります。まず簡単な日常会話程度の**３級**を目指しましょう。その後ニーズに応じてレベルを上げていくほうがいいと思います。また中国語を使うビジネスシーンでは、英語力も同時に問われることが多く、TOEIC®の高得点を保有していると、ビジネスチャンスはさらに広がります。

Q おススメの勉強方法・学習のポイントは？

A 語学は、**リスニングやリーディングを地道にコツコツと学習することが必要です**。したがってステップを追って受験級を上げていくのがいいでしょう。下位級に合格して「成功体験」を味わい、さらに上位級にチャレンジしてみましょう。

回答者 上井光裕（資格アドバイザー）

独立 就職 趣味 評価

TOEIC® Speaking & Writing Tests

日常生活やグローバルビジネスで活きる"英語で話す・書く能力"を測定するテスト。パソコンで受験した解答データを米国のテスト開発機関（ETS）認定の複数の採点者が採点する。実際に英語が使われる場面を想定した問題形式になっている。

公式テキスト　独学　講座　通信

CBT

受験者数	合格率
約36,600人（2023年度）	―
受験資格	受験料
なし	10,450円

受験資格	誰でも受験できる
申込期間	試験の約2カ月前～2週間前
試験日	**毎月1回**（日曜の午前・午後に各1回実施）
申込方法	TOEIC®公式サイト（https://www.iibc-global.org/toeic/）で申し込む
受験料	**10,450円**（税込）
試験地	全国14都市（北海道、東京、愛知、大阪、広島、福岡　ほか）
試験内容	テストは試験会場のパソコンにインターネットを介してテスト問題が配信される。TOEIC®Listening & Reading Testのように紙・鉛筆で解答するのではなくパソコン上で音声を吹き込んだり、文章を入力して解答する 【TOEIC® Speaking Test】11問、約20分 ①音読問題：アナウンスや広告などの内容の短い英文を音読する ②写真描写問題：写真を見て内容を説明する ③応答問題：身近な問題についてインタビューに答えるなどの設定で設問に答える ④提示された情報に基づく応答問題：提示された資料や文書（スケジュール等）に基づいて設問に答える ⑤意見を述べる問題：あるテーマについて、自分の意見とその理由を述べる 【TOEIC® Writing Test】8問、約60分 ①写真描写問題：与えられた2つの語（句）を使い、写真の内容に合う1文を作成する ②Eメール作成問題：25～50語程度のEメールを読み、返信のメールを作成する ③意見を記述する問題：提示されたテーマについて、自分の意見を理由あるいは例とともに記述する ※スコアはそれぞれ0～200点で表示され、スピーキング8段階、ライティング9段階で評価される

問い合わせ先
一般財団法人 国際ビジネスコミュニケーション協会 IIBC試験運営センター
〒100-0014 東京都千代田区永田町2-14-2 山王グランドビル
TEL03(5521)6033　URL=https://www.iibc-global.org（IIBC公式サイト）

TOEIC Bridge® Listening & Reading Tests

初級者から中級者を対象とした、日常生活で活きる"英語で聞く・読む能力"を測定する。

受験者数	合格率	受験資格	受験料
131,300人	ー	なし	4,950円

受験資格	誰でも受験できる
申込期間	試験の約3カ月前～1カ月前
試験日	**年6回：5月　7月　9月　11月　翌年1月　3月**
受験料	**4,950円**（税込）
試験地	全国23試験地（札幌・宮城・埼玉・千葉・東京・神奈川・愛知・京都・大阪・兵庫・岡山・広島・福岡ほか）
試験内容	マークシートの一斉客観テスト。テストは英文のみで構成される 【Listening】（約25分間、50問）画像選択、応答、会話、説明文問題 【Reading】（35分間、50問）短文穴埋め、長文穴埋め、読解問題

問い合わせ先
一般財団法人 国際ビジネスコミュニケーション協会 IIBC試験運営センター
〒100-0014 東京都千代田区永田町2-14-2 山王グランドビル
TEL03(5521)6033　URL=https://www.iibc-global.org/toeic/（IIBC公式サイト）

TOEIC Bridge® Speaking & Writing Tests

初級者から中級者を対象とした、日常生活で活きる"英語で話す・書く能力"を測定する。

受験者数	合格率	受験資格	受験料
6,200人	ー	なし	9,350円

受験資格	誰でも受験できる
申込期間	試験の約2カ月前～2週間前
試験日	**年6回：5月　7月　9月　11月　翌年1月　3月**
受験料	**9,350円**（税込）
試験地	全国14試験地(北海道・宮城・東京・愛知・大阪・広島・福岡ほか)
試験内容	試験会場にてパソコンを使用 【Speaking】（約15分間、8問）音読、写真描写、聞いたことを伝える、短い応答、ストーリー作成、アドバイスをする問題 【Writing】（約37分間、9問）文を組み立てる、写真描写、短文メッセージ返信、ストーリー記述、長文メッセージ返信問題

問い合わせ先
一般財団法人 国際ビジネスコミュニケーション協会 IIBC試験運営センター
〒100-0014 東京都千代田区永田町2-14-2 山王グランドビル
TEL03(5521)6033　URL=https://www.iibc-global.org/toeic/（IIBC公式サイト）

TOEFL iBT® テスト

民間

英語を母語としない人が、主にアメリカ、カナダなど英語圏の大学・大学院に留学して授業を受けるために必要な英語力の習得度を測定する、国際標準の英語運用能力テスト。そのスコアは約160カ国、12,500以上の機関で英語能力の証明として使われている。

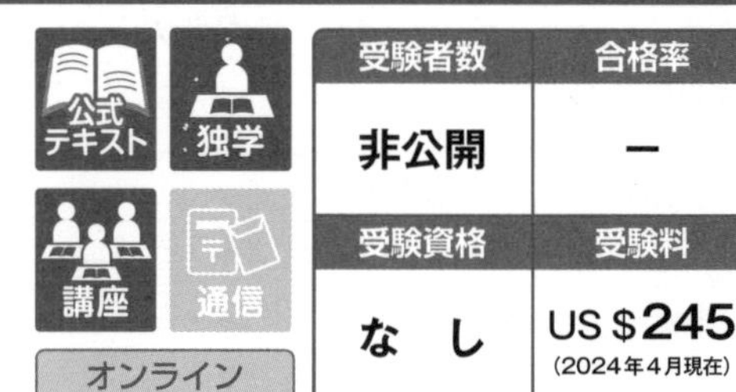

受験者数	合格率
非公開	ー
受験資格	**受験料**
なし	US＄245 (2024年4月現在)

受験資格	誰でも受験できる
試験日	**会場受験：10:00～ 実施は約80回、14:00～ 実施は約40回** **自宅受験：週4日24時間可能**
申込方法	①Bulletin（受験要綱）を読む：ETS TOEFL®テスト公式ホームページ（www.ets.org/toefl）からダウンロード ②規定の身分証明書を用意する ③ETS TOEFL®テスト公式ホームページ上に自分のアカウント“My TOEFL Home”を作成する（ETS IDの取得） ④オンラインで申し込む
受験料	**US$245**（2024年4月現在）
試験地	全国各地の試験会場、もしくは自分のパソコンを使用して自宅で受験
試験内容	TOEFL iBT®テストは「読む、聞く、話す、書く」の4技能を総合的に測定する。同時に複数の技能を測定する問題Integrated Taskを導入(SpeakingセクションとWritingセクションのみ) **〔リーディング〕**アカデミックな長文を読み、解答はマウスでクリック。選択問題、文を挿入する問題、グループ分けする問題 **〔リスニング〕**大学での講義や会話の音声を聞き、選択肢から正しいものをマウスでクリックして選ぶ **〔スピーキング〕**設問に対し、ヘッドフォンについているマイクに向かって話して解答する。あるいは音声を聞いたり、文章を読んだりして得た内容に基づいて、話して解答する **〔ライティング〕**設問に対し、タイピング（手書きは不可）で文章を入力して解答する。また、英文を読んで、それに関する講義を聞き、質問に対して作文する ※2020年から自宅受験「TOEFL iBT® Home Edition」を提供 ※スコアは、テスト日の4～8日後からMy TOEFL Home上で確認・ダウンロードが可能。希望者には米国ETSよりTest Taker Score Reportが郵送される

ETS Japan / TOEFL事業部
URL=https://www.jp.ets.org/toefl/test-takers/ibt/about.html

英語がコミュニケーションの道具　独立　就職　趣味　評価

英検Jr.®（オンライン版）

全国のさまざまな環境で英語を学んでいる子どもが主な対象となる英検Jr.は、英語学習入門期に最も大切と考えられているリスニング形式。英語に親しみ、積極的に英語でコミュニケーションをとることを楽しめるような子どもの育成を願って実施されている。

※英検Jr.®は、公益財団法人 日本英語検定協会の登録商標です。

公式テキスト　独学　講座　通信　オンライン

申込者数	合格率
ー	ー
受験資格	**検定料**
なし	2,500円（SILVERの場合）

受験資格	誰でも受験できる 各グレードの学習経験の目安は以下のとおり 【BRONZE】①英検Jr.®を初めて受ける子ども ②英会話スクールなどで半年～1年程度の学習経験をもつ子ども ③家庭で英語学習をしている未就学の子ども　ほか 【SILVER】①BRONZEを受けて80%以上を正解できた子ども　②英会話スクールなどで1～2年程度の学習経験をもつ子ども　ほか 【GOLD】①SILVERを受けて80%以上を正解できた子ども　②英会話スクールなどで2～3年程度の学習経験をもつ子ども　ほか
試験日	**有効期間内で1回のみ受験できる** ※有効期間は申込から3カ月
検定料	【BRONZE】**2,300円**　【SILVER】**2,500円**　【GOLD】**2,700円**
試験地	自宅または申込責任者が定めた会場
試験内容	個人またはグループ単位で1名からいつでも申込可能 【BRONZE】初級レベル。40問、約30分 ①語句：定型表現や基本文中の名詞・形容詞・動詞の聞きとり ②会話：あいさつや、動詞を含んだ初歩的な会話（1往復）の聞きとり ③文章：簡単で短い1～3文の聞きとり 【SILVER】中級レベル。45問、約35分 ①語句：定型表現や基本文中の前置詞の聞きとり、いろいろな文中の名詞・形容詞・動詞の聞きとり　ほか　②会話：話しかけに対する応答選択や簡単で短い会話（2～3往復）の聞きとり　③文章：簡単で短い文章（2～3文）の聞きとり、否定文や疑問文の聞きとりと応答　④文字：アルファベットと音声の結びつき、簡単で短い単語の認識 【GOLD】上級レベル。50問、約45分 ①語句：いろいろな文中での語句の聞きとり　②会話：簡単でまとまった会話（3往復以上）の聞きとり　③文章：つながりのある複数文（3文以上）の聞きとり、5W1Hによる疑問文の応答、質問文の投げかけ ④文字：基本的な語句や簡単で短い文の認識

問い合わせ先
公益財団法人 日本英語検定協会 英検Jr.オンライン版係
TEL03(3266)6463　URL=https://www.eiken.or.jp/eiken-junior/
英検Jr.®（オンライン版）＝https://www.eiken-cbt.jp/online/index.html

国連英検（国際連合公用語英語検定試験）

民間

6つの国連公用語のうち、英語の実力と理解度を判定する英語の検定試験で、国際人を目指す人にとっては、確かな証明となる。C級から特A級までレベルは4段階、C級合格以上は、高等学校卒業程度認定試験の英語資格として文部科学省から認定されている。

受験者数	合格率
非公開	非公開

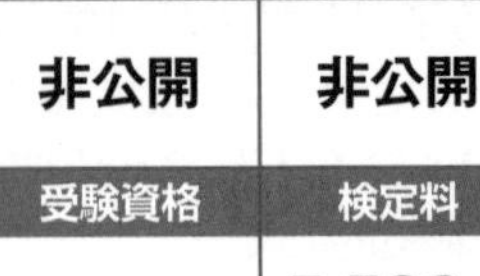

受験資格	検定料
なし	5,500円 （C級の場合）

受験者レベル	【C級】高校修了程度の英語力がある者 【B級】外国での日常生活に対処できる英語力がある者 【A級】高度な理解力、論理的な表現力がある者 【特A級】文化・経済・政治等、多くの国際的な分野の問題について、自由に討論できる英語力をもつ者
申込期間	第1回：3月上旬～4月下旬 第2回：8月上旬～9月下旬
試験日	第1回：〔1次〕**5月下旬** 〔2次〕**7月上旬** 第2回：〔1次〕**10月下旬** 〔2次〕**12月中旬**
申込方法	インターネット（PC・スマートフォン）で申し込むか、直接郵送して申し込む。電話・FAX申込も可
検定料	【C級】**5,500円**【B級】**8,800円** 【A級】**11,000円**【特A級】**13,200円**（各税込） 隣接級の併願割引あり
試験地	全国主要都市
試験内容	【C級】筆記（リーディング）とリスニングテスト　100分 【B級】 筆記（リーディング、作文〈80～100語程度〉）とリスニングテスト　120分 【A級】 〔1次〕筆記（リーディング、作文〈150～200語程度〉）　120分 〔2次〕面接（ネイティブスピーカー1名との対話）　約10分 【特A級】 〔1次〕筆記（リーディング、作文〈200～250語程度〉）　120分 〔2次〕面接（ネイティブスピーカー、元外務省大使、大学教授など2名との対話。時事問題、専門分野などを話し合える知識、英会話力を審査）　約15分

公益財団法人 日本国際連合協会 国連英検事務局
〒104-0031 東京都中央区京橋3-12-4 MAOビル4F
TEL03(6228)6831　FAX03(6228)6832　URL=http://www.kokureneiken.jp/

ACT

民間

アメリカの大学へ進学するには、高校の成績などのほかに適性試験を受験して、スコアを出願書類として提出するのが一般的。ACT（American College Test）は、全米のほか日本を含めた世界各地で、アメリカへの留学希望者のために実施されている。

受験者数	合格率
－	－
受験資格	**検定料**
なし	$171.50（ライティングテストなしの場合）

受験資格	アメリカの大学へ留学を希望する者なら、誰でも受験できる
申込期間	試験日の3～4週間前まで
試験日	**2月　4月　6月　7月　9月　10月　12月** （最新の情報はACTホームページで確認する）
申込方法	ACTホームページよりオンラインで申し込む
検定料	**$171.50**（ライティングテストなしの場合） **$196.50**（ライティングテストありの場合） 詳細はACTのホームページで確認する
試験地	最新の試験会場リストはACTのホームページで確認のこと
試験内容	①英語 標準英語の慣習ほか ②数学 代数・幾何学ほか ③読解力 ④科学 生物学、推論、問題解決のスキル　ほか ⑤ライティング（オプショナル） ※試験結果は1～36点のスコア形式で表示される。Highly Competitiveクラスの大学に留学するには、27点以上が必要。結果は2～8週間後に通知される。数回受験した場合、テストスコアは希望するテスト結果を選んで大学に送ることができる アメリカ留学に関する情報（テスト）については以下を参照 アメリカンセンタージャパン https://americancenterjapan.com/advising/ 日米教育委員会（フルブライト・ジャパン） URL=https://www.fulbright.jp

問い合わせ先
ACT,Inc.
URL＝https://www.act.org/

独立 就職 趣味 評価

技術英語能力検定

民間

国際的に通用する英文が書けているかを判定するのが文部科学省後援の「技術英検」。正確、明確、簡潔の要件を満たした英文、文章間、パラグラフ間が分かりやすく論理的に展開されていることを理解し、習得することで国際人としての活躍の場をより一層拡大できる。

公式テキスト 独学 講座 通信

受験者数	合格率
1,108人※	50.8%※
受験資格	検定料
なし	3,600円※

※3級（2023年度）の場合

受験資格	誰でも受験できる
対象者	企業などで英語文書作成やプレゼン原稿作成に携わる人、英語のレポート作成や英語によるプレゼントを求められる人、研究機関などで英文資料を読んだり、英文論文、プレゼン原稿を作成する人、翻訳者または翻訳業に就きたいと考えている人、英語力を高めたい人
求められるスキル	【3級】将来的にテクニカル・ライティングを実施するために英語の基礎知識力を有する【2級】将来的にテクニカル・ライティングを実施するために英語の知識力を有する【1級】テクニカル・ライティングを実施するための英語の知識があり、基礎的な英文作成能力を有する 【準プロフェッショナル】テクニカル・ライティングを実務レベルで運用できる能力を有する【プロフェッショナル】ほぼ完璧なテクニカル・ライティング能力を有する
申込期間	試験日の約2カ月前〜約1カ月前　※詳細はホームページをご覧下さい
申込方法	下記ホームページでネットから申し込む
試験日	【3〜1級】**7月中旬　10月中旬　翌年1月中旬** 【プロフェッショナル】**7月中旬　翌年1月中旬**
検定料	【3級】**3,600円**【2級】**6,900円** 【1級】**9,000円**【プロフェッショナル】**17,000円**（各税込）
試験地	全国主要都市（札幌、仙台、大宮、東京、横浜、名古屋、大阪、広島、福岡、試験日によって異なる）
試験内容	【3級】60分／マークシート　①語彙暎　②語彙解釈　③英作文（単語選択）　④英文連結　⑤英文空所補充　⑥英文空所補充　⑦パラグラフ 【2級】70分／マークシート　①語彙暎　②語彙解釈　③英作文（単語選択）　④英文空所補充　⑤英文空所補充　⑥パラグラフ　⑦和文英訳 【1級】60分／①〜④マークシート、⑤⑥記述式　①英文空所補充　②短文リライト　③英文空所補充　④パラグラフ　⑤英文リライト　⑥和文英訳 【プロフェッショナル】120分／記述式　①長文英文要約　②和文英訳③英文要約　④テクニカルライティングの考え方　⑤英文リライト

問い合わせ先
一般社団法人 日本能率協会 経営・人材革新センター　技術英検事務局
〒105-8522 東京都港区芝公園3-1-22
TEL03(3434)2350 URL=https://jstc.jma.or.jp

ビジネスでの総合的な英語力を測定

Linguaskill Business

民間

国際的なビジネス環境で求められる、英語でのコミュニケーションスキルを測定するオンライン試験。世界50カ国以上の企業や機関で採用されている。試験は「読む」「聞く」「話す」「書く」の4つの言語技能に分かれており、技能単位での受験が可能。

受験者数	合格率
ー	ー
受験資格	**受験料**
なし	2,900円 (Reading&Listeningの場合)

受験資格	誰でも受験できる
申込方法	ホームページより申し込む (団体の場合はホームページより問い合わせ)
受験方法	**団体：希望日時で開催** **個人：公開会場（東京、毎月１回・大阪、隔月）もしくはリモート受験** ※詳細はホームページで確認
受験料	**〔Reading & Listening〕 2,900円** **〔Speaking〕 6,900円** **〔Writing〕 3,900円**（各税込） セット割引： Reading&Listening Testと一緒にSpeaking/Writing Testの申込みをすると該当受験者は最大1,800円／1名の割引
試験内容	試験はオンラインで行われる **〔Reading & Listening Test〕** 通常60分程度、最大85分 形式：4・3肢択一式（一部語句入力）のComputer Adaptive Test 内容：ListeningおよびReading and Language Knowledge 評価：スコア表示（82-180+）およびCEFRレベルの表記 **〔Speaking Test〕** 約15分 形式：マイク付のヘッドセットを用いて、スクリーンに表示される指示に従って解答 内容：インタビュー、音読、プレゼンテーション、ロールプレイ　ほか 評価：スコア表示（82-180+）およびCEFRレベルの表記 **〔Writing Test〕** 約45分 形式：タイピングによる入力 内容：メール、報告書、企画書などの作成 評価：スコア表示（82-180+）およびCEFRレベルの表記 ※CEFR（The Common European Framework of Reference for Languages）は、ヨーロッパ各国における外国語教育の向上を目的とした包括的なガイドライン ※スコアとは82-180+で表記されるCambridge English Scale

問い合わせ先
公益財団法人 日本英語検定協会 ビジネステスト事務局
〒162-8055 東京都新宿区横寺町55
TEL03(3266)6366　URL＝https://www.eiken.or.jp/linguaskill/

観光英語検定

民間

日本を訪れる外国人の増加とともに、旅行、観光、ホテル、レストランなどの業界では英語で対応する業務が多くなっている。この検定は、海外旅行を積極的に楽しみたい人や、旅行・観光業務遂行に必要な英語力をもったプロの養成を図ることを目的としている。

受験者数	合格率
638人※	58.2%※
受験資格	検定料
なし	5,400円※

※2級の場合。

受験資格	誰でも受験できる
申込期間	4月上旬～5月下旬、7月上旬～9月下旬
試験日	**6月下旬　10月下旬**
検定料	【3級】 **4,300円** 【2級】**5,400円** 【1級】**10,000円** （各税込）
試験地	第47回　東京、名古屋、大阪、広島 第48回　札幌、仙台、東京、名古屋、大阪、広島、福岡、ほか（1級は東京、大阪のみ）
受験者数 合格率	【3級】 881人、58.9% 【2級】 638人、58.2% 【1級】 26人、 7.7%
試験内容	【3級】〈筆記〉〈リスニング〉 出題範囲：曜日、時刻、数字（単位含む）、英語の掲示やパンフレット、地名、あいさつなど、観光・旅行に必要となる初歩的な英語および英語による日常会話 【2級】〈筆記〉〈リスニング〉 出題範囲：予約関連業務、ホテル関連業務、出入国に関する手続き、機内放送などのアナウンス、食事、通貨、交通機関など、観光・旅行業に必要となる基本的な英語および英語による日常会話（3級の範囲を含む） 【1級】〈筆記〉〈ネイティブとの面接〉 出題範囲：以下の範囲での観光、旅行業に必要な実務英語 ①場所（各種受付、空港、駅、ホテルなど） ②状況（苦情と謝罪、誤解と説明、要求と情報提供、予約および変更・キャンセルなど） ③文書など（パンフレット、チケットなど） ④専門知識（航空会社・ホテルなどで一般的に使われる略語や専門用語） ⑤その他（世界各国の文化や習慣、国際儀礼）

問い合わせ先
全国語学ビジネス観光教育協会 観光英検センター
〒101-0061 東京都千代田区神田三崎町2-8-10 ケープビル2F
TEL03(5275)7741　　URL=https://kanko.zgb.gr.jp/

海外留学や研修の英語力を証明

独立 就職 趣味 評価

IELTS

IELTS(アイエルツ)は、留学や海外移住に必要な4技能の英語能力を評価する試験。信頼性・公平性の高いテストとして、140カ国、11,000以上の教育機関や政府機関などが採用。結果は1.0〜9.0のバンドスコアで評価される。

受験者数	合格率
ー	ー
受験資格	**受験料**
なし	25,380円(2024年5月現在)

受験資格	【ジェネラル・トレーニング・モジュール】 英語圏で学業以外の研修を考えている人や、移住審査希望者など 【アカデミック・モジュール】 大学・大学院などで学位取得をめざす学生や、英語圏での医師登録希望者など ※どちらのモジュールの受験が必要かは、事前に出願先の教育機関や政府機関、国際機関などに確認する
試験日	**最大月4回(毎月)** 試験日は会場によって異なる。※最新情報はIELTSホームページで確認する
受験料	**25,380円**(税込)
試験地	札幌、秋田、仙台、千葉/船橋、東京、横浜/川崎、長野/松本、金沢、静岡/浜松、名古屋、京都、大阪、神戸、広島、福岡、熊本
試験内容	【ジェネラル・トレーニング・モジュール】 **〔ジェネラル・トレーニング・ライティング〕**筆記(2題、60分) 与えられたテーマに対しての現状説明や論証　ほか **〔ジェネラル・トレーニング・リーディング〕**筆記(40問、60分) 注意書き、広告、公的文書、小冊子、新聞、時刻表などから幅広く出題。一般的な情報・話題を扱った文章、職業訓練の場面の文章など **〔リスニング〕〔スピーキング〕**【アカデミック】と共通 【アカデミック・モジュール】 **〔アカデミック・ライティング〕**筆記(2題、60分) グラフや図などで与えられた情報やテーマを整理　ほか **〔アカデミック・リーディング〕**筆記(長文3題40問、60分) 雑誌、新聞、書籍などから幅広く出題。論理的な議論を扱った文章、グラフやイラストを使用した文章　ほか **〔リスニング〕**筆記(40問、30分+転記時間10分) 4パートで構成され、会話や文章の録音を1回だけ聞いて質問に答える **〔スピーキング〕**インタビュー形式による会話(11〜14分)

問い合わせ先
公益財団法人 日本英語検定協会 IELTS公式テストセンター
〒104-0028 東京都中央区八重洲2-1-1　ヤンマー東京ビル3階
URL=https://www.eiken.or.jp/ielts/　E-MAIL=jp500ielts@eiken.or.jp(東京)、jp512ielts@eiken.or.jp(大阪)

実用フランス語技能検定（仏検）

民間

フランス語は、国際機関のなかでも英語に次ぐ公用語といえるほど重要な外国語である。この検定は、フランス語を「聞き・話し・読み・書く」ことをキーポイントに、一般に広く奨励しようという趣旨のもとに生まれたもので、文部科学省の後援を受けている。

講座　通信

申込者数	合格率
2,523人※	51.7%※
受験資格	**検定料**
なし	9,000円※

※準2級の場合

受験資格	誰でも受験できる
検定基準	【5級】初歩的なフランス語を理解し、読み・聞き・書くことができる 【4級】基礎的なフランス語を理解し、平易な運用ができる 【3級】基本的なフランス語を理解し、簡単な運用ができる 【準2級】日常生活に必要なフランス語の運用力がある 【2級】日常生活や仕事上で必要なフランス語の語学力がある 【準1級】日常生活や社会生活全般に必要なフランス語を理解し、口頭で表現できる 【1級】広く社会生活に必要なフランス語を十分理解し、高度な運用ができる
試験日	【5〜3級】　**6月　11月** 【準2・2級】〔1次〕**6月　11月**　〔2次〕**7月　翌年1月** 【準1級】〔1次〕**11月**　〔2次〕**翌年1月** 【1級】〔1次〕**6月**　〔2次〕**7月**
検定料	【5級】**5,000円**　【4級】**6,000円** 【3級】**7,000円**　【準2級】**9,000円** 【2級】**10,000円**　【準1級】**12,500円**　【1級】**14,500円**（各税込）
試験地	全国約35主要都市 （級により試験地が異なるため、問い合わせること）
合格率	【5級】80.7%　【4級】79.0%　【3級】63.1%　【準2級】51.7% 【2級】31.3%　【準1級】20.0%　【1級】12.2%
試験内容	【5級】　筆記・聞き取り（約45分）　【4級】筆記・聞き取り（約60分） 【3級】　筆記、聞き取り（約75分） 【準2級】〔1次〕筆記（75分）、書き取り・聞き取り（約25分） 【2級】〔1次〕筆記（90分）、書き取り・聞き取り（約35分） 【準1級】〔1次〕筆記（100分）、書き取り・聞き取り（約35分） 【1級】〔1次〕筆記（120分）、書き取り・聞き取り（約40分） 【準2〜1級】〔2次〕フランス語による面接試験 時間は【準2・2級】各約5分　【準1級】約7分　【1級】約9分

公益財団法人 フランス語教育振興協会 仏検事務局
〒102-0073 東京都千代田区九段北1-8-1 九段101ビル6F
TEL03(3230)1603　URL=https://apefdapf.org

スペイン語技能検定

民間

この検定は、官公庁や民間企業などの採用試験や昇給資料のための能力査定、語学力レベルの客観的評価を目的とする、文部科学省後援の検定試験である。1級合格者は全国通訳案内士試験筆記試験外国語科目が免除される。

受験者数	合格率
非公開	非公開
受験資格	**検定料**
な し	6,600円（5級の場合）

受験資格	誰でも受験できる
検定基準	【6級】基本を理解し、日常生活において最低限のやりとりができる 【5級】基本を理解し、日常生活において平易なやりとりができる 【4級】日常生活において状況に即したやりとりができる 【3級】スペイン語圏で生活する中で適切なやりとりができる 【2級】一般的業務において活用できる 【1級】専門的業務に携わることができる（※冬季のみ）
申込期間	夏季：4月上旬～5月上旬 冬季：9月中旬～10月下旬
試験日	**夏季：〔一次〕 6月下旬**（6～2級） **〔二次〕 7月下旬**（2級） **冬季：〔一次〕 12月上旬**（6～1級） **〔二次〕 翌年1月下旬**（2・1級）
検定料	【6級】 **5,500円** 【5級】 **6,600円** 【4級】 **7,700円** 【3級】 **10,450円** 【2級】 **13,200円** 【1級】 **15,950円**（各税込）
試験地	**〔一次〕** 北海道、仙台、東京、新潟、金沢、静岡、名古屋、京都、神戸、広島、松山、福岡、沖縄など **〔二次〕** 東京、名古屋、関西、福岡
試験内容	**〔一次〕** 【6級】筆記試験（35分）およびリスニング（5分） 【5級】筆記試験（35分）およびリスニング（5分） 【4級】筆記試験（40分）およびリスニング（10分） 【3級】筆記試験（70分）およびリスニング（10分） 【2級】筆記試験（70分）およびリスニング（10分） 【1級】筆記試験（70分）およびリスニング（10分）※冬季のみ **〔二次〕** 試験官による口頭試験（2・1級の一次合格者のみ）

公益財団法人日本スペイン協会事務局
〒108-0014 東京都港区芝4-5-18
URL=https://casa-esp.com/

ドイツ語技能検定試験

民間

ドイツ語のみならず、外国語を習得することは、その国の政治、経済、文化など幅広い知識を得ることにもつながる。ドイツ語技能検定試験のレベルは6段階。級により午前・午後試験に分かれるため併願受験ができる。使えるドイツ語を目指して挑戦しよう。

受験者数	合格率
2,064人※	51.6%※
受験資格	**検定料**
なし	7,500円※

※3級の場合

受験資格	誰でも受験できる
検定基準	【5級】初歩的なドイツ語を理解し、日常生活でよく使われる簡単な表現や文が運用できる（ドイツ語授業30時間以上か同等程度の学習経験者） 【4級】基礎的なドイツ語を理解し、初歩的な文法規則を使って日常生活に必要な表現や文が運用できる（ドイツ語授業60時間以上か同等程度の学習経験者） 【3級】ドイツ語の初級文法全般にわたる知識を前提に、簡単な会話や文章が理解できる（ドイツ語授業120時間以上か同等程度の学習経験者） 【2級】ドイツ語の文法・語彙の十分な知識を前提に、日常生活に必要な会話や社会生活で出会う文章が理解できる（ドイツ語授業180時間以上か同等程度の学習経験者） 【準1級】ドイツ語圏での生活に対応できる標準的なドイツ語を十分に身につけている 【1級】標準的なドイツ語を不自由なく使え、専門的なテーマに関して書かれた文章を理解し、それについて口頭で意見を述べることができる
試験日	【5～2級】**年2回：6月の第4日曜日　12月第1日曜日** 【準1・1級】**〔一次〕12月第1日曜日　〔二次〕翌年1月第4日曜日**
検定料	【5級】**4,500円**　【4級】**5,500円**　【3級】**7,500円** 【2級】**9,500円**　【準1級】**11,500円**　【1級】**13,500円** 【5・4級併願】**9,000円**　【4・3級併願】**12,000円** 【3・2級併願】**16,000円**　【2・準1級併願】**20,000円** 【準1・1級併願】**23,000円**　（各税込）
試験地	全国の約25大学で実施（期によって異なる）
受験者数 合格率	【5級】896人、96.7%　【4級】2,019人、69.5% 【3級】2,040人、61.2%　【2級】1,231人、44.4% 【準1級】349人、31.2%　【1級】159人、13.2%
試験内容	【5～2級】①筆記　②聞き取り（5～3級は一部書き取りを含む） 【準1・1級】**〔一次〕**①筆記　②聞き取り　**〔二次〕**口述

問い合わせ先
公益財団法人 ドイツ語学文学振興会 独検事務局
〒112-0012 東京都文京区大塚5-11-7-101
TEL03(5981)9715　URL＝https://www.dokken.or.jp

実用イタリア語検定

イタリア語は、いまやエンジニアリング、産業、貿易など広範囲で使用される言語。真に役立つイタリア語にふれることは、身近な服飾、料理、絵画、建築などを深く究めるステップとなる。1級合格者は、全国通訳案内士試験の筆記試験（語学科目）が免除される。

受験者数	合格率
458人※	36.9%※
受験資格	受験料
なし	8,000円※

※3級の場合

受験資格	誰でも受験できる
申込期間	2月中旬～3月中旬　7月上旬～8月上旬
試験日	【5～準2級】**3月　10月第1日曜日** 【2・1級】**〔1次〕10月第1日曜日　〔2次〕12月第1日曜日**
受験料	【5級】**5,000円**　【4級】**6,000円**　【3級】**8,000円** 【準2級】**9,000円**　【2級】**12,000円**　【1級】**15,000円**（各税込）
試験地	**〔1次〕**札幌、仙台、新潟、東京、横浜、金沢、名古屋、京都、大阪、岡山、広島、福岡、宮崎、那覇、ミラノ、ローマ **〔2次〕**東京、大阪／イタリアはオンラインで実施
受験者数 合格率	【5級】402人、69.7%　【4級】573人、48.0% 【3級】458人、36.9%　【準2級】275人、36.0% 【2級】173人、19.7%　【1級】107人、13.1%
試験内容	【5～準2級】1次試験のみを実施　【2・1級】1次・2次試験を実施 **〔1次〕**イタリア人の吹き込んだCDを使用 ①リスニング　②筆記（3～1級は記述問題を含む） **〔2次〕**1次合格者のみ、2名の面接委員による口頭試問（約15分間） 各級の試験程度は以下のとおり 【5級】初歩的なイタリア語を理解することができる 【4級】平易なイタリア語を聴き、話し、読み、書くことができる 【3級】日常生活に必要な基本的なイタリア語を理解し、特に口頭で表現することができる 【準2級】基本文法について総合的な知識を持ち、日常生活全般に必要なイタリア語を理解し、表現することができる 【2級】日常生活や業務上必要なイタリア語を理解し、一般的なイタリア語を読み、書き、聴き、話すことができる 【1級】広く社会生活に必要なイタリア語を十分に理解し、自分の意思を的確に表現できる 春季はオンラインIBT方式での開催を予定しています

問い合わせ先
特定非営利活動法人 国際市民交流のためのイタリア語検定協会
〒151-0053 東京都渋谷区代々木1-30-15 S405号室
TEL03(3377)0345　URL=https://www.iken.gr.jp

独立 就職 趣味 評価

中国語試験HSK（漢語水平考試）

HSKは、中国政府教育部が設けた、中国語を母語としない中国語学習者のための語学試験で、世界では163の国と地域で実施されている。HSK証書は、国際的な場で活躍するための中国語力の基準証明として重要な役割を果たしている。

申込者数	合格率
32,477人	－
受験資格	受験料
中国語を母語としない人	9,900円（5級の場合）

受験資格	中国語が母語でない者
試験日	**毎月**
受験料	【初級】**6,050円** 【中級】**7,150円** 【高級】**8,250円** 【1級】**3,850円** 【2級】**5,060円** 【3級】**6,600円** 【4級】**7,920円** 【5級】**9,900円** 【6級】**11,550円** 【7～9級】**37,400円**（各税込） 全国47都道府県（試験日により異なる）
試験内容	【初級】27題、約37分／中国語の基本的な日常会話が可能である 【中級】14題、約41分／中国語を母国語とする人と流暢に会話できる 【高級】6題、約44分／中国語全般にわたる高度な運用能力を有する 【1級】40問（聞き取り20問・読解20問）、約50分／中国語の非常に簡単な単語とフレーズを理解・使用できる（語彙量：150語） 【2級】60問（聞き取り35問・読解25問）、約65分／中国語を用いた簡単な日常会話ができる（語彙量：300語） 【3級】80問（聞き取り40問・読解30問・作文10問）、約100分／生活・学習・仕事などの場面で基本的なコミュニケーションがとれる（語彙量：600語） 【4級】100問（聞き取り45問・読解40問・作文15問）、約115分／広範囲な話題について会話でき、比較的流暢にコミュニケーションがとれる（語彙量：1,200語） 【5級】100問（聞き取り45問・読解45問・作文10問）、約135分／中国語の新聞・雑誌を読み、テレビ・映画を鑑賞でき、比較的整ったスピーチを行える（語彙量：2,500語） 【6級】101問（聞き取り50問・読解50問・作文1問）、約150分／中国語の情報をスムーズに読み、聞くことができ、会話や文章で自分の見解を流暢に表現できる（語彙量：5,000語以上） 【7～9級】98問（聞き取り40問・読解47問・作文2問・翻訳4問・口頭5問）、約240分

問い合わせ先
一般社団法人 日本青少年育成協会 HSK日本実施委員会
〒162-0825 東京都新宿区神楽坂6-46 ローベル神楽坂ビル7F
TEL03(3268)6601　URL=https://www.hskj.jp/

ハングルを学び国際交流に生かそう

独立 就職 趣味 評価

「ハングル」能力検定

言葉は国際交流には欠かせないもの。アジアへの関心が高まるなか、韓国・朝鮮語の学習者は年々増え続け、2023年までに「ハングル」能力検定の挑戦者は、52万人にのぼる。生きたコミュニケーション能力の養成を目指すこの検定は、各界で活用されている。

公式テキスト　独学

申込者数	合格率
7,549人※	82.0%※
受験資格	**検定料**
なし	4,200円※

※4級の場合

受験資格	誰でも受験できる
検定基準	【入門級】（オンライン試験）初級初出の段階 【5級】初級前半。母音と子音を正確に区別でき、約480語の単語や限られた文型を用いて作られた文を読んだり聞いたりできる　ほか 【4級】初級後半。使用頻度の高い約1,070語の単語や文型を用いて作られた文を読んだり聞いたりできる。決まり文句を用いて挨拶でき、事実を伝え合える　ほか 【3級】中級前半。身近な話題だけでなく、親しみのある社会的出来事も話題にできる。比較的長い文章を読んだり聞いたりして、大意をつかめる　ほか 【準2級】中級後半。頻繁に用いられる単語や文型はマスターし、出題範囲内の単語や文型を正書法に則って正しく書き表すことができる　ほか 【2級】上級。社会的常識の範囲内にある話題については基本的に理解できる。公式・非公式な場面の区別に即して適切な表現の選択が可能。連語・慣用句に加え、ことわざや頻度の高い四字熟語を理解し、使用できる　ほか 【1級】超上級。職業上の業務遂行に関連する話題、要約や推論など高度なレベルが要求される情報処理を「ハングル」を使ってできる　ほか
試験日	**入門編：1月、7月** **春季：〔1次〕　6月の第1日曜日　〔1級2次〕1次の3週間後** **秋季：〔1次〕11月の第2日曜日　〔1級2次〕1次の3週間後**
検定料	【入門級】**1,500円**　【5級】**3,700円** 【4級】　**4,200円**　【3級】**5,300円** 【準2級】**6,300円**　【2級】**7,000円**　【1級】**10,000円**（各税込）
試験地	**〔1次〕**札幌、東京、名古屋、大阪、福岡　ほか **〔2次〕**東京、大阪、福岡（福岡は秋季のみ）
申込者数 合格率	【5級】6,187人、73.3%　【4級】6,600人、68.0%　【3級】5,360人、60.2%　【準2級】2,589人、26.1%　【2級】898人、16.1% 【1級】222人、11.7%（2023年春季・秋季）
試験内容	**〔1次〕**聞きとり（1級のみ書きとりも）、筆記　**〔2次〕**面接（1級のみ）

問い合わせ先

特定非営利活動法人 ハングル能力検定協会 事務局
〒101-0051 東京都千代田区神田神保町2-22 5F
TEL03(5858)9101　URL=https://hangul.or.jp

日本語能力試験

民間

全世界で毎年100万人以上の日本語を母語としない人が挑戦している、世界最大規模の日本語の試験。実力の測定はもちろん、就職、昇給・昇格など、受験の目的は多岐にわたる。5段階のレベルからきめ細かく日本語のレベルを測る。

講座

受験者数	認定率
86,534人※	29.9%※
受験資格	**受験料**
日本語を母語としない人	7,500円

※N1（国内）の場合

受験資格	日本語を母語としない人
申込期間	3月下旬～4月中旬　8月下旬～9月中旬（国内の場合）
試験日	**7月上旬　12月上旬**
受験料	**7,500円**（国内の場合、税込）
試験地	国内：全国47都道府県 海外：日本語能力試験公式ウェブサイト（https://www.jlpt.jp/）に掲載
受験者数 認定率	【N5】　7,664人、60.7%　【N4】　85,128人、38.9% 【N3】135,143人、36.6%　【N2】119,222人、34.3% 【N1】　86,534人、29.9%　※2023年度国内の場合
試験内容	マークシート方式。レベルはN５からN１まで5段階 認定の目安と試験科目は以下のとおり 【N５】基本的な日本語をある程度理解することができる ①言語知識（文字・語彙）〈20分〉 ②言語知識（文法）・読解〈40分〉 ③聴解（会話などの音声を聞いて質問に答えるリスニング）〈30分〉 【N４】基本的な日本語を理解することができる ①言語知識（文字・語彙）〈25分〉 ②言語知識（文法）・読解〈55分〉 ③聴解〈35分〉 【N３】日常的な場面で使われる日本語をある程度理解することができる ①言語知識（文字・語彙）〈30分〉 ②言語知識（文法）・読解〈70分〉　③聴解〈40分〉 【N２】日常的な場面で使われる日本語の理解に加え、より幅広い場面で使われる日本語をある程度理解することができる ①言語知識（文字・語彙・文法）・読解〈105分〉　②聴解〈50分〉 【N１】幅広い場面で使われる日本語を理解することができる ①言語知識（文字・語彙・文法）・読解〈110分〉　②聴解〈55分〉

問い合わせ先
公益財団法人 日本国際教育支援協会 日本語能力試験受付センター
TEL03(6686)2974
URL=https://info.jees-jlpt.jp

JTF〈ほんやく検定〉

民間

グローバリゼーションが急速に進み、翻訳の需要はますます高まっている。在宅・派遣翻訳者、そして企業内翻訳者には、世界に通用する「商品価値の高い翻訳力」とともにデータでの実作業も求められ、この検定ではインターネット受験が行われている。

オンライン

受験者数	合格率
203人※	28.1%※
受験資格	受験料
なし	10,000円（1科目の場合）

※日英翻訳合計数と平均合格率

受験資格	誰でも受験できる
試験日	**原則、7月の第4土曜日　翌年1月の第4土曜日**
合格発表	9月中旬　翌年3月下旬
申込方法	一般社団法人日本翻訳連盟のウェブサイトから申し込む
受験料	**〔実用レベル〕** 1科目：**10,000円**　2科目併願：**15,000円**（各税別）
試験地	インターネットによる在宅受験
対象者	在宅翻訳者、企業内翻訳者、派遣翻訳者の人 プロとしてさらに専門分野を磨きたい人　など
試験内容	**〔実用レベル〕** 科目：英日翻訳　日英翻訳 出題分野（選択制）：※出題分野は変更となる場合がある ①政経・社会 ②科学技術 ③金融・証券 ④医学・薬学 ⑤情報処理 審査基準： 【3級】内容理解力、表現力などの面で欠点もあるが、限られた時間内での作業、試験という特殊な環境などを考慮すると、実務で一応通用する翻訳力があると認められる 【2級】完成度の点では1級には一歩譲るが、実務では十分に通用する翻訳であると認定する 【1級】専門家の翻訳であると認定する。原文の情報が正確で分かりやすく、かつ適切な文体で表現されている 試験時間：英日翻訳（180分）　日英翻訳（180分） 審査の結果：試験終了から約2カ月後に「受験者ログイン」ページ内にてお知らせ

問い合わせ先
一般社団法人 日本翻訳連盟 事務局
〒104-0031 東京都中央区京橋3-9-2 宝国ビル7F
TEL03(6228)6605　URL=https://kentei.jtf.jp

日商ビジネス英語検定

国際ビジネスの現場で通用する英語力を、スピーキング・リスニング・リーディングの3形式による出題から判定。取引相手などと円満な人間関係を構築し、ビジネスの目的を達成するために必要な、英語による即答力を重視。気軽なやり取りから、周囲に一目置かれる表現を使いこなせる英語力や、国際取引に関わる者が業務遂行のために理解しておきたい貿易実務の基礎知識などが身につく。

【受験資格】 誰でも受験できる
【出題形式】 スピーキング、リスニング（択一式）、リーディング（択一式）60問、30分
【判定方法】 得点でレベル判定
【試験日】 7月、11月、翌年3月
【受験料】 6,600円（税込）
【試験地】 自宅など（IBT方式）

【問い合わせ先】
日本商工会議所事業部
https://www.kentei.ne.jp/english

JET（ジュニア・イングリッシュ・テスト）

米国IMETが開発した小・中学生のコミュニケーション英語能力を評価するテスト。

【受検資格】 誰でも受検できる
【評価基準】 **〔10・9級〕** 日常生活での基礎的な語彙を聞き、理解できる **〔8・7級〕** 日常生活での簡単な文章を聞き、基礎的な語彙が理解できる **〔6・5級〕** 基本的な語彙、短文で構成された対話を聞き、簡単な語彙や句、短文を読んで意味が把握できる **〔4・3級〕** 簡単な対話を聞き、多様なテーマの短文を読んで要旨が把握できる **〔2・1級〕** 日常生活での多様な対話を聞き、長文を読んで要旨が把握できる
【試験日】 6月　9月　11月　翌年2月
【受検料】 2,900～3,900円（各税込）

【問い合わせ先】
JET（Junior English Test）委員会事務局
〒604-0875 京都府京都市中京区車屋町通竹屋町上る砂金町403 田丸産業ビル1F
TEL075(257)7830

DELE

スペイン語運用能力テストのグローバルスタンダードとされる資格。スペイン語圏への留学・就職に有効。国内でもスペイン語授業の単位として認める大学や、資格要件とする企業がある。

【受験資格】 誰でも受験できる
【試験科目】 読解、文章表現（西作文）、聞き取り、口頭試験（面接）
※A1（入門）からC2（最上級）までの6レベルに分かれる
【試験日】 4月（東京、A1～C1）　5月
7月（東京、A2～C1）11月
【受験料】 11,000～22,000円
【試験地】 仙台、東京、大阪、名古屋、京都、広島、福岡、別府など（開催日によって異なる）

【問い合わせ先】
スペイン国営 インスティトゥト・セルバンテス東京
〒102-0085 東京都千代田区六番町2-9
セルバンテスビル　TEL03(5210)1800

TOEFL® Essentials™ テスト

解答により自動的に次の設問が選択されるアダプティブ方式によってアカデミック英語と一般英語の双方を測定できる自宅受験型試験。主に大学・大学院レベルの英語運用能力だけでなく、さまざまな場面での英語習熟度が測定できる。

【受験資格】 誰でも受験できる
【試験内容】 Listening（21～34分）→Reading（22～33分）→Writing（24～30分）→Speakig（13分）→Personal Video Statement（任意）（5分：スコア対象外）の順で、試験時間は約90分。
【試験日】 週2日（土日）
【受験料】 US$120
【試験地】 自宅（パソコンが必要）

【問い合わせ先】
プロトメリック（株） RRC予約センター
〒101-0062 東京都千代田区神田駿河台4-6 御茶ノ水ソラシティ　アカデミア5F
TEL03(6635)9480

PLIDAイタリア語資格試験

イタリア政府公認の検定試験。その中でも、最も多くのイタリア政府機関および欧州委員会から承認を得ている。

【受験資格】 イタリア語を母国語としない者
【試験科目】 A2（初級）、B1・B2（中級）、C1（上級）、C2（最上級）の5レベル
①ASCOLTARE（聴解）
②LEGGERE（読解）
③SCRIVERE（作文）
④PARLARE（口述）の4科目
【試験日】〔A2〕 5月 **〔B1/B2/C1〕** 6月 **〔A1を除く全レベル〕** 11月 **〔プリーダジュニア〕** 10月 ※全て予定
【受験料】〔A2〕 10,300円
〔B1〕 14,700円 **〔B2〕** 14,700円
〔C1〕 21,300円 **〔C2〕** 21,300円

【問い合わせ先】
ダンテ・アリギエーリ協会 東京支部 事務局
〒150-0031 東京都渋谷区桜丘町29-33
渋谷三信マンション702
TEL03(5459)3222

ロシア語能力検定

読解力、聴取力、会話力、翻訳力を問う試験で、ロシア語の総合的な能力を評価する。各科目6割以上の点数の取得で合格。まんべんなく学習することが必要だ。

【受検資格】 誰でも受験できる
【試験科目】〔4級〕 ①文法 ②露文和訳 ③和文露訳 ④朗読 **〔3級〕** ①文法 ②露文和訳 ③和文露訳 ④朗読 ⑤聴取 **〔2級〕** ①文法 ②露文和訳 ③和文露訳 ④聴取 ⑤口頭作文 **〔1級〕** ①文法 ②露文和訳 ③和文露訳 ④聴取 ⑤口頭作文
【試験日】〔4・3級〕 5月 10月
〔2・1級〕 10月
【受検料】〔4級〕 5,000円
〔3級〕 6,000円
〔2・1級〕 各7,000円（各税込）

【問い合わせ先】
ロシア語能力検定委員会
〒156-0052 東京都世田谷区経堂1-11-2
東京ロシア語学院内 TEL03(3425)4011

インドネシア語技能検定試験

インドネシア共和国教育文化省言語育成振興局と提携、実施する日本で唯一の試験。

【受検資格】〔E～A級〕 誰でも受験できる
〔特A級〕 A級合格者
【試験科目】 1次：読解、語彙、文法、作文、リスニングの5項目について評価（特Aを除く） 2次：面接（特A・A・B級のみ）
〔E級〕 初歩的な日常会話 **〔D級〕** 簡単な日常会話 **〔C級〕** 日常生活レベル
〔B級〕 職場で生かせる **〔A級〕** 社会生活全般に対応 **〔特A級〕** 翻訳・通訳のプロ
【受検料】〔E級〕 4,000円 **〔D級〕** 5,000円 **〔C級〕** 6,500円 **〔B級〕** 9,000円 **〔A級〕** 10,000円 **〔特A級〕** 20,000円
【試験日】 1次：1月 7月 2次：3月 9月

【問い合わせ先】
日本インドネシア語検定協会
〒105-0004 東京都港区新橋6-4-8
M6ビル4F TEL03(3438)4790
URL＝https://www.i-kentei.com

DELF・DALF

世界約175カ国で実施されているフランス国民教育省認定フランス語資格試験。

【受験資格】 誰でも受験できる
【試験科目】 聴解、読解、文書作成、口頭表現
〔DELF A1〕 基礎 **〔DELF A2〕** 初歩
〔DELF B1〕 効果的にマスターしているが限界がある **〔DELF B2〕** 全般にわたり自主的に運用できる
〔DALF C1〕 優れた運用能力をもつ
〔DALF C2〕 非常に優れた運用能力をもつ
【試験日】 3月 6月 11月（級により異なる）
【受験料】〔DELF〕 A1：11,000円、A2：14,000円、B1：19,000円、B2：23,000円
〔DALF〕 C1：28,000円、C2：30,000円

【問い合わせ先】
日本フランス語試験管理センター
URL=https://www.delfdalf.jp

TEAP

大学教育レベルにふさわしい英語運用力を測定するテスト。マークシートと記述、面接で行われ、試験結果の成績表が発行される。
【受験資格】受験年度で高校1年生となる生年月日以前の生まれであること
【試験科目】①Reading / Listening　②Reading / Listening + Writing / Speaking
【試験日】〔ペーパー〕7月　9月　11月
〔CBT〕6月　8月　10月
【受験料】2技能：6,000円
4技能：15,000円（各税込）
CBTは4技能のみ
【試験地】〔ペーパー〕北海道、宮城、埼玉、千葉、東京、神奈川、石川、静岡、愛知、大阪、広島、香川、福岡、沖縄など26都道府県
〔CBT〕12都道府県

【問い合わせ先】
公益財団法人 日本英語検定協会
英検サービスセンター TEAP運営事務局
〒162-8055 東京都新宿区横寺町55
TEL03(3266)6556

実用中国語技能検定試験

財団法人が実施する中国語検定試験。使える中国語としての能力を測る。
【受験資格】誰でも受験できる
【試験日】6月　11月（2・1級は2次あり）
【試験科目】筆記とリスニング〔5級〕初歩的な語句のピンインと声調、簡単な中国語文の表現法〔準4級〕基礎的な中国語文の能力〔4級〕基本的な読み書き、語法〔3級〕内容のある文章の読み書き〔2級〕新聞や文学作品・専門書が読める、中国文化・習慣を理解し、中国語で自由に表現できる〔1級〕中国語の教学・研究・通訳等の専門職に必要な中国語レベル。
【受験料】2,000～8,000円
【試験地】東京、京都、大阪

【問い合わせ先】
一般財団法人 アジア国際交流奨学財団 実用中国語技能検定試験実施委員会
〒661-0977 兵庫県尼崎市久々知1-9-8
TEL06(6493)6257

JTA公認 翻訳専門職資格試験

対象言語は英語と中国語。3科目合格後、翻訳技能試験の2級以上取得と2次審査に合格すると「JTA公認 翻訳専門職」の認定を取得できる。
【受験資格】誰でも受験できる
【試験日】6月　9月　12月　翌年3月
【試験科目】①翻訳文法技能試験　②翻訳IT技能試験　③翻訳マネジメント技能試験　④翻訳専門技能試験（A、BまたはCの1分野から選択）〔A〕出版翻訳能力検定試験（8分野から1つを選択）〔B〕ビジネス翻訳能力検定試験（8分野から1つを選択）〔C〕中国語翻訳能力検定試験は3分野から1つを選択）
【受験料】1科目5,500円
【試験地】インターネットによる在宅受験

【問い合わせ先】
一般社団法人 日本翻訳協会
〒180-0003 東京都武蔵野市吉祥寺南町2-13-18 301　TEL0422(24)6825

実用タイ語検定試験

簡単な会話ができるレベルの5級から、翻訳・通訳者として通用する1級まで6段階ある。全級とも100点満点中、70点以上の得点で合格となる。
【受検資格】誰でも受験できる
【試験日】〔5・4・3級〕6月　11月
〔準2級〕6月
〔2・1級〕1次：11月　2次：翌年1月
【受検料】〔5級〕5,300円〔4級〕6,300円〔3級〕7,300円〔準2級〕7,800円〔2級〕8,500円〔1級〕9,500円（各税込）
【試験内容】〔5・4・3級〕筆記（マークシート式）、リスニング
〔準2級〕筆記（記述式）、リスニング
〔2・1級〕1次：筆記（記述式）、リスニング
2次：1次合格者のみ対面口述試験

【問い合わせ先】
NPO法人 日本タイ語検定協会 事務局
〒160-0021 東京都新宿区歌舞伎町2-41-12 岡埜ビル6F　TEL 03(3207)8223

Chapter 7

国際業務

独立 就職 趣味 評価

通関士

貨物の輸出入の際、税関に申告する通関書類の作成、税関検査の対応、また税関が行う調査、処分などに対し異議申し立て、陳述など、通関業務を代行するのが通関士の役割。活発化する国際貿易のキーマンとして各企業から重要視され、就職率は高くなっている。

受験者数	合格率
6,332人	24.2%
受験資格	**受験料**
なし	3,000円（収入印紙）

受験資格	誰でも受験できる ただし、試験の合格者が通関士として通関業務に従事しようとする場合には、勤務先通関業者の申請に基づく財務大臣の「確認」が必要
申込期間	7月下旬～8月上旬
試験日	**10月上旬**
試験地	北海道、宮城、東京、神奈川、新潟、静岡、愛知、大阪、兵庫、広島、福岡、熊本、沖縄 ※各試験地担当税関の通関業監督官（TEL） 北海道：0138(40)4259　宮城・神奈川：045(212)6051 東京・新潟：03(3599)6316　静岡・愛知：052(654)4005 大阪：06(6576)3251　兵庫・広島：078(333)3026 福岡：050(3530)8371　熊本：095(828)8628 沖縄：098(862)8658
受験料	**3,000円**（収入印紙）
試験内容	各試験科目とも筆記（マークシート方式）。形式は、択一式、選択式、計算式（試験科目③のみ）からなる ①通関業法 ②関税法、関税定率法、その他関税に関する法律（関税暫定措置法、電子情報処理組織による輸出入等関連業務の処理等に関する法律など）、外国為替及び外国貿易法（同法第6章に係る部分に限る） ③通関書類の作成要領、その他通関手続の実務 ※これらの科目は、法律のほかに、それぞれの法律に基づく政令、省令、告示、通達を含み、試験実施年7月1日現在施行されているもの 〔試験科目の一部免除〕 ①通関業者の通関業務、または官庁における関税、その他通関に関する事務（税関の事務およびその監督に係る事務）に従事した期間が、通算して15年以上の者は、上記の試験科目②および③が免除される ②通関業者の通関業務、または官庁における通関事務（監督に係る事務を含む税関における貨物の通関事務）に従事した期間が、通算して5年以上の者は、上記の試験科目③が免除される

問い合わせ先
各地区の税関通関業監督官
URL=https://www.customs.go.jp/tsukanshi/
※試験の実施内容は変更する場合があるため税関HPをご確認ください。

資格のQ&A

Q この資格を取るメリットは？

A 通関士は、税関と輸出入業者との間に立って輸出入者の利益を守る貿易ビジネスのスペシャリストです。そのため、**各企業で重要視されており、この資格をもっていると就職率は高くなります**。ビジネスのグローバル化が進む今日、国際ビジネスにかかわる人にとって、通関士の国際物流業務における専門的知識は必須のものといえます。また、キャリアアップや昇給につながるなどのメリットも挙げられます。

Q この資格取得にかかる費用・期間は？

A 一般的に、約**半年間**で**200,000円**くらいかかります。

Q 資格取得後に有利な業界はどこですか？

A 通関業者、国際物流業者、貿易商社、倉庫業者、運送業者、海運業者などのほか、貿易部門があるメーカーや、輸入品を扱う百貨店、コンビニエンスストア、スーパーマーケットなど、活躍の場は広範にわたります。**通関業を業務の一部にしている会社はもちろん、輸出・輸入を行う企業でも通関士のニーズが高まっています。**

Q 次のステップとして、取得すべき資格はありますか？

A より専門性を高めたいなら**貿易実務検定®**、**日商ビジネス英語検定**などの取得をおススメします。

Q おススメの勉強方法・学習のポイントは？

A 試験は通関業法、関税法等、通関実務などが範囲で、マークシート方式です。対策は、過去問題を最低でも3回は繰り返し解くこと。9割は正解できるようにしておきましょう。**関税定率法第４条の課税価格の決定に関する知識は多くの問題にかかわるので、特に力を入れて勉強してください。**

回答者 伊藤道朗LEC専任講師（通関士講座担当）

米国公認会計士（USCPA）

世界で通用するビジネス資格として注目されているのが米国公認会計士（USCPA）である。アメリカの会計基準に基づいて、会計、監査、コンサルティングなどを行う専門家だ。国内はもとより海外での就職・転職に有利な資格である。

公式テキスト　独学　講座　通信　CBT

受験者数	合格率
非公開	41.2%※
受験資格	受験料
学　歴	$750（1科目日本受験の場合）

※日本在住者の平均合格率（2019年）

受験資格	原則として4年制大学卒業者・卒業見込み者で、受験までに会計・ビジネス関連の単位を取得している者 （日本の大学でも可能）
試験日	**随時** ※年末年始のテストセンター休業日を除く ※受験可能日から希望日時を選択する
受験料	1科目**$750**（日本受験の場合）
試験地	東京、大阪、全米各州に加え、アジア、欧州、中東、中南米の計300カ所以上のプロメトリック・テストセンター
試験内容	試験は、必須科目3教科、選択科目1科目の4科目で、コンピューター試験（CBT：Computer-Based Testing）で実施。出題形式は、四択問題、エントリーレベルの会計士が遭遇するであろう実務をケース化して、応用力、分析力、リサーチ能力などを測定する総合問題、記述式問題に分かれ、科目により出題形式の比率は異なる 〈Financial Accounting & Reporting（FAR）〉 財務会計（4時間）：企業会計、政府会計、非営利組織会計 〈Auditing & Attestation（AUD）〉 監査及び証明業務（4時間）：監査、証明業務など、職業倫理 〈Taxation and Regulation（REG）〉 税法及び商法（4時間）：連邦税法、ビジネス法と職業倫理 合格基準：各科目共75点。科目合格制度があり、1科目受験が可能 選択科目はBAR（ビジネス分析及び報告）、ISC（情報システム及び統制）、TCP（税法遵守及び税務計画）の3科目より1科目選択 **[USCPA試験までの流れ]** ①単位取得状況の確認→②出願州の選択→③学歴評価→④単位取得と成績証明書発行→⑤願書の送付→⑥受験票受領→⑦プロメトリック・テストセンターの予約→⑧受験

問い合わせ先　**アメリカ各州の会計士委員会、または日本の受験スクール　受験スクールの場合：（株）アビタス**
〒151-0053 東京都渋谷区代々木2-1-1 新宿マインズタワー15F
TEL03(3299)3330　URL=https://www.abitus.co.jp/uscpa/

資格のQ&A

Q この資格を取るメリットは？

A ビジネスのグローバル化に伴い国際的な会計知識をもった人材が求められています。**外資系企業、グローバルに活動する企業の海外進出やM&Aなどで、米国の会計基準を利用する場合に活躍が期待されます**。日本の公認会計士と異なり、米国では会計士の人数も多く、試験合格率は非公開ですが日本の公認会計士試験よりは、受験しやすい試験です。

Q この資格取得にかかる費用・期間は？

A 受験予備校の場合、初学者は**1年間**で約**300,000～600,000円**程度の費用がかかります。また、事前知識のある人は、その分期間が短く費用も安くなります。科目合格制度があり、その有効期間を目安にする方法もあります。費用は高額ですので、複数の受験予備校の資料を取り寄せ、比較することをおススメします。

Q 資格取得後に有利な業界はどこですか？

A **外資系企業、監査法人、コンサルティング会社**など広く需要があります。また、グローバルな資格ですので、海外勤務の可能性も高くなります。

Q 次のステップとして、取得すべき資格はありますか？

A 国内企業の業務を行うためには、USCPAより簿記や原価計算の内容比率が高く、難易度も高い**公認会計士**があります。

Q おススメの勉強方法・学習のポイントは？

A 試験は英語ですので、前提として英語力が必要です。国内でも米国の各州でも受験できます。また、2024年1月から試験制度が変更になり、特に選択科目を十分研究して臨む必要があります。

回答者 上井光裕（資格アドバイザー）

公認不正検査士（CFE）

民間

ACFE（本部：米国）が認定するCFE（公認不正検査士）は、不正の防止・発見・抑止の専門家であることを示す国際的な資格。不正対策の重要性が極めて高い業種（金融・保険など）では、管理職への登用時の必須資格・優遇資格とされている。

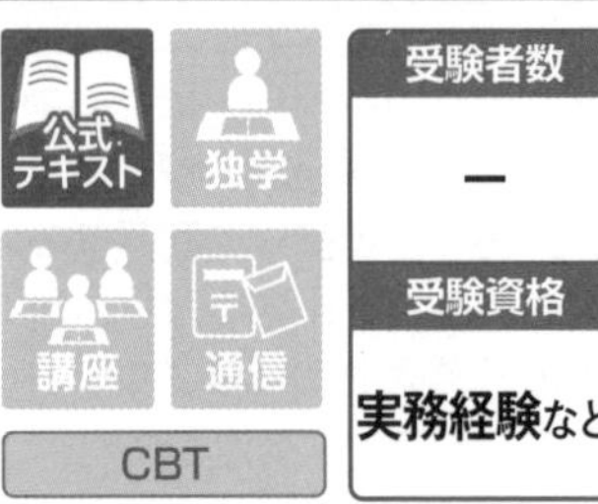

受験者数	認定率
ー	ー
受験資格	**受験料**
実務経験など	**27,500**円※

※初回受験で入会のみの場合

受験資格	4年制大学卒業、または不正対策関連の業務経験8年以上　ほか。 かつACFE JAPANの会員であること
申込期間	3月上旬～4月上旬　9月上旬～10月中旬
試験日	**年2回：6月　12月**
受験料	初回受験：**27,500円**（入会のみ）　**22,000円**（法人会員所属） 2回目以降：受験科目ごとに5,500円（各税込）
試験地	CBT（PC等を通じたオンライン試験）
試験内容	多岐選択式（4択または2択、125問）、CBT方式。 出題範囲は「財務取引と不正スキーム」「法律」「調査」「不正の防止と抑止」の4科目である 資格取得には試験合格後に資格認定を受ける必要がある **〈財務取引と不正スキーム〉** 会計、財務分析の基本、監査基準の概要、各種不正スキームに関する知識、など **〈法律〉** 法制度の概要、不正に関する法律、調査における個人の権利、訴訟手続き、雇用・IT関連法、など **〈不正調査〉** 書類証拠の取扱い、面接調査、情報源の活用、不正取引の追跡調査、調査報告書作成、など **〈不正の防止と抑止〉** 人間行動の理解、犯罪原因論、ホワイトカラー犯罪、職業上の不正、不正防止プログラム、不正検査士の倫理、など **〔合格基準〕** 科目ごとに正答率が75％以上で合格となる

一般社団法人 日本公認不正検査士協会
〒101-0062 東京都千代田区神田駿河台3-4 龍名館本店ビル5F ACFE JAPAN CFE試験係
TEL03(5296)8338　　URL=https://www.acfe.jp

語学能力に加え人間性をも追求

CBS（国際秘書）検定

民間

語学の能力を審査するだけでなく、秘書としての幅広い知識と高度な技能が試されるのがCBS(Certified Bilingual Secretary)検定。英語能力や正しい日本語の表現が要求されるのはもちろん、優れた人間性を備えているかどうかにも主眼がおかれている。

受験者数	合格率
非公開	39%※ (2023年)
受験資格	検定料
なし※	11,000円※

※プライマリーの場合

受験資格	【準CBS資格】〔プライマリー試験〕誰でも受験できる 合格者には準CBS資格が授与される 【CBS資格】〔ファイナル試験〕準CBS資格取得者 ファイナル試験の単科合格科目は、合格した年を含めて4年間有効。この期間内にファイナルの全科目に合格した者に、CBS資格が授与される
申込期間	〔プライマリー〕春：4月上旬～5月中旬 秋：9月上旬～10月中旬 〔ファイナル〕8月上旬～9月上旬
試験日	〔プライマリー〕**春：6月　秋：11月** 〔ファイナル〕**10月の2日間**
受験料	〔プライマリー〕**11,000円**（一括受験） **7,000円**（不合格科目単価受験） 〔ファイナル〕　**22,000円**（一括受験）、（各税込） CBSファイナル試験の不合格科目の検定料は1科目につき以下のとおり PartⅠ～Ⅲ：**各8,000円**　PartⅣ：**7,000円**（各税込）
試験地	〔プライマリー〕春：東京、名古屋、大阪　秋：東京、大阪 〔ファイナル〕東京、面接はオンライン
合格率	〔プライマリー〕39%　〔ファイナル〕9.1%（2023年）
試験内容	【準CBS】〔プライマリー〕 PartⅠ：ビジネス実務（電話・来客応対、慶弔・プロトコール、日程管理、ビジネスの場で必要な正しい日本語、ビジネス文書作成ほか） PartⅡ：ビジネス英語（電話・来客応対に必要な表現と丁寧表現、ビジネス文書に必要な語彙と文法の基礎知識　ほか） 【CBS】〔ファイナル〕 PartⅠ：オフィス業務管理（秘書業務管理、レコードマネジメント　ほか） PartⅡ：経営管理（経営・会計・法律の基礎知識） PartⅢ：秘書実務（インバスケット方式） PartⅣ：英語による個人面接

一般社団法人 日本秘書協会 CBS検定事務局
〒106-0032 東京都港区六本木6-2-31 六本木ヒルズノースタワー5F
TEL03(5772)0701　URL=https://www.hishokyokai.or.jp/

AIBA® 認定貿易アドバイザー

民間

日本貿易振興機構（ジェトロ）が1994年に開始、2008年に貿易アドバイザー協会（AIBA）が引き継いだ伝統ある資格。公的組織や多数の企業からも信頼を得ている。試験に合格すると協会の会員になることができ、協会が受託した様々な事業に参加することができる。

受験者数	合格率
非公開	22.9%
受験資格	受験料
実務経験	11,000円

受験資格	国際ビジネス関連業務経験者
申込期間	9月上旬～11月中旬
試験日	**〔1次〕11月下旬（土・休日）** **〔2次〕翌年1月下旬（土・休日）**
受験料	**11,000円**（税込）
試験地	札幌、仙台、東京、大阪、名古屋、広島、福岡
試験内容	**〔1次〕** 【貿易英語】 1.時事英語　2.国際取引文書 3.英文ビジネス通信文の作成 【貿易実務】 1.貿易実務一般 ①売買契約の締結　②国際取引ルール（インコタームズ・ウィーン売買条約）　③貿易管理制度（安全保障貿易管理等）　④貿易保険及び各種保険　⑤越境EC／仲介貿易 2.運輸・通関 ①国際輸送（海上輸送・航空輸送・複合輸送）　②海上保険　③輸出入業務と通関（FTA/EPAの実務原産地証明等）　④課税制度 3.外為・決済 ①外国為替　②代金決済　③貿易金融　④国際金融取引　⑤荷為替信用状（UCP600の構成と留意点） 【国際マーケティング】 1.マーケティングと経営戦略 2.グローバルマーケティングへの展開 3.世界貿易体制と枠組み 4.世界貿易動向 **〔2次〕** 小論文（事前提出）審査、面接

問い合わせ先
一般社団法人 貿易アドバイザー協会（AIBA）試験事務局
〒101-0062 東京都千代田区神田駿河台1-8-11 東京YWCA会館301号室
TEL03(3291)2223　URL=https://trade-advisers.com

 貿易実務のエキスパート

独立 就職 趣味 評価

貿易実務検定®

世界的な貿易の自由化に伴い、貿易実務のエキスパートがますます求められている。輸送機関・通関・外国為替・海上保安など幅広い分野で、マーケティング、商談、契約、代金決済、信用状、クレームなど貿易実務に関する知識とスキルを問う。

公式テキスト　独学　講座　通信　オンライン

受験者数	合格率
8,383人※	63.3%※
受験資格	受験料
なし	6,270円※

※C級の場合

受験資格	誰でも受験できる
申込期間	前年12月下旬～2月中旬　3月上旬～4月下旬　5月中旬～6月下旬 7月下旬～9月中旬　8月上旬～9月中旬　10月上旬～11月下旬 12月中旬～翌年2月中旬
試験日	【C級】 **3月　5月　7月　10月　12月** 【B級】 **3月　7月　12月** 【A級】**10月**
受験料	【C級】**6,270円** 【B級】**7,480円** 【A級】**12,760円**（各税込）
試験地	【C・B級】Web試験 【A級】会場試験（東京、大阪、名古屋）
受験者数 合格率	【C級】8,383人、63.3% 【B級】2,000人、43.6% 【A級】　125人、32.0%
試験内容	【C級】定型業務をこなす知識のある実務経験1～3年以上のレベル ①貿易実務（貿易と環境、貿易経済知識、貿易の流れ、貿易金融、貿易書類と手続き、貿易法務、通関知識、貿易保険、外国為替、マーケティング知識） ②貿易実務英語（取引交渉時のビジネス・レターの基本的表現、貿易書類やビジネス・レター中の重要貿易英語） 【B級】貿易実務経験者の中堅層で実務経験1～3年以上のレベル ①貿易実務（C級の範囲、貿易と環境、WTO〈GATT〉、インコタームズ、信用状と信用状統一規則、貨物保険、貿易運送、貿易保険、PL保険、契約書、関税の知識、港湾知識、クレーム） ②貿易実務英語　③貿易マーケティング 【A級】貿易実務において判断業務を行うことができる実務経験3～4年以上のレベル ①貿易実務（B級の範囲、国をまたがる売買、国際物品運送、国際貨物保険、国際的な代金の決済、製造物責任、国際取引紛争の解決、国際条約と国内の貿易関係法、貿易と税務） ②貿易実務英語　③貿易マーケティング

問い合わせ先
日本貿易実務検定協会®事務局
〒163-0825 東京都新宿区西新宿2-4-1 新宿NSビル25F 株式会社マウンハーフジャパン内
TEL03(6279)4730　URL=https://www.boujitsu.com/

全国通訳案内士

名称独占

日本を訪れる外国人に、日本の各地を案内し、日本の素顔を紹介するのが全国通訳案内士（通訳ガイド）。語学力だけでなく、日本の地理、歴史、一般常識など幅広い知識と教養が要求される。「民間外交官」ともいえる、やりがい十分な仕事なので挑戦してみよう。

※以下は2024年4月現在の情報。最新情報はWebサイトを参照

公式テキスト　独学　講座　通信

登録必要

受験者数	合格率
3,638人※	12.0%※
受験資格	**受験料**
なし	11,700円

※2023年度全語合計数と平均合格率

受験資格	誰でも受験できる
申込期間	6月～7月頃
試験日	〔筆記試験〕 8月 〔口述試験〕 12月
受験料	11,700円　※2024年4月現在
試験地	以下は2023年度試験地 〔筆記試験〕札幌市、仙台市、東京近郊、名古屋市、大阪近郊、広島市、福岡市、沖縄県 〔口述試験〕東京近郊、大阪近郊、福岡市
受験者数 合格率	英語　2,764人、12.9%　フランス語　173人、5.2% スペイン語　100人、10.0%　ドイツ語　44人、13.6% 中国語　319人、9.7%　イタリア語　54人、13.0% ポルトガル語　32人、6.3%　ロシア語　40人、7.5% 韓国語　87人、11.5%　タイ語　25人、4.0%
試験内容	〔筆記（第1次）試験〕 ①外国語についての筆記試験 英語・フランス語・スペイン語・ドイツ語・中国語・イタリア語・ポルトガル語・ロシア語・韓国語・タイ語のうちの1カ国語 ②日本語による筆記試験 日本地理、日本歴史、日本の産業・経済・政治、文化に関する一般常識、通訳案内の実務 〔口述（第2次）試験〕 筆記試験①で選択した外国語による通訳案内の現場で必要とされるコミュニケーションを図るための実践的能力について判定

問い合わせ先
全国通訳案内士試験事務局（日販セグモ株式会社）
TEL04(7131)6200（平日10:00～17:00　土日祝、年末年始休業）
URL=https://shiken.jnto.go.jp/

国際機関職員JPO（ジュニア・プロフェッショナル・オフィサー）派遣制度

各国政府の費用負担を条件に国際機関が若手人材を受け入れる制度。外務省では同制度を通じて若手日本人に対し、2年間、国際機関で勤務経験を積む機会を提供している。JPOは派遣終了後に国際機関の正規職員となることが期待される。

【受験資格】①35歳以下　②希望する国際機関の業務に関連する分野における2年以上の職務経験及び修士号を有する者　③英語で職務遂行が可能なこと　ほか

【試験科目】〔第1次〕外務省による書類審査　**〔第2次〕**面接審査、ライティング課題

【申込期間】2月上旬～3月上旬

【試験日】〔第1次〕3月上旬～4月上旬
〔第2次〕5月～8月

【問い合わせ先】
外務省 国際機関人事センター
〒100-8919 東京都千代田区霞が関2-2-1
TEL03(5501)8238　URL=https://www.mofa-irc.go.jp

国際会計基準（IFRS）検定

グローバルビジネスの経理・財務に不可欠とされる国際会計基準。その知識を測るために、欧州最大規模の会計士協会「ICAEW」が主催する検定試験。

【受験資格】誰でも受験できる

【試験科目】
オンライン試験、選択式。2時間、60問。IFRS基準書の内容から出題。概念フレームワーク、顧客との契約から生じる収益、リースなど

【試験日】2月　6月　10月

【受験料】47,300円（先着30名早期割引40,700円）

【試験地】自宅

【合格率】68.4%（2024年2月試験）

【問い合わせ先】
IFRSコンソーシアム事務局 IFRS検定試験係
〒151-0053 東京都渋谷区代々木2-1-1
新宿マインズタワー15F㈱アビタス内
TEL03(3299)3130

ファンダメンタルズ　オブ　エンジニアリング（FE）試験

全米試験協議会が管轄している、工学の基礎知識を測る試験。国際的エンジニアへの登竜門ともいわれる。

【受験資格】日本または米国の4年制工学系大学卒業生・卒業予定者　ほか

【試験科目】工学一般（数学、化学、電気、静力学、動力学、材料力学、流体工学、熱力学、土木、工学経済、倫理、環境など）
※英語によるCBT試験。コンピュータ画面の公式集を参照しながら解答する

【申込期間】2、5、8、11月の各末日

【試験日】随時（要予約）

【受験料】出願料：一般25,000円、大学生17,000円　試験料：＄250

【問い合わせ先】
NPO法人 日本PE・FE試験協議会（JPEC）
〒107-0052 東京都港区赤坂2-15-9
石井第3ビル201号　TEL03(3583)8781
URL=https://www.jpec2002.org

プロフェッショナル　エンジニアリング（PE）試験

エンジニアとしての専門的スキルと高度な能力があることを証明する国際資格。アメリカの業界で最も権威ある資格とされ、日本での評価も高い。試験は英語で行われる。

【受験資格】日本または米国の工学系大学を卒業、PE 1次試験（FE試験）合格　ほか

【試験科目】Chemical, Environmental, Mechanical, Civil,Electrical and Computer　ほか

【試験日】〔CBT試験〕随時（要予約）または4月、10月
(科目によって異なる)

【受験料】出願料：38,000円
試験料：＄425

【問い合わせ先】
NPO法人 日本PE・FE試験協議会（JPEC）
〒107-0052 東京都港区赤坂2-15-9
石井第3ビル201号　TEL03(3583)8781
URL=https://www.jpec2002.org

MBA

MBA（Master of Business Administration）は日本でいえば「経営学修士」にあたり、経営大学院を修了した人に与えられる。

【取得方法】
①海外のビジネススクールに留学
②日本の経営大学院に進学
③日本か海外の経営大学院に通信教育で進学（各1～2年）
※海外ビジネススクールへの応募には通常、願書、過去の業績、個人的資質（自己表現能力、英語力、文章力）、リーダーシップ能力、独自性・創造性などを表現するエッセイや推薦状、GMAT、TOEFL®スコア、職歴（通常、大学卒で3年以上の実務経験）が必要

【問い合わせ先】（アメリカ留学の場合）
（フルブライト・ジャパン）日米教育委員会
〒100-0014 東京都千代田区永田町2-14-2
山王グランドビル207号
TEL03(3580)3231

IMF（国際通貨基金）エコノミスト

IMFは、国際金融システムや通貨体制の安定化を図るための国連の専門機関。最長3年の期限付きで採用され、その後正規職員への登用もありうる。英語が堪能であることが必須条件。

【受験資格】〔エコノミスト・プログラム〕
①34歳未満の者　②マクロ経済学もしくは関連分野の博士号取得者（見込みも含む）③定量分析の手法とコンピュータ技能
〔ミッドキャリア・エコノミスト〕①修士号または博士号取得者　②官公庁や金融・学術・研究機関で3～10年（博士号）または7～14年（修士号）のマクロ経済に関連した実務経験

【募集時期】〔エコノミスト・プログラム〕
9月下旬

【試験内容】書類・論文選考後、数回の面接

【問い合わせ先】国際通貨基金（IMF）アジア太平洋地域事務所（OAP）
〒100-0011 東京都千代田区内幸町2-2-2
富国生命ビル21F　TEL03(3597)6700

公認内部監査人（CIA）

米国・内部監査人協会が認定する、内部監査人の唯一国際的な資格。

【受験資格】
①教育要件：修士号または学士号を有し、一定期間以上の実務経験があること
②実務経験：内部監査またはこれに相当する業務（外部監査、リスク・マネジメント、コンプライアンス、その他の監査や評価業務に関するもの）　ほか

【試験科目】CBT方式
〔Part1〕内部監査に不可欠な要素（125問）
〔Part2〕内部監査の実務（100問）
〔Part3〕内部監査のためのビジネス知識（100問）

【問い合わせ先】
一般社団法人 日本内部監査協会 企画調査部国際・資格課
〒104-0031 東京都中央区京橋3-3-11
VORT京橋8F　TEL03(6214)2232

米国公認管理会計士（USCMA）

米国IMAが認定する国際資格で、管理会計のスペシャリスト。主にコンサルティング業務・会計・財務で活かすことができる。

【取得方法】①CMA試験に合格する　②学士号または専門的な会計資格を持つ　③2年以上の実務経験がある　④IMAのメンバーシップを保持する　ほか

【試験日】1月・2月・5月・6月・9月・10月

【試験内容】CBT方式
〔Part1〕財務計画、パフォーマンス、および分析（外部財務報告の決定　計画、予算編成、および予測　パフォーマンス管理　原価管理　内部統制　テクノロジーと分析）
〔Part2〕戦略的財務管理（財務諸表分析　企業財務　意思決定分析　危機管理　投資決定　職業倫理）

【問い合わせ先】
IMAグローバル本社
TEL(800)638-4427　+1（201）573-9000

QUALIFICATIONS GUIDEBOOK 2026

Chapter 8

公務関連

的確な事務処理能力を重視

独立 就職 趣味 評価

国家公務員一般職

国家

各府省で働く一般の行政官や、外交官、税務職員などの国家公務員は、ほとんどが一般職に分類される。採用試験の試験区分は、大卒程度試験が10区分、高卒者試験が4区分。その中から1区分を選んで受験する。また、社会人試験も2区分実施される。

受験者数	合格率
18,946人※	43.6%※
受験資格	受験料
年齢など	ー

※大卒程度試験の場合

受験資格	試験実施年4月1日現在、次のいずれかに該当する者 【大卒程度試験】①21歳以上30歳未満の者 ②21歳未満で､大学を卒業した者および翌年3月までに卒業見込みの者、ならびに人事院がそれらと同等の資格があると認める者 ③21歳未満で、短大または高等専門学校を卒業した者および翌年3月までに卒業見込みの者、ならびに人事院がこれらと同等の資格があると認める者 【高卒者試験】①高校または中等教育学校を卒業した日の翌日から起算して2年を経過していない者、および翌年3月までに卒業見込みの者 ②人事院が①に掲げる者に準ずると認める者 【社会人試験（係員級）】40歳未満の者（【高卒者試験】の受験資格①の期間が経過した者および人事院が当該者に準ずると認める者）
試験日	**人事院ホームページ（https://www.jinji.go.jp/saiyo/saiyo.html）で確認する**
試験地	全国主要都市（試験実施予定地域は、人事院ホームページで確認する）
試験内容	【大卒程度試験】 試験区分：①行政　②デジタル・電気・電子　③機械　④土木　⑤建築　⑥物理　⑦化学　⑧農学　⑨農業農村工学　⑩林学 〔1次〕行政は次の①②③、それ以外は①②④ ①基礎能力試験（多肢選択式）　②専門試験（多肢選択式） ③一般論文試験　④専門試験（記述式） 〔2次〕人物試験 【高卒者試験】試験区分：①事務　②技術　③農業土木　④林業 【社会人試験】試験区分：①技術　②農業土木 〔1次〕事務区分は次の①②④、それ以外は①③ ①基礎能力試験（多肢選択式）　②適性試験（多肢選択式） ③専門試験（多肢選択式）　④作文試験 〔2次〕人物試験

人事院各地方事務局または人事院沖縄事務所（行政区分）
人事院人材局企画課（行政以外の区分）　TEL03(3581)5311(内線2315)
URL＝https://www.jinji.go.jp/saiyo/saiyo.html

資格のQ&A

Q この職業に就くメリットは？

A 国家公務員総合職が主に中央省庁で政策の企画立案を担当するのに対し、国家公務員一般職は受験・合格した地方ブロックにある各省庁の地方支分部局で、政策の実施を担当します。
具体的な業務内容は各省庁および地方支分部局によってさまざまであり、**その職務範囲が広範なのも特徴で、やりがいの一つであるといえます**。採用試験は北海道、東北、関東甲信越、東海北陸、近畿、中国、四国、九州、沖縄の全国９つの地域ブロック単位で行われています。

Q 受験にかかる費用・期間は？

A 独学なら**10,000～50,000円**、資格スクールや専門学校を利用した場合は150,000～500,000円程度（LECの場合）です。**１年から２年**かかって合格に至るケースが多いようです。

Q 次のステップとして、取得すべき資格はありますか？

A 一般職は勤務先が非常に広範にわたるため一概にはいえませんが、**語学系や会計系の資格**などを併せもつと、仕事に幅が出てくることもあります。

Q おススメの勉強方法・学習のポイントは？

A 一般職の学科試験は、基礎能力試験（教養試験）と専門試験から構成されています。**2024年から基礎能力試験が変更**され、知能分野の比重が高まり、知識分野は時事問題を中心とし、社会情勢等に関心を持っていれば対応できるような内容となりました。ただし、**専門試験は従来通りですので、核になる科目、経済原論、憲法、民法、行政法、政治学等を中心に進める**ことをおススメします。

回答者　大野純一LEC専任講師（国家公務員一般職講座担当）

国家公務員総合職

国家公務員総合職は、政策企画や立案および調査・研究等を行い、行政サービスの基盤を支える。採用試験は大学院修了者および修了見込み者を対象とした院卒者試験（10試験区分）と大卒程度試験（12試験区分）に分かれて行われる。

受験者数	合格率
12,736人※	14.0%※
受験資格	**受験料**
年齢など	ー

※大卒程度試験の場合（教養区分を除く）

受験資格	試験実施年4月1日現在、次のいずれかに該当する者 【院卒者試験】 ①30歳未満で、大学院修士課程または専門職大学院課程の修了者および翌年3月までに修了見込みの者 ②人事院が①と同等の資格があると認める者 【大卒程度試験】 ①21歳以上30歳未満の者 ②21歳未満の者で、大学を卒業した者および翌年3月までに卒業見込みの者、または人事院がそれと同等の資格があると認める者
試験日	**人事院ホームページ（https://www.jinji.go.jp/saiyo.html）で確認する**
試験地	全国主要都市
試験内容	【院卒者試験】 試験区分：①行政　②人間科学　③デジタル　④工学　⑤数理科学・物理・地球科学　⑥化学・生物・薬学　⑦農業科学・水産　⑧農業農村工学　⑨森林・自然環境 **〔1次〕** ①基礎能力試験（多肢選択式）　②専門試験（多肢選択式） **〔2次〕** ①専門試験（記述式）　②政策課題討議試験　③人物試験 **〔英語試験〕** 英語能力の程度に応じて得点に加算 【大卒程度試験】 試験区分：①政治・国際・人文　②法律　③経済　④人間科学　⑤デジタル　⑥工学　⑦数理科学・物理・地球科学　⑧化学・生物・薬学　⑨農業科学・水産　⑩農業農村工学　⑪森林・自然環境　※ほかに、①〜⑪以外の専攻分野の学生などを対象とする教養区分がある **〔1次〕** ①基礎能力試験（多肢選択式）　②専門試験（多肢選択式） **〔2次〕** ①専門試験（記述式）　②政策課題討議試験　③人物試験 **〔英語試験〕** 英語能力の程度に応じて得点に加算

問い合わせ先

人事院各地方事務局（北海道、東北、関東、中部、近畿、中国、四国、九州、沖縄）
URL＝https://www.jinji.go.jp/saiyo/saiyo.html

資格のQ&A

Q この職業に就くメリットは？

A 国家公務員総合職は、一般にキャリアと呼ばれる、**各府省庁における幹部候補です。**
採用後の昇進も一般職に比べると早く、職務は政策の企画・立案・調査、法律の制定や改廃など、極めて高度かつダイナミックな内容です。まさに国家を背負って立つ国家公務員といえます。勤務地は東京・霞が関の本府省庁のほか、全国にある地方支分部局（通称出先機関）や自治体などの幹部ポストへの異動があります。

Q 受験にかかる費用・期間は？

A 独学なら**10,000～50,000円**、資格スクールや専門学校を利用した場合は300,000～600,000円程度（LECの場合）です。期間は**1年から2年**が一般的です。

Q 次のステップとして、取得すべき資格はありますか？

A 在職中に海外留学制度を利用する職員も少なくありません。留学して海外の大学院などで**PhD（博士号）**を取得すれば、アカデミズムや別の領域への転身の際に有利になります。

Q おススメの勉強方法・学習のポイントは？

A 国家公務員総合職試験は、数ある公務員試験の中でも難易度が高く、司法試験や公認会計士試験と並ぶ、日本を代表する難関試験といわれています。学力試験は基礎能力試験（教養試験）と専門試験に分かれています。
基礎能力試験は、2024年から内容が変更され、知能分野の比重が高まり、知識分野は時事問題を中心とし、社会情勢等に関心を持っていれば対応できるような内容となりました。専門試験は従来通り、自分で区分を選択し、その分野からの出題が中心になります。
専門試験は自分が受験する分野を深く学習し、基礎能力試験は知能分野を軸に学習を進めましょう。

回答者　大野純一LEC専任講師（国家公務員総合職講座担当）

 日本の中枢都市・東京を守る

警視庁警察官

首都東京の安全と平穏を守るため、犯罪予防、犯人検挙、青少年の非行防止、交通指導・取締りなどに当たる。交番勤務など警察活動の基本を学んだ後、本人の希望や適性に応じて刑事、交通、警備などの分野に進み、努力次第では上級幹部となることも可能だ。

受験者数	合格率
4,978人※	16.6%※
受験資格	**受験料**
年齢＆学歴など	―

※男性Ⅰ類の場合

受験資格	身長、体重、視力、色覚、聴力などの身体要件をすべて満たす下記の者 【Ⅲ類】 ①試験日現在において35歳未満で、試験年度内に高校卒業見込みの者・卒業者　②試験日現在において17歳以上35歳未満で、高校卒業程度の学力を有する者 【Ⅱ類】 2024年度はⅡ類は実施されない 【Ⅰ類】 ①試験日現在において35歳未満で、試験年度内に大学卒業見込みの者・卒業者　②試験日現在において21歳以上35歳未満で、大学卒業程度の学力を有する者
申込期間	【男性Ⅲ類】　8月中旬～下旬　11月下旬～12月上旬 【男性Ⅰ類】　3月中旬～下旬　8月中旬～下旬　11月下旬～12月上旬 【女性Ⅲ類】　8月中旬～下旬　11月下旬～12月上旬 【女性Ⅰ類】　3月中旬～下旬　8月中旬～下旬　11月下旬～12月上旬
試験日	【男性Ⅲ類】〔1次〕9月中旬　翌年1月中旬 〔2次〕10月上旬　翌年2月上旬 【男性Ⅰ類】〔1次〕4月中旬　9月中旬　翌年1月中旬 〔2次〕5月中旬　10月上旬　翌年2月上旬 【女性Ⅲ類】〔1次〕9月中旬　翌年1月中旬 〔2次〕10月中旬　翌年2月上旬 【女性Ⅰ類】〔1次〕4月中旬　9月中旬　翌年1月中旬 〔2次〕5月下旬　10月中旬　翌年2月上旬
試験地	東京
合格率	【男性Ⅲ類】12.5%　【男性Ⅰ類】16.6% 【女性Ⅲ類】16.7%　【女性Ⅰ類】17.5%（2023年度）
試験内容	〔1次〕①筆記（5肢択一式）：教養（知能分野、知識分野）、論（作）文、国語　②資格経歴等の評定（柔・剣道、語学、情報処理など）　③④1次適性検査 〔2次〕①面接　②2次身体検査　③体力検査　④2次適性検査

警視庁採用センター
〒183-8555 東京都府中市朝日町3-15-1　TEL0120(314)372　TEL03(3581)4321
URL=https://www.keishicho.metro.tokyo.lg.jp/saiyo/2024/recruit/info-police.html

学歴に関係なく実力で道が開ける

独立 就職 趣味 評価

外務省専門職員

採用後2〜3年間は国内外で研修に専念する。研修終了後は在外公館勤務と本省勤務を繰り返し、入省時に割り当てられる研修言語だけでなく関連諸国の文化や社会、歴史、あるいは経済、経済協力、条約などの分野での経験を通じて得た深い知見を活かし活躍する。

受験者数	合格率
195人	30.8%
受験資格	**受験料**
年齢など	−

受験資格	試験実施年4月1日現在、次のいずれかに該当する者 ①21歳以上30歳未満の者 ②21歳未満で、大学・短大・高専を卒業した者および試験実施年度の3月までに卒業見込みの者 ③人事院が②と同等の資格があると認める者
試験日	**〔1次〕6月上旬の2日間 〔2次〕7月中旬〜下旬**
試験地	**〔1次〕**東京、大阪 **〔2次〕**東京
試験内容	**〔1次〕** ①基礎能力試験（多肢選択式）：30題、1時間50分 公務員として必要な基礎的な能力（知能・知識）について 知能分野（24題）：文章理解、判断推理、数的推理、資料解釈 知識分野（6題）：自然・人文・社会に関する時事、情報 ②専門試験（記述式）：各科目2時間 国際法（必須科目）、憲法または経済学（選択科目）：各科目3題出題、うち各科目2題を選択 ③外国語試験（記述式）：4題、2時間 和文外国語訳、外国語文和訳 外国語は下記の中から1カ国語を選択 英語、フランス語、ドイツ語、ロシア語、スペイン語、ポルトガル語、イタリア語、アラビア語、ペルシャ語、ミャンマー語、タイ語、ベトナム語、インドネシア語、中国語、朝鮮語 ④時事論文試験：1題、1時間30分 **〔2次〕**1次試験合格者 ①人物試験：人柄、対人的能力などについての個別面接（2回）およびグループ討議（個別面接の参考として性格検査を実施） ②外国語試験（面接）：〔1次〕で選択した外国語会話 ③身体検査：主として胸部疾患（胸部エックス線撮影を含む）、血圧、尿、その他一般内科系検査

問い合わせ先

外務省 人事課 採用班
〒100-8919 東京都千代田区霞が関2-2-1
TEL03(3580)3311（内線2131） URL=https://www.mofa.go.jp/mofaj/

財務専門官

国家

財務専門官は、財務局において、財政、金融等のプロフェッショナルとして国有財産の有効活用などの財政に関する業務や、地域金融機関の検査・監督などの金融に関する業務に従事する。このほか、地域経済情勢の調査・分析など幅広い業務に従事する。

受験者数	合格率
1,583人	35.4%
受験資格	**受験料**
年齢など	ー

受験資格	試験実施年度4月1日現在、次のいずれかに該当する者 ①21歳以上30歳未満の者 ②21歳未満で、大学・短期大学または高等専門学校を卒業した者、および試験実施年度の3月までに卒業見込みの者 ③人事院が②と同等の資格があると認める者
試験日	〔1次〕**5月下旬**　〔2次〕**7月上旬**
合格発表	〔1次〕6月中旬　〔2次〕8月中旬
試験地	〔1次〕札幌、仙台、東京、名古屋、大阪、松江、岡山、高松、福岡、鹿児島、那覇など全国19都市 〔2次〕札幌、さいたま、名古屋、大阪、広島、熊本など全国11都市
試験内容	〔1次〕 ①基礎能力試験（多肢選択式）：30題、1時間50分 公務員として必要な基礎的な能力（知能および知識）について 知能分野（24題）－文章理解（10題）、判断推理（7題）、数的推理（4題）、資料解釈（3題） 知識分野（6題）－自然・人文・社会に関する時事、情報6題 ②専門試験（多肢選択式）：40題、2時間20分 財務専門官として必要な専門的知識などについて 必須問題（2科目28題）：憲法・行政法、経済学・財政学・経済事情 選択問題：次の8科目（各6題）から2科目を選択：民法・商法、統計学、政治学・社会学、会計学（簿記を含む）、経営学、英語、情報数学、情報工学 ③専門試験（記述式）：1題、1時間20分 財務専門官として必要な専門的知識などについて 憲法、民法、経済学、財政学、会計学の5科目（各1題）から1科目選択 〔2次〕 人物試験：人柄、対人的能力などについての個別面接 ※参考として性格検査を実施

財務省 大臣官房地方課 試験係
〒100-8940 東京都千代田区霞が関3-1-1　TEL03(3581)4111　E-MAIL＝zaisen@mof.go.jp
URL＝https://lfb.mof.go.jp/recruit/saiyou.html

国税専門官

国税専門官は、主に納税申告に関する調査・指導を行う国税調査官、滞納税金の督促や処分を行う国税徴収官、悪質な脱税嫌疑者に刑事罰を求めるため告発する国税査察官の3職務に分かれている。高度な専門知識に加えて強い精神力とバイタリティが要求される。

受験者数	合格率
9,818人	33.3%
受験資格	受験料
年齢など	―

受験資格	試験実施年4月1日現在、次のいずれかに該当する者 ①21歳以上30歳未満の者 ②21歳未満で、大学を卒業した者および3月までに卒業見込みの者 ③人事院が②と同等の資格があると認める者
試験日	**〔1次〕5月下旬** **〔2次〕6月下旬～7月上旬の指定する日**
試験地	全国主要都市
試験内容	【国税専門A】 〔1次〕①基礎能力試験（多肢選択式）：30題、1時間50分 公務員として必要な基礎的な能力（知能及び知識）について ②専門試験（多肢選択式）：40題、2時間20分 必須問題（民法・商法、会計学（簿記を含む））、選択問題（憲法・行政法、経済学、財政学、経営学、政治学・社会学・社会事情、英語、商業英語） ③専門試験（記述式）：1題、1時間20分 憲法、民法、経済学、会計学、社会学 〔2次〕①人物試験：人柄、対人能力などについての個別面接 ②身体検査：主として一般内科系検査 【国税専門B】 〔1次〕①国税専門Aに同じ ②専門試験（多肢選択式）：40題、2時間20分 必須問題（基礎数学、民法・商法、会計学）、選択問題（情報数学・情報工学、統計学、物理、化学、経済学、英語） ③専門試験（記述式）：1題、1時間20分 科学技術に関連する領域 〔2次〕①国税専門Aに同じ

問い合わせ先
各国税局人事第二課（沖縄国税事務所は人事課）採用担当係、または国税庁人事課試験係
〒100-8978 東京都千代田区霞が関3-1-1 国税庁
TEL03(3581)4161　URL=https://www.nta.go.jp/about/recruitment/kokusen/02.htm

労働基準監督官

国家

法律に基づいて、工場や事業場などに立ち入り、労働条件や安全衛生の基準を守るよう指導を行い、重大・悪質な事案については捜査や送検を行う。また、労働災害の被災者に対する労災補償の業務も行うなど、働く人々の安心と安全を守る社会的意義の高い仕事。

申込者数	合格率
2,957人※	14.0%※
受験資格	受験料
年齢など	ー

※A・B合計

受験資格	試験実施年4月1日現在、次のいずれかに該当する者 ①21歳以上30歳未満の者 ②ア）21歳未満で、大学を卒業した者および3月までに卒業見込みの者 イ）人事院がア）と同等の資格があると認める者
試験日	**〔1次〕5月下旬** **〔2次〕7月上旬～中旬の指定する日**
試験地	〔1次〕19都市　〔2次〕11都市
試験内容	【労働基準監督A（法文系）】 〔1次〕①基礎能力試験（多肢選択式）：30題、1時間50分 公務員として必要な基礎的な能力（知能・知識）について ②専門試験（多肢選択式）：40題、2時間20分 必須問題（労働法、労働事情）、選択問題（憲法、行政法、民法、刑法、経済学、労働経済・社会保障、社会学） ③専門試験（記述式）：2題、2時間 労働法、労働事情 〔2次〕①人物試験：人柄、対人的能力などについての個別面接（参考として性格検査を実施） ②身体検査：主として一般内科系検査 【労働基準監督B（理工系）】 〔1次〕①労働基準監督Aに同じ ②専門試験（多肢選択式）：40題、2時間20分 必須問題（労働事情）、選択問題（工学に関する基礎） ③専門試験（記述式）：2題、2時間 必須問題（工業事情）、選択問題（工学に関する専門基礎） 〔2次〕労働基準監督Aに同じ

厚生労働省 労働基準局 監督課監督係
〒100-8916 東京都千代田区霞が関1-2-2 中央合同庁舎5号館
TEL03(5253)1111（内線5581）　URL=https://www.mhlw.go.jp/general/saiyo/kantokukan.html

国会議員政策担当秘書

国家

国会法の改正により、3人目の公設秘書採用のための資格試験として設けられた国家試験で、国家公務員採用総合職試験程度である。主に政策立案・立法活動などを補佐する役目を担い、そのための研究調査、資料の収集分析ならびに作成などが職務となる。

受験者数	合格率
135人	10.4%
受験資格	**受験料**
年齢＆学歴など	―

受験資格	最終合格者発表日（2024年度は10月11日）現在において65歳未満の者で、①大学（短大を除く）を卒業した者および翌年3月までに大学卒業見込みの者 ②資格試験委員会が①の者と同等以上の学力があると認める者 ※次のいずれかに該当する者は、受験することができない ・日本国籍を有しない者 ・禁錮以上の刑に処せられ、その執行を終わらない者または執行を受けることがなくなるまでの者 ・公務員として懲戒免職の処分に処せられ、当該処分の日から2年を経過しない者 ・平成11年改正前の民法の規定による準禁治産の宣告を受けている者（心神耗弱を原因とするもの以外）
試験日	**〔1次〕6月下旬　〔2次〕8月下旬**
申込方法	申込書を特定記録郵便で、5月上旬～中旬の申し込み期間に、下記問い合わせ先へ送付する（2024年度の場合、参議院が代表窓口となっている）
試験地	東京
試験内容	**〔1次〕** ①多肢選択式（教養問題）：40題（すべて必須解答） 国会議員の政策担当秘書に相応した高度で幅広い内容を有する多肢選択式試験（社会科学、人文科学、自然科学、時事、文章理解　ほか） ②論文式（総合問題）：必須は1題、ほかに2題中1題選択 国会議員の政策担当秘書として必要な高度な企画力・分析力・構成力などをみる総合的な論文式試験 ※多肢選択式試験の例題および論文式試験の過去問・出題の趣旨・採点の全体講評については、衆議院・参議院の各ホームページにおいて情報提供している **〔2次〕**口述式（1次試験合格者に対して行われる）
採用方法	この試験はあくまでも資格試験であり、合格により採用が担保されているわけではない。最終合格者は国会議員政策担当秘書資格試験合格者登録簿に登録され、採用・解職については、衆議院議員または参議院議員が決定する

問い合わせ先

衆議院 事務局庶務部 議員課
〒100-0014 東京都千代田区永田町1-7-1
TEL03(3581)5165　URL=https://www.shugiin.go.jp/

参議院 事務局庶務部 議員課
〒100-0014 東京都千代田区永田町1-7-1
TEL03(5521)7485　URL=https://www.sangiin.go.jp/

衆議院事務局職員（総合職／一般職）

衆議院および衆議院議員の立法活動を支える国家公務員。会議運営、調査等のさまざまな側面からサポートする。

受験者数	合格率	受験資格	受験料
366人※	3.3%※	年　齢	ー

※一般職（大卒程度）の場合

受験資格	【一般職（高卒程度）】試験実施年度4月1日現在、17歳以上21歳未満の者 【一般職（大卒程度）】4月1日現在、21歳以上30歳未満の者　ほか 【総合職（大卒程度）】4月1日現在、21歳以上30歳未満の者　ほか
申込期間	2月下旬～7月中旬（受験する職種により異なる）
試験日	**3月下旬～9月中旬**（受験する職種により異なる）
試験内容	【一般職（高卒程度）】〔1次〕①基礎能力　②作文　〔2次〕面接 【一般職（大卒程度）】〔1次〕①基礎能力　②専門 〔2次〕論文　〔3次〕①集団討論　②面接 【総合職（大卒程度）】〔1次〕①基礎能力　②専門 〔2次〕①論文　②面接　〔3次〕口述

衆議院事務局 庶務部人事課 任用係
〒100-8960東京都千代田区永田町1-7-1
TEL03(3581)5111

参議院事務局職員（総合職／一般職）

参議院事務局は国会をスムーズに運営するための事務を担当。「会議運営」「調査」「総務」の3部門に分かれる。

申込者数	合格率	受験資格	受験料
932人※	1.1%※	年　齢	ー

※一般職（高卒程度）の場合

受験資格	【一般職（高卒程度）】試験実施年度4月1日現在、17歳以上21歳未満の者 【総合職（大卒程度）】4月1日現在、21歳以上30歳未満の者　ほか
申込期間	【一般職（高卒程度）】6月中旬～7月上旬 【総合職（大卒程度）】2月上旬～下旬
試験日	【一般職（高卒程度）】**〔1・2次〕8月中旬～9月中旬以降の指定する日** 【総合職（大卒程度）】**〔1～3次〕3月上旬～6月上旬以降の指定する日**
試験内容	【一般職（高卒程度）】〔1次〕①基礎能力　②一般常識　③作文　④事務適性　〔2次〕グループワーク・個別面接 【総合職（大卒程度）】〔1次〕①基礎能力　②専門　〔2次〕①論文　②集団面接　〔3次〕個別面接

参議院事務局 庶務部人事課 任用係
〒100-0014東京都千代田区永田町1-11-16
TEL03(5521)7492

地域住民の暮らしをサポート

独立 就職 趣味 評価

地方公務員

公的

職場は各都道府県庁や市区町村役場、地方公共団体、公立学校、病院、図書館などである。福祉・教育・産業振興・まちづくりなど、地域に密着した仕事ができ、その安定性が魅力で人気が高まっている。採用試験は、各都道府県・市区町村ごとに実施される。

公式テキスト 独学 講座 通信

受験者数	合格率
1,958人※	43.7%※
受験資格	**受験料**
年　齢	無　料

※東京都Ⅰ類B【行政】（一般、新）

受験資格	各自治体によって異なるが、おおむね次のような年齢制限がある 【高卒程度】　18～21歳程度 【短大卒程度】20～25歳程度 【大卒程度】　22～29歳程度 ※警察官、消防官は年齢要件・学歴要件に加えて、身体基準（視力や身長など）がある
試験区分	【高卒程度・短大卒程度・大卒程度】の試験区分があり、自治体によって【上級・中級・初級】【Ⅰ類・Ⅱ類・Ⅲ類】などとその呼び方は異なる。その他、警察官、消防官、資格免許職（保育士や栄養士など）の試験などがある
申込期間	各自治体や試験区分によって異なるが、おおむね次のとおり 【高卒程度】【短大卒程度】6月～8月頃 【大卒程度】2月～4月頃
試験日	各自治体や試験区分によって異なるが、おおむね次のとおり 【高卒程度】　〔1次〕9月　〔2次〕10月 【短大卒程度】〔1次〕9月　〔2次〕10月 【大卒程度】　〔1次〕4～5月　〔2次〕5～6月　〔3次〕6月
合格発表	各自治体や試験区分によって異なる
願書入手方法	受験希望地の人事委員会に請求する
受験料	**原則として無料**
試験地	指定の試験場
試験内容	自治体や試験区分によって異なるが、おおむね次のような試験を行うところが多い（東京都の場合、以下②③に代えてプレゼンテーションシート作成を課す新方式を実施） ①教養試験（択一式・適性検査（能力検査）） ②専門試験（土木、建築、機械などの各職務に必要な専門知識） ③論文、作文　④適性検査（性格検査等） ⑤口述試験（個別・集団面接）　⑥身体検査

問い合わせ先　**各地方自治体の人事委員会**

問い合わせ先

北海道職員	北海道人事委員会　〒060-8588 札幌市中央区北３条西７丁目 道庁別館 11F TEL011(204)5654　URL＝https://www.pref.hokkaido.lg.jp/hj/nny/index.htm
青森県職員	青森県人事委員会　〒030-0801 青森市新町 2-2-11 東奥日報新町ビル 4F TEL017(734)9829　URL＝https://www.pref.aomori.lg.jp/soshiki/j-kanri/
秋田県職員	秋田県人事委員会　〒010-8570 秋田市山王 4-1-1　TEL018(860)3253 URL＝https://www.pref.akita.lg.jp/pages/genre/jinjiin
岩手県職員	岩手県人事委員会　〒020-0021 盛岡市中央通 1-7-25　TEL019(629)6236 URL＝https://www.pref.iwate.jp/iinkai/jinji/index.html
山形県職員	山形県人事委員会　〒990-8570 山形市松波 2-8-1　TEL023(630)2778 URL＝https://www.pref.yamagata.jp/930001/kensei/recruit/saiyoujouhou/kennoshokuin/shikengoukakusha/r2saiyouzissi.html
宮城県職員	宮城県人事委員会　〒980-8570 仙台市青葉区本町 3-8-1 県庁行政庁舎 17F TEL022(211)3761　URL＝https://www.pref.miyagi.jp/site/saiyou/
福島県職員	福島県人事委員会　〒960-8670 福島市杉妻町 2-16 TEL024(521)7590　URL＝https://www.pref.fukushima.lg.jp/sec/64010a/
新潟県職員	新潟県人事委員会　〒950-8570 新潟市中央区新光町 4-1 TEL025(280)5537　URL＝https://www.pref.niigata.lg.jp/site/jinjii/
東京都職員	東京都人事委員会　〒163-8001 新宿区西新宿 2-8-1 都庁第一本庁舎南塔 40F TEL03(5320)6952　URL＝https://www.saiyou.metro.tokyo.lg.jp/
群馬県職員	群馬県人事委員会　〒371-8570 前橋市大手町 1-1-1 TEL027(226)2745　URL＝https://www.pref.gunma.jp/soshiki/217/
栃木県職員	栃木県人事委員会　〒320-8501 宇都宮市塙田 1-1-20 県庁舎南館 1F TEL028(623)3313　URL＝https://www.pref.tochigi.lg.jp/k02/
茨城県職員	茨城県人事委員会　〒310-8555 水戸市笠原町 978-6 TEL029(301)5549　URL＝https://www.pref.ibaraki.jp/soshiki/jinjiiin/
埼玉県職員	埼玉県人事委員会　〒330-9301 さいたま市浦和区高砂 3-15-1 県庁第２庁舎 3F TEL048(822)8181　URL＝https://www.pref.saitama.lg.jp/f1903/saiyou/index.html
千葉県職員	千葉県人事委員会　〒260-8667 千葉市中央区市場町 1-1 県庁南庁舎 5F TEL043(223)3717　URL＝https://www.pref.chiba.lg.jp/jinji/
神奈川県職員	神奈川県人事委員会　〒231-0023 横浜市中区山下町 32 神奈川県横浜合同庁舎 6F TEL045(651)3245　URL＝https://www.pref.kanagawa.jp/docs/s3u/saiyou/

山梨県職員	山梨県人事委員会　〒400-8501 甲府市丸の内1-6-1 TEL055(223)1821　URL＝https://www.pref.yamanashi.jp/jinji-iin/index.html
静岡県職員	静岡県人事委員会　〒420-8601 静岡市葵区追手町9-6 TEL054(221)2273　URL＝http://www.pref.shizuoka.jp/kensei/saiyoinfo/index.html
長野県職員	長野県人事委員会　〒380-8570 長野市大字南長野字幅下692-2　TEL026(235)7465 URL＝https://www.pref.nagano.lg.jp/jinjii/kensei/soshiki/soshiki/boshu/index.html
富山県職員	富山県人事委員会　〒930-0094 富山市安住町2-14北日本スクエア北館5F TEL076(444)2166　URL＝https://www.pref.toyama.jp/sections/0300/saiyo.html
石川県職員	石川県人事委員会　〒920-8580 金沢市鞍月1-1 行政庁舎18F TEL076(225)1871　URL＝https://www.pref.ishikawa.lg.jp/jinjiiin/index.html
岐阜県職員	岐阜県人事委員会　〒500-8570 岐阜市薮田南2-1-1県庁17F TEL058(272)8796　URL＝https://www.pref.gifu.lg.jp/page/3703.html
愛知県職員	愛知県人事委員会　〒460-8501 名古屋市中区三の丸3-1-2 県庁西庁舎5F TEL052(954)6822　URL＝https://www.pref.aichi.jp/jinji/syokuin/index.html
三重県職員	三重県人事委員会　〒514-0004 津市栄町1-891 勤労者福祉会館4F TEL059(224)2932　URL＝https://www.pref.mie.lg.jp/JINJII/
福井県職員	福井県人事委員会　〒910-8580 福井市大手3-17-1 TEL0776(20)0593　URL＝https://www.pref.fukui.lg.jp/doc/jinji-i/
滋賀県職員	滋賀県人事委員会　〒520-8577 大津市京町4-1-1 TEL077(528)4454　URL＝https://www.pref.shiga.lg.jp/kensei/jinji/saiyou/
京都府職員	京都府人事委員会　〒602-8570 京都市上京区下立売通新町西入 京都府庁3号館2階 TEL075(414)5648　URL＝https://www.pref.kyoto.jp/jinjii/index.html
大阪府職員	大阪府人事委員会　〒559-8555 大阪市住之江区南港北1-14-16 咲州庁舎29F TEL06(6210)9925　URL＝https://www.pref.osaka.lg.jp/jinji-i/
奈良県職員	奈良県人事委員会　〒630-8113 奈良市大安寺1-23-2 奈良県キャリアサクセスヴィレッジ3階　TEL0742(81)8033　URL＝https://www.pref.nara.jp/9723.htm
和歌山県職員	和歌山県人事委員会　〒640-8585 和歌山市小松原通1-1 TEL073(441)3763　URL＝https://www.pref.wakayama.lg.jp/prefg/210100/
兵庫県職員	兵庫県人事委員会　〒650-8567 神戸市中央区下山手通5-10-1 県庁第3号館8F TEL078(362)9349　URL＝https://web.pref.hyogo.lg.jp/ji01/saiyoushiken.html
鳥取県職員	鳥取県人事委員会　〒680-8570 鳥取市東町1-271 TEL0857(26)7553　URL＝https://www.pref.tottori.lg.jp/jinji/

岡山県職員	岡山県人事委員会　〒703-8278 岡山市中区古京町1-7-36 TEL086(226)7561　URL＝https://www.pref.okayama.jp/soshiki/138/
島根県職員	島根県人事委員会　〒690-8501 松江市殿町8 県庁南庁舎2F TEL0852(22)5438　URL＝https://www.pref.shimane.lg.jp/jinjiiinkai/
広島県職員	広島県人事委員会　〒730-8511 広島市中区基町9-42 県庁東館7F TEL082(513)5144　URL＝https://www.pref.hiroshima.lg.jp/soshiki/138/
山口県職員	山口県人事委員会　〒753-8501 山口市滝町1-1 県庁本館棟7F TEL083(933)4474　URL＝https://www.pref.yamaguchi.lg.jp/site/saiyo-joho/
香川県職員	香川県人事委員会　〒760-8570 高松市番町4-1-10 県庁東館2F TEL087(832)3712　URL＝https://www.pref.kagawa.jp/jinjii/
徳島県職員	徳島県人事委員会　〒770-8570 徳島市万代町1-1 県庁5F TEL088(621)3212　URL＝https://www.pref.tokushima.lg.jp/saiyou/
愛媛県職員	愛媛県人事委員会　〒790-0012 松山市湊町4-4-1 伊予鉄本社ビル2F TEL089(912)2826　URL＝https://recruit.pref.ehime.jp
高知県職員	高知県人事委員会　〒780-8570 高知市丸ノ内2-4-1 県庁北庁舎3F TEL088(821)4641　URL＝https://www.pref.kochi.lg.jp/saiyou/
福岡県職員	福岡県人事委員会　〒812-8577 福岡市博多区東公園7-7 TEL092(643)3956　URL＝https://www.pref.fukuoka.lg.jp/contents/saiyo.html
佐賀県職員	佐賀県人事委員会　〒840-0041 佐賀市城内1-6-5 県庁南館2F TEL0952(25)7295　URL＝https://saga-saiyou.net
長崎県職員	長崎県人事委員会　〒850-8570 長崎市尾上町3-1　TEL095(894)3541 URL＝https://www.pref.nagasaki.jp/bunrui/kenseijoho/shokuinsaiyo/saiyojoho/
大分県職員	大分県人事委員会　〒870-0022 大分市大手町2-3-12 大分県市町村会館6F TEL097(506)5211　URL＝https://www.pref.oita.jp/soshiki/22000/
熊本県職員	熊本県人事委員会　〒862-8570 熊本市中央区水前寺6-18-1 TEL096(333)2053　URL＝https://www.pref.kumamoto.jp/soshiki/148/
宮崎県職員	宮崎県人事委員会　〒880-0805 宮崎市橘通東1-9-10 県庁3号館5F TEL0985(26)7259　URL＝http://www.pref.miyazaki.lg.jp/contents/org/kakushu/jinji/shokuin_boshu/
鹿児島県職員	鹿児島県人事委員会　〒890-8577 鹿児島市鴨池新町10-1 県庁行政庁舎12F TEL099(286)3893　URL＝http://www.pref.kagoshima.jp/ab02/soshiki/iinkai/jinjiiinkai.html
沖縄県職員	沖縄県人事委員会　〒900-8570 那覇市泉崎1-2-2 行政棟2F（北側） TEL098(866)2544　URL＝httrs://www.pref.okinawa.jp/kensei/jiji/1016520/1025773/index.html

気象大学校学生

気象庁や各地気象台で観測・調査・予報・研究などに従事する中核職員としての教育を受け、専門知識を得る。

受験者数	合格率	受験資格	受験料
244人	23.8%	年齢など	ー

受験資格	①試験実施年4月1日現在、高等学校または中等教育学校を卒業した日の翌日から起算して2年を経過していない者、および翌年3月までに卒業見込みの者 ②人事院が①と同等の資格があると認める者
試験日	〔1次〕10月下旬の2日間　〔2次〕12月中旬
試験地	〔1次〕札幌、仙台、東京、新潟、名古屋、大阪、広島、高松、福岡、鹿児島、那覇　〔2次〕札幌、仙台、東京、大阪、福岡、那覇
試験内容	〔1次〕①基礎能力試験（公務員として必要な基礎的能力）②学科試験 数学、英語、物理（各多肢選択式、記述式）③作文試験：文章表現力、課題理解力についての筆記試験　〔2次〕①人物試験：人柄、対人的能力などについての個別面接　②身体検査：一般内科系検査

人事院各地方事務局・事務所、または気象大学校
〒277-0852 千葉県柏市旭町7-4-81
TEL04(7144)7185　URL=https://www.mc-jma.go.jp

航空保安大学校学生

空港などで航空通信、運行管理、航空保安無線施設の運用保守などに従事するスペシャリストを養成する。

申込者数	合格率	受験資格	受験料
300人	47.8%	年齢など	ー

受験資格	①試験実施年4月1日現在、高等学校または中等教育学校を卒業した日の翌日から起算して3年を経過していない者、および3月までに卒業見込みの者 ②人事院が①と同等の資格があると認める者　ほか
試験日	〔1次〕9月下旬　〔2次〕11月中旬
試験地	〔1次〕千歳、岩沼、東京、新潟、常滑、泉佐野、広島、高松、福岡、宮崎、那覇　〔2次〕千歳、東京、泉佐野、福岡、那覇
試験内容	【航空情報科】〔1次〕①基礎能力試験：公務員として必要な基礎的能力 ②学科試験：数学、英語　〔2次〕①人物試験　②身体検査　③身体測定：色覚、聴力　【航空電子科】〔1次〕①航空情報科と同じ　②学科試験：数学、物理　〔2次〕①②航空情報科と同じ　③身体測定：色覚

問い合わせ先

人事院各地方事務局・事務所、または航空保安大学校 教務課
〒598-0047 大阪府泉佐野市りんくう往来南3-11
TEL072(458)3917　URL=https://www.cab.mlit.go.jp/asc/

海上保安大学校学生

海上保安庁の幹部職員養成機関。海上保安官の自覚と知識の習得を図る。2020年度から大卒者対象課程が新設。

申込者数	合格率	受験資格	受験料
364人	36.6%	年齢など	ー

受験資格	【本科（高卒程度）】試験実施年4月1日現在、高等学校または中等教育学校を卒業した日から起算して2年を経過していない者　ほか 【初任科（大卒程度）】試験実施年4月1日現在、30歳未満で大学を卒業した者および3月までに卒業見込みの者
試験日	【本科（高卒程度）】〔1次〕**10月下旬**　〔2次〕**12月中旬** 【初任科（大卒程度）】〔1次〕**5月下旬**　〔2次〕**7月初旬〜中旬**
試験内容	【本科（高卒程度）】〔1次〕①基礎能力試験：公務員として必要な基礎的能力　②学科試験：数学、英語　③作文試験 〔2次〕①人物試験　②身体検査　③身体測定　④体力検査 【初任科（大卒程度）】〔1次〕①基礎能力試験：知能・知識分野についての筆記試験　②課題論文試験：文章による表現力、課題に対する理解力など　〔2次〕【本科（高卒程度）】と同じ

問い合わせ先
①海上保安庁総務部教育訓練管理官付試験募集係または②海上保安大学校総務課
①TEL03(3580)0936　URL=https://www.kaiho.mlit.go.jp/recruitment/
②TEL0823(21)4961　URL=https://www.jcga.ac.jp

海上保安学校学生

海上保安庁の一般職員養成機関。中堅職員または海上保安業務のスペシャリストとしての活躍が期待される。

申込者数	合格率	受験資格	受験料
3,140人※	35.9%※	年齢など	ー

※全課程合計（2021年度）

受験資格	①試験実施年4月1日現在、高等学校または中等教育学校を卒業した日の翌日から起算して12年（同一年度の〔特別〕試験は13年）を経過していない者、および3月（9月）までに卒業見込みの者 ②人事院が①と同等の資格があると認める者
試験日	【一般課程】〔1次〕**9月下旬**　〔2次〕**10月中旬〜下旬** 【航空課程】〔1次〕**9月下旬**　〔2次〕**10月中旬〜下旬**　〔3次〕**12月上旬〜中旬** 【管制課程】【海洋科学課程】〔1次〕**9月下旬**　〔2次〕**10月中旬〜下旬**
試験内容	〔1次〕①基礎能力試験　②作文または学科試験（課程により異なる） 〔2次〕①人物試験　②身体検査　③身体測定　④体力検査

人事院各地方事務局・事務所、または海上保安学校事務部総務課
〒625-8503 京都府舞鶴市字長浜2001番地
TEL0773(62)3520　URL=https://www.kaiho.mlit.go.jp/school/

語学で防衛行政の一翼を担う

防衛省専門職員

国家

防衛省専門職員は、日本をベースにしながら高い語学力とグローバルな視野を生かし、国際的な防衛に関する行政事務や高官の通訳、海外情勢に係る情報収集や分析、自衛隊等での語学教育などに従事し日本の安全保障を支えている。

申込者数	合格率
323人※	38.1%※
受験資格	**受験料**
年齢など	ー

※全区分合計と平均合格率

受験資格	試験実施年度の4月1日現在、次のいずれかに該当する者 ①21歳以上30歳未満の者 ②ア）21歳未満の者で、大学等を卒業した者、および試験実施年度の3月までに卒業見込みの者 イ）防衛省がア）と同等の資格があると認める者
申込期間	インターネットによる受付：4月上旬～中旬
試験日	**〔1次〕5月下旬** **〔2次〕7月上旬～中旬の指定する日**
合格発表	〔1次〕6月下旬　〔2次〕7月下旬
試験地	〔1次〕札幌、仙台、東京、名古屋、大阪、広島、福岡、嘉手納 〔2次〕東京、伊丹
試験内容	試験区分（年度によっては実施しない区分がある） 英語、ロシア語、中国語、朝鮮語、フランス語、アラビア語、ペルシャ語、インドネシア語 〔1次〕 ①基礎能力試験（多肢選択式）、1時間50分 公務員として必要な基礎的な能力（知能・知識）について 知能：文章理解、判断推理、数的推理、資料解釈 知識：自然・人文・社会に関する時事、情報 ②専門試験（記述式）、2時間 各試験区分に応じて必要な専門的知識などについて ③論文試験、1時間 課題に対する総合的な判断力、思考力および表現力について 〔2次〕 ①口述試験：人柄、対人的能力などについての個別面接 ②身体検査：胸部疾患（胸部エックス線撮影含む）、尿、その他一般内科系検査

防衛省 大臣官房秘書課 試験企画係
〒162-8801 東京都新宿区市谷本村町5-1
TEL03(3268)3111　URL=https://www.mod.go.jp/j/saiyou/　E-MAIL＝saiyou1@ext.mod.go.jp

独立 就職 趣味 評価

自衛官候補生（陸・海・空）

採用されると「自衛官候補生」に任命され、基礎的教育訓練に専念する。所要の教育を経て3カ月後に2等陸・海・空士（任期制自衛官）に任官し、各自の希望と適性などにより職域が決定される。選抜試験に合格すれば順次、曹・幹部への昇進も可能。

申込者数	合格率
23,834人※	16.7%※
受験資格	**受験料**
年齢など	ー

※陸・海・空合計数と平均合格率の場合（2022年度）

受験資格	日本国籍を有し、採用予定月の1日現在、18歳以上33歳未満の者　ほか
活動内容	教育訓練修了後、各人の希望と適性等により職種・職域が決定される 勤務期間は、3カ月間の自衛官候補生の期間を経て、陸上自衛官は1年9カ月（技術関係は2年9カ月）、海上自衛官・航空自衛官は2年9カ月を1期として任用される。主な職域は、以下のとおり ①陸上：普通科、野戦特科、機甲科、通信科、施設科　ほか ②海上：航海・船務、飛行、経理・補給、衛生、施設　ほか ③航空：気象、航空機整備、航空管制　ほか
申込期間	年間を通じて受け付ける
試験日	**受付時に指定**
試験地	受付時に指定
試験内容	**〔筆記〕** ①国語　②数学　③地理歴史、公民　④作文 **〔口述〕** 個別面接 **〔身体検査〕** 主な身体検査の合格基準は以下のとおり ①身長（男子150cm以上、女子140cm以上のもの） ②体重（身長と均衡を保っているもの） ③視力（両側の裸眼視力が0.6以上または矯正視力が0.8以上のもの） ④色覚（色盲または強度の色弱でないもの） ⑤聴力（正常なもの） ⑥歯（多数のう歯または欠損歯のないもの） ⑦その他、身体健全で感染症、慢性疾患、四肢関節等に異常のないもの　ほか **〔適性検査〕** **〔経歴評定〕** 各種免許等、情報処理関係、専門資格等

問い合わせ先
防衛省のホームページまたは各自衛隊地方協力本部
〒162-8801 東京都新宿区市谷本村町5-1
TEL0120(063)792　URL=https://www.mod.go.jp/gsdf/jieikanbosyu/

平和を守る自衛隊の幹部を目指す

独立　就職　趣味　評価

自衛隊幹部候補生（陸・海・空）

幹部自衛官となる人材を養成するために設けられた制度。必要な基礎知識や技能教育を受け、卒業後は幹部として活躍するための一貫した育成が行われる。一般幹部候補生のほか、歯科・薬剤科の歯科・薬剤科幹部候補生がある。

申込者数	採用率
4,296人※	9.6%※
受験資格	**受験料**
年齢など	ー

※陸・海・空合計の場合（2022年度）

受験資格	【一般】①日本国籍を有し、22歳以上26歳未満の者。ただし大学院修士課程もしくは専門職大学院の課程を修了した者またはこれに相当すると認められる者および自衛官は22歳以上28歳未満の者 ②日本国籍を有し、20歳以上22歳未満で、大学を卒業した者（見込みを含む）、または外国における学校を卒業した場合で大学卒業に相当すると認められる者　ほか 【歯科】日本国籍を有し20歳以上30歳未満の者で、次のいずれかの条件を満たす者 ①大学において歯学の課程を修めて卒業した者（見込みを含む）で、入校日までに歯科医師国家試験に合格している者 ②外国の歯科医学校を卒業し、または外国の歯科医師免許を受けた者で厚生労働大臣が適当と認定した者で、入校日までに歯科医師国家試験に合格している者 【薬剤科】①日本国籍を有し、20歳以上28歳未満で、大学において薬学の課程（6年制課程に限る）を修めて卒業した者（見込みを含む）で、入校までに薬剤師国家試験に合格している者　ほか
申込期間	**〔第1回〕** 3月上旬～4月中旬　**〔第2回〕** 4月下旬～6月中旬 **〔第3回〕** 8月下旬～9月下旬（一般のみ）
試験日	【一般】**〔第1回〕〔1次〕4月中旬　〔2次〕5月下旬** **〔3次〕（海）6月中旬～下旬のうち、指定する1日、（空）7月中旬～8月上旬の指定する日** **〔第2回〕〔1次〕** 6月下旬　**〔2次〕** 7月下旬～8月上旬 **〔第3回〕〔1次〕** 10月上旬　**〔2次〕** 11月上旬～中旬 【歯科・薬剤科】**〔1次〕〔2次〕一般と同じ**（3次はなし）
試験地	都道府県ごと（別途各人に通知）
試験内容	【一般】**〔1次〕** 筆記試験：一般教養、専門、飛行要員希望者のみ筆記式操縦適性検査 **〔2次〕** 1次合格者のみ：小論文試験、口述試験、身体検査（飛行要員希望者のみ航空身体検査） **〔3次〕** 海・空飛行要員の2次合格者のみ：海は航空身体検査、空は操縦適性検査（飛行適性検査、面接検査）・医学適性検査 【歯科・薬剤科】**〔1次〕** 筆記試験：一般教養、専門　**〔2次〕** 小論文試験、口述試験、身体検査

問い合わせ先

防衛省のホームページまたは各自衛隊地方協力本部
〒162-8801 東京都新宿区市谷本村町5-1
TEL0120(063)792　URL=https://www.mod.go.jp/gsdf/jieikanbosyu/

東京消防庁消防官

公的

都民の生命、身体および財産を災害から守るため、火災の予防、警戒および鎮火をはじめ交通事故や労災事故などにおける救助、救急業務を行う。また、震災対策、水防活動、その他都民生活の安全を守る業務など、幅広い分野にわたって防災活動を行う。

受験者数	合格率
6,336人※	20.1%※
受験資格	**受験料**
年齢など	ー

※全類合計数と平均合格率

受験資格	以下の年齢は、採用予定年度の4月1日現在 【専門系（法律、建築、電気、電子・通信、化学、物理、土木、機械）】 36歳未満の者で、大学を卒業した者（卒業見込みの者） 【Ⅰ類】①22歳以上36歳未満の者 ②22歳未満の者で、大学を卒業した者（卒業見込みの者） 【Ⅲ類】18歳以上22歳未満の者
試験日	【専門系】〔1次〕**5月中旬**　〔2次〕**6月中旬** 【Ⅰ類】（1回目）〔1次〕**5月中旬** 〔2次〕**6月中旬～下旬** （2回目）〔1次〕**9月中旬** 〔2次〕**10月下旬～11月上旬** 【Ⅲ類】〔1次〕**9月中旬** 〔2次〕**10月下旬～11月上旬**
試験地	【専門系】〔1次〕東京、大阪、福岡　〔2次〕東京 【Ⅰ類】〔1次〕東京、大阪、福岡（2回目は東京のみ） 〔2次〕東京 【Ⅲ類】〔1次〕札幌、仙台、東京、大阪、福岡、鹿児島 〔2次〕東京
試験内容	〔1次〕 ①教養試験方式又は適性検査方式（Ⅲ類は教養試験方式のみ） ②論文試験（Ⅲ類は作文）　③専門試験（専門系のみ） ④適性検査（教養試験方式のみ） ※実施する試験・検査項目は区分によって異なります。 〔2次〕 ①身体検査：視力、色覚、聴力　ほか ②体力検査：1km走、反復横とび、上体起こし　ほか ③口述試験：個人面接（専門系は集団討論も実施する） ※詳しくは東京消防庁消防官採用試験案内をご確認ください。

東京消防庁 人事部人事課 採用係
〒100-8119 東京都千代田区大手町1-3-5
TEL0120(119)882（平日 8:30～17:15）　URL＝https://www.tfd.metro.tokyo.lg.jp

独立 就職 趣味 評価

入国警備官

国際交流の活発化により、多くの人が日本を訪れている。目的はさまざまだが、なかには入国目的を偽り、犯罪を起こす、不法就労をするなどの外国人もいる。入国警備官は、法律違反となる外国人に厳正に対処し、日本の安全や社会秩序を維持する使命を担う。

申込者数	合格率
1,568人※	32.2%※
受験資格	受験料
年　齢	―

※警備官・警備官（社会人）合計数と平均合格率

受験資格	【警備官】 ①試験年度4月1日現在、高等学校または中等教育学校を卒業した日の翌日から起算して5年を経過していない者、および試験年度3月までに高等学校または中等教育学校を卒業見込みの者 ②人事院が①に準ずると認める者 【警備官（社会人）】試験年度4月1日時点で40歳未満の者で、【警備官】①の期間が経過した者、および人事院がこれらの者に準ずると認める者
試験日	〔1次〕9月下旬　〔2次〕10月下旬
試験地	札幌、仙台、東京、名古屋、大阪、広島、高松、福岡、那覇
試験内容	【警備官】 〔1次〕 ①基礎能力試験（多肢選択式）：40題、1時間30分 公務員として必要な基礎的な能力について 知能分野（20題）：文章理解（7題）、課題処理（7題）、数的処理（4題）、資料解釈（2題） 知識分野（20題）：自然科学（5題）、人文科学（9題）、社会科学（6題） ②作文試験：1題、50分 文章による表現力、課題に対する理解力などについて 〔2次〕 ①人物試験：人柄、対人的能力などについての個別面接 （参考として性格検査を実施） ②身体検査：主として胸部疾患（胸部エックス線撮影を含む）、血圧、尿、その他一般内科系検査 ③身体測定：視力、色覚についての測定 ④体力検査：上体起こし、立ち幅跳びによる身体の筋持久力などについて 【警備官（社会人）】 〔1次〕〔2次〕【警備官】に同じ

問い合わせ先

出入国在留管理庁 総務課研修企画室 試験第一係
〒110-0016 東京都台東区台東1-26-2 台東法務総合庁舎1F　TEL03(3837)4251
URL=https://www.moj.go.jp/isa/index.html（出入国在留管理庁）　URL＝https://www.jinji.go.jp/saiyo.html（人事院）

天皇および皇室の方々の護衛にあたる　独立 就職 趣味 評価

皇宮護衛官

天皇皇后両陛下や皇室の方々の護衛と、皇居・御所などの警備にあたるのが皇宮護衛官の職務である。採用されると、10カ月間（大卒者は6カ月間）は、皇宮警察学校において法学をはじめ、柔道・剣道・逮捕術・拳銃など職務上必要な教育訓練を受ける。

受験者数	合格率
383人※	15.4%※
受験資格	**受験料**
年　齢	ー

※大卒程度の場合

受験資格	試験実施年4月1日現在、次のいずれかに該当する者 【大卒程度試験】①21歳以上30歳未満の者 ②21歳未満で、大学を卒業した者及び試験年度3月までに卒業見込みの者、並びに人事院がこれらと同等の資格があると認める者 ③21歳未満で、短期大学または高等専門学校を卒業した者及び試験年度3月までに卒業見込みの者、並びに人事院がこれらと同等の資格があると認める者 【高卒程度試験】①高等学校または中等教育学校を卒業した日の翌日から起算して5年を経過していない者、及び試験年度3月までに卒業見込みの者 ②人事院が①と同等の資格があると認める者
試験日	【大卒程度試験】〔1次〕**5月下旬**　〔2次〕　**7月上旬～中旬** 【高卒程度試験】〔1次〕**9月下旬**　〔2次〕**10月下旬**
試験地	〔1次〕札幌、多賀城、東京、大阪、広島、福岡 〔2次〕札幌、仙台、東京、京都、福岡
試験内容	【大卒程度試験】 〔1次〕①基礎能力試験（多肢選択式）：30題、1時間50分 公務員として必要な基礎的な能力（知能および知識）について ②課題論文試験：2題、3時間 時事的な問題に関するもの、具体的な事例課題により皇宮護衛官として必要な判断力・思考力を問うもの 〔2次〕①人物試験：人柄、対人的能力などについての個別面接（参考として性格検査を実施） ②身体検査：主として胸部疾患（胸部エックス線撮影を含む）、血圧、尿、その他一般内科系検査 ③身体測定：身長、体重、視力、色覚についての測定 ④体力検査：上体起こし、立ち幅跳び、反復横跳びによる身体の筋持久力などについての検査 【高卒程度試験】 〔1次〕①基礎能力試験（多肢選択式）：40題、1時間30分 ②作文試験：1題、50分。文章による表現力、課題に対する理解力などについて 〔2次〕大卒程度に同じ

問い合わせ先
人事院または皇宮警察本部警務課人事第二係
〒100-0001 東京都千代田区千代田1-3
TEL03(3217)1516　URL=https://www.npa.go.jp/kougu/

食品衛生監視員

全国の主要な海・空港の検疫所において、輸入食品の安全監視および指導（輸入食品監視業務）、輸入食品等に係る理化学的・微生物学的試験検査(試験検査業務)、検疫感染症の国内への侵入防止（検疫衛生業務）の業務に従事する。

【受験資格】 21歳以上、30歳未満の者で、①大学において薬学、畜産学、水産学または農芸化学の課程を修めて卒業した者および卒業する見込みの者
②食品衛生監視員の養成施設において所定の課程を修了した者および修了する見込みの者　ほか

【試験科目】 **〔1次〕** ①基礎能力試験（多肢選択式）　②専門試験（記述式）
〔2次〕 人物試験

【問い合わせ先】
厚生労働省 健康・生活衛生局感染症対策部企画・検疫課検疫所管理室人事班 人事・給与係
〒100-8916 東京都千代田区霞が関1-2-2
TEL03(5253)1111

国立国会図書館職員

国会議員や国会関係者に依頼された調査や、図書館資料の収集・整理、閲覧などの司書業務を行う国家公務員。司書資格不要。

【受験資格】 ①21歳以上35歳未満の者
②**〔一般職（大卒程度）〕** 21歳未満で大学、短大、高専卒業または翌年卒業見込みか、館長が同等の資格があると認める者
〔総合職〕 21歳未満で大学卒業または翌年卒業見込みか、館長が同等の資格があると認める者※年齢は採用年度の4月1日時点

【試験科目】 **〔1次〕** 教養　**〔2次〕** ①専門：指定の科目から選択　②英語：長文読解　③個別面接　ほか　**〔3次〕** 個別面接

【試験日】 **〔1次〕** 3月 **〔2次〕** 4月～5月 **〔3次〕** 6月
詳細はホームページを参照

【問い合わせ先】
国立国会図書館 総務部人事課任用係
〒100-8924 東京都千代田区永田町1-10-1
TEL03(3506)3315
URL=https://www.ndl.go.jp/jp/employ/index.html

防犯設備士

防犯設備の設置だけでなく、適切な運用管理などに関する知識・技能を問う。安全な社会づくりを担う、重要度の高い資格。

【受験資格】 日本防犯設備協会の実施する防犯設備士養成講習を修了した者
【試験期間】 年4回（約2ヶ月で1回）
【講習方式】 録画した講習動画をオンライン配信（約2ヶ月間）
【試験方式】 全国47都道府県のテストセンターでオンライン受検
【費用】 一般：44,000円
【出題方式】 択一式、穴埋め、正誤問題。110分間
【試験科目】 防犯の基礎、電気の基礎、設備機器、設備設計、施工・維持管理。

【問い合わせ先】
公益社団法人 日本防犯設備協会　資格認定試験事務局
〒105-0013 東京都港区浜松町1-12-4 第2長谷川ビル4F　TEL03(3431)7301

海事補佐人

海事補佐人は、海難審判における弁護士のような役割を果たす。一定の資格を満たす者が、登録申請することで取得できる。

【登録資格】 ①一級海技士の免許を受けた者　②審判官または理事官の職にあった者　③大学、独立行政法人海技教育機構、その他国土交通省令で定める教育機関で船舶の運航もしくは船舶用機関の運転に関する学科の教授（もしくは3年以上准教授）、または学校教育法第1条の高等学校、中等教育学校、独立行政法人海技教育機構、その他国土交通省令で定める教育機関で船舶の運航または船舶用機関の運転に関する学科の教諭職に10年以上あった者　④弁護士資格がある者

【問い合わせ先】
海難審判所 書記課
〒102-0083 東京都千代田区麹町2-1 PMO半蔵門4F
TEL03(6893)2405

衆議院事務局衛視

衆議院警察として国会議事堂内外の安全・秩序を守る国家公務員。
【受験資格】 受験年の4月1日現在、17歳以上22歳未満で高校、中等教育学校を卒業した者または卒業見込み者、衆議院事務局がそれと同等の資格があると認める者
【申込期間】 6月下旬～7月中旬
【試験日】〔1・2次〕 8月下旬～9月中旬
【試験科目】 1次試験：筆記試験（基礎能力／多肢選択式）（文章理解、判断・数的推理（資料解釈を含む)、自然科学、人文科学、社会科学（時事を含む)） 2次試験：①身体検査（胸部エックス線撮影、血液・尿検査を含む） ②体力検査③個別面接試験
※2次試験で、身長、視力などの要件を満たさない者は不合格とする場合がある

【問い合わせ先】
衆議院事務局 庶務部人事課 任用係
〒100-8960 東京都千代田区永田町1-7-1
衆議院第2別館 TEL03(3581)5111

参議院事務局衛視

衛視は国会議事堂内外の警護をする仕事。国会職員として保障される。
【受験資格】 受験年の4月1日現在、17歳以上20歳未満で高校、中等教育学校を卒業した者または卒業見込み者、あるいは参議院事務局がそれと同等の資格があると認める者
【申込期間】 6月中旬～7月上旬
【試験日】 1次：8月中旬 2次：9月中旬以降の指定する日
【試験科目】 1次：①基礎能力試験（多肢選択式）一般的知識・知能、社会科学（時事を含む)、人文科学、自然科学、文章理解 ほか ②一般常識試験（短文記述式） ③作文
2次：①人物試験（個別面接） ②基礎体力検査 ③身体検査 ※身長や視力などの要件を満たさない者は不合格

【問い合わせ先】
参議院事務局 人事課 任用係
〒100-0014 東京都千代田区永田町1-11-16
参議院第2別館 TEL03(3581)3111

衆議院法制局職員総合職

衆議院議員の立法活動を補佐する特別職の国家公務員。衆議院議員などからの依頼を受け、議員立法の立案や照会への対応を行う。
【受験資格】 受験年4月1日現在、次のいずれかに該当する者 ①21歳以上30歳未満の者 ②21歳未満で、大学を卒業した者または翌年3月までに卒業見込みの者、あるいは衆議院法制局長がそれと同等の資格があると認める者
【試験日】 1次：3月上旬 2次：3月中旬 3次：5月上旬まで
【試験科目】 1次：①基礎能力（多肢選択式）文章理解・判断推理 ほか ②専門（多肢選択式）憲法・行政法・民法・刑法 ほか
2次：①論文（憲法・行政法・民法） ②面接 3次：①口述 ②面接

【問い合わせ先】
衆議院法制局 法制企画調整部 総務課
〒100-0014 東京都千代田区永田町1-7-1
衆議院第2別館 TEL03(3581)1570

参議院法制局職員総合職

参議院議員の立法活動を補佐する特別職の国家公務員。参議院議員などからの依頼を受け、議員立法の立案や照会への対応を行う。
【受験資格】 受験年4月1日現在、次のいずれかに該当する者 ①21歳以上30歳未満の者 ②21歳未満で、大学を卒業した者または翌年3月までに卒業見込みの者、あるいは参議院法制局長がそれと同等の資格があると認める者
【試験日】 1次：3月上旬～下旬 2次：3月下旬～4月下旬 3次：5月上旬
【試験科目】 1次：①基礎能力（多肢選択式）文章理解・判断推理 ほか ②専門（多肢選択式）憲法・行政法・民法・刑法 2次：①論文（憲法（必須)・行政法又は民法（選択)） ②政策課題討議 ③面接 3次：面接

【問い合わせ先】
参議院法制局 総務課
〒100-0014 東京都千代田区永田町1-11-16
参議院第2別館 TEL03(5521)7729

Chapter 9

教育・学術

独立 就職 趣味 評価

保育士

国家
名称独占

保育所、児童養護施設、児童館などで専門的な知識や技能を持ってこどもの保育や子育て支援を行う。日々の生活や遊びのなかで一人一人の豊かな育ちを支え促すために、状況に応じた判断力なども必要。人と関わることや人を助けることが好きな人に向いている。

申込者数	合格率
79,378人※	29.9%※
受験資格	**受験料**
学歴など	12,950円

※2022年度。試験による実績

受験資格	都道府県知事の指定する短大等の養成施設を卒業し資格を取得することが基本だが、試験で資格取得することも可能 **〔指定保育士養成施設入所資格〕** ①高等学校卒業相当の者　②18歳以上の者であって、児童福祉施設において、2年以上児童の保護に従事した者も入所できる場合がある。 **〔保育士試験受験資格〕** ①短期大学卒業相当の者（見込み含む）　②高等学校卒業相当の者であって、児童福祉施設において、2年以上児童の保護に従事した者　③児童福祉施設において、5年以上児童の保護に従事した者　④都道府県知事により受験資格を有すると認められる者
申込期間	①1月上旬～下旬 ②7月上旬～下旬
試験日	①**〔筆記〕　4月下旬　〔実技〕　7月上旬** ②**〔筆記〕10月下旬　〔実技〕12月上旬**
受験料	**12,950円**（郵送料込）
試験地	各都道府県
試験内容	**〔筆記〕** ①保育原理　②教育原理　③社会的養護　④子ども家庭福祉　⑤社会福祉　⑥保育の心理学　⑦子どもの保健　⑧子どもの食と栄養　⑨保育実習理論 **〔実技〕**筆記合格者のみ。以下の①～③分野から2分野を選択 ①音楽に関する技術　②造形に関する技術 ③言語に関する技術 ※幼稚園教諭免許状取得者、介護福祉士、社会福祉士、精神保健福祉士は試験科目の一部免除が可能 ※指定保育士養成施設の科目履修による試験科目の免除も可能 ※保育士と称して保育業務を行うには都道府県へ登録申請が必要

問い合わせ先
各都道府県保育主管課、または一般社団法人 全国保育士養成協議会 保育士試験事務センター
〒171-8536 東京都豊島区高田3-19-10 昭栄高田馬場ビル6F
TEL03(3590)5561　URL=https://www.hoyokyo.or.jp/

資格のQ&A

Q この資格を取るメリットは？

A 待機児童があふれ、その解消のため保育士は常に不足しています。資格があれば**就職や転職がしやすくなり、幼稚園等教員免許をもっている人にとっては、保育士の資格を併せもてばキャリアアップできます**。保育の仕事は資格がなくてもできますが､資格があれば時給が高くなります。また、保育士の知識やスキルは自分の子育てに役立ち、役所の子ども家庭課などの関連職に就く場合の武器にもなります。

Q この資格取得にかかる費用・期間は？

A 独学なら参考書や問題集の購入代金程度です。専門学校や講座を利用する場合は**50,000円**程度（LECの場合)。筆記試験は８科目、全科目の合格者が実技試験に進めます。数カ月で合格する人もいますが、合格科目は３年間有効なので、**3年**かけて取得する人が多いようです。

Q 資格取得後に有利な業界はどこですか？

A 保育所（保育園）のほか、**「児童福祉法に定める多くの児童福祉施設」では保育士を置くことが義務づけられているので**、幼児教育や児童福祉に関連するさまざまな施設が活躍の場となります。例えば、**児童厚生施設、児童養護施設、児童自立支援施設、障害児入所施設**です。

Q 次のステップとして、取得すべき資格はありますか？

A **幼稚園教諭**の資格を取得できれば幼稚園でも働くことができるので、就職や転職のチャンスがより増えるでしょう。

Q おススメの勉強方法・学習のポイントは？

A テキストなどによる知識の習得ももちろん必要ですが、生活の中で保育や子どもに関連するニュースや法律に関心をもつようにしてください｡また、**自分の子育て経験や、歌を歌う、絵本を読むなど、実際に子どもとかかわることが試験に役立ちます。**

回答者　竹井芳江LEC専任講師（保育士講座担当）

高等学校教諭普通免許状

国家

高校進学率は9割を超え、高校教師には専門的力量と創造的な授業への挑戦がより期待される。高等学校教諭普通免許状の取得方法は中学校教諭普通免許状の取得方法とほぼ同じ。普通免許状を取得すると、すべての都道府県で有効となる。

受験対策
大学 専門学校 養成所など

受験者数	合格率
2,962人※	34.4%※
受験資格	受験料
学歴など	ー

※東京都中高共通の場合

取得方法	【1種免許状】 4年制大学などで所定の教科及び教職に関する科目59単位を修得し、学士の学位を取得した者　ほか 【専修免許状】 4年制大学で1種を取得するか所要資格を得て、大学院で修士の学位を取得し、教科及び教職に関する科目24単位を修得した者　ほか ※教員になるには、上記の免許状を取得後（見込みも含む）、各都道府県や政令指定都市の教育委員会が実施する教員採用試験か、各私立学校の採用試験に合格しなければならない
申込期間	郵送：5月上旬の指定する日の消印まで有効 インターネット申請：5月上旬の指定する日時までに申し込まれたもの （東京都公立学校教員採用候補者選考の場合）
試験日	**〔1次〕7月上旬** 〔2次〕面接：**8月中旬の3日間のうち指定する日** 実技：**8月下旬** （東京都公立学校教員採用候補者選考の場合）
選考内容	下記は東京都公立学校教員採用候補者選考の選考方法である 〔1次〕筆記 ①教職教養：択一式・マークシート式（60分）　職務遂行に必要な、教育に関する法令や理論などに関する問題 ②専門教養：主として多肢選択による客観式の検査方式・マークシート式（60分）　指導内容や指導方法など、教員として各教科の授業を行ううえで必要な専門的教養に関する問題 ③論文：教育に関する内容について2題出題され、うち1題を選択して、1,050字以内で論述（70分） 〔2次〕1次合格者のみ　①面接：個人面接 ②実技：音楽科、美術科、保健体育科、英語科の教科受験者のみ

各都道府県教育委員会

独立 就職 趣味 評価

中学校教諭普通免許状

なによりも子どもが好き——というのが、教師になる共通の志望動機。中学校の場合はそれに加えて、専門分野を教えるという点が小学校とは異なる。受験を乗り切るための指導はもとより、思春期の生徒が相手なだけに、学力だけではない心の豊かさも求められる。

受験対策
大学 専門学校 養成所など

受験者数	合格率
2,962人※	34.4%※
受験資格	**受験料**
学歴など	ー

※東京都中高共通の場合

取得方法	【2種免許状】 短大などで所定の教科及び教職に関する科目35単位を修得し、短期大学士の学位を取得した者　ほか 【1種免許状】 4年制大学などで所定の教科及び教職に関する科目59単位を修得し、学士の学位を取得した者　ほか 【専修免許状】 4年制大学などで1種を取得するか所要資格を得て、大学院で修士の学位を取得し、教科及び教職に関する科目24単位を修得した者　ほか ※教員になるには、上記の免許状を取得後（見込みも含む）、各都道府県や政令指定都市の教育委員会が実施する教員採用試験か、各私立学校の採用試験に合格しなければならない
申込期間	郵送：5月上旬の指定する日の消印まで有効 インターネット申請：5月上旬の指定する日時までに申し込まれたもの （東京都公立学校教員採用候補者選考の場合）
試験日	〔1次〕**7月上旬** 〔2次〕面接：**8月中旬の3日間のうち指定する日** 実技：**8月下旬** （東京都公立学校教員採用候補者選考の場合）
選考内容	下記は東京都公立学校教員採用候補者選考の選考方法である 〔1次〕筆記　①教職教養：択一式・マークシート式（60分） ②専門教養：主として多肢選択による客観式の検査方式・マークシート式（60分） ③論文：教育に関する内容について2題出題され、うち1題を選択して、1,050字以内で論述（70分） 〔2次〕1次合格者のみ　①面接：個人面接　②実技：音楽科、美術科、保健体育科、英語科の教科受験者のみ

各都道府県教育委員会

小学校教諭普通免許状

小学校教員になるには、小学校教諭普通免許状を取得し、採用試験に合格して、採用候補者名簿に登載、欠員を待つ。一般社会人から、学校教育に適した人材を登用する社会人特例選考もある。自己が確立されていない子どもを導くため、責任は重大。

受験対策
大学 専門学校 養成所など

受験者数	合格率
2,280人※	63.2%※
受験資格	**受験料**
学歴など	―

※東京都小学校全科の場合

取得方法	【2種免許状】 ①短大などで所定の教科及び教職に関する科目37単位を修得し、短期大学士の学位を取得した者　ほか ②文部科学大臣が委嘱する大学の行う小学校教員資格認定試験の合格者　ほか 【1種免許状】 4年制大学などで所定の教科及び教職に関する科目59単位を修得し、学士の学位を取得した者　ほか 【専修免許状】 4年制大学などで1種を取得するか所要資格を得て、大学院で修士の学位を取得し、教科及び教職に関する科目24単位を修得した者　ほか ※教員になるには、上記の免許状を取得後（見込みも含む）、各都道府県や政令指定都市の教育委員会が実施する教員採用試験か、各私立学校の採用試験に合格しなければならない
申込期間	郵送：5月上旬の指定する日の消印まで有効 インターネット申請：5月上旬の指定する日時までに、申し込まれたもの （東京都公立学校教員採用候補者選考の場合）
試験日	**〔1次〕7月上旬　〔2次面接〕8月中旬の3日間のうち指定する日**（東京都公立学校教員採用候補者選考の場合）
選考内容	下記は東京都公立学校教員採用候補者選考（小学校全科）の選考方法 **〔1次〕** 筆記 ①教職教養：択一式・マークシート式（60分） ②専門教養：主として多肢選択による客観式の検査方式・マークシート式（60分） ③論文：小学校の教育に関する問題を1,050字以内で論述（70分） **〔2次〕** 1次合格者のみ 面接：個人面接（受験者があらかじめ作成し面接当日に提出する「面接票」および「単元指導計画」等をもとに質疑応答を行う） 集団面接（指定された課題について、受験者間の話し合いや質疑応答を行う）

各都道府県教育委員会

小学校教員資格認定試験

国家
業務独占

受験者の学力などが大学または短期大学などで小学校教諭の2種免許状を取得した者と同等の水準に達しているかを審査するための文部科学省の試験である。合格者は都道府県教育委員会に申請すると、小学校教諭2種免許状が与えられる。

受験者数	合格率
869人	22.0%
受験資格	**受験料**
学歴など	25,000円

受験資格	高等学校を卒業した者、その他大学（短大および文部科学大臣指定の教員養成機関を含む）に入学する資格を有する者で、受験年の20年前の4月1日までに出生したもの
試験日	試験日、試験地は不測の事態により変更の可能性がある **〔1次〕6月下旬の1日間　〔2次〕9月下旬～10月上旬の1日間**
受験料	**25,000円**
試験地・実施方法	〔1次〕東京近郊、大阪近郊 〔2次〕東京近郊
試験内容	小学校教員資格認定試験は受験者の学力などが大学または短期大学などにおいて小学校教諭の2種免許状を取得した者と同等の水準に達しているかどうかを判定するもの。合格者は都道府県教育委員会に申請すると、小学校教諭2種免許状が授与される 〔1次〕筆記 ①教科および教職に関する科目Ⅰ（択一式）：教育職員免許法施行規則第3条第1項表における「教育の基礎的理解に関する科目」および「道徳、総合的な学習の時間等の指導法および生徒指導、教育相談等に関する科目」に関する専門的事項 ②教科および教職に関する科目Ⅱ（択一式）：小学校の各教科の具体的な授業場面を想定した指導法およびこれに付随する基礎的な教科内容 ※受験にあたっては、音楽、図画工作および体育の各教科のうち2教科以上を含む6教科を、10教科の中から選択する ③教科および教職に関する科目Ⅲ（論述式）：小学校の各教科の具体的な授業場面を想定した指導法およびこれに付随する基礎的な教科内容（10教科の中から1教科を選択する） ④教科および教職に関する科目Ⅳ（論述式）：教職への理解および意欲、児童理解、実践的指導力等、小学校教員として必要な能力等の全般に関する事項 〔2次〕 教職への理解および意欲、小学校教員として必要な実践的指導力に関する事項（指導案作成、模擬授業、口頭試問（個別面接）等）

問い合わせ先
独立行政法人 教職員支援機構 事業部 教員免許課資格認定試験係
〒305-0802 茨城県つくば市立原3番地　TEL029(875)8074、029(875)8084
URL=https://www.nits.go.jp/shiken/　E-MAIL=shiken@ml.nits.go.jp

幼稚園教諭普通免許状

独立　就職　趣味　評価

幼稚園教諭普通免許状の取得方法はほかの教諭免許状とほぼ同じだが、4年制大学では文学部幼児教育学科、家政学部児童学科などの限定された学科に進まないと免許を取得できない。幼稚園教諭を目指すなら、大学入学前に自分の進路を決めておいたほうがよい。

受験対策
大学 専門学校 養成所など

登録必要

受験者数	合格率
—	—
受験資格	受験料
学歴など	—

取得方法	【2種免許状】短大等で所定の教科4単位以上、教職27単位以上の専門科目を修得して卒業した者　ほか 【1種免許状】 ①4年制大学等で所定の教科6単位以上、教職35単位以上、教科または教職10単位以上の専門科目を修得して卒業した者 ②2種免許状取得後、教職経験を5年以上もち、かつ大学・認定講習等で45単位を修得し、教育委員会が行う教育職員検定に合格した者　ほか 【専修免許状】1種免許状を取得後、大学院で修士の学位を取得し、教科または教職科目34単位以上の専門科目を修得した者　ほか ※教員として採用されるには、上記の免許状を取得後（見込みも含む）、各市町村の教育委員会が実施する教職員採用試験か、各私立幼稚園の採用試験に合格しなければならない
	幼稚園教諭普通免許状を取得した上で、東京23区公立幼稚園教員採用候補者選考を受ける場合。
申込期間	5月中旬の指定する日まで
試験日	〔1次〕**6月下旬** 〔2次〕**8月中旬の2日間**
合格発表	〔1次〕7月下旬 〔2次〕9月上旬
選考内容	〔1次〕筆記 ①教職・専門教養：択一式・マークシート方式（70分） ②小論文：事例式・1,200字程度（90分） 〔2次〕1次合格者のみ ①実技：模擬保育・キーボード演奏・歌など　②面接：個人面接

各都道府県教育委員会

障害のある子の養護訓練が使命

独立 就職 趣味 評価

特別支援学校教諭免許状

特別支援学校や一般校に併設された特別支援学級で、肢体不自由者、知的障害者、病弱者、聴覚・視覚障害者への教育、または言語障害教育などの自立活動や自立教育を担当する。教育能力や資質はもちろん、深い思いやりの心をもって接することが望まれる。

受験対策
大学 専門学校 養成所など

受験者数	合格率
726人※	49.6%※
受験資格	**受験料**
学歴など	―

※東京都の場合

取得方法	【2種免許状】小学校、中学校、高等学校または幼稚園教諭の普通免許状を取得し、特別支援教育に関する科目を16単位以上修得した者 【1種免許状】 ①大学を卒業し、小学校、中学校、高等学校または幼稚園教諭の普通免許状を取得した者で、特別支援教育に関する科目を26単位以上修得した者 ②文部科学省が行う特別支援学校教員資格認定試験（視覚障害教育、聴覚障害教育、肢体不自由教育、言語障害教育の4種目）に合格した者 ※②は該当種目の自立活動の指導のみ担当可能 【専修免許状】大学院の修士課程を修了しており、小学校、中学校、高等学校または幼稚園教諭の普通免許状を取得した者で、特別支援教育に関する科目を50単位（1種免許に24単位を加え）以上修得した者　ほか ※教員になるには、上記の免許状を取得後（見込みも含む）、各都道府県や政令指定都市の教育委員会が実施する教員採用試験か、各私立学校の採用試験に合格しなければならない
申込期間	郵送：5月上旬の指定する日の消印まで有効 インターネット申請：5月上旬の指定する日時までに申し込まれたもの （東京都公立学校教員採用候補者選考の場合）
試験日	**〔1次〕7月上旬**　**〔2次〕**面接：**8月中旬～下旬の3日間のうち指定する日**　実技：**8月下旬**（東京都公立学校教員採用候補者選考の場合）
選考内容	下記は東京都公立学校教員採用候補者選考の選考方法である **〔1次〕**筆記　①教職教養：択一式・マークシート式（60分）　②専門教養：主として多肢選択による客観式の検査方式・マークシート式（60分）　③論文：教育に関する内容について2題出題し、うち1題を選択して、1,050字以内で論述（70分） **〔2次〕**1次合格者のみ　①面接：個人面接　②実技：音楽科・美術科・保健体育科・英語科の受験者

問い合わせ先　**各都道府県教育委員会**

日本語教育能力検定試験

民間

日本人なら誰でも日本語を教えられるというものではない。「外国語」としての日本語を教えるためには、専門の知識とノウハウが必要となる。この検定に合格すると、その知識と能力が、日本語教育に携わる者として基礎的な水準に達していることが証明される。

受験者数	合格率
8,249人	30.8%
受験資格	受験料
なし	17,000円

受験資格	誰でも受験できる
申込期間	7月上旬～下旬
試験日	**10月下旬**
受験料	**17,000円**（税込）
試験地	北海道、東北、関東、中部、近畿、中国、九州（2024年度予定）
試験内容	**〔試験Ⅰ〕** 90分／100点 原則として、出題範囲の区分ごとの設問により、日本語教育の実践につながる基礎的な知識を測定する **〔試験Ⅱ〕** 30分／40点 試験Ⅰで求められる「基礎的な知識」および試験Ⅲで求められる「基礎的な問題解決能力」について、音声を媒体とした出題形式で測定する **〔試験Ⅲ〕** 120分／100点 原則として出題範囲の区分横断的な設問により、熟練した日本語教員の有する現場対応能力につながる基礎的な問題解決能力を測定する 出題範囲は、以下のとおり。全範囲にわたって出題されるとは限らない 〈社会・文化・地域〉 ①世界と日本　②異文化接触 ③日本語教育の歴史と現状 〈言語と社会〉 ④言語と社会の関係　⑤言語使用と社会 ⑥異文化コミュニケーションと社会 〈言語と心理〉 ⑦言語理解の過程　⑧言語習得・発達　⑨異文化理解と心理 〈言語と教育〉 ⑩言語教育法・実習 ⑪異文化間教育とコミュニケーション教育　⑫言語教育と情報 〈言語〉 ⑬言語の構造一般　⑭日本語の構造　⑮言語研究　⑯コミュニケーション能力

公益財団法人 日本国際教育支援協会 日本語試験センター試験運営課
〒153-8503 東京都目黒区駒場4-5-29
TEL03(5454)5215　URL=https://www.jees.or.jp/jltct/index.htm

高等学校卒業程度認定試験

国家

高等学校を卒業していない人などが、高等学校卒業と同程度の学力があるかどうかを文部科学省が認定する試験である。合格者は、大学・短大・専門学校を受験でき、各種資格試験や企業の採用試験においても、活用することができる。

受験者数	合格率
16,813人	47.2%
受験資格	**受験料**
年齢など	4,500円 (3科目以下の場合・収入印紙)

受験資格	試験実施年度（4月1日～翌年3月31日）の終わりまでに満16歳以上になる者 全日制高等学校在籍生徒でも受験可能。ただし、満18歳に達していない者がすべての科目に合格したときは、18歳の誕生日の翌日から合格者となる。すでに大学入学資格をもっている者は受験できない
出願期間	第1回：4月上旬～5月上旬　第2回：7月中旬～9月上旬
試験日	**第1回：8月上旬の2日間** **第2回：11月上旬の2日間**
申込方法	願書などを、文部科学省生涯学習推進課に簡易書留郵便で提出する
受験料	7科目以上：**8,500円** 4科目以上6科目以下：**6,500円** 3科目以下：**4,500円**（各収入印紙）
試験地	各都道府県（詳細は受験案内を参照）
試験科目	次の8～9科目 ①国語 ②地理 ③歴史 ④公共 ⑤数学 ⑥科学と人間生活、物理基礎、化学基礎、生物基礎、地学基礎のうち、科学と人間生活を含む2科目、もしくは科学と人間生活以外の3科目 ⑦英語 ※試験の一部免除 すでに高等学校などで単位を修得した者などは、出願の際、必要な証明書を願書に添えて願い出れば、一部科目の免除が受けられる ※令和6年度第1回の試験から試験科目が一部変更されている。詳細は文部科学省のホームページを確認

問い合わせ先
文部科学省 総合教育政策局 生涯学習推進課 認定試験第一係・第二係
〒100-8959 東京都千代田区霞が関3-2-2
TEL03(5253)4111　URL=https://www.mext.go.jp/a_menu/koutou/shiken

学校図書館司書教諭

司書教諭の仕事は、学校図書館を活用した教育活動や学習・読書活動に対する指導など。なるためには、所定の機関で司書教諭講習を受講後、資格を取得し、教育機関に教諭として採用されることが必要。

【受講資格】 ①小学校、中学校、高等学校または特別支援学校の教諭の免許状を有する者　②大学に２年以上在学する学生で62単位以上を修得した者

【講習内容】 学習指導と学校図書館、読書と豊かな人間性　などの５科目10単位

【講習日】 7～8月頃（実施機関によって異なる）。５月頃、ホームページ（https://www.mext.go.jp）で公示

【講習実施機関】 委嘱された大学その他の教育機関

【問い合わせ先】
文部科学省 総合教育政策局 地域学習推進課
〒100-8959 東京都千代田区霞が関3-2-2
TEL03(5253)4111

チャイルドマインダー

0歳から12歳までの子どもを対象に「家庭的保育」を行う仕事。講座受講後、検定試験に合格すれば資格が得られる。実力しだいで自宅開業や訪問ケアも可能。

【受講資格】 18歳以上で、心身ともに健康な者

【講習内容】 子どものしつけや教育、病気・救急救護法、日本の保育事情など

※通信講座とWeb講座からの養成講座があり、コースが選べる

【受講料】
〔通信講座〕 214,500円（教材費込み）
〔Web講座〕 220,000円（教材費込み）

【問い合わせ先】
NPO法人日本チャイルドマインダー協会
〒103-0022 東京都中央区日本橋室町2-1-1
日本橋三井タワー6F
TEL03(6734)0381

社会教育主事

社会教育主事は各教育委員会において専門的な助言・指導を行う。全国の大学および国立教育政策研究所社会教育実践研究所センター等で実施される社会教育主事講習の修了が必要。

【取得方法】 以下にあげる社会教育主事になり得る資格を有し、都道府県・市町村教育委員会から「社会教育主事」として発令されることが必要　①大学に２年以上在学して62単位を修得し、または高専を卒業し、社会教育主事補などであった期間が３年以上で、社会教育主事の講習修了者　②教育職員の普通免許状を有し、かつ５年以上文部科学大臣の指定する教育に関する職にあり、社会教育主事の講習修了者　ほか

【問い合わせ先】
各都道府県 市町村教育委員会、または文部科学省総合教育政策局地域学習推進課
〒100-8959 東京都千代田区霞が関3-2-2
TEL03(5253)4111

司書（司書補）

公共図書館等で資料の選択、発注、分類、目録作成、貸出業務、案内などを行う専門的職員。司書補は司書の職務を補助する。

【受講資格】〔司書補〕 高校・中等教育学校を卒業、または高専３年次を修了　ほか
〔司書〕 ①大学、短大に２年以上在学し62単位以上を修得、または高専を卒業　ほか

【取得方法】〔司書補〕 ①高校、中学を卒業、または高専３年を修了し、司書補講習を修了　ほか　**〔司書〕** ①大学、短大、高専を卒業し、司書講習を修了　②大学、短大で必要な科目を履修し、卒業　ほか

【講習日】 7～9月（実施大学により異なる）

※講習実施大学は、ホームページ（https://www.mext.go.jp）で公示

【問い合わせ先】
文部科学省 総合教育政策局 地域学習推進課
〒100-8959 東京都千代田区霞が関3-2-2
TEL03(5253)4111

幼児教育・保育英語検定（幼保英語士資格認定試験）

乳幼児の幼児教育・保育に必要な英語力を習得し、グローバル化に対応できる幼稚園教諭・保育士の養成を目的とする。

【受験資格】 誰でも受験できる

【試験日】 7月中旬　11月中旬
翌年2月中旬

【受験料】〔4級〕 3,500円 **〔3級〕** 4,000円 **〔2級〕** 4,500円 **〔準1級〕** 6,500円 **〔1級〕** 7,000円

【試験科目】
〔4級〕 初級レベル：筆記
〔3級〕 基礎レベル：筆記・リスニング
〔2級〕 補助レベル：筆記・リスニング
〔準1級〕 実務レベル：一次（筆記・リスニング・英作文）、二次（英語による実技面接）
〔1級〕 専門レベル：準1級に同じ

【問い合わせ先】
一般社団法人 幼児教育・保育英語検定協会
〒153-0061 東京都目黒区中目黒3-6-2
中目黒FSビル5F　TEL03(5725)3224

実践保育力検定

保育の基礎的な知識と、日常の保育での具体的な場面における適切な対応方法の習得をめざし、「現場に必要な保育スキル」を高めることを目的としている。

【受験資格】〔Basic Class〕 誰でも受験できる

【試験内容】〔Basic Class〕 子育てや保育に必要な、子どもの育ちについての基本的知識　①生活の援助（食事、排泄・衛生、着脱、体調管理）　②保育活動の実施と援助（造形、音楽、言葉、運動）　③あそびの援助と安全　④心の理解と対応　⑤保護者への支援と対応

【検定日】〔Basic Class〕 2月

【検定料】〔Basic Class〕 一般：7,000円
学生：5,000円

【問い合わせ先】
一般社団法人 実践ライフデザイン検定協会
〒101-0052 東京都千代田区神田小川町3-2-10
三光ビル4F　TEL03(6811)0635

職業訓練指導員

公共の職業能力開発施設や民間の認定職業訓練施設で実技や専門学科などを訓練・指導する。規定の実務経験が必要な場合がある。

【取得方法】 ①職業訓練指導員試験に合格　②職業訓練指導員講習修了　③職業能力開発総合大学校卒業者など学歴による申請

【受験資格】 ①中学・高校・大学・職業訓練校などを卒業・修了後、一定の実務経験者
②技能検定合格者　ほか

【試験日】 各都道府県により異なる

【試験科目・講習内容】〔試験〕 電気、建築、自動車整備、機械など免許職種ごとに実施（実施していない科目もある）　学科：指導方法　ほか　実技：免許職種に関する実技
〔講習〕 1日8時間・6日間　職業訓練原理、教科指導法、労働安全衛生　ほか

【問い合わせ先】
各都道府県職業能力開発主管課（試験の場合）
各都道府県職業能力開発協会（講習の場合）

学芸員（学芸員補）

博物館で資料の収集、展示などの業務を行う専門職員。

【取得要件】〔学芸員〕 次のいずれかに該当すれば学芸員となる資格が得られる　①学士の学位を有し、大学で文部科学省令の定める博物館に関する科目の単位修得者　②大学に2年以上在学し、博物館に関する科目の単位を含めて62単位以上修得し、3年以上学芸員補の職にあった者　ほか
〔学芸員補〕 大学に入学できる者は学芸員補となる資格がある

【試験科目】
〔試験認定〕 筆記（試験科目8科目）
〔審査認定〕 博物館に関する学識、業績を書類で審査し、学芸員としての意欲、態度、向上心を面接で審査

【問い合わせ先】
文化庁 企画調整課 博物館振興室
〒100-8959 東京都千代田霞が関3-2-2
TEL03(5253)4111

リトミック指導員資格

所定の授業を修了すれば、音楽のリズムで子どもの創造力や感性を育てる幼児リトミック指導員の資格が取れる。修了科目により、ベビーリトミック指導員、英語リトミック指導員などの取得も可能。

【カリキュラム内容】〔リトミック本科、昼間部・夜間部、2年制〕 実技：ワンツーワン方式で行う楽器の実技レッスン　必修科目：リトミック伴奏法、乳幼児発達心理学、幼児リトミック演習＆RMP　選択科目：学科を超えて好きな科目を自由に選択

※ほかの学科でもリトミック指導員に必要な科目を履修すれば資格取得可能

【授業料】〔リトミック本科・昼間部・2年制〕

1年度：1,320,000円（入学金含む）

2年度：1,120,000円

【問い合わせ先】

国立音楽院

〒154-0001 東京都世田谷区池尻3-28-8

TEL03(5431)8085

ネイチャーゲームリーダー養成講座

自然と人を結ぶ自然案内人としてのノウハウとスキルを身につける講座。体験をベースに学ぶアクティブラーニングの手法で、自然とのふれあいを楽しみながら、ネイチャーゲームリーダーの資格を取得する。

【受講資格】 18歳以上

【受講内容】〔実習〕「カメラゲーム」「フィールドビンゴ」「カモフラージュ」「音いくつ」「動物交差点」など12以上のネイチャーゲームの体験および指導実習**〔講義〕**ネイチャーゲームの目的「自然への気づき」、安全対策、自然への配慮など

【講習日】 全国各地。主に週末や祝日の2～3日間。オンライン併用開催もある。

【受講料】 28,000～45,000円程度（初年度分の会費登録費含）

【問い合わせ先】

公益社団法人 日本シェアリングネイチャー協会

jimukyoku@naturegame.or.jp　URL=https://www.naturegame.or.jp/qualification/

福祉レクリエーション・ワーカー

福祉現場で活かせるレクリエーションの理論と実技を学ぶ。通信教育および1回の集合学習と現場実習後、審査に合格すると取得できる。

【受講資格】 ①満18歳以上

②レクリエーション・インストラクター養成講習会を受講予定・受講中・修了者ほか

【講習内容】

①福祉レクリエーション支援の理解

②福祉レクリエーション支援の計画

③福祉レクリエーション支援の介入技術

【通信カリキュラム受講期間】

学習開始日から2年後の3月末日まで※最短1年程度

【通信教育受講料】 50,000円（集合学習、指導実習の参加費は別途）

【問い合わせ先】

公益財団法人 日本レクリエーション協会

〒110-0016 東京都台東区台東1-1-14

D's VARIE 秋葉原ビル7F　TEL03(3834)1093

生涯学習コーディネーター（基礎）

地域の人々が必要な知識・技能を身につけられるように学習機会の選択を援助し、小中学校との調整を行うなどの役割を担う。文部科学省認定通信講座として開講。申請手続きをすると取得できる。

【受講資格】 誰でも受講できる。学校支援地域事業や放課後子供教室事業の参加者、地域コーディネーター、学校教育や社会教育関係への就職希望者、ボランティア活動参加者などにおすすめ

【研修内容】 第Ⅰ単元：コーディネートの理解と技術　第Ⅱ単元：地域学習情報活用の理解と技術　第Ⅲ単元：コミュニケーションの仕方の理解　第Ⅳ単元：事業の設計とマネジメントにおけるコーディネート

【受講料】 46,420円（税込）

【問い合わせ先】

一般財団法人 社会通信教育協会

〒114-0015 東京都北区中里1-15-7

TEL03(5815)8432

Chapter 10

福祉

介護支援専門員（ケアマネジャー）

介護保険の理念で重要な点は、介護を受ける側が、自らの責任で受けたいサービスを選択できること。要介護度が認定されると、それに従ったケアプランが立てられる。その際、利用者の立場に立ち、サービス提供者との間で調整にあたるのが介護支援専門員である。

受験者数	合格率
56,494人	21.0%
受験資格	受験料
実務経験	9,200円程度

取得方法	【介護支援専門員実務研修受講試験】に合格後、各都道府県が実施する実務研修を修了する。各都道府県の介護支援専門員資格登録簿に登録されたあと、介護支援専門員証の交付を受ける 以下は【介護支援専門員実務研修受講試験】についての内容である
受験資格	受験資格者は、以下のいずれかの資格・実務経験を有する者に限る ①介護福祉士、社会福祉士、医師、保健師、看護師などの国家資格等に基づく業務に従事する者　②生活相談員（特定施設入居者生活介護ほか）、支援相談員（介護老人保健施設）、相談支援専門員（障害者総合支援法などに規定される事業）、主任相談支援員（生活困窮者自立支援法に規定される事業）の相談援助業務に従事する者　いずれも従事する期間が通算５年以上であり、かつ従事した日数が900日以上
申込期間	各都道府県により異なる
試験日	**10月中旬**
受験料	**6,910～14,400円**程度 （各都道府県により異なる。東京都の場合12,400円）
試験地	各都道府県の指定した場所
試験内容	五肢複択式の筆記試験（120分） **〔介護支援分野〕** （25問） ①介護保険制度の基礎知識 ②要介護認定などの基礎知識 ③居宅・施設サービス計画の基礎知識など **〔保健医療福祉サービス分野〕** ①保健医療サービスの知識など（基礎）（15問） ②保健医療サービスの知識など（総合）（5問） ③福祉サービスの知識等（15問）

各都道府県の介護保険担当課等

資格のQ&A

Q この資格を取るメリットは？

A 介護サービスの利用者とサービス提供者との間に立って、ケアプランの作成・調整などを行うのがケアマネジャーの主な仕事です。介護保険制度の中核を担う存在としてニーズが高い職業なので、**この資格をもっていると介護関連業界への就職や転職、キャリアアップに有利です**。ただし、受験資格の厳格化などにより、受験者数は減少し、現在受験者数は横ばいです。

Q この資格取得にかかる費用・期間は？

A 試験を受けるには特定の資格や実務経験が必要ですが、勉強を始めてから合格するまでの平均期間は**半年**です。費用は、独学なら参考書や問題集の代金程度ですが、通信なら**3～5万円**程度かかるのが一般的です。

Q 資格取得後に有利な業界はどこですか？

A **居宅介護支援事業所、介護保険施設**での活躍が期待できます。また、これらに限らず、介護関連業界ならさまざまな場所でケアマネジャーの資格を生かすことができるでしょう。

Q 次のステップとして、取得すべき資格はありますか？

A 利用者さんごとの適切なサービスプランを作成するためにも、ケアマネジャーは常に最新の介護知識や情報をキャッチするよう努めることが必要です。**社会福祉士、福祉住環境コーディネーター、福祉用具専門相談員の資格**を取得すると、知識の幅が広がり、キャリアアップにもつながるばかりか、日常の業務にもプラスになることは間違いありません。

Q おススメの勉強方法・学習のポイントは？

A **問題演習、特に過去問題集の学習に力を注いで理解度の強化に励んでください**。また、模擬試験を受けるなど、実際の試験環境の雰囲気に慣れておくことも大切です。

回答者 上井光裕（資格アドバイザー）

社会福祉士

名称独占

社会福祉士は、高齢者や身体上、もしくは精神上の障害がある者などの社会福祉の全分野に関する相談に応じ、助言や指導を行うため、社会福祉全般にわたって専門的知識や技能を必要とする。高齢社会を迎え、今後ますます必要性が高まってくる。

受験対策
大学 専門学校 養成施設など

受験者数	合格率
34,539人	58.1%
受験資格	受験料
学歴など	19,370円

受験資格	①4年制大学で指定科目を修めて卒業した者 ②2年制（または3年制）短期大学等で指定科目を修めて卒業し、指定施設において2年以上（または1年以上）相談援助の業務に従事した者 ③社会福祉士短期養成施設（6月以上）を卒業した者 ④社会福祉士一般養成施設（1年以上）を卒業した者
申込期間	9月上旬～10月上旬（予定）
試験日	**2月上旬**（予定）
受験料	**19,370円**
試験地	北海道、青森、岩手、宮城、埼玉、千葉、東京、神奈川、新潟、石川、岐阜、愛知、京都、大阪、兵庫、島根、岡山、広島、香川、愛媛、福岡、熊本、鹿児島、沖縄（予定）
試験科目	**〔共通科目〕** ①医学概論　②心理学と心理的支援 ③社会学と社会システム　④社会福祉の原理と政策 ⑤社会保障　⑥権利擁護を支える法制度 ⑦地域福祉と包括的支援体制 ⑧高齢者福祉　⑨障害者福祉 ⑩児童・家庭福祉　⑪貧困に対する支援 ⑫保健医療と福祉 **〔専門科目〕** ⑬高齢者福祉　⑭児童・家庭福祉 ⑮貧困に対する支援　⑯保健医療と福祉 ⑰ソーシャルワークの基盤と専門職（専門） ⑱ソーシャルワークの理論と方法（専門） ⑲福祉サービスの組織と経営 ※社会福祉士試験と精神保健福祉士試験の同時受験が可能である

問い合わせ先
公益財団法人 社会福祉振興・試験センター
〒150-0002 東京都渋谷区渋谷1-5-6 SEMPOS（センポス）ビル
TEL03(3486)7559（試験案内専用）　URL=https://www.sssc.or.jp/

資格のQ&A

Q この資格を取るメリットは？

A **就職に有利な国家資格として注目度の高い資格です**。キャリアアップを視野に入れた転職、再就職にもたいへん役立ちます。また、介護業務に従事している人には職能手当が出るなど収入アップが望めるほか、昇格・昇進の道も開けます。経験を積んで独立開業できる可能性もあります。

Q この資格取得にかかる費用・期間は？

A 費用は自分で勉強するなら参考書代程度ですみます。資格専門スクールなどに通う場合は、学ぶ科目によって変わりますが**40,000〜80,000円**程度です。勉強開始から合格までの平均的な期間は約**6カ月**。ただし、受験するには大学等卒業、養成施設卒業などの条件があり、それを満たしていない場合は、さらに1〜5年かかります。

Q 資格取得後に有利な業界はどこですか？

A 2024年1月末現在、社会福祉士登録者数は、287,222人で、**福祉**、**医療**、**保健**、**教育**、また最近では**司法の分野**にも社会福祉士のフィールドが広がっています。任用資格（特定の行政職に就く場合に取得しておくべき資格）となっている仕事もあり、どの分野でも有利といえるでしょう。

Q 次のステップとして、取得すべき資格はありますか？

A 社会福祉士の活躍の場は多岐にわたるので、**自分が志す分野でどのような資格があれば有利か**を考え、取得を目指してください。

Q おススメの勉強方法・学習のポイントは？

A 過去問演習は必須です。試験問題に慣れるとともに問題の傾向を把握しておきましょう。実際の試験は医学概論、社会保障、児童・家庭福祉など広範にわたります。問題数が多く時間との勝負になりがちなので、**時間を計って問題を解いてみるなど時間感覚を身につけておくことが特に重要です**。

回答者 森田道夫LEC専任講師（社会福祉士講座担当）

介護福祉士

国家
名称独占

人口の高齢化が進むなかで、核家族化や扶養意識の変化に伴い、家庭での介護能力は低下している。こうした状況から在宅や施設における介護の充実強化を図り、国民の福祉向上を目的に設けられた資格。ニーズは高く、専門的知識と技能を発揮できる仕事である。

受験者数	合格率
74,595人	82.8%
受験資格	**受験料**
学歴 or 実務経験	18,380円（予定）

受験資格	資格取得には、介護福祉士国家試験に合格する必要がある（下記※は除く） 受験資格は次のとおり。受験申込時に受験資格に応じ、実務経験証明書、実務者研修修了証明書、卒業証明書などが必要 ①3年以上介護等の業務に従事し、実務者研修を修了した者（実務者研修は450時間。受講済の関連講習により時間数軽減あり） ②介護福祉士養成施設を卒業した者 ③福祉系高等学校（専攻科を含む）で所定の教科目を修めて卒業した者（平成21年度以降入学者） ※制度改正により、②の介護福祉士養成施設を2027年3月までに卒業する者については、介護福祉士国家試験を受験しなくても、または合格しなくても、卒業後5年間介護福祉士となることができる
申込期間	8月上旬～9月上旬（予定）
試験日	**〔筆記〕1月下旬**
受験料	**18,380円**（予定）
試験地	**〔筆記〕**北海道、青森、岩手、秋田、宮城、福島、群馬、埼玉、千葉、東京、神奈川、新潟、石川、長野、岐阜、静岡、愛知、京都、大阪、兵庫、和歌山、鳥取、島根、岡山、広島、香川、愛媛、高知、福岡、長崎、熊本、大分、宮崎、鹿児島、沖縄（予定）
試験科目	**〔筆記〕** ①人間の尊厳と自立、介護の基本 ②人間関係とコミュニケーション、コミュニケーション技術 ③社会の理解 ④生活支援技術　⑤介護過程 ⑥こころとからだのしくみ　⑦発達と老化の理解 ⑧認知症の理解　⑨障害の理解 ⑩医療的ケア　⑪総合問題

公益財団法人 社会福祉振興・試験センター
〒150-0002 東京都渋谷区渋谷1-5-6 SEMPOS（センポス）ビル
TEL03(3486)7559（試験案内専用）　URL=https://www.sssc.or.jp/

資格のQ&A

Q この資格を取るメリットは？

A 介護福祉士は、社会福祉士、精神保健福祉士と並ぶ、３福祉士のひとつです。社会福祉士及び介護福祉士法による国家資格で、名称独占資格です。**介護・福祉系の仕事では、介護福祉士は高く評価されます**。同じ施設に勤務していても知識レベルが高いですから、介護福祉士には手当が出る施設が多いようです。

Q この資格取得にかかる費用・期間は？

A 受験には、福祉関係の学校を卒業するか、実務経験３年以上＋実務研修修了が必要です。学習は独学でも可能ですが、一人で長期間学習をするのは厳しいという人は、通信・通学講座があります。通信講座では**30,000円～50,000円**程度、通学講座では**50,000～150,000円**程度です。

Q 資格取得後に有利な業界はどこですか？

A **介護老人保健施設、特別養護老人ホーム、デイケアセンター**などの社会福祉施設や病院などが活動場所になります。慢性的に従事者が不足している介護・福祉業界ですから、就職や転職は一層確実になり、正社員採用にも有利になります。

Q 次のステップとして、取得すべき資格はありますか？

A 介護・福祉のエキスパートとして進むには、**介護支援専門員（ケアマネジャー）、社会福祉士**がいいでしょう。どちらも介護福祉士に比べて、合格率は低く難関です。ただし処遇がアップする可能性もあり、多くの人たちが挑戦しています。

Q おススメの勉強方法・学習のポイントは？

A 受験には**実務者研修が必須**となったため、受験者数は一時的に減少しましたが、最近は、受験者数、合格者数ともに一定で推移しています。**筆記試験は５肢選択式で、過去問題を繰り返し解くのが合格のポイントです。**

回答者　上井光裕（資格アドバイザー）

高齢者に優しい住環境を提案する

独立 就職 趣味 評価

福祉住環境コーディネーター検定試験®

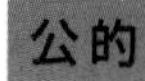

福祉×建築×医療の幅広い知識で、高齢者や障がい者が暮らしやすい住環境を提案するアドバイザーを養成する。超高齢社会をむかえ、高齢者を顧客とするビジネスが増加するなか、顧客の信頼を得るためのスキルとして、住宅業界や福祉業界から注目を集めている。

※福祉住環境コーディネーター検定試験®は東京商工会議所の登録商標です。

公式テキスト　独学　講座　通信　オンライン

受験者数	合格率
14,344人※	38.1%※
受験資格	受験料
なし	7,700円※

※2級の場合

受験資格	誰でも受験できる
申込期間	【3・2級】6月上旬～中旬　10月中旬～下旬 【1級】11月上旬～中旬
試験日	【3・2級】**7月中旬～8月上旬　11月中旬～12月上旬** 【1級】**12月中旬（統一試験日）**
受験料	【3級】**5,500円**　【2級】**7,700円**　【1級】**9,900円**（各税込） ※CBT方式は利用料2,200円（税込）が別途発生
試験地	【1級】CBT方式のみ 【3・2級】IBT、CBTの2方式
受験者数 合格率	【3級】5,372人、40.9%　【2級】14,344人、38.1% 【1級】　234人、14.5%　（2023年度）
試験内容	【3級】多肢選択式（90分） ①暮らしやすい生活環境をめざして ②健康と自立をめざして ③バリアフリーとユニバーサルデザイン ④安全・安心・快適な住まい ⑤安心できる住生活とまちづくり　ほか 【2級】多肢選択式（90分） ①高齢者や障害者を取り巻く社会状況と福祉住環境コーディネーターの意義 ②障害のとらえ方と自立支援のあり方 ③疾患別・障害別にみた不便・不自由と福祉住環境整備の考え方 ④相談援助の考え方と福祉住環境整備の進め方 ⑤福祉住環境整備の基本技術および実践に伴う知識 ⑥在宅生活における福祉用具の活用　ほか 【1級】前半：多肢選択式　後半：記述式（各90分） ①福祉住環境整備の必要性と福祉住環境コーディネーター ②高齢者・障害者を支える地域づくり　地域福祉の推進 ③ユニバーサルデザイン環境の整備　すべての人が共生できる社会環境 ④高齢者や障害者向け住宅と要介護者向け施設整備　ほか

東京商工会議所 検定センター
URL=https://kentei.tokyo-cci.or.jp

資格のQ&A

Q この資格を取るメリットは？

A 日本は、世界で類をみない速さで超高齢化社会に突入しています。**医療、福祉、建築についての総合的な知識が身につく同資格のニーズは着実に高まっています**。商工会議所の公的資格でもあり、２級資格を取得すると、介護保険を利用した住宅改修に必要な書類が作成できます。また、自宅に高齢者がいる場合やリフォームをする場合にもこの知識が役に立ちます。

Q この資格取得にかかる費用・期間は？

A 独学も可能です。２級の場合、テキスト・問題集代で約**8,000円**です。通信講座を受講する場合は、２級で約**3～5カ月、30,000～50,000円**程度の費用になります。

Q 資格取得後に有利な業界はどこですか？

A **工務店、リフォーム会社、福祉用具販売・レンタル会社**などでニーズがあります。ただし､この資格を生かすには建築や福祉の業務経験が必要です。業務経験がなく、福祉住環境コーディネーター資格を取得しただけでは、就職、転職に有利になることは少ないと思われます。

Q 次のステップとして、取得すべき資格はありますか？

A 福祉住環境コーディネーターを先に取得した場合は、住環境関連の代表資格となる**建築士**を目指したいものです。また、介護保険に基づいて福祉用具の貸与を行う**福祉用具専門相談員資格**も仕事の幅が広がります。

Q おススメの勉強方法・学習のポイントは？

A 試験はマークシート方式です。出題範囲は、少子高齢の社会情勢からバリアフリー、ユニバーサルデザインにまで及ぶため幅広く学ぶ必要があります。「過去問は最良のテキスト」といわれるように､**テキストを読み込んで、過去問題を繰り返すのが、合格のポイントです**。

回答者 上井光裕（資格アドバイザー）

介護職員初任者研修

公的

訪問介護を担ってきた「訪問介護員（ホームヘルパー）2級」資格制度から、2013年4月に移行された研修制度で、130時間を履修する。介護職として生涯働き続けるため、キャリアアップの入り口として位置づけられ、これからの高齢社会を支える。

受験対策
講習＋修了試験合格

受講必要

受講者数	認定率
ー	ー
受講資格	**受講料**
なし	ー

受講資格	誰でも受講できる ※すでに訪問介護員養成研修2級・1級、介護職員基礎研修を修了している者は、介護職員初任者研修の修了者とみなされる
講習日	**各実施団体により異なる**
受講料	**各実施団体により異なる**
開講地	各実施団体により異なる
講習内容	①職務の理解（6時間） 多様なサービスの理解、介護職の仕事内容や働く現場の理解 ②介護における尊厳の保持・自立支援（9時間） 人権と尊厳を支える介護、自立に向けた介護 ③介護の基本（6時間） 介護職の役割・専門性と多職種との連携、介護職の職業倫理、介護における安全の確保とリスクマネジメント、介護職の安全 ④介護・福祉サービスの理解と医療との連携（9時間） 介護保険制度、医療との連携とリハビリテーション　ほか ⑤介護におけるコミュニケーション技術（6時間） 介護におけるコミュニケーションやチームのコミュニケーション ⑥老化の理解（6時間） 老化に伴うこころとからだの変化と日常、高齢者と健康 ⑦認知症の理解（6時間） 認知症を取り巻く状況、医学的側面から見た認知症の基礎と健康管理、認知症に伴うこころとからだの変化と日常生活、家族への支援 ⑧障害の理解（3時間） 障害の基礎的理解、障害の医学的側面・生活障害・心理と行動の特徴・かかわり支援などの基礎的知識、家族の心理・かかわり支援の理解 ⑨こころとからだのしくみと生活支援技術（75時間） 介護の基本的な考え方、生活と家事、快適な居住環境整備と介護　ほか ⑩振り返り（4時間） 就業への備えと研修修了後における継続的な研修　ほか ※上記を履修後、筆記試験による修了評価（1時間程度）が行われる

問い合わせ先　**各都道府県、市区町村の福祉担当課、および講座実施団体**

おもてなしの心と介助技術を学ぶ　独立 就職 趣味 評価

サービス介助士

民間

サービス介助士は、自宅学習と実技教習で取得できる。高齢者や身体に障がいのある人が積極的に街の中に出かけられるよう自立を支え、社会環境づくりを担う、ホスピタリティ・マインドのある人材を育成する。実技教習終了後、検定試験が実施される。

申込者数	合格率
ー	80%以上
受講資格	受講料
なし	41,800円

受講資格	誰でも受講できる
受講期間	申込み（随時）から12カ月
講習日 開講地	**毎月10回以上**：東京　**毎月5回以上**：大阪　その他：札幌、仙台、宇都宮、横浜、浜松、豊橋、名古屋、岐阜、津、金沢、神戸、高松、福岡、北九州、大分　ほか
受講料	**41,800円**（税込）　※講座の教材、提出課題の添削、実技教習、検定試験、認定証発行料などの費用を含む
講習内容	通信教育課程、実技教習課程、検定試験を経て、合格者は「サービス介助士」として認定される **〔通信課程〕** 自宅学習で100問の課題を提出する。60点以上で合格。60点未満の場合は再提出 ①共生社会へ向けて　②サービス介助士の接遇　③障害のとらえ方 ④高齢社会の理解　⑤高齢者への理解と接遇　⑥障害者への理解と接遇 ⑦障碍者の自立支援　⑧円滑なコミュニケーション　⑨関連法規 **〔実技教習〕** オンライン講座＋1日対面教習または2日間の対面教習 ①ホスピタリティマインド・心のバリアフリー ②障害者差別解消法・障害の社会モデル ③高齢者疑似体験　④ディスカッション（社会のバリアを考える） ⑤ジェロントロジー（創齢学）とは ⑥車いす利用者への接遇、車いす介助・移乗訓練 ⑦聴覚障害者への接遇　⑧補助犬の理解 ⑨視覚障害者への接遇 ⑩障害当事者との対話から障害を知る　⑪実技チェック ⑫総合ロールプレイ　⑬まとめ **〔検定試験〕** 筆記試験（三択問題・マークシート方式）、50問。70点以上で合格。再試験制度あり（有料） ※資格には3年ごとに更新手続き（1,650円）が必要

問い合わせ先
公益財団法人 日本ケアフィット共育機構
〒101-0061 東京都千代田区神田三崎町2-2-6
TEL0120(0610)64　URL=https://www.carefit.org

独立 就職 趣味 評価

福祉用具専門相談員

公的 必置

介護保険制度では福祉用具の貸与も保険給付の対象で、指定福祉用具貸与事業所には2名以上の専門相談員を置かなければならない。適切なアドバイスを行うためには福祉用具に関する知識が要求され、資格取得には厚生労働大臣指定の講習会を受講する必要がある。

受験対策
講習のみで取得
受講必要

受講者数	合格率
ー	ー
受講資格	受講料
なし	ー

取得方法	厚生労働大臣が指定する「福祉用具専門相談員指定講習会」の講義と実習を全50時間受講する。講習の最後に修了評価（筆記）が行われる ※指定講習会の指定事務は都道府県が行う 講習修了者には「修了証書」「携帯修了証明書」が交付される ただし、介護福祉士、義肢装具士、保健師、看護師、准看護師、理学療法士、作業療法士、社会福祉士の資格取得者については、講習を受けなくても福祉用具専門相談員として認められる
受講資格	誰でも受講できる
申込期間	都道府県により指定を受けた研修機関（指定講習事業者）により異なる
講習期間	**50時間** （おおむね5日間、日数は講習会主催団体により異なる）
受講料	**指定講習事業者により異なる**
開講地	都道府県により指定を受けた研修機関（指定講習事業者）により異なる ※全国各地
講習内容	①福祉用具と福祉用具専門相談員の役割：福祉用具の役割（1時間）、福祉用具専門相談員の役割と職業倫理（1時間） ②介護保険制度等に関する基礎知識：介護保険制度等の考え方と仕組み（2時間）、介護サービスにおける視点（2時間） ③高齢者と介護・医療に関する基礎知識：からだとこころの理解（6時間）、リハビリテーション（2時間）、高齢者の日常生活の理解（2時間）、介護技術（4時間）、住環境と住宅改修（2時間） ④個別の福祉用具に関する知識・技術：福祉用具の特徴（8時間）、福祉用具の活用（8時間） ⑤福祉用具に係るサービスの仕組みと利用の支援に関する知識：福祉用具の供給の仕組み（2時間）、福祉用具貸与計画等の意義と活用（5時間） ⑥福祉用具の利用の支援に関する総合演習：福祉用具による支援の手順と福祉用具貸与計画等の作成（5時間）

問い合わせ先 **各都道府県介護保険主管課**

介護食士

民間

介護食士は、要介護者向けの食事が提供できる専門知識を学んだ人に与えられる資格である。要介護者にとって介護食は、生きていくためにはなくてはならないものであり、介護食に関する知識はホームヘルパーなど介護関係従事者にとって必須のものとなっている。

受験対策
大学 専門学校 講習など

受講者数	合格率
1,351人※	100%
受講資格	受講料
なし	70,000～90,000円

※3級の場合（2022年度）

取得方法	介護食士3・2・1級講習を受講し、修了試験に合格すれば取得できる
受講資格	【3級】誰でも受講できる 【2級】協会指定の認定校において介護食士3級資格を取得した者 【1級】協会指定の認定校において介護食士2級資格を取得後、介護食調理実務に2年以上従事している25歳以上の者
講習日	**協会指定の認定校により異なる**
受講料	【3・2・1級】**各70,000～90,000円** （協会指定の認定校により異なる） 資格申請料：**6,600円**
開講地	【3・2・1級】全国の協会指定の認定校
講習内容	【3級】 **〔座学〕**（25時間） ①介護食士概論（栄養摂取法、介護食士の仕事の範囲、介助と介護　ほか） ②医学的基礎知識（生活習慣病　ほか） ③高齢者の心理（食事介助　ほか） ④栄養学（栄養学基礎、高齢者栄養学） ⑤食品学（食品学基礎、高齢者食品学） ⑥食品衛生学（食品衛生学基礎、高齢者食品衛生学） **〔調理理論・調理実習／基礎〕**（47時間） 【2級】 **〔座学〕**（16時間） ①医学的基礎知識　②高齢者の心理　③栄養学　④食品学　⑤食品衛生学 **〔調理理論・調理実習〕**（56時間） 【1級】 **〔座学〕**（32時間） ①医学的基礎知識（薬と食品の関係） ②高齢者にかかわる制度（老人保険法、健康増進法、製造物責任法　ほか） ③栄養学　④食品学　⑤食品衛生学 **〔調理理論・調理実習〕**（40時間）

問い合わせ先
公益社団法人 全国調理職業訓練協会
〒101-0041 東京都千代田区神田須田町1-24 神田AKビル3F
TEL03(6206)0051　URL＝https://www.kaigosyokushi.jp/　E-MAIL＝info@kaigosyokushi.jp

高齢者福祉の中核を担う

認知症ケア専門士認定試験

わが国で、要介護認定を受けた認知症の人の介護は高齢者福祉の最重要課題でもある。認知症ケア専門士認定試験では、学識や技能と同時に、倫理観を兼ね備えた専門家の養成を目指している。資格を更新制とすることで、プロとしてのスキルが維持される。

講座 通信

※2022年度

受験資格	認知症ケアに関連する施設等において、過去10年間に3年以上の認知症ケアの実務経験を有する者
申込期間	【1次】3月中旬～4月上旬 【2次】8月下旬～9月下旬
試験日	【1次】**7月上旬** 【2次】**申込期間と同じ（2023年度は面接試験中止）**
申込方法	「受験の手引き」（願書）を購入のうえ、所定の手続きに沿って申し込む
受験料	【1次】1分野につき**3,000円** 【2次】**8,000円**
試験方法	【1次】WEB試験 【2次】論述答案の提出
合格基準	【1次】各分野70％以上の正答で合格となり、全分野に合格した者 ※合格した分野は5年間、同試験を免除 【2次】論述により、適切なアセスメントの視点を有している、認知症を理解している、適切な介護計画が立てられる、などの条件を満たしていると判断される者
試験内容	【1次】以下の4分野について五肢択一、マークシート方式の筆記試験 1分野につき50問1時間 **〔試験分野〕**①認知症ケアの基礎 ②認知症ケアの実際Ⅰ：総論 ③認知症ケアの実際Ⅱ：各論 ④認知症ケアにおける社会資源 【2次】1次試験の全分野合格者のみ受験可能 **〔論述〕**認知症ケアの事例（3題）について論述し、2次試験申請書類とともに期間内に提出 ※論述試験の合格者を対象とする倫理研修がある

問い合わせ先
一般社団法人 日本認知症ケア学会 事務センター 認知症ケア専門士認定委員会
〒162-0825 東京都新宿区神楽坂4-1-1 オザワビル
（株）ワールドプランニング内　TEL03(5206)7565　URL=https://ninchisyoucare.com/

認知症ライフパートナー検定試験

民間

認知症を一個人のこと、一家族のことに終わらせずに、社会全体でサポートしていくことが望まれている。認知症ライフパートナーは、認知症の人の人生や生き方、価値観を尊重し、日常生活をその人らしく暮らせるように、家族にも寄り添いサポートする。

申込者数	合格率
447人	81.6%
受験資格	**受験料**
なし	6,500円※

※3級の場合（2023年度）

受験資格	誰でも受験できる（ただし、1級は2級合格者）
申込期間	夏期：2月中旬～6月中旬　冬期：8月上旬～11月上旬
試験日	**夏期：7月中旬　冬期：12月上旬**
合格発表	ホームページにて合格発表を行い、合格者には合格証を発送する
受験料	【3級】**6,500円**　【2級】**10,500円**　【1級】**15,000円**
試験地	【3・2級】札幌、仙台、東京、名古屋、大阪、岡山、福岡　熊本 【1級】　札幌、東京、名古屋、大阪、福岡
試験内容	マークシート方式、100点満点中70点以上で合格 【3級】認知症の人の実態、認知症の特徴や症状の基礎知識、アクティビティ（運動、音楽、園芸、回想法など）を用いたコミュニケーション、高齢社会の背景や制度の活用についての理解度を測る ①認知症とは　②認知症の理解とケアの基本 ③認知症とコミュニケーション　④認知症とアクティビティ ⑤認知症ケアに関する社会資源 【2級】認知症の人の症状、生活習慣病、食、排泄、睡眠、薬など、より深い専門知識と認知症予防、アクティビティ・ケア（回想法、音楽、散歩・運動、動物など）を行う際に重要なアセスメント（評価）、計画・運営、生活の基盤である住宅・施設の住居環境の留意点や制度活用などについての理解度を測る ①認知症の主な疾患と特徴　②認知症の理解と対応　③認知症の予防と対応　④認知症と生活習慣　⑤アクティビティ・プログラムの立案 ⑥かかわりのためのコミュニケーション　⑦アクティビティの種類と活用 ⑧認知症高齢者と居住環境　⑨地域資源・制度の活用と連携 ※受験当日は受験票、筆記用具、本人確認書類（運転免許証、パスポート、学生証、社員証など、第三者機関で発行した氏名、生年月日、顔写真が確認できるもの）を持参

問い合わせ先
一般社団法人 日本認知症コミュニケーション協議会 検定事務局
〒151-0072 東京都渋谷区幡ヶ谷2-25-3アーバン幡ヶ谷2F
TEL03(5388)4134　URL＝https://www.jadecc.jp/

認知症ケア指導管理士

民間

認知症高齢者が増加し、医療・介護現場で働くスタッフの認知症に対する専門性と質の向上が叫ばれ誕生したのが認知症ケア指導管理士。認知症ケアを通じ、認知症のかたやその家族の尊厳と安心を提供し、高齢化社会を支え社会貢献できる人材が求められている。

受験者数	合格率
1,684人※	59.4%※
受験資格	**受験料**
なし※	7,500円※（一般の場合）

※初級の場合（2023年実施）

受験資格	【初級】誰でも受験できる 【上級】認知症ケア指導管理士初級資格所持者
申込期間	【初級】12～5月　7～9月 【上級】12～5月　7～9月
試験日	【初級】・【上級】 **7月上旬　12月上旬**
合格発表	試験実施の約1カ月半後、郵送で連絡
申込方法	下記①～③で入手した願書に必要事項を記入し、郵送する（学生のみ学生証のコピーも送付）。またはホームページよりネット出願 ①ホームページから願書をダウンロード ②郵送で資料請求する ③電話で願書を申請する：TEL03(5823)7885
受験料	【初級】**7,500円**（一般） **4,000円**（学生） 【上級】〔一次〕**12,000円** 〔二次〕**6,000円**
試験地	【初級】札幌、仙台、東京、名古屋、大阪、福岡　ほか 【上級】札幌、仙台、東京、名古屋、大阪、福岡　ほか
試験内容	【初級】 認知症高齢者の現状、認知症の医学的理解、認知症の心理的理解、認知症ケアの理念と認知症ケア指導管理士の役割など マークシート方式（60問・五肢択一、1時間30分） 【上級】 一次：マークシート方式（60問・五肢複択、1時間30分） 二次：論述形式（1時間30分）

問い合わせ先
一般財団法人 職業技能振興会 資格取得キャリアカレッジ
〒111-0053 東京都台東区浅草橋1-32-3 2F
TEL03(5823)7885　URL＝https://www.ss-cc.jp

行動援護従業者

民間

知的障害者・精神障害者に対する外出時などの「行動援護」は、障害者自立支援法に基づいて介護給付のサービスとして実施される。サービスを行う行動援護従業者の資格は、都道府県または都道府県の指定を受けた研修機関の講義と演習研修修了で取得できる。

受験対策
講習のみで取得
受講必要

受講者数	合格率
―	―
受講資格	**受講料**
なし（研修実施機関によって異なる）	―

受講資格	研修実施機関によって異なる。受講資格が特にない研修実施機関もあるので、事前に問い合わせること 東京都の場合は、以下のいずれかにあてはまる者 ①東京都の行動援護サービスを行っている事業所の職員および関係者で、行動援護従業者としてすでに従事している者 ②東京都の行動援護サービスを行っているまたは行う予定のある事業所の職員および関係者で、研修修了後その業務に就くことが確定している者 ③東京都の行動援護サービスを行っているまたは行う予定のある事業所の職員および関係者で、行動援護従業者として従事することを希望する者
申込期間	研修実施機関により異なる
講習日	**研修実施機関により異なる**
受講料	**研修実施機関により異なる**
開講地	研修実施機関により異なる
研修内容	東京都の場合は以下のとおり 〔講義〕①強度行動障害がある者の基本的理解に関する講義（2.5時間） ②強度行動障害に関する制度及び支援技術の基礎的な知識に関する講義（3.5時間） ③強度行動障害がある者へのチーム支援に関する講義（2時間） ④強度行動障害と生活の組立てに関する講義（2時間） 〔演習〕①基本的な情報収集と記録などの共有に関する演習（1時間） ②行動障害がある者の固有のコミュニケーションの理解に関する演習（2.5時間） ③行動障害の背景にある特性の理解に関する演習（2.5時間） ④障害特性の理解とアセスメントに関する演習（2.5時間） ⑤環境調整による強度行動障害の支援に関する演習（3.5時間） ⑥記録に基づく支援の評価に関する演習（1時間） ⑦危機対応と虐待防止に関する演習（1時間）

問い合わせ先　**各都道府県または研修実施機関**

精神障害者の社会復帰を支える

独立 就職 趣味 評価

精神保健福祉士

年ごとに複雑でメカニカルに変貌していく社会環境の中で、現代人の抱えるストレスには計り知れないものがある。精神障害者の保健および福祉に関する専門的知識と技能をもって、社会復帰を目指す人の相談、助言、指導、援助を行うのが主な仕事である。

受験対策
大学 専門学校 養成施設など

受験者数	合格率
6,978人	70.4%
受験資格	**受験料**
学歴など	24,140円

受験資格	①保健福祉系の4年制大学で指定科目を修めて卒業した者 ②保健福祉系の2年制（または3年制）短期大学等で指定科目を修めて卒業し、指定施設において2年以上（または1年以上）相談援助の業務に従事した者 ③精神保健福祉士短期養成施設（6月以上）を卒業した者 ④精神保健福祉士一般養成施設（1年以上）を卒業した者
申込期間	9月上旬～10月上旬（予定）
試験日	**2月上旬の2日間**（予定）
受験料	**24,140円**
試験地	北海道、宮城、東京、愛知、大阪、広島、福岡（予定）
試験科目	**〔専門科目〕** ①精神医学と精神医療　②現代の精神保健の課題と支援 ③精神保健福祉の原理 ④ソーシャルワークの理論と方法（専門） ⑤精神障害とリハビリテーション論 ⑥精神保健福祉制度論 **〔共通科目〕** ①医学概論　②心理学と心理的支援 ③社会学と社会システム ④社会福祉の原理と政策 ⑤社会保障　⑥権利擁護を支える法制度 ⑦地域福祉と包括的支援体制 ⑧障害者福祉　⑨刑事司法と福祉 ⑩ソーシャルワークの基盤と専門職 ⑪ソーシャルワークの理論と方法 ⑫社会福祉調査の基礎 ※精神保健福祉士試験と社会福祉士試験の同時受験が可能である

問い合わせ先

公益財団法人 社会福祉振興・試験センター
〒150-0002 東京都渋谷区渋谷1-5-6 SEMPOS（センポス）ビル
TEL03(3486)7559（試験案内専用）　URL=https://www.sssc.or.jp/

独立 就職 趣味 評価

ケア クラーク®技能認定試験

ケアマネジャーが作成したケアプランが円滑に遂行されるよう、関係機関やサービス事業者などと連絡をとったり、帳票類の作成や交付、介護報酬請求などさまざまな事務業務を担うのがケア クラーク®。ケアマネジャーをサポートする介護保険事務の専門職。

受験者数	合格率
296人	69.3%
受験資格	**受験料**
なし	7,920円

受験資格	誰でも受験できる
申込期間	試験日の1カ月前～1週間前
試験日	**土日を中心に毎月複数回設定**
合格発表	受験日から約1カ月後に郵送にて通知
受験料	**7,920円**（税込）
試験地	IBT（インターネット）試験
試験内容	自宅等のパソコンを使用し、IBT（インターネット）試験を受験することができる（試験監視あり） 学科、実技の各々の得点率が70%以上で合格となる **〔学科〕** 介護事務知識 選択・入力方式　50分 ①介護保険制度 ②社会福祉、老人福祉・地域福祉 ③ソーシャルワーク ④リハビリテーション ⑤人間関係（コミュニケーション）・介護事務業務 ⑥介護の知識 ⑦高齢者・障害者の心理 ⑧医学一般 **〔実技〕** 介護報酬請求事務 選択・入力方式　70分 ①介護報酬請求実務 ②介護給付費請求額計算 ③介護給付費明細書作成 ※参考資料を見ることができる

問い合わせ先
一般財団法人 日本医療教育財団 技能認定試験係
〒101-0062 東京都千代田区神田駿河台2-9 駿河台フジヴュービル6階
TEL03(3294)6624　URL＝https://www.jme.or.jp

介護事務管理士®

福祉関連事務・介護請求事務に携わる人々の技能と社会的地位の向上を目指して実施されているのが、介護事務管理士技能認定試験。福祉業界ではいま、成果をあげることのできる職業能力をもつスタッフを求めており、雇用者側は積極的に有資格者を採用している。

申込者数	合格率
非公開	77.6%
受験資格	**受験料**
なし	5,500円

受験資格	誰でも受験できる
申込期間	受験実施月の前月末まで
試験日	**年12回** **毎月第4土曜日翌日の日曜日**
合格発表	受験日から1カ月以内に文書で通知
申込方法	協会ホームページの「試験のお申し込み」から申し込み： https://www.ginou.co.jp
受験料	**5,500円**（税込）
試験地	在宅受験
試験内容	試験時間は〔実技〕〔学科〕併せて2時間 **〔実技〕** マークシート 介護給付費明細書を作成するために必要な知識 （居宅サービス、施設サービス、地域密着型サービス） **〔学科〕** マークシート・択一式（10問） ①法規 介護保険制度、介護報酬の請求についての知識 ②介護請求事務 介護給付費単位数の算定、介護給付費明細書の作成、介護用語についての知識 ※実技・学科1種目のみの受験は認められない なお、実技・学科共にテキスト、ノートなどの資料や計算機を使用しての答案作成が認められている（ただし、計算機を除く電子手帳などの電子機器は使用できない） 合格基準：学科試験約80%以上、実技試験約80%以上 ※実技・学科ともに、60%以上の得点で、かつ全問題の得点合計が80%以上

問い合わせ先
技能認定振興協会
〒108-6212 東京都港区港南2-15-3 品川インターシティC棟12F
URL=https://www.ginou.co.jp

手話技能検定

民間

コミュニケーション手段のひとつとして手話を学習している人、仕事やさまざまな活動に手話を生かしている人たちは多い。検定試験では公共機関のみならず、企業の窓口などでも広く必要とされる手話の技能がどの程度身についているかを客観的に測る。

受験者数	合格率
–	74.1%※ (2022年秋)
受験資格	**受験料**
なし	5,300円※

※4級の場合

受験資格	【7～3級】誰でも受験できる 【2～1級】前級合格者
試験日	【7級】**随時** 【6～3級】**3月下旬 9月下旬** 【2～1級】**11月上旬**
受験料	【7級】**2,000円** 【6級】**5,000円（4,000円）** 【5級】**6,000円（5,000円）** 【4級】**6,500円（5,500円）** 【3級】**7,000円（6,000円）** 【2級】**9,000円** 【1級】**11,000円**（各税込） ※(　)はWeb試験。試験範囲・受験料は変更の可能性あり、要問い合わせ
試験地	【7級】在宅 【6～3級】全国主要都市（東京、大阪　ほか）、Web試験 【2級】ネット受験 【1級】ネット受験
試験内容	【7級】筆記試験：動きのない指文字の読み取り、基本指文字50音（学習期間1カ月、8時間程度） 【6級】筆記試験：映像の読み取り、濁音・半濁音など動きのある指文字、千の位までの数字、単語数100程度（学習期間3カ月、24時間程度） 【5級】筆記試験：映像の読み取り、単語数200程度、基本例文30程度（学習期間6カ月、40時間程度） 【4級】筆記試験：映像の読み取り、単語数500程度、基本例文100程度（学習期間1年、80時間程度） 【3級】筆記試験：映像の読み取り、単語数1,000程度、基本例文300程度（学習期間2年、160時間程度） 【2級】実技試験：インプロンプト・スピーチ（事前に通知されるテーマについての手話でのスピーチ）、課題文の手話表現 【1級】実技試験：インプロンプト・スピーチ、課題文の手話表現 ※2級～1級の学習期間は、それぞれ3年、240時間以上

問い合わせ先
NPO 手話技能検定協会
〒103-0024 東京都中央区日本橋小舟町6-13 日本橋小舟町ビル5F
TEL03(5642)3353　URL＝https://www.shuwaken.org/

介護予防運動スペシャリスト

高齢社会における緊急課題である介護予防に対する社会的ニーズに対応するため、要介護者等(高齢者、障害者を含む)の体力の維持・向上をめざす介護予防運動の指導に携わるスペシャリスト。

【受講資格】 満18歳以上で高齢者の運動・スポーツ指導に携わる人、介護予防運動に興味がある人、大学等で福祉・介護・保健・体育・スポーツ関係の学習をしている人、など

【講習日】 年1回程度、2日間

【講習内容】
中高老年期の筋トレ、身体運動指導法などの講義、演習、実技カリキュラムが種々組まれている

【受講料】 45,000円（2024年）

【問い合わせ先】
公益財団法人　日本スポーツクラブ協会
〒151-0052 東京都渋谷区代々木神園町3-1
国立オリンピック記念青少年総合センター内
TEL03(6407)1425

手話通訳技能認定試験（手話通訳士）

手話により聴覚障害者等とその他の者の意思疎通を仲介する者の手話通訳に関する知識・技能についての審査・証明を行う試験。

【受験資格】 20歳以上

【試験科目】〔学科〕 ①障害者福祉の基礎知識　②聴覚障害者に関する基礎知識　③手話通訳のあり方　④国語

〔実技〕 ①聞取り通訳（音声による出題を手話で解答）　②読取り通訳（手話による出題を音声で解答）①②各2問

【申込期間】 5月　**【受験料】** 22,000円

【試験日】 7月下旬（学科）、9月下旬（実技）

【試験地】 埼玉、東京、大阪、福岡

（以上2024年の予定）

【問い合わせ先】
社会福祉法人 聴力障害者情報文化センター 公益支援部門
〒153-0053 東京都目黒区五本木1-8-3
TEL03(6833)5003

点字技能検定試験（点字技能師）

点字に関する知識・技術を測る試験。点字関係職種の専門性と社会的認知度の向上、点字の普及と質の向上を通じて視覚障害者に的確な情報を提供することを目的とする。

【受験資格】 点字資料製作に3年以上従事した者（下記協議会および社会福祉法人 日本視覚障害者団体連合において従事する者）

【試験科目】〔学科〕 ①障害者福祉
②視覚障害者福祉　③視覚障害児者の教育
④国語の文法的理解と読解力
⑤点字の基礎と歴史、表記法

〔実技〕 ①点字化技能　②校正技能

【申込期間】 7月上旬〜9月中旬

【試験日】 11月中旬

【受験料】 15,000円(一部合格者7,500円)

【問い合わせ先】
社会福祉法人 日本盲人社会福祉施設協議会 社内検定試験事務局
〒110-0016 東京都台東区台東3-1-6
TEL03(6240)1858

認定心理カウンセラー

心のヘルスケアの有効な手段として注目の心理カウンセリング。その技能等を測り、心理カウンセラーとして認定する試験。

【受験資格】 18歳以上 **〔2級〕** 大学の心理学部、それに隣接する学科を卒業した者または日本心理カウンセラー養成学院の養成講座を修了した者 **〔1級〕** 心理系の大学院を卒業した者または日本心理カウンセラー養成学院の実践講座を修了した者、当協会の2級資格を有する者

【試験科目】〔1次〕 筆記　**〔2次〕** 実技

【申込期間】〔2級〕 9月上旬〜下旬
〔1級〕 1月上旬〜下旬

【試験日】〔2級〕 11月　**〔1級〕** 3月

【受験料】〔2・1級〕 各22,800円

【問い合わせ先】特定非営利活動法人 日本カウンセリング普及協会 本部
〒460-0008 愛知県名古屋市中区栄
4-16-8　栄メンバーズオフィスビル7F
TEL052(228)0195

Chapter 11

医療・健康

医療事務管理士®

民間

医療事務の仕事を的確に行える技能をもった人材の育成を目的に、制度化された試験。2017年1月よりインターネットによる試験（IBT）が導入された。より迅速な技術認定を行うことで医療機関の人手不足の解消が期待されている。

公式テキスト　独学　講座　通信　オンライン

申込者数	合格率
非公開	70.8%※
受験資格	**受験料**
なし	7,500円

※医科の場合

受験資格	【医科】【歯科】誰でも受験できる
申込期間	会場試験：試験実施月の前月末まで
試験日	**在宅受験：**【医科】**毎月**　【歯科】**年6回（奇数月）** **インターネット試験（IBT）：随時**（医科のみ）
合格発表	試験実施後1カ月以内に文書で通知
受験料	【医科】【歯科】**各7,500円**（税込）
試験地	在宅受験 インターネット試験（IBT）：インターネット環境のある場所ならどこでも受験可能（医科のみ）
合格率	【医科】70.8%　【歯科】75.1%
試験内容	**〔学科〕**（1時間） 【医科】【歯科】とも各10問、マークシート（択一式） ①法規 　医療保険制度、公費負担医療制度などについての知識 ②医学一般 　各臓器の組織、構造、生理機能、傷病の種類などについての知識 ③保険請求事務 　診療報酬点数の算定方法、診療報酬明細書の作成、医療用語などについての知識 **〔実技〕**【医科】（2時間）【歯科】（3時間） ※医科はマークシート 診療報酬明細書を作成するために必要な知識。診療録より点数を算定 ①外来の診療報酬明細書の記載 ②入院の診療報酬明細書の記載（医科のみに出題） ③診療報酬明細書の点検 ※学科・実技とも、診療報酬点数表、その他の資料を参照しての答案作成が認められている。合格基準は、学科試験80点以上、実技試験80%以上

問い合わせ先
技能認定振興協会
〒108-6212 東京都港区港南2-15-3 品川インターシティC棟12F
URL=https://www.ginou.co.jp

資格のQ&A

Q この資格を取るメリットは？

A 医療事務は医療機関になくてはならない仕事です。**景気に左右されず、高齢社会の到来とともに安定したニーズがある人気の仕事です**。医療事務は資格がなくとも仕事ができるため、この資格を取れば即就職、というわけにはいきません。求人は、実務経験が重視されますので、実務経験に加えて、資格と資格を取得したというやる気が評価要素になります。またこの資格は、自宅受験もできるという手軽さもメリットです。

Q この資格取得にかかる費用・期間は？

A 独学は難しいため、通信講座をおススメします。通信講座なら**50,000～80,000円程度**です。この分野には複数の資格があり、その資格に合わせた講座になっていますので、講座選びは注意が必要です。

Q 資格取得後に有利な業界はどこですか？

A **クリニック**、**保険調剤薬局**などのほかに、検診センター、健康保険組合、保険請求審査代行機関、医事コンピュータシステム会社、損害保険会社などで、広いニーズがあります。

Q 次のステップとして、取得すべき資格はありますか？

A 医療事務は民間資格で、数多くの資格があります。その中で一つ挙げるとすると、この資格と関連の深い**診療報酬請求事務能力認定試験**をおススメします。合格率は30～40%程度と低く、しっかり学習する必要があります。また、最近の医療事務はパソコンが必須ですので、マイクロソフトオフィス スペシャリスト（MOS）試験などもいいでしょう。

Q おススメの勉強方法・学習のポイントは？

A 年に何度も受験機会があり、インターネットさえあれば自宅受験が可能です。合格率も50%と、取得しやすい試験です。したがって、通信講座や通学講座で所定の時間を学習すれば、十分合格ラインに届きます。試験は、学科試験はマークシート、実技はレセプト作成などが出題されます。**多くのレセプトを作成するトレーニングが合格のポイントになります。**

回答者 上井光裕（資格アドバイザー）

医　師

国家
業務・名称

看護師や薬剤師など、ほかの医療スタッフのリーダーとなり病気治療に努める医師は、患者の生命にかかわる責務の重い職業。医師になるには大学の医学部か医科大学で6年間学び、国家試験合格後、大学附属病院か指定病院で2年以上の臨床研修が必要となる。

受験対策
大学など

受験者数	合格率
10,336人	**92.4**%
受験資格	受験料
学歴など	**15,300**円（収入印紙）

受験資格	①学校教育法に基づく大学において、医学の正規の課程を修めて卒業した者（卒業見込みの者を含む） ②医師国家試験予備試験に合格した者で、合格後1年以上の診療および公衆衛生に関する実地修練を経た者（実地修練を終える見込みの者を含む） ③外国の医学校を卒業し、または外国で医師免許を得た者であって、厚生労働大臣が①または②に掲げる者と同等以上の学力および技能を有し、かつ、適当と認定した者 ④沖縄の復帰に伴う厚生省関係法令の適用の特別措置等に関する政令第17条第1項の規定により医師法の規定による医師免許を受けたものとみなされる者であって、厚生労働大臣が認定した者
申込期間	11月上旬～下旬
試験日	**2月上旬の2日間**（詳細は官報で公示される）
合格発表	3月中旬
申込方法	受験願書とともに以下の受験に必要な書類を取り揃え、医師国家試験運営本部事務所に郵送もしくは運営臨時事務所に持参する ①写真（出願前6カ月以内に撮影した縦6cm×横4cmのもの） ②返信用封筒（郵便番号、宛先および宛名を記載し、574円切手をはる） ③受験資格を証明する書類など ※写真の提出にあたっては、卒業もしくは在籍している大学または医師国家試験運営本部事務所（もしくは運営臨時事務所）において、受験者本人と相違ない旨の確認を受けること
受験料	**15,300円**（収入印紙）
試験地	北海道、宮城、東京、新潟、愛知、石川、大阪、広島、香川、福岡、熊本、沖縄
試験内容	臨床上必要な医学および公衆衛生に関して、医師として具有すべき知識および技能

問い合わせ先
医師国家試験運営本部事務所
〒135-0063 東京都江東区有明3丁目6番11号 TFTビル東館7階
TEL03(5579)6903

女性の有資格者も多い

独立 就職 趣味 評価

薬剤師

薬の調合や供給によって、人々の健康維持に重大な役割を担う薬剤師。病院や薬局だけでなく、製薬会社や化粧品会社など活躍の場は広く、薬剤師に寄せられる期待は大きくなっている。資格取得には国家試験に合格後、厚生労働大臣の免許を受ける必要がある。

受験対策
大学など

受験者数	合格率
13,585人	68.4%
受験資格	受験料
学歴など	6,800円（収入印紙）

受験資格	①学校教育法に基づく大学において、薬学の正規の課程（6年制課程）を修めて卒業した者（卒業見込みの者を含む） ②外国の薬学校を卒業し、または外国の薬剤師免許を受けた者で、厚生労働大臣が①に掲げる者と同等以上の学力および技能を有すると認定した者　ほか
申込期間	1月上旬～中旬
試験日	**2月中旬の2日間**
合格発表	3月下旬
申込方法	どの受験者も受験願書、写真、返信用封筒を提出。それ以外の書類は受験資格によって異なるため、下記に問い合わせること
受験料	**6,800円**（収入印紙）
試験地	北海道、宮城、東京、石川、愛知、大阪、広島、徳島、福岡
試験内容	**〔必須問題試験〕** ①物理・化学・生物　②衛生 ③薬理　④薬剤 ⑤病態・薬物治療　⑥法規・制度・倫理 ⑦実務 **〔一般問題試験〕**薬学理論問題試験 ①物理・化学・生物　②衛生 ③薬理　④薬剤 ⑤病態・薬物治療　⑥法規・制度・倫理 **〔一般問題試験〕**薬学実践問題試験 ①物理・化学・生物　②衛生 ③薬理　④薬剤 ⑤病態・薬物治療　⑥法規・制度・倫理 ⑦実務

問い合わせ先
薬剤師国家試験運営本部事務所
〒135-0063 東京都江東区有明3丁目6番11号 TFTビル東館7階
TEL03(5579)6903

独立 就職 趣味 評価

歯科医師

虫歯だけではなく、歯周病や入れ歯など、高齢化社会にともなって歯のトラブルも増加している。丈夫な歯でよく噛んで食べることが健康につながるといわれるだけに、歯の治療や保健指導にあたる専門医の歯科医師は、人々の健康な生活を守る一翼を担っている。

受験対策
大学など

受験者数	合格率
3,117人	66.1%
受験資格	受験料
学歴など	18,900円（収入印紙）

受験資格	①学校教育法に基づく大学において、歯学の正規の課程を修めて卒業した者（卒業見込みの者を含む） ②歯科医師国家試験予備試験に合格した者で、合格後1年以上の診療および口腔衛生に関する実地修練を経た者（実地修練を終える見込みの者を含む） ③外国の歯科医学校を卒業し、または外国で歯科医師免許を得た者であって、厚生労働大臣が①または②に掲げる者と同等以上の学力および技能を有し、かつ、適当と認定した者　ほか
申込期間	11月上旬～下旬
試験日	**1月下旬の2日間**（詳細は官報で公示される）
合格発表	3月中旬
申込方法	以下の必要書類を取り揃え，歯科医師国家試験運営本部事務所に郵送もしくは運営臨時事務所に持参する 必要書類は受験資格によって異なるので注意すること A　すべての受験資格者が提出する書類など： ①受験願書　②写真　③返信用封筒（郵便番号、宛先および宛名を記載し、574円切手を貼る） B　受験資格①の者：Aの①②③に加え、④卒業証明書または卒業見込証明書 C　受験資格②の者：Aの①②③に加え、④歯科医師国家試験予備試験の合格証書（写し）　⑤実地修練の修了証明書（修了見込証明書） D　受験資格③の者：Aの①②③に加え、④受験資格認定書の写し
受験料	**18,900円**（収入印紙）
試験地	北海道、宮城、東京、新潟、愛知、大阪、広島、福岡
試験内容	臨床上必要な歯科医学および口腔衛生に関して、歯科医師として具有すべき知識および技能

問い合わせ先

歯科医師国家試験運営本部事務所
〒135-0063 東京都江東区有明3丁目6番11号 TFTビル東館7階
TEL03(5579)6903

歯科医療で看護師的な役割をもつ　独立 就職 趣味 評価

歯科衛生士

業務独占

歯科医師の指導のもとに、歯石を除去したり口内に薬を塗るなど、虫歯の予防処置や歯科保健指導のほか、さまざまな診療補助などを業務とするのが歯科衛生士である。歯科衛生士法に基づいて行われる厚生労働大臣免許の国家試験で、今後も安定したニーズが望める。

受験対策
大学 専門学校 養成所など

受験者数	合格率
7,950人※	92.4%※
受験資格	**受験料**
学歴など	14,300円

※2023年度

受験資格	①文部科学大臣の指定した歯科衛生士学校を卒業した者（卒業見込みの者を含む） ②都道府県知事の指定した歯科衛生士養成所を卒業した者（卒業見込みの者を含む） ③外国の歯科衛生士学校を卒業し、または外国において歯科衛生士の免許を得た者であって、厚生労働大臣が上記の①または②に掲げる者と同等以上の知識および技能を有すると認めた者 ※歯科衛生士学校、歯科衛生士養成所の入学資格は高等学校卒業以上、およびこれと同等以上の学力があると認められる者
申込期間	1月上旬～中旬 試験の施行要項は試験前年の9月上旬に官報で公示される
試験日	**3月上旬**
合格発表	3月下旬
申込方法	受験願書に卒業見込証明書など必要書類を添えて申し込む
受験料	**14,300円**
試験地	北海道、宮城、東京、新潟、愛知、大阪、広島、香川、福岡、沖縄
試験内容	①人体（歯・口腔を除く）の構造と機能 ②歯・口腔の構造と機能 ③疾病の成り立ちおよび回復過程の促進 ④歯・口腔の健康と予防にかかわる人間と社会の仕組み ⑤歯科衛生士概論 ⑥臨床歯科医学 ⑦歯科予防処置論 ⑧歯科保健指導論 ⑨歯科診療補助論 ※視覚、聴覚、音声機能または言語機能に障害を有する者で申し出た者については、受験の際に必要な配慮を講ずることがある

問い合わせ先
一般財団法人 歯科医療振興財団
〒102-0073 東京都千代田区九段北4-1-20 歯科医師会館内
TEL03(3262)3381　URL=http://www.dc-training.or.jp/

入れ歯などを作製する医療技術者

歯科技工士

歯科技工士は、歯科医師の指示に従って、義歯や金冠、充てん物、矯正装置などの作製・修理を行う技術者。歯科技工士養成学校を卒業後、国家試験に合格すれば、厚生労働大臣から免許を受けられる。専門的な知識と技術を学ばなければならないが、需要は多い。

受験対策
大学 専門学校 養成所など

受験者数	合格率
835人※	95.7%※
受験資格	**受験料**
学歴など	30,000円

※2023年度

受験資格	①文部科学大臣の指定した歯科技工士学校を卒業した者（卒業見込みの者を含む） ②都道府県知事の指定した歯科技工士養成所を卒業した者（卒業見込みの者を含む） ③歯科医師国家試験または歯科医師国家試験予備試験を受けることができる者 ④外国の歯科技工士学校もしくは歯科技工士養成所を卒業し、または外国で歯科技工士の免許を受けた者で、厚生労働大臣が①～③と同等以上の知識および技能を有すると認めた者 ※歯科技工士養成所の入学資格は高等学校卒業以上、およびこれと同等以上の学力があると認められる者
申込期間	12月初旬～中旬 試験の施行要項は試験前年の９月上旬に官報で公示される
試験日	**2月中旬**
申込方法	受験願書に必要書類を添えて一般財団法人歯科医療振興財団に提出
受験料	**30,000円**
試験地	北海道、宮城、東京、大阪、福岡
試験内容	**〔学説〕** ①歯科理工学 ②歯の解剖学 ③顎口腔機能学 ④有床義歯技工学 ⑤歯冠修復技工学 ⑥矯正歯科技工学 ⑦小児歯科技工学　⑧関係法規 **〔実地〕** 歯科技工実技 ※視覚、聴覚、音声機能または言語機能に障害を有する者で申し出た者については、受験の際に必要な配慮を講ずることがある

問い合わせ先
一般財団法人 歯科医療振興財団
〒102-0073 東京都千代田区九段北4-1-20 歯科医師会館内
TEL03(3262)3381　URL= http://www.dc-training.or.jp

臨床検査技師

医学の進歩は超音波など新しい検査法を次々と生みだした。医学検査のエキスパートとして、ハイテク医療機器を駆使して正しい診断基礎データを提供するのが臨床検査技師。微生物・血液・心電図・脳波など検査内容は幅広く、女性の人気も高い国家資格である。

受験対策
大学 専門学校 養成所など

受験者数	合格率
4,946人	76.8%
受験資格	**受験料**
学歴など	11,300円 (収入印紙)

受験資格	①大学に入学できる者であって、文部科学大臣が指定した学校または都道府県知事が指定した臨床検査技師養成所において、3年以上臨床検査に必要な知識および技能を修得した者（修業または卒業見込みの者を含む） ②大学において医学または歯学の正規の課程を修めて卒業した者（卒業見込みの者を含む） ③医師、歯科医師、または外国で医師免許もしくは歯科医師免許を受けた者 ④次のいずれかに該当する者であって、大学、文部科学大臣の指定学校または都道府県知事の指定臨床検査技師養成所において、医用工学概論、臨床検査総論、臨床生理学、臨床化学、放射性同位元素検査技術学および医療安全管理学の各科目を修めた者 ⅰ.大学において獣医学または薬学の正規の課程を修めて卒業した者 ⅱ.大学において保健衛生学の正規の課程を修めて卒業した者　ほか ⑤外国の臨床検査に関する学校もしくは養成所を卒業し、または外国で臨床検査技師の免許に相当する免許を受けた者であって、厚生労働大臣が①に掲げる者と同等以上の知識および技能があると認めた者　ほか
申込期間	12月中旬～翌年1月上旬
試験日	**2月中旬**（詳細は官報で公示される）
合格発表	3月下旬
受験料	**11,300円**（収入印紙）
試験地	北海道、宮城、東京、愛知、大阪、広島、香川、福岡、沖縄
試験内容	①医用工学概論（情報科学概論および検査機器総論を含む） ②公衆衛生学（関係法規を含む） ③臨床検査医学総論（臨床医学総論および医学概論を含む） ④臨床検査総論（検査管理総論および医動物学を含む） ⑤病理組織細胞学　⑥臨床生理学 ⑦臨床化学（放射性同位元素検査技術学を含む） ⑧臨床血液学　⑨臨床微生物学　⑩臨床免疫学

問い合わせ先
臨床検査技師国家試験運営本部事務所
〒135-0063 東京都江東区有明3丁目6番11号 TFTビル東館7階
TEL03(5579)6903

臨床工学技士

医療分野での高性能機器の進歩・導入に対応し、医学的・工学的知識をもって医療の重要な一翼を担う専門技術者である。主な職務は病院や診療所で医師の指示に従って、人工呼吸器、血液透析装置、人工心肺装置など生命維持管理装置の操作と保守点検を行う。

受験対策
大学 専門学校 養成所など

受験者数	合格率
2,630人	78.6%
受験資格	**受験料**
学歴など	30,800円

受験資格	①大学入学資格があり、文部科学大臣の指定校または都道府県知事指定の臨床工学技士養成所で3年以上、知識・技能を修得した者 ②大学等で2年（高等専門学校では5年）以上修業し、かつ厚生労働大臣の指定科目を修めた者で、文部科学大臣の指定校または都道府県知事指定の臨床工学技士養成所で1年以上、知識・技能を修得した者 ③大学等で1年（高等専門学校では4年）以上修業し、かつ、厚生労働大臣の指定科目を修めた者で、文部科学大臣の指定校または都道府県知事指定の臨床工学技士養成所で2年以上、知識・技能を修得した者 ④大学で厚生労働大臣の指定科目を修めて卒業した者 ⑤外国で生命維持管理装置の操作および保守点検に関する学校、養成所を卒業し、または外国で臨床工学技士の免許に相当する免許を受けた者で、厚生労働大臣が上記①～④と同等の知識・技能を有すると認定した者　ほか
申込期間	12月を予定 試験の施行要項は試験前年の9月上旬に官報で公示される
試験日	**3月上旬**
合格発表	3月下旬
申込方法	受験願書、写真、卒業証明書など必要書類を添えて、申し込む
受験料	**30,800円**（税込）
試験地	北海道、東京都、大阪府、福岡県
試験内容	①医学概論 （公衆衛生学、人の構造および機能、病理学概論および関係法規を含む） ②臨床医学総論 （臨床生理学、臨床生化学、臨床免疫学および臨床薬理学を含む） ③医用電気電子工学（情報処理工学を含む） ④医用機械工学　⑤生体物性材料工学 ⑥生体機能代行装置学　⑦医用治療機器学 ⑧生体計測装置学　⑨医用機器安全管理学

公益財団法人 医療機器センター 試験事業部
〒113-0033 東京都文京区本郷1-28-34 本郷MKビル2F
TEL03(3813)8531　URL=https://www.jaame.or.jp

独立 就職 趣味 評価

診療放射線技師

医療技術の進歩に伴い放射線療法も大きく発展し、アルファ線、ガンマ線、電磁波など、さまざまな放射線が診療に使われている。診療放射線技師は、医師または歯科医師の指示を受けて、検査や治療のために放射線の照射やレントゲン写真を撮影する医療専門職。

受験対策
大学
専門学校
養成所など

受験者数	合格率
3,565人	79.5%
受験資格	**受験料**
学歴など	11,400円（収入印紙）

受験資格	①大学入学資格があり、文部科学大臣指定の学校または都道府県知事指定の診療放射線技師養成所で、3年以上診療放射線技師として必要な知識および技能の修習を終えた者（修業または卒業見込みの者を含む） ②外国の診療放射線技術に関する学校もしくは養成所を卒業し、または外国で放射線技師免許に相当する免許を受けた者であって厚生労働大臣が①に掲げる者と同等以上の学力および技能を有すると認めた者 ③昭和58年改正法施行の際、現に診療エックス線技師または診療エックス線技師試験を受けることができた者であって、旧法第20条に規定する文部大臣指定の学校または厚生大臣指定の診療放射線技師養成所で1年以上診療放射線技師として必要な知識および技能の修習を終えた者
申込期間	12月中旬～翌年1月上旬
試験日	**2月中旬**（詳細は官報で公示される）
合格発表	3月下旬
申込方法	次の書類を診療放射線技師国家試験運営本部事務所に郵送もしくは運営臨時事務所に持参する ①受験願書　②写真　③返信用封筒（郵便番号、宛先および宛名を記載し、574円切手を貼る）　④修業証明書または卒業証明書など受験資格を証明する書類
受験料	**11,400円**（収入印紙）
試験地	北海道、宮城、東京、愛知、大阪、広島、香川、福岡
試験内容	①基礎医学大要 ②放射線生物学（放射線衛生学を含む） ③放射線物理学　④放射化学　⑤医用工学 ⑥診療画像機器学　⑦エックス線撮影技術学 ⑧診療画像検査学　⑨画像工学　⑩医用画像情報学 ⑪放射線計測学　⑫核医学検査技術学 ⑬放射線治療技術学　⑭放射線安全管理学

問い合わせ先
診療放射線技師国家試験運営本部事務所
〒135-0063 東京都江東区有明3丁目6番11号 TFTビル東館7階
TEL03(5579)6903

看護師

国家
業務・名称

ケガや病気などで治療を受けている患者の世話をしたり、医師の指示のもとで診療の補助を行う。医療の高度化や専門分化に伴って需要は多いが、勤務環境の厳しさもあり、慢性的な看護師不足が続いている。しかし、患者の精神的支柱となる存在で、働きがいは抜群。

受験対策
大学 専門学校 養成所など

受験者数	合格率
63,301人	87.8%
受験資格	**受験料**
学歴など	5,400円（収入印紙）

受験資格	①文部科学大臣の指定した大学において看護師になるのに必要な学科を修めて卒業した者（卒業見込みの者を含む） ②文部科学大臣の指定した学校において３年以上看護師になるのに必要な学科を修めた者（卒業見込みの者を含む） ③都道府県知事の指定した看護師養成所を卒業した者（卒業見込みの者を含む） ④免許を得た後３年以上業務に従事している准看護師、または高等学校もしくは中等教育学校を卒業している准看護師で、指定大学・学校・養成所において２年以上修業した者（修業または卒業見込みの者を含む） ⑤保健師助産師看護師法第５条に規定する業務に関する外国の学校もしくは養成所を卒業し、または外国において看護師免許に相当する免許を受けた者およびインドネシア、フィリピン、ベトナムとの協定に基づき、日本語の語学研修および看護導入研修を受け、かつ、研修の終了後、病院において看護師の監督の下で国家資格取得を目的として就労している外国人看護師候補者で、厚生労働大臣が上記の①～③に掲げる者と同等以上の知識および技能を有すると認めた者　ほか
申込期間	11月上旬～12月上旬
試験日	**2月中旬**（詳細は官報で公示される）
合格発表	3月下旬
申込方法	受験願書に必要事項を記入のうえ、写真（出願前６カ月以内に撮影した縦6cm×横4cmのもの）、返信用封筒（郵便番号、宛先および宛名を記載し、574円切手を貼る）、受験資格を証明する書類など受験に必要な書類を取り揃え、看護師国家試験運営本部事務所に郵送もしくは運営臨時事務所に持参する ※写真の提出にあたっては、卒業もしくは在籍している指定大学、指定学校、指定養成所、または看護師国家試験運営本部事務所もしくは運営臨時事務所において、受験者本人と相違ない旨の確認を受けること
受験料	**5,400円**（収入印紙）
試験地	北海道、青森、宮城、東京、新潟、愛知、石川、大阪、広島、香川、福岡、沖縄
試験内容	①人体の構造と機能　②疾病の成り立ちと回復の促進 ③健康支援と社会保障制度　④基礎看護学 ⑤成人看護学　⑥老年看護学　⑦小児看護学　⑧母性看護学 ⑨精神看護学　⑩在宅看護論　⑪看護の統合と実践

問い合わせ先

看護師国家試験運営本部事務所
〒135-0063 東京都江東区有明３丁目６番11号 TFTビル東館７階
TEL03(5579)6903

出産に関する専門家

独立 就職 趣味 評価

助　産　師

妊娠時の健康指導や出産時の介助、産後間もない母子の保健指導などを行う。最近では、病院などの医療機関、保健所、母子健康センターなどに所属して活動している場合が多い。妊産婦の相談役として生命の誕生にかかわる仕事だけに充実感・満足感は大きい。

受験対策
大学
専門学校
養成所など

受験者数	合格率
2,151人	98.8%
受験資格	**受験料**
学歴など	5,400円（収入印紙）

受験資格	看護師国家試験に合格した者、または看護師国家試験の受験資格を有する者で、以下の①～③のいずれかに該当する者 ①文部科学大臣の指定した学校で、1年以上、助産に関する学科を修めた者（修業見込みの者を含む） ②都道府県知事の指定した助産師養成所を卒業した者（卒業見込みの者を含む） ③保健師助産師看護師法第3条に規定する業務に関する外国の学校もしくは養成所を卒業し、または外国において助産師免許に相当する免許を得た者で、厚生労働大臣が①②に掲げる者と同等以上の知識および技能を有すると認めた者　ほか
申込期間	11月上旬～12月上旬
試験日	**2月上旬**（詳細は官報で公示される）
合格発表	3月下旬
申込方法	受験願書とともに以下の受験に必要な書類を取り揃え、助産師国家試験運営本部事務所に郵送もしくは運営臨時事務所に持参する ①写真（出願前6カ月以内に撮影した縦6cm×横4cmのもの） ②返信用封筒（郵便番号、宛先および宛名を記載し、574円切手を貼る） ③受験資格を証明する書類など ※写真の提出にあたっては、卒業し、もしくは在籍している指定学校、指定養成所、または助産師国家試験運営本部事務所もしくは運営臨時事務所において、受験者本人と相違ない旨の確認を受けること
受験料	**5,400円**（収入印紙）
試験地	北海道、青森、宮城、東京、新潟、愛知、石川、大阪、広島、香川、福岡、沖縄
試験内容	①基礎助産学 ②助産診断・技術学 ③地域母子保健 ④助産管理

助産師国家試験運営本部事務所
〒135-0063 東京都江東区有明3丁目6番11号 TFTビル東館7階
TEL03(5579)6903

保　健　師

保健所、市町村、学校、事業所などを拠点に、健康に関する相談や指導、健康診断、健康保健知識の啓蒙活動などを通して、地域住民の病気予防と生活向上を図るのが仕事。介護保険の普及に伴い、在宅の高齢者介護の支援にあたるなど保健師の果たす役割も大きい。

受験対策
大学 専門学校 養成所など

受験者数	合格率
7,795人	95.7%
受験資格	受験料
学歴など	5,400円（収入印紙）

受験資格	看護師国家試験に合格した者、または看護師国家試験の受験資格を有する者で、次のいずれかに該当する者 ①文部科学大臣の指定した学校で、1年以上、保健師になるのに必要な学科を修めた者（修業見込みの者を含む） ②都道府県知事の指定した保健師養成所を卒業した者（卒業見込みの者を含む） ③保健師助産師看護師法第2条に規定する業務に関する外国の学校もしくは養成所を卒業し、または外国において保健師免許に相当する免許を得た者で、厚生労働大臣が①②に掲げる者と同等以上の知識および技能を有すると認めた者　ほか
申込期間	11月上旬～12月上旬
試験日	**2月上旬**（詳細は官報で公示される）
合格発表	3月下旬
申込方法	受験願書とともに以下の受験に必要な書類を取り揃え、保健師国家試験運営本部事務所に郵送もしくは運営臨時事務所に持参する ①写真（出願前6カ月以内に撮影した縦6cm×横4cmのもの） ②返信用封筒（郵便番号、宛先および宛名を記載し、574円切手を貼る） ③受験資格を証明する書類（看護師国家試験の合格証書の写し、看護師学校の修業証明書等）など ※写真の提出にあたっては、卒業し、もしくは在籍している指定学校、指定養成所、または保健師国家試験運営本部事務所もしくは運営臨時事務所において、受験者本人と相違ない旨の確認を受けること
受験料	**5,400円**（収入印紙）
試験地	北海道、青森、宮城、東京、新潟、愛知、石川、大阪、広島、香川、福岡、沖縄
試験内容	①公衆衛生看護学 ②疫学 ③保健統計学 ④保健医療福祉行政論

問い合わせ先
保健師国家試験運営本部事務所
〒135-0063 東京都江東区有明3丁目6番11号 TFTビル東館7階
TEL03(5579)6903

独立 就職 趣味 評価

理学療法士

身体に障害をもつ人に運動療法や温熱、低周波などを使った物理療法を行いながら機能回復を図り、社会復帰を目指す訓練を行うのが理学療法士。福祉施設などでのデイケアやデイサービスの拡充が進むなかで、理学療法士の活躍の場はさらに広がりをみせている。

受験対策
大学 専門学校 養成所など

受験者数	合格率
12,629人	89.2%
受験資格	**受験料**
学歴など	10,100円（収入印紙）

受験資格	①大学入学資格がある者で、文部科学大臣が指定した学校か都道府県知事が指定した理学療法士養成施設において、3年以上、理学療法士として必要な知識および技能を修得した者（修業または卒業見込みの者を含む） ②外国の理学療法に関する学校もしくは養成施設を卒業、または外国で理学療法士の免許に相当する免許を得た者であって、厚生労働大臣が①に掲げる者と同等以上の知識および技能をもつと認定した者　ほか
申込期間	12月中旬～翌年1月上旬
試験日	**〔筆記〕2月中旬** **〔口述・実技〕2月中旬**（重度視力障害者のみ）（詳細は官報で公示される）
合格発表	3月下旬
受験料	**10,100円**（収入印紙）
試験地	**〔筆記〕**北海道、宮城、東京、愛知、大阪、香川、福岡、沖縄 **〔口述・実技〕**東京
試験内容	**〔筆記〕**一般問題と実地問題に区分して次の科目について行う **〔一般問題〕** ①解剖学　②生理学　③運動学 ④病理学概論　⑤臨床心理学 ⑥リハビリテーション医学（リハビリテーション概論を含む） ⑦臨床医学大要（人間発達学を含む）　⑧理学療法 **〔実地問題〕** ①運動学　②臨床心理学 ③リハビリテーション医学 ④臨床医学大要（人間発達学を含む）　⑤理学療法 ※重度視力障害者には、実地問題に代えて同一科目で口述試験および実技試験が行われる

理学療法士国家試験運営本部事務所
〒135-0063 東京都江東区有明3丁目6番11号 TFTビル東館7階
TEL03(5579)6903

作業療法士

業務・名称

園芸、陶芸、手工芸などによる作業訓練で、精神や身体に障害のある人たちに、社会復帰や生きがいのある生活が送れるように指導・援助を行うのが作業療法士。そのための機関、施設は今後ますます増設され、そこで働く作業療法士に寄せられる期待も大きい。

受験対策
大学 専門学校 養成所など

受験者数	合格率
5,736人	84.1%
受験資格	**受験料**
学歴など	10,100円（収入印紙）

受験資格	①大学入学資格がある者で、文部科学大臣が指定した学校か都道府県知事が指定した作業療法士養成施設において、3年以上、作業療法士として必要な知識および技能を修得した者（修業または卒業見込みの者を含む） ②外国の作業療法に関する学校もしくは養成施設を卒業、または、外国で作業療法士の免許に相当する免許を得た者であって、厚生労働大臣が①と同等以上の知識および技能をもつと認定した者　ほか
申込期間	12月中旬～翌年1月上旬
試験日	**〔筆記〕2月中旬** **〔口述・実技〕2月中旬**（重度視力障害者のみ）（詳細は官報で公示される）
合格発表	3月下旬
受験料	**10,100円**（収入印紙）
試験地	**〔筆記〕**北海道、宮城、東京、愛知、大阪、香川、福岡、沖縄 **〔口述・実技〕**東京
試験内容	**〔筆記〕**一般問題と実地問題に区分して次の科目について行う **〔一般問題〕** ①解剖学　②生理学　③運動学 ④病理学概論　⑤臨床心理学 ⑥リハビリテーション医学（リハビリテーション概論を含む） ⑦臨床医学大要（人間発達学を含む）　⑧作業療法 **〔実地問題〕** ①運動学 ②臨床心理学 ③リハビリテーション医学 ④臨床医学大要（人間発達学を含む） ⑤作業療法 ※重度視力障害者には、実地問題に代えて同一科目で口述試験および実技試験が行われる

作業療法士国家試験運営本部事務所
〒135-0063 東京都江東区有明３丁目６番11号 TFTビル東館７階
TEL03(5579)6903

臨床心理士

民間

ストレスを抱えて悩んでいる人々に、臨床心理学の専門的立場から援助していこうとする職能専門家を臨床心理士と呼ぶ。資格取得者は文部科学省の任用するスクールカウンセラー、医療機関、福祉機関、司法関係機関などで有為な活動を続けている。

受験対策
大学院など
登録必要

受験者数	合格率
1,705人	66.5%
受験資格	受験料
学歴 & 実務経験	30,000円

受験資格	①協会が認可する第1種指定大学院を修了し、所定の条件を充足している者 ②協会が認可する第2種指定大学院を修了し、1年以上の修了後心理臨床経験を含む、所定の条件を充足している者 ③臨床心理学に関する専門職大学院を修了した者 ④諸外国で上記①または②と同等以上の教育歴、および日本国内における2年以上の心理臨床経験を有する者 ⑤医師免許取得者で、取得後2年以上の心理臨床経験を有する者 ※心理臨床経験は、教育相談機関、病院などの医療施設、心理相談機関などでの心理臨床に関する従業者（心理相談員、カウンセラーなど）としての勤務経験を基準としている（ボランティア、研修員などの経験は該当しない）
申込期間	7月上旬～8月下旬
試験日	**〔1次〕10月中旬** **〔2次〕11月の協会が指定する日時**
申込方法	受験者の教育歴・経験などにより必要な①～⑦までの書類に、受験料の指定口座振込の控えを添付して簡易書留で郵送する ①資格認定申請書　②履歴書　③臨床心理士受験申請資格証明書 ④学歴証明書　⑤職歴・職務内容証明書 ⑥在職証明書　⑦履修単位証明書（または成績証明書）
受験料	**30,000円**　資格交付手続料：**50,000円**（各税込）
試験地	東京
試験内容	〔1次〕筆記試験 ①設問100題（多肢選択・マークシート方式）：心理学の専門基礎知識、臨床心理士の基本業務に関する基礎的・基本的専門知識、倫理・法律等の基礎知識　ほか ②小論文：1題のテーマについて1,001～1,200字の範囲で論述 〔2次〕口述面接試験（1次試験合格者が対象）

問い合わせ先
公益財団法人 日本臨床心理士資格認定協会
〒113-0034 東京都文京区湯島1-10-5 湯島D＆Aビル3F
TEL03(3817)0020　URL=http://fjcbcp.or.jp/

登録販売者

登録販売者は購入者などの状況を観察し、また聞き出し、その状況を踏まえて必要な情報提供や相談対応を行うことにより購入者などの適切な医薬品の選択を支援する役割を担う。そして一般用医薬品の販売などに関し、保健衛生上の問題が生じることを防止する。

登録必要

受験者数	合格率
3,729人※	44.0%※
受験資格	**受験料**
なし	13,600円※

※東京都の場合（2022年度）

受験資格	誰でも受験できる
試験日	**各都道府県により異なる**（詳細は各都道府県薬務主管課へ）
試験地	各都道府県（詳細は各都道府県薬務主管課へ）
受験料	**各都道府県により異なる**（詳細は各都道府県薬務主管課へ） 東京都の場合：**13,600円**
試験内容	①医薬品に共通する特性と基本的な知識（20問） 医薬品概論（医薬品の本質、医薬品のリスク評価、健康食品）、医薬品の効き目や安全性に影響を与える要因（不適正な使用と有害事象、小児・高齢者等への配慮　ほか）、適切な医薬品選択と受診勧奨、薬害の歴史 ②人体の働きと医薬品（20問） 人体の構造と働き、薬が働く仕組み（薬の生体内運命、薬の体内での働き、剤形ごとの違い・適切な使用方法）、症状からみた主な副作用 ③主な医薬品とその作用（40問） 精神神経に作用する薬（かぜ薬、解熱鎮痛薬、眠気を促す薬、眠気を防ぐ薬　ほか）、呼吸器官に作用する薬、胃腸に作用する薬、心臓などの器官や血液に作用する薬、排泄に関わる部位に作用する薬、婦人薬、内服アレルギー用薬、鼻に用いる薬、眼科用薬、皮膚に用いる薬、歯や口中に用いる薬、禁煙補助剤、滋養強壮保健薬、漢方処方製剤・生薬製剤、公衆衛生用薬（消毒薬、殺虫剤・忌避剤）、一般用検査薬（尿糖・尿タンパク検査薬、妊娠検査薬） ④薬事関係法規・制度（20問） 医薬品・医療機器等の品質・有効性および安全性の確保等に関する法律の目的等、医薬品の分類・取り扱い等（医薬品の定義と範囲、医薬部外品・化粧品・保健機能食品等　ほか）、医薬品の販売業の許可、医薬品販売に関する法令遵守 ⑤医薬品の適正使用・安全対策（20問） 医薬品の適正使用情報、医薬品の安全対策、医薬品の副作用等による健康被害の救済、一般用医薬品に関する主な安全対策、医薬品の適正使用のための啓発活動

問い合わせ先　**各都道府県の薬務主管課**

医療事務の処理能力・知識を判定

独立 就職 趣味 評価

医療事務技能審査試験（メディカル クラーク®）

民間

医療機関の受付業務や患者接遇、診療報酬請求事務の仕事は、病院や診療所において必要不可欠で、より質の高い専門技能が求められている。医療事務技能の向上と平準化を目指す医療事務技能審査試験の合格者には「メディカル クラーク®」の称号が付与される。

公式テキスト　通信

受験者数	合格率
14,637人	76.1％
受験資格	**受験料**
なし	7,700円

受験資格	誰でも受験できる
申込期間	試験日の1カ月前～1週間前
試験日	**土日を中心に毎月複数回設定**
受験料	【医科】【歯科】**各8,800円**（税込）
試験地	IBT（インターネット）試験
試験内容	自宅等のパソコンを使用し、IBT（インターネット）試験を受験することができる（試験監視あり） 【医科】【歯科】ともに学科、実技の各々の得点率が70％以上で合格となる 【医科】**〔学科〕** 医療知識選択・入力方式50分 ①医療保険制度　②医事法規一般　③医療保障制度 ④公費負担医療制度　⑤患者応対　⑥医事業務 ⑦医学一般（人体解剖と生理、疾病の原因と治療等） ⑧薬学一般　⑨診療報酬請求業務（出来高・DPC） **〔実技〕** 診療報酬請求事務・患者接遇選択・入力方式70分 ①患者接遇　②診療報酬請求業務（診療報酬明細書作成・点検） 【歯科】**〔学科〕** 医療知識 選択・入力方式50分 ①医療保険制度　②医事法規一般　③医療保障制度 ④公費負担医療制度　⑤患者応対　⑥医事業務 ⑦医学一般（口腔解剖と生理、歯科の解剖・歯式等） ⑧薬学一般　⑨診療報酬請求業務 **〔実技〕** 診療報酬請求事務、患者接遇選択・入力方式70分 ①患者接遇　②診療報酬請求業務（診療報酬明細書作成・点検） ※参考資料を見ることができる

問い合わせ先

一般財団法人 日本医療教育財団　技能審査試験係
〒101-0062 東京都千代田区神田駿河台2-9 駿河台フジヴュービル6階
TEL03(3294)6624　URL=https://www.jme.or.jp

医師をサポートする新しい力

独立 就職 趣味 評価

医師事務作業補助技能認定試験 民間

（ドクターズ クラーク®）

医師の事務負担軽減のため、医師事務作業補助者の配置が診療報酬の加算対象となり、全国の医療機関で広がりをみせている。ドクターズ クラーク®は事務処理能力、医療関係の法律など医師を補助する専門職としての知識と技能をもつと認められた者に付与される。

公式テキスト 独学

講座 通信

受験者数	合格率
4,003人	85.4%
受験資格	受験料
実務経験 or 講習	9,200円

受験資格	誰でも受験できる
申込期間	試験日の1カ月前～1週間前
試験日	**土日を中心に毎月複数回設定**
受験料	**10,560円**（税込）
試験地	IBT（インターネット）試験
試験内容	自宅等のパソコンを使用し、IBT（インターネット）試験を受験することができる（試験監視あり） 学科、実技の各々の得点率が70%以上で合格となる **〔学科〕** 医師事務作業補助基礎知識選択、入力方式50分 ①医療関連法規（医療法、医師法、保健師助産師看護師法、生活保護法、高齢者医療確保法、障害者総合支援法、介護保険法ほか） ②医療保障制度（健康保険法、国民健康保険法、保険医療機関および保険医療 養担当規則、労働者災害補償保険法、自動車損害賠償保障法） ③医学一般（人体の構造・組織・器官、器官系、人体解剖図、診断と治療、医療用語） ④薬学一般（医薬品医療機器等法、薬物療法） ⑤医療と診療録（診療録の定義と関連法規、電子カルテシステム〈オーダリングシステム〉） ⑥病院管理（安全管理） ⑦医師事務作業補助業務（個人情報保護法、代行入力業務、文書作成補助業務、医療の質の向上に資する事務作業、行政上の業務） **〔実技〕** 医療文書作成 穴埋めによる選択・入力方式70分 ①医療文書作成（各種診断書・証明書・申請書作成） ※参考資料を見ることができる ※試験は全日本病院協会と日本医療教育財団の共催で実施

問い合わせ先
一般財団法人 日本医療教育財団 技能認定試験係
〒101-0062 東京都千代田区神田駿河町2-9 駿河台フジヴュービル6階
TEL03(3294)6624　URL=https://www.jme.or.jp

診療情報管理士

民間

カルテの整理・分類から個人情報管理、医療内容のデータ化、医療情報全般の分析までの業務が行える。

受験者数	合格率	受験資格	受験料
2,310人	72.8%	必須単位履修など	10,000円

受験資格	①一般社団法人日本病院会診療情報管理士通信教育を修了した者 ②一般社団法人日本病院会指定大学および専門学校で指定単位を修得し、卒業した者（見込みの者を含む） ほか ※指定大学・専門学校ついてはホームページ参照
試験日	2月中旬
試験地	北海道、宮城、栃木、東京、神奈川、新潟、長野、愛知、大阪、岡山、広島、高知、福岡、鹿児島、沖縄 （予定）
試験内容	〔筆記試験〕①基礎科目：医療概論、人体構造・機能論、臨床医学総論、臨床医学各論Ⅰ、臨床医学各論Ⅱ、臨床医学各論Ⅲ、臨床医学各論Ⅳ、臨床医学各論Ⅴ、臨床医学各論Ⅵ、臨床医学各論Ⅶ、臨床医学各論Ⅷ、医学・医療用語 ②専門科目：医療管理総論、医療管理各論Ⅰ、医療管理各論Ⅱ、医療管理各論Ⅲ、保健医療情報学、医療統計Ⅰ、医療統計Ⅱ、診療情報管理Ⅰ、診療情報管理Ⅱ、診療情報管理Ⅲ、国際統計分類Ⅰ、国際統計分類Ⅱ

問い合わせ先
一般社団法人 日本病院会 教育課
〒102-8414 東京都千代田区三番町9-15 ホスピタルプラザビル
TEL03(5215)6647　URL=https://jha-e.jp

医事コンピュータ技能検定

民間

医事コンピュータ技能検定は医事コンピュータによるレセプトの作成能力などを審査するものである。

受験者数	合格率	受験資格	受験料
2,614人※	86.3%※	なし	6,400円※

※３級の場合

受験資格	誰でも受験できる
試験日	年2回：6月中旬 11月中旬
試験地	全国各地の約122校の会員校の一部
試験内容	領域Ⅰ（医療事務） 領域Ⅱ（コンピュータ関連知識） 領域Ⅲ（実技）

問い合わせ先
一般社団法人 医療秘書教育全国協議会
〒134-0084 東京都江戸川区東葛西6-7-5 滋慶ビル2F
TEL03(5675)7077　URL=http://www.medical-secretary.jp

医療秘書技能検定

民間

医療機関などで保険診療の明細書を作成したり、病院の窓口会計などをおもな業務とするのが医療秘書。この検定は、医療秘書教育全国協議会が実施している試験で、合格者は医学・医療の基礎知識と医療現場の専門的な事務を処理する技能をもつと認められる。

公式テキスト　独学　講座　通信

受験者数	合格率
2,866人※	71.1%※
受験資格	**検定料**
なし	4,000円※

※3級の場合

受験資格	誰でも受験できる
申込期間	4月上旬～5月上旬　9月上旬～10月上旬
試験日	**年2回：6月上旬　11月上旬**
検定料	【3級】　**4,000円** 【2級】　**5,100円** 【準1級】**5,800円**　【1級】**6,500円**
試験地	全国各地の約122校の会員校の一部
受験者数 合格率	【3級】2,866人、71.1%　【2級】1,424人、71.6% 【準1級】638人、48.0%　【1級】　53人、13.2%
試験内容	3・2・準1・1級とも医療秘書としての資質、職務知識などが問われる以下の3領域から出題されるが、内容と要求される程度は次のとおり 領域Ⅰ：医療秘書実務、医療機関の組織・運営、医療関連法規 領域Ⅱ：医学的基礎知識、医療関連知識 領域Ⅲ：医療事務（年度版指定の点数表を必ず持参する。ノート・参考書の持ち込みは自由） 【3級】それぞれの領域について、基礎的知識と技能をもち、一般的な業務を遂行することができる 【2級】それぞれの領域について、一般的な知識と技能をもち、やや複雑な業務を遂行することができる 【準1級】それぞれの領域について、専門的な知識と技能をもち、やや複雑多岐な業務を遂行することができる 【1級】それぞれの領域について、高度な知識と技能をもち、複雑多岐な業務を専門的に遂行することができる 合格基準：領域Ⅰ・Ⅱ・Ⅲに各100点ずつ配点されている。全体で300点中正解の合計が180点以上あり、各領域の正解が60%以上のとき合格となる

問い合わせ先

一般社団法人 医療秘書教育全国協議会
〒134-0084 東京都江戸川区東葛西6-7-5 滋慶ビル2F
TEL03(5675)7077　　URL=http://www.medical-secretary.jp

心理系の最上位資格で、唯一の国家資格

独立 就職 趣味 評価

公認心理師

国家

名称独占

国民の心の健康問題が複雑化、多様化する中で成立した、我が国初の心理職の国家資格。関係者と連携しながら保健医療、福祉、教育、司法・犯罪、産業・労働分野で心理に関する支援等を行う。資格取得には試験に合格し、登録簿に登録される必要がある。

受験対策
大学など

受験者数	合格率
2,089人	76.2%
受験資格	受験料
学　歴	28,700円

受験資格	①大学で指定科目を履修して卒業し、大学院で指定科目を履修してその課程を修了 ②大学で指定科目を履修して卒業し、特定の施設で2年以上の実務経験 また、上記の他に、2017年9月15日（公認心理師法施行日）以前に大学や大学院に入学した者や、実務経験者等のうち、一定条件を満たす者には特例措置で受験資格が与えられる。特例措置には期限が設定されているものもある。詳しくは厚生労働省や一般財団法人日本心理研修センターのHP等を参照
申込期間	12月中旬～1月上旬 詳細はHPにて発表
試験日	**3月上旬**
受験料	**28,700円**
試験地	東京都、大阪府
試験内容	【筆記】 ①公認心理師としての職責の自覚　②問題解決能力と生涯学習 ③多職種連携・地域連携　④心理学・臨床心理学の全体像 ⑤心理学における研究　⑥心理学に関する実験 ⑦知覚及び認知　⑧学習及び言語　⑨感情及び人格 ⑩脳・神経の働き　⑪社会及び集団に関する心理学　⑫発達 ⑬障害者（児）の心理学　⑭心理状態の観察及び結果の分析 ⑮心理に関する支援（相談、助言、指導その他の援助） ⑯健康・医療に関する心理学　⑰福祉に関する心理学 ⑱教育に関する心理学　⑲司法・犯罪に関する心理学 ⑳産業・組織に関する心理学　㉑人体の構造と機能及び疾病 ㉒精神疾患とその治療　㉓公認心理師に関係する制度 ㉔その他（心の健康教育に関する事項等）

問い合わせ先
一般財団法人 日本心理研修センター
〒112-0006 東京都文京区小日向4-5-16 ツインヒルズ茗荷谷10階
TEL03(6912)2655　URL=http://shinri-kensyu.jp/

診療報酬請求事務の技能を認定

独立 就職 趣味 評価

診療報酬請求事務能力認定試験

画像診断、手術、検査など医療の高度化とともに、診療報酬請求の事務量は年々増大し、請求事務を扱う人材の確保・育成が急務とされている。この試験は、これら従事者の資質の向上を図るために実施されている全国一斉統一試験で、医科と歯科に分かれている。

公式テキスト 独学 講座 通信

受験者数	合格率
6,105人※	43.8%※
受験資格	受験料
なし	9,000円

※医科の場合

受験資格	誰でも受験できる
申込期間	試験日の2カ月半前～1カ月半前
試験日	**年2回：7月、12月の日曜日または祝日**
合格発表	試験日の翌々月末までに文書で通知
受験料	**9,000円**（税込）
試験地	札幌、仙台、埼玉、千葉、東京、神奈川、新潟、金沢、静岡、愛知、大阪、岡山、広島、高松、福岡、熊本、那覇
受験者数 合格率	【医科】6,105人、43.8% 【歯科】　137人、 32.8%
試験内容	医科・歯科に分かれ、それぞれ学科・実技を実施。以下の診療報酬請求事務能力認定試験ガイドラインに沿って出題される ①医療保険制度など：被用者保険、国民健康保険、後期高齢者医療制度などの給付率など制度の概要　ほか　②公費負担医療制度　③保険医療機関など：保険医療機関の指定および保険医の登録　ほか　④療養担当規則など　⑤診療報酬など：診療報酬の算定方法、入院時食事療養・生活療養の費用の額を算定するための知識　⑥薬価基準、材料価格基準：保険医療で使用される医薬品および医療材料の価格とその請求方法　⑦診療報酬請求事務：診療報酬請求書および診療報酬明細書を作成するために必要な知識と実技　⑧医療用語：診療報酬請求事務を行うために必要な病名、検査法、医薬品などの用語およびその略語の主なものの知識 ⑨医学の基礎知識：主要な身体の部位、臓器等の位置および名称、それぞれの機能、病的状態および治療方法についての基礎知識 ⑩薬学の基礎知識：医薬品の種類、名称、規格、剤形、単位等についての基礎知識 ⑪医療関係法規：医療法による医療施設の規定および医師法、歯科医師法等の医療関係者に関する法律による医療機関の従事者の種類とその業務についての基礎知識 ⑫介護保険制度：保険者、被保険者、給付の内容等制度の概要についての知識

問い合わせ先
公益財団法人 日本医療保険事務協会
〒101-0047 東京都千代田区内神田2-5-3 児谷ビル
TEL03(3252)3811　　URL=https://www.iryojimu.or.jp/

調剤報酬算定の知識とスキルをもつ　独立 就職 趣味 評価

調剤事務管理士®

民間

保険調剤薬局では、処方箋の受付や会計などの事務を担当するスタッフが求められている。薬剤用語の知識をもち、調剤報酬の仕組みを理解し、正確に算定・請求できる調剤事務管理士®は、薬局を運営するうえでのサポート役として欠かせない存在である。

申込者数	合格率
非公開	78.1%
受験資格	**受験料**
なし	6,500円

受験資格	誰でも受験できる
申込期間	受験月の前月末まで
申込方法	協会ホームページの「試験のお申し込み」から申し込み： https://www.ginou.co.jp
試験日	**年12回** **毎月第４土曜日翌日の日曜日**
試験地	在宅受験、インターネット試験（協会ホームページ参照）
受験料	**6,500円**（税込）
試験内容	**〔学科〕** 10問、マークシート（択一式） ①法規 　医療保険制度 　調剤報酬の請求についての知識 ②調剤報酬請求事務 　調剤報酬点数の算定 　調剤報酬明細書の作成 　薬剤用語についての知識 **〔実技〕** マークシート（択一式） 　調剤報酬明細書の作成（2問） ※学科・実技とも資料などを参考にして答案を作成する。合格基準は、学科試験80点以上、実技試験80%以上（作成問題ごとに約60%以上の得点） 　学科・実技ともに合格基準に達した場合に合格と判定される

問い合わせ先
技能認定振興協会
〒108-6212 東京都港区港南2-15-3 品川インターシティC棟12F
URL=https://www.ginou.co.jp

自然治癒力を活性化させる

独立 就職

はり師

国家 業務独占

はりは、金・銀・鉄などの金属針で人体患部に刺激を与える治療法。副作用がなく、神経痛や関節炎などの痛みも緩和でき、東洋医学のすぐれた経験則を現代医療に生かすことが期待される。厚生労働大臣免許を受けて開業すれば、安定収入が見込まれる堅実資格。

受験対策
大学 専門学校 養成所など

受験者数	合格率
4,176人※	69.3%※
受験資格	受験料
学　歴	14,400円

※2023年度

受験資格	大学入学資格をもち、文部科学大臣の認定した学校または厚生労働大臣が認定した養成施設（修業年数3年以上）で、はり師となるのに必要な知識および技能を修得した者　ほか ※著しい視覚障害のある者においては、高等学校入学資格をもち、学校または養成施設で5年以上必要な知識および技能を修得すれば、試験を受けることができる
申込期間	12月上旬～中旬
試験日	**2月下旬**
合格発表	3月下旬
申込方法	所定の書類を下記へ提出する
受験料	**14,400円**
試験地	晴眼者：北海道、宮城、東京、新潟、愛知、大阪、広島、香川、福岡、鹿児島、沖縄 視覚障害者：各都道府県
試験内容	次の学科につき筆記試験を実施 ①医療概論（医学史を除く）　②衛生学・公衆衛生学 ③関係法規　④解剖学　⑤生理学　⑥病理学概論 ⑦臨床医学総論　⑧臨床医学各論　⑨リハビリテーション医学 ⑩東洋医学概論　⑪経絡経穴概論　⑫はり理論　⑬東洋医学臨床論 ただし、視覚障害者は次の方法による受験を認める ①拡大文字、超拡大文字、または点字による受験 ②①の方法と試験問題を録音したCDの使用または試験問題の読み上げの併用による受験（文部科学大臣が認定した学校の長または厚生労働大臣などが認定した養成施設の長がやむを得ないと認めた者に限る） ③照明器具、読書補助具、点字タイプライター等の使用による受験 ※同時にきゅう師試験を受ける者に対しては、はり理論またはきゅう理論以外の共通科目について、申請によりその一方の試験を免除する

問い合わせ先
公益財団法人 東洋療法研修試験財団
〒110-0005 東京都台東区上野7-6-5 VORT上野Ⅱ 6F
TEL03(5811)1666　URL=http://www.ahaki.or.jp/

独立 就職 趣味 評価

きゅう師

国家
業務独占

きゅうは、もぐさを皮膚の表面のツボ（経穴などの局部）に置いて燃やし、熱刺激を与える温熱療法。現代科学の最新技術をもってしても、もぐさに代わる熱源はないといわれている。資格取得は容易ではないが、取得後ははり師を兼務し、独立開業する人も多い。

受験対策
大学 専門学校 養成所など

受験者数	合格率
4,111人※	70.2%※
受験資格	受験料
学　歴	14,400円

※2023年度

受験資格	大学入学資格をもち、文部科学大臣の認定した学校または厚生労働大臣・都道府県知事が認定した養成施設（修業年数3年以上）で、きゅう師となるのに必要な知識および技能を修得した者 ※著しい視覚障害のある者においては、高等学校入学資格をもち、学校または養成施設で5年以上必要な知識および技能を修得すれば、試験を受けることができる
申込期間	12月上旬～中旬
試験日	**2月下旬**
合格発表	3月下旬
申込方法	所定の書類を下記へ提出する
受験料	**14,400円**
試験地	晴眼者：北海道、宮城、東京、新潟、愛知、大阪、広島、香川、福岡、鹿児島、沖縄 視覚障害者：各都道府県
試験内容	次の学科につき筆記試験を実施 ①医療概論（医学史を除く）　②衛生学・公衆衛生学 ③関係法規　④解剖学　⑤生理学　⑥病理学概論 ⑦臨床医学総論　⑧臨床医学各論　⑨リハビリテーション医学 ⑩東洋医学概論　⑪経絡経穴概論　⑫きゅう理論　⑬東洋医学臨床論 ただし、視覚障害者は次の方法による受験を認める ①拡大文字、超拡大文字、または点字による受験 ②①の方法と試験問題を録音したCDの使用または試験問題の読み上げの併用による受験（文部科学大臣が認定した学校の長または厚生労働大臣などが認定した養成施設の長がやむを得ないと認めた者に限る） ③照明器具、読書補助具、点字タイプライター等の使用による受験 ※同時にはり師試験を受ける者に対しては、はり理論またはきゅう理論以外の共通科目について、申請によりその一方の試験を免除する

問い合わせ先
公益財団法人 東洋療法研修試験財団
〒110-0005 東京都台東区上野7-6-5 VORT上野Ⅱ 6F
TEL03(5811)1666　URL=http://www.ahaki.or.jp/

薬ではなく、素手の技術で勝負

独立 就職 趣味 評価

柔道整復師

国家 業務独占

手術や投薬などの外科的な手段によらず、徒手整復という手技によって、骨折や脱臼、捻挫、打撲、挫傷などのケガに整復・固定・後療などを行い、人間が本来持っている自然治癒力を最大限に引き出させる施術を行っている。

受験対策
大学 専門学校 養成所など

登録必要

受験者数	合格率
5,027人	66.4%
受験資格	受験料
学 歴	23,900円

受験資格	大学入学資格をもち、文部科学大臣の指定した学校または都道府県知事の指定した養成施設で、3年以上柔道整復師となるのに必要な知識および技能を修得した者（修業または卒業見込みの者を含む） ほか ※柔道整復師の免許は、柔道整復師法第8条の2第1項に基づいて柔道整復師名簿に登録することによって取得できる。新規登録申請の手数料は4,800円、登録免許税は9,000円（収入印紙） 柔道整復師は、病院の整形外科、整形外科医院をはじめとして、接骨院などでも活躍できるほか、独立して接骨院を開業することもできる
申込期間	12月中旬～1月中旬
試験日	**3月上旬**
申込方法	受験願書、写真、修業証明書、卒業証明書など、所定の書類を下記へ提出する
受験料	**23,900円**（税込）
試験地	北海道、宮城、東京、石川、愛知、大阪、広島、香川、福岡、沖縄
試験内容	**〔筆記〕**多肢選択方式 ①解剖学 ②生理学 ③運動学 ④病理学概論 ⑤衛生学・公衆衛生学 ⑥一般臨床医学 ⑦外科学概論 ⑧整形外科学 ⑨リハビリテーション医学 ⑩柔道整復理論 ⑪関係法規

問い合わせ先
公益財団法人 柔道整復研修試験財団
〒105-0003 東京都港区西新橋1-11-4 日土地西新橋ビル6F
TEL03(6205)4731　URL=https://www.zaijusei.com/

言語聴覚士

音声・言語機能や聴覚に障害のある人の機能回復を支援する。活躍の場は、病院・診療所、社会福祉施設、保健所など。

【受験資格】 ①大学に入学することができる者、またはそれに準ずる者で規定の機関で３年以上言語聴覚士として必要な知識・技能を修得した者　②大学、高専、文教研修施設もしくは養成所で２年（高専５年）以上修業し、規定機関で１年以上言語聴覚士に必要な知識・技能を修得した者　ほか

【試験科目】 ①基礎医学　②臨床医学　③臨床歯科医学　④音声・言語・聴覚医学　⑤心理学　⑥音声・言語学　⑦社会福祉・教育　⑧失語・高次脳機能障害学　ほか

【試験日】 ２月中旬

【受験料】 38,400円

【問い合わせ先】

公益財団法人 医療研修推進財団 試験登録部

〒105-0003 東京都港区西新橋1-6-11 西新橋光和ビル７Ｆ　TEL03(3501)6515

救急救命士

救急救命士は、救急車内で医師の指示に従い救命処置を施す。命を守るために１分１秒を争う現場だけに、その責任は重大だ。

【受験資格】 ①大学に入学することができる者で、規定の機関で２年以上救急救命士として必要な知識・技能を修得した者

②大学、高専などで１年（高専は４年）以上修業し、規定の科目を修め、規定の機関で１年以上救急救命士として必要な知識・技能を修得した者　ほか

【試験科目】 ①基礎医学　②臨床救急医学総論　③臨床救急医学各論（Ⅰ）　④臨床救急医学各論（Ⅱ）　⑤臨床救急医学各論（Ⅲ）

【試験日】 ３月上旬（予定）

【受験料】 30,300円

【問い合わせ先】

一般財団法人 日本救急医療財団

〒113-0034 東京都文京区湯島3-37-4

HF湯島ビルディング７Ｆ

TEL03(3835)0099

赤十字救急法救急員

まずは救急法基礎講習を受けてから救急法救急員養成講習を修了し、検定試験に合格すると赤十字救急法救急員として認定される。災害時のボランティア活動などに生かせる、社会貢献度の高い資格だ。

【受講資格】〔基礎講習〕 満15歳以上　**〔養成講習〕** 救急法基礎講習修了者（赤十字ベーシックライフサポーター）の資格を有する者

【講習内容】〔基礎講習〕 ４時間　①傷病者の観察の仕方　②一次救命処置（心肺蘇生、AEDを用いた電気ショック、気道異物除去）など救急法の基礎　**〔養成講習〕** 10時間　①急病の手当　②けがの手当（止血、包帯、固定）　③搬送　④救護

【申込期間】 各都道府県支部のホームページにて確認

【受講料】 基礎：1,500円　養成：2,100円

【問い合わせ先】

日本赤十字社 各都道府県支部

URL=https://www.jrc.or.jp/study/join/study-link/

赤十字水上安全法救助員

講習で水の事故から人命を守るための知識と技術を学び、修了後、検定試験を受けて合格すると認定される。

【受講資格】〔救助員Ⅰ養成講習〕 満15歳以上の救急法基礎講習修了者（赤十字ベーシックライフサポーター）の資格を有する者で、一定の泳力を有する者　**〔救助員Ⅱ養成講習〕** 水上安全法救助員Ⅰの資格を有する者

【講習内容】〔救助員Ⅰ〕 14時間　①水の活用と事故防止　②安全な水泳と自己保全　③安全管理と監視　④救助　⑤応急手当　**〔救助員Ⅱ〕** １２時間　①海、河川、湖沼池での事故防止　②安全な水泳と自己保全　③安全管理と監視　④救助　⑤応急手当

【申込期間】 各都道府県支部のホームページにて確認

【受講料】〔救助員Ⅰ〕 700円 **〔救助員Ⅱ〕** 300円

【問い合わせ先】

日本赤十字社 各都道府県支部

URL=https://www.jrc.or.jp/study/join/study-link/

細胞検査士

がんなどの疾患を顕微鏡を用いて細胞レベルで検査する技能を認定する資格。高い専門技術と能力が必要となる。

【受験資格】①臨床検査技師または衛生検査技師の資格取得後、試験日までに主として細胞診実務に1年以上従事した者　②臨床検査技師または衛生検査技師の資格を有し、日本臨床細胞学会認定の細胞診技術者養成機関を卒業した者　③4年制大学で、日本臨床細胞学会が認定した細胞検査士養成課程修了者で大学卒業見込みの者　ほか

【試験日】〔1次〕10月下旬
〔2次〕12月上旬

【試験科目】〔1次〕筆記、細胞像試験（カラープリント）〔2次〕実技（手技なし）

【問い合わせ先】
日本臨床細胞学会内 細胞検査士資格認定試験係
〒101-0062 東京都千代田区神田駿河台2-11-1
駿河台サンライズビル3F
URL=https://jscc.or.jp

視能訓練士

医師の指示のもとに、視力、視野、眼圧など視機能の検査や、斜視、弱視などの矯正訓練を行う眼科医療専門職。

【受験資格】①大学入学資格を有し、指定学校・視能訓練士養成所で3年以上、必要な知識・技能を習得した者
②大学などで2年以上修業し、かつ外国語・心理学・保健体育等を修め、また、教育学・倫理学・精神衛生・社会福祉又は保育のうち2科目を修めた者であって、指定学校・養成所において1年以上視能訓練士として必要な知識および技能を修得したもの　ほか

【試験日】2月中旬(詳細は官報で公示される)

【試験科目】①基礎医学大要
②基礎視能矯正学　③視能検査学
④視能障害学および視能訓練学

【問い合わせ先】
視能訓練士国家試験運営本部事務所
〒135-0063 東京都江東区有明3-6-11TFTビル東館7階　TEL03(5579)6903

義肢装具士

義肢装具士は病気や事故などで手足を失った人などに、機能を代替する義肢や装具を提供する専門家。

【受験資格】①大学に入学できる者で文部科学大臣が指定した学校または都道府県知事が指定した義肢装具士養成所で3年以上義肢装具士としての知識や技能を修得した者　②大学、高等専門学校または厚生労働省令で定める学校もしくは養成所で1年（高専は4年）以上修業し、厚生労働大臣の指定する科目を修めた者で、養成所で2年以上義肢装具士として知識、技能を修得した者　ほか

【試験日】2月

【試験科目】①臨床医学大要　②義肢装具工学　③義肢装具材料学　ほか

【問い合わせ先】
公益財団法人 テクノエイド協会 総務部
〒162-0823 東京都新宿区神楽河岸1-1
セントラルプラザ4F　TEL03(3266)6880

メディカルケアワーカー®

看護補助、福祉介護業務に従事する看護助手職に必要な能力を問う試験。

【受験資格】〔2級〕①社会福祉施設など、病院の病棟・診療所、看護・介護などの便宜を供与する事業において1年以上の実務経験者　②協会指定教育機関における講座の受講修了者　〔1級〕2級合格者

【試験日】〔2級〕7月　12月　翌年3月
〔1級〕7月　12月

【試験科目】〔2級〕学科：①病院環境衛生学　②医科薬科学　文章作成：学科出題範囲、ガイドラインの事柄について
〔1級〕学科：2級学科範囲＋①基礎心理学
②実技諸論　文章作成：学科出題範囲、ガイドラインの事柄について

【問い合わせ先】
特定非営利活動法人 医療福祉情報実務能力協会
〒160-0023 東京都新宿区西新宿3-2-27
オーチュー第7ビル4F　TEL03(5326)7784

AED管理士

現在では全国約63万カ所にAEDが設置されている。一方で、設置後の保守管理が徹底されていないなどの課題も出てきている。AED管理士はその管理のみならず、非常時でも冷静かつ正常に活用できる人材の育成を目的としている。

【受験資格】〔初級〕 誰でも受験できる
〔中級〕 初級取得1年経過後、普通救命講習受講者以上
【試験日】〔初級〕 随時　**〔中級〕** 11月
【受験料】〔初級〕 3,000円　**〔中級〕** 6,000円　※個人会員の場合
【試験内容】 AEDの基本構造と管理方法など
【合格率】 92.3%

【問い合わせ先】
一般社団法人 AED日本振興協会
AED管理士委員会
〒462-0801 愛知県名古屋市北区新堀町3-5
TEL052(982)6757

ケア・コミュニケーション検定

医療・介護・福祉などのケアの現場において、円滑なコミュニケーションをとるために必要とされる能力について測定・評価を行う検定。

【受験資格】 誰でも受験できる
【試験日】 6月上旬、翌年3月中旬
【申込期間】 試験実施日の1週間前まで
【受験料】 5,100円（税込）
【試験科目】 ①ケア・コミュニケーションの基本的な心構え　②被援助者と良好な関係を築くためのコミュニケーション力　③被援助者を受け容れ、支えるためのコミュニケーション力　④職場におけるチームワークとコミュニケーション力　⑤被援助者の症状に応じたコミュニケーション力

【問い合わせ先】
株式会社 サーティファイ 認定試験事務局
〒103-0025 東京都中央区日本橋茅場町2-11-8　茅場町駅前ビル
TEL0120(031)749

医療事務検定試験

外来、入院についての医療費算定の知識を審査する。

【受験資格】 医療事務の基本的な算定知識を有する者
【試験日】 詳しくは協会に問合せ
【受験料】 7,000円（税抜）
【試験地】 全国各地
(詳しくは協会に問い合わせ)
【合格基準】 問題の総得点の70%程度
【試験科目】
学科：正誤問題、記述問題
医療保険制度の概要、高齢者医療制度、公費負担医療制度、保険医療機関の受付事務と請求事務　ほか
実技：医療費の計算（会計欄）作成

【問い合わせ先】
日本医療事務協会
〒160-0023 東京都新宿区西新宿1-23-7
新宿ファーストウエスト7F
TEL03(3349)6011

メンタルケアカウンセラー®

心理学の基礎知識と円滑なコミュニケーションに求められる基礎能力を有することを証明する。

【取得方法】 講座を受講し、講座に付属する添削の課題（全4回）を一定の成績で修了することで「メンタルケアカウンセラー®」の称号が授与される
【受講料】 39,000円（税込・一括払い）
【資格登録料】 5,100円（税込）
【学習領域】
①カウンセリングとは・カウンセリングの基礎知識・心理療法とは
②心理学とは・成長の心理学・社会と心理学
③心の病気について・身近なメンタルヘルスと脳のしくみ・人間の体について　ほか

【問い合わせ先】
メンタルケア学術学会
〒160-0023 東京都新宿区西新宿3-2-27
オーチュー第7ビル4F
TEL03(5326)7785

メンタルケア心理士®

精神の健康維持、傾聴を主としたカウンセリングスキルと知識が問われる。
【認定申請資格】申請必須条件の文部科学省後援こころ検定®（以下「こころ検定®」）2級合格者であり、次の①②のいずれかの条件を満たす者　①当学会指定教育機関のメンタルケア心理士®教育課程修了者　②認定心理士の資格保有者　産業カウンセラーの資格保有者　ほか
【受検日程】【受検料】こころ検定®ホームページ参照　https://cocoroken.jp/
【学習領域】①精神解剖生理学基礎（生化学、解剖生理学　ほか）②精神医科学基礎（精神障害、発達心理学　ほか）③カウンセリング基本技法（カウンセリングとは・カウンセリング倫理・心理療法基礎　ほか）

【問い合わせ先】
メンタルケア学術学会
〒160-0023 東京都新宿区西新宿3-2-27
オーチュー第7ビル4F
TEL03(5326)7785

健康管理士一般指導員（健康管理能力検定1級）

生活習慣病の原因やメカニズム、予防としてのメンタルヘルス、栄養、運動などの幅広い知識を身につけた健康管理の専門家。
【受験資格】①健康管理士一般指導員養成施設（日本医協学院）の「健康管理士一般指導員受験対策講座」修了者　②健康管理士一般指導員養成指定校カリキュラム受講修了者
【受験料】6,600円
※受験対策講座受講料66,000円
【講座内容】〔受験対策講座〕①健康管理学　②生活習慣病の基礎知識　③心の健康管理　④生活を守る栄養学　⑤生活環境と健康　⑥身体を守る健康知識
※試験の1カ月前に開催される合格対策講座もある

【問い合わせ先】
特定非営利活動法人 日本成人病予防協会
〒103-0004 東京都中央区東日本橋3-5-5
日本医協ビル　TEL03(3661)0175

あん摩マッサージ指圧師

指定学校や養成所を修了し、国家試験に合格する。取得後は、医療・福祉施設などへの就職や開業の道も開かれている。
【受験資格】大学入学資格を持ち3年以上、文部科学大臣認定学校または厚生労働大臣認定養成施設で必要な知識・技能の修得者
※著しい視覚障害者については、高等学校入学資格を持ち、3年以上、学校または養成施設で必要な知識・技能の修得者
【試験日】2月下旬
【受験料】14,400円
【試験科目】①医療概論（医学史を除く）②衛生学・公衆衛生学　③関係法規　④解剖学　⑤生理学　⑥病理学概論　ほか
※視覚障害者は拡大文字、超拡大文字または点字の受験も可

【問い合わせ先】
公益財団法人 東洋療法研修試験財団
〒110-0005 東京都台東区上野7-6-5 VORT上野II 6F　TEL03(5811)1666

カイロプラクティックドクター

脊柱・骨盤を中心に治療し、人間のもつ自然治癒力を働かせて健康を回復する療法。
【受験資格】〔一般コース〕高等学校卒業（見込み含む）以上、または同等以上の学力を有すると認められる者
※医療国家資格取得者対象コースあり
【試験日】4月生：10月～翌年3月末日
10月生：　7月～9月末日
【受験料】10,000円
【試験内容】①自由論文　②個人面接
【授業内容】①1年目：基礎医学および基礎カイロテクニック　②2年目：専門教育およびインターン実習
※選択科目としてアメリカカイロ大学での研修や授業外セミナーあり

【問い合わせ先】
日本カイロプラクティックドクター専門学院（東京本校）事務局
〒169-0075 東京都新宿区高田馬場4-4-34
ARSビルディング　TEL03(5937)0810

Chapter 12

不動産・建築・施工

宅地建物取引士（宅建士）

国家
業務・必置

公正で円滑な不動産取引を遂行する専門家。不動産取引の際の権利関係、物件の状態などの重要事項説明は宅地建物取引士だけに認められた業務である。不動産業界、不動産関連セクションをもつ一般企業や金融関係など広範囲に活躍できる。

受験者数	合格率
233,276人	17.2%
受験資格	**受験料**
なし	8,200円

受験資格	年齢、学歴などに関係なく、誰でも受験できる
申込期間	インターネット：7月上旬～下旬 郵送：7月上旬～中旬
試験日	**例年10月の第3日曜日**
申込方法	インターネットによる方法と郵送による方法がある 不動産適正取引推進機構ホームページを参照
受験料	**8,200円**
試験地	原則として、受験者が居住している都道府県の会場 全国の約250会場
試験内容	宅地建物取引業に関する実用的な知識を有するかどうかを判定することに基準を置くものとする **〔学科〕** 四肢択一式で、出題数は50問。解答はマークシート方式による（2時間） ①土地の形質、地積、地目及び種別並びに建物の形質、構造及び種別に関すること ②土地及び建物についての権利及び権利の変動に関する法令に関すること ③土地及び建物についての法令上の制限に関すること ④宅地及び建物についての税に関する法令に関すること ⑤宅地及び建物の需給に関する法令及び実務知識 ⑥宅地及び建物の価格の評定に関すること ⑦宅地建物取引業法及び同法の関係法令に関すること ※出題の根拠となる法令は、受験年度4月1日現在施行されているものである 試験は、全国都道府県ごとに同一の問題で、同時に実施される。原則として、住所地（居住地）で実施される試験に申し込む必要がある。ただし、一部の道県では他県居住者も受験申込可能

問い合わせ先
一般財団法人 不動産適正取引推進機構
〒105-0001 東京都港区虎ノ門3-8-21 第33森ビル3F
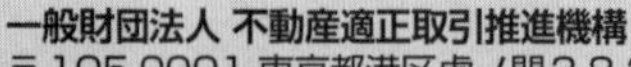
TEL03(3435)8181　URL=https://www.retio.or.jp

資格のQ&A

Q この資格を取るメリットは？

A **不動産業界や金融業界への就職・転職、再就職に有利になるほか、キャリアアップにも役立ちます。**資格取得によって職能手当がつくケースが多く、月収やボーナスが上がる可能性もあります。また、マイホームの購入は一生に一度あるかどうかの高価な取引ですが、それが不安なく行えるのもメリットといえるでしょう。

Q この資格取得にかかる費用・期間は？

A 費用は大まかなところで**60,000～150,000円**程度（LECの場合）。期間は**4カ月から1年**くらいが目安となります。

Q 資格取得後に有利な業界はどこですか？

A 宅地・建物の売買や貸借を行っている**不動産業界**、土地や建物を担保とする業務が多い**金融業界**、さらに出店の際の立地条件などを重視する家電・コンビニエンスストアなどの量販店や**小売業界**です。

Q 次のステップとして、取得すべき資格はありますか？

A どの分野の専門性を高めたいかで異なります。興味のあるのがマンション管理なら**マンション管理士**や**管理業務主任者**、不動産登記なら**司法書士**や**土地家屋調査士**、不動産の評価なら**不動産鑑定士**、法的な手続きなら行政書士、税金対策などの資産管理ならファイナンシャル・プランナーが挙げられます。

Q おススメの勉強方法・学習のポイントは？

A 最も有効な勉強法は過去問の徹底演習です。例年、合格者の正解率が70%以上の問題を正解していれば合格点に達します。したがって、**出題テーマを短時間で見極め、的確に解答できる"解答力"を身につける工夫をすることが学習のポイントとなります。**

回答者 小野明彦LEC専任講師（宅地建物取引士〈宅建士〉講座担当）

独立 就職 趣味 評価

不動産鑑定士

土地や建物の価値は時間の経過や環境の影響を受け変動する。その価格の設定は、単に不動産取引だけではなく、税金や金融にまで影響が及ぶ。それだけに、公平な立場から不動産を調査し、的確な価額を算出して提示する不動産鑑定士は、社会的信用度も高い。

登録必要

受験者数	合格率
1,647人※	33.6%※
受験資格	**受験料**
なし	13,000円(書面の場合・収入印紙)

※短答式の場合

受験資格	誰でも受験できる
申込期間	書面申請：２月初旬～３月初旬 電子申請：２月初旬～３月初旬
試験日	【短答式試験】**5月中旬** 【論文式試験】**8月上旬の3日間**
受験料	書面申請：**13,000円**（収入印紙）　電子申請：**12,800円**（電子納付）
試験地	【短答式試験】北海道、宮城、東京、新潟、愛知、大阪、広島、香川、福岡、沖縄 【論文式試験】東京、大阪、福岡
試験内容	短答式と論文式による、２段階の試験 【短答式試験】 ①不動産に関する行政法規（択一式、2時間）： 土地基本法、不動産の鑑定評価に関する法律、地価公示法、国土利用計画法、都市計画法、土地区画整理法、建築基準法　ほか ②不動産の鑑定評価に関する理論（択一式、2時間） 【論文式試験】短答式試験合格者のみ ※短答式試験に合格した場合、以後２年間の短答式試験が免除され、直接論文式試験を受けることができる ①民法（2時間）：民法第１～３編を中心に、第4・5編と、借地借家法、建物の区分所有等に関する法律 ②経済学（2時間）：ミクロおよびマクロの経済理論と経済政策論 ③会計学（2時間）：財務会計論（企業の財務諸表の作成および理解に必要な会計理論、関係法令および会計諸規則を含む） ④不動産の鑑定評価に関する理論（論文問題4時間、演習問題2時間） ※試験に合格後、実務修習を修了し、国土交通省の名簿に登録を受けた者が不動産鑑定士となれる。実務修習には修了考査が課せられる

問い合わせ先
国土交通省 不動産・建設産業局 地価調査課
〒100-8918 東京都千代田区霞が関2-1-3 中央合同庁舎３号館　TEL03(5253)8111
URL=https://www.mlit.go.jp/totikensangyo/totikensangyo_tk4_000023.html

資格のQ&A

Q この資格を取るメリットは？

A 司法試験、公認会計士試験と並ぶ“三大国家資格”と呼ばれるほどの難関試験のひとつですが、それだけに不動産鑑定士にはメリットが数多くあります。まず、年収が高いことで知られています。**資格取得を採用条件とする企業もあり、就職や転職に有利であるといえます**。また、独立開業も可能で、公的鑑定評価の仕事が取れれば、毎年安定した収入が期待できます。ただし、そのためには実績と信頼が必要なので、不動産鑑定会社、鑑定事務所に就職・転職して、将来的に独立を目指す人が多いようです。

Q この資格取得にかかる費用・期間は？

A 費用は約**400,000円**（LECの場合）、期間は**1年〜3年**くらいです。

Q 資格取得後に有利な業界はどこですか？

A 不動産系資格の最高峰といわれているので、不動産鑑定会社・鑑定事務所のみならず、不動産の有効活用や運用をサポートするコンサルティング会社、建設・建築会社など**不動産業界全般**で就職や転職に役立ちます。年収や給料の額にこだわらなければ、就職先に困ることはないでしょう。
このほか、融資の際に担保として不動産が用いられる金融機関や不動産の証券化業務が広がりつつある証券会社、土地開発関連部門のある官公庁、監査法人、鉄道会社など、幅広い分野に需要が広がっています。

Q 次のステップとして、取得すべき資格はありますか？

A 関連資格として宅建士や簿記など、不動産に関する周辺知識の強化として**ファイナンシャル・プランナー**などを取得するケースが多いようです。

Q おススメの勉強方法・学習のポイントは？

A 不動産に関する行政法規や不動産の鑑定評価に関する理論、民法、経済学、会計学など試験科目が多く、相対評価の試験であるため、**苦手科目をつくらないようにバランスよく学習することがポイントです**。

回答者 川原正幸LEC専任講師（不動産鑑定士講座担当）

マンション管理業務を担う

独立 就職 趣味 評価

管理業務主任者

マンションは住宅の中でも重要な位置を占める居住空間であり、適正管理の実施が求められる。そのため管理会社の事務所ごとに設置が義務づけられている管理業務主任者は、管理委託契約にかかる重要事項説明、受託業務に関する管理事務報告などの業務を行う。

公式テキスト 独学 講座 通信

登録必要

受験者数	合格率
14,652人	21.9%
受験資格	受験料
なし	8,900円

受験資格	年齢、性別、学歴等の制限はなく、誰でも受験できる 管理業務主任者として業務に従事するには試験に合格後、登録を行い主任者証の交付を受けなければならない 登録を受けるには以下のいずれかが必要 ①マンションの管理事務等に関する実務経験2年以上 ②マンション管理業協会が国土交通大臣の登録を受けて実施する登録実務講習（2日間、約15時間）の修了（すべての講義を受講し、かつ修了試験に合格する必要がある） ※管理業務主任者試験の合格者は、どの年度の登録実務講習でも申し込める
申込期間	8月上旬～9月下旬（令和5年度実績）
試験日	**12月上旬**
申込方法	Web申込み又は、受験申込書等を受付期間内に案内書に記載された宛先に郵送する
受験料	**8,900円**
試験地	札幌、仙台、東京、名古屋、大阪、広島、福岡、那覇及びこれら周辺の地域 ※受験希望地1地域を指定する 受験申込後の受験地域の変更はできない 受験会場は受験票発行時に指定される
試験内容	120分、50問、四肢択一、マークシート方式 ①管理事務の委託契約に関すること ②管理組合の会計の収入および支出の調定ならびに出納に関すること ③建物および附属設備の維持または修繕に関する企画または実施の調整に関すること ④マンションの管理の適正化の推進に関する法律に関すること ⑤前各号に掲げるもののほか、管理事務の実施に関すること ※マンション管理士試験の合格者は申請により上記④が免除される

問い合わせ先
一般社団法人 マンション管理業協会
〒105-0001 東京都港区虎ノ門1-13-3 虎ノ門東洋共同ビル2F
TEL03(3500)2720　URL＝http://www.kanrikyo.or.jp

資格のQ&A

Q この資格を取るメリットは？

A **マンション管理会社やマンション分譲会社、不動産会社への就職、転職などに有利です**。また、分譲マンションに住んでいる人や購入を検討している人、管理組合の理事をしている人にも役立つ資格といえます。さらに、昇格・昇進、キャリアアップを目指すうえでもプラスになります。

Q この資格取得にかかる費用・期間は？

A 費用は、講座受講料**80,000円**くらい（LECの場合）でしょう。期間は、すでに取得している資格や受験者自身の知識にもよりますが、**6カ月～1年**程度です。

Q 資格取得後に有利な業界はどこですか？

A 最も有利なのは**マンション管理業界**です。続いて不動産業界、デベロッパーなどが挙げられます。

Q 次のステップとして、取得すべき資格はありますか？

A **宅地建物取引士（宅建士）**と**建築物環境衛生管理技術者（ビル管理技術者）**を同時に、または順次取得すると、企業からのニーズがより高まるでしょう。

Q おススメの勉強方法・学習のポイントは？

A まず基本テキストを最低3回は熟読しましょう。そのうえで、知らない言葉や用語の意味を調べ、理解できないことをなくします。その後、過去問を解き、テキストや過去問の解説から理解をより深めます。
完璧に解答できるまで何度も繰り返すことが大切です。自信がついてきたら、練習問題や模擬試験で実力をチェックして弱点を補強。独学が不安なら、講座やスクールを利用するのも選択肢のひとつといえます。

回答者　亀田信昭LEC専任講師（管理業務主任者講座担当）

マンション管理士

国家
名称独占

日本人の一般的な住居であるマンション。日頃の運営管理や老朽化が進んだときの建替えなどには、豊富な知識と経験が必要。マンション管理士はその専門知識を生かし、区分所有者や管理組合の相談に応じ、円滑なマンション管理のための助言や指導をしている。

登録必要

受験者数	合格率
11,158人	10.1%
受験資格	**受験料**
なし	9,400円

受験資格	年齢・学歴等一切問わず、誰でも受験できる 試験に合格し、国土交通大臣指定登録機関であるマンション管理センターの登録を受けて、初めてマンション管理士となれる ただし、以下の者はマンション管理士としての登録はできない ①禁錮以上の刑に処せられ、その執行を終わり、または執行を受けることがなくなった日から2年を経過しない者 ②マンションの管理の適正化の推進に関する法律の規定により罰金の刑に処せられ、その執行を終わり、または執行を受けることがなくなった日から2年を経過しない者 ③心身の故障によりマンション管理士の業務を適正に行うことができない者として、国土交通省令で定めるもの　ほか
申込期間	WEB申込8月～9月　郵送申込8月
試験日	**11月下旬**
受験料	**9,400円**
試験地	札幌、仙台、東京、名古屋、大阪、広島、福岡、那覇並びにこれらの周辺地域
試験内容	120分、50問四肢択一、マークシート方式 ①マンションの管理に関する法令及び実務に関すること（④に掲げるものを除く） ②管理組合の運営の円滑化に関すること ③マンションの建物及び附属施設の構造及び設備に関すること ④マンションの管理の適正化の推進に関する法律に関すること 試験の一部免除：マンションの管理の適正化の推進に関する法律の規定により、管理業務主任者試験の合格者等は、試験の一部免除を申請することができる。免除の対象となる問題の範囲は、マンションの管理の適正化の推進に関する法律に関するものについての5問

問い合わせ先
公益財団法人 マンション管理センター
〒101-0003 東京都千代田区一ツ橋2-5-5 岩波書店一ツ橋ビル7F
TEL03(3222)1578　　URL=https://www.mankan.org/

資格のQ&A

Q この資格を取るメリットは？

A マンション管理の専門家として管理組合から相談を受ける際に必要となる基本的な知識を得ることができます。また、マンション管理業界を中心に、**就職、転職、再就職に有利**になることもメリットのひとつです。

Q この資格取得にかかる費用・期間は？

A 講座受講料**80,000円**ほど（LECの場合）。すでに取得している資格や受験者自身の知識にもよりますが、**1年**程度の学習期間で合格する人が多いようです。

Q 資格取得後に有利な業界はどこですか？

A マンション管理の**専門家として独立開業**を目指すことも可能ですが、企業への就職を希望する場合には、**マンション管理業界**が有利です。また、不動産業界、デベロッパー、ゼネコンなども有利な業界といえます。

Q 次のステップとして、取得すべき資格はありますか？

A ソフト面とハード面に分けられます。ソフト面では、**行政書士**や**司法書士**、再開発プランナー®など。ハード面では、**建築士**や**建築施工管理技士**などです。マンションの管理には、法令や会計、建築、設備などさまざまな知識を必要としますが、活躍しているマンション管理士は、得意分野で多数の関連資格を取得しています。

Q おススメの勉強方法・学習のポイントは？

A 法令分野の出題が30問以上で、9割以上の正解が合格の目安。建築設備関係分野の出題は難解なものが多く、5割以上の正解が目安となります。よって、**出題のウエイトが大きい法令分野で確実に点を取ることが合格の秘訣（ひけつ）です**。区分所有法、民法、マンション適正化法および標準管理規約などを十分に理解しておきましょう。一方、建築設備関係分野は深入りせず、基本を覚えることだけに専念すべきです。

回答者　小野明彦LEC専任講師（マンション管理士講座担当）

不動産の測量や登記の専門家

土地家屋調査士

独立 就職 趣味 評価

国家
業務独占

土地や建物の所有者に代わって、登記の申請手続きや土地・建物についての調査、測量をするのが土地家屋調査士の仕事。マイホームを購入するときにも土地の境界を公正に確認するなどして、諸手続きに深くかかわる。土地・建物に関するさまざまな相談に乗る。

受験者数	合格率
4,429人	9.66%
受験資格	受験手数料
なし	8,300円 （収入印紙）

受験資格	〔筆記〕誰でも受験できる （筆記試験は午前の部と午後の部に分けて行うが、測量士、測量士補、または一級・二級建築士の資格を有する者は、申請により午前の部の試験が免除される） 〔口述〕筆記試験の合格者
申込期間	7月下旬～8月上旬
試験日	**〔筆記〕10月中旬 〔口述〕翌年1月下旬**
申込方法	受験申請書（受験手数料納付の収入印紙を添付）、写真票、筆記試験受験票を、試験地を管轄する法務局・地方法務局の総務課に提出する
受験手数料	**8,300円**（収入印紙）
試験地	〔筆記〕試験地を管轄する法務局または地方法務局ごとにそれぞれの局が指定した場所 〔口述〕管区法務局ごとに、それぞれの局が指定した場所
試験内容	不動産の表示に関する登記につき必要と認められる事項で、次に掲げるもの 〔筆記・午前の部〕多肢択一式および記述式 土地・家屋の調査および測量に関する知識および技能で、次に掲げるもの ①平面測量（トランシットおよび平板を用いる図根測量を含む） ②作図（縮図および伸図ならびにこれに伴う地図の表現の変更に関する作業を含む） 〔筆記・午後の部〕多肢択一式および記述式 ①民法に関する知識 ②登記の申請手続き（登記申請書の作成に関するものを含む）および審査請求の手続きに関する知識 ③その他土地家屋調査士法第3条第1項第1号から第6号までに規定する業務を行うのに必要な知識および能力 〔口述〕筆記・午後の部の②と③の科目について行う ※筆記は午前の部・午後の部とも多肢択一式問題および記述式問題の答案がそれぞれ一定の基準点に達しない場合には、総得点にかかわらず、不合格となる

問い合わせ先
各管区法務局または地方法務局総務課　東京：東京法務局 民事行政部総務課
〒102-8225 東京都千代田区九段南1-1-15 九段第2合同庁舎
TEL03(5213)1323　URL＝http://www.moj.go.jp/（法務省）

資格のQ&A

Q この資格を取るメリットは？

A **高度な専門職としての独立開業が可能なことが魅力です**。土地家屋調査士法人の設立も可能です。また資格取得で培った知識を活用した就職・転職なども可能でしょう。その場合、職能手当がつくこともあり、キャリアアップにも有効。月収やボーナスのアップも期待できます。

Q この資格取得にかかる費用・期間は？

A 費用の目安は、約**200,000～450,000円**（LECの場合）。期間は、初めての方であれば、**1～3年**程度が目安といえます。これまで司法書士、行政書士、宅地建物取引士（宅建士）などの学習をされてきた方の場合、勉強内容に重複があり有利です。また、測量士、測量士補、一・二級建築士の有資格者は、午前の部の試験が免除される優遇措置が設けられています。

Q 資格取得後に有利な業界はどこですか？

A 土地家屋調査士事務所を開設し、独立開業される方がとても多いですが、土地家屋調査法人、**測量会社**への就職や、**不動産業者**、**建築会社**へ培った知識を活かす形での就職も可能です。

Q 次のステップとして、取得すべき資格はありますか？

A **行政書士**を取得すると、農地や建設、不動産関係の相談や、各種書面作成・申請が可能となり、一気に活躍の場が広がります。**司法書士**を取得すると、不動産登記全般の業務が可能となるため、兼業するケースは少なくありません。また、測量士を取得することで、測量の専門性をより高めることも有益です。

Q おススメの勉強方法・学習のポイントは？

A **出題内容は広いですが一定の傾向があり、それを要領よく学習するのが効果的です**。短期間での合格を目指すなら、スムーズな学習が可能な専門学校の対策講座をおススメします。基礎学習後の本試験対策の模試受験も重要です。

回答者　松本智宏LEC専任講師（土地家屋調査士講座担当）

独立 就職 趣味 評価

競売不動産取扱主任者

裁判所が窓口となる不動産競売は、一般消費者の注目を集める第2の不動産市場。不動産取引の中で最も透明で公平であるべき市場で、競売申立から明渡しに至るまで、競売不動産の取り扱いに関する一定水準の知識、能力を備えるのが競売不動産取扱主任者である。

公式テキスト　独学　講座　通信

登録必要

受験者数	合格率
1,336人	34.4%
受験資格	受験料
なし	10,900円

受験資格	誰でも受験できる
申込期間	8月上旬～10月下旬
試験日	**12月中旬**
合格発表	翌年1月中旬（協会ホームページに掲載）
受験料	**10,900円**（税込）
試験地	札幌、仙台、新潟、さいたま、千葉、東京、横浜、名古屋、大阪、広島、高松、福岡、沖縄
試験内容	**〔学科〕**50問、四肢択一式 出題範囲 ①不動産競売手続に関する基礎知識：競売不動産の特徴、不動産競売の全体像、裁判所資料、公法上の規制 ②不動産競売の法理論と実務：民事執行法の概要（申立手続・開始手続・売却手続およびその進行、債権関係の調査・権利関係の調査、裁判手続の保全と売却条件の判断）、裁判所交付資料の理解（読み方と実務上の注意点）、滞納処分と強制執行等との手続の調整に関する法律の概要 ③不動産競売を理解する前提となる法律知識：民法、借地借家法、建物区分所有法、不動産登記法、民事訴訟法、民事保全法　ほか ④競売不動産の移転、取得などに関する税金など：登録免許税、不動産取得税、固定資産税、都市計画税　ほか ※合格後の協会への登録と主任者証の交付 登録要件：以下の要件を満たす者 ①宅地建物取引士資格登録者または宅地建物取引士（主任者）試験合格者であること ②協会主催の「競売不動産取扱主任者登録講習」（受講料16,500円、税込）の受講者 登録申請書類：①登録申請日前3カ月以内に発行された住民票の写し ②宅地建物取引士証の写し、または宅地建物取引士試験合格証の写し 登録手数料：16,500円（税込）

一般社団法人 不動産競売流通協会 試験センター
〒105-0012 東京都港区芝大門2-10-1 第一大門ビル7F
URL＝https://www.fkr.or.jp/certification/　E-MAIL＝exam@fkr.or.jp

ビル経営管理士

公的

ビルを経営するには、賃貸ビルの企画・立案からテナント募集、運営・管理まで、不動産についての幅広い知識が必要。これらの知識と経験を備えたビル経営管理士は国土交通大臣登録の公的資格で、総合不動産投資顧問業登録の際の人的要件にもなっている。

受験者数	合格率
695人	66.5%
受験資格	**受験料**
なし	33,000円

受験資格	誰でも受験できる ただし、試験合格後の登録には実務経験などが必要となる
申込期間	10月
試験日	**12月上旬〜中旬**
受験料	**33,000円**　登録手数料：**22,000円**（各税込）
試験地	全国約300カ所
試験内容	以下の①〜③は択一式・正誤選択式および用語選択式、④は①〜③を一括した総合問題 ①賃貸ビルの企画・立案に関する知識 事業企画、ビルの商品企画、ビル建設と法規制、コンストラクションマネジメント、不動産投資理論、不動産事業の税務と会計および事業分析、不動産の証券化に関する仕組みと法制および税制、長期事業収支計画・長期維持管理計画、不動産特定共同事業、業務管理者実務、不動産投資顧問業登録制度、デューデリジェンス、デューデリジェンスの調査項目と結果分析　ほか ②賃貸ビルの賃貸営業に関する知識 賃貸条件の設定、テナントの募集、テナントとの契約手続、テナントの入退居時の対応、テナント契約管理、賃料・共益費の改定、テナントニーズの把握、リーシングマネジメントなどを行ううえで必要な専門知識について　ほか ③賃貸ビルの管理・運営に関する知識 プロパティマネジメント体制・管理企画業務、資産管理業務、ビル運営管理コスト、エネルギーコスト管理、館内規則の策定、管理委託契約締結、委託管理業者管理、業務品質評価、業務品質管理、ビルメンテナンスの管理、建物維持保全業務の管理、各種許可・届け出などの手続き、立入検査対応管理等、日常管理業務に関するテナントなどへの対応管理、コンストラクションマネジメント、ライフサイクルコスト・マネジメント　ほか ④総合問題

問い合わせ先
一般社団法人 日本ビルヂング協会連合会 日本ビルヂング経営センター
〒100-0011 東京都千代田区内幸町2-2-3 日比谷国際ビルB1F
TEL03(6811)1711　URL=https://www.bmi.or.jp/

独立 就職 趣味 評価

JSHI公認ホームインスペクター資格試験

民間

住宅購入には失敗したくないと誰もが考えるが、建築物の専門知識がなければ正確な判断は難しい。ホームインスペクターは、木造戸建住宅やマンションを購入する人に、住宅の欠陥や不具合、購入後の改修コストなどについて第三者の立場から調査し助言をする。

公式テキスト　独学　講座　通信　登録必要　CBT

受験者数	合格率
445人	41.0%
受験資格	受験料
なし	15,000円

※2023年度の合計

受験資格	誰でも受験できる
申込期間	受験の2カ月前から
試験日	**6月、9月、12月、3月**
申込方法	協会ホームページの特設ページから申し込む
受験料	**15,000円**（税込） (認定会員として入会・登録するには入会金・年会費が必要)
試験地	全国約260以上のCBT試験会場
試験内容	試験は四肢択一式、50問、90分間 出題根拠は、試験実施年4月1日現在で施行されている法令による 内容は以下のとおり ①住宅にかかわる法規やガイドラインに関すること ②主に木造住宅、マンションの構造部材などの名称に関すること ③住宅の給排水衛生、空調、電気設備等に関する呼称や一般的な仕様に関すること ④木造住宅、マンションの施工に関すること ⑤木造住宅、マンションの劣化の判断に関すること ⑥住宅の調査・診断方法に関すること ⑦報告書の作成に関すること ⑧一般的な住宅の売買・取引の形態や契約に関すること ⑨業務に関するコンプライアンス、モラル、マナーに関すること ※JSHI公認ホームインスペクターとして活動するには、試験合格後に認定会員として登録する必要がある（有料） その後、2年ごとに更新講習（有料）を受講し、登録を更新する

問い合わせ先
NPO法人 日本ホームインスペクターズ協会
〒060-0001 北海道札幌市中央区北1条西15丁目1-3 大通ハイム1111号室
TEL011(688)7913

住宅ローン選択に際し適切な助言　独立 就職 趣味 評価

住宅ローンアドバイザー

民間

多様な金融機関からさまざまな商品が提供されている住宅ローン。その利用を考えている人が最適な商品を選択できるよう、消費者保護や説明責任を果たし、正確な商品知識、リスクなどをアドバイスできる人が必要とされている。受講者は累計7万5,000人を超えた。

公式テキスト　独学　講座　通信

受講・登録必要

受講者数	修了率
2,454人※	81.5%※
受講資格	受講料
なし	23,100円（Aコースの場合）

※2023年度第1回、第2回の合計

受講資格	誰でも受講できる
申込期間	年2回申込期間を設定、効果測定（試験）の約3カ月前から ※申し込み期間中であっても、定員になり次第締め切る
講習日	Aコース（Web受講）：**4月下旬～7月下旬　9月中旬～12月中旬** ※Bコース（会場受講）は、募集しない場合あり
受講料	Aコース：**23,100円**（税込、テキスト代・効果測定料含む） ※Bコース：**27,500円**（税込、テキスト代・効果測定料含む） 登録料：　**11,000円**（税込）
開講地	札幌、仙台、東京、名古屋、大阪、広島、高松、福岡、那覇ほか全国主要都市の約40会場
講習内容	Aコースは、Web対応パソコンで〔基礎編〕〔応用編〕を受講し、会場で〔応用編〕効果測定を受験 **〔基礎編〕** ①住宅ローンアドバイザーの必要性　②住宅ローンの基礎知識 ③コンプライアンス　④説明責任の重要性 ⑤住宅ローン計算（借入額編）　⑥借入額決定までのプロセス ⑦効果測定 **〔応用編〕** ①住宅ローン商品のリスクと注意点　②繰上返済の仕組みと効果 ③目的別借換えの効果と注意点　④知っておきたい税金 ⑤手続きの流れ ⑥タイプ別 住宅ローンの選び方と返し方 ⑦効果測定 ※〔応用編〕の効果測定において一定以上の点数を取得した者に修了証書が交付され、住宅ローンアドバイザーとして登録することができる。登録は3年ごとの更新が必要

問い合わせ先
一般財団法人 住宅金融普及協会 住宅ローンアドバイザー課
〒112-0014 東京都文京区関口1-24-2 関口町ビル
TEL03(3260)7346　URL：https://www.loan-adviser.jp/

測量士／測量士補

国土開発、土地利用が叫ばれるなかで、測量の仕事は重要性を増している。測量士は、基本測量・公共測量の計画を作製・実施するための国家資格である。測量士補の仕事は、測量士の作製した計画に従い、測量に従事すること。どちらも正確さ、緻密さが要求される。

受験者数	合格率
3,667人※	10.3%※
受験資格	**受験料**
なし	4,250円※（収入印紙）

※測量士の場合

受験資格	誰でも受験できる
申込期間	1月上旬～1月下旬（消印有効）（予定）
試験日	**5月中旬の日曜日**（予定）
受験料	【測量士】　**4,250円** 【測量士補】**2,850円**（各収入印紙）（予定）
試験地	北海道、宮城、秋田、東京、新潟、富山、愛知、大阪、島根、広島、香川、福岡、鹿児島、沖縄（予定）
受験者数 合格率	【測量士】　3,667人、10.3% 【測量士補】13,480人、32.2%
試験内容	以下の内容について筆記試験が行われる（予定） 【測量士】 ①測量に関する法規およびこれに関連する国際条約 ②多角測量 ③汎地球測位システム測量 ④水準測量　⑤地形測量 ⑥写真測量　⑦地図編集 ⑧応用測量 ⑨地理情報システム 【測量士補】 ①測量に関する法規 ②多角測量 ③汎地球測位システム測量 ④水準測量　⑤地形測量 ⑥写真測量　⑦地図編集 ⑧応用測量

問い合わせ先
国土交通省 国土地理院 総務部総務課 試験登録係
〒305-0811 茨城県つくば市北郷1番
TEL029(864)8214、8248　URL=https://www.gsi.go.jp/

資格のQ&A

Q この資格を取るメリットは？

A 測量士・測量士補ともに、**就職や転職、再就職に有利で、キャリアアップにもつながります**。測量士の資格なら独立開業も可能です。どちらも土地家屋調査士試験の一部が免除になるメリットがあり、都市再開発や道路建設などの公共事業関連の仕事が多いため、ニーズも比較的安定しています。

Q この資格取得にかかる費用・期間は？

A 測量士の場合、試験を受けるルートと、特定の大学・専門学校を卒業し、学歴に応じて要求される実務試験を受けるルートがあり、どのルートで取得するかによって費用やかかる期間が異なります。測量士補は約**60,000～100,000円**（LECの場合）で、期間は**6カ月**程度が一般的です。

Q 資格取得後に有利な業界はどこですか？

A 建設・建築会社、測量会社をはじめ、**不動産業界全般**で有利になります。法的には、測量の必要な会社の場合、測量士、測量士補の有資格者を最低１人は置かなければならないと定められているので、就職はしやすいといえます。また、一般企業ではなく、国土交通省や国土地理院、農林水産省などに公務員として就職する人もいます。

Q 次のステップとして、取得すべき資格はありますか？

A 試験の一部が免除になる**土地家屋調査士**や、**一級建築士**、**二級建築士**が、業務上プラスになる資格といえます。

Q おススメの勉強方法・学習のポイントは？

A 過去の試験で出題された問題が繰り返される傾向が強いため、**過去問を徹底的に理解することが重要になります**。また、合格ラインが低いので、出題率の低い箇所は切り捨ててしまうのも効率的な学習方法といえるでしょう。

回答者　島村賢LEC専任講師（測量士／測量士補講座担当）

土地区画整理士技術検定

国家

土地区画整理事業は、美しい街づくりを進めるための総合事業。公正な立場で土地提供者間の利害を調整し、区画整理のスムーズな進展を図る土地区画整理士は、21世紀の街づくりを担う総合プロモーターである。実務経験が必要条件の国土交通大臣認定資格。

受験者数	合格率
257人※	54.1%※
受験資格	検定料
実務経験	18,000円（学科・実地の場合）

※学科の場合

受験資格	学歴または資格により、次のように一定の実務経験年数をもつ者 ①大学の指定学科を卒業後、実務経験1年以上（指定学科以外の卒業者は3年以上） ②短大・高専（5年制）の指定学科を卒業後、実務経験2年以上（指定学科以外の卒業者は4年以上） ③高校の指定学科卒業後、実務経験3年以上（指定学科以外の卒業者は5年以上） ④不動産鑑定士・不動産鑑定士補は、実務経験2年以上（大学の指定学科卒業者は1年以上） ⑤その他の者で、実務経験8年以上 ※指定学科とは、次にあげる学科をいう 土木工学（農業土木・鉱山土木・森林土木・砂防・治山・緑地または造園に関する学科を含む）、都市工学、衛生工学、交通工学、建築学、法律学、経済学、商学、経営学または地理学に関する学科 上記④の該当者は〔学科〕の一部が免除される 前年度〔学科〕合格で〔実地〕不合格の者と、技術士（特定部門）の二次試験合格者で1年以上の実務経験がある者は、〔学科〕の全部が免除される（詳細はホームページ参照）
申込期間	5月上旬～下旬
検定日	**9月上旬**
検定料	**〔学科・実地〕 18,000円** **〔実地のみ〕 9,000円**
試験地	東京、名古屋、大阪、福岡
試験内容	**〔学科〕** ①土地区画整理事業総論　②土地評価　③換地計画　④法規 **〔実地〕** ①換地設計、実務経験　②事業計画、移転補償、法規から1問選択 ※学科合格者が実地不合格の場合、翌年度に限り〔学科〕が免除される

問い合わせ先
一般財団法人 全国建設研修センター 区画整理試験課
〒187-8540 東京都小平市喜平町2-1-2
TEL042(300)6866　URL=https://www.jctc.jp/

建築士

国家
業務独占

大都市のインテリジェントビルから、郊外の庭つき一戸建て住宅まで、あらゆる建築物が十分な機能と耐久性をもつように設計し、工事の監理まで一括して行うのが建築士。科学的な合理性と同時に、快適さを演出する豊かな感性やオリジナリティーも要求される。

受験対策
大学 専門学校 養成所など

受験者数	合格率
34,479人※	9.9%※
受験資格	受験手数料
学歴など	17,000円※

※一級の場合

受験資格	【二級建築士】【木造建築士】 ①大学・短大・高専などにおいて、国土交通大臣の指定する建築に関する科目を修めて卒業した者 ②高校において、国土交通大臣の指定する建築に関する科目を修めて卒業した者（指定する建築に関する科目数によっては建築実務の経験が必要な場合がある。） ③建築に関する学歴がなく、建築実務の経験を7年以上有する者 ④建築設備士　ほか 【一級建築士】 ①大学において、国土交通大臣の指定する建築に関する科目を修めて卒業した者 ②短大・高専において、国土交通大臣の指定する建築に関する科目を修めて卒業した者 ③二級建築士 ④建築設備士　ほか
申込期間	【二級建築士】【木造建築士】【一級建築士】4月上旬～中旬
試験日	【二級建築士】**〔学科〕7月上旬　〔設計製図〕9月中旬** 【木造建築士】【一級建築士】**〔学科〕7月下旬　〔設計製図〕10月中旬**
受験料	【二級】【木造】**各18,500円**　【一級】**17,000円**
試験地	受験者の住所地の都道府県ごとに指定された都市
受験者数 合格率	【二級建築士】22,694人、25.0%　【木造建築士】719人、35.5% 【一級建築士】35,052人、　9.9%
試験内容	【二級建築士】【木造建築士】**〔学科〕**①学科Ⅰ（建築計画） ②学科Ⅱ（建築法規）③学科Ⅲ（建築構造） ④学科Ⅳ（建築施工）に関する五肢択一式試験 **〔設計製図〕**課題は事前に公表される。学科の試験合格者のみが受験可能 【一級建築士】**〔学科〕**①学科Ⅰ（計画）　②学科Ⅱ（環境・設備）　③学科Ⅲ（法規）　④学科Ⅳ（構造）　⑤学科Ⅴ（施工）に関する四肢択一式試験 **〔設計製図〕**課題は事前に公表される。学科の試験合格者のみが受験可能

問い合わせ先
公益財団法人 建築技術教育普及センター
〒102-0094 東京都千代田区紀尾井町3-6
一級：TEL050(3033)3821　二級・木造：TEL050(3033)3822　URL=https://www.jaeic.or.jp/

独立 就職 趣味 評価

建築施工管理技士

建築工事において主任または監理技術者として施工計画を作成し、工事を管理する建築施工管理技士。鉄筋工事から大工工事、内装仕上工事まで各工程の品質維持、安全管理に努めなければならない。2級所持者は中小規模工事、1級所持者は大規模工事を扱える。

公式テキスト　独学　講座　通信

受検者数	合格率
24,078人※	41.6%※
受検資格	**受検料**
実務経験など	10,800円※

※1級第一次の場合

受検資格	学歴・資格に応じた以下の所定の実務経験者。（　）内は指定学科（建築学、土木工学、都市工学、衛生工学などに関する学科）以外の卒業者の場合 【2級】①大学卒業者は1年（1年6カ月）以上　②短大・高専卒業者は2年（3年）以上　③高校卒業者は3年（4年6カ月）以上 ④その他の者は8年以上　ほかに躯体、仕上げは技能士の資格を有する者 ※17歳以上なら誰でも第一次検定のみ受検できる。 【1級】下記の年数には指導監督的実務経験年数を1年以上含むこと　①大学卒業者は3年（4年6カ月）以上　②短大・高専卒業者は5年（7年6カ月）以上　③高校卒業者は10年（11年6カ月）以上　④その他の者は15年以上　⑤2級建築施工管理技術検定合格後5年以上　ほか ※2級建築施工管理技術検定の第二次検定合格者であれば、誰でも第一次検定のみ受検できる ※学歴・資格に応じた受検資格の詳細はホームページ参照
申込期間	【2級】〔第一次・第二次〕7月上旬～下旬 〔第一次のみ〕前期：2月上旬～3月上旬　後期：6月下旬～7月下旬 〔第二次のみ〕6月下旬～7月下旬　【1級】2月下旬～3月上旬
試験日	【2級】〔第一次・第二次〕〔第二次のみ〕**11月の第4日曜日**　〔第一次のみ〕**前期：6月の第2日曜日　後期：11月の第4日曜日** 【1級】〔第一次〕**7月の第3日曜日**　〔第二次〕**10月の第3日曜日**
申込方法	申込用紙および受験の手引を購入して申し込む。場合によりインターネットでの申し込みも可能
受検料	【2級】〔第一次・第二次〕**10,800円** 〔第一次のみ〕〔第二次のみ〕**各5,400円** 【1級】〔第一次〕**10,800円**　〔第二次〕**10,800円**
試験地	【2級】〔第一次・第二次〕〔第一次のみ（後期）〕札幌、青森、仙台、東京、新潟、金沢、名古屋、大阪、広島、高松、福岡、鹿児島、沖縄【2級】〔第一次のみ（前期）〕【1級】札幌、仙台、東京、新潟、名古屋、大阪、広島、高松、福岡、沖縄
受検者数 合格率	【2級】〔第一次〕40,763人　45.5%　〔第二次〕21,859人　32.0% 【1級】〔第一次〕24,078人　41.6%　〔第二次〕14,391人　45.5%
試験内容	平成30年度より2級学科試験の受検種別（建築・躯体・仕上げ）を廃止して共通試験として実施 【2級】〔第一次〕建築学等、施工管理法、法規　〔第二次〕①建築：施工管理法　②躯体：躯体施工管理法　③仕上げ：仕上施工管理法 【1級】〔第一次〕建築学等、施工管理法、法規　〔第二次〕施工管理法

問い合わせ先
一般財団法人 建設業振興基金 試験研修本部
〒105-0001 東京都港区虎ノ門4-2-12 虎ノ門4丁目 MTビル2号館
TEL03(5473)1581　URL=https://www.fcip-shiken.jp/

建築設備設計・工事監理に助言

独立 就職 趣味 評価

建築設備士

名称独占

高層ビルからインテリジェントビルへと建築物の形態は変わり、ビル空調・衛生・電気設備なども複雑化している。建築設備士はこれら建築設備に関する知識と技能を有し、建築設備の設計・工事監理が的確に行われるよう、建築士に対し適切なアドバイスを行う。

受験対策
大学 専門学校 養成所など

受験者数	合格率
3,302人	19.1%
受験資格	**受験手数料**
実務経験など	36,300円

受験資格	正規の建築、機械、電気、またはこれらと同等と認められる類似の課程を修めた者で、次の①～④の学校卒業後、または⑤の各資格取得者で、建築設備に関し一定の年数の実務経験を有する者 ①大学、職業能力開発総合大学校（総合課程など）、職業訓練大学校（長期指導員訓練課程など）、専修学校（専門課程、修業年限4年以上、120単位以上）卒業後、2年以上 ②短期大学、高等専門学校、職業能力開発短期大学校（特定専門課程など）、職業訓練短期大学校（特別高等訓練課程など）、専修学校（専門課程、修業年限2年以上、60単位以上）卒業後、4年以上 ③高等学校、上記①、②以外の専修学校（専門課程）卒業後、6年以上 ④高等学校を卒業し、職業能力開発校などを修了後、6年以上 ⑤一級建築士、1級電気工事施工管理技士、1級管工事施工管理技士、空気調和・衛生工学会設備士、第1種・2種・3種電気主任技術者の資格取得者で、資格取得の前後を問わず通算2年以上　ほか
申込期間	2月下旬～3月中旬
試験日	**〔第1次〕6月下旬** **〔第2次〕8月下旬**
受験料	**36,300円**（税込）
試験地	札幌、仙台、東京、名古屋、大阪、広島、福岡、沖縄（沖縄は第1次のみ）
試験内容	**〔第1次〕** 学科（四肢択一式） ①建築一般知識　②建築法規　③建築設備 **〔第2次〕** 設計製図：記述および製図による「建築設備基本計画」「建築設備基本設計製図」 ※建築設備士の資格取得後、実務経験なしで、一級、二級および木造建築士試験の受験資格が得られる

問い合わせ先
公益財団法人 建築技術教育普及センター
〒102-0094 東京都千代田区紀尾井町3-6
TEL050(3033)3824　URL=https://www.jaeic.or.jp/

独立 就職 趣味 評価

建築CAD検定試験

正しいトレース技能、建築一般図を作成する実力などに加え基礎的な建築知識も必要とされる建築CADユーザーの技術能力を測る試験で、すべて実技試験である。レベルは4・3・2・準1級の4段階だが、4級は高校の団体受験のみの実施となっている。

申込者数	合格率
4,392人※	58.3%※
受験資格	**受験料**
なし	10,500円※

※2級の場合

受験資格	誰でも受験できる
試験日	【3級】**4月　10月** 【2級】**4月　10月** 【准1級】**10月**
受験料	【3級】　**10,500円** 【2級】　**10,500円** 【准1級】**14,700円**（各税込）
試験地	札幌、仙台、古河、柏、東京、名古屋、岐阜、大阪、岡山、広島、高知、福岡、那覇　ほか（会場は毎回異なるため、ホームページなどで確認する） ※会場によって設置CADソフトが異なる
申込者数 合格率	【3級】4,395人、69.7% 【2級】4,392人、58.3% 【准1級】　85人、7.1%
試験内容	受験に際して、次のいずれかを選択する ①試験会場設置の機器を使用 ②自分のノートパソコンを持ち込み使用 【3級】〔実技〕2時間 与えられた建築図面をCADシステムを使って正しくトレースする実力を備えているかを問う 【2級】〔実技〕5時間 与えられた条件のもと自らのもつ建築知識から、CADシステムを使って建築一般図面を作成する実力を備えているかを問う 【准1級】 〔実技〕4時間10分（設定10分、準備30分、作図3時間30分） 課題として与えられた建築図面（RC構造など）を、自らの建築製図知識とCADの経験を駆使したうえ、建造物の特性を理解した適切な判断によるトレースを行い完成させる

問い合わせ先
一般社団法人 全国建築CAD連盟（AACL）
〒461-0008 愛知県名古屋市東区武平町5-1 名古屋栄ビルディング7F
TEL052(962)5544　URL＝https://www.aacl.gr.jp/　E-MAIL＝info@aacl.gr.jp

 経理の中でも建設業経理のプロ

独立 就職 趣味 評価

建設業経理士／建設業経理事務士

公的

建設業の企業内で主に経理部門に従事する人を対象として、建設業経理に関する知識および処理能力の向上を図る目的で行われている試験。4・3級の試験合格者には建設業経理事務士の称号が、2・1級の合格者には建設業経理士の称号が与えられる。

受験者数	合格率
18,621人※	38.7%※
受験資格	受験料
なし	7,120円※

※2級の場合

受験資格	誰でも受験できる
試験日	【4・3級】**3月初旬** 【2・1級】**9月初旬　3月初旬**
受験料	【4級】**4,720円** 【3級】**5,820円** 【2級】**7,120円** 【1級】1科目：**8,120円**　2科目：**11,420円**　3科目：**14,720円** (各税込)
試験地	全国各地の主要都市
受験者数 合格率	【4級】　183人、75.4%　【3級】1,845人、66.6% 【2級】18,621人、38.7%　【1級・原価計算】3,197人、20.9% 【1級・財務諸表】3,021人、30.1% 【1級・財務分析】2,349人、31.4%
試験内容	【4級】 初歩的な建設業簿記を理解している 【3級】 基礎的な建設業簿記の原理および記帳ならびに初歩的な建設業原価計算を理解しており、決算等に関する初歩的な実務を行える 【2級】 実践的な建設業簿記、基礎的な建設業原価計算を修得し、決算等に関する実務を行える 【1級】 上級の建設業簿記・原価計算、会計学を修得し、会社法その他会計に関する法規を理解しており、建設業の財務諸表作成とそれに基づく経営分析が行える ※1級は原価計算、財務諸表、財務分析の3科目からなる科目合格制 資格は、①試験に合格する、②講習と試験を組み合わせた特別研修(4・3級)で合格する、ことで取得できる。特別研修の詳細は、下記問い合わせ先へ

問い合わせ先

一般財団法人 建設業振興基金 経理試験課
〒105-0001 東京都港区虎ノ門4-2-12 虎ノ門4丁目MTビル2号館
TEL03(5473)4581　URL=https://www.keiri-kentei.jp/

建設業の基盤となる技術の先導者

独立 就職 趣味 評価

コンクリート技士／コンクリート主任技士

コンクリートの製造・施工・検査・管理などの一般業務を行う技術者がコンクリート技士。コンクリートの製造、工事・研究における計画、施工管理などの監督・指導を行う技術者がコンクリート主任技士。第一線で活躍する資格取得者は、高い評価を受けている。

公式テキスト 独学 講座 通信

登録必要

受験者数	合格率
8,410人※	31.9%※
受験資格	**受験料**
実務経験など	12,100円※

※コンクリート技士の場合

受験資格	【コンクリート技士】 ①コンクリートの製造、工事、試験・研究等に関連する実務経験を3年以上有する者 ②大学、高専、短大で、コンクリート技術に関する科目を履修した卒業者については、実務経験を2年以上有する者 ③高校で、コンクリート技術に関する科目を履修した卒業者については、実務経験を2年以上有する者 ④コンクリート診断士、一級建築士、技術士（建設部門・農業部門－農業土木）、特別上級・上級・1級土木技術者、RCCM（鋼構造およびコンクリート）、コンクリート構造診断士登録者、1級土木・建築施工管理技士（要監理技術者資格者証）の各資格保有者 【コンクリート主任技士】 ①コンクリートの製造、工事、試験・研究などに関連する実務経験を7年以上、あるいはコンクリート技士試験合格後2年以上の実務経験を有する者 ②実務経験4年以上（コンクリート技士②の学歴と同じ場合） ③実務経験5年以上（コンクリート技士③の学歴と同じ場合） ④コンクリート技士④と同じ
申込期間	8月上旬～9月上旬（願書販売期間と異なる）
試験日	**11月下旬**
受験料	【コンクリート技士】 **12,100円**（消費税込） 【コンクリート主任技士】**14,300円**（消費税込）
試験地	札幌、仙台、東京、名古屋、大阪、広島、高松、福岡、沖縄
受験者数 合格率	【コンクリート技士】 8,410人、31.9%（2023年度） 【コンクリート主任技士】2,944人、13.0%（2023年度）
試験内容	【コンクリート技士】四肢択一式 【コンクリート主任技士】四肢択一式・記述式（小論文を含む） ※受験資格、試験内容などは、下記ホームページを参照

問い合わせ先
公益社団法人 日本コンクリート工学会
〒102-0083 東京都千代田区麹町1-7 相互半蔵門ビル12F
TEL03(3263)1571 URL=https://www.jci-net.or.jp

土木施工管理技士

建設工事作業の手順や進行、安全性をチェックする現場のまとめ役。高度な専門知識と管理能力が要求されるだけに社会的評価も高く、国土交通大臣、知事から建設業開業許可を得るための専任技術者になれる。自営でも企業内で活躍するうえでも必須の資格。

受験対策
大学 専門学校 養成所など

受検者数	合格率
32,931人※	49.5%※
受検資格	受検料
実務経験など	10,500円※

※1級第一次検定の場合

受検資格	令和6年度から令和10年度までの間は経過措置とし第二次検定は、旧受検資格と新受検資格の選択が可能 詳細はホームページ参照 【2級】**〔第一次検定〕**受検年度中における年齢が17歳以上の者 **〔第二次検定〕** ・1級第一次検定もしくは2級第一次検定合格後、所定の実務経験を有する者 ・技術士第二次試験合格後、所定の実務経験を有する者 【1級】**〔第一次検定〕**受検年度中における年齢が19歳以上の者 **〔第二次検定〕** ・第一次検定合格後、所定の実務経験を有する者 ・技術士第二次試験合格後、所定の実務経験を有する者
申込期間	【2級】**〔第一次検定（前期）〕**3月上旬～下旬（「土木」のみ実施） **〔第一次・第二次検定／第一次検定（後期）〕**7月上旬～中旬 【1級】**〔第一次・第二次検定〕**3月中旬～4月上旬
試験日	【2級】**〔第一次検定（前期）〕6月上旬**（「土木」のみ実施） **〔第一次・第二次検定／第一次検定（後期）〕10月下旬** 【1級】**〔第一次検定〕7月上旬　〔第二次検定〕10月上旬**
受検料	【2級】**〔第一次・第二次検定〕　10,500円** **〔第一次〕〔第二次検定〕各5,250円** 【1級】**〔第一次検定〕10,500円　〔第二次検定〕10,500円**
試験地	全国の主要都市
受検者数 合格率	【2級】**〔第一次（前期）〕**15,526人、42.9% **〔第一次（後期）〕**13,259人、50.6% **〔第一次・第二次（第一次）〕**14,305人、54.3%（「土木」の場合） **〔第一次・第二次（第二次）〕**26,178人、62.9%（「土木」の場合） 【1級】**〔第一次〕**32,931人、49.5%　**〔第二次〕**27,304人、33.2%
試験内容	【2級】土木・鋼構造物塗装・薬液注入の3種別 **〔第一次検定〕**土木工学等、法規は3種別とも共通、さらにそれぞれ施工管理法、鋼構造物塗装施工管理法、薬液注入施工管理法 **〔第二次検定〕**種別ごとに施工管理法 【1級】**〔第一次検定〕**土木工学等、施工管理法、法規 **〔第二次検定〕**施工管理法

問い合わせ先
一般財団法人 全国建設研修センター 土木試験課
〒187-8540 東京都小平市喜平町2-1-2
TEL042(300)6860　　URL=https://www.jctc.jp/

独立 就職 趣味 評価

管工事施工管理技士

管工事は、配管工事や設備工事など広い範囲に及び、建設工事のなかでも大きな比重を占めている。それだけに有資格者の活躍の場は広く、自ら建設業を開業することも可能。ただし、1級の試験はかなりレベルが高いため、2級を取得してから1級を目指す人が多い。

受験対策
大学 専門学校 養成所など

受検者数	合格率
14,990人※	37.5%※
受検資格	受検料
実務経験など	10,500円※

※1級第一次検定の場合

受検資格	令和6年度から令和10年度までの間は経過措置とし第二次検定は、旧受検資格と新受検資格の選択が可能 詳細はホームページ参照 【2級】 **〔第一次検定〕** 受検年度中における年齢が17歳以上の者 **〔第二次検定〕** 1級第一次検定もしくは2級第一次検定合格後、所定の実務経験を有する者 【1級】 **〔第一次検定〕** 受検年度中における年齢が19歳以上の者 **〔第二次検定〕** 第一次検定合格後、所定の実務経験を有する者
申込期間	【2級】**〔第一次検定（前期）〕** 3月上旬～下旬 **〔第一次・第二次検定／第一次検定（後期）〕** 7月上旬～中旬 【1級】**〔第一次・第二次検定〕** 5月上旬～下旬
試験日	【2級】**〔第一次検定（前期）〕 6月上旬** **〔第一次・第二次検定／第一次検定（後期）〕 10月下旬** 【1級】**〔第一次検定〕 9月上旬　〔第二次検定〕 12月上旬**
受検料	【2級】**〔第一次・第二次検定〕 10,500円** **〔第一次〕〔第二次検定〕 各5,250円** 【1級】**〔第一次検定〕 10,500円　〔第二次検定〕 10,500円**
試験地	全国の主要都市
受検者数 合格率	【2級】**〔第一次（前期）〕** 5,706人、58.9% **〔第一次（後期）〕** 3,555人、68.6% **〔第一次・第二次（第一次）〕** 7,513人、70.0% **〔第一次・第二次（第二次）〕** 10,385人、82.3% 【1級】**〔第一次〕** 14,990人、37.5%　**〔第二次〕** 7,194人、62.1%
試験内容	**〔第一次検定〕** ①機械工学等　②施工管理法　③法規 **〔第二次検定〕** 施工管理法

問い合わせ先

一般財団法人 全国建設研修センター 管工事試験課
〒187-8540 東京都小平市喜平町2-1-2
TEL042(300)6855　　URL＝https://www.jctc.jp/

建設機械施工技士

名称独占

建設業界の専任技術者として嘱望されている資格。1級は、土木工事業、舗装工事業といった指定建設業の専任技術者や工事現場の監理技術者になることができる。また2級は、各種建設機械の運転技術者や一般建設業の主任技術者として、活躍の場は広い。

受験対策
大学
専門学校
養成所など

受検者数	合格率
2,397人※	30.1%※
受検資格	**受検料**
実務経験など	14,700円※

※1級第1次の場合

受検資格	【2級】大卒で指定学科（機械工学・土木工学・都市工学等）専攻の場合、受検種別に6カ月以上で、他の種別と通算して1年以上の実務経験者。学歴によらない場合は、受検種別に6年以上の実務経験者　ほか 【1級】大卒で指定学科専攻の場合、指導監督的経験を1年以上含む3年以上の実務経験者　ほか
試験日	**〔第1次〕6月中旬、1月中旬**（2級のみ） **〔第2次〕8月下旬～9月中旬の指定した日**（学科合格者のみ）
受検料	【2級】**〔第1次〕14,700円　〔第2次〕27,100円**（各1種別につき） 【1級】**〔第1次〕14,700円** **〔第2次〕19,500～38,700円**（2級資格取得数などで異なる）
試験地	【学科】北広島、滝沢、新潟、東京、名古屋、大阪、広島、高松　ほか 【実地】石狩、仙台、秩父、小松、富士、刈谷、明石、小野　ほか
受検者数 合格率	【2級】**〔第1次〕**6,345人、46.5%　**〔第2次〕**4,082人、74.0% 【1級】**〔第1次〕**2,397人、30.1%　**〔第2次〕**925人、61.0%
試験内容	【2級】 以下の種別で行う。学科試験に合格しないと実地試験は受けられない ①第1種（ブルドーザーなど）　②第2種（パワーショベルなど） ③第3種（モーター・グレーダー）　④第4種（ロード・ローラーなど） ⑤第5種（アスファルト・フィニッシャーなど）　⑥第6種（くい打機など） **〔第1次〕**択一式：土木工学、建設機械一般、法規、受検種別の建設機械施工法　ほか **〔第2次〕**上記、受検種別建設機械の操作施工の実技運転 【1級】 学科試験に合格しないと実地試験は受けられない **〔第1次〕**択一式および記述式：土木工学、建設機械一般、建設機械施工法、法規　ほか **〔第2次〕**①トラクター系建設機械　②ショベル系建設機械 ③モーター・グレーダー　④締め固め建設機械　⑤舗装用建設機械 ⑥基礎工事用建設機械－この中から選択した2つの所定コース内での操作施工法の実技試験と、建設機械組合せ施工法についての記述試験

問い合わせ先
一般社団法人 日本建設機械施工協会 試験部
〒105-0011 東京都港区芝公園3-5-8 機械振興会館201-2号室
TEL03(3433)1575　URL=https://www.jcmanet-shiken.jp

ショベルローダー等運転技能者

業務独占

最大荷重が1トン以上のショベルローダーまたはフォークローダーの運転業務に従事するためには、ショベルローダー等運転技能者の資格が必要である。地味だが特殊な職業のため、収入も確実に得られ、安心度の高い資格だ。現場で働くなら、取得しておきたい。

受験対策
講習＋ 修了試験 合格

受講必要

受講者数	合格率
非公開	非公開
受講資格	受講料
年　齢	35,200円～

受講資格	18歳以上の者なら、誰でも受講できる
科目免除	所持する免許や業務経験により、講習の一部免除がある （1）建設機械施工技術検定に合格した者は、学科①③と実技① （2）大型特殊自動車運転免許を有する者は、学科①と実技① （3）普通・中型・準中型・大型自動車運転免許を有し、特別教育修了後3カ月以上ショベルローダー（1トン未満）等の運転業務に従事した経験者は、学科①と実技① （4）6カ月以上のショベルローダー（1トン未満）またはフォークローダー運転従事者は、実技①　ほか
修了試験	技能講習修了時には、学科と実技の両試験が行われる
講習日	登録講習機関により異なるが、以下は（一財）日本産業技能教習協会の場合 **年4回、5日間**　※所持する免許と業務経験により、コース区分がある。詳細は各教習所に確認のこと
受講料	登録講習機関により異なる。以下は（一財）日本産業技能教習協会の場合 **35,200～68,200円**（税込・テキスト代込） ※所持する免許や経験年数により異なる
開講地	各教習所により異なる
講習内容	ショベルローダー等運転技能講習は、労働安全衛生法に基づいて、その職務に必要な学科と実技を教習する **〔学科〕** ①走行に関する装置の構造および取り扱いの方法に関する知識（4時間） ②荷役に関する装置の構造および取り扱いの方法に関する知識（4時間） ③運転に必要な力学に関する知識（2時間） ④関係法令（1時間） **〔実技〕** ①走行の操作（20時間） ②荷役の操作（4時間）

問い合わせ先
各都道府県労働局、労働基準監督署または一般財団法人 日本産業技能教習協会・熊谷教習所
〒360-0843 埼玉県熊谷市三ケ尻3858
TEL048(532)5781　　URL＝https://kyousyu.org/

ビル建築工事などで需要が多い

独立 就職 趣味 評価

クレーン・デリック運転士

クレーンやデリックは、工場や工事現場などで荷物を移動する道具として広範に用いられているが、重量物をつり上げ、決められた場所に下ろすには危険が伴い一定の技量を要する。つり上げ荷重5トン以上のクレーンやデリックの運転を行う者は、免許取得が必須。

公式テキスト 独学 講座 通信

受験者数	合格率
16,443人※	57.6%※
受験資格	受験料
なし	8,800円※

※学科・クレーン限定の場合

受験資格	受験資格なし（ただし、18歳未満の者は試験に合格しても、満18歳になるまで免許証は交付されない）
申込期間	各試験センターへの郵送：試験日の2カ月前～14日前 窓口持参：試験日の2カ月前～2日前
試験日	**毎月1、2回程度**
願書入手 申込方法	受験申請書は安全衛生技術試験協会、各地区安全衛生技術センターおよび関係機関で配布。郵送希望の場合は返信用封筒（角型2号）に切手を貼り、必要部数をメモ書きし、各センターへ送付（1部210円切手、2部250円切手、3～4部390円切手）
受験料	**〔学科〕8,800円 〔実技〕14,000円**（非課税）
試験地	北海道（恵庭）、東北（岩沼）、関東（市原）、中部（東海）、近畿（加古川）、中国四国（福山）、九州（久留米）の各安全衛生技術センター
試験内容	扱う機種により【クレーン・デリック運転士（限定なし）】【クレーン・デリック運転士（クレーン限定）】【クレーン・デリック運転士（床上運転式クレーン限定）】に分かれて、それぞれ学科・実技試験が行われる **〔学科〕** 2時間30分 ①クレーンおよびデリックに関する知識 ②関係法令 ③原動機および電気に関する知識 ④クレーンの運転のために必要な力学に関する知識 **〔実技〕** ①クレーンの運転　②クレーンの運転のための合図 ※科目免除：クレーン運転実技教習を修了して1年以内の者は実技の全部、クレーン・デリック運転士の学科試験に合格して1年以内の者や、移動式クレーンまたは揚貨装置運転士免許所持者は、学科の全部または一部が免除される

問い合わせ先
公益財団法人 安全衛生技術試験協会
〒101-0065 東京都千代田区西神田3-8-1 千代田ファーストビル東館9F
TEL03(5275)1088　　URL＝https://www.exam.or.jp/

移動式クレーン運転士

業務独占

移動式クレーン（つり上げ荷重5トン以上）の運転業務に携わるために必要な免許。土木工事や建築工事の現場でよく目にするクレーンだが、製造工場や港湾など活躍の場は広い。誰でもトライでき、収入・求人ともに安定しているため、取得しておいて損はない。

公式テキスト 独学 講座 通信

受験者数	合格率
5,188人※	63.0%※
受験資格	受験料
なし	8,800円※

※学科の場合

受験資格	受験資格なし（ただし、18歳未満の者は試験に合格しても、満18歳になるまで免許証は交付されない）
申込期間	各センターへの郵送：試験日の2カ月前～14日前 窓口持参：試験日の2カ月前～2日前
試験日	**2カ月に1回程度**
願書入手 申込方法	受験申請書は安全衛生技術試験協会、各地区安全衛生技術センターおよび関係機関で配布。郵送希望の場合は返信用封筒（角型2号）に切手を貼り、必要部数をメモ書きし、各センターへ送付（1部210円切手、2部250円切手、3～4部390円切手）
受験料	**〔学科〕8,800円 〔実技〕14,000円**（非課税）
試験地	北海道（恵庭）、東北（岩沼）、関東（市原）、中部（東海）、近畿（加古川）、中国四国（福山）、九州（久留米）の各安全衛生技術センター
試験内容	**〔学科〕** ①移動式クレーンに関する知識 ②原動機および電気に関する知識 ③関係法令 ④移動式クレーンの運転のために必要な力学に関する知識 **〔実技〕** ①移動式クレーンの運転 ②移動式クレーンの運転のための合図 ※学科試験合格後1年以内であれば、学科試験が免除され、実技試験を何度でも受けられる。移動式クレーン運転実技教習修了後1年以内であれば、実技試験が免除され、学科試験のみの受験でよい なお、クレーン・デリック、旧クレーン、旧デリック、揚貨装置の各運転士免許所持者は科目の一部免除が受けられる（詳細は、ホームページや各地区安全衛生技術センターへ）

問い合わせ先
公益財団法人 安全衛生技術試験協会
〒101-0065 東京都千代田区西神田3-8-1 千代田ファーストビル東館9F
TEL03(5275)1088 URL＝https://www.exam.or.jp/

マンション維持修繕技術者

マンション建物とその設備の維持・修繕に関する知識を有していることを審査し認定する。
【受験資格】 ①管理業務主任者試験、マンション管理士試験合格者　ほか
②一級・二級建築士、技術士、建築設備士
③大学などの建築に関する課程を修業し、建築・設備に関する所定の年数の実務経験を有する者
【試験日】 9月上旬（予定）
【試験科目】 択一式・記述式（予定）
出題範囲：マンション劣化の概要、マンション設備の基礎知識、修繕設計業務、設備調査診断と判定方法、設備修繕設計業務、設備工事・修繕の施工管理手法、関係法令

【問い合わせ先】
一般社団法人 マンション管理業協会
試験研修部
〒105-0001 東京都港区虎ノ門1-13-3 虎ノ門東洋共同ビル2F　TEL03(3500)2720

マンションリフォームマネジャー

主としてマンション専有部分のリフォームにおいて、居住者の要望を実現するために、専門知識をもって、管理組合や施工者などと協力・調整しながら、居住者に付加価値の高いリフォームを企画・提供するための業務推進能力を認定する。
【受験資格】 誰でも受験できる
【試験日】 9月下旬
【受験料】〔学科＋設計製図〕 16,500円
〔1科目のみ〕 12,700円（各税込）
【試験科目】〔学科〕 四肢択一（50問）
〔設計製図〕（1問）：マンションリフォームのプランニング
詳細はホームページ参照https://mrm.chord.or.jp/landing/

【問い合わせ先】
公益財団法人 住宅リフォーム・紛争処理支援センター
〒102-0073 東京都千代田区九段北4-1-7
九段センタービル3F　TEL03(3556)5144

再開発プランナー®

まちづくりに関する幅広い知識・技術を習得し、市街地再開発事業をリードしていく技術者を再開発プランナー®として認定。
【受験資格】 筆記試験を受ける年の4月1日現在、満20歳以上であること
【試験日】〔筆記試験〕 8月下旬
〔実務経験審査〕 11～12月
【試験科目】〔筆記試験〕 学科：市街地再開発事業及びマンション建替え事業に係る法規ほか　実技（記述式を含む）：市街地再開発事業及びマンション建替え事業の手続き、事業計画及び権利変換計画の作成並びにその他の都市再開発の事業の企画、事業計画及び権利調整に係ること
〔実務経験審査〕 書類審査・面接審査

【問い合わせ先】
一般社団法人 再開発コーディネーター協会
再開発プランナー資格室
〒105-0014 東京都港区芝2-3-3 JRE芝二丁目大門ビル7F　TEL03(6400)0263

商業施設士

ショッピングセンターなどの商業施設の運営管理システムや店舗の構成・デザインなどを総合的に計画し、監理する。
【受験資格】〔学科〕 20歳以上 **〔実技（構想表現）〕** 学歴・実務経験により異なる
※建築士、インテリアプランナー、中小企業診断士などの有資格者は実務経験不要
【試験日】 6～7月頃、12～1月頃（実技のみ）
【受験料】〔学科＋実技〕 22,000円
〔学科、実技〕 各13,200円
【試験科目】〔学科〕 ①共通問題：商業施設とその技術に係る一般的常識問題　②選択問題：生活と商業、企画と計画、施設と設計、監理と施工のうち2科目選択 **〔実技（構想表現）〕**「図案表現」か「文章表現」を選択

【問い合わせ先】
公益社団法人 商業施設技術団体連合会
〒108-0014 東京都港区芝5-26-20
建築会館4F　TEL03(3453)8103

敷金診断士

賃貸物件の適正な原状回復費の査定および退去時の立会いを行い、敷金・保証金関連のトラブルの解決を図る。試験合格後、所定の講習を経て登録を受けると認定される。

【受験資格】 誰でも受験できる
【試験日】 3,6,9,12月1日～14日
【受験料】 7,800円
【試験科目】〔法令系科目〕 民法、借地借家法、消費者契約法、区分所有法、宅建業法、品確法　ほか
〔建築系科目〕 ①建築物の構造および概要
②建築物に使用されている主な材料の概要
③建築物の部位の名称等
④建築設備の概要　ほか

【問い合わせ先】
特定非営利活動法人 日本住宅性能検査協会
〒103-0012 東京都中央区日本橋堀留町1-11-4
第2吉泉ビル5F
TEL03(5847)8235

太陽光発電アドバイザー

環境問題やエネルギー問題が懸念されるなか、注目を浴びている太陽光発電。アドバイザーは、消費者が安心して太陽光発電システムを導入できるようにサポートする。

【受験資格】 誰でも受験できる
【試験日】 3,6,9,12月1日～14日
【受験料】 8,800円
【試験科目】
CBT方式による4肢択一式
①太陽光発電の社会環境に関すること
②太陽光発電システムの概要、原理・技術に関すること　③太陽光発電システムの導入に関すること
④太陽光発電システム導入の支援施策、資金調達に関すること　ほか

【問い合わせ先】
特定非営利活動法人 日本住宅性能検査協会
〒103-0012 東京都中央区日本橋堀留町1-11-4
第2吉泉ビル5F
TEL03(5847)8235

シックハウス診断士

シックハウス症候群に悩む住宅の調査、室内空気環境の測定などを行い、アドバイスを行う。

【受験資格】 誰でも受験できる
【試験日】 3,6,9,12月1日～14日
【受験料】 8,800円
【出題内容】
マークシート方式100問　記述式約5問
① 総論
② 化学物質
③ 関連法規
④ 結露・生物
⑤ アレルギー
⑥ 一般対策
⑦ 測定・診断

【問い合わせ先】
一般社団法人 シックハウス診断士協会　試験センター
〒103-0012 東京都中央区日本橋堀留町1-11-5
日本橋吉泉ビル2F　TEL03(5847)8235

土地改良換地士

農用地に換地計画が持ち上がった際に、専門知識と公平な立場で意見を述べる専門家である。

【受験資格】 誰でも受験できる
【試験日】 10月下旬
【受験料】 6,500円（収入印紙）
【試験科目】〔農用地集団化事業について必要な知識に関する試験〕 ①土地改良法、民法、不動産登記法、土地改良登記令、戸籍法、農地法、その他関係法令について
②測量および土地改良法のうち換地関係規定について **〔農用地集団化事業について必要な実務に関する試験〕** ①換地計画書の作成　②従前地各筆調書の作成、戸籍簿などの調査、代位登記申請書の作成および測量

【問い合わせ先】
農林水産省 農村振興局整備部 土地改良企画課 農地集団化班 換地係
〒100-8950 東京都千代田区霞が関1-2-1
TEL03(6744)2192

地盤インスペクター®

住宅地盤に関する基本や地盤対策工事の検査能力を備えた住宅地盤の専門家。住宅地盤に関する最新の法令や規格、地盤災害事例から防災や減災にも役立つ情報等も習得可能。養成講座、確認テストを受講することで資格を取得できる。

【受講資格】 満18歳以上の者
【申込期間】 HPで確認すること
【講習内容】 2022年度からオンライン講座として開催
①小規模宅地・住宅地盤業界のビジネスモデルの特徴
②小規模宅地・住宅の地盤に関わる法令・規格基準の動向
③誤りやすい地盤の知識（地盤に起因する宅地・地盤事故を回避するための住宅地盤の基本と正しい知識・知見）

【問い合わせ先】
一般社団法人 地盤安心住宅整備支援機構
〒160-0022 東京都新宿区新宿5-2-3
MRCビル4F

木造建築物の組立て等作業主任者

軒の高さが5m以上の木造建築物の構造部分の組立て、屋根下地や外壁下地の取付けなどにおいて、安全面などの監督・指導にあたる責任者の資格。

【受講資格】 木造建築物等の構造部材の組立てやこれに伴う屋根下地および外壁下地の取付け作業に3年以上従事した者　ほか
【取得方法】 登録講習機関・団体の技能講習受講後、修了試験に合格する（講習は複数の機関・団体で実施。以下は一般的内容）
【講習内容】 ①木造建築物の構造部材の組立て、屋根下地の取付けなどに関する知識　②工事用設備、機械、器具、作業環境などに関する知識　③関係法令　ほか

【問い合わせ先】
各都道府県労働局労働基準部安全課、および健康安全課、労働基準監督署、または
建設業労働災害防止協会
〒108-0014 東京都港区芝5-35-2 安全衛生総合会館7F　TEL03(3453)8201

型わく支保工の組立て等作業主任者

コンクリートの打設に用いる型わくを支持する仮設設備の組立てなどの監督・指導の責任者の資格。作業を直接指揮し、材料や工具の点検、安全帯・保護帽の使用状況の監視などを行う。

【受講資格】 型わく支保工の組立て、または解体に関する作業に3年以上従事した者　ほか
【取得方法】 登録講習機関・団体の技能講習受講後、修了試験に合格する（講習は複数の機関・団体で実施。以下は一般的内容）
【講習内容】 ①作業の方法に関する知識
②工事用設備、機械、器具、作業環境などに関する知識　③関係法令　ほか

【問い合わせ先】
各都道府県労働局労働基準部安全課、および健康安全課、労働基準監督署、または
建設業労働災害防止協会
〒108-0014 東京都港区芝5-35-2 安全衛生総合会館7F　TEL03(3453)8201

足場の組立て等作業主任者

高さ5m以上の足場、つり足場（ゴンドラを除く）、張出し足場の組立て・解体・変更作業は、正しい知識と確かな技術をもつ足場の組立て等作業主任者が必要。作業方法をはじめ、器具・工具の点検などを指揮。

【受講資格】 21歳以上で足場の組立て等の作業に3年以上従事した者　ほか
【取得方法】 登録講習機関・団体の技能講習受講後、修了試験に合格する（以下は日本産業技能教習協会の場合）
【講習内容】 ①作業の方法に関する知識
②工事用設備、機械、器具、作業環境等に関する知識　③関係法令　ほか

【問い合わせ先】
各都道府県労働局労働基準部安全課、労働基準監督署、建設業労働災害防止協会、または
一般財団法人 日本産業技能教習協会
〒116-0014 東京都荒川区東日暮里6-60-10 日暮里駅前中央ビル8F
https://kyousyu.org/

建築物等の鉄骨の組立て等作業主任者

金属の骨組みの組立て・解体・変更などを監督・指導する責任者を認定。
【受講資格】 ①21歳以上で建築物等の鉄骨の組立て等作業に3年以上従事した者
②20歳以上で、大学、高専、高校、中学で土木、建築に関する学科を専攻して卒業し、当該作業に2年以上従事した者　ほか
【取得方法】 登録講習機関・団体の技能講習受講後、修了試験に合格する
(以下は日本産業技能教習協会の場合)
【講習内容】 ①作業の方法に関する知識
②工事用設備、機械、器具、作業環境などに関する知識　③関係法令　ほか

【問い合わせ先】
各都道府県労働局労働基準部安全課、労働基準監督署、建設業労働災害防止協会、または一般財団法人 日本産業技能教習協会
〒116-0014 東京都荒川区東日暮里6-60-10
日暮里駅前中央ビル8F
https://kyousyu.org

コンクリート造の工作物の解体等作業主任者

5m以上のコンクリート工作物の解体・破壊現場で作業の指揮、工具類の点検、安全帯や保護帽の使用状況などの監視・指導を行う。建築・建設業界でニーズが高い資格。
【受講資格】 ①大学、高専、高校、中等教育学校の土木、建築学科卒業後、コンクリート造の工作物の解体または破壊作業に2年以上従事した者　②コンクリート造の工作物の解体または破壊作業に3年以上従事した者　ほか
【取得方法】 登録講習機関・団体の技能講習受講後、修了試験に合格する（講習は複数の機関・団体で実施。以下は一般的内容）
【講習内容】 ①作業の方法に関する知識
②工事用設備、機械、器具、作業環境などに関する知識　③作業者に対する教育などに関する知識　④関係法令　⑤修了試験

【問い合わせ先】
各都道府県労働局労働基準部安全課・健康安全課、労働基準監督署、建設業労働災害防止協会

地山の掘削・土止め支保工作業主任者

高さ2m以上の地山の掘削を行う際、掘削作業・土止めの安全対策・指導などを行う。建設・土木業界、砂利採取業界で活躍が期待できる。
【受講資格】 ①21歳以上で地山の掘削、土止め支保工の切りばり、腹おこしの取付け・取外し作業に3年以上従事した者
②20歳以上で、大学、高専、高校、中等教育学校で土木、建築、農業土木に関する学科を専攻して卒業し、地山の掘削、土止め支保工の切りばり、腹おこしの取付け・取外し作業に2年以上従事した者　ほか
【取得方法】 登録講習機関・団体の技能講習受講後、修了試験に合格する
【講習内容】 ①作業の方法に関する知識
②工事用設備、機械、器具、作業環境などに関する知識　③修了試験　ほか

【問い合わせ先】
各都道府県労働局労働基準部安全課・健康安全課、労働基準監督署、建設業労働災害防止協会

玉掛技能者

1トン以上のクレーンなどで荷物をつり上げるときに、荷物が落下しないようワイヤーなどでまとめてつり上げる玉掛け作業をするのに必須の資格。
【受講資格】 18歳以上
【取得方法】 登録講習機関・団体の技能講習受講後、修了試験に合格する
(以下は日本産業技能教習協会の場合)
【講習日】 毎月1回
【講習内容】 ①クレーンなどに関する知識
②クレーンなどの玉掛けの方法　③力学に関する知識　④関係法令　⑤学科試験
⑥合図実技　⑦玉掛け実技　⑧実技試験

【問い合わせ先】
各都道府県労働局労働基準部安全課、労働基準監督署、建設業労働災害防止協会、または一般財団法人 日本産業技能教習協会 熊谷教習所
〒360-0843 埼玉県熊谷市三ヶ尻3858
TEL048(532)5781

屋外広告士

看板などの屋外広告物の製作・施工に必要な知識・技術を備えていることを証明する資格。取得すると、屋外広告業登録に必ず必要な「業務主任者」になることができる。
【受験資格】 18歳以上で実務経験が3年以上の者
【試験科目】〔学科〕（マークシート）問題A：関係法規　問題B：広告デザイン　問題C：設計・施工　**〔実技〕** 屋外広告物の「デザイン」「設計」のいずれかを選択
【申込期間】 5月上旬～8月上旬
【試験日】 10月下旬
【受験料】 17,824円
【試験地】 札幌、仙台、大宮、東京、新潟、金沢、名古屋、大阪、岡山、丸亀、福岡、鹿児島、沖縄
【問い合わせ先】
一般社団法人 日本屋外広告業団体連合会
試験課
〒130-0014 東京都墨田区亀沢1-17-14
TEL03(3626)2231

建築積算士

建築の数量計測、見積書の作成算定、積算関連業務などについての専門知識・技術を問う試験。
【受験資格】 17歳以上
【試験科目】〔1次〕 4肢択一式、50問
建築積算士ガイドブック全章
〔2次〕 ①短文記述2問（建築積算士ガイドブック第1～4、9～15章）　②実技4問（建築積算士ガイドブック第5～8章）
【申込期間】〔1次〕 6月上旬～8月下旬
〔2次〕 10月上旬～12月上旬
【試験日】〔1次〕 10月下旬
〔2次〕 翌年1月下旬
【受験料】 27,500円（税込）
【試験地】〔1次〕 札幌、仙台、東京、名古屋、大阪、岡山、広島、福岡、鹿児島、沖縄
〔2次〕 1次の10カ所と金沢
【問い合わせ先】
公益社団法人 日本建築積算協会
〒105-0014 東京都港区芝3-16-12 サンライズ三田ビル3F　TEL03(3453)9591

木材加工用機械作業主任者

丸のこ盤や帯のこ盤などの機械を使った木材加工作業の指揮、安全装置の点検、非常時の措置、工具の使用状況の監視などを行う責任者。講習後の試験合格で取得できる。
【受講資格】 18歳以上で、①木材加工用機械による作業に3年以上従事した者
②その他厚生労働大臣が定める者
【講習内容】 ①木材加工用機械と、その安全装置などの種類、構造・機能に関する知識
②木材加工用機械と、その安全装置などの保守点検に関する知識
③作業の方法に関する知識　④関係法令
【申込期間・講習日】 教習機関によって異なる。講習期間は2日間
【受講料】 13,200円程度（別途テキスト代が必要）　※教習機関によって異なる

【問い合わせ先】
各都道府県労働局労働基準部安全課、労働基準監督署、労働基準協会連合会、林業・木材製造業労働災害防止協会

建物検査士

建物の状態を正確に検査し維持と機能向上に必要な知識を習得する。マンション外壁タイル剥離調査の専門家も育成。実務を中心とした資格。
【受験資格】
誰でも受験できる
【試験科目】
①建物検査士の役割②建物検査士が知っておくべき法律知識③建物の基礎知識④建物の調査実務基礎⑤建物の本格調査の知識⑥長期修繕計画の立て方
【試験日】 Web講座を受講後にWebで受験（4問択一）
【受験料】 19,800円（Web講座、テキスト、受験料を含む）

【問い合わせ先】
特定非営利活動法人　日本住宅性能検査協会
〒103-0012 東京都中央区日本橋堀留町1-11-4 第2吉泉ビル5階　TEL03-5847-8235

揚貨装置運転士

制限荷重が5トン以上の揚貨装置（港湾荷役作業用に船舶に取り付けられたクレーン・デリック）を操作するのに必要な資格。
【受験資格】 受験資格なし
【試験科目】〔学科〕 ①揚貨装置に関する知識　②関係法令　③原動機および電気に関する知識　④揚貨装置の運転のために必要な力学に関する知識 **〔実技〕** ①揚貨装置の運転　②揚貨装置の運転のための合図
※所持する免許、実務経験により免除あり
【試験日】 年2回程度
【受験料】〔学科〕 8,800円
〔実技〕 14,000円（各非課税）
【試験地】 北海道、東北、関東、中部、近畿、中国四国、九州の各安全衛生技術センター

【問い合わせ先】
公益財団法人 安全衛生技術試験協会
〒101-0065 東京都千代田区西神田3-8-1
千代田ファーストビル東館9F
TEL03(5275)1088

車両系建設機械運転技能者

ブルドーザー、パワーショベルなど工事で使う3トン以上の車両系建設機械を運転するための資格。用途によって基礎工事用、解体用、整地・運搬・積込・掘削用がある。
【受講資格】 18歳以上
【講習内容】〔学科〕 ①走行装置の構造・取扱い　②作業装置の構造・取扱い・作業方法　③運転知識　④法令 **〔実技〕** ①走行操作　②作業装置の操作　※所持する免許や業務経験により、講習の一部免除
【講習日】 1～6日間、所持する自動車運転免許、実務経験により異なる
【受講料】 35,200～101,200円　コースにより異なる

【問い合わせ先】
各都道府県労働局、労働基準監督署、または一般財団法人 日本産業技能教習協会 熊谷教習所
〒360-0843 埼玉県熊谷市三ケ尻3858
TEL048(532)5781

フォークリフト運転技能者

最大荷重1トン以上のフォークリフトを運転するための資格。運送会社や倉庫会社、工場などで需要が高い。資格取得により、職場での手当支給や高収入も望める。
【受講資格】 普通自動車以上の免許所持者
【講習内容】〔学科〕 ①フォークリフトの荷役に関する装置の構造・取扱い方法に関する知識　②フォークリフトの運転に必要な力学に関する知識　③関係法令
〔実技〕 ①走行操作　②荷役操作
※所持免許や業務経験により、講習の一部免除がある
講習修了後、学科・実技の試験が行われる
【講習日・受講料】
教習機関により異なる
※所持する自動車運転免許、実務経験などによりコースを選択する

【問い合わせ先】
各都道府県労働局、労働基準監督署、労働基準協会連合会

地質調査技士

地質調査業務の基本となるボーリングや各種計測・試験を行う技術者の知識と技能を問う。2015年、民間の技術者資格に対して国交省が行う「国交省登録資格」に登録。
【受験資格】〔現場調査部門〕 ①5年以上の実務経験　②指定の専門学校指定学科を卒業し、3年以上の実務経験
〔現場技術・管理部門〕 大学・高専で指定の課程を専攻し卒業し、3年以上の実務経験　ほか
【試験日】 7月上旬
【受験料】 18,480円（税込）
【試験地】 全国10会場
※合格後、登録申請し、5年ごとに登録更新が必要となる

【問い合わせ先】
一般社団法人 全国地質調査業協会連合会
〒101-0047 東京都千代田区内神田1-5-13
内神田TKビル3F
TEL03(3518)8873

マンション管理員検定

マンション管理に関する基礎知識を習得したい人、関連資格や管理員を目指す人におすすめ。
【受験資格】 誰でも受験できる
【試験日】 3月　9月
【試験内容】 四肢択一（マークシート）
【問い合わせ先】（一社）マンション管理員検定協会 TEL03(3524)8150

インテリア設計士

インテリア、室内装飾に関する計画・設計、生産・施工・管理技術を問う。
【受験資格】 2級・1級：建築等の学校卒　ほか
【試験日】 7月初旬の2日間
【試験内容】 実技、学科
【問い合わせ先】（一社）日本インテリア設計士協会 TEL06(6262)1488

地理空間情報専門技術者

地理空間情報分野に関する高度な専門知識と技術力を有する技術者を認定する資格。
【受験資格】 ①測量士・測量士補の資格登録者②実務経験者
【取得方法】 講習受講後、認定試験に合格
【問い合わせ先】（公社）日本測量協会
TEL03(5684)3355

空間情報総括監理技術者

国土管理に必要な広範な空間情報の利活用等に関する企画立案、監理能力等、高度な専門知識を有する技術者を認定する資格。
【受験資格】 測量士かつ技術士の資格登録者
【試験日】 7月（筆記）　9月（面接）
【問い合わせ先】（公社）日本測量協会
TEL03(5684)3357

ダム管理技士

ダム管理に必要な知識および技能を確認するための試験。ダム管理支援業務で活躍できる。
【受験資格】 21歳以上65歳以下、かつ、実務経験者　ほか
【試験日】 学科：7月　実技：10～12月
【問い合わせ先】（一財）水源地環境センター
TEL03(3263)9923

宅建マイスター認定試験

「宅地建物取引のエキスパート」として必要な実務能力を問う。
【受験資格】 現在宅建業に従事しており、宅建士取得後5年以上の実務経験　ほか
【試験日】 1月下旬
【問い合わせ先】（公財）不動産流通推進センター TEL03(5843)2078

不動産コンサルティング技能試験・登録制度

試験合格後、一定の要件を満たすと「公認不動産コンサルティングマスター」と認定。
【受験資格】 宅地建物取引士資格登録者、不動産鑑定士、一級建築士
【試験日】 11月の第2日曜日
【問い合わせ先】（公財）不動産流通推進センター TEL03(5843)2079

コンクリート橋架設等作業主任者

橋梁の架設作業などの指揮・監督、安全確保などの役割を担う責任者の資格。
【受講資格】 実務経験3年以上　ほか
【取得方法】 講習受講後、修了試験に合格
【講習日】 講習地により異なる
【問い合わせ先】建設業労働災害防止協会
TEL03(3453)8201

登録基礎ぐい工事試験

「場所打ちコンクリート杭」と「既製コンクリート杭」の施工管理者を認定する資格。
【受験資格】 大学指定学科卒業後、1年6カ月以上の実務経験　ほか
【問い合わせ先】（一社）日本基礎建設協会
TEL03(6661)0128／**（一社）コンクリートパイル・ポール協会** TEL03(5733)5881

建築鉄骨検査技術者

建築鉄骨の検査のために必要な知識、技術、能力を審査する。
【受験資格】 必要実務経験　ほか
【試験日】 7月上旬（予定）

【問い合わせ先】（一社）鉄骨技術者教育センター TEL03(6661)2255

鋼橋架設等作業主任者

鋼橋の架設・解体作業が安全、スムーズに行われるように指導する責任者の資格。
【受講資格】実務経験3年以上　ほか
【取得方法】講習受講後、修了試験に合格
【講習日】講習地により異なる
【問い合わせ先】建設業労働災害防止協会
TEL03(3453)8201

ずい道等の覆工作業主任者

トンネル型枠の組み立てやトンネル内壁を覆う作業などを監督する責任者の資格。
【受講資格】実務経験3年以上　ほか
【取得方法】講習受講後、修了試験に合格
【講習日】講習地により異なる
【問い合わせ先】建設業労働災害防止協会
TEL03(3453)8201

鉄骨製作管理技術者

鉄骨加工の計画立案から製品引き渡しまでの一貫管理を行うための知識・技術を問う。
【受験資格】必要実務経験年数者　ほか
【試験日】10月下旬
【問い合わせ先】（一社）鉄骨技術者教育センター　TEL03(6661)2255

建築仕上診断技術者

建物の外壁、屋外防水など仕上げ部分の診断を行う専門家を認定。
【受講資格】大学などの建築系学科卒業後、実務経験5年以上　ほか
【講習日】10月頃
【問い合わせ先】（公社）ロングライフビル推進協会　TEL03(5408)9830

コンクリート診断士

コンクリートの診断技術、維持管理能力などを審査。受験にはeラーニング講習受講が必要。
【受験資格】大学規定科目履修・卒業後、実務経験4年以上　ほか
【試験日】7月下旬
【問い合わせ先】（公社）日本コンクリート工学会　TEL03(3263)1571

建築設備診断技術者

電気、給排水衛生、空調など建築設備の診断を行う専門家を認定する資格。
【受講資格】大学などの建築系学科卒業後、実務経験5年以上　ほか
【講習日】6月頃
【問い合わせ先】（公社）ロングライフビル推進協会　TEL03(5408)9830

コンクリート等切断穿孔技能審査試験

ダイヤモンド工具などによるコンクリート等切断穿孔業務の知識、技能の程度を審査。
【受験資格】実務経験3年以上
【試験日】4月下旬
【試験内容】学科・実技
【問い合わせ先】ダイヤモンド工事業協同組合
TEL03(3454)6990

砂利採取業務主任者

砂利採取に必要な知識・技能を審査。砂利採取業者には資格保有者の配置が義務づけられている。
【受験資格】誰でも受験できる
【試験日】11月上～中旬
【問い合わせ先】各都道府県砂利担当課
※東京都の場合　TEL03(5320)4788

ずい道等の掘削等作業主任者

トンネルなどの掘削作業などで作業方法の決定、指導、安全管理を行う責任者の資格。
【受講資格】実務経験3年以上　ほか
【取得方法】講習受講後、修了試験に合格
【講習日】講習地により異なる
【問い合わせ先】建設業労働災害防止協会
TEL03(3453)8201

建築・設備総合管理士

建物の所有者等が実施する建物のライフサイクルマネジメントを担う専門家を認定。
【受講資格】大学、高等学校等を卒業した者ほか(登録には一定の実務経験が必要)
【講習日】11月頃
【問い合わせ先】(公社)ロングライフビル推進協会　TEL03(5408)9830

Chapter 13

電気・通信

経験を積めば、独立開業も可能

電気工事士

国家
業務独占

一般の住宅で使用する小規模な電気設備の工事や、工場・デパートなどの最大電力が500kW未満の自家用電気工作物の工事に従事するためには、電気工事士の資格を取得しなければならない。従事できる電気工作物の範囲によって第二種と第一種に分かれている。

申込者数	合格率
173,133人※	39.1%※
受験資格	受験料
なし	9,300円※（インターネットの場合）

※第二種の場合

受験資格	誰でも受験できる
申込期間	【第二種】上期：3月中旬～4月上旬　下期：8月中旬～9月上旬 【第一種】上期：2月上旬～下旬　下期：7月下旬～8月中旬
試験日	【第二種】〔学科〕**上期：（CBT方式）4月下旬～5月上旬（筆記方式）5月下旬　下期：（CBT方式）9月中旬～10月上旬（筆記方式）10月下旬** 〔技能〕**上期：7月下旬　下期：12月中旬** 【第一種】〔学科〕**上期：（CBT方式のみ）4月上旬～5月上旬　下期：（CBT方式）9月上旬～中旬（筆記方式）10月上旬** 〔技能〕**上期：7月上旬　下期：11月下旬**
試験地	第一種、第二種ともに47都道府県で実施
受験料	【第二種】書面：**9,600円**　インターネット：**9,300円** 【第一種】書面：**11,300円**　インターネット：**10,900円**（各非課税）
申込者数 合格率	【第二種】173,133人、39.1% 【第一種】45,819人、34.6%
試験内容	【第二種】 〔学科〕①電気に関する基礎理論　②配電理論および配線設計　③電気機器・配線器具ならびに電気工事用の材料および工具　ほか 〔技能〕①電線の接続　②配線工事　ほか 【第一種】 〔学科〕①電気に関する基礎理論　②配電理論および配線設計　③電気応用　④電気機器・蓄電池・配線器具・電気工事用の材料および工具ならびに受電設備　⑤電気工事の施工方法　⑥自家用電気工作物の検査方法　⑦配線図　⑧発電施設・送電施設および変電施設の基礎的な構造および特性　⑨一般用電気工作物および自家用電気工作物の保安に関する法令 〔技能〕①電線の接続　②配線工事　③電気機器・蓄電池および配線器具の設置　④接地工事　⑤電流・電圧・電力および電気抵抗の測定　ほか

一般財団法人 電気技術者試験センター
〒104-8584 東京都中央区八丁堀2-9-1 RBM東八重洲ビル8F
TEL03(3552)7691　URL=https://www.shiken.or.jp

資格のQ&A

Q この資格を取るメリットは？

A **就職や転職、再就職で強い武器になり、職能手当がつく会社もあります。** つながりのある仕事を経験していくなかで、関連資格なども取得してステップアップをしていけば、それらに比例して収入アップも期待できます。さらに経験を積めば、独立開業の道も開けます。また、電気工事に関する知識やスキルが身につくので、自宅の電気工事を自分でできるようになるメリットもあります。

Q この資格取得にかかる費用・期間は？

A 第二種電気工事士の受験料は約10,000円、参考書・問題集が5,000円程度で、合計約**15,000円**。期間は**半年**程度が標準的です。

Q 資格取得後に有利な業界はどこですか？

A **電気工事会社やビル管理会社などへの就職はもちろん、電気工事会社を自分で開業することも可能です。** 個人で営む電気工事店であれば、第二種電気工事士の資格を取得していれば開業できます。

Q 次のステップとして、取得すべき資格はありますか？

A **第３種電気主任技術者、２級電気工事施工管理技士**、電気通信主任技術者、電気通信設備工事担任者などが挙げられます。電気主任技術者の資格取得者は、実務経験によって第一種電気工事士の資格を取得できます。

Q おススメの勉強方法・学習のポイントは？

A 電気関係すべてを一から勉強するとなるとものすごい勉強量になってしまうため、過去問を中心に効率よく学習することがポイント。時間のない人には問題集の解説DVDがおススメです。問題集は繰り返し何度も解いて練習しましょう。**複線図は実際に自分で描いて練習すること。技能試験も、実際に工具を使って練習してください。**

回答者　石原鉄郎LEC専任講師（電気工事士講座担当）

電気設備の工事・維持などを担当

独立 就職 趣味 評価

電気主任技術者

電気主任技術者は、電気設備の工事、維持、運用の保安の監督者としての資格。扱う設備の電圧規模により第3種（電圧5万ボルト未満）、第2種（電圧17万ボルト未満）、第1種（すべての事業用電気工作物）に分かれ、第2・1種は1次・2次試験が行われる。

申込者数	合格率
36,978人※	12.7%※
受験資格	**受験料**
なし	7,700円※（インターネットの場合）

※第3種の場合（上期）

受験資格	誰でも受験できる
申込期間	上期：5月中旬～6月上旬　下期：11月中旬～下旬
試験日	【第3種】**上期：（CBT方式）7月上旬～下旬（筆記方式）8月中旬** **下期：（CBT方式）2月上旬～3月上旬（筆記方式）3月下旬** 【第2・1種】**〔1次〕8月中旬　〔2次〕11月上旬**
受験料	【第3種】　書面：**8,100円**　インターネット：**7,700円** 【第2・1種】書面：**14,200円**　インターネット：**13,800円** （各非課税）
試験地	【第3種】47都道府県 【第2・1種】北海道、宮城、東京、愛知、石川、大阪、広島、香川、福岡、沖縄
申込者数 合格率	【第3種】36,978人、12.7%（上期） 【第2種】　8,976人、5.3% 【第1種】　2,012人、6.4%（2023年度）
試験内容	【第3種】①理論　②電力　③機械　④法規 【第2種】【第1種】1次試験と2次試験がある **〔1次〕**①理論：電気理論、電子理論、電気計測および電子計測 ②電力：発電所および変電所の設計および運転、送電線路および配電線路（屋内配線を含む）の設計および運用ならびに電気材料 ③機械：電気機器、パワーエレクトロニクス、電動機応用、照明、電熱、電気化学、電気加工、自動制御、メカトロニクスならびに電力システムに関する情報伝送および処理 ④法規：電気法規（保安に関するものに限る）および電気施設管理 **〔2次〕** ①電力・管理：発電所および変電所の設計および運転、送電線路および配電線路（屋内配線を含む）の設計および運用ならびに電気施設管理 ②機械・制御：電気機器、パワーエレクトロニクス、自動制御、メカトロニクス

問い合わせ先
一般財団法人 電気技術者試験センター
〒104-8584 東京都中央区八丁堀2-9-1 RBM東八重洲ビル8F
TEL03(3552)7691　　URL=https://www.shiken.or.jp/

資格のQ&A

Q この資格を取るメリットは？

A 電気設備を設けている事業主は、工事や保守、運用などの保安の監督者として電気主任技術者を選任しなければなりません。**電気業界の多くの人が目指し、業界では価値が高く、資格取得者に対する求人も多い資格です。**最も易しい3種でも合格率は数％と低く、難関です。

Q この資格取得にかかる費用・期間は？

A 難関資格ですから、独学よりも、通信講座や通学講座をおススメします。科目受講から全科目受講、テキスト、DVD、Web、通学と様々な講座があり、費用も30,000～200,000円と幅があります。講座の比較サイトも出来ていますのでよく調べてお申し込み下さい。

Q 資格取得後に有利な業界はどこですか？

A 法律上必要な資格ですので、**ビルメンテナンスや工場、電気工事業者**などからの企業ニーズが多くあり、資格手当など処遇に反映される会社も多いようです。またこの資格にプラスして実務経験があれば、定年後も好条件で再就職が可能です。

Q 次のステップとして、取得すべき資格はありますか？

A 3種の上位資格には**2種、1種**があります。合格率はさらに低く、取得は難しくなるため、比較的易しい**建築物環境衛生管理技術者**（ビル管理技術者）などの資格を取得し、仕事の幅を広げる方法もあります。

Q おススメの勉強方法・学習のポイントは？

A 3種は3年で4科目合格が条件ですので、初学者は1年で取得するというより3年計画で、と考える方が、気持ちが楽になります。基本知識をつけるために、電気工事士から取り組む方法もあります。技術系の資格は、**コツコツと計算問題を繰り返し解いて、自分のものにするという忍耐が必要です。**

回答者　上井光裕（資格アドバイザー）

電気通信ネットワークの監督責任者

独立 就職 趣味 評価

電気通信主任技術者

必置

事業用電気通信設備の工事、維持・運用に関する監督をする電気通信主任技術者（伝送交換主任、線路主任）は大規模な電気通信事業者すべてに選任義務がある。資格取得後５年の実務経験者は、建設業法上の「電気通信工事業の主任技術者」として認定される※。

※指導監督（元請４千万以上）の経験２年以上を含む場合は「監理技術者」として認定

講座

受験者数	合格率
6,315人※	30.3%※
受験資格	受験料
なし	29,000円（全科目の場合）

※伝送交換・線路合計数と平均合格率

受験資格	誰でも受験できる
申込期間	第1回：4月上旬～4月下旬 第2回：10月上旬～10月下旬 ※インターネット（https://www.shiken.dekyo.or.jp/）
試験日	**第１回：７月中旬** **第２回：翌年１月下旬**
受験料	1科目　：**17,300円**　　2科目：**18,000円** 全科目：**18,700円**　全科目免除：**9,500円**
試験地	札幌、仙台、さいたま、東京、横浜、新潟、長野、金沢、名古屋、大阪、広島、高松、福岡、熊本、沖縄（西原町）
試験内容	資格は【伝送交換主任技術者】【線路主任技術者】の2種類に区分され、以下の科目について、マークシート方式による択一式試験が行われる（科目合格制） ①電気通信工学の基礎 ②電気通信システムの大要 ③伝送交換設備の概要ならびに当該設備の設備管理およびセキュリティ管理、ソフトウェア管理 ④線路設備の概要ならびに当該設備の設備管理およびセキュリティ管理 ⑤電気通信事業法およびこれに基づく命令 ⑥有線電気通信法およびこれに基づく命令 ⑦電波法およびこれに基づく命令 ⑧不正アクセス行為の禁止などに関する法律ならびに電子署名および認証業務に関する法律およびこれに基づく命令 ⑨国際電気通信連合憲章および国際電気通信連合条約の大要 【伝送交換主任技術者】①～③⑤～⑨ 【線路主任技術者】①②④～⑨ ※詳しくはホームページ参照

一般財団法人 日本データ通信協会 電気通信国家試験センター
〒170-8585 東京都豊島区巣鴨2-11-1 巣鴨室町ビル6F
TEL03(5907)6556　URL=https://www.shiken.dekyo.or.jp/

電気工事の施工に関するプロ

独立 就職 趣味 評価

電気工事施工管理技士

近年の建設工事は、技術面でも非常な速度で高度化・専門化しており、電気工事従事者も、より高度で多様な技術が求められている。電気工事の工程管理、安全管理、品質管理などを行うこの資格は、建設業者が一定規模以上の工事を請け負うためには必要不可欠。

公式テキスト

講座

受験者数	合格率
16,265人※	40.6%※
受検資格	受検料
実務経験など	13,200円※

※1級第一次検定の場合

受検資格	学歴・資格に応じた以下の所定の実務経験者。（　）内は指定学科（電気工学、土木工学、都市工学、機械工学などに関する学科）以外の卒業者の場合【２級】①大学卒業者は１年（１年６カ月）以上　②短大・高専卒業者は２年（３年）以上　③高校卒業者は３年（４年６カ月）以上　④その他の者は８年以上　⑤電気工事士等の資格を有する者　ほか ※17歳以上なら誰でも第一次検定のみ受検できる。 【1級】下記の年数には指導監督的実務経験年数を1年以上含むこと ①大学卒業者は3年（4年6カ月）以上　②短大・高専卒業者は5年（7年6カ月）以上　③高校卒業者は10年（11年6カ月）以上　④その他の者は15年以上　⑤2級電気工事施工管理技術検定合格後5年以上　⑥第一種電気工事士免状の交付を受けた者　ほか ※2級電気工事施工管理技術検定の第二次検定合格者であれば、誰でも第一次検定のみ受検できる ※学歴・資格に応じた受検資格の詳細はホームページ参照
申込期間	【2級】〔第一次・第二次〕6月下旬～7月下旬　〔第一次のみ〕前期：2月上旬～3月上旬　後期：6月下旬～7月下旬　〔第二次のみ〕6月下旬～7月下旬 【1級】2月下旬～3月上旬
試験日	【2級】〔第一次・第二次〕〔第二次のみ〕11月の第4日曜日　〔第一次のみ〕前期：6月の第2日曜日　後期：11月の第4日曜日 【1級】〔第一次〕7月の第2日曜日　〔第二次〕10月の第3日曜日
申込方法	申込用紙および受験の手引を購入して申し込む。場合によりインターネットでの申し込みも可能
受検料	【2級】〔第一次・第二次〕13,200円 〔第一次のみ〕〔第二次のみ〕各6,600円 【1級】〔第一次〕13,200円〔第二次〕13,200円
試験地	【2級】〔第一次・第二次〕〔第一次のみ（後期）〕札幌、青森、仙台、東京、新潟、金沢、名古屋、大阪、広島、高松、福岡、鹿児島、沖縄【2級】〔第一次のみ（前期）〕【1級】札幌、仙台、東京、新潟、名古屋、大阪、広島、高松、福岡、沖縄
受験者数 合格率	【2級第一次】12,587人、47.4%　【2級第二次】6,543人、43.0% 【1級第一次】16,265人、40.6%　【1級第二次】8,535人、53.0%
試験内容	〔第一次〕電気工学等、施工管理法、法規　〔第二次〕施工管理法

一般財団法人 建設業振興基金 試験研修本部
〒105-0001 東京都港区虎ノ門4-2-12 虎ノ門4丁目 MTビル2号館
TEL03(5473)1581　URL=https://www.fcip-shiken.jp/

⚡ 情報通信網の端末設備工事を行う

電気通信設備工事担任者

国家
業務独占

電気通信サービスはアナログ電話からブロードバンドサービスへと急速に変化し、端末設備はIP電話機やIP-PBXなど高機能化・多様化が進んでいる。情報通信インフラ技術に強い工事担任者はIP時代に不可欠なスペシャリストとして活躍が期待される。

受験者数	合格率
9,238人※	29.2%※
受験資格	**受験料**
なし	8,700円

※全種合計数と平均合格率

受験資格	誰でも受験できる
試験日	**第1回：5月中旬** **第2回：11月下旬** **通年実施　CBT方式による試験**
受験料	**14,600円**（全科目免除9,400円） CBT方式による試験：**9,800円**（全科目免除6,300円）
試験地	札幌、さいたま、東京、横浜、新潟、名古屋、大阪、福岡など全国14カ所（予定）
試験内容	電話・ISDNの工事に関するAI試験とブロードバンド等のデジタル回線工事に関するDD試験に分かれ、以下の科目で行われる ①電気通信技術の基礎（電気回路や伝送理論など通信の基礎） ②端末設備の接続のための技術と理論（通信のしくみや接続工事の手順、IP技術、情報セキュリティ） ③端末設備の接続に関する法規（工事に関する法令・規則、不正アクセス行為の禁止などに関する法律） 各種の工事範囲は以下のとおり 【第1級アナログ通信】すべてのアナログ電話回線・ISDN回線の接続工事ができる 【第2級アナログ通信】端末設備に収容される外線がアナログは1回線、ISDNは基本インターフェイス1回線の接続工事ができる（CBT方式による試験） 【第1級デジタル通信】デジタルデータ回線のすべてについて接続工事ができる 【第2級デジタル通信】デジタルデータ回線に接続する主として1ギガビット／秒以下のインターネット接続に限る工事ができる（CBT方式による試験） 【総合通信】第1級アナログ通信と第1級デジタル通信の対象となるすべての接続工事ができる ※一定の資格取得または実務経歴により免除される科目がある（要申請） ※日本データ通信協会が実施する養成講座（eLPIT）を受講し修了試験に合格することでも資格取得の申請ができる ※詳しくはホームページ参照

一般財団法人 日本データ通信協会 電気通信国家試験センター
〒170-8585 東京都豊島区巣鴨2-11-1 巣鴨室町ビル6F
TEL03(5907)6556　　URL=https://www.shiken.dekyo.or.jp/

世界中に仲間の輪が広がる

独立 就職 趣味 評価

アマチュア無線技士

国内はもちろん、海を越え、国境を越え、世界中の人々と交信できるアマチュア無線の楽しさは尽きることがない。趣味とはいえ国家資格を取得しなければならないが、年齢や学歴を問わず誰でも受験でき、点字受験も可能。いつの時代でもマニアには人気が高い。

受験者数	合格率
623人※	51.7%※
受験資格	受験料
なし	7,800円※

※2級の場合

受験資格	誰でも受験できる
申込期間	【4・3級】常時受付 【2・1級】試験月の前々月の1日～20日
試験日	【4・3級】**連日実施**（試験地による） 【2・1級】**年3回：4月　8月　12月**
受験料	【4級】**5,100円** 【3級】**5,400円** 【2級】**7,800円** 【1級】**9,600円**　（別途、振込手数料負担）
試験地	【4・3級】全国300カ所以上 【2・1級】札幌、仙台、東京、長野、金沢、名古屋、大阪、広島、松山、熊本、那覇
合格率	【4級】76.4% 【3級】76.6% 【2級】51.7% 【1級】24.8%
試験内容	【4・3級】①無線工学　②法規（試験はコンピュータ利用試験方式） 【2・1級】①無線工学　②法規（試験はマークシート方式） 各級の操作範囲は以下のとおり 【4級】 アマチュア無線局の空中線電力10W以下の無線設備で、21MHz以上30MHzまで、または8MHz以下の周波数の電波を使うもの、および20W以下の無線設備で、30MHzを超える周波数の電波を使うものの操作（モールス符号による通信操作を除く） 【3級】 アマチュア無線局の空中線電力50W以下の無線設備で、18MHz以上または8MHz以下の周波数の電波を使用するものの操作 【2級】アマチュア無線局の空中線電力200W以下の無線設備の操作 【1級】アマチュア無線局の無線設備の操作

問い合わせ先

公益財団法人 日本無線協会
〒104-0053 東京都中央区晴海3-3-3
TEL03(3533)6022　URL=https://www.nichimu.or.jp

総合無線通信士

電波法の規定に基づいて行われる無線従事者国家試験のうちの総合無線通信士は3～1級に分かれている。なかでも1級総合無線通信士は、通信操作についてオールマイティで、従事できる職域も幅広いが、試験の難易度もかなり高い国家資格である。

受験者数	合格率
212人※	6.6%※
受験資格	受験料
なし	21,200円※

※1級の場合

受験資格	誰でも受験できる
申込期間	試験月の前々月の1日～20日
試験日	**年2回：9月　翌年3月**
受験料	【3級】**13,600円** 【2級】**18,800円** 【1級】**21,200円**（別途、振込手数料負担）
試験地	札幌、仙台、東京、名古屋、大阪、広島、熊本、那覇
合格率	【3級】1.7%　【2級】5.3%　【1級】6.6%
試験内容	試験は電気通信術を除いて、多肢選択、マークシート式 ①無線工学の基礎　②無線工学A　③無線工学B ④法規　⑤英語　⑥地理（2・1級のみ） ⑦電気通信術　（3級は②、③の代わりに無線工学） 各級の操作範囲は以下のとおり 【3級】 ①漁船に施設する空中線電力250W以下の無線設備 ②船舶に施設する空中線電力250W以下、陸上に開設する海上関係無線局の空中線電力125W以下の無線設備　ほか 【2級】 ①無線設備の国内通信のための通信操作や船舶地球局、航空機局および航空機地球局の無線設備の国際通信のための通信操作 ②船舶に施設する空中線電力500W以下の無線設備や航空機に施設する無線設備、その他放送局を除く250W以下の無線設備　ほか 【1級】 ①無線設備の通信操作 ②船舶および航空機に施設する無線設備の技術操作 ③①、②に掲げる操作以外の操作で、2級陸上無線技術士の操作の範囲に属するもの ※科目合格制度があり、免除期間は3年間である

問い合わせ先
公益財団法人 日本無線協会
〒104-0053 東京都中央区晴海3-3-3
TEL03(3533)6022　URL=https://www.nichimu.or.jp

陸上無線技術士

無線通信の技術・操作に関する資格。放送局や通信事業者の通信システムのほか、官公庁や電力会社などで活躍。

受験者数	合格率	受験資格	受験料
6,095人※	20.7%※	なし	16,500円※

※1級の場合

受験資格	誰でも受験できる
申込期間	試験月の前々月の1日～20日
試験日	**年2回：7月　翌年1月**
受験料	【2級】**13,700円**　【1級】**16,500円**（別途、振込手数料負担）
試験地	札幌、仙台、東京、長野、名古屋、金沢、大阪、広島、松山、三豊、熊本、那覇（試験月、級によって、このほかの都市でも実施）
試験内容	試験は多肢選択、マークシート式 【2・1級】①無線工学の基礎　②無線工学A　③無線工学B　④法規 ※科目合格制度があり、免除期間は3年間

公益財団法人 日本無線協会
〒104-0053 東京都中央区晴海3-3-3
TEL03(3533)6022　　URL＝https://www.nichimu.or.jp

陸上特殊無線技士

国家
業務・必置

情報社会に欠かせない無線設備を操作するための資格。操作範囲によって3～1級、国内電信級の4種がある。

受験者数	合格率	受験資格	受験料
3,924人※	84.2%※	なし	5,600円※

※2級の場合

受験資格	誰でも受験できる
申込期間	【3・2級】常時受付　【1級・国内電信級】試験月の前々月の1日～20日
試験日	【3・2級】**連日実施**（試験地による） 【1級・国内電信級】**年3回：6月　10月　翌年2月**
受験料	【3・2級】　**各5,600円**　【1級】**6,300円** 【国内電信級】**5,500円**（別途、振込手数料負担）
試験地	【3・2級】全国300カ所以上　【1級・国内電信級】札幌、仙台、東京、長野、金沢、名古屋、大阪、広島、松山、熊本、那覇
試験内容	【3・2級】①無線工学　②法規（試験はコンピュータ利用試験方式） 【1級】①無線工学　②法規（試験はマークシート方式） 【国内電信級】①法規（試験はマークシート方式）　②電気通信術

公益財団法人 日本無線協会
〒104-0053 東京都中央区晴海3-3-3
TEL03(3533)6022　　URL＝https://www.nichimu.or.jp

航空無線通信士

航空機局や航空局などで、無線設備の操作を行うための国家資格。取得すれば、航空運送事業用や管制業務用を含むあらゆる航空無線設備の操作ができる。エアラインで航空整備士として働くには必須の資格といえる。

【受験資格】 誰でも受験できる
【試験日】 8月　翌年2月
【受験料】 9,300円（別途、振込手数料負担）
【試験地】 札幌、仙台、東京、長野、金沢、名古屋、大阪、広島、松山、熊本、那覇
【試験科目】
多肢選択式（電気通信術除く）①無線工学　②法規　③英語　④電気通信術
※科目合格制度があり、免除期間は3年間

【問い合わせ先】
公益財団法人 日本無線協会
〒104-0053 東京都中央区晴海3-3-3
TEL03(3533)6022
URL＝https://www.nichimu.or.jp

航空特殊無線技士

自家用航空機などに設置された無線設備、それらとの間の国内通信の操作を行うために必要な資格。自家用操縦士や自家用航空機と通信する空港、航空事業者などの地上職員は取得しなければならない。

【受験資格】 誰でも受験できる
【試験日】 6月　10月　翌年2月
【受験料】 6,400円（別途、振込手数料負担）
【試験地】 札幌、仙台、東京、長野、金沢、名古屋、大阪、広島、松山、熊本、那覇
【試験科目】
多肢選択式（電気通信術除く）
①無線工学
②法規
③電気通信術

【問い合わせ先】
公益財団法人 日本無線協会
〒104-0053 東京都中央区晴海3-3-3
TEL03(3533)6022
URL＝https://www.nichimu.or.jp

海上無線通信士

船舶の安全な運航に向け、無線設備を通信操作するのに必要な国家資格。4～1級に分かれ、級によって扱う無線設備が異なる。

【受験資格】 誰でも受験できる
【試験日】〔4級〕　8月　翌年2月
〔3～1級〕9月　翌年3月
【受験料】〔4級〕7,400円〔3級〕9,600円〔2級〕15,300円〔1級〕17,400円（別途、振込手数料負担）
【試験地】 札幌、仙台、東京、名古屋、大阪、広島、松山、熊本、那覇　ほか
【試験科目】 多肢選択式〔4級〕①無線工学　②法規〔3級〕①無線工学　②法規　③英語　④電気通信術〔2・1級〕①無線工学の基礎　②無線工学B　③無線工学A　④法規　⑤英語　⑥電気通信術
※科目合格制度があり、免除期間は3年間

【問い合わせ先】
公益財団法人 日本無線協会
〒104-0053 東京都中央区晴海3-3-3
TEL03(3533)6022

海上特殊無線技士

船舶職員としてレーダーの取り扱いや、他船との無線交信の際に使用するVHF無線電話装置などを取り扱う技術者。1級は一定レベル以上の英語力が必要。

【受験資格】 誰でも受験できる
【試験日】〔3・2級〕連日実施（試験地による）〔レーダー・1級〕6月　10月　翌年2月
【受験料】
〔レーダー・3・2級〕各5,600円
〔1級〕7,500円（別途、振込手数料負担）
【試験地】〔3・2級〕全国300カ所以上
〔レーダー・1級〕札幌、仙台、東京ほか
【試験科目】 多肢選択式（3・2級はCBT方式）〔レーダー・3・2級〕①無線工学　②法規〔1級〕①無線工学　②法規　③英語　④電気通信術

【問い合わせ先】
公益財団法人 日本無線協会
〒104-0053 東京都中央区晴海3-3-3
TEL03(3533)6022

Chapter 14

安全管理・危険物取扱

衛生管理者

国家
必置

疾病の予防、早期発見といった健康管理、さらに換気や照明の具合などの作業環境や作業内容を各方面からチェックする。労働災害が未然に防げるよう、職場環境を整えることが衛生管理者の使命。第1種は全業種を担当できるが、第2種は特定の業種に限られる。

受験者数	合格率
68,066人※	45.8%※
受験資格	**受験料**
実務経験など	8,800円

※第1種の場合

受験資格	①大学・高専を卒業し、その後労働衛生の実務経験が1年以上の者 ②高等学校等を卒業し、その後労働衛生の実務経験が3年以上の者 ③10年以上の労働衛生の実務経験者　ほか
申込期間	試験センター郵送：試験日の2カ月前～14日前 窓口持参：試験日の2カ月前～2日前
試験日	**毎月1～5回程度** ※各地区安全衛生技術センターによって異なる
願書入手方法	受験申請書は安全衛生技術試験協会、各地区安全衛生技術センターおよび関係機関で配布。郵送希望の場合は返信用封筒（角型2号）に切手を貼り、必要部数をメモ書きし、各センターへ送付（1部は210円切手、2部は250円切手、3～4部は390円切手）
受験料	**8,800円**（非課税）
試験地	全国7カ所の各地区安全衛生技術センター
受験者数 合格率	【第2種】35,199人、51.4% 【第1種】68,066人、45.8%
試験内容	【第2種】 ①労働衛生（有害業務に係るものを除く） ②関係法令（有害業務に係るものを除く） ③労働生理 【第1種】 ①労働衛生（有害業務に係るものおよび有害業務に係るもの以外のもの） ②関係法令（有害業務に係るものおよび有害業務に係るもの以外のもの） ③労働生理 【特例第1種】 第2種衛生管理者免許を受けた者が、第1種免許試験を受験する場合、これに合格し、免許申請すると第1種衛生管理者の免許が得られる ①労働衛生（有害業務に係るものに限る） ②関係法令（有害業務に係るものに限る）

公益財団法人 安全衛生技術試験協会
〒101-0065 東京都千代田区西神田3-8-1 千代田ファーストビル東館9F
TEL03(5275)1088　URL=https://www.exam.or.jp/

資格のQ&A

Q この資格を取るメリットは？

A

労働災害の防止、労働者の安全と健康の確保、快適な職場環境の形成などを目的とし、労働安全衛生法上、**一定以上の規模の事業所に選任が必要な資格です**。全業種を担当できる第1種と、特定の業種に限られる第2種があります。選任を必要としない事業所でも、その知識は大変役に立ちます。総務・労務部門でない人も、この資格を取得することにより評価され、異動することもありますし、現場第一線のフォアマンの人にも役に立つ内容です。

Q この資格取得にかかる費用・期間は？

A

独学の場合、テキスト・問題集代は**5,000円**程度で、約**3カ月**の学習期間です。通信講座を利用すると、最大**6カ月**、**20,000～40,000円**程度の費用がかかります。また、試験回数が多いのも特徴です。

Q 資格取得後に有利な業界はどこですか？

A

ストレスチェックも導入され、ますますこの資格のウエイトは高まっています。取得後は、転職や異動などのキャリアアップに有利になります。特に、**総務・労務部門**が手薄な中小企業では強いニーズがあります。

Q 次のステップとして、取得すべき資格はありますか？

A

衛生管理者は安全業務を兼ねることが多く、**安全管理者**も取得すると幅が広がります。また、衛生関連で専門を極めるなら、**衛生工学衛生管理者**や**労働衛生コンサルタント**などがあります。労務部門全般にスキルを広げるなら社会保険労務士が、最近増加しているメンタル問題に取り組むなら、メンタルヘルス・マネジメント®検定試験がおススメです。

Q おススメの勉強方法・学習のポイントは？

A

合格率は約40～60%と比較的高く、独学、通信とも3カ月あれば、合格ラインに届きます。身近な資格ですから、**職場の衛生管理者から仕事の内容を聞いたり、職場で受験仲間をつくって、教えあって学習することも効果があります**。

回答者　上井光裕（資格アドバイザー）

消防設備士

国家
業務独占

いざ災害というときに、警報器やスプリンクラーが十分機能するように、消防用設備等の工事・整備・点検をするのが消防設備士。試験は甲種が特類と1～5類、乙種が1～7類に分けて実施される。甲種は工事・整備・点検ができ、乙種は整備・点検ができる。

申請者数	合格率
172,573人※	33.6%※
受験資格	**受験料**
なし（乙種の場合）	4,400円（乙種の場合）

※甲・乙種合計数と平均合格率（2022年度）

受験資格	【乙種】誰でも受験できる 【甲種】①大学・短大・高専・高校または中等教育学校で機械、電気、工業化学、土木または建築に関する学科、課程を修めて卒業した者 ②乙種消防設備士免状の交付を受けた後、2年以上消防用設備などの整備の実務経験を有する者　ほか 【甲種特類】 甲種1～3類のうちの1つと、甲種4類と甲種5類の3つの免状の交付を受けている者
申込方法	各都道府県によって異なる インターネットでの申し込み可
試験日	**各都道府県および受験区分によって異なる** 東京都の場合：乙種、甲種の各類とも**2～4カ月に1回程度**
受験料	【乙種】**4,400円**　【甲種】**6,600円**
試験地	各都道府県
試験内容	資格の分類と工事などができる消防用設備等は以下のとおり 【乙種】【甲種】 **〔1類〕**屋内・屋外消火栓設備、スプリンクラー設備、水噴霧消火設備 **〔2類〕**泡消火設備　**〔3類〕**不活性ガス・ハロゲン化物・粉末消火設備 **〔4類〕**自動火災報知設備・ガス漏れ火災警報設備・消防機関へ通報する火災報知設備　**〔5類〕**金属製避難はしご、救助袋、緩降機　**〔6類〕**消火器　**〔7類〕**漏電火災警報器（6類、7類は乙種のみ） 【甲種特類】特殊消防用設備等 **〈学科〉**①消防関係法令　②機械、電気に関する基礎的知識（甲種特類は除く）　③試験区分の消防用設備等の構造・機能・整備の方法（甲種特類は除く、甲種は構造・機能・工事・整備の方法）に関する4肢択一式試験　④工事整備対象設備などの構造・機能・工事・整備の方法、性能に関する火災および防火に係る知識（甲種特類のみ） **〈実技〉**【乙種】【甲種】（甲種特類は除く） ①写真・イラスト・図面などによる記述式試験（鑑別など） ②製図（甲種のみ）

問い合わせ先
一般財団法人 消防試験研究センター各支部　東京都の場合：中央試験センター
〒151-0072 東京都渋谷区幡ケ谷1-13-20
TEL03(3460)7798　　URL=https://www.shoubo-shiken.or.jp/

作業環境の安全性を確認する　独立 就職 趣味 評価

作業環境測定士

作業環境測定のデザイン・サンプリング、分析のすべてを行える第1種作業環境測定士と、デザイン・サンプリングと簡易測定器による分析業務だけができる第2種作業環境測定士がある。なお、第1種作業環境測定士は測定作業場の区分により5区分に分かれる。

公式テキスト　独学　講座　通信　登録必要

受験者数	合格率
1,026人※	55.9%※
受験資格	受験料
実務経験など	10,600円※

※第1種の場合

受験資格	①大学または高等専門学校の理科系課程の卒業者で、労働衛生の実務経験1年以上。理科系以外の卒業者は、実務経験3年以上　②高等学校または中等教育学校の理科系課程の卒業者で、実務経験3年以上。理科系以外の卒業者は、実務経験5年以上　③実務経験8年以上　ほか
申込期間	【第2種】5～6月　11～12月 【第1種】5～6月
試験日	【第2種】**8月下旬　翌年2月中旬**　【第1種】**8月下旬**
願書入手方法	受験申請書は安全衛生技術試験協会、各地区安全衛生技術センターおよび関係機関で配布。郵送希望の場合は返信用封筒（角型2号）に切手を貼り、必要部数をメモ書きし、各センターへ送付（1部は140円切手、2～3部は250円切手、4～6部は390円切手）
受験料	【第2種】**11,800円** 【第1種】**10,600～27,100円**（科目数により異なる。非課税）
試験地	全国7カ所の各地区安全衛生技術センターと東京都内の会場
受験者数 合格率	【第2種】1,384人、42.0%（令和4年度の合計） 【第1種】1,026人、55.9%
試験内容	【第2種】学科（五肢択一式） ①労働衛生一般　②労働衛生関係法令 ③デザイン・サンプリング　④分析に関する概論 【第1種】学科（五肢択一式） 第2種と同じ4科目のほか、次にあげる測定対象の作業場の作業環境について行う分析の技術（1科目以上を受験者が選択） ①有機溶剤　②鉱物性粉じん　③特定化学物質 ④金属類　⑤放射性物質 ※第1種受験で、選択科目が不合格になり共通科目のみ合格した場合は第2種合格とみなされる。第2種・第1種とも、試験合格者は登録講習機関の行う講習を修了し登録申請を行わなければ作業環境測定士になれない

問い合わせ先
公益財団法人 安全衛生技術試験協会
〒101-0065 東京都千代田区西神田3-8-1 千代田ファーストビル東館9F
TEL03(5275)1088　URL=https://www.exam.or.jp/

労働安全コンサルタント

企業や事業所の依頼を受け、現在の状況を診断し適切な指導を行うのが労働安全コンサルタント。設備の大型化や技術の進歩にともない、労働災害の原因も多様化しているため、常に時代に即応した専門的な知識や情報を把握していなければならない。

公式テキスト　独学　講座　通信　登録必要

受験者数	合格率
1,372人※	17.3%※
受験資格	受験料
実務経験 or 他資格	24,700円

※筆記の場合

受験資格	①大学で理科系課程を卒業し、安全の実務経験5年以上の者 ②短大等・高専で理科系課程を卒業（修了）し、安全の実務経験7年以上の者 ③高校等で理科系課程を卒業し、安全の実務経験10年以上の者 ④安全管理者として10年以上その職務に従事した者 ⑤技術士試験合格者、第1種電気主任技術者の免状交付を受けた者、1級土木施工管理技術検定、1級建築施工管理技術検定に合格した者、1級建築士の免許を受けることができる者 ⑥厚生労働大臣の登録を受けた者が行う安全に関する講習を修了し、安全の実務経験15年以上の者　ほか
申込期間	〔筆記〕7月上旬～8月上旬　〔口述〕11月上旬～中旬
試験日	**〔筆記〕10月中旬　〔口述〕翌年1月中旬～2月上旬の指定する日時**
願書入手方法	受験申請書は安全衛生技術試験協会、各地区安全衛生技術センターおよび関係機関で配布。郵送希望の場合は返信用封筒（角型2号）に切手を貼り、必要部数をメモ書きし、各センターへ送付（1部は210円切手、2部は250円切手、3～5部は390円切手）
受験料	**24,700円**（非課税）
試験地	〔筆記〕北海道、宮城県、東京都、愛知県、兵庫県、広島県、福岡県 〔口述〕大阪府、東京都
試験内容	試験は〈機械〉〈電気〉〈化学〉〈土木〉〈建築〉の各区分ごとに行う 〔筆記〕択一式と記述式 ①産業安全一般 ②産業安全関係法令：労働安全衛生法およびこれに基づく命令のうち産業安全にかかるもの ③専門科目：機械・電気・化学・土木・建築のうち1区分を選択 〔口述〕筆記試験の合格者および筆記試験全部の免除者に対して行う ①産業安全一般 ②専門科目：機械・電気・化学・土木・建築のうち1区分を選択

公益財団法人 安全衛生技術試験協会
〒101-0065 東京都千代田区西神田3-8-1 千代田ファーストビル東館9F
TEL03(5275)1088　URL=https://www.exam.or.jp/

職場の衛生全般を指導・診断する

独立 就職 趣味 評価

労働衛生コンサルタント

名称独占

粉じんや有毒物質などの作業現場の衛生指導だけではなく、ストレスや過労によって引き起こされる「心」の問題の解決まで、かかわる範囲は広い。また、一段と進むOA化による新しい職業病も増え、有資格者の重要性は高まっている。

登録必要

受験者数	合格率
749人※	42.5%※
受験資格	**受験料**
実務経験 or 他資格	24,700円

※筆記の場合

受験資格	①大学で理科系課程を卒業し、衛生の実務経験5年以上の者 ②短大等・高専で理科系課程を卒業（修了）し、衛生の実務経験7年以上の者 ③高校等で理科系の課程を卒業し、衛生の実務経験10年以上の者 ④医師・歯科医師の国家試験合格者、薬剤師、保健師として10年以上の経験者、技術士試験合格者、1級建築士の免許を受けることができる者 ⑤衛生工学衛生管理者免許を受け、衛生管理者として選任され、衛生工学に関する管理の業務経験3年以上の者　ほか ⑥作業環境測定士の登録を受け、その後3年以上の業務に従事した者 ※厚生労働省令で定める有資格者が受験する場合、筆記の一部または全部を免除される
申込期間	〔筆記〕7月上旬～8月上旬　〔口述〕11月上旬～中旬
試験日	**〔筆記〕10月中旬　〔口述〕翌年1月中旬～2月上旬の指定する日時**
願書入手方法	受験申請書は安全衛生技術試験協会、各地区安全衛生技術センターおよび関係機関で配布。郵送希望の場合は返信用封筒（角型2号）に切手を貼り、必要部数をメモ書きし、各センターへ送付（1部は210円切手、2部は250円切手、3～5部は390円切手）
試験地	〔筆記〕北海道、宮城県、東京都、愛知県、兵庫県、広島県、福岡県 〔口述〕大阪府、東京都
受験料	**24,700円**（非課税）
試験内容	試験は〈保健衛生〉〈労働衛生工学〉の2区分ごとに行う 〔筆記〕択一式と記述式 ①労働衛生一般　②労働衛生関係法令：労働安全衛生法、作業環境測定法、じん肺法ならびにこれらに基づく命令のうち労働衛生にかかるもの ③専門科目：健康管理・労働衛生工学から1区分を選択 〔口述〕筆記試験の合格者および筆記試験全部の免除者に対して行う ①労働衛生一般 ②専門科目：健康管理・労働衛生工学から1区分を選択

問い合わせ先
公益財団法人 安全衛生技術試験協会
〒101-0065 東京都千代田区西神田3-8-1 千代田ファーストビル東館9F
TEL03(5275)1088　URL=https://www.exam.or.jp/

建築物環境衛生管理技術者

全国各地にビルが建ち並び、建築物の維持管理は重要な課題となっている。給水や空調設備のチェック、廃棄物の処理や衛生面の管理など業務範囲は広い。資格を取得するには国家試験に合格する方法と、厚生労働大臣登録講習会を修了する方法の2通りがある。

受験者数	合格率
8,232人	21.9%
受験資格	**受験料**
実務経験	13,900円

受験資格	次の用途に供されている建築物の当該用途部分において、環境衛生上の維持管理に関する実務に業として2年以上従事した者 ①興行場、百貨店、集会場、図書館、博物館、美術館、遊技場 ②店舗、事務所 ③学校（研修所を含む） ④旅館、ホテル　ほか ※環境衛生上の維持管理に関する実務とは、以下のことをいう ①空気調和設備管理　②給水、給湯設備管理　③排水設備管理 ④ボイラ設備管理　⑤電気設備管理（変電、配電等のみの業務を除く） ⑥清掃および廃棄物処理　⑦ねずみ、昆虫等の防除　ほか ただし「設備管理」とは、設備についての運転、保守、環境測定および評価等を行う業務（修理専業などは含まない）をいう
申込期間	5月上旬～6月中旬（願書配布と受付）
試験日	**10月の第1日曜日**
受験料	**13,900円**
試験地	札幌市、仙台市、東京都、名古屋市、大阪市、福岡市
試験内容	学科試験のみで、マークシート方式による五肢択一式問題 ①建築物衛生行政概論 ②建築物の構造概論 ③建築物の環境衛生 ④空気環境の調整 ⑤給水及び排水の管理 ⑥清掃　⑦ねずみ、昆虫等の防除 ※登録講習会による資格取得の方法に関しては、下記問い合わせ先の教務課に資料を請求すること

問い合わせ先
公益財団法人 日本建築衛生管理教育センター 教務課（登録講習会） TEL03(3214)4624
国家試験課（国家試験） TEL03(3214)4620
〒100-0004 東京都千代田区大手町1-6-1 大手町ビル7F 743区　URL=https://www.jahmec.or.jp

廃棄物の適正処理を推進　独立 就職 趣味 評価

廃棄物処理施設技術管理者

必置

廃棄物は、家庭から排出される一般ゴミから産業廃棄物までさまざま。廃棄物問題が多様化するなか、廃棄物処理施設はますます重要な役割を担うことになってきた。この施設が適正に維持管理されるように監督する廃棄物処理施設技術管理者の職責は大きい。

受験対策
講習＋修了試験合格

受講必要

受講者数	合格率
約2,000人	約85%
受講資格	受講料
年齢 or 実務経験	121,000円※

※基礎・管理課程、ごみ処理施設コース等の場合

取得方法	技術士など一定の資格所持や実務経験、または日本環境衛生センターの実施する講習を修了することで取得できる。以下は会場受講の場合 ①廃棄物処理施設技術管理者講習【管理課程】（4日間）を修了し、試験に合格する ②①の受講資格に該当する経験年数が不足している場合は、廃棄物処理施設技術管理者講習【基礎・管理課程】（10日間または8日間）を修了し、試験に合格する
受講資格	【基礎・管理課程】18歳以上であれば、誰でも受講できる 【管理課程】廃棄物処理に関する技術上の実務に従事した経験が、学歴および保持する資格により0～10年以上必要
申込期間	【基礎・管理課程】原則開催日の10日前まで 【管理課程】原則開催日の14日前まで
講習日	**随時**（①と③と④のコースについて、E-ラーニングも開講中）
受講料 ※会場受講の場合	【基礎・管理課程】**121,000円**（税別）（①②④～⑥コース） **103,400円**（税別）（③⑦コース） 【管理課程】**66,000円**（税別）（①～⑦コース）
開講地	全国主要都市（①～⑦の各コースによって異なる）
講習内容	次の7コースに分かれており、講習に全日程出席し、最終日に行われる能力認定試験に合格すると日本環境衛生センター認定の「技術管理士」の資格が付与される ①ごみ処理施設コース　②し尿・汚泥再生処理施設コース ③破砕・リサイクル施設コース　④産業廃棄物中間処理施設コース ⑤産業廃棄物焼却施設コース　⑥最終処分場コース ⑦有機性廃棄物資源化施設（バイオマス利活用関連施設）コース 【基礎・管理課程】講義内容はコースごとに異なる 1.廃棄物概論　2.廃棄物処理施設の構造と維持管理 3.安全対策と安全衛生管理　4.測定・分析の実際 【管理課程】講義内容はコースごとに異なる 1.廃棄物処理法と関係法規　2.管理監督の理論と実際 3.廃棄物処理技術特論　4.施設の運営管理 5.施設整備の計画と実際　6.処理機能の維持と評価

問い合わせ先

一般財団法人 日本環境衛生センター 研修事業部研修事業課
〒210-0828 神奈川県川崎市川崎区四谷上町10-6
TEL044(288)4919　URL=https://www.jesc.or.jp/

下水道管理技術認定試験／下水道技術検定

公的

下水道管理技術認定試験は、管路施設の維持管理業務に従事する者の技術力の向上を図ることを目的としている。管路施設の維持管理において、一定水準以上の技術力を有しているかを認定する。また、下水道技術検定は、有資格者の早期確保等を目的に創設された。

受験者数	合格率
1,492人※	38.9%※
受験資格	受験料
なし	9,200円※

※下水道管理技術認定の場合

受験資格	誰でも受験できる
願書入手方法	申込期間内にインターネット申込。または受験申込書をダウンロードして郵送
申込期間	6月17日～7月10日
試験日	**年1回：11月10日（日）**
受験料	【下水道管理技術認定試験】【下水道技術検定】**〔第3・2種〕各9,200円** 【下水道技術検定】**〔第1種〕12,300円**（各税込）
試験地	札幌、仙台、新潟、東京、名古屋、大阪、広島、高松、福岡、那覇（都合により、上記10都市の周辺に設ける場合もある）
試験内容	【下水道管理技術認定試験】 下水道管理技術認定試験は、管路施設の維持管理を適切に行うために必要とされる技術が対象となる **〔学科〕**多肢選択式試験 ①工場排水：工場および事業場からの排水、ならびに排水が下水道に与える影響に関する一般的な知識 ②維持管理：管路施設の維持管理、その他の管理に必要な知識 ③安全管理：管路施設の安全管理に関する一般的な知識 ④法規：下水道関連法規に関する一般的な知識 【下水道技術検定】 **〔第3種技術検定〕**下水道（処理施設、ポンプ施設）の維持管理を行うために必要とされる技術が対象となる ①下水処理　②工場排水　③運転管理　④安全管理　⑤法規 **〔第2種技術検定〕**下水道の実施設計および下水道の設置又は改築の工事の監督管理を行うために必要とされる技術が対象となる ①下水道設計　②施工管理法　③下水処理　④法規 **〔第1種技術検定〕**※学科は第1種のみ試験方法が多肢選択と記述方式 下水道の計画設計を行うために必要とされる技術が対象となる ①下水道計画　②下水道設計　③施工管理法　④下水処理　⑤法規

問い合わせ先
地方共同法人 日本下水道事業団 研修センター 管理課 検定担当
〒335-0037 埼玉県戸田市下笹目5141
TEL048(421)2076　URL=https://www.jswa.go.jp

地下タンク等の漏れの点検を行う　独立 就職 趣味 評価

地下タンク等定期点検技術者

民間

危険物施設の定期的な点検は、法令で義務づけられており、地下タンクおよび地下配管についての具体的な点検方法は、告示で定められている。地下タンク等定期点検技術者の講習では、地下タンク等の定期点検のうち、漏れの点検を行うための知識と技能を習得する。

受験対策
講習＋修了試験合格
受講必要
オンライン

受講者数	合格率
非公開	非公開
受講資格	受講料
なし	36,000円

受講資格	誰でも受講できる
申込期間	対面講習（講習会場に集合して実施）：開講日の１カ月～２週間前 オンライン講習（オンデマンド方式による動画視聴）：開催月の２カ月前の１カ月間 ※４月頃、一般財団法人全国危険物安全協会のホームページに申込期間等を掲載予定
講習日	**対面講習１１月中の２日間** **オンライン講習９月～１１月および２月の各１カ月間で任意の時間**
申込方法	インターネットによる申込み
受講料	**36,000円**（テキスト代含む。税別）
開講地	対面講習：東京 オンライン講習：自宅等でパソコン、スマートフォン等により実施
講習内容	①危険物法令（危険物規制の体系、定期点検制度） ②危険物の概要（危険物の性質、火災予防および消火方法） ③危険物施設の概要（地下タンクの位置・構造・設備の基準、変遷、事故事例、流出事故の実態） ④基礎物理学（気体液体の一般法則、圧力に関する知識） ⑤点検実施要領（点検の原理、点検器具、点検要領、判定方法、安全管理） ⑥実習（器具を用いた点検実習、データ解析・報告書の作成） ⑦修了考査 ※甲種危険物取扱者または乙種第４類危険物取扱者免状の交付を受けている者が受講を希望する場合、講習科目の①、②は免除されるが、修了考査は受けなければならない また、修了考査で不合格となった場合、対面講習では受講年度の指定する期間内、オンライン講習では受講期間内に再考査を１回受験できる ※全国危険物安全協会では、危険物を移送するタンクローリーの点検技術者である「移動貯蔵タンク定期点検技術者」講習も実施している

問い合わせ先
一般財団法人 全国危険物安全協会
〒105-0021 東京都港区東新橋1-1-19 ヤクルト本社ビル15F
TEL03(5962)8923　URL=https://www.zenkikyo.or.jp/

消防設備点検資格者

国家

劇場、ホテル、事務所ビル、工場などの建物では、火災時に消防用設備等が正しく機能するよう定期的に点検し、消防機関へ報告することが義務づけられている。そうした設備の定期点検に、専門的知識と技術を備えた消防設備点検資格者が果たす役割は大きい。

受験対策
講習＋修了試験合格

受講必要

受講者数	合格率
6,394人※	97.1%※
受講資格	**受講料**
他資格など	32,300円

※全種合計数と平均合格率

取得方法	消防庁長官の登録講習機関である日本消防設備安全センターが各都道府県で実施する講習を受講し、修了考査に合格しなければならない
受講資格	①甲種・乙種消防設備士　②第２種・第１種電気工事士 ③２級・１級管工事施工管理技士　④水道布設工事監督者有資格者 ⑤建築物調査員、建築設備等検査員　⑥一級・二級建築士 ⑦技術士（関係部門の２次試験合格者） ⑧第２種・第１種・第３種電気主任技術者　ほか
講習日	【第１・第２・特種】**各3日間**（各都道府県単位で行われる）
受講料	【第１・第２・特種】**各34,300円**（講習科目の免除時間数により32,200円となる。払込手数料は受講者負担）
開講地	各都道府県庁所在地
講習内容	点検できる消防用設備などの種類により第1種、第2種、特種に分けられる 【第１種】①火災予防概論　②消防法規　③消防用設備などおよび特殊消防用設備などの点検制度　④建築基準法規　⑤消火器具、非常電源、配線、屋内消火栓設備、スプリンクラー設備、水噴霧消火設備、泡消火設備、屋外消火栓設備、連結散水設備、連結送水管、パッケージ型消火設備、パッケージ型自動消火設備、不活性ガス消火設備、ハロゲン化物消火設備、粉末消火設備、動力消防ポンプ設備、消防用水および総合操作盤の技術基準と点検要領　⑥修了考査 【第２種】①～④【第１種】①～④と同じ　⑤避難器具、排煙設備、非常電源、配線、漏電火災警報器、誘導灯、誘導標識、非常コンセント設備、無線通信補助設備、自動火災報知設備、ガス漏れ火災警報設備、消防機関へ通報する火災報知設備、非常警報器具、非常警報設備および総合操作盤の技術基準と点検要領　⑥修了考査 【特種】①～④【第１種】①～④と同じ　⑤消防用設備など概論　⑥特殊消防用設備など概論　⑦必要とされる防火安全性能を有する消防の用に供する設備など　⑧設備など設置維持計画　⑨電子工学に関する基礎的知識　⑩電気通信に関する基礎的知識　⑪修了考査 ※5年ごとの再講習受講が義務づけられている

一般財団法人 日本消防設備安全センター 業務部講習課
〒105-0003 東京都港区西新橋3-7-1 ランディック第2新橋ビル3階
TEL03(5422)1593　URL=http://www.fesc.or.jp/

変化し続ける防火管理のあり方や法規制に対応　独立　就職　趣味　評価

防火対象物点検資格者

国家資格である防火対象物点検資格者は消防法令や火災予防などの専門的知識を身につけ、劇場や飲食店などの建物の実態や防火管理について総合的に点検する。建物の用途は多様化し、火災も複雑化している現在、惨事を未然に防ぐための重要な役割を果たす。

受験対策
講習＋修了試験合格

受講必要

受講者数	合格率
1,096人	95.0%
受講資格	**受講料**
他資格など	40,300円

取得方法	総務大臣の登録講習機関である日本消防設備安全センターが全国主要都市で実施する講習を受講し、修了考査に合格しなければならない
受講資格	以下のいずれかに該当する者 ①消防設備士または消防設備点検資格者で、3年以上の実務経験を有する者 ②防火管理者として選任された者で、3年以上の実務経験を有する者 ③甲種または乙種防火管理者講習の課程を修了した者で、防火管理上必要な業務について5年以上の実務経験を有する者 ④建築設備検査員で、5年以上の実務経験を有する者 ⑤一級または二級建築士で、5年以上の実務経験を有する者 ⑥建築設備士で、5年以上の実務経験を有する者　ほか
講習日	**4日間**
受講料	**40,300円**（講習科目の免除時間数により38,100円、32,600円となる。振込手数料は受講者負担）
開講地	全国主要都市
講習内容	①防火管理の意義および制度 ②火気管理 ③施設および設備の維持管理 ④防火管理に係る訓練および教育 ⑤防火管理に係る消防計画 ⑥消防用設備など技術基準 ⑦防火対象物の点検要領 ⑧修了考査 ※防火対象物の用途の多様化により火災の危険も複雑化していることから、防火管理に対する法規制などは逐次改正されている。防火対象物点検資格者には、これらの改正に対応した最新知識が求められ、5年ごとの再講習受講が義務づけられている ※自衛消防業務講習（火災・地震などの守りの要）についても、下記問い合わせ先へ

問い合わせ先
一般財団法人 日本消防設備安全センター 業務部講習課
〒105-0003 東京都港区西新橋3-7-1ランディック第2新橋ビル3階
TEL03(5422)1593　URL=http://www.fesc.or.jp/

自衛消防技術試験

東京都が、条例で定める建物や事業所で自衛消防業務に従事する人の能力を認定する試験。一定規模以上の防火対象物には、認定証を有する自衛消防活動の中核となる要員や、防災センターにおいて監視、操作などの業務に従事する者の設置が義務づけられている。

受験者数	合格率
5,914人	70.7%
受験資格	受験料
なし	5,400円

受験資格	誰でも受験できる
申込期間	各試験日の5日前まで（ただし、定員になり次第締め切る）
試験日	**毎月平均4回**
申込方法	受験願書に必要事項を記入し、写真1枚と受験料を添えて、都内（稲城市および島しょ地域を除く）の各消防署、消防分署、消防出張所に直接申し込む 電子申請は、東京消防庁ホームページを確認
受験料	**5,400円**
試験地	東京都（千代田区、立川市）
試験内容	**〔筆記〕** 4肢択一、1時間15分 ①火災及び地震に関する基礎的な知識（10問） 燃焼・消火・火災現象（燃焼・消火の原理、火災の性状　ほか）、防火対象物の防火防災対策（建築法令などで定める防火上・避難上必要な構造　ほか） ②自衛消防業務に関する実務（10問） 出火の防止（火気管理　ほか）、自衛消防活動（避難誘導　ほか）、消防用設備などの維持管理に関する基礎知識と取扱要領（消火器　ほか）、防火と避難施設の維持管理に関する基礎知識と当該施設などの取扱要領（防火区画、防火戸　ほか） ③消防関係法令（5問） 防火・防災管理、危険物、消防用設備などの設置、応急消火義務者、震災対策などの法令基準 **〔実技〕** ①集合方式（記述3問、15分） 災害発生時の自衛消防活動要領（火災、地震　ほか）、消火設備、警報設備、避難設備などの維持管理と取り扱い（消火器、屋内消火栓設備、避難器具、誘導灯　ほか）、応急救護要領（AED、三角巾の取扱要領　ほか） ②個別方式（2問、約5分） 消火設備、警報設備、避難設備などの取り扱いと作動時の対応要領など（消火器、屋内消火栓設備、スプリンクラー設備、自動火災報知設備、非常警報設備、避難器具）、応急救護要領（AED　ほか）

問い合わせ先
東京消防庁 消防技術試験講習場
〒101-0021 東京都千代田区外神田4-14-4
TEL03(3255)2945　URL=https://www.tfd.metro.tokyo.jp

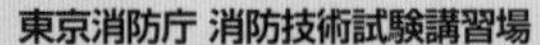

独立 就職 趣味 評価

防 災 士

民間

防災士制度は22年目を迎え、28万人以上が認証されている。防災士は地域と職場の防災リーダーであり、平常時から災害時まで、被害の拡大を軽減するためさまざまな活動を展開。近年、防災・危機意識の高まりから、職業を問わず資格取得の機運が高まっている。

受講者数	合格率
約30,000人	約92%
受講資格	受講料
なし	55,800円※

※防災士研修センターの場合

取得方法	以下の条件を満たしたうえで、日本防災士機構の認証登録を受ける ①日本防災士機構が認証した研修機関による養成研修を受け「履修証明」を取得　②日本防災士機構が実施する資格取得試験に合格　③全国の消防署などが主催する「救急救命講習」を受け、修了書を取得
受講資格	誰でも受講できる
申込期間	防災士研修センター等、各研修機関に問い合わせる
講習日	**防災士研修センター等、各研修機関に問い合わせる**
受講料	**〔受講料〕55,800円**（防災士研修センターの場合。税込） **〔受験料〕3,000円　〔登録料〕5,000円**（各税込）　※受験料・登録料は受講料に含まれる場合もあるので、各研修機関に問い合わせる
開講地	防災士研修センター等、各研修機関に問い合わせる
講習内容	1講座あたり60分以上の研修を12講座以上受講（その他レポート等を実施） ①災害発生の仕組み：地震、津波、風水害、高潮、竜巻、雷・豪雪、土砂災害、火山噴火、火砕流、溶岩流、住宅火災、ビル火災、震災火災、近年の自然災害のまとめと教訓 ②災害に関する情報：気象予報、注意報・警報・特別警報、土砂災害警戒情報、５段階の警戒レベル、高齢者等避難、避難指示、安否情報、被害情報の発信・伝達・収集、災害報道、インターネット・SNSの活用、流言、風評被害、ハザードマップの種類と活用 ③公的機関や企業等の災害対策：行政の平常時対策、行政の災害発生時対応、危機管理の基本、復旧と復興、災害医療、ライフライン、交通インフラの確保、企業の防災活動・BCP、地域協力 ④自助：応急手当、心肺蘇生法、AED、個人の平常時対策、住宅・建築物の耐震化、個人の災害発生時対応 ⑤共助：地域の防災活動、避難所、SDGsの理念、要配慮者支援、多様性の尊重、住民が行う緊急救助技術、被災地支援・災害ボランティア ⑥防災士制度：防災士制度創設の理念、防災士に期待される活動、防災士が行う各種訓練

問い合わせ先

認定特定非営利活動法人 日本防災士機構
〒102-0082 東京都千代田区一番町25 全国町村議員会館5F
TEL03(3234)1511　URL＝https://www.bousaisi.jp/

（株）防災士研修センター
〒102-0093 東京都千代田区平河町2-7-4 砂防会館別館7F
TEL03(3556)5051　URL=http:www.bousaishi.net/

独立 就職 趣味 評価

非破壊試験技術者資格試験

非破壊試験とは「物を壊さずに」その内部や表面のきず・劣化の状況を調べ出す試験技術のこと。品質管理上の重要な手段として、原子力発電所・プラント・鉄道・航空機・橋梁・地中埋設物など、あらゆる社会資本に適用され、人々の安全確保に役立っている。

公式テキスト　独学　講座　通信

登録必要

申込者数	合格率
10,972人※	27.1%※
受験資格	**検定料**
訓練時間	18,700円（1技術部門）

※レベル2の場合

資格の種類	【放射線透過試験】レベル1・2・3　【超音波探傷試験】レベル1・2・3 【磁気探傷試験】レベル1・2・3　【浸透探傷試験】レベル1・2・3 【渦電流探傷試験】レベル1・2・3　【ひずみゲージ試験】レベル1・2・3 【超音波厚さ測定】レベル1　【極間法磁気探傷検査】レベル1・2 【通電法磁気探傷検査】レベル1　【溶剤除去性浸透探傷検査】レベル1・2 【赤外線サーモグラフィ試験】レベル1・2　【漏れ試験】レベル1・2・3
受験資格	12の試験区分において、技術レベルによりレベル1・2・3の資格試験があり、それぞれに規定された訓練シラバスに則った訓練内容の最小限の訓練時間を満たしていること 以下、各レベルの必要最小限の訓練時間 【レベル1】 8～48時間 【レベル2】 16～120時間 【レベル3】 20～72時間およびレベル2資格を保持していること ※視力の要求など、その他の条件を満たしていること 試験合格後、認証審査で適格となると資格認証される
申込期間	春期：1～2月　秋期：7～8月
試験日	**〔一次〕春期：3月** **秋期：9月** **〔二次〕春期：5月～6月** **秋期：11月～12月**
合格発表	春期：7月　秋期：1月
検定料	各種とも1技術部門につき**18,700円**（税込）
試験地	札幌、仙台、千葉、東京、神奈川、名古屋、大阪、広島、福岡　ほか
試験内容	**〔一次〕**筆記（レベル1・2・3） **〔二次〕**実技（レベル1・2） 筆記（レベル3） ※詳細は、下記ホームページを参照すること

問い合わせ先
一般社団法人 日本非破壊検査協会 認証事業本部
〒136-0071 東京都江東区亀戸2-25-14 京阪亀戸ビル
TEL03(5609)4014　URL=http://www.jsndi.jp/qualification/

独立 就職 趣味 評価

ガス主任技術者

ガス事業者は、ガス事業法の規定により、ガス主任技術者免状の交付を受けている、かつ実務経験を有する者のうちからガス主任技術者を選任し、事業場ごとにガス工作物の工事、維持および運用に関する保安の監督をさせなければならない、と定められている。

受験者数	合格率
7,137人※	20.6%※
受験資格	**受験料**
なし	12,700円

※全種合計数と平均合格率

受験資格	誰でも受験できる ※免状の種類と、ガス工作物の工事、維持および運用に関する保安の監督を行うことができる範囲は主に以下のとおり 【甲種】ガス工作物の工事、維持および運用 【乙種】最高使用圧力が中圧および低圧のガス工作物ならびに特定ガス工作物に係るガス工作物の工事、維持および運用 【丙種】特定ガス工作物に係るガス工作物の工事、維持および運用
申込期間	5月上旬～下旬
試験日	**9月下旬**
受験料	**12,700円**（振込手数料は受験者負担）
試験地	北海道、宮城、東京、愛知、富山、大阪、広島、香川、福岡、沖縄
受験者数 合格率	【甲種】2,202人、17.6% 【乙種】1,920人、20.8% 【丙種】3,015人、22.7%
試験内容	【甲種】【乙種】【丙種】以下の科目の範囲内で出題される ①ガス事業関係法令（保安に関するものに限る） ②ガスに関する物理・化学理論 ③ガス工作物の工事、維持および運用に関する技術 ④ガス工作物の構造・機能 ⑤ガスの成分分析・熱量等の測定　⑥ガス器具の構造・機能 試験の方法は以下のとおり **〔法令〕〔基礎〕〔ガス技術〕** 五肢択一によるマークシート方式、3科目で2時間 **〔論述〕** 記述式で、法令に関するもの（1問）とガス技術に関するもの（製造、供給、消費のうちから1問選択）の2問で1時間

問い合わせ先
一般財団法人 日本ガス機器検査協会
〒174-0051 東京都板橋区小豆沢4-1-10
TEL03(3960)0159　URL=https://www.jia-page.or.jp/

高圧ガス製造保安責任者

国家
必置

高圧ガス製造保安責任者は保安管理技術者、保安主任者、保安係員に分かれている。高圧ガスの製造所では処理能力に応じておのおの配置しなければならない。ちょっとしたミスが火災などの事故につながる場合も多く、製造過程での管理は重要な任務である。

受験者数	合格率
30,736人※	47.3%※
受験資格	受験料
なし	17,800円（甲種、書面申請の場合）

※全種合計数と平均合格率

受験資格	誰でも受験できる 免状の種類は9種類で、試験合格ののち、甲種化学、甲種機械、第一種冷凍機械は経済産業大臣に、それ以外は都道府県知事に申請して交付を受ける。ただし、保安責任者等になるためには、所定の実務経験が必要
申込期間	8月下旬～9月上旬（インターネット申請もできる）
試験日	**11月中旬**
受験料	【甲種化学】【甲種機械】【第一種冷凍機械】※ **各17,800円** （インターネット申請の場合：**17,300円**） 【乙種化学】【乙種機械】【第二種冷凍機械】 **各11,600円** （インターネット申請の場合：**11,100円**） 【丙種化学（特別・液石）】【第三種冷凍機械】**各10,300円** （インターネット申請の場合：**9,800円**）
試験地	【甲種】【第一種冷凍機械】札幌、仙台、東京、名古屋、大阪、高松　ほか 【乙種】【丙種】【第二・第三種冷凍機械】47都道府県
合格率	【甲種化学】 63.8%　【甲種機械】 53.7% 【乙種化学】 41.6%　【乙種機械】 37.1% 【丙種（液石）】42.1%　【丙種（特別）】 56.1% 【第三種冷凍】 47.4%　【第二種冷凍】 45.1%　【第一種冷凍】60.2%
試験内容	①高圧ガス保安法に係る法令　②保安管理技術　③学識 【甲種化学】高度な保安管理技術と高度な応用化学 【甲種機械】高度な保安管理技術と高度な機械工学 【乙種化学】通常の保安管理技術と通常の応用化学 【乙種機械】通常の保安管理技術と通常の機械工学 【丙種化学（液石）】通常の保安管理技術と通常の応用化学、基礎的機械工学 【丙種化学（特別）】基礎的保安管理技術と基礎的応用化学・機械工学 【第一種冷凍機械】高度な保安管理技術と通常の応用化学・機械工学 【第二種冷凍機械】通常の保安管理技術と基礎的応用化学・機械工学 【第三種冷凍機械】初歩的保安管理の技術（①、②の2科目のみ） ※所持する資格や協会の講習により、試験科目が一部免除される

高圧ガス保安協会 試験・教育事業部
〒105-8447 東京都港区虎ノ門4-3-13 ヒューリック神谷町ビル
TEL03(3436)6102　URL=https://www.khk.or.jp

高圧ガス販売主任者

国家
必置

高圧ガス販売主任者には第一種・第二種販売主任者がある。高圧ガスを販売する事業所は、取り扱うガスの種類によって第一種販売主任者か第二種販売主任者の資格をもつ者の選任が義務づけられている。高圧ガス販売業務の安全管理には欠かせない資格である。

受験者数	合格率
10,009人	51.5%
受験資格	**受験料**
なし	9,000円（第一種、書面申請の場合）

受験資格	誰でも受験できる 試験合格ののち、受験した各都道府県の知事に申請して免状交付を受ける ただし、高圧ガス販売主任者になるためには所定の実務経験が必要である 【第一種販売主任者】 アセチレン、アルシン、アンモニア、塩素、クロルメチル、五フッ化ヒ素、五フッ化リン、酸素、三フッ化窒素、三フッ化ホウ素、三フッ化リン、シアン化水素、ジシラン、四フッ化硫黄、四フッ化ケイ素、ジボラン、水素、セレン化水素、ホスフィン、メタン、モノゲルマン、モノシランの販売所で高圧ガス販売主任者になることができる 【第二種販売主任者】 液化石油ガスの販売所で業務主任者になることができる
申込期間	8月下旬～9月上旬（インターネット申請もできる）
試験日	**11月中旬**
受験料	【第一種】**9,000円**（インターネット申請：**8,500円**） 【第二種】**7,200円**（インターネット申請：**6,700円**）
試験地	47都道府県
受験者数 合格率	【第一種】2,811人、54.3% 【第二種】7,198人、50.4%
試験内容	【第一種】 ①高圧ガス保安法に係る法令 ②高圧ガスの販売に必要な通常の保安管理技術 【第二種】 ①高圧ガス保安法および液化石油ガス法に係る法令 ②液化石油ガスの販売に必要な通常の保安管理技術 ※ただし下記の協会が主催する講習を3日間受講し、検定に合格した者は、①の法令のみを受験すればよい

問い合わせ先
高圧ガス保安協会 試験・教育事業部
〒105-8447 東京都港区虎ノ門4-3-13 ヒューリック神谷町ビル
TEL03(3436)6102　URL=https://www.khk.or.jp

液化石油ガス設備士

国家

業務独占

LPガス設備（配管など）の工事を施工する場合に必要となる資格である国家試験を受験して取得する場合と、講習プラス修了試験で取得する場合がある。ここでは国家試験に関して紹介するが、講習の場合は、受講者が所持している資格や経験に合わせて選択できる。

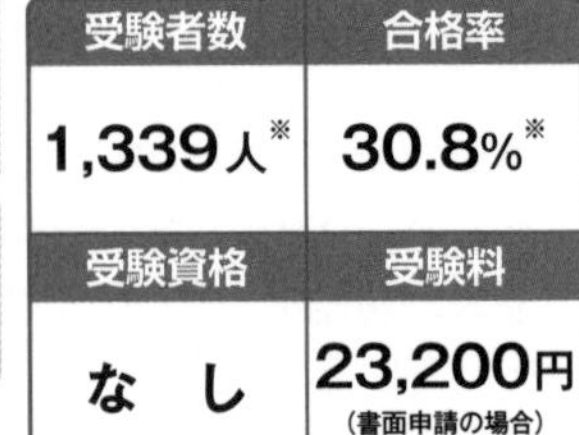

受験者数	合格率
1,339人※	30.8%※
受験資格	**受験料**
なし	23,200円（書面申請の場合）

※筆記試験免除者を含む

受験資格	誰でも受験できる
申込期間	8月下旬～9月上旬（インターネット申請もできる）
試験日	**〔筆記〕11月中旬** **〔技能〕12月上旬**
受験料	**23,200円**（インターネット申請：**22,700円**）
試験地	47都道府県
受験者数 合格率	**〔筆記〕** 1,248人、36.8% **〔技能〕** 446人、76.9%
試験内容	**〔筆記〕** ①法令（60分）：供給設備および消費設備の保安に関する法律 ②配管理論など（90分） a.液化石油ガスに関する基礎知識 b.液化石油ガス設備工事に必要な機械、器具、または材料に関する知識 c.配管理論、配管設計および燃焼理論 d.液化石油ガス設備工事の施工方法 e.供給設備および消費設備の検査の方法 ※前年度筆記試験合格者は、当年度の筆記試験が免除される **〔技能〕** 電動ねじ切り機の場合（60分）、手動ねじ切り機の場合（75分） ①配管用材料および工具の使用　②硬質管の加工および接続　③器具などの取付け　④気密試験の実施　⑤漏えい試験の実施 ※講習は現在、第2・第3講習のみ実施されており、3日間の講習修了後に筆記試験と技能試験が行われる。第2の受講資格は1年以上の実務経験者、第3は管工事施工管理技士、職業能力開発校配管科修了者、建築配管技能士などの有資格者となっている

高圧ガス保安協会 試験・教育事業部
〒105-8447 東京都港区虎ノ門4-3-13 ヒューリック神谷町ビル
TEL03(3436)6102　URL=https://www.khk.or.jp

高度な知識をもつガス輸送のプロ

独立 就職 趣味 評価

高圧ガス移動監視者

国家

必置

ガスは私たちの生活に欠かせないエネルギー源のひとつ。この資格は、高圧ガスを車両で移動する場合に必要で、講習と検定によって取得できる。また、高圧ガス製造保安責任者免状（冷凍以外）の交付を受けた者は、移動監視者の有資格者として認められる。

受験対策
講習＋修了試験合格

受講必要

申込者数	合格率
2,467人	76.4%※
受講資格	**受講・受検料**
なし	15,800円（移動監視者の場合）

※合格率は3回次分

受講資格	誰でも受講できる
申込期間	講習日の約2カ月前　（詳細は案内書を参照）
講習日	〔オンライン講習〕 **4月中旬～5月上旬** **7月下旬～8月中旬** **10月下旬～11月中旬** **翌年1月中旬～1月下旬** 〔検定〕 **5月下旬　9月上旬** **11月下旬　翌年2月中旬**
受講・受検料	【移動監視者】**15,800円**【移動監視者（液化石油ガス）】**14,900円**
開講地	全国15カ所程度
講習内容	タンクローリーあるいはトラック等による容器のばら積みによる移動方法で高圧ガスを規定以上運搬する場合に必要な講習で、監視できるガスの種類によって、資格は分かれる 【移動監視者】すべての高圧ガス 【移動監視者（液化石油ガス）】液化石油ガス 以下は、高圧ガス保安協会が実施する移動監視者の講習の内容 ①高圧ガス基礎知識・性質など　②高圧ガス保安法令 ③可燃性ガス・毒性ガスの性質など ④可燃性ガス・毒性ガスの取扱いなど ⑤容器・タンクローリー運行上の注意など ※検定試験：講習終了後、検定試験（筆記試験）が実施されるが、講習受講者でなければ受検できない ※移動監視者（液化石油ガス）は2024年度は実施しない

問い合わせ先
高圧ガス保安協会 試験・教育事業部門
〒105-8447 東京都港区虎ノ門4-3-13 ヒューリック神谷町ビル
TEL03(3436)6102　URL=https://www.khk.or.jp

独立 就職 趣味 評価

危険物取扱者

業務独占

甲、乙、丙の3種類がある。乙種は第1類～第6類の6分類された危険物のうち、試験に合格し、免状の交付を受けた類の危険物の取扱いに限られる。丙種はガソリン・灯油・軽油・重油など、特定の危険物を扱える。甲種は全種類の危険物が扱える資格である。

申請者数	合格率
280,548人※	39.9%※
受験資格	**受験料**
なし（丙種・乙種の場合）	5,300円（乙種の場合）

※全種合計数と平均合格率（2022年度）

受験資格	【丙種・乙種】誰でも受験できる 【甲種】 ①大学、短大・高専、専修学校などで化学に関する学科、課程を修めて卒業した者、またはこれに準ずる学力を有すると認められる者 ②乙種危険物取扱者免状の交付を受けたあと、危険物製造所などにおいて2年以上の危険物取り扱いの実務経験を有する者 ③次の4種類以上の乙種危険物取扱者免状の交付を受けている者 （ア）1類または6類　（イ）2類または4類　（ウ）3類　（エ）5類
申込方法	各都道府県によって異なる インターネットでの申し込み可
試験日	**都道府県および試験区分によって異なる** 東京都の場合、受験希望者が最も多い乙種第4類は月3回程度実施。丙種と、第4類以外の乙種および甲種は2カ月に1回程度実施
受験料	【丙種】**4,200円**　【乙種】**5,300円**　【甲種】**7,200円**
試験地	各都道府県
試験内容	【丙種】以下の3分野についての4肢択一式筆記試験 ①危険物に関する法令 ②燃焼および消火に関する基礎知識 ③危険物の性質ならびにその火災予防および消火の方法 【乙種】6類に分かれ、以下の3分野についての5肢択一式筆記試験 ①危険物に関する法令 ②基礎的な物理学および基礎的な化学 ③危険物の性質ならびにその火災予防および消火の方法 【甲種】以下の3分野についての5肢択一式筆記試験 ①危険物に関する法令 ②物理学および化学 ③危険物の性質ならびにその火災予防および消火の方法 ※乙種（1～6類）のいずれかの類の免状を有する者は、ほかの類を受験する場合、上記乙種試験の①②の科目が免除される

問い合わせ先
一般財団法人 消防試験研究センター各支部　東京都の場合：中央試験センター
〒151-0072 東京都渋谷区幡ケ谷1-13-20
TEL03(3460)7798　URL=https://www.shoubo-shiken.or.jp/

資格のQ&A

Q この資格を取るメリットは？

A 危険物とは、ガソリン等の石油類、金属粉等の燃焼性の高い物品のことで、危険物取扱者は、これらの製造、貯蔵、取扱いをする場所で必要とされる資格です。危険物取扱者は、燃料、薬品や化学工場、ガソリンスタンド等多業種で活躍しており、**資格取得により資格手当がついたり、処遇がアップしたりする可能性もあります**。また、社会人だけでなく、これらの業界を目指す学生もチャレンジしています。

Q この資格取得にかかる費用・期間は？

A 自分で市販のテキスト・問題集を買って、独学も可能です。万全を期すなら、通信講座もあります。通信講座は、**ネット講座が増加し、安いもので数千円からあります**。他の国家試験に比べて受験機会が多く、受験時期をあまり気にしなくていいのもメリットです。受験料は乙種で4,600円です。

Q 資格取得後に有利な業界はどこですか？

A 最も需要の多い乙種４類は、**ガソリンスタンドの運用やタンクローリーの乗務**、製造工場での有機溶剤の取扱いができるようになります。求人は、乙種４類を条件とする場合が多くなっていますので、この方面での就職や転職に有利になります。

Q 次のステップとして、取得すべき資格はありますか？

A 乙種では危険物の種類によって**１～６類**まであり、乙種４類から取得を始めて取り扱える危険物を広げていく方法があります。また乙種のうち４種類に合格すると、甲種の受験資格を得ることができます。他に幅を広げるなら、消防設備士も多くの種類があります。

Q おススメの勉強方法・学習のポイントは？

A 受験者の３分の２を占める乙種４類でも、合格率は30～40％と、難易度はそれほど高くないため、しっかりテキストを学習し、過去問題集を３回解いておけば合格は近いでしょう。専門分野を広げるにはまず**乙種４類を取得し、一部免除科目を利用して、他の類を受験していくのが効率的です**。

回答者　上井光裕（資格アドバイザー）

専門知識を習得し安全作業を指導

特定高圧ガス取扱主任者

液化酸素、液化塩素、液化石油ガス、圧縮水素、液化アンモニア、特殊高圧ガス、圧縮天然ガスの7種類の特定高圧ガスを、一定数量以上貯蔵して消費したり、ほかの事業所から導管により供給を受けて消費したりしている事業所において必要な選任資格である。

受験対策
講習＋修了試験合格
受講必要

申込者数	合格率
1,246人	94.1%
受講資格	受講・受検料
なし	14,600円（1種類の場合）

選任要件	特定高圧ガス取扱主任者として選任される要件は以下のとおり ①当該特定高圧ガスの製造または消費に関し、1年以上の経験を有する者 ②大学・高等専門学校等で理学または工学に関する課程を修めて卒業した者 ③高圧ガス保安協会が行う特定高圧ガスの取扱いに関する講習の課程を修了した者 ④高校等で工業に関する課程を修めて卒業した者であって、特定高圧ガスの製造または消費に関し、6カ月以上の経験を有する者 ⑤高圧ガス製造保安責任者免状のうち、甲種化学責任者免状、乙種化学責任者免状、丙種化学責任者免状、甲種機械責任者免状、乙種機械責任者免状、または、高圧ガス販売主任者免状のうち第一種販売主任者免状の交付を受けている者（LPガスにあっては、第一種販売主任者免状を除く）
申込期間	講習日の約2カ月前（詳細は案内書を参照）
講習日	**〔オンライン講習〕** **4月中旬〜5月上旬　8月上旬〜8月下旬　10月下旬〜11月中旬** **〔検定〕** **5月中旬　9月中旬　11月下旬**
受講・受検料	【液化酸素】【液化塩素】【LPガス】【圧縮水素】【液化アンモニア】【特殊高圧ガス】【圧縮天然ガス】**各14,600円**
開講地	全国10カ所程度（講義日によって異なる）
講習内容	以下は資格取得の一方法、高圧ガス保安協会が実施する講習の内容 【液化酸素】【液化塩素】【LPガス】【圧縮水素】【液化アンモニア】【特殊高圧ガス】【圧縮天然ガス】の7種に分かれ、次の科目について行われる ①高圧ガス保安法令 ②特定高圧ガスの消費に必要な学識および保安管理の技術 ※講習は誰でも受講でき、学科のみ2日間（【圧縮天然ガス】は2023年度は実施していない）。講習終了後、検定試験（筆記試験）が実施されるが、講習受講者でなければ受検できない

高圧ガス保安協会 試験・教育事業部門
〒105-8447 東京都港区虎ノ門4-3-13 ヒューリック神谷町ビル
TEL03(3436)6102　URL=https://www.khk.or.jp

火薬類(製造・取扱)保安責任者

国家

火薬の取り扱いにともなう危険性は非常に高い。すべての面での安全性をチェックする火薬類保安責任者には、甲・乙・丙種の製造保安責任者と、甲・乙種の取扱保安責任者がある。保安に関する教育や計画を立てることも、仕事のひとつとなっている。

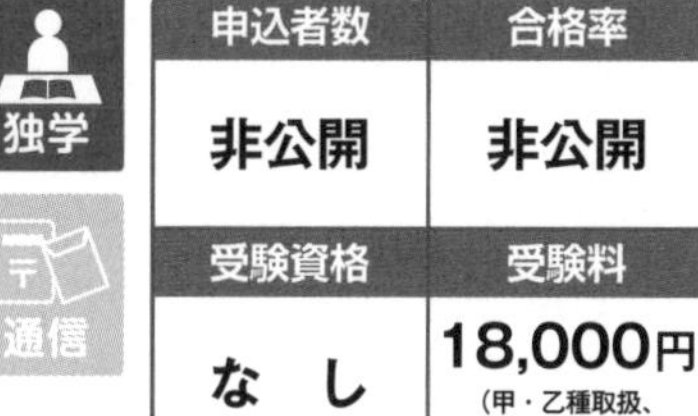

申込者数	合格率
非公開	非公開
受験資格	**受験料**
なし	18,000円(甲・乙種取扱、丙種製造の場合)

受験資格	誰でも受験できる。ただし、免状交付は満18歳以上
申込期間	【甲・乙種(製造)】8月中旬～下旬 【甲・乙種(取扱)】【丙種(製造)】6月中旬～下旬
試験日	【甲・乙種(製造)】**10月下旬** 【甲・乙種(取扱)】【丙種(製造)】**9月上旬**
願書入手方法	【甲・乙種(製造)】試験については(公社)全国火薬類保安協会へ請求 【甲・乙種(取扱)】【丙種(製造)】 試験については各都道府県火薬類保安協会内試験事務所へ請求
受験料	【甲・乙種(製造)】**各25,900円** 【甲・乙種(取扱)】【丙種(製造)】**各18,000円**
試験地	【甲・乙種(製造)】東京 【甲・乙種(取扱)】【丙種(製造)】都道府県単位で実施
試験内容	甲種と乙種の火薬類製造保安責任者試験は経済産業大臣が行い、丙種の火薬類製造保安責任者試験と甲種・乙種の火薬類取扱保安責任者試験は、各都道府県知事が実施するため、試験方法が異なる 【甲・乙種火薬類製造保安責任者】 ①火薬類取締に関する法令 ②火薬類製造工場保安管理技術 ③火薬類製造方法 ④火薬類性能試験方法 ⑤火薬類製造工場に必要な機械工学および電気工学大要 ⑥一般教養 【丙種火薬類製造保安責任者】 ①火薬類取締に関する法令 ②信号焔管、信号火せんまたは煙火(原料用火薬および爆薬を含む)製造工場保安管理技術 ③信号焔管、信号火せんまたは煙火(原料用火薬および爆薬を含む)製造方法 ④火薬類性能試験方法 ⑤一般教養 【甲・乙種火薬類取扱保安責任者】 ①火薬類取締に関する法令 ②一般火薬学

問い合わせ先
各都道府県火薬類保安協会内試験事務所、または公益社団法人 全国火薬類保安協会
〒104-0032 東京都中央区八丁堀4-13-5 幸ビル8F
TEL03(3553)8762 URL=http://www.zenkakyo-ex.or.jp

毒物劇物取扱責任者

毒物および劇物取締法の対象となる成分を含む塗料・農薬などの毒物や劇物の製造・輸入・販売を行う企業が直接取り扱う場合には、保管管理などに従事する毒物劇物取扱責任者を置かなければならない。人命にかかわる危険もあるため、取扱責任者の任務は重要だ。

公式テキスト　独学　講座　通信

受験者数	合格率
873人※	40.1%※
受験資格	受験料
なし	12,900円※

※東京都・一般の場合

受験資格	誰でも受験できる ただし、18歳未満の者、心身の障害により毒物劇物取扱責任者の業務を適正に行うことができない者として厚生労働省令で定める者、麻薬、大麻、あへん、覚せい剤の中毒者などは毒物劇物取扱責任者になれない ※薬剤師や、厚生労働省令で定める学校で応用化学に関する学課を修了した者は、すでに資格があるので受験しなくてもよい
試験区分	【一般】 すべての毒物および劇物を取り扱う製造業、輸入業、販売業などでの毒物劇物取扱責任者となることができる 【農業用品目】 厚生労働省令で定められた毒物または劇物のみを取り扱う輸入業の営業所、および農業用品目輸入業および販売業の店舗においてのみ、毒物劇物取扱責任者となることができる 【特定品目】 厚生労働省令で定められた毒物または劇物のみを取り扱う輸入業の営業所、および特定品目輸入業および販売業の店舗においてのみ、毒物劇物取扱責任者となることができる
申込期間	都道府県によって異なる
試験日	**例年1～2回**（都道府県によって異なる）
受験料	**都道府県によって異なる**
試験地	都道府県によって異なる
受験者数 合格率	【一般】　873人、40.1%　【農業用品目】99人、39.4% 【特定品目】　3人、66.7%（2023年度、東京都）
試験内容	**〔筆記〕** ①毒物および劇物に関する法規 ②基礎化学 ③毒物および劇物の性質および貯蔵その他取扱方法 **〔実地〕** 毒物および劇物の識別および取扱方法

各都道府県の薬務主管課

普通第一種圧力容器取扱作業主任者

国家　必置

第1種圧力容器とは、蒸気などの熱媒を受け入れる容器や、蒸気によって固体・液体を加熱する容器などのことである。普通第1種圧力容器取扱作業主任者は、化学設備以外の圧力容器を取り扱う場合に必置の資格で、取り扱い作業の指揮監督を行う。

受験対策
講習＋修了試験合格

受講必要

受講者数	合格率
非公開	非公開
受講資格	**受講料**
なし	15,400円（東京の場合）

取得方法	都道府県労働局長に登録された教習機関が行う講習を修了後、修了試験に合格する
受講資格	誰でも受講できる
申込期間	各登録教習機関によって異なる 東京の場合： 講習日の3カ月前から常時受け付ける
講習日	東京の場合： **3カ月に1回程度、2日間**
受講料	東京の場合：**15,400円**（本体14,000円＋税） ※テキスト代は別途必要
開講地	各都道府県
講習内容	12時間の学科講習 ①第一種圧力容器の構造に関する知識（ただし、化学設備に係るものは除く。以下同じ） 熱及び蒸気 第一種圧力容器の種類、各部の構造及び強さ 付属品及び付属装置 第一種圧力容器用材料 ②第一種圧力容器取扱いに関する知識 第一種圧力容器を使い始める前の準備 使用開始時の取扱い 使用中の取扱い 使用休止時の取扱い　ほか ③関係法令 労働安全衛生法・同法施行令、労働安全衛生規則 ボイラー則及び圧力容器構造規格中の関係条項

問い合わせ先
各都道府県労働局労働基準部安全課（健康安全課）、労働基準監督署、または東京の場合
一般社団法人 日本ボイラ協会 東京支部　〒105-0004 東京都港区新橋5-3-1 JBAビル2F
TEL03(5425)7770　URL=https://www.jba-tokyo.jp

放射線取扱主任者

さまざまな分野で利用が拡大している放射性同位元素や放射線発生装置の取り扱いは慎重を要する。放射線取扱主任者は、放射線障害の防止を管理・監督するのが職務で、放射性同位元素や発生装置を利用する事業所では最低でも1人の選任が義務づけられている。

受験者数	合格率
3,114人※	27.8%※
受験資格	**受験料**
な し	19,800円※

※第1種の場合

受験資格	誰でも受験できる ※放射線取扱主任者（第1種・第2種）の免状を取得するためには、放射線取扱主任者試験（第1種・第2種）に合格し、かつ所定の講習を修了することが必要。なお、第3種の放射線取扱主任者免状は、所定の講習を修了するのみで取得することができる
申込期間	5月上旬～6月中旬（5月上旬頃官報で公示）
試験日	【第1種】**8月下旬の2日間** 【第2種】**8月下旬の1日間**
合格発表	10月
受験料	【第1種】**19,800円**　【第2種】**14,124円**
試験地	札幌、東京、大阪、福岡
受験者数 合格率	【第1種】3,144人、27.8% 【第2種】1,621人、13.1%（2023年度）
試験内容	【第1種】【第2種】とも、全課目択一式問題・マークシート方式 【第1種・第2種共通】 ①放射性同位元素等の規制に関する法律に関する課目 ②物理学のうち放射線に関する課目 ③化学のうち放射線に関する課目 ④生物学のうち放射線に関する課目 【第1種】 ⑤第1種放射線取扱主任者としての実務に関する課目（放射性同位元素および放射線発生装置ならびに放射性汚染物の取扱いならびに使用施設等および廃棄物詰替施設等の安全管理に関する課目　など） 【第2種】 ⑤第2種放射線取扱主任者としての実務に関する課目（放射線の量の測定に関する科目　など） ※詳細は原子力安全技術センターに問い合わせる

公益財団法人 原子力安全技術センター 放射線安全センター 主任者試験グループ
〒112-8604 東京都文京区白山5-1-3-101 東京富山会館ビル 4F
TEL03(3814)7480　URL=https://www.nustec.or.jp/　E-MAIL＝shiken@nustec.or.jp

独立 就職 趣味 評価

エックス線作業主任者

レントゲンで身近に感じられるエックス線は、医療以外の工業分野などでも、その透過の性質を利用してさまざまに活用されている。しかし、扱いには慎重を期することが必要で、エックス線装置を使う際には、有資格者の指揮・指導のもとで行わなければならない。

受験者数	合格率
5,960人	44.4%
受験資格	**受験料**
なし	8,800円

受験資格	受験資格なし ※ただし、18歳未満の者は合格しても満18歳になるまでは免許証の交付はされない
申込期間	センター郵送：試験日の2カ月前～14日前 窓口持参：試験日の2カ月前～2日前
試験日	**年3～6回：5月　7月　9月　11月　翌年1月　3月** ※各地区安全衛生技術センターによって異なる
願書入手方法	受験申請書は安全衛生技術試験協会、各地区安全衛生技術センターおよび関係機関で配布 郵送希望の場合は返信用封筒（角型2号）に切手を貼り、必要部数をメモ書きし、各センターへ送付（1部は210円切手、2部は250円切手、3～4部は390円切手）
受験料	**8,800円**（非課税）
試験地	全国7カ所の各地区安全衛生技術センター
試験内容	以下の科目についての筆記試験が行われる 試験時間は4時間。 ①エックス線の管理に関する知識：10問（30点） ②関係法令：10問（20点） ③エックス線の測定に関する知識：10問（25点） ④エックス線の生体に与える影響に関する知識：10問（25点） ※試験科目の免除 第2種放射線取扱主任者の免状を受けた者は、上記の試験科目のうち③④が、ガンマ線透過写真撮影作業主任者免許試験に合格した者は④が免除される（試験時間は2科目免除者は2時間、1科目免除者は3時間）

問い合わせ先
公益財団法人 安全衛生技術試験協会
〒101-0065 東京都千代田区西神田3-8-1 千代田ファーストビル東館9F
TEL03(5275)1088　　URL=https://www.exam.or.jp/

建築設備検査員

建築基準法では利用者の安全確保のために、建物の設備を定期的に検査して結果を特定行政庁へ報告することを義務づけている。その定期検査を行う専門家。
【受講資格】①建築設備に関する実務経験11年以上　②大学の建築学、機械工学、電気工学の課程を修了し、実務経験２年以上　③高校の建築学、機械工学、電気工学の課程を修了し、実務経験７年以上　ほか
【講習内容】①建築設備定期検査制度総論　②建築設備に関する建築基準法令　③建築学概論　④換気・空気調和設備　ほか
【申込期間】８月上旬～９月中旬
【講習日】11～12月頃
【受講料】52,800円

【問い合わせ先】
一般財団法人 日本建築設備・昇降機センター 講習事業部
〒105-0003 東京都港区西新橋1-15-5
内幸町ケイズビル4F　TEL03(3591)2423

防災管理点検資格者

ホテルや百貨店などの大規模建築物などは、防災管理業務の実施状況を毎年１回、防災管理点検資格者に点検させ、その結果を報告しなければならない。有資格者は防災管理者になることもできる。
【受講資格】①防災管理者として３年以上の実務経験者　②防災管理講習修了者で、５年以上の実務経験者　ほか
【講習内容】①防災管理の意義および制度　②防災管理に係る訓練および教育　③防災管理に係る消防計画　④修了考査　ほか
【講習日】２日間　※最寄りの防災事業団体ホームページで確認
【受講料】20,100円（講習科目の免除時間数により18,900円となる場合がある）

【問い合わせ先】
一般財団法人 日本消防設備安全センター 業務部講習課
〒105-0003 東京都港区西新橋3-7-1 ランディック第２新橋ビル3F　TEL03(5422)1593

酸素欠乏・硫化水素危険作業主任者

トンネルや下水道などの内部での作業では酸素欠乏症や硫化水素中毒の事故が起きやすい。その防止に向け、空気中の酸素や硫化水素濃度を測定し、作業方法を決定し作業を指揮する責任者。
【受講資格】誰でも受講できる
【取得方法】登録を受けた機関の講習受講後、修了試験に合格する
【講習内容】〔学科〕①酸素欠乏症、硫化水素中毒・救急蘇生に関する知識　②酸素欠乏・硫化水素の発生の原因・防止措置に関する知識　③保護具に関する知識　④関係法令
〔実技〕：①救急蘇生の方法
②酸素・硫化水素の濃度の測定方法
【講習日】３日間※各教習機関により異なる
【受講料】20,900円程度
※別途テキスト代が必要
【開講地】各教習機関によって異なる
【問い合わせ先】
各都道府県労働局労働基準部健康安全課、労働基準監督署、労働基準協会連合会

ガンマ線透過写真撮影作業主任者

工業製品の内部の欠陥の検査などに使用するガンマ線を取り扱う際に選任が必要な資格。作業主任者は、ガンマ線照射装置による透過写真撮影作業を安全に行うために、作業時に必要な措置の実施確認などを行う。
【受験資格】受験資格なし
ただし、本人確認証明書の添付が必要
【試験科目】①ガンマ線による透過写真の撮影の作業に関する知識　②関係法令　③ガンマ線照射装置に関する知識　④ガンマ線の生体に与える影響に関する知識
【試験日】年１回
【受験料】8,800円（非課税）
【試験地】北海道、東北、関東、中部、近畿、中国四国、九州の各安全衛生技術センター

【問い合わせ先】
公益財団法人 安全衛生技術試験協会
〒101-0065 東京都千代田区西神田3-8-1
千代田ファーストビル東館９F
TEL03(5275)1088

衛生工学衛生管理者

有毒ガス、蒸気、粉塵などが発生する作業場で、衛生工学技術の知識を用いて、作業環境改善のための点検、改善指導などを行う。
【受講資格】〔5日コース〕大学または高等専門学校において、工学または理学に関する課程を修めて卒業した者　ほか
【取得方法】 登録講習機関の講習受講後、修了試験に合格する
【講習日】 2カ月に1～2回程度
【講習内容】〔5日コース〕①労働基準法　②労働安全衛生法　③労働衛生工学に関する知識(実習含む)　④職業性疾病の管理に関する知識　⑤労働生理に関する知識

【問い合わせ先】
東京安全衛生教育センター
〒204-0024 東京都清瀬市梅園1-4-6
TEL042(491)6920
大阪安全衛生教育センター
〒586-0052 大阪府河内長野市河合寺423-6
TEL0721(65)1821

特定建築物調査員

政令または特定行政庁が指定し、不特定多数の人が利用する一定面積以上の建物は、敷地・構造、建築物内部等をこの資格保持者が定期的に調査し、建築物の所有者等が結果を特定行政庁に報告する。
【受講資格】 ①大学、3年制短期大学（夜間を除く)、2年制短期大学、高校等の建築工学科、建築学科、土木学科、土木工学科、機械工学科などを卒業後、一定の建築に関する実務経験のある者　②11年以上の建築に関する実務経験のある者　ほか
【取得方法】 登録講習機関の講義受講後、修了考査に合格し、国土交通省各地方整備局長等に資格者申請を行う
【講習内容】 ①特定建築物定期調査制度総論　②建築基準法令の構成と概要　ほか

【問い合わせ先】
一般財団法人 日本建築防災協会
〒105-0001 東京都港区虎ノ門2-3-20
虎ノ門YHKビル3F　TEL03(5512)6451

昇降機等検査員

昇降機（エレベーター、エスカレーターなど）や遊戯施設（ジェットコースター、観覧車など）の安全を確保するための定期検査を行う専門家。
【受講資格】 ①昇降機または遊戯施設に関して11年以上の実務経験者　②大学の機械工学、電気工学またはこれらに相当する課程を修了して2年以上の実務経験者
③高校の機械工学、電気工学またはこれらに相当する課程を修了して7年以上の実務経験者　ほか
【講習内容】 ①昇降機・遊戯施設定期検査制度総論　②昇降機・遊戯施設に関する建築基準法令　③建築学概論　ほか
【講習日】 9～10月頃
【受講料】 46,200円

【問い合わせ先】
一般財団法人 日本建築設備・昇降機センター講習事業部
〒105-0003 東京都港区西新橋1-15-5
内幸町ケイズビル4F　TEL03(3591)2423

防錆管理士

防錆管理士は、設備、機械・金属製品などのさび・腐食を防ぐために設計・施工・管理を行う。専門技術者は少なく、人材が不足しているため資格保持者のニーズは高い。
【受講資格】 高校卒業程度の学力を有する者
【取得方法】 協会が実施する通信教育の防錆技術学校で所定の成績を修め、筆記試験、防錆管理士認定論文審査に合格すると資格が取得できる
【講習期間】 1年（4月1日開講）
【講習内容】〔共通課程・必須〕①腐食の基礎理論Ⅰ　②腐食の基礎理論Ⅱ　③環境と腐食　④耐食材料　⑤防錆防食法
〔専攻課程・選択制〕①施設防食科　②防錆塗装科　③防錆塗装科別科　④めっき科　⑤防錆包装科

【問い合わせ先】
一般社団法人 日本防錆技術協会 学校事務局
〒105-0011 東京都港区芝公園3-5-8
機械振興会館309号　TEL03(3434)0451

舗装施工管理技術者・舗装診断士

舗装工事に関する専門知識と高い技術、指揮能力を有することを証明する資格。

【受験資格】〔2級〕高等学校の指定学科卒業後、実務経験3年以上　ほか〔1級〕大学の指定学科卒業後、実務経験3年以上　ほか〔舗装診断士〕1級舗装施工管理技術者登録者で実務経験7年以上　ほか

【試験日】毎年6月第4日曜日

【試験地】札幌、仙台、東京、新潟、名古屋、大阪、広島、高松、福岡、那覇

【試験科目】〔2級・1級〕一般試験（択一式）、応用試験（記述式）〔舗装診断士〕択一試験、記述試験

【問い合わせ先】
一般社団法人 日本道路建設業協会 舗装技術者資格試験委員会
〒104-0032 東京都中央区八丁堀2-5-1
東京建設会館3F　TEL03(6280)5038
URL：http://www.dohkenkyo.or.jp/

林業架線作業主任者

伐採した原木の搬出に使う、機械集材装置や運材用設備の組立て、解体、修理などの方法の決定、作業者の指揮などを行う。

【受験資格】受験資格なし。ただし、本人確認証明書の添付が必要

【試験日】年1回

【受験料】8,800円

【試験地】北海道、東北、関東、中部、近畿、中国四国、九州の各安全衛生技術センター

【合格率】66.4%

【試験科目】筆記試験
①機械集材装置および運材索道に関する知識
②林業架線作業に関する知識　③関係法令
④林業架線作業に必要な力学に関する知識

【問い合わせ先】
公益財団法人 安全衛生技術試験協会
〒101-0065 東京都千代田区西神田3-8-1
千代田ファーストビル東館9F
TEL03(5275)1088

乾燥設備作業主任者

危険物乾燥設備や熱源に燃料や電力を使用する乾燥設備での作業方法を周知し、作業の指揮、設備点検、労働災害防止などを行う。

【受講資格】満18歳以上で、乾燥設備の取扱い作業で5年以上の経験者、または大学・高等専門学校で理科系統の学科を卒業し、乾燥設備の設計、製作、検査または取扱いの作業で1年以上の経験者　ほか

【取得方法】講習受講後、修了試験に合格する
※以下は東京労働基準協会連合会の場合

【講習日】年4回（2日間）

【受講料】14,850円程度（テキスト代含む）

【講習内容】①乾燥設備およびその附属設備の構造および取扱いに関する知識
②乾燥設備、その附属設備などの点検整備および異常時の処置に関する知識　ほか

【問い合わせ先】
各都道府県労働局労働基準部安全課、労働基準監督署、労働基準協会連合会
TEL03(5678)5556（東京労働基準協会連合会）

給水装置工事主任技術者

水道事業者の指定を受けるためには必須の国家資格。水道事業者から給水装置工事主任技術者の立会いの要求があった場合、現場での立会いを行わなければならない。

【受験資格】給水装置工事に関して3年以上の実務経験を有する者

【試験日】10月下旬

【受験料】21,300円

【試験地区】北海道　東北　関東　中部
関西　中国四国　九州　沖縄

【試験科目】
①公衆衛生概論　②水道行政
③給水装置の概要
④給水装置の構造および性能
⑤給水装置工事法　⑥給水装置施工管理法
⑦給水装置計画論　⑧給水装置工事事務論

【問い合わせ先】
公益財団法人 給水工事技術振興財団 国家試験部国家試験課
〒163-0712 東京都新宿区西新宿2-7-1新宿第一生命ビルディング12F　TEL03(6911)2711

有機溶剤作業主任者

屋内作業場などで有機溶剤を使って作業する際、安全を確保するために作業を指揮する責任者。作業方法の決定、労働者の指揮、排気・換気装置の点検、保護具の使用状況の監視や安全指導などを行う。特定化学物質障害予防規則（特化則）の特別有機溶剤業務の作業主任者もこの講習の修了者。

【受講資格】 誰でも受講できる
【取得方法】 登録を受けた機関の講習受講後、修了試験に合格する
※以下は東京労働基準協会連合会の場合
【講習日】 毎月1〜2回程度　2日間
【受講料】 15,180円程度（テキスト代含む）
【講習内容】 ①健康障害およびその予防措置に関する知識　②保護具に関する知識　③作業環境の改善方法に関する知識　ほか

【問い合わせ先】
各都道府県労働局労働基準部健康安全課、労働基準監督署、労働基準協会連合会
TEL03(5678)5556（東京労働基準協会連合会）

採石業務管理者

採石場で採取、災害防止、災害時の対策などを講じる採石業務のスペシャリスト。

【受験資格】 誰でも受験できる
【試験日】 年1回
【受験料】 8,100円
【試験地】 各都道府県によって異なる
【試験科目】 ①岩石の採取に関する法令事項（環境保全等関係法令事項を含む）
②岩石の採取に関する技術的な事項：岩石の採掘、発破、破砕選別、汚濁水の処理、脱水ケーキ（脱水処理に伴って生ずる湿状の岩石粉）の処理、廃土および廃石のたい積ならびに採掘終了時の措置に関する技術的な事項

【問い合わせ先】
各都道府県の採石業務管理者試験担当課
東京の場合：東京都産業労働局 商工部 地域産業振興課
〒163-8001 東京都新宿区西新宿2-8-1
TEL03(5320)4788

発破技士

発破の作業には、せん孔、装てん、結線、点火および後処理などの大きな危険が伴う作業がある。これらについては、発破技士の資格が必要なため、土木工事、採石現場などで仕事をするのに有利だ。

【受験資格】 受験資格なし
ただし、本人確認証明書の添付が必要
【試験日】 年1、2回程度
【合格率】 60.2%
【受験料】 8.800円（非課税）
【試験科目】 ①発破の方法
②火薬類の知識　③火薬類の取扱い
※試験科目の免除：導火線発破技士または電気発破技士の免許証を有する者は上記の試験科目のうち、②と③が免除される

【問い合わせ先】
公益財団法人 安全衛生技術試験協会
〒101-0065 東京都千代田区西神田3-8-1
千代田ファーストビル東館9F
TEL03(5275)1088
URL=https://exam.or.jp/

高圧室内作業主任者

高圧室内作業を行う場合に、高気圧障害を防ぐ直接責任者として作業室ごとに選任することが必要とされている資格。作業方法の決定、作業者の指揮などを行う。

【受験資格】 受験資格なし
ただし、本人確認証明書の添付が必要
【試験日】 年1回
【受験料】 8,800円（非課税）
【試験地】 北海道、東北、関東、中部、近畿、中国四国、九州の各安全衛生技術センター
【合格率】 77.5%
【試験科目】 ①圧気工法
②送気および排気　③高気圧障害
④関係法令

【問い合わせ先】
公益財団法人 安全衛生技術試験協会
〒101-0065 東京都千代田区西神田3-8-1
千代田ファーストビル東館9F
TEL03(5275)1088
URL=https://exam.or.jp/

特定化学物質・四アルキル鉛等作業主任者

工場などで特定化学物質などを取り扱う場合や金属アーク溶接等作業において、作業者が汚染されない、また吸入しないように作業方法の決定や作業の指揮、局所排気装置や除塵装置などの設備の点検、保護具使用の監視などを行う責任者。

【受講資格】 誰でも受講できる

【取得方法】 登録を受けた機関の講習受講後、修了試験に合格する

※以下は東京労働基準協会連合会の場合

【講習日】 毎月1～2回程度　2日間

【受講料】 15,180円程度(テキスト代含む)

【講習内容】 ①健康障害およびその予防措置に関する知識　②保護具に関する知識　③作業環境の改善方法に関する知識　④関係法令　⑤修了試験

【問い合わせ先】

各都道府県労働局労働基準部健康安全課、労働基準監督署、労働基準協会連合会

TEL03(5678)5556（東京労働基準協会連合会）

機械設計技術者試験

初級者からベテランまで級に応じた機械設計の技術力を認定する試験。

【受験資格】 **〔3級〕** 誰でも受験できる **〔2級〕** 学歴に応じた実務経験が必要。ただし3級取得者は1年短縮 **〔1級〕** 学歴に応じた実務経験が必要。ただし2級取得者は翌年より受験可。職務経歴書審査を経た場合は直接受験可（審査料5,500円）

【試験日】 11月

【試験地】 全国15都市程度

【試験科目】 **〔3級〕** ①機構学・機械要素設計　②機械力学　ほか **〔2級〕** ①機械要素設計分野　②力学分野　ほか **〔1級〕** ①設計管理　②機械設計基礎課題　ほか

【受験料】 8,800～33,000円（消費税込）

【問い合わせ先】

一般社団法人 日本機械設計工業会 本部事務局内試験センター

〒104-0033 東京都中央区新川2-6-4 新川エフ2ビル4F　TEL03(6222)9310

URL=https://www.kogyokai.com/

核燃料取扱主任者

核燃料物質の加工や使用済み核燃料の再処理作業で、高度の専門知識と技術をもって監督・保安にあたる。資格保持者は、燃料集合体の加工工場やプルトニウム再処理工場などで、保安監督主任者にもなれる。

【受験資格】 誰でも受験できる

【試験日】 2～3月（2日間）

【試験地】 東京

【試験科目】 **〔筆記〕**

①核燃料物質に関する法令

②核燃料物質の化学的性質および物理的性質　③核燃料物質の取扱いに関する技術

④放射線の測定および放射線障害の防止に関する技術　※第一種放射線取扱主任者試験合格者は、④の試験科目が免除される

【問い合わせ先】

原子力規制委員会 原子力安全人材育成センター 規制研修課

〒106-8450 東京都港区六本木1-9-9

六本木ファーストビル20F

TEL03(6277)6924

原子炉主任技術者

「核原料物質、核燃料物質及び原子炉の規制に関する法律」に基づき、保安規定の実施と保安の監督にあたる者を認定する国家資格。原子炉の安全性が注目されるいま、その重要性は一段と高まっている。

【受験資格】 **〔筆記〕** 誰でも受験できる **〔口答〕** 筆記合格後、6カ月以上原子炉運転実務経験者か、指定機関での講習課程修了者

【試験日】 **〔筆記〕** 3月 **〔口答〕** 9月

【試験科目】 **〔筆記〕** ①原子炉に関する法令　②原子炉理論　③原子炉の設計　④原子炉の運転制御　⑤原子炉燃料および原子炉材料　⑥放射線測定および放射線障害の防止 **〔口答〕** 原子炉の運転を行うために必要な実務的知識の有無を判定

【問い合わせ先】

原子力規制委員会 原子力安全人材育成センター 規制研修課

〒106-8450 東京都港区六本木1-9-9

六本木ファーストビル20F

TEL03(6277)6924

QUALIFICATIONS
GUIDEBOOK 2026

Chapter 15

工業技術・技能士

技術士／技術士補

国家
名称独占

科学技術分野における専門的学識および高等の専門的応用能力を有する、優れた技術者のための資格認定制度で、技術士法に基づいて行われる国家試験。20の技術部門ごとに行われる技術士第二次試験に合格することで、技術士となれる。

登録必要

受験者数	合格率
22,877人※	11.8%※
受験資格	**受験料**
なし	14,000円※

※第二次試験の場合

受験資格	【技術士第一次試験（技術士補）】誰でも受験できる 【技術士第二次試験（技術士）】技術士補となる資格（技術士第一次試験合格者および指定された教育課程の修了者）を有し、次の①〜③のいずれかに該当する者 ①技術士補として技術士を補助した経験が4年を超える者 ②第一次試験合格後、職務上の監督者のもとで、経験が4年を超える者 ③科学技術に関する計画、研究、設計、分析、試験、評価、または指導業務経験が第一次試験合格前を含め7年を超える者 ※総合技術監理部門の受験者は、上記よりさらに3年の経験年数が必要
試験日	【第一次】**11月下旬**　【第二次・筆記】**7月中旬** 【第二次・口頭】**11月下旬〜翌年1月中旬のうち指定された1日**
受験料	【第一次】**11,000円**　【第二次】**14,000円**
試験地	【第一次】【第二次・筆記】北海道、宮城、東京、神奈川、新潟、石川、愛知、大阪、広島、香川、福岡、沖縄 【第二次・口頭】東京（筆記合格者のみ）
試験内容	【第一次】全科目多肢択一式試験 基礎科目：科学技術全般にわたる基礎知識 適性科目：技術士法第4章（技術士等の義務）の規定の遵守に関する適性 専門科目：20の技術部門（機械、船舶・海洋、航空・宇宙、電気電子、化学、生物工学、環境、原子力・放射線など）から選択した1部門に係る基礎知識および専門知識 【第二次】筆記試験・口頭試験（筆記合格者に対して）が行われる **〔総合技術監理部門以外〕**①選択科目：選択科目についての専門知識・応用能力・問題解決能力・課題遂行能力　②必須科目：技術部門全般にわたる専門知識・応用能力・問題解決能力・課題遂行能力**〔総合技術監理部門〕**①選択科目：機械から原子力・放射線までの20の技術部門から選択した1部門に対応する、上記「①選択科目」「②必須科目」と同内容 ②必須科目：総合技術監理部門に関する課題解決能力・応用能力

公益社団法人 日本技術士会 技術士試験センター
〒105-0011 東京都港区芝公園3-5-8 機械振興会館4F
TEL03(6432)4585　URL=https://www.engineer.or.jp

エネルギー管理士（熱／電気）

国家
必置

エネルギーの安定確保と脱炭素化においては、省エネは最重要課題。エネルギー管理士の職務は、燃料や電気消費量の多い工場での設備の維持、使用方法の改善などの業務を管理し、エネルギー使用の合理化を図ること。取得方法は国家試験と認定研修の2通りがある。

受験者数	合格率
8,137人※	37.8%※
受験資格	**受験料**
なし※	17,000円※

※試験の場合

取得方法	①経済産業大臣指定の省エネルギーセンター実施の国家試験に合格 ②省エネルギーセンターの実施する認定研修（エネルギー管理研修）を受講し、修了試験に合格 ※2005年の法改正前での熱管理士、電気管理士資格保有者には、現行制度におけるエネルギー管理士への移行措置がある
受験・受講資格	〔試験〕誰でも受験できる（ただし、合格後の免状申請の際にエネルギーの使用の合理化に関する実務経験1年以上が必要となる。これは合格前でも後でも構わない） 〔研修〕エネルギーの使用の合理化に関する実務経験3年以上の者
試験・研修日	〔試験〕8月上旬　〔研修〕12月中旬
受験・受講料	〔試験〕17,000円　〔研修〕70,000円
試験・研修地	〔試験〕北海道、宮城、東京、愛知、富山、大阪、広島、香川、福岡、沖縄 〔研修〕宮城、東京、愛知、大阪、広島、福岡
受験者数 合格率	〔試験〕8,137人、37.8% 〔研修〕970人、67.1%
試験・研修内容	〔必須基礎〕課目Ⅰ：エネルギー総合管理及び法規 〔選択専門〕熱分野または電気分野のいずれかを選択 ①熱分野 課目Ⅱ：熱と流体の流れの基礎（熱力学の基礎、流体工学の基礎、伝熱工学の基礎） 課目Ⅲ：燃料と燃焼（燃料及び燃焼管理、燃焼計算） 課目Ⅳ：熱利用設備及びその管理（計測及び制御、熱利用設備） ②電気分野 課目Ⅱ：電気の基礎（電気及び電子理論、自動制御及び情報処理、電気計測） 課目Ⅲ：電気設備及び機器（工場配電、電気機器） 課目Ⅳ：電力応用（電動力応用）

問い合わせ先
一般財団法人 省エネルギーセンター エネルギー管理試験・講習本部 試験部
〒108-0023 東京都港区芝浦2-11-5 五十嵐ビルディング
TEL03(5439)4970　URL=https://www.eccj.or.jp

ボイラー技士

国家
業務独占

ビル、病院、工場などでは、ボイラーを設置している。所定の蒸気ボイラーおよび温水ボイラーを取り扱う業務に従事するボイラー技士は、特殊技術者として人気が高い。ボイラー取扱作業主任者は、伝熱面積の合計範囲によって2級、1級、特級の3種類がある。

受験者数	合格率
23,978人※	51.0%※
受験資格	受験料
なし※	8,800円

※2級の場合

受験資格	【2級】受験資格なし（ただし、本人確認証明書の添付が必要） 合格後に免許の申請を行う際、免許交付要件として、以下であることを証明する書類の添付が必要（満18歳に満たない者には免許証は交付されないので、18歳になってから申請を行う） ㋐大学、高専または高校のボイラーに関する学科を修めた卒業者で、ボイラーの取り扱いについて3カ月以上実地修習を経た者 ㋑ボイラーの取り扱いについて6カ月以上実地修習を経た者 ㋒ボイラー実技講習を修了した者　ほか 【1級】①2級ボイラー技士免許を受けた者 ②大学、高専、高校または中等教育学校でボイラーに関する学科を修めた卒業者で、1年以上の実地修習を経た者 ③海技士（機関3・2・1級）免許を受けた者　ほか 【特級】①1級ボイラー技士免許を受けた者 ②大学、高専でボイラーに関する講座または学科を修めた卒業者で、その後2年以上の実地修習を経た者 ③海技士（機関2・1級）免許を受けた者　ほか ※合格後に免許の申請を行う際、上記【1級】【特級】①の該当者は「ボイラー取扱い実務経験従事証明書」の添付が必要
申込期間	試験日の2カ月前～2日前（郵送の場合は14日前）まで
試験日	【2級】**毎月1、2回程度** 【1級】**年5、6回程度**　【特級】**10月下旬**
受験料	**8,800円**（非課税）
試験地	北海道（恵庭）、東北（岩沼）、関東（市原）、中部（東海）、近畿（加古川）、中国四国（福山）、九州（久留米）の各安全衛生技術センター
受験者数 合格率	【2級】23,978人、51.0%　【1級】4,514人、45.0% 【特級】　466人、24.0%
試験内容	各級とも科目は共通だが、範囲および内容はそれぞれ異なる ①ボイラーの構造　②ボイラーの取扱い　③燃料・燃焼　④関係法令

問い合わせ先

公益財団法人 安全衛生技術試験協会
〒101-0065 東京都千代田区西神田3-8-1 千代田ファーストビル東館9F
TEL03(5275)1088　URL＝https://www.exam.or.jp/

ボイラー整備士

ボイラーや圧力容器を取り扱う業務は危険を伴うため、業務を遂行するには免許が必要とされている。そのなかでも一定規模以上のボイラー、または第1種圧力容器の本体および附属設備・装置などの整備の業務を行う者が、ボイラー整備士である。

受験者数	合格率
2,968人	67.7%
受験資格	**受験料**
なし	8,800円

受験資格	受験資格なし（ただし、本人確認証明書の添付が必要） 合格後に免許の申請を行う際、免許交付要件として、以下であることを証明する書類の添付が必要（満18歳に満たない者には免許証は交付されないので、18歳になってから申請を行う） ①ボイラー（小規模ボイラーおよび小型ボイラーを除く）または第1種圧力容器（小規模第1種圧力容器および小型圧力容器を除く）の整備の補助業務に6カ月以上従事した者 ②小規模ボイラーまたは小規模第1種圧力容器の整備業務に6カ月以上従事した者 ③普通課程の普通職業訓練（設備管理・運転系のボイラー運転科）または短期課程の普通職業訓練（ボイラー運転科）を修了した者　ほか
申込期間	各センターへの郵送：試験日の2カ月前～14日前 窓口持参：試験日の2カ月前～2日前
試験日	**年3回**
願書入手 申込方法	受験申請書は安全衛生技術試験協会、各地区安全衛生技術センターおよび関係機関で配布。郵送希望の場合は返信用封筒（角型2号）に切手を貼り、必要部数をメモ書きし、各センターへ送付（1部210円切手、2部250円切手、3～4部390円切手）
受験料	**8,800円**（非課税）
試験地	北海道（恵庭）、東北（岩沼）、関東（市原）、中部（東海）、近畿（加古川）、中国四国（福山）、九州（久留米）の各安全衛生技術センター
試験内容	①ボイラーおよび第1種圧力容器に関する知識 ②ボイラーおよび第1種圧力容器の整備の作業に関する知識 ③ボイラーおよび第1種圧力容器の整備の作業に使用する器材、薬品などに関する知識 ④関係法令 ※試験科目の一部免除：ボイラー技士（特級、1級、2級）の免許を受けた者および受験資格の③等の該当者は、試験内容の①の免除を受けられる

問い合わせ先
公益財団法人 安全衛生技術試験協会
〒101-0065 東京都千代田区西神田3-8-1 千代田ファーストビル東館9F
TEL03(5275)1088　　URL＝https://www.exam.or.jp/

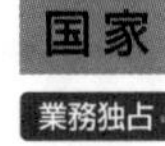

ボイラー溶接士（普通／特別）

国家
業務独占

ボイラー溶接士は、溶接によってつくられるボイラーまたは第1種圧力容器の製造、改造、修繕などの作業に従事する。試験は、すべての溶接の作業に携わることができる特別ボイラー溶接士と、条件付きで作業に従事できる普通ボイラー溶接士の2つに分かれている。

受験者数	合格率
857人※	68.1%※
受験資格	**受験料**
実務経験	8,800円（学科の場合）

※普通・特別学科合計数と平均合格率

受験資格	【普通ボイラー溶接士】 溶接作業の経験が1年以上ある者（ガス溶接、自動溶接を除く） 【特別ボイラー溶接士】 普通ボイラー溶接士免許を取得後、1年以上ボイラーまたは第1種圧力容器の溶接作業の経験がある者（ガス溶接、自動溶接を除く）
申込期間	各センターへの郵送：試験日の2カ月前～14日前 窓口持参：試験日の2カ月前～2日前
試験日	**年2、3回程度**
願書入手 申込方法	受験申請書は安全衛生技術試験協会、各地区安全衛生技術センターおよび関係機関で配布。郵送希望の場合は返信用封筒（角型2号）に切手を貼り、必要部数をメモ書きし、各センターへ送付（1部210円切手、2部250円切手、3～4部390円切手）
受験料	【普通】**〔学科〕8,800円　〔実技〕24,000円** 【特別】**〔学科〕8,800円　〔実技〕28,000円**（各非課税）
試験地	北海道（恵庭）、東北（岩沼）、関東（市原）、中部（東海）、近畿（加古川）、中国四国（福山）、九州（久留米）の各安全衛生技術センター
試験内容	**〔学科〕** ①ボイラーの構造およびボイラー用材料に関する知識 ②ボイラーの工作および修繕方法に関する知識 ③溶接施行方法の概要に関する知識 ④溶接棒および溶接部の性質の概要に関する知識 ⑤溶接部の検査方法の概要に関する知識 ⑥溶接機器の取扱方法に関する知識 ⑦溶接作業の安全に関する知識 ⑧関係法令 **〔実技〕** アーク溶接による実際の溶接作業（学科試験全部免除者または学科合格者が受験できる） 【普通】下向き・立向き突合わせ溶接 【特別】横向き突合わせ溶接

問い合わせ先
公益財団法人 安全衛生技術試験協会
〒101-0065 東京都千代田区西神田3-8-1 千代田ファーストビル東館9F
TEL03(5275)1088　URL＝https://www.exam.or.jp/

ボイラー（小規模）取扱者

都道府県労働局長に登録した教習機関が実施する講習を受けて、修了試験に合格すれば取得できる。この資格を取得後、小規模ボイラーの取り扱いを4カ月以上経験し、免許試験に合格すれば、2級ボイラー技士の資格も取得できる。

受験対策
講習＋修了試験合格

受講必要

受講者数	合格率
非公開	非公開
受講資格	受講料
なし	15,400円（東京の場合）

受講資格	誰でも受講できる ただし、18歳未満の者は、講習を修了してもボイラーの取扱業務に従事できないため、「満18歳に達するまで使用できない」等の文言が付記された修了証が交付される。
申込期間	各登録教習機関によって異なる 東京の場合： 講習日の3カ月前から常時受け付ける
講習日	東京の場合：**3カ月に1回程度、2日間**
受講料	東京の場合：**15,400円**（本体14,000円＋税、テキスト代は別途必要）
開講地	各都道府県
講習内容	ボイラー取扱技能講習は、小規模のボイラーの取り扱いに必要な知識を付与することを目的とする 小規模ボイラーとは、以下のことをいう ①胴の内径が750mm以下、長さ1,300mm以下の蒸気ボイラー ②伝熱面積が3m²以下の蒸気ボイラー ③伝熱面積が14m²以下の温水ボイラー ④伝熱面積が30m²以下の貫流ボイラー 講習内容は以下のとおり ①ボイラーの構造（2時間以上）：種類、構造、付属装置及び付属品、自動制御装置 ②ボイラーの取扱い（4時間以上）：使用中の留意事項、付属装置及び付属品の取扱い、ボイラー用水及びその処理、吹出し ③点火及び燃焼（3時間以上）：燃料、燃焼装置、点火及び燃焼方法 ④点検及び異常時の処置（4時間以上）：点検箇所及び点検要領、使用中における異常状態及びこれに対する処置の方法、使用後の処置、清浄作業 ⑤関係法令（1時間以上）：労働安全衛生法・同法施行令、労働安全衛生規則、ボイラー及び圧力容器安全規則、ボイラー構造規格中の関係条項

問い合わせ先
各都道府県労働局労働基準部安全課（健康安全課）、労働基準監督署、または東京の場合
一般社団法人 日本ボイラ協会 東京支部　〒105-0004 東京都港区新橋5-3-1 JBAビル2F
TEL03(5425)7770　URL＝https://www.jba-tokyo.jp/

ボイラー・タービン主任技術者

国家
必置

ボイラー・タービン主任技術者は電気事業法に基づく発電用ボイラー、蒸気タービン、ガスタービン、燃料電池発電所などの工事、維持、運用にかかる保安の監督などを行う。取り扱うことができるボイラー・タービンの種類によって第2種・第1種に分かれている。

申請者数	合格率
非公開	非公開
申請資格	申請料
学歴&実務経験	6,600円

資格取得要件	以下の学歴に応じた実務経験年数をもつ者が、最寄りの産業保安監督部電力安全課に申請することによって取得できる 【第2種】ボイラー・蒸気タービン・ガスタービン・燃料電池設備（最高使用圧力98キロパスカル以上）の工事・維持・運用にかかわった年数 ［　］は必要年数のうち発電用設備（電気工作物に限る）にかかわった年数 ①大学（機械工学）卒業後、3［3］年　②大学卒業後、5［3］年 ③短大・高専（機械工学）卒業後、4［4］年 ④短大・高専卒業後、6［4］年　⑤高校（機械工学）卒業後、5［5］年 ⑥高校卒業後、7［5］年　⑦中学卒業後、12［10］年 ⑧一級海技士（機関）・特級ボイラー技士・エネルギー管理士（熱）・技術士　（機械部門）2次試験合格者、3［3］年 【第1種】ボイラー・蒸気タービンの工事・維持・運用にかかわった年数 ［　］は必要年数のうち発電用設備（電気工作物に限る）にかかわった年数。(　）はそのうち圧力5880キロパスカル以上の発電用設備（電気工作物に限る）にかかわった年数 ①大学（機械工学）卒業後、6［6（3)］年 ②大学卒業後、10［6（3)］年 ③短大・高専（機械工学）卒業後、8［8（4)］年 ④短大・高専卒業後、12［8（4)］年 ⑤高校（機械工学）卒業後、10［10（5)］年 ⑥高校卒業後、14［10（5)］年　⑦中学卒業後、20［15（10)］年 ⑧一級海技士（機関）・特級ボイラー技士・エネルギー管理士（熱）・技術士（機械部門）2次試験合格者、6［6（3)］年
申請日	随時
申込方法	主任技術者免状交付申請書、卒業証明書、実務経歴証明書、戸籍抄本または住民票（本籍の記載のあるものに限る）などを提出する
申請料	6,600円

問い合わせ先
経済産業省各地方産業保安監督部 電力安全課　関東：関東東北産業保安監督部 電力安全課
〒330-9715 埼玉県さいたま市中央区新都心1-1 さいたま新都心合同庁舎1号館
TEL048(600)0391

研究や施工、行政分野でも活躍

独立 就職 趣味 評価

設備士（空気調和・衛生工学会）

建築設備における空気調和、給排水衛生設備の設計、施工、維持管理や教育、研究に携わる技術者を対象とした、空気調和・衛生工学会が検定する資格試験である。合格した技術者は、建築設備に関するさまざまな分野において、工学会設備士として高い信頼を得ている。

申込者数	合格率
2,795人※	31.9%※
受験資格	検定料
実務経験など	9,900円

※2部門合計数と平均合格率

受験資格	①大学（旧制大学・旧制専門学校を含む）の理科系課程を卒業した者 ②短期大学、高等専門学校の理科系課程を卒業後、空気調和・給排水・衛生設備に関する実務経験（以下、単に実務経験とする）を1年以上有する者 ③高校（旧制中学校の実業系を含む）の理科・工業系課程を卒業後、4年以上の実務経験を有する者 ④高校の建築設備系課程を卒業後、3年以上の実務経験を有する者 ⑤18歳以上で、7年以上の実務経験を有する者 ⑥①～④に該当しない各種学校（委員会が認定した学校）を卒業後、設備士資格検定委員会で実務経験年数を認定した者
申込期間	8月
試験日	【空調部門】【衛生部門】**11月下旬**
検定料	【空調部門】**9,900円** 【衛生部門】**9,900円**（各税込）
試験地	札幌、仙台、金沢、東京、名古屋、大阪、広島、福岡、那覇
合格率	【空調部門】33.2% 【衛生部門】30.5%
試験内容	【空調部門】 ①暖房・冷房・換気空気調和の計画、設計・施工および環境・エネルギー・安全などに関する専門知識 ②給水・給湯・消火・排水・衛生器具・し尿浄化槽その他の計画、設計・施工に関する基本知識 【衛生部門】 ①給水・給湯・消火・排水・衛生器具・し尿浄化槽その他の計画、設計・施工および環境・エネルギー・安全などに関する専門知識 ②暖房・冷房・換気その他の計画、設計・施工に関する基本知識

問い合わせ先

公益社団法人 空気調和・衛生工学会
〒162-0825 東京都新宿区神楽坂4-8 神楽坂プラザビル4F
TEL03(5206)3600 URL=http://www.shasej.org/

計装士

民間

計装技術は、産業分野での装置の円滑使用のために計測制御機器を設置する技術。計装士は、装置の取付けや配管・配線工事等の設計・監督を行う専門家で、1級試験に合格し、電気工事か管工事の実務経験を1年以上積めば、主任技術者としても活躍できる。

独学

通信

受験者数	合格率
884人※	55.9%※
受験資格	受験料
実務経験	7,530円（学科の場合）

※1級学科の場合

受験資格	【2級】計装工事の設計・施工の実務経験2年以上 【1級】①計装工事の設計・施工の実務経験5年以上 ②2級計装士合格者については、実務経験4年6カ月以上 ※1級の実務経験年数には、指導監督的実務経験1年以上を含む。実務経験とは、建築物その他の工作物、またはその設備において、計測・制御・監視設備工事または電気通信設備工事の設計・施工に従事することをいう。指導監督的実務経験とは、工事の施工管理業務に従事した経験などをいう
試験日	〔学科〕8月下旬 〔実地〕12月上旬
受験料	〔学科〕7,530円 〔実地〕17,820円（各税込） ※消費税の増額があった場合には実施試験の受験料が変更になることがあります
試験地	東北、関東、中部、関西、九州
受験者数 合格率	【2級】〔学科〕 428人、66.1% 〔実地〕285人、87.7% 【1級】〔学科〕 884人、55.9% 〔実地〕588人、62.8% （2023年度）
試験内容	【2・1級】 〔学科〕①計装一般知識：計装一般、機器 ②計装設備（プラント、ビル）：計装設計、工事の積算、検査と調整 ③施工管理（プラント設備、ビル設備）：工事施工法 ④計装関係法令：安全衛生、法規 〔実地〕工事計画、材料・製品の判定、計装設計、計装工事設計、制御ロジック、検査調整、安全衛生、計装工事材料積算、計装工事工数積算 ※試験の免除：第一種電気工事士、2級電気工事施工管理技士、2級管工事施工管理技士、2級電気通信工事施工管理技士は2級学科試験の③④が、また、1級電気工事施工管理技士、1級管工事施工管理技士、1級電気通信工事施工管理技士は2級および1級学科試験の③④が、申請により免除される。1級試験合格後、電気工事か管工事の実務を1年以上経験すると、対象業種の主任技術者として認定される

一般社団法人 日本計装工業会
〒101-0031 東京都千代田区東神田2-4-5東神田堀商ビル4F
TEL03(5846)9165　URL=https://www.keiso.or.jp/　E-MAIL＝ajii@keiso.or.jp

浄化槽設備士

浄化槽工事を行う業者は、法律によって浄化槽設備士の資格をもつ者を配置することが義務づけられている。建設業者、工務店などへの就職に有利な資格で、資格取得には、国家試験に合格する方法と講習を修了する方法がある。

受験者数	合格率
781人※	23.2%※
受験・受講資格	**受験料**
実務経験 or 他資格	31,700円※

※試験の場合

取得方法	浄化槽設備士試験によるものと、浄化槽設備士講習によるものがある。試験合格者と講習修了者は、国土交通大臣に申請することにより免状が交付される
受験・受講資格	【浄化槽設備士試験】次の①～③のいずれかに該当する者 ①学歴によって定められた実務経験年数をもつ者 ②1級または2級管工事施工管理技術検定に合格した者 ③職業能力開発促進法による技能検定の1級または2級配管（建築配管作業）に合格した者 【浄化槽設備士講習】1級または2級管工事施工管理技士の資格をもつ者
申込期間	【試験】4月上旬～5月中旬　【講習】開講日の約1カ月半前～1カ月前
試験・講習日	【試験】**7月上旬**　【講習】**開講地により異なる**
受験・受講料	【試験】**31,700円** 【講習】**133,100円**（教科目一部免除希望者**125,400円**）
試験・開講地	【試験】宮城、東京、愛知、大阪、福岡 【講習】東京および全国主要都市
試験・講習内容	【浄化槽設備士試験】 **〔学科〕**①機械工学、衛生工学など（浄化槽工事を行うために必要な機械工学、衛生工学、電気工学、建築学に関する知識　ほか） ②汚水処理法など（汚水の処理方法に関する知識　ほか） ③施工管理法（浄化槽工事の施工計画の作成方法、工程管理、品質管理　ほか） ④法規（浄化槽工事に必要な法令知識） **〔実地〕**施工管理法（施工図作成などを適切に行える応用能力） 【浄化槽設備士講習】 5日間、37時間。最終日の効果評定で基準に達した場合のみ、修了と認められる ①浄化槽概論　②法規　③浄化槽の構造および機能　④浄化槽施工管理法 ⑤浄化槽の保守点検および清掃概論 ※浄化槽管理士には講習教科目一部免除制度がある

問い合わせ先
公益財団法人 日本環境整備教育センター
〒130-0024 東京都墨田区菊川2-23-3
TEL03(3635)4880　URL=https://www.jeces.or.jp

独立 就職 趣味 評価

浄化槽管理士

浄化槽の保守点検が業務であり、環境保全に一役かっている。浄化槽管理士になるには、公益財団法人日本環境整備教育センターの実施する、①浄化槽管理士国家試験に合格する、②浄化槽管理士講習を修了する、の2つの方法がある。

受験者数	合格率
1,023人※	30.9%※
受験・受講資格	**受験料**
なし	23,600円※

※試験の場合

受験・受講資格	誰でも受験、受講できる 取得方法は、浄化槽管理士試験によるものと、浄化槽管理士講習によるものとがある
申込期間	【試験】7月上旬～8月上旬　【講習】開講日の約1カ月半前～1カ月前
試験・講習日	【試験】**10月下旬**　【講習】**年10回以上**（13日間）
試験・開講地	【試験】宮城、東京、愛知、大阪、福岡 【講習】東京および全国主要都市
受験・受講料	【試験】**23,600円** 【講習】**153,400円**（受講一部免除の場合：**142,100円**）
試験・講習内容	試験科目、講習科目は共通。講習の場合、最終日に修了考査が行われる ①浄化槽概論 生活環境の保全、汚水処理に関する基礎知識、汚水処理の基本的考え方　ほか ②浄化槽行政 概論、浄化槽法・関係法規 ③浄化槽の構造および機能 計画と設計の考え方、構造基準、付加装置 ④浄化槽工事概論 概論・図面の見方、施工状況の把握 ⑤浄化槽の点検、調整および修理 衛生・安全対策、衛生害虫および不快害虫対策・臭気対策・騒音対策、付帯設備の修理、保守点検実施上の注意事項　ほか ⑥水質管理 試験方法とその意義、処理水質の評価　ほか ⑦浄化槽の清掃概論：衛生上の基準・作業手順と注意点 ※講習の場合、浄化槽設備士資格取得者で受講一部免除を選択する者は、講習科目の①および④が免除される。ただし、修了考査についての免除はない

公益財団法人 日本環境整備教育センター
〒130-0024 東京都墨田区菊川2-23-3
TEL03(3635)4880　URL=https://www.jeces.or.jp/

危険なガス溶接作業をリードする

独立 就職 趣味 評価

ガス溶接作業主任者

ガス集合溶接装置などを用いて、金属の溶接・溶断・加熱の作業を行うガス溶接は危険度が高い。爆発などの災害をなくすために、作業方法の選択や作業指揮を確実に行うガス溶接作業主任者の存在は重要であり、溶接技術者のなかでもハイクラスな資格といえる。

受験者数	合格率
798人	82.2%
受験資格	**受験料**
なし	8,800円

受験資格	受験資格なし ※ただし、18歳未満の者は合格しても満18歳になるまで免許の交付はされない
申込期間	各センターへの郵送：試験日の2カ月前～14日前 窓口持参：試験日の2カ月前～2日前
試験日	**年1、2回程度**
願書入手 申込方法	受験申請書は安全衛生技術試験協会、各地区安全衛生技術センターおよび関係機関で配布 郵送希望の場合は返信用封筒（角型2号）に切手を貼り、必要部数をメモ書きし、各センターへ送付（1部210円切手、2部250円切手、3～4部390円切手）
受験料	**8,800円**（非課税）
試験地	北海道（恵庭）、東北（岩沼）、関東（市原）、中部（東海）、近畿（加古川）、中国四国（福山）、九州（久留米）の各安全衛生技術センター
試験内容	①アセチレン溶接装置およびガス集合溶接装置に関する知識 ②アセチレンその他の可燃性ガス、カーバイドおよび酸素に関する知識 ③ガス溶接などの業務に関する知識 ④関係法令 ※試験科目の一部免除：大学又は高専で溶接に関する学科を専攻して卒業した者および大学又は高専を卒業し、その後1年以上ガス溶接等の業務に従事した経験を有する者等は、試験内容の①②の免除を受けられる

公益財団法人 安全衛生技術試験協会
〒101-0065 東京都千代田区西神田3-8-1 千代田ファーストビル東館9F
TEL03(5275)1088　URL＝https://www.exam.or.jp/

ステンレス鋼溶接技能者検定

ステンレス鋼製品の普及にともない、技術者のスキルアップのために、日本溶接協会が実施している検定。実作業者の技術の程度をJIS規格に照らして合否を判定するもので、32種類に分けて行われている。資格取得には優れた技術と知識が必要とされる。

公式テキスト　独学　講座　通信　登録必要

受験者数	合格率
20,828人※	88.7%※
受験資格	**検定料**
年齢など	1,320円（学科の場合）

※全種・全級合計数と平均合格率

受験資格	資格の区分は次の5つがあり、またそれぞれが分類されていて、合計32種類の技能者資格がある ①【被覆アーク溶接】**〔基本級・専門級〕** ②【ティグ溶接】**〔基本級・専門級〕** ③【ミグ溶接又はマグ溶接】**〔基本級・専門級〕** ④【ティグ溶接と被覆アーク溶接の組合せ溶接】**〔基本級・専門級〕** ⑤【ティグ溶接とミグ溶接又はマグ溶接の組合せ溶接】**〔基本級・専門級〕** **〔基本級〕** 1カ月以上溶接技術を習得した15歳以上の者 **〔専門級〕** 3カ月以上溶接技術を習得した15歳以上の者で、原則として、基本級の資格をもつ者 ※基本級の合格を前提に、〔基本級〕〔専門級〕を同時受験できる
申込期間	下記へ問い合わせる
試験日	**各都道府県で毎月実施**
申込方法	専用サイト（e-Weld）での申し込み
検定料	**〈学科〉1,320円（2024年3月1日現在）** **〈実技〉各種目によって異なるので、問い合わせる**（HP参照）
試験地	各都道府県
試験内容	**〈学科〉**初めて受験する場合のみ a）ステンレス鋼の一般知識 b）ステンレス鋼と溶接材料 c）溶接機の構造と操作　d）溶接施工 e）溶接部の試験と検査　f）溶接作業での安全衛生 **〈実技〉**JIS Z 3821に基づいて行われ、外観試験および曲げ試験によって評価される 〔基本級〕の溶接姿勢は下向きで、〔専門級〕の溶接姿勢は下向き、立向き、横向き、上向きなどで行う

一般社団法人 日本溶接協会
〒101-0025 東京都千代田区神田佐久間町4-20 溶接会館
TEL03(5823)6325　URL=http://www.jwes.or.jp/

高度な技術をもつ溶接技術者

独立 就職 趣味 評価

アルミニウム溶接技能者

アルミニウム合金の利用範囲は拡張され、溶接技術は急速に自動化されてきた。しかし、細かな手作業でなければできない手溶接の重要性も再認識されている。手溶接の技量を測るこのJIS Z 3811に基づく評価試験は、自分の力を知る目安にもなる。

講座

受験者数	合格率
4,000人	77.0%
受験資格	**受験料**
年齢など	1,210円 （学科の場合）

受験資格	【基本級】 ①1カ月以上アルミニウムの溶接技術を習得した満15歳以上の者 ②軽金属溶接協会の実技講習会で修了証を取得した者 【専門級】 3カ月以上アルミニウムの溶接技術を習得した満15歳以上の者で、対応する基本級の資格を有している者
申込期間	試験日の1カ月前まで
試験日	**全国で月1～7回程度**
受験料	**〔学科〕1,210円** **〔実技〕6,490～31,130円**（各税込） （ほかに材料費・消耗品費などが必要な場合がある）
試験地	北海道、青森、山形、宮城、福島、群馬、栃木、東京、神奈川、千葉、富山、静岡、愛知、大阪、兵庫、鳥取、広島、香川、愛媛、福岡、熊本　ほか
試験内容	**〔学科〕** 100点満点で60点以上が合格 ①溶接用アルミニウム材料 ②溶加材と溶接部の性質　③溶接施工 ④溶接装置の構造と取り扱い ⑤溶接部の検査　⑥溶接災害防止 **〔実技〕** 溶接方法はティグ溶接とミグ溶接の突合わせ溶接で、それぞれ板は薄板・中板・厚板、管は薄肉管・中肉管・厚肉管に区分され、試験材から曲げ試験片を採取して表曲げ、裏曲げまたは側曲げなどの曲げ試験を行い、審査する 【基本級】　各種板の下向き 【専門級】　各種板の立・横・上向きおよび各種固定管

問い合わせ先
一般社団法人 軽金属溶接協会
〒101-0025 東京都千代田区神田佐久間町4-20 溶接会館6F
TEL03(3863)5545　URL=http://www.jlwa.or.jp

冷凍空調技士

冷凍空調設備の設計製作・施工・工事の専門家を認定。冷凍空調工事保安管理者、冷媒フロン類取扱技術者の認定技術取得要件。
【受験資格】〔第２種〕 誰でも受験できる
〔第１種〕 ①冷凍・冷蔵・空気調和その他、低温・高温発生機器に係わる装置などの研究、開発、設計、製造などの関連業務の従事経験、または高圧ガス保安法に規定した冷凍施設に関する経験が通算４年以上ある者　②通算３年以上の実務経験を有する第２種冷凍空調技士　ほか
【試験科目】 理論：①冷凍サイクルと圧縮機　②伝熱および熱交換　ほか
技術：①冷凍装置の設計計算　②冷凍装置の自動制御　③冷媒配管・付属機器　ほか

【問い合わせ先】
公益社団法人 日本冷凍空調学会
〒103-0011 東京都中央区日本橋大伝馬町13-7
日本橋大富ビル5F
TEL03(5623)3223

溶接作業指導者

溶接作業の管理・指導に加え、技量向上の指導を行う現場のリーダー。溶接作業に関する豊富な経験と知識を必要とする。
【受講資格】 満25歳以上で、技量資格としてJISまたは公的団体の技能検定資格所持者、または所持していた者（管の突合せ継手で裏当て金なしの資格、または板の突合せ継手で裏当て金なしの下向き以外の異なる２つ以上の溶接姿勢の資格が各３年を超えている　ほか）
【取得方法】 協会の講習会を受講し、筆記試験に合格する
【講習日】 5月　10月
【講習内容】 ①溶接施工の一般知識
②技能指導に関する実務知識　③安全衛生管理・溶接施工管理の実務知識　ほか

【問い合わせ先】
一般社団法人 日本溶接協会 事業部
〒101-0025 東京都千代田区神田佐久間町4-20
溶接会館　TEL03(5823)6325

溶接管理技術者

建築鉄骨、プラント、橋梁などあらゆる産業で必要とされる溶接技術。安全性や信頼性確保のためにも、高い技術と知識の証である溶接管理技術者資格のニーズは高い。
【受験資格】〔２級〕〔１級〕〔特別級〕 があり、級ごとに、最終学歴や、必要とされる実務経験年数が細かく設定されている
【試験日】〈筆記〉 6月、11月　**〈口述〉** 7月、12月
【試験科目】〔２・１級〕〈筆記〉 ①溶接法　②溶接機器　③溶接冶金　④溶接材料　⑤溶接力学　⑥溶接設計　⑦溶接施工・管理　⑧安全衛生　⑨試験検査　**〈口述〉** 溶接施工・管理全般に関する知識 **〔特別級〕〈筆記〉** ①材料・溶接性　②設計　③施工・管理　④溶接法・機器　**〈口述〉** 溶接施工・管理全般に関する知識
【問い合わせ先】
一般社団法人 日本溶接協会 事業部
〒101-0025 東京都千代田区神田佐久間町4-20
溶接会館　TEL03(5823)6325

アルミニウム合金構造物の溶接管理技術者

アルミニウム合金構造物の溶接には高度なテクニックが必要とされる。その溶接施工と管理に関する技術知識とスキルをもった技術者を、協会規格に基づいて試験する。
【受験資格】 20歳以上
〔３級〕〔２級〕〔１級〕 があり、級ごとに、大学院、大学、短期大学、専門学校などの最終学歴や、取得資格によって必要とされる実務経験年数が細かく設定されている
【試験日】 8～9月
【受験料】 9,130円
【試験科目】〔３・２級〕 書類審査・筆記試験・口述試験：溶接法、金属材料、溶接設計、溶接機器ほか **〔１級〕** 書類審査・口述試験：溶接工学全般

【問い合わせ先】
一般社団法人 軽金属溶接協会
〒101-0025 東京都千代田区神田佐久間町4-20
溶接会館6F
TEL03(3863)5545

技 能 士

国家

名称独占

園芸装飾、鉄工、左官など幅広い分野の技能について、その習得レベルを国が証明する試験。合格者は技能士を名乗ることができ、確かな技能の証として高く評価されている。試験は前期と後期に分けて実施され、職種により国の機関と民間の指定機関が行う。

申込者数	合格率
869,519人※	41.4%※
受験資格	**受験料**
実務経験など	18,200円（東京都実技の場合）

※全級合計数と平均合格率（2022年度）

受検資格	原則として検定職種における以下のような実務経験がある者 職業訓練歴や学歴などにより短縮されることがある 【単一等級】3年以上 【3級】検定職種に関する学科に在学する者、検定職種に関する訓練科で職業訓練を受けている者でも可 【2級】2年以上 【1級】7年以上 【特級】1級合格後5年以上
申込期間	前期： 4月上旬～中旬　後期：10月上旬～中旬
試験日	**〔実技〕6月初旬～9月上旬　12月上旬～翌年2月中旬** **〔学科〕7月中旬～9月上旬　翌年1月下旬～2月上旬** ※職種によって異なる
合格発表	前期：8月下旬（3級） 10月上旬　後期：翌年3月中旬 ※職種によって異なる
受検料	**〔実技〕18,200円**（35歳未満の場合、一部減額される） **〔学科〕3,100円** ※職種ごとに各都道府県で異なる場合がある 指定試験機関実施の職種については各機関に問い合わせること
試験内容	実技試験と学科試験があり、両方に合格することが必要。どちらか一方だけ合格した場合、次回以降は不合格だった試験のみ受験すればよい（ただし、特級については合格した日から5年間有効） **〔実技〕** 原則、試験日の前（3月上旬、9月上旬）に課題が公表される。職種により、次のいずれかもしくは全てを行う ①製作等作業試験：物の製作、組み立て、調整など（おおむね4～6時間） ②判断等試験　③計画立案等作業試験：実際的な対象物・現場の状態、状況などについて説明した設問により、判別、判断、測定、計算などを行う　④実地試験 **〔学科〕**【単一等級】真偽法（○×式）・四肢択一法各25題（1時間40分）【3級】真偽法（○×式）30題（1時間）【2級】真偽法（○×式）・四肢択一法各25題（1時間40分）【1級】真偽法（○×式）・四肢択一法各25題（1時間40分）【特級】五肢択一法50題（2時間） ※指定試験機関実施のものについては職種により異なる

問い合わせ先

中央職業能力開発協会技能検定部企画管理課または各都道府県職業能力開発協会
〒160-8327 東京都新宿区西新宿7-5-25 西新宿プライムスクエア（新宿事務所）
TEL03(6758)2859　　URL＝https://www.javada.or.jp/

園芸装飾 3級、2級、1級	観賞用植物による装飾およびその維持管理に必要な技能 【学科】室内園芸装飾法、植物一般、安全衛生　ほか 【実技】室内園芸装飾作業
さく井 2級、1級	さく井工事の施工に必要な技能 【学科】井戸一般、施工法一般、材料、ポンプ、揚水試験　ほか 【実技】パーカッション式さく井工事作業　ほか（1科目選択）
造園 3級、2級、1級	造園の設計図に基づく造園工事の施工に必要な技能 【学科】庭園及び公園、施工法、材料、設計図書、測量　ほか 【実技】造園工事作業
鋳造 3級、2級、1級、特級	鋳物製造工程における造型および鋳込みに必要な技能 【学科】鋳造一般、機械工作法、製図、電気　ほか 【実技】鋳鉄鋳物鋳造作業、非鉄金属鋳物鋳造作業　ほか（1科目選択）
鍛造 2級、1級	鍛工品の製作および製造に必要な技能 【学科】鍛造一般、材料、製図、関係法規、安全衛生　ほか 【実技】ハンマ型鍛造作業、プレス型鍛造作業　ほか（1科目選択）
金属熱処理 3級、2級、1級、特級	金属の熱処理に必要な技能 【学科】鉄鋼材料の組織および変態、基本的熱処理法　ほか 【実技】一般熱処理作業、浸炭・浸炭窒化・窒化処理作業　ほか
工場板金 3級、2級、1級、特級	金属薄板の加工及び組立てに必要な技能 【学科】工場板金加工法一般、機械工作法、材料、製図、安全衛生　ほか 【実技】曲げ板金作業、打出し板金作業　ほか（1科目選択）
機械加工 3級、2級、1級、特級	工作機械による金属などの切削加工、研削加工、けがきなどに必要な技能 【学科】工作機械加工一般、機械要素、機械工作法、材料　ほか 【実技】普通旋盤作業、数値制御旋盤作業、フライス盤作業　ほか（選択）
非接触除去加工 2級、1級、特級	放電加工機による金属の加工に必要な技能 【学科】放電加工一般、機械要素、機械工作法、材料力学　ほか 【実技】数値制御形彫り放電加工作業、ワイヤ放電加工作業　ほか（選択）
金型製作 特級	金型の製作に必要な技能 【学科】金型一般、金型製作法一般、機械要素、金型用材料　ほか 【実技】プレス金型製作作業、プラスチック成形用金型製作作業（選択）

金属プレス加工 2級、1級、特級	プレス機械による金属薄板の加工に必要な技能 【学科】金属プレス加工法、材料、材料力学、機械工作法　ほか 【実技】金属プレス作業
鉄　工 2級、1級	鉄鋼材の加工、取付けおよび組立て、現図製作に必要な技能 【学科】鉄工作業法一般、材料、材料力学、機械工作法、製図　ほか 【実技】製缶作業、構造物鉄工作業、構造物現図作業（1科目選択）
建築板金 2級、1級	建築板金工事の施工に必要な技能 【学科】建築板金加工法一般、建築構造、製図、電気　ほか 【実技】内外装板金作業、ダクト板金作業（どちらか1科目選択） （※3級は23年度休止）
めっき 3級、2級、1級、特級	めっきに必要な技能 【学科】めっき一般、品質管理、安全衛生　ほか 【実技】電気めっき作業、溶融亜鉛めっき作業（どちらか1科目選択）
金属溶解 2級、1級	金属の溶解に必要な技能 【学科】金属溶解炉一般、材料試験、機械工作法　ほか 【実技】鋳鋼溶解作業
溶　射 単一等級	溶射に必要な技能 【学科】溶射一般、電気、安全衛生　ほか 【実技】防食溶射作業、肉盛溶射作業（どちらか1科目選択）
金属ばね製造 2級、1級	線ばねおよび薄板ばねの製造に必要な技能 【学科】ばね一般、材料、材料力学、品質管理、電気　ほか 【実技】線ばね製造作業、薄板ばね製造作業（どちらか1科目選択）
ロープ加工 2級、1級	ロープの加工に必要な技能 【学科】ロープ一般、ロープ加工法、材料、関係法規、安全衛生 【実技】ロープ加工作業
仕上げ 3級、2級、1級、特級	手工具および工作機械による機械部品の仕上げおよび組立てに必要な技能 【学科】仕上げ法、機械要素、機械工作法、材料　ほか 【実技】治工具仕上げ作業、金型仕上げ作業、機械組立て仕上げ作業（選択）
切削工具研削 2級、1級	切削工具の研削、研磨に必要な技能 【学科】研削一般、材料、材料力学、製図、電気、安全衛生 【実技】工作機械用切削工具研削作業、超硬刃物研磨作業（1科目選択）

機械検査 3級、2級、1級、特級	機械の部品および作動機構の検査に必要な技能 【学科】測定法、検査法、品質管理、機械要素　ほか 【実技】機械検査作業
ダイカスト 2級、1級、特級	ダイカスト盤による製品の製造に必要な技能 【学科】ダイカスト法、金型、材料、電気　ほか 【実技】コールドチャンバダイカスト作業　ほか（1科目選択）
電子回路接続 単一等級	電子回路における部品の接続に必要な技能 【学科】電子回路接続法、材料、製図、安全衛生 【実技】電子回路接続作業
電気機器組立て 3級、2級、1級、特級	電気機器の組立ておよびこれに伴う修理に必要な技能 【学科】電気機器組立て一般、電気、製図、機械工作法　ほか 【実技】回転電機組立て作業、変圧器組立て作業　ほか（1科目選択）
半導体製品製造 2級、1級	半導体製品の製造に必要な技能 【学科】半導体一般、電気、半導体製品製造法一般、製図　ほか 【実技】集積回路チップ製造作業、または集積回路組立て作業
プリント配線板製造 3級、2級、1級	半導体等の電子部品を配列・接続するためのプリント配線板の製造に必要な技能 【学科】プリント配線板一般、電気、プリント配線板製造法一般　ほか 【実技】プリント配線板設計作業、またはプリント配線板製造作業
自動販売機調整 2級、1級	自動販売機の調整に必要な技能 【学科】自動販売機、材料、自動販売機調整法　ほか 【実技】自動販売機調整作業
産業車両整備 2級、1級	産業車両の整備に必要な技能 【学科】産業車両、産業車両整備法、材料、機械要素、製図　ほか 【実技】産業車両整備作業
鉄道車両製造・整備 2級、1級	鉄道車両の製造および整備に必要な技能 【学科】鉄道車両一般、材料、機械要素、電気、機械工作法　ほか 【実技】機器ぎ装作業、内部ぎ装作業、電気ぎ装作業　ほか（1科目選択）
時計修理 3級、2級、1級	時計の修理に必要な技能 【学科】時計、時計修理法、材料、電子および電気　ほか 【実技】時計修理作業

光学機器製造 2級、1級	光学機器の製造に必要な技能 【学科】光学一般、光学機器製造一般、品質管理、製図　ほか 【実技】光学ガラス研磨作業、または光学機器組立て作業
内燃機関組立て 3級、2級、1級	内燃機関の製造工程における組立ておよび調整に必要な技能 【学科】内燃機関、内燃機関組立て法、機械要素、材料、製図　ほか 【実技】量産形内燃機関組立て作業
空気圧装置組立て 2級、1級	空気圧装置の組立て、保全に必要な技能 【学科】空気圧装置一般、空気圧装置組立て法、材料、製図　ほか 【実技】空気圧装置組立て作業
油圧装置調整 2級、1級	油圧装置の据付け、運転整備、保守管理および調整に必要な技能 【学科】油圧装置一般、油圧装置調整法、作動油、材料　ほか 【実技】油圧装置調整作業
粉末冶金 2級、1級	焼結機械部品及び焼結含油軸受の製造に必要な技能 【学科】粉末冶金一般、粉末冶金製品製造法、粉末冶金材料　ほか 【実技】成形・再圧縮作業
農業機械整備 2級、1級	農業機械の整備に必要な技能 【学科】農業機械一般、農業機械整備法、材料、機械要素　ほか 【実技】農業機械整備作業
冷凍空気調和機器施工 3級、2級、1級	冷凍、冷却および空気調和機器の据付けおよび整備に必要な技能 【学科】冷凍空気調和一般、施工法、材料、電気、製図　ほか 【実技】冷凍空気調和機器施工作業
電子機器組立て 3級、2級、1級、特級	電子機器の組立て及びこれに伴う修理に必要な技能 【学科】電子機器、電子及び電気、組立て法、材料、安全衛生　ほか 【実技】電子機器組立て作業
シーケンス制御 3級、2級、1級	シーケンスの制御に係る技能 【学科】シーケンス制御法、メカトロニクス一般、製図、安全衛生　ほか 【実技】シーケンス制御作業
婦人子供服製造 2級、1級	婦人、子供服の製造に必要な技能 【学科】婦人子供服一般、材料、色彩および流行、安全衛生　ほか 【実技】婦人子供注文服製作作業、婦人子供既製服縫製作業　ほか（選択）

紳士服製造 2級、1級	紳士服の製造に必要な技能 【学科】紳士服一般、材料、色彩および流行、安全衛生　ほか 【実技】紳士注文服製作作業、紳士既製服製造作業 （※2級、1級は23年度休止）
建設機械整備 2級、1級	建設機械の整備に必要な技能 【学科】建設機械、建設機械整備法、材料、機械要素、燃料及び油脂類ほか 【実技】建設機械整備作業
強化プラスチック成形 2級、1級	強化プラスチックの成形に必要な技能 【学科】強化プラスチック成形一般、材料、製図、安全衛生　ほか 【実技】手積み積層成形作業、エポキシ樹脂積層防食作業　ほか（1科目選択）
アルミニウム陽極酸化処理 2級、1級	アルミニウム及びアルミニウム合金の陽極酸化処理に必要な技能 【学科】電気及び電気化学、陽極酸化処理一般　ほか 【実技】陽極酸化処理作業
切削工具研削 2級、1級	切削工具の研削、研磨に必要な技能 【学科】研削一般、材料力学、製図、安全衛生　ほか 【実技】工作機械用切削工具研削作業　ほか（1科目選択）
家具製作 3級、2級、1級	家具の製作に必要な技能 【学科】家具一般、製図、電気、安全衛生　ほか 【実技】家具手加工作業、家具機械加工作業、いす張り作業（1科目選択）
建具製作 2級、1級	建具の製作に必要な技能 【学科】建具一般、建築物一般、製図、電気、安全衛生　ほか 【実技】木製建具手加工作業、または木製建具機械加工作業
染色 2級、1級	繊維品の染色及び染色補正に必要な技能 【学科】染色加工一般、繊維製品、色彩　ほか 【実技】糸浸染作業、織物・ニット浸染作業　ほか（1科目選択）
印刷 2級、1級	印刷に必要な技能 【学科】印刷、プリプレスおよび製本一般、材料、安全衛生　ほか 【実技】オフセット印刷作業
ウェルポイント施工 2級、1級	ウェルポイント工事の施工に必要な技能 【学科】地下工事一般、地下水一般、土質一般　ほか 【実技】ウェルポイント工事作業

プラスチック成形 3級、2級、1級	プラスチックの成形に必要な技能 【学科】プラスチック成形法一般、成形材料一般、電気、品質管理　ほか 【実技】圧縮成形作業、射出成形作業、ブロー成形作業　ほか（選択）
表装 2級、1級	塗装に必要な技能 【学科】表装一般、意匠図案及び色彩、建築概要、安全衛生　ほか 【実技】表具作業、壁装作業（どちらか1科目選択）
石材施工 2級、1級	石材の施工に必要な技能 【学科】施行法一般、材料、安全衛生　ほか 【実技】石材加工作業、石張り作業、石積み作業（1科目選択）
パン製造 2級、1級	パン製造に必要な技能 【学科】食品一般、パン一般、パン製造法、材料、関係法規　ほか 【実技】パン製造作業
フラワー装飾 3級、2級、1級	塗装に必要な技能 【学科】フラワー装飾一般、フラワー装飾作業法、植物一般　ほか 【実技】フラワー装飾作業
ハム・ソーセージ・ベーコン製造 2級、1級	ハム・ソーセージ・ベーコンの製造に必要な技能 【学科】食肉加工一般、ハム・ソーセージ・ベーコン製造法、材料　ほか 【実技】ハム・ソーセージ・ベーコン製造作業
和裁 3級、2級、1級	和服の仕立てに必要な技能 【学科】和服製作法、和服一般、服装美学一般　ほか 【実技】和服製作作業
縫製機械整備 2級、1級	縫製機械の整備に必要な技能 【学科】縫製機械、縫製機械調整法、材 料　ほか 【実技】縫製機械整備作業
酒　造 2級、1級	清酒製造に必要な技能 【学科】清酒製造法、微生物および酵素、化学一般、電気　ほか 【実技】清酒製造作業
建築大工 3級、2級、1級	木造建築物の大工工事の施工に必要な技能 【学科】建築構造、規矩術、施工法、材料、製図、関係法規　ほか 【実技】大工工事作業

プリプレス 2級、1級	プリプレスに必要な技能 【学科】プリプレス・印刷及び製本一般、材料、DTP法　ほか 【実技】DTP作業
かわらぶき 3級、2級、1級	かわらぶきに必要な技能 【学科】屋根、施工法、材料、建築概要、製図、安全衛生 【実技】かわらぶき作業
とび 3級、2級、1級	とび工事の施工に必要な技能 【学科】施工法、材料、建築構造、関係法規、安全衛生 【実技】とび作業
左官 3級、2級、1級	左官工事の施工に必要な技能 【学科】施工法、材料、意匠図案、建築構造、製図、関係法規　ほか 【実技】左官作業
築炉 2級、1級	工業用炉の製造および修理に必要な技能 【学科】築炉作業法、材料、炉、燃料および燃焼、製図、安全衛生 【実技】築炉作業
ブロック建築 3級、2級、1級	コンクリートブロック工事の施工に必要な技能 【学科】建築構造、施工法、材料、製図、関係法規、安全衛生 【実技】コンクリートブロック工事作業
菓子製造 2級、1級	菓子の製造に必要な技能 【学科】食品一般、菓子一般、関係法規、安全衛生　ほか 【実技】洋菓子製造作業、和菓子製造作業　（どちらか1科目選択）
タイル張り 2級、1級	タイル工事の施工に必要な技能 【学科】施工法、材料、意匠図案、建築構造、製図、安全衛生　ほか 【実技】タイル張り作業
畳製作 2級、1級	畳の製作、敷込みおよび修理に必要な技能 【学科】畳および材料、施工法、建築概要、安全衛生 【実技】畳製作作業
配管 3級、2級、1級	配管工事の施工に必要な技能 【学科】施工法一般、材料、製図、関係法規、安全衛生 【実技】建築配管作業、またはプラント配管作業

厨房設備施工 2級、1級	業務用厨房設備工事の施工に必要な技能 【学科】施工法、厨房機器、厨房関連設備、厨房、関連基礎知識　ほか 【実技】厨房設備施工作業
型枠施工 3級、2級、1級	型枠工事の施工に必要な技能 【学科】施工法、材料、建築構造および土木構造、製図、関係法規　ほか 【実技】型枠工事作業
鉄筋施工 3級、2級、1級	鉄筋工事の施工に必要な技能 【学科】建築構造、施工法、材料、建築設計図、関係法規、安全衛生 【実技】鉄筋施工図作成作業、または鉄筋組立て作業
コンクリート圧送施工 2級、1級	コンクリート圧送工事の施工に必要な技能 【学科】建設一般、施工法、材料、コンクリートの圧送性　ほか 【実技】コンクリート圧送工事作業
防水施工 2級、1級	防水工事の施工に必要な技能 【学科】建設一般、製図、関係法規、安全衛生　ほか 【実技】アスファルト防水工事作業、シーリング防水工事作業　ほか（選択）
樹脂接着剤注入施工 2級、1級	樹脂接着剤注入工事の施工に必要な技能 【学科】施工法、材料、建設一般、製図、関係法規、安全衛生 【実技】樹脂接着剤注入工事作業
内装仕上げ施工 2級、1級	内装仕上げ工事の施工に必要な技能 【学科】内装仕上げ一般、建築構造、建築製図、関係法規　ほか 【実技】プラスチック系床仕上げ工事作業、鋼製下地工事作業　ほか（選択） （※3級は23年度休止）
熱絶縁施工 2級、1級	熱絶縁工事の施工に必要な技能 【学科】熱絶縁、関係法規、安全衛生　ほか 【実技】保温保冷工事作業、または吹付け硬質ウレタンフォーム断熱工事作業
カーテンウォール施工 2級、1級	金属製カーテンウォール工事の施工に必要な技能 【学科】カーテンウォール施工一般、施工法、材料、建築構造　ほか 【実技】金属製カーテンウォール工事作業
サッシ施工 2級、1級	サッシ工事の施工に必要な技能 【学科】サッシ施工法、建具一般、建築構造、建築設計図書　ほか 【実技】ビル用サッシ施工作業

自動ドア施工 2級、1級	自動ドア工事の施工に必要な技能 【学科】自動ドア一般、施工法、材料、保守点検、建築構造　ほか 【実技】自動ドア施工作業
バルコニー施工 単一等級	バルコニー工事の施工に必要な技能 【学科】バルコニー一般、施工法、材料、建築構造、製図　ほか 【実技】金属製バルコニー工事作業
ガラス施工 2級、1級	ガラス工事の施工に必要な技能 【学科】施工法、材料、建築構造、製図、関係法規、安全衛生 【実技】ガラス工事作業
写真 3級	肖像写真の撮影及び制作に必要な技能 【学科】写真一般、写真機材、撮影法、肖像写真デジタル制作法　ほか 【実技】肖像写真デジタル作業、写真制作、写真の修復
テクニカルイラストレーション 3級	テクニカルイラストレーションの作成に必要な技能 【学科】製図、立体図、立体図作成法、ＣＡＤ　ほか 【実技】テクニカルイラストレーション手書き作業、またはＣＡＤ作業 （※2級、1級は23年度休止）
機械・プラント製図 3級、2級、1級	機械およびプラント配管の製図に必要な技能 【学科】製図一般、材料、材料力学一般、溶接一般　ほか 【実技】機械製図手書き作業、機械製図CAD作業、プラント配管製図作業 （1科目選択）
電気製図 3級、2級、1級	電気機器の製図および写図に必要な技能 【学科】製図、配電盤・制御盤一般、電気、材料 【実技】配電盤・制御盤製図作業
化学分析 3級、2級、1級	化学的成分の分析に必要な技能 【学科】化学分析法、化学一般、安全衛生 【実技】化学分析作業
金属材料試験 2級、1級	金属材料の試験に必要な技能 【学科】金属材料試験法一般、材料、機械要素、機械工作法　ほか 【実技】機械試験作業、または組織試験作業
貴金属装身具製作 3級、2級、1級	貴金属装身具の製作に必要な技能 【学科】貴金属装身具製作法、材料、デザインおよび製図　ほか 【実技】貴金属装身具製作作業

寝具製作 2級、1級	綿入れふとんの製作に必要な技能 【学科】寝具製作法、材 料、寝具一般、安全衛生 【実技】寝具製作作業
塗　装 3級、2級、1級	塗装に必要な技能 【学科】塗装一般、材料、色彩、関係法規、安全衛生　ほか 【実技】建築塗装作業、金属塗装作業、噴霧塗装作業ほかより１科目
路面標示施工 単一等級	路面標示工事の施工に必要な技能 【学科】路面標示一般、路面標示作図法、路面標示施工法一般　ほか 【実技】溶融ペイントハンドマーカー工事作業　ほか（１科目選択）
塗料調色 単一等級	塗料調色に必要な技能 【学科】調色一般、調色作業法、材料、塗装一般、色　ほか 【実技】調色作業
広告美術仕上げ 3級、2級、1級	広告物の広告部分の製作に必要な技能 【学科】施工法一般、材料、デザイン、関係法規、安全衛生　ほか 【実技】広告面粘着シート仕上げ作業　ほか
舞台機構調整 3級、2級、1級	ホール・劇場などの舞台における音響機構の調整操作に必要な技能 【学科】舞台一般、音響機構調整法、電気、関係法規、安全衛生 【実技】音響機構調整作業
産業洗浄 単一等級	産業用設備、上下水道管等の洗浄に必要な技能 【学科】産業洗浄一般、付着物、関連基礎知識、図面　ほか 【実技】高圧洗浄作業、または化学洗浄作業
商品装飾展示 3級	商品の装飾展示に必要な技能 【学科】商品装飾展示一般、商品装飾展示法、材料、関係法規　ほか 【実技】商品装飾展示作業
製本 2級、1級	製本に必要な技能 【学科】製本法一般、材 料、印刷一般、電 気、安全衛生 【実技】製本作業
みそ製造 2級、1級	みその製造に必要な技能 【学科】みそ製造法、微生物及び酵素、化学一般　ほか 【実技】みそ製造作業

印章彫刻 2級、1級	印章の彫刻に必要な技能 【学科】印章一般、印章彫刻法一般、印章文字　ほか 【実技】木口彫刻作業
ウェブデザイン 3級、2級、1級	【学科】インターネット概論、ワールドワイドウェブ(WWW)法務　ほか 【実技】ウェブサイト構築
眼鏡作製 2級、1級	【学科】視機能系、光学系、商品系、フィッティング系　ほか 【実技】視力の測定、フィッティング、レンズ加工
キャリアコンサルティング 2級、1級	個人のニーズに応じたキャリアに関する相談や支援を行うために必要な技能 【学科】キャリアコンサルティングの社会的意義、相談実施技法　ほか 【実技】キャリアコンサルティング作業
接客販売 3級、2級、1級	小売業界における適切な接客に必要な技能 【学科】ホスピタリティに関する知識、企業倫理とコンプライアンス　ほか 【実技】接客の基本マナー、企業倫理とコンプライアンス　ほか
フィットネスクラブ・マネジメント 3級、2級、1級	店舗運営や人材戦略、リスクマネジメントなどクラブ運営に必要な技能 【学科】健康づくり、運動・トレーニングの基礎　ほか 【実技】運営業務、フロント実務、顧客対応　ほか
ピアノ調律 3級、2級、1級	調律、鍵盤タッチを整える整調やピアノの修理に必要な技能 【学科】音楽一般、ピアノ概論、ピアノ調律、ピアノ整調　ほか 【実技】ピアノ調律作業、ピアノ整調作業、ピアノ修理作業
ビル設備管理 2級、1級	ビル設備の計画、運営、監視、点検などに必要な技能 【学科】ビル設備管理作業、ビル設備管理法、関連法規、安全衛生 【実技】ビル設備管理作業
情報配線施工 3級、2級、1級	情報配線の施工に必要な技能 【学科】情報ネットワーク概論、配線施工機材および工具　ほか 【実技】光ケーブルの配線施工、メタルケーブルの配線施工
ガラス用フィルム施工 2級、1級	建築物や自動車の窓ガラスにフィルムをはる業務に必要な知識や技能 【学科】太陽光線の光学的特性、材料、安全衛生　ほか 【実技】自動車フィルム作業、または建築フィルム作業

Chapter 16

車両・航空・船舶

運行管理者

自動車運送事業者は「貨物自動車運送事業法」および「道路運送法」により、事業用自動車の運行を管理する営業所ごとに運行管理者を配置することが義務づけられている。実務経験者または講習修了者で、下記の受験資格を満たす者でなければ試験は受けられない。

公式テキスト　独学　講座　通信
CBT

受験者数	合格率
26,273人※	33.5%※
受験資格	**受験料**
実務経験 or 講習	6,000円

※貨物の場合（2023年9月）

受験資格	①自動車運送事業（貨物軽自動車運送事業を除く）または、特定第二種貨物利用運送事業者の事業用自動車の運行の管理に関し、1年以上の実務経験を有する者（受験申請に際し、実務に関する証明が必要） ②国土交通大臣が認定する講習実施機関で1995年4月1日以降実施の試験区分に応じた「基礎講習」を修了した者または受講予定者（受験申請に際し、基礎講習修了に関する証明が必要）
申込期間	第1回：6月中旬頃～7月中旬頃 第2回：12月中旬頃～1月中旬頃 ※基礎講習受講予定者は指定の期日までに講習を修了すること
試験日	**第1回：8月上旬頃～9月上旬頃** **第2回：2月中旬頃～3月中旬頃** （※受験は試験日の中から希望する日を選択）
申込方法	新規受験、再受験ともインターネット申請に限る。パソコンまたはスマートフォンから試験センターホームページの受験申請サイトにアクセスし、手順に従って申し込む
受験料	**6,000円**（非課税）
試験地	全国47都道府県にある試験会場で実施（申請書類等の審査完了後に送信される案内メールに従って、希望する試験会場及び日時を選択し予約する）
受験者数 合格率	【貨物】26,293人、33.5% 【旅客】　5,158人、34.5%
試験内容	試験は、貨物と旅客の2種類があり、CBT試験で行われる 【貨物】 ①貨物自動車運送事業法関係（8題）　②道路運送車両法関係（4題） ③道路交通法関係（5題）　④労働基準法関係（6題） ⑤その他運行管理者の業務に関し、必要な実務上の知識および能力（7題） 【旅客】 ①道路運送法関係（8題）　②～⑤【貨物】の②～⑤と同じ

公益財団法人 運行管理者試験センター 試験事務センター
〒105-0012 東京都港区芝大門1-16-3 芝大門116ビル7F
TEL03(6635)9400　URL=https://www.unkan.or.jp/

資格のQ&A

Q この資格を取るメリットは？

A 道路運送法等で定められた、事業用自動車の車両数に応じて営業所ごとに選任しなければならない必置資格です。したがって、関連する企業は従業員に資格取得をすすめています。**運行管理者になれば、手当やキャリアアップにつながる可能性があります。**

Q この資格取得にかかる費用・期間は？

A 受験するためには、運行管理に関する1年以上の実務経験が必要です。実務経験のない方は、運行管理者基礎講習を受講する必要があり、これが3日間で約9,000円です。試験の学習期間は1～3カ月程度で、テキスト・問題集の購入費は4,000円程度です。また、模擬試験を含めた短期の講習会が開催されており、これを受講すると、1～2万円程度の費用がかかります。最近では、講習はオンライン開催も増えています。

Q 資格取得後に有利な業界はどこですか？

A 安全輸送の責任者資格ですから、運送会社やタクシー会社などの**運送業界**で有利になります。ほかの業界であっても、運転者の管理を行う企業では、その知識が使える場合もあります。

Q 次のステップとして、取得すべき資格はありますか？

A この試験には、**貨物**と**旅客**の2分野があります。法令など、試験内容に重複する部分がありますので、どちらかの試験を取得したあとは、もう一方の分野が取得しやすくなります。また、安全衛生管理という意味では、次のステップとして、**衛生管理者**などがあります。

Q おススメの勉強方法・学習のポイントは？

A 年によって差がありますが、最近の合格率は30～40%程度です。試験は法令が中心です。**法令は応用問題があまりないので、過去問を繰り返し学習するのが効果的です。**

回答者 上井光裕（資格アドバイザー）

自動車運転者

国家

車の運転免許は、交通の安全とルールを守り、交通事故を未然に防ぐのに必要不可欠なものである。自家用車を運転するための第一種免許と、客を乗せたりするなど営業用車を運転するための第二種免許がある。2017年度より、準中型免許が新設された。

公式テキスト　独学　講座　通信

受講必要

受験者数	合格率
非公開	非公開
受験資格	受験料
年　齢	5,400円（一種普通の場合）

受験資格	【第一種免許】 **〈普通自動二輪・小型特殊・原付〉** 16歳以上の者 **〈普通・準中型・大型特殊・大型自動二輪〉** 18歳以上の者 **〈中型〉** 20歳以上で、準中型、普通、大型特殊免許のいずれかを取得しており、その期間が通算して2年以上の者 **〈大型〉** 21歳以上で、中型、準中型、普通、大型特殊免許のいずれかを取得しており、その期間が通算して3年以上の者 〈けん引〉 18歳以上で、二種、大型、中型、準中型、普通、大型特殊免許のいずれかを取得している者 【第二種免許】 **〈大型・中型・普通・大型特殊〉** ①21歳以上で、大型、中型、準中型、普通、大型特殊免許のいずれかを取得しており、その期間が通算して3年以上の者。　②ほかの第二種免許を取得している者　ほか **〈けん引〉** ①〈大型・中型・普通・大型特殊〉の①に加えて、けん引第1種免許を取得している者　②ほかの第二種免許を取得している者
試験日	**土・日曜、祝日、年末年始を除く毎日**（各都道府県により異なる）
受験料	【一種】普通：**5,400円**　小型特殊：**3,550円**　原付：**3,550円** 大型特殊・けん引・大型自動二輪・普通自動二輪：**各6,100円** 準中型・中型・大型：**各8,650円** 【二種】普通・中型・大型：**各9,700円**　大型特殊・けん引：**各6,100円** （直接受験の場合。いずれも免許交付手数料を含む）
試験地	全国各地の試験場
試験内容	**〔適性〕** ①視力（深視力）　②色彩識別能力　③聴力　ほか **〔学科〕** 交通法規、自動車のメカニズムに関する正誤判定 **〔技能〕** ①直線、周回、曲線、坂道の走行　②交差点の通行 ③横断歩道・踏切の通過などについての操作能力、安全な運転の能力 ※試験内容は、免許の種類などで一部異なる。なお、原付、普通自動二輪、大型自動二輪、普通、準中型、中型、大型、普通二種、中型二種、大型二種の新規取得者は、取得時講習の受講が義務付けられている

各都道府県警察本部運転免許課
または、各免許試験場、指定自動車教習所

独立 就職 趣味 評価

自動車整備士

国家 必置

車の事故が起きることのないように、万全の状態にオーバーホールするのが自動車整備士の使命である。技能検定は1級・2級・3級自動車整備士と特殊整備士まで、14の試験区分が定められており、年度初めに、その年度に実施される試験の種類が公示される。

受験者数	合格率
非公開	非公開
受験資格	**受験料**
実務経験ほか	7,200円

資格の種類	自動車整備士の試験には、1級大型自動車、1級小型自動車、1級・2級・3級二輪自動車、2級ガソリン自動車、2級ジーゼル自動車、2級・3級自動車シャシ、3級自動車ガソリン・エンジン、3級自動車ジーゼル・エンジン、自動車タイヤ、自動車電気装置、自動車車体の14種類がある
受験資格	【3級】①15歳以降の実務年数が1年以上の者 ②大学、高専、高校の機械学科などを卒業後、6カ月以上の実務経験をもつ者　ほか 【2級】①3級合格後、3年（大学、高専の機械学科などの卒業者は1年6カ月）以上の実務経験をもつ者　ほか 【1級】①2級（自動車シャシを除く）合格後、3年以上の実務経験をもつ者　②国土交通大臣指定の一種養成施設（学校）で1級整備士養成課程の修了者　ほか
申込期間	第1回：5月上旬～中旬　第2回：10月中旬（第2回は実技のみ） 学科および実技試験の全部が免除される者についての技能検定の申請（手数料2,450円）は随時受け付ける
試験日	**第1回：〔学科〕7月中旬　〔実技〕9月上旬** **第2回：〔実技〕12月上旬**
受験料	**7,200円**（税込）
試験内容	**〔学科〕**筆記（1級は筆記および口述） ①構造、機能および取り扱い法 ②整備用の試験機、計量器、工具の構造、機能および取り扱い法 ③保安基準その他の自動車の整備に関する法規　ほか **〔実技〕** ①基本工作　②修理 ③整備用の試験機、計量器、工具の取り扱い　ほか ※日本自動車整備振興会連合会が行う登録試験の合格者は技能検定試験が、国土交通大臣指定の養成施設の修了者は実技試験がそれぞれ免除される。なお、自動車整備技能登録試験は、年2回（学科10月・実技翌年1月、学科3月・1級口述5月・実技8月）実施される

問い合わせ先
国土交通省、または各地方運輸局 自動車技術安全部整備課　関東地区の場合：関東運輸局 自動車技術安全部整備課
〒231-8433 神奈川県横浜市中区北仲通5-57 横浜第二合同庁舎
TEL045(211)7254　　URL=https://www.mlit.go.jp/（国土交通省）

自動車の整備管理者

国家
必置

自動車の使用者には、道路運送車両法によって、自動車の点検、整備ならびに自動車車庫の管理に関する事項を処理させるために、整備管理者の選任が義務づけられている。資格要件には、自動車整備士の資格、または実務経験プラス研修などが必要である。

受験者数	合格率
―	―
受験資格	**受験料**
他資格など	―

資格要件	整備管理者に選任されるためには、次のいずれかの要件を備える者でなければならない ①整備の管理を行おうとする自動車と同種類の自動車の点検もしくは整備または整備の管理に関して2年以上の実務経験を有し、地方運輸局長が行う整備管理者選任前研修を修了した者 ②自動車整備士の1級、2級または3級の技能検定の合格者 ③前①②に掲げる技能と同等の技能として国土交通大臣が定める基準以上の技能を有する者。※ただし、地方運輸局長の解任命令により解任され、解任の日から2年を経過しない者は、整備管理者となることができない（選任事業場①、②の整備管理者については、5年）
選任事業場	自動車の使用者は、次のいずれかに該当する場合、自動車の点検・整備、および自動車車庫の管理に関する事項を処理させるために、一定台数以上の使用の本拠ごとに自動車整備管理者を選任しなければならない ①乗車定員11人以上の事業用自動車・レンタカーおよび30人以上の自家用自動車：1台以上 ②乗車定員11人以上29人以下の自家用自動車：2台以上 ③乗車定員10人以下の事業用自動車および乗車車両総重量8トン以上の自家用自動車・レンタカー：5台以上 ④①②を除くレンタカー・貨物軽自動車運送事業用自動車：10台以上
職務内容	自動車整備管理者に選任されると、日常点検の実施方法を定め、その点検の結果に基づき、運行の可否を決定する権限が与えられる。また、定期点検のほかに、随時必要な点検や整備を行い、点検整備記録簿やそのほかの点検および整備に関する記録簿を管理し、自動車車庫の管理を担う。さらに、このような業務を処理するため、運転者、整備員らを指導、監督する選任後（2年度ごとに1回）に研修が義務付けられている
選任手続き	使用者が整備管理者を選任したときは、その日から15日以内に地方運輸局長にその旨を届け出なければならない。また、これを変更したときも同様に届け出なければならない

問い合わせ先
各地方運輸局 自動車技術安全部保安・環境課、整備課、または各地方運輸局 運輸支局整備課
関東地区の場合：関東運輸局 自動車技術安全部 保安・環境課
〒231-8433 神奈川県横浜市中区北仲通5-57 横浜第二合同庁舎　TEL045(211)7256

道路交通法に従って安全運転指導

指定自動車教習所指導員

国家

各都道府県公安委員会の指定を受けた自動車教習所の指導員を認定する資格で、技能検定を行う技能検定員と、技能・学科の教習を行う教習指導員の2種類がある。取得には、過去2年以内に道路交通法に定められている一定の罪を犯していない者などが条件となる。

受験者数	合格率
―	―
受験資格	**受験料**
年齢&他資格	11,850円（教習・普通の場合）

取得方法	【教習指導員】教習所の教官募集に応募し、応募試験を経て教習所に就職。その後、事前教養を3～6カ月行い、公安委員会の行う3週間の教育研修に参加し、試験合格後、事後教養に参加 【技能検定員】 教習指導員と同様に事前教養を行い、試験合格後、事後教養に参加
受験資格	【教習指導員】 21歳以上で、技能教習で用いる自動車を運転できる免許所持者　ほか 【技能検定員】 25歳以上で、技能検定で用いる自動車を運転できる免許所持者　ほか
申込期間	各都道府県によって異なる
試験日	**各都道府県によって異なる**
申込方法	各指定自動車教習所、各都道府県の指定自動車教習所協会を通して申し込む
受験料	【教習指導員】普通：**11,850円**　準中型・中型・大型：**14,550円** 大型（特殊・二輪）・普通二輪・けん引：**9,650円** 二種（大型・中型・普通）：**12,450円** 【技能検定員】普通：**19,500円**　準中型・中型・大型：**23,400円** 大型（特殊・二輪）・普通二輪・けん引：**14,700円** 二種（大型・中型・普通）：**21,500円**
試験地	各都道府県によって異なる
試験内容	【教習指導員】**〔筆記〕**①道路交通法　②教習所関係法令　③教育知識　④交通の教則　⑤安全運転の知識　⑥自動車の構造等の科目 **〔運転技能審査〕**受験する車種の実技試験（通常は普通自動車） **〔面接審査〕** 【技能検定員】**〔技能審査〕**運転技能、運転技能に関する観察および採点技能　**〔知識審査〕**教則、自動車教習所に関する法令、技能検定に関する知識、運転技能の評価方法に関する知識

問い合わせ先　**各都道府県の指定教習所、または指定自動車教習所協会**

独立 就職 趣味 評価

中古自動車査定士

車社会において、中古車は消費者のごく身近にあり、利用価値も高い。このため、中古車価格の査定はきわめて重要だ。適正な査定と円滑な中古車流通のため、中古自動車査定士には、豊富な知識と高度な技術、最新の中古車情報の把握が求められる。

公式テキスト　独学　講座　通信

受講・登録必要

受験者数	合格率
11,001人※	77.9%※
受験資格	**受験料**
他資格など	18,150円※

※小型車の場合

受験資格	中古自動車査定士には、小型車査定士と大型車査定士の２種類がある 【小型車査定士】 協会所定の３日間の研修、またはeラーニングを修了 【大型車査定士】 協会所定の３日間の研修を修了
申込期間	【小型車】前期：４月上旬～下旬 後期：９月中旬～10月中旬 【大型車】４月上旬～下旬
試験日	【小型車】**前期：６月の第３日曜日　後期：12月の第１または２木曜日** **※2024年12月までは第１または第２水曜日** 【大型車】**６月の第２または３水曜日**
申込方法	下記協会本部または支所まで問い合わせること
受験料	【小型車】**18,150円**【大型車】**18,975円** 【小型・大型車】同時受験者**33,550円**（各研修受講料・教材費、税込）
試験地	各都道府県（北海道地区は、札幌、旭川、函館、帯広、北見、釧路）に設定し、受験申請者に連絡
試験内容	**〔学科〕** ①中古自動車査定制度 ②中古自動車査定基準、同細則および加減点基準 ③自動車の構造、機能および取り扱い ④保安基準、その他自動車に関する法規 ⑤その他査定に関する事項 **〔実技〕**査定の実技（想定された車両について、文章と略図を使って車両の部位と状態を示し、個別査定する） ※試験前に、協会各支所ごとに実施される研修会またはeラーニングの受講が必要となる。日程・場所等は、受験申し込み時、または後日、各支所から連絡

問い合わせ先
一般財団法人 日本自動車査定協会本部、および各都道府県支所　本部：一般財団法人 日本自動車査定協会
〒105-0003 東京都港区西新橋2-34-4 KCビル3F
TEL03(5776)0901　URL=http://www.jaai.or.jp

TSマークは安全保証のしるし

独立 就職 趣味 評価

自転車安全整備士

民間

車は点検しても自転車は軽視する人が多い。点検・整備を怠ると大事故につながるケースもある。自転車安全整備士は、点検・整備とともに事故を未然に防ぐ安全運転指導をしたうえ、傷害・賠償責任保険付帯のTSマークの貼付も行う。自転車店開業の必携資格。

受験者数	合格率
1,773人	52.7%
受験資格	**受験料**
年齢&実務経験	28,600円

受験資格	18歳以上で、自転車の安全利用に関する指導ならびに自転車の点検および整備に関し、2年以上の実務経験がある者
申込期間	5月下旬～6月上旬 ※下記URLよりインターネットで期間内24時間申請受付
試験日	**7～9月に8回実施**（ただし、1回のみ受験可）
受験料	**28,600円**（税込）
試験地	札幌、仙台、つくば、川口、東京、船橋、小田原、岡崎、堺、広島、高松、宗像の合計13試験地を予定 （試験日により異なる。年度内受験は1回まで）
試験内容	学科試験、実技試験、面接試験すべての試験科目に合格した場合に資格取得となる。ただし、前年度にいずれかの試験科目に合格している場合は、翌年受ける試験に限り、該当する試験科目の受験は免除される **〔学科〕** ①自転車の種類、各部分の名称および機能など ②点検整備に使用する工具の名称およびその使用方法 ③普通自転車の点検整備基準 ④自転車に関する道路交通法などの知識 ⑤自転車の安全利用の推進に必要な知識 **〔実技〕** ①準備作業 ②分解：整理した試験用自転車を分解する（制限時間25分） ③組立：適切な工具を使って組み立てるもので、まず後車輪を組み立てたあと、試験対象除外部品に関する項目を除きJIS D9301-2019「一般用自転車」に適合するよう完成車に組み立てる。組み立てる順序は自由（制限時間80分） ※実技に使う試験用自転車（車輪の径の呼び26以上、外装変速機付きの新車などの仕様条件あり）1台と工具は各自持参 **〔面接〕** 自転車の安全な乗り方、安全な自転車の選び方、ルール、マナーなどの知識・指導能力 所要時間5分程度 ※過去の試験問題は、日本交通管理技術協会を通して公表している

問い合わせ先
公益財団法人 日本交通管理技術協会
〒162-0843 東京都新宿区市谷田町2-6 エアマンズビル市ヶ谷
TEL03(3260)3621　URL=https://www.tmt.or.jp/

独立 就職 趣味 評価

自転車技士

自転車技士は、通常小売店などが行う組立・検査・整備に関する技術について審査する一般財団法人 日本車両検査協会が認定する資格である。JIS、SG、BAAマーク付の自転車を販売する際には、資格所持者が最終組立・点検調整を行う必要がある。

受験者数	合格率
1,368人※1	50.8%※2
受験資格	受験料
年齢&実務経験	28,600円

※1実技試験　※2実技・学科総合

受験資格	18歳以上で、自転車の組立・検査・整備に関して2年以上の実務経験を有する者または協会認定の専修学校（専門学校）専門課程を修了した者
申込期間	5月下旬～6月上旬
試験日	**7～9月に8回実施**（ただし、1回のみ受験可） ※変更・中止などの可能性があるためホームページで確認すること。
申込方法	下記URLよりインターネットで申請
受験料	**28,600円**（税込）
試験地	北海道、宮城、茨城、千葉、埼玉、東京、神奈川、愛知、京都、大阪、広島、香川、福岡（予定）
試験内容	**〔学科〕** ①自転車の種類、構造、機能および性能に関する知識 ②自転車の組立および検査に関する知識 ③自転車の整備に関する知識 ④産業標準化法および自転車・同部品の日本産業規格に関する知識 ⑤自転車の安全基準に関する知識 **〔実技〕** ①準備作業 ②分解：整理した受験用自転車を分解する（制限時間25分） ③組立：適切な工具を使って組み立てるもので、まず後車輪を組み立てたあと、試験対象除外部品に関する項目を除きJIS D9301-2019「一般用自転車」に適合するよう完成車に組み立てる。組み立てる順序は自由（制限時間80分） ※実技に使う受験用自転車（車輪の径の呼び26以上、外装変速機付きの市販車などの仕様条件あり）1台と工具は各自持参 試験に合格して登録されると自転車技士証が交付される。その後5年ごとの資格更新が必要となる

問い合わせ先
一般財団法人 日本車両検査協会 本部
〒114-0003 東京都北区豊島7-26-28
TEL03(5902)3455　　URL=https://jvia.or.jp/

定期航空路のパイロット

独立 **就職** 趣味 評価

定期運送用操縦士（飛行機／回転翼）

業務独占

航空関係の免許のなかでも最も難易度が高く、パイロット養成機関である独立行政法人の航空大学校などを卒業後、長期間の訓練と実務経験が必要。専門知識と高度な技術、さらに、万一のときに的確な処置を施す冷静な判断力も要求される高度な資格。

公式テキスト　**独学**　講座　通信

登録必要

受験者数	合格率
777人	59.2%※
受験資格	**受験料**
年齢 & 実務経験	5,600円※（学科の場合）

※別途CBT料

受験資格	21歳以上で、以下の飛行経験を有する者 【定期運送用操縦士・飛行機】 総飛行時間1,500時間以上で、以下の飛行を含む ①100時間以上の野外飛行を含む250時間以上の機長としての飛行 ②200時間以上の野外飛行　③100時間以上の夜間飛行 ④75時間以上の計器飛行 【定期運送用操縦士・回転翼】 総飛行時間1,000時間以上で、以下の飛行を含む ①100時間以上の野外飛行を含む250時間以上の機長としての飛行 ②200時間以上の野外飛行　③50時間以上の夜間飛行　ほか
試験日	**年6回：6月　7月　9月　11月　翌年1月　3月**（詳細はHP等で公示）
申込方法	CBT事業者での受験科目の予約後、技能証明申請書など必要書類を揃え、次へ提出する **東京航空局保安部運航課検査乗員係**（〒102-0074東京都千代田区九段南1-1-15 九段第2合同庁舎）：東京局の管轄する受験希望地で受験する者 **大阪航空局保安部運航課検査乗員係**（〒540-8559大阪市中央区大手前3-1-41 大手前合同庁舎）：大阪局の管轄する受験希望地で受験する者
受験料	**〔学科〕5,600円　〔実地〕67,400円**　登録免許税：**18,000円** ※別途CBT事業者に支払う配信費用が必要
試験地	全国（CBT事業者の会場）
試験内容	飛行機、回転翼とも〔学科〕と〔実地〕があり、以下は飛行機の試験内容 **〔学科〕**①航空工学（飛行理論に関する一般知識　ほか）②航空気象（気象観測法および航空気象通報式の概要　ほか）③空中航法（地文航法、推測航法および無線航法　ほか）④航空通信（概要）⑤航空法規（国内航空法規、国際航空法規の概要） **〔実地〕**①運航に必要な知識　②飛行前作業　③空港等および場周経路における運航　④基本的な計器による飛行　⑤各種離着陸ならびに着陸復行および離陸中止　ほか ※実地の期日、場所などは、学科合格者に別途通知する

問い合わせ先
国土交通省 航空局 安全部安全政策課
〒100-8918 東京都千代田区霞が関2-1-3
TEL03(5253)8111　　URL＝https://www.mlit.go.jp/

事業用操縦士（飛行機／回転翼）

報道や遊覧などを目的とし、一人で操縦できる飛行機やヘリコプターを操縦するための資格。

受験者数	合格率	受験資格	受験料
1,019人	70.6%	年齢＆実務経験	5,600円※（学科の場合）

※別途CBT料

受験資格	【飛行機】18歳以上で、100時間以上の機長としての飛行などを含む総飛行時間200時間以上の者 【回転翼】18歳以上で、35時間以上の機長としての飛行などを含む総飛行時間150時間以上の者
試験日	**年6回：6月　7月　9月　11月　翌年1月　3月** （詳細はHP等で公示）
試験内容	【飛行機】**〔学科〕**①航空工学　②航空気象　③空中航法　④航空通信　⑤航空法規　**〔実地〕**①運航に必要な知識　②飛行前作業　③空港等および場周経路における運航　④基本的な計器による飛行　ほか 【回転翼】**〔学科〕【飛行機】**と同じ　**〔実地〕【飛行機】**の①～③と同じ　④地表付近における操作　ほか

問い合わせ先
国土交通省 航空局 安全部安全政策課
〒100-8918 東京都千代田区霞が関2-1-3
TEL03(5253)8111　URL= https://www.mlit.go.jp/

事業用操縦士（滑空機／飛行船）

報道や農薬散布その他の事業を目的として、滑空機（グライダー）や飛行船を操縦するために必要な資格。

受験者数	合格率	受験資格	受験料
50人以下	40.0%	年齢＆実務経験	5,600円※（学科の場合）

※別途CBT料

受験資格	【動力滑空機】18歳以上で、出発地点から240㎞以上の野外飛行で、中間で2回以上の生地着陸などを含む飛行経験を有する者 【上級滑空機】18歳以上で、機長として、5回以上の失速からの回復の方法の実施などを含む、15時間以上の滑空を行った経験を有する者 【飛行船】18歳以上で、飛行船による20回以上の離着陸を含む50時間以上の機長としての飛行などを含む200時間以上の飛行経験を有する者
試験日	**年6回：6月　7月　9月　11月　翌年1月　3月**（詳細はHP等で公示）（飛行船においては7月　翌年3月）
試験内容	【滑空機】**〔学科〕**航空工学、滑空飛行に関する気象　ほか　**〔実地〕**運航に必要な知識、飛行前作業　ほか　【飛行船】**〔学科〕**航空工学、航空気象　ほか　**〔実地〕**運航に必要な知識、飛行前作業　ほか

問い合わせ先
国土交通省 航空局 安全部安全政策課
〒100-8918 東京都千代田区霞が関2-1-3
TEL03(5253)8111　URL= https://www.mlit.go.jp/

自家用の飛行機やヘリコプターを操縦　独立　就職　趣味　評価

自家用操縦士（飛行機／回転翼）

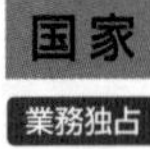

国家
業務独占

パイロットとして最も基本的な資格で、趣味として自家用飛行機（飛行機）やヘリコプター（回転翼）を自分で操縦して楽しむことができる。商用の飛行はできない。航空機の種類別に国家試験を受けて合格し、技能証明の交付を受ける必要がある。

公式テキスト　独学　講座　通信

登録必要

受験者数	合格率
475人	75.4%
受験資格	受験料
年齢 & 実務経験	5,600円※（学科の場合）

※別途CBT料

受験資格	17歳以上で、以下の飛行経験を有する者 【飛行機】総飛行40時間以上で、以下の飛行を含む ①10時間以上の単独飛行　②出発地点から270km以上の飛行で、中間において2回以上の生地着陸をするものを含む5時間以上の単独操縦による野外飛行　③夜間における離陸、着陸および航法の実地を含む20時間以上の同乗教育飛行 【回転翼】総飛行時間40時間以上の者 ①10時間以上の単独飛行　②出発地点から180km以上の飛行で、中間において2回以上の生地着陸をするものを含む5時間以上の単独操縦による野外飛行　ほか
試験日	**年6回：6月　7月　9月　11月　翌年1月　3月**（詳細はHP等で公示）
申込方法	CBT事業者での受験科目の予約後、技能証明申請書など必要書類を揃え、次へ提出する **東京航空局保安部運航課検査乗員係**（〒102-0074東京都千代田区九段南1-1-15九段第2合同庁舎）：東京局の管轄する受験希望地で受験する者 **大阪航空局保安部運航課検査乗員係**（〒540-8859大阪市中央区大手前3-1-41大手前合同庁舎）：大阪局の管轄する受験希望地で受験する者
受験料	**〔学科〕5,600円　〔実地〕46,400円**　登録免許税：**3,000円** ※別途CBT事業者に支払う配信費用が必要
試験地	全国（CBT事業者の会場）
試験内容	飛行機、回転翼とも〔学科〕と〔実地〕がある 【飛行機】**〔学科〕**①航空工学　②航空気象　③空中航法　④航空通信　⑤航空法規　**〔実地〕**①運航に必要な知識　②飛行前作業　③空港等および場周経路における運航　④基本的な計器による飛行　ほか 【回転翼】**〔学科〕**【飛行機】と同じ　**〔実地〕**①運航に必要な知識　②飛行前作業　③地表付近における操作　④空港等および場周経路における運航　⑤各種離陸および着陸並びに着陸復行および離陸中止　⑥基本的な計器による飛行　ほか

問い合わせ先
国土交通省 航空局 安全部安全政策課
〒100-8918 東京都千代田区霞が関2-1-3
TEL03(5253)8111　URL＝https://www.mlit.go.jp/

自家用のグライダーや飛行船を操縦

自家用操縦士（滑空機／飛行船）

業務独占

趣味やレジャーでグライダー（滑空機）や自家用飛行船を楽しむための免許。種類別に国家試験を受けて合格し、技能証明の交付を受ける必要がある。飛行船の資格は事業用（飛行船）を操縦するためのステップとして取得する人が多い。

公式テキスト　独学　講座　通信

登録必要

受験者数	合格率
232人	75.9%
受験資格	**受験料**
年齢 & 実務経験	5,600円（学科の場合）

※別途CBT料

受験資格	以下の飛行経験を有する者 【動力滑空機】16歳以上で、出発地点から120km以上の野外飛行で、中間で1回以上の生地着陸などを含む飛行経験を有する者 【上級滑空機】16歳以上で、えい航による30回以上などの滑空を含む、単独操縦による3時間以上の滑空の経験を有する者 【飛行船】17歳以上で、10回以上の離陸を含む5時間以上の単独飛行などを含む、50時間以上の飛行経験を有する者
試験日	**年6回：6月　7月　9月　11月　翌年1月　3月**（詳細はHP等で公示） （飛行船においては7月　翌年3月）
申込方法	CBT事業者での受験科目の予約後、技能証明申請書など必要書類を揃え、次へ提出する **東京航空局保安部運航課検査乗員係**（〒102-0074東京都千代田区九段南1-1-15 九段第2合同庁舎）：東京局の管轄する受験希望地で受験する者 **大阪航空局保安部運航課検査乗員係**（〒540-8559大阪市中央区大手前3-1-41 大手前合同庁舎）：大阪局の管轄する受験希望地で受験する者
受験料	**〔学科〕5,600円　〔実地〕67,400円**　登録免許税：**18,000円** ※別途CBT事業者に支払う配信費用が必要
試験地	全国（CBT事業者の会場）
試験内容	滑空機、飛行船とも〔学科〕と〔実地〕がある 【滑空機】**〔学科〕**①航空工学　②滑空飛行に関する気象　③航空法規　④空中航法　⑤航空通信（動力のみ）**〔実地〕**①運航に必要な知識　②飛行前作業　③空港等および場周経路における運航　④各種離陸および着陸並びに着陸復行　⑤曳航による飛行　ほか 【飛行船】**〔学科〕**①航空工学　②航空気象　③航空法規　④航空通信　⑤空中航法　**〔実地〕**①運航に必要な知識　②飛行前作業　③空港等および場周経路における運航　④各種離陸および着陸並びに着陸復行　ほか

国土交通省 航空局 安全部安全政策課
〒100-8918 東京都千代田区霞が関2-1-3
TEL03(5253)8111　URL＝https://www.mlit.go.jp/

独立 就職 趣味 評価

航空整備士／航空運航整備士

業務独占

事故の未然防止に重要な整備・点検。航空整備士は、安全確保のために空港や整備ハンガーで、航空機の整備や修理点検の他、整備された航空機が安全上の基準に合っているかを確認する。航空運航整備士は、動力装置の作動点検（車輪交換）などを行う。

公式テキスト　独学　講座　通信

登録必要

受験者数	合格率
964人※1	38.5%※1
受験資格	**受験料**
年齢 & 実務経験	5,600円※2 (学科の場合)

※1：1等航空整備士の場合　※2：別途CBT料

受験資格	【2等航空整備士】19歳以上で3年以上の航空機整備経験を有する者ほか 【1等航空整備士】20歳以上で4年以上の航空機整備経験を有する者ほか 【2・1等航空運航整備士】 18歳以上で、2年以上の航空機整備経験を有する者　ほか
試験日	**年6回：6月　7月　9月　11月　翌年1月　3月**（詳細はHP等で公示）
申込方法	CBT事業者での受験科目の予約後、技能証明申請書など必要書類を揃え、次へ提出する **東京航空局保安部運航課検査乗員係**（〒102-0074東京都千代田区九段南1-1-15 九段第2合同庁舎）：東京局の管轄する受験希望地で受験する者 **大阪航空局保安部運航課検査乗員係**（〒540-8559大阪市中央区大手前3-1-41 大手前合同庁舎）：大阪局の管轄する受験希望地で受験する者
受験料	以下、①学科　②実地　③登録免許税 【2等航空整備士】　①**5,600円**　②**45,000円**　③**6,000円** 【1等航空整備士】　①**5,600円**　②**50,100円**　③**9,000円** 【2等航空運航整備士】　①**5,600円**　②**34,600円**　③**3,000円** 【1等航空運航整備士】　①**5,600円**　②**37,200円**　③**6,000円** ※別途CBT事業者に支払う配信費用が必要
試験地	全国（CBT事業者の会場）
試験内容	【2・1等航空整備士】**〔学科〕**　①機体（航空力学を含む）　②発動機　③電子装備品など　④航空法規など（ヒューマン・ファクタを含む）**〔実地〕**　①整備の基本技術　②整備に必要な知見　③整備に必要な技術　④航空機の点検作業　⑤動力装置の操作 【2・1等航空運航整備士】**〔学科〕**　①機体（航空力学および装備品を含む）　②発動機　③航空法規など（ヒューマン・ファクタを含む）**〔実地〕**　①〜③【航空整備士】の①〜③と同じ　④航空機の日常点検作業

問い合わせ先
国土交通省 航空局 安全部安全政策課
〒100-8918 東京都千代田区霞が関2-1-3
TEL03(5253)8111　URL＝https://www.mlit.go.jp/

航空工場整備士

国家
業務独占

航空機は大型化、ハイテク化が進み、航空整備士が行う整備のみでは細部のチェックが難しくなっている。航空工場整備士は、機体構造や計器、無線通信機器など9つの専門分野ごとに限定して整備業務を行い、飛行のために厳重な安全確認を行うのが仕事だ。

登録必要

受験者数	合格率
34人※	82.4%※
受験資格	**受験料**
年齢&実務経験	5,600円※（学科の場合）

※機体構造など5分野　※別途CBT料

受験資格	18歳以上で、2年以上航空機の整備および改造の経験を有する者　ほか
試験日	**年6回：年6回：6月　7月　9月　11月　翌年1月　3月**（ピストン・プロペラについては7月　翌年3月）（詳細はHP等で公示）
申込方法	CBT事業者での受験科目の予約後、技能証明申請書など必要書類を揃え、次へ提出する **東京航空局保安部運航課検査乗員係**（〒102-0074東京都千代田区九段南1-1-15 九段第2合同庁舎）：東京局の管轄する受験希望地で受験する者 **大阪航空局保安部運航課検査乗員係**（〒540-8559大阪市中央区大手前3-1-41大手前合同庁舎）：大阪局の管轄する受験希望地で受験する者
受験料	**〔学科〕　5,600円　〔実地〕50,100円**　登録免許税：**9,000円** ※別途CBT事業者に支払う配信費用が必要
試験地	全国（CBT事業者の会場）
試験内容	**〔学科〕** ①航空工学（航空力学および航空機の取り扱い　ほか） ②専門科目（9分野の限定を受ける業務） ③航空法規など（ヒューマン・ファクタを含む） **〔実地〕** ①整備の基本技術 ②整備および改造に必要な品質管理の知識 ③限定を受ける業務についての整備、および改造などに関する知識および技術 ※「限定を受ける業務」の9分野は以下のとおり ①機体構造　②機体装備品 ③ピストン発動機 ④タービン発動機 ⑤プロペラ　⑥計器 ⑦電子装備品　⑧電気装備品 ⑨無線通信機器 ※実地の期日・場所などは、学科合格者に別途通知する

問い合わせ先
国土交通省 航空局 安全部安全政策課
〒100-8918 東京都千代田区霞が関2-1-3
TEL03(5253)8111　URL＝https://www.mlit.go.jp/

独立 就職 趣味 評価

運航管理者

業務・必置

航空輸送の安全を守るため、定期航空運送事業者は、法律により運航管理者を配置することが義務づけられている。運航管理者のおもな職務は、航空機乗務員に対して、適切な情報提供と指示を行うことであり、多くの人命にかかわる責任の重い大切な仕事。

受験者数	合格率
97人	40.2%
受験資格	**受験料**
年齢 & 実務経験	5,600円※ (学科の場合)

※別途CBT料

受験資格	21歳以上で、航空運送事業の用に供する航空機の運航に関して、下記の①～⑤のうち、1つの経験を2年以上有する者、および2つの経験をそれぞれ1年以上有する者、並びに⑥の経験を1年以上有する者 ①操縦を行った経験　②空中航法を行った経験　③気象業務を行った経験　④航空機に乗り込んで無線設備の操作を行った経験　⑤航空交通管制の業務を行った経験　⑥運航管理者の業務の援助の業務を行った経験
試験日	**年6回：6月　7月　9月　11月　翌年1月　3月**（詳細はHP等で公示）
申込方法	CBT事業者での受験科目の予約後、技能証明申請書など必要書類を揃え、次へ提出する **東京航空局保安部運航課検査乗員係**（〒102-0074東京都千代田区九段南1-1-15九段第2合同庁舎）：東京局の管轄する受験希望地で受験する者 **大阪航空局保安部運航課検査乗員係**（〒540-8559大阪市中央区大手前3-1-41大手前合同庁舎）：大阪局の管轄する受験希望地で受験する者
受験料	**〔学科〕5,600円　〔実地〕49,300円** ※別途CBT事業者に支払う配信費用が必要
試験地	全国（CBT事業者の会場）
試験内容	**〔学科〕**①航空機（構造、性能および燃料消費） ②航空機の運航（重量配分の基本原則・運航に及ぼす影響） ③航空保安施設（概要、機能、使用方法、運航上の運用方法） ④無線通信　⑤航空気象　⑥気象通報 ⑦天気図の解読　⑧空中航法　⑨航空法規 **〔実地〕**期日・場所などは、学科合格者に別途通知される ①天気図の解読（航空機の航行に関する気象状態の予想） ②航空機の航行の援助（仮定の悪天候状態における航行の援助）　ほか ※国土交通大臣の指定する運航管理者養成施設の課程を修了した者については、実地試験が免除される

問い合わせ先
国土交通省 航空局 安全部安全政策課
〒100-8918 東京都千代田区霞が関2-1-3
TEL03(5253)8111　URL＝https://www.mlit.go.jp/

航空管制官

国家

全国の空港などで、管制室から旅客機や輸送機の操縦士へ情報提供を行い、指示を与えるのが、航空管制官の職務。24時間態勢で空の安全を監視するハードな仕事だが、やりがいもある。試験合格後、8カ月間の基礎研修を経て各空港に配属される。

受験者数	合格率
418人	22.5%
受験資格	受験料
年齢など	ー

受験資格	①試験実施年4月1日現在、21歳以上、30歳未満の者 ②試験実施年4月1日現在、21歳未満で、大学、短大または高専を卒業した者、および卒業見込者 ③試験実施年4月1日現在、21歳未満で、人事院が②と同等の資格があると認めた者
申込期間	インターネット：2月下旬～3月下旬
試験日	**〔1次〕5月下旬 〔2次〕7月上旬 〔3次〕8月下旬**
申込方法	人事院インターネット：申込専用アドレス（http://www.jinji-shiken.go.jp/juken.html）へアクセスする ※原則としてインターネットで申し込む。インターネットを利用できない者は、航空保安大学校へ問い合わせる
試験地	**〔1次〕** 札幌、岩沼、東京、新潟、常滑、泉佐野、広島、松山、福岡、宮崎、那覇 **〔2次〕** 札幌、東京、泉佐野、福岡、那覇 **〔3次〕** 泉佐野
試験内容	**〔1次〕** ①基礎能力：公務員として必要な基礎的な知識および知能（多肢選択式） ②適性（Ⅰ部）：記憶力、空間把握力について（多肢選択式） ③外国語：英語の聞き取り ④外国語：英文解釈、和文英訳、英文法（多肢選択式） **〔2次〕** 1次合格者に実施する ①外国語（面接）：英会話 ②人物：人柄、対人的能力などについての個別面接 ※人物試験の参考として性格検査が実施される **〔3次〕** ①適性（Ⅱ部）：記憶力、空間把握力のシミュレーション ②身体検査：主として胸部疾患（胸部エックス線撮影を含む）、血圧、尿、そのほか一般内科系検査 ③身体測定：視力、色覚、聴力についての測定

人事院各地方事務局・事務所、または航空保安大学校 教務課
〒598-0047 大阪府泉佐野市りんくう往来南3-11
TEL072(458)3917 URL=https://www.mlit.go.jp/koku/atc/shiken.html

独立 就職 趣味 評価

海技士（航海）

国家
業務独占

海技士とは、船長、航海士といった船舶職員になれる者で、国土交通大臣から免許を与えられた者をいう。海技士（航海）は、出航前の安全確認から航海中の船上業務まで、安全航海に指針を示す重要な役割を果たす。資格取得には試験と免許講習の受講が必要。

受講必要

受験者数	合格率
非公開	非公開
受験資格	**受験料**
実務経験	2,400～7,200円※（収入印紙）

※学科・筆記の場合

受験資格	船舶の航行する区域および船舶の大きさの区分などで、それぞれの乗船履歴が定められている。詳しくは船舶職員法施行規則を参照
申込期間	定期試験：試験開始日の35日前～15日前 2月試験は40日前～15日前 臨時試験：試験地を管轄する各地方運輸局が公示
試験日	**定期試験：4月　7月　10月　翌年2月** **臨時試験：試験地を管轄する各地方運輸局が公示**
申込方法	海技従事者国家試験申請書に写真、戸籍抄本または住民票（本籍地記載のものに限る）、海技免状の写し、海技士身体検査証明書、受験料（相当する収入印紙）などを添えて、受験する各地方運輸局へ申請する
受験料	**〔学科・筆記〕2,400～7,200円** **〔学科・口述〕3,000～7,500円** **〔身体検査〕　870円**（各収入印紙）
試験地	全国11カ所
試験内容	【6級】**〔学科・筆記〕** ①航海に関する科目（航海計器、地文航法、電波航法　ほか） ②運用に関する科目（船舶の構造、設備および復原性、気象および海象、操船、船舶の出力装置、非常措置　ほか） ③法規に関する科目（海上衝突予防法、船員法　ほか） 【5～1級】**〔学科・筆記〕** ①～③【6級】の①～③と同じ ④英語に関する科目 **〔学科・口述〕**各級とも筆記試験合格者に実施 **〔身体検査〕**各級共通 ①視力　②色覚 ③聴力　④疾病および身体機能の障害の有無 ※海技免状は5年ごとの更新が必要

問い合わせ先
国土交通省 各地方運輸局 海上安全環境部労働環境・海技資格課
関東：関東運輸局 海上安全環境部 船員労働環境・海技資格課
〒231-8433 神奈川県横浜市中区北仲通5-57 横浜第二合同庁舎　TEL045(211)7232

海技士（機関）

国家
業務独占

船のエンジン類の機械および船内の機器の運転および管理・点検を行い、船の安全航行に努める。収入は多いが、生活の半分以上を海上で過ごさなければならないなど、厳しい面もある。等級は6〜1級に分かれ、資格取得には試験プラス免許講習の受講が必要。

受講必要

受験者数	合格率
非公開	非公開
受験資格	**受験料**
実務経験	2,400〜7,200円※（収入印紙）

※学科・筆記の場合

受験資格	船舶の航行する区域や船舶の推進機関の出力の区分ごとに、それぞれ乗船履歴が定められている。詳しくは船舶職員法施行規則を参照
申込期間	定期試験：試験開始日の35日前〜15日前 2月試験は40日前〜15日前 臨時試験：試験地を管轄する各地方運輸局が公示
試験日	**定期試験：4月　7月　10月　翌年2月** **臨時試験：試験地を管轄する各地方運輸局が公示**
申込方法	海技従事者国家試験申請書に写真、戸籍抄本または住民票（本籍地記載のものに限る）、海技免状の写し、海技士身体検査証明書、受験料（相当する収入印紙）などを添えて、受験する各地方運輸局へ申請する
受験料	**〔学科・筆記〕2,400〜7,200円　〔学科・口述〕3,000〜7,500円** **〔身体検査〕870円**（各収入印紙）
試験地	全国11カ所
試験内容	**〔学科・筆記〕** 〈機関に関する科目（その1）〉 ①出力装置　②プロペラ装置 〈機関に関する科目（その2）〉 ①補機、電気工学および電気設備（5〜1級は電子工学を含む） ②自動制御装置　③甲板機械（1級は除く）　ほか 〈機関に関する科目（その3）〉（5〜1級） ①熱力学 ②製図（3・2級のみ）　ほか 〈執務一般に関する科目〉 ①当直・保安・機関一般　②英語（5〜1級）　ほか **〔学科・口述〕**筆記試験合格者に実施 **〔身体検査〕**①視力　②色覚　③聴力 ④疾病および身体機能の障害の有無

国土交通省 各地方運輸局 海上安全環境部労働環境・海技資格課
関東：関東運輸局 海上安全環境部 船員労働環境・海技資格課
〒231-8433 神奈川県横浜市中区北仲通5-57 横浜第二合同庁舎　TEL045(211)7232

独立 就職 趣味 評価

海　技　士（通信／電子通信）

国家
業務独占

海技士（通信）の主要業務は無線によって船舶の安全運航のための必要な情報を収集すること。海技士（電子通信）は、インマルサット無線設備などを通してほかの船舶や地上と交信し、安全航行のための情報を収集。いずれも資格取得には、免許講習の受講が必要。

公式テキスト　独学　講座　通信
受講必要

受験者数	合格率
非公開	非公開
受験資格	受験料
実務経験など	2,700円※（収入印紙）

※学科・通信3級の場合

受験資格	①6カ月以上の乗船履歴があり、17歳9カ月以上であること ②各試験の種別ごとに定められた船舶の運航、機関の運転または船舶無線通信の業務経験があること（通信3級および電子通信4級を除く）
申込期間	定期試験：試験開始日の35日前～15日前 2月試験は40日前～15日前 臨時試験：試験地を管轄する各地方運輸局が公示
試 験 日	**定期試験：4月　7月　10月　翌年2月** **臨時試験：試験地を管轄する各地方運輸局が公示**
申込方法	必要書類を一括して、自分の受験する各地方運輸局へ申請する
受 験 料	**〔学科〕**【通信3級】【電子通信4級】**各2,700円** 【通信2級】**3,400円** 【通信1級】【電子通信3～1級】**各5,000円** **〔身体検査〕870円**（各収入印紙）
試 験 地	全国11カ所
試験内容	【通信3～1級】【電子通信4～1級】とも以下の試験が行われる **〔学科・筆記〕**航海一般に関する科目 ①船舶およびその設備 ②気象および海象 ③航海および停泊 ④船内編成および職務分掌（通信3級と電子通信4級は除く） ⑤海上衝突予防法、海上交通安全法、港則法、船員法、海難審判法、船舶安全法および海洋汚染等および海上災害の防止に関する法律ならびにこれらに基づく命令と国際条約　ほか（通信3・2級と電子通信4級は国際条約を除く） **〔身体検査〕**各級共通 ①視力　②色覚 ③聴力　④疾病および身体機能の障害の有無

問い合わせ先
国土交通省 各地方運輸局 海上安全環境部労働環境・海技資格課
関東：関東運輸局 海上安全環境部 船員労働環境・海技資格課
〒231-8433 神奈川県横浜市中区北仲通5-57 横浜第二合同庁舎　TEL045(211)7232

内燃機関海技士（機関）

国家
業務独占

船の大型化・高性能化につれて船内の機構も複雑化し、専門知識をもったエンジニアの需要が増えている。内燃機関海技士は内燃機関を備えた船舶で操作、保守などを担当する。資格取得には試験と免許講習の受講が必要となり、等級は6～2級に分かれている。

受験者数	合格率
非公開	非公開
受験資格	**受験料**
実務経験	2,400～7,200円※（収入印紙）

※学科・筆記の場合

受験資格	船舶の航行する区域や船舶の推進機関の出力の区分ごとに、それぞれ乗船履歴が定められている。詳しくは船舶職員法施行規則を参照
申込期間	定期試験：試験開始日の35日前～15日前 2月試験は40日前～15日前 臨時試験：試験地を管轄する各地方運輸局が公示
試験日	**定期試験：4月　7月　10月　翌年2月** **臨時試験：試験地を管轄する各地方運輸局が公示**
申込方法	海技従事者国家試験申請書に写真、戸籍抄本または住民票（本籍地記載のものに限る）、海技免状の写し、海技士身体検査証明書、受験料（相当する収入印紙）などを添えて、受験する各地方運輸局へ申請する
受験料	**〔学科・筆記〕2,400～7,200円　〔学科・口述〕3,000～7,500円** **〔身体検査〕870円**（各収入印紙）
試験地	全国11カ所
試験内容	**〔学科・筆記〕** 〈機関に関する科目（その1）〉 ①出力装置　②プロペラ装置 〈機関に関する科目（その2）〉 ①補機　②電気工学および電気設備（5～2級は電子工学を含む） ③自動制御装置　④甲板機械 ⑤燃料および潤滑剤の特性（6級のみ）　ほか 〈機関に関する科目（その3）〉（6級は除く） ①燃料および潤滑剤の特性　②熱力学　③材料工学　④製図（3・2級のみ）　ほか 〈執務一般に関する科目〉 ①船内作業の安全　②英語（5～2級）　ほか **〔学科・口述〕**筆記試験合格者に実施 **〔身体検査〕**①視力　②色覚　③聴力 ④疾病および身体機能の障害の有無

国土交通省 各地方運輸局 海上安全環境部労働環境・海技資格課
関東：関東運輸局 海上安全環境部 船員労働環境・海技資格課
〒231-8433 神奈川県横浜市中区北仲通5-57 横浜第二合同庁舎　　TEL045(211)7232

船橋当直3級海技士（航海）

業務独占

船舶のブリッジから気象状況や障害物の有無などを監視し、24時間体制で船舶の安全運航を確保する職務。

受験者数	合格率	受験資格	受験料
非公開	非公開	実務経験	5,400円※（収入印紙）

※学科・筆記の場合

受験資格	船舶の航行する区域および船舶の大きさの区分ごとに、それぞれの乗船履歴が定められている。詳しくは船舶職員法施行規則を参照
申込期間	定期試験：試験開始日の35日前～15日前 臨時試験：試験地を管轄する各地方運輸局が公示
試験日	**定期試験：7月　臨時試験：試験地を管轄する各地方運輸局が公示**
試験内容	**〔学科・筆記〕**①航海に関する科目（航海計器、航路標識、潮汐および海流　ほか）　②運用に関する科目（船舶の構造・設備および復原性、当直、気象および海象　ほか）　③法規に関する科目　④英語 **〔学科・口述〕**筆記試験合格者に実施　**〔身体検査〕**①視力　②色覚　③聴力　④疾病および身体機能の障害の有無

国土交通省 各地方運輸局 海上安全環境部労働環境・海技資格課
関東：関東運輸局 海上安全環境部 船員労働環境・海技資格課
〒231-8433 神奈川県横浜市中区北仲通5-57 横浜第二合同庁舎　TEL045(211)7232

機関当直3級海技士（機関）

国家

業務独占

船舶の推進機関や操舵装置の状態など安全運航に関する機関を24時間体制で監視する職務。

受験者数	合格率	受験資格	受験料
非公開	非公開	実務経験	5,400円※（収入印紙）

※学科・筆記の場合

受験資格	船舶の航行する区域や船舶の推進機関の出力の区分ごとに、それぞれの乗船履歴が定められている。詳しくは船舶職員法施行規則を参照
申込期間	定期試験：試験開始日の35日前～15日前 臨時試験：試験地を管轄する各地方運輸局が公示
試験日	**定期試験：7月　臨時試験：試験地を管轄する各地方運輸局が公示**
試験内容	**〔学科・筆記〕**①機関に関する科目（出力装置、プロペラ装置、補機　ほか）　②執務一般に関する科目（当直と保安および機関一般、船舶による環境の汚染の防止、損傷制御　ほか） **〔学科・口述〕**筆記試験合格者に実施　**〔身体検査〕**①視力　②色覚　③聴力　④疾病および身体機能の障害の有無

問い合わせ先

国土交通省 各地方運輸局 海上安全環境部労働環境・海技資格課
関東：関東運輸局 海上安全環境部 船員労働環境・海技資格課
〒231-8433 神奈川県横浜市中区北仲通5-57 横浜第二合同庁舎　TEL045(211)7232

小型船舶操縦士

国家

免許を取得するには、国家試験に合格することが必要だが、まず身体検査をクリアしなければ、学科・実技試験に進めない。免許の種類は4種類に分けられ、より利用者ニーズに対応したものになっている。女性チャレンジャーが増えている人気資格である。

公式テキスト　独学　講座　通信

受験者数	合格率
58,122人※	90.4%※
受験資格	**受験料**
年　齢	6,600円（1級学科の場合）

※全級合計数と平均合格率

受験資格	試験が始まる日の前日までに次の年齢に達していること ただし、免許取得は（　）内の年齢に達してからである 【1級】17歳9カ月（18歳） 【2級・2級（湖川小出力限定）・特殊】15歳9カ月（16歳） ※ボート・ヨット用の【2・1級】と水上オートバイ用の【特殊】に分かれる
試験日	**随時開催** 試験機関公式サイト：https://www.jmra.or.jpで確認できる
受験料	以下、①身体検査　②学科試験　③実技試験 【1級】①**3,450円**　②**6,600円**　③**18,900円** 【2級】①**3,450円**　②**3,550円**　③**18,900円** 【2級（湖川小出力限定）】①**3,450円**　②**2,800円**　③**15,000円** 【特殊】①**3,450円**　②**2,900円**　③**16,400円**（非課税）
試験地	全国の約180都市で実施
試験内容	**〔身体検査〕**身体検査に合格しないと、学科・実技の受験はできない ①視力　②色覚　③聴力　④疾病および身体機能の障害の有無 **〔学科試験〕**【1級】①小型船舶操縦者の心得・遵守事項（一般）　②交通の方法（一般）　③運航（一般）　④運航Ⅰ（上級）　⑤運航Ⅱ（上級） 【2級】【1級】の①～③と同じ 【2級（湖川小出力限定）】①小型船舶操縦者の心得・遵守事項（湖川小出力）　②交通の方法（湖川小出力）　③運航（湖川小出力） 【特殊】①小型船舶操縦者の心得・遵守事項（一般）　②交通の方法（特殊）　③運航（特殊） **〔実技試験〕**級ごとに以下の試験船で行われる 【2・1級】長さ4～9mの滑走型船 【2級（湖川小出力）】長さ3～9mで出力が15kW未満の船外機船 【特殊】3人乗りの水上オートバイ

問い合わせ先
一般財団法人 日本海洋レジャー安全・振興協会
〒231-0005 神奈川県横浜市中区本町4-43 A-PLACE馬車道9F
TEL045(264)4172　URL=https://www.jmra.or.jp

潜　水　士

減圧症や窒素酔いなどの高気圧障害のリスクを伴う潜水業務を行うには、国家資格である潜水士の資格所持者でなければならない。水産物採取、サルベージ事業、海洋開発、洋上建造物の建築土木事業分野のみならず、インストラクターやガイドにも必要な資格。

受験者数	合格率
7,615人	76.5%
受験資格	**受験料**
な　し	8,800円

受験資格	誰でも受験できる ※ただし、18歳未満の者は合格しても満18歳になるまで免許証の交付はされない
申込期間	受験を希望する各地区安全衛生技術センターに申し込む 郵送：試験日の2か月前～14日前まで 窓口持参：試験日の2か月前～センターの休業日を除く2日前まで
試験日	**年3～6回** **4月　6月　7月　9月　12月　翌年2月** (各地区安全衛生技術センターによって異なる)
願書入手方法	オンライン申請（詳細はHP）または書面申請。受験申請書は安全衛生技術試験協会、各地区安全衛生技術センターおよび関係機関で配布 郵送希望の場合は返信用封筒（角型2号）に切手を貼り、必要部数をメモ書きし、各センターへ送付（1部は210円切手、2部は250円切手、3～4部は390円切手、5～9部は580円切手）
試験地	北海道（恵庭）、東北（岩沼）、関東（東京試験場、市原）、中部（東海）、近畿（加古川）、中国四国（福山）、九州（久留米）の各安全衛生技術センター
受験料	**8,800円**（非課税）
試験内容	試験時間は4時間（休憩なしで通して行われる） ①潜水業務：10問（30点） ②送気、潜降および浮上：10問（25点） ③高気圧障害：10問（25点） ④関係法令：10問（20点） ※科目ごとの得点が40％以上で、全科目の合計の得点が60％以上で合格となる。「免許試験合格通知書」が郵送されたら、免許申請書および必要書類を添付し、東京労働局免許証券発行センターに申請すれば免許証が交付される

問い合わせ先
公益財団法人 安全衛生技術試験協会
〒101-0065 東京都千代田区西神田3-8-1 千代田ファーストビル東館9F
TEL03(5275)1088　URL=https://www.exam.or.jp/

水 先 人

業務独占

船舶が港に出入りする際また危険の多い水域を航行する際は、その水域の事情に精通した水先人が乗船し、船長を助けて船を目的地まで安全かつ速やかに導く。船舶の大型化や航海機器の高度化など水先をめぐる環境が変化しているなかで、活躍が期待されている。

受験対策
大学 **養成施設**など

受験者数	合格率
非公開	**非公開**
受験資格	**受験料**
実務経験など	**22,800**円

受験資格	各級の登録水先人養成施設の課程を修習中または修了してから1年以内の者であって、以下の資格要件を有し、欠格条項に該当しない者 【三級】①三級海技士（航海）またはこれより上位の資格免許取得者 ②航行区域が沿海以遠で総トン数1,000トン以上の船舶に、1年以上航海士以上または実習で乗船した者 【二級】①三級海技士（航海）またはこれより上位の資格免許取得者 ②航行区域が沿海以遠で総トン数3,000トン以上の船舶に、2年以上一等航海士以上の職名で乗船した者、または三級水先人として2年以上従事した者 【一級】①三級海技士（航海）またはこれより上位の資格免許取得者 ②航行区域が沿海以遠で総トン数3,000トン以上の船舶に、2年以上船長として乗船した者、または二級水先人として2年以上従事した者 欠格条項：①日本国民でない者 ②禁錮以上の刑に処せられ、刑の執行中または執行猶予期間中の者、もしくは執行または執行猶予期間終了後5年を経過しない者 ③海技士免許または小型船舶操縦士免許を取り消され、取り消しの日から5年を経過しない者 ④船長または航海士の職務につき業務の停止期間中の者 ⑤船長または航海士の職務につき3回以上の業務の停止を命ぜられ、直近の業務停止期間が満了した日から5年を経過しない者 ⑥水先人免許を取り消され、取り消しの日から5年を経過しない者
申込期間	試験日の約1カ月前から
試験日	**年1回：試験日の約1カ月前に官報公示**
受験料	筆記試験：**6,500円**　口述試験：**16,300円**
試験地	受験水先区を管轄する地方運輸局の所在地
試験内容	①身体検査　②学術試験（身体検査合格者のみ）：筆記試験、口述試験

問い合わせ先
国土交通省 海事局 海技課水先係
〒100-8918 東京都千代田区霞が関2-1-3
TEL03(5253)8655

自動車検査員

教習を修了し、修了試問に合格すると検査員として認められる。1級もしくは2級自動車整備士資格を取得し、整備主任者としての実務経験が必須。

【受講資格】 整備主任者として1年以上（1級自動車整備士は6カ月以上）の実務経験を有し直近の整備主任者法令研修を受講している者であって、指定自動車整備事業の指定を受けている（受けようとしている）事業者に従事している者　ほか

【講習・試問内容】 整備関係（道路運送車両法など）、整備・検査関係（検査実務、保安基準、審査事務規程など）　ほか

【問い合わせ先】

各地方運輸局自動車技術安全部整備課または各地方運輸局運輸支局整備担当　関東運輸局自動車技術安全部整備課（関東地区の場合）

〒231-8433 神奈川県横浜市中区北仲通5-57 横浜第二合同庁舎

TEL045(211)7254

駐車監視員

警察署長が公示するガイドラインに従って違法駐車を取り締まるのが仕事。一般に、業務委託された法人に属して活動する。

【取得方法】 ①講習受講後、修了考査に合格する　②講習は受けずに認定考査に合格する（違反取締りに関する事務に3年以上従事など一定の条件を満たす人が対象）

【講習・考査内容】〔講習〕 2日間・14時間：駐車問題、駐車対策や交通警察の概要、違法駐車取締りや民間委託の仕組み、道路や車両の基礎知識　ほか **〔修了考査〕** 正誤式50問・1時間　90%以上正解で合格

※以下の者は資格者証が交付されない

①18歳未満の者　②一定の刑に処せられその執行を終えてから2年を経過しない者　③暴力団関係者　④アルコール・薬物中毒者など　⑤成年被後見人もしくは被保佐人または破産者で復権を得ない者　ほか

【問い合わせ先】

各都道府県警察本部交通指導課

動力車操縦者

列車や車両などの動力車を運転するための資格。養成所などでトレーニングを積んでから受験するのが一般的だ。

【受験資格】 20歳以上で、過去1年以内に運転免許の取消しを受けていない者

【試験日】 9月　翌年3月

【試験科目】〔身体検査〕 視機能、聴力など **〔適性検査〕** クレペリン検査、反応速度検査、そのほか操縦に必要な適性の検査 **〔筆記試験〕** 動力車の構造および機能、安全に関する基本的事項、運転理論、動力車の操縦に関する法令 **〔技能試験〕** 速度観測、距離目測、制動機の操作、制動機以外の機器の取り扱い、定時運転、非常の場合の措置

※養成所などの講習課程修了者は試験の全部または一部が免除される

【受験料】 22,100円

【問い合わせ先】

各地方運輸局鉄道部安全指導課　四国運輸局鉄道部安全指導推進官（四国地方）　内閣府沖縄総合事務局運輸部車両安全課（沖縄県）

船内荷役作業主任者

船舶への荷の積み卸しや船舶内の荷の移動などを行うための資格。総トン数によって揚貨装置を用いない作業は除かれる。

【受講資格】 ①揚貨装置運転士免許、クレーン・デリック運転士免許または移動式クレーン運転士免許を受けた者で、その後4年以上船内荷役作業に従事した経験を有する者　②その他厚生労働大臣が定める者

【取得方法】 登録教習機関の実施する技能講習を受講し修了試験に合格する

【講習内容】 ①作業の指揮に必要な知識　②船舶設備、荷役機械などの構造および取り扱いの方法に関する知識　③玉掛け作業および合図の方法に関する知識　ほか

【問い合わせ先】

厚生労働省 労働基準局安全衛生部、または各都道府県労働局労働基準部

港湾貨物運送事業労働災害防止協会

〒108-0014 東京都港区芝5-35-2 安全衛生総合会館13F　TEL03(3452)7201

航空客室乗務員検定

客室乗務員の知識と技能を習得できる資格。客室乗務員の業務や立ち居振る舞い、マナーを学べるだけでなく、就職アピールにも活用できる。

【受験資格】 18歳以上
【試験日】 随時
【試験科目】
〔2級〕 学科（記述式）：航空知識、サービス、保安、語学から50問
〔1級〕 学科（記述式）：航空知識、サービス、保安、語学から50問、
実技：機内アナウンス、お客様対応
【受験料】
〔2級〕 試験のみ：10,000円
オンライン講座コース：45,000円
〔1級〕 試験のみ：15,000円
オンライン講座コース：65,000円

【問い合わせ先】
（一社）全国航空雇用促進協会
TEL070(4437)2627

船舶に乗り組む衛生管理者

船舶に乗り組み、船員の健康管理や保健指導、作業環境衛生、居住環境衛生、食料と用水の衛生保持などを行う国家資格。航海中の乗組員の健康・衛生を管理するプロ。

【受験資格】 20歳以上
※次の者は無試験で資格の認定を受けられる：医師、歯科医師、薬剤師、獣医師、保健師、助産師、看護師、医学士、薬学士、衛生看護学士　ほか
【試験日】 12月中旬
【受験料】 5,400円（収入印紙）
【試験科目】 筆記試験：①労働生理
②船内衛生　③食品衛生　④疾病予防
⑤保健指導　⑥薬物　⑦労働衛生法規
実技試験：①救急処置　②看護法

【問い合わせ先】
各地方運輸局 海上安全環境部、または国土交通省海事局 船員政策課労働環境対策室
〒100-8918 東京都千代田区霞が関2-1-3
TEL03(5253)8111

救命艇手・限定救命艇手

救命艇手は、船が海難事故を起こした際に、乗客を救命ボートに誘導し、運搬を指揮するのが主な任務。限定救命艇手は、膨張式救命いかだを扱うための国家資格。以下は、救命艇手試験の場合。

【受験資格】 18歳以上で、健康証明書を所持し、次のいずれかの乗船履歴のある者
①遠洋・近海（旅客船は沿海を含む）の船舶または乙区域または甲区域にて従事する総トン数500トン以上の漁船などに甲板部職員・部員として1年以上
②①の船舶以外の船舶に、甲板部職員・部員として2年以上
③船舶に3年以上　ほか
【試験内容】 海員および旅客の招集、救命艇などへの誘導および乗艇の指揮、救命艇などの救命設備の操作、救命艇などに乗り組んでいるときの人命の安全を確保するための措置　ほか
【問い合わせ先】
各地方運輸局 船員労働環境・海技資格課

水路測量技術検定

水路測量に従事する技術者の技術向上を目的として行われる試験。

【受験資格】〔2級〕 2級水路測量技術研修受講者 **〔港湾1級〕** 港湾およびその付近海域の測量実務経験5年以上 **〔沿岸1級〕** 港湾を含む沿岸域の測量実務経験5年以上
【試験日】〔2級〕 4月 **〔1級〕** 7月
【受験料】〔2級〕 11,000円 **〔沿岸1級・港湾1級〕** 1次・2次：各16,500円（各税込）
【試験科目】 筆記試験、口述試験（1級のみ）
〔2級〕 ①海図概論　②基準点測量　③水深測量　④潮汐観測 **〔沿岸1級〕** ①法規　②基準点測量　③水深測量　④潮汐観測　⑤海底地質調査 **〔港湾1級〕** ①法規　②基準点測量　③水深測量　④潮汐観測

【問い合わせ先】
一般財団法人 日本水路協会 技術指導部
URL=https://www.jha.or.jp/

Chapter 17

生活・美容・デザイン

リテールマーケティング（販売士）検定

公的

マーケティング知識を活かした販売促進企画の立案のみならず、売場づくりや接客の技術、在庫管理にいたるまで、幅広く実践的な専門知識が身につく。販売士は流通・小売業をはじめ、業種を問わず顧客満足度や生産性の向上に寄与している。

公式テキスト　独学　講座　通信　オンライン

受験者数	合格率
9,215人※	57.6%※
受験資格	検定料
なし	4,400円※

※３級の場合

受験資格	誰でも受験できる
申込方法	インターネット申込。詳細は商工会議所検定ホームページを参照
試験日	**各級とも施行日は各試験会場が決定**
検定料	【3級】**4,400円** 【2級】**6,600円**　【1級】**8,800円**（各税込） ※事務手数料550円（税込）が別途必要
試験地	商工会議所検定ホームページを参照
受験者数 合格率	【3級】9,215人、57.6% 【2級】7,165人、49.4% 【1級】1,177人、20.3%
合格基準	合格基準は、２級・３級については平均70%以上正解で、１科目ごとの得点が50点以上 １級の場合は各科目70点以上
試験内容	試験はネット試験方式で行われる 【3～1級】 ①小売業の類型 ②マーチャンダイジング ③ストアオペレーション ④マーケティング ⑤販売・経営管理 各級のレベルは以下のとおり 【3級】マーケティングの基本的な考え方や流通・小売業で必要な基礎知識・技術を理解している 【2級】マーケティング、マーチャンダイジングをはじめとする流通・小売業における高度な専門知識を身につけている 【1級】経営に関する極めて高度な知識を身につけ、商品計画からマーケティング、経営計画の立案、財務予測などの経営管理についての適切な判断ができる

日本商工会議所
URL=https://www.kentei.ne.jp/（検定ホームページ）

資格のQ&A

Q この資格を取るメリットは？

A リテールマーケティング（販売士）検定は流通業界唯一の公的資格です。1・2級ともなれば、販売スキルばかりかマネジメント職としての知識・スキルやマーケティング能力など、販売に関する広範な知識を習得できるため、**小売業のほか、多くの企業で資格取得を奨励し、人事考課上のポイントとしています**。資格を取得することで社内でのポジションを上げることにも効果を発揮するでしょう。また、これから就職を目指す人にとっては、自分をアピールする材料として大いに生かせます。

Q この資格取得にかかる費用・期間は？

A 受験級によりますが、3級の場合、テキスト・過去問題集で2,000～5,000円程度です。Webなどの通信講座は、6,000～20,000円程度で、養成講習会も開催されています。

Q 資格取得後に有利な業界はどこですか？

A 小売業や卸売業などをはじめとする**流通業全般**ですが、ビジネスに関する知識やスキルの基本を身につけられるので、**サービス業**や**製造業**などの幅広い業界で役立てられます。

Q 次のステップとして、取得すべき資格はありますか？

A 1級を受験できるレベルに達したら、次は知識やスキルを高め、中小小売業を支援する中小企業診断士を目指しましょう。

Q おススメの勉強方法・学習のポイントは？

A 社会人経験があれば標準テキストでの独学も可能です。ただ、ビジネスの基本から再学習し、**より専門的な1・2級の取得を志すなら、本質を理解するのに有効な、通信講座や講習会がおススメです**。

回答者　上井光裕（資格アドバイザー）

総合／国内旅行業務取扱管理者

旅行に関するサービスの提供責任者として旅行業務全般の管理・監督を行う。総合旅行業務取扱管理者は旅行業務を扱う営業所では必要とされる国家資格で、海外旅行・国内旅行の両方を扱える。旅行業界で活躍したい人には取得価値大といえる。

公式テキスト　独学　講座　通信

受験者数	合格率
4,699人※1 8,960人※2	22.3%※1 36.5%※2
受験資格	**受験料**
なし	未定※1 5,800円※2

※1：総合の場合　※2：国内の場合

受験資格	誰でも受験できる ※ただし、旅行業法第11条の3第4項の規定により、旅行業務取扱管理者試験に関し不正な行為があった者について、観光庁長官が期間を定めて試験を受けさせないこととした場合、その者は、当該期間が経過するまで試験を受けることができない
申込期間	【総合】7月上旬～8月上旬（郵送のみ） 【国内】6月上旬～7月上旬（Webのみ）
試験日	【総合】**10月**（予定）【国内】**9月**（予定）
受験料	【総合】**未定**　【国内】**5,800円**
試験地	【総合】北海道、宮城、東京、愛知、大阪、広島、福岡、沖縄 【国内】全国設置のCBT試験テストセンター
試験内容	**〔筆記〕** ①旅行業法およびこれに基づく命令 ②旅行業約款、運送約款および宿泊約款 ③国内旅行実務（国内の運送機関および宿泊施設の利用料金その他の国内の旅行業務に関連する料金　ほか） ④海外旅行実務（海外の運送機関などの利用料金、旅券・CIQなど法令、出入国手続きに関する実務、主要国の観光、旅行業務に必要な語学ほか） ※④は総合旅行業務取扱管理者のみ出題 **［試験科目の一部免除］** 【総合】 国内旅行業務取扱管理者有資格者など条件によって①、③などが免除 【国内】 全国旅行業協会が実施した前年度と当該年度の国内旅行業務取扱管理者研修修了者、または前年度の試験において上記③に科目合格した者は、③が免除 観光庁が実施した地域限定旅行業務取扱管理者試験に合格した者は、①が免除

問い合わせ先

一般社団法人 日本旅行業協会（総合）
〒100-0013 東京都千代田区霞が関3-3-3 全日通霞が関ビル3F
TEL03(3592)1277　URL= https://www.jata-net.or.jp/

一般社団法人 全国旅行業協会（国内）
〒107-0052 東京都港区赤坂4-2-19 赤坂シャスタイーストビル3F
TEL03(6277)6805　URL=https://www.anta.or.jp

資格のQ&A

Q この資格を取るメリットは？

A 旅行業務取扱管理者は旅行業界における唯一の国家資格で、総合と国内の2種類があります。どちらも信頼度の高い資格なので、**旅行業界への就職や転職において有利です**。また、すでに旅行業界で働いている人の場合、職能手当がつく可能性があるなど、プラスの効果も期待できます。

Q この資格取得にかかる費用・期間は？

A まずは国内旅行業務取扱管理者を取得し、次に総合旅行業務取扱管理者を目指すのが一般的です。LECの場合、国内旅行業務取扱管理者は**10,000～50,000円**で**4カ月**程度、総合旅行業務取扱管理者は**10,000～80,000円**程度で**5カ月**程度です。

Q 資格取得後に有利な業界はどこですか？

A おもな就職先は、**旅行会社**、**航空会社**、**旅行企画会社**など。旅行業務取扱管理者は旅行業界には必須の資格で、旅行業法により旅行会社は責任者として営業所ごとに旅行業務取扱管理者を置くことが義務づけられています。また、1営業所の社員が10名以上の場合は複数の有資格者が必要になるので、需要が安定しています。

Q 次のステップとして、取得すべき資格はありますか？

A **旅程管理主任者（ツアーコンダクター）**や**通訳案内士**の資格を併せもてば仕事の幅が広がるでしょう。また、高齢者や障害のある方の旅行も増えていることから、福祉系の資格があると役立ちます。日本は外国人旅行者も多いため、英語など語学系の資格も有効です。

Q おススメの勉強方法・学習のポイントは？

A 独学もできますが、市販の参考書は多くないため、時間がかかることを覚悟する必要があります。**短時間で効率的に合格を狙うなら、過去問題などが十分に学習できる予備校などを利用するのがいいでしょう。**

回答者 舟宝加代子LEC専任講師（旅行業務取扱管理者講座担当）

独立 就職 趣味 評価

消費生活アドバイザー（消費生活相談員）

消費者と企業・行政の架け橋として、企業の消費者志向経営などの推進役となる。消費者の相談等に対して迅速かつ適切なアドバイスを実施。合格者は消費者安全法で定める「消費生活相談員資格」（国家資格）も同時に取得できる。

公式テキスト　独学　講座　通信

登録必要

受験者数	合格率
1,786人	27.1%
受験資格	**受験料**
なし	16,500円 13,200円※

※一次免除の場合

受験資格	誰でも受験できる
申込期間	Webで7月上旬～8月下旬に申請
試験日	〔1次〕**10月の土曜日・日曜日のうち4日程から希望日を選択** 〔2次〕**12月上旬** ※前年度1次試験に合格し、2次試験に合格しなかった者は、翌年度に限り、1次試験を免除できる
合格発表	〔1次〕10月下旬 〔2次〕翌年2月上旬
受験料	**16,500円** 一次免除：**13,200円**
試験地	〔1次〕全国のCBT試験会場 〔2次〕札幌、東京、名古屋、大阪、福岡
試験内容	〔1次〕択一式（CBT試験）120分 ①消費者問題：消費者問題の発生、わが国の消費者問題とそれをめぐる動き、企業における消費者対応　ほか ②消費者のための行政・法律知識：行政知識、法律知識 ③消費者のための経済知識：経済一般と経済統計の知識、企業経営一般知識、金融の知識、生活経済、地域環境問題・エネルギー需給 ④生活基礎知識：医療と健康、社会保険と福祉、衣服と生活、食生活と健康、快適な住生活、商品・サービスの品質と安全性確保、広告と表示 〔2次〕1次合格者のみ実施 ①論文：上記1次試験出題範囲①～③より出題　60分 ②面接：10分程度（所定の実務経験者は除除） ※合格後の登録手数料：11,000円。資格有効期限5年。更新には所定の研修と更新手続きが必要

問い合わせ先
一般財団法人 日本産業協会
〒101-0047 東京都千代田区内神田2-11-1 島田ビル3F
TEL03(3256)7731　　URL=https://www.nissankyo.or.jp/

消費生活相談員資格

国家

消費者トラブルが多様化し、消費生活相談の体制強化が求められる。国民生活センターでは、消費生活相談業務に必要な知識・技術の有無の判定を目的に「消費生活相談員資格」(国家資格)試験を実施。これは「消費生活専門相談員資格」(公的資格)試験も兼ねる。

受験者数	合格率
818人	47.6%
受験資格	受験料
なし	14,300円

受験資格	誰でも受験できる
申込期間	6月下旬～7月下旬
試験日	**〔1次〕10月下旬** **〔2次〕12月中旬**
合格発表	〔1次〕の合否結果は11月下旬、〔2次〕の合否結果は1月中旬に特定記録郵便により本人に通知
申込方法	受験申込書を国民生活センターのHPからダウンロードし、写真・受験手数料受領証控を添付して、簡易書留により所定の郵送先に送付する、または所定の受験申込フォームからオンラインで申し込む
受験料	**14,300円**
試験地	**〔1次〕** 北海道、宮城、東京、愛知、京都、福岡など全国22都道府県 **〔2次〕** 北海道、神奈川、愛知、大阪、福岡
試験内容	**〔1次〕** マークシート式試験(120分) 論文試験:2題のうち1題を選択(90分) 出題科目は以下のとおり ①商品等及び役務の特性、使用等の形態その他の商品等及び役務の消費安全性に関する科目 ②消費者行政に関する法令に関する科目 ③消費生活相談の実務に関する科目 ④消費生活一般に関する科目 ⑤消費者のための経済知識に関する科目 **〔2次〕** 面接試験(10～15分程度) ※一定の要件に該当する者には第2次試験の免除あり ※試験に合格した者に対し、消費生活相談員資格試験合格証が交付される。なお、同時に付与される「消費生活専門相談員資格」は5年ごとの更新が必要

問い合わせ先
独立行政法人 国民生活センター 資格制度課
〒108-8602 東京都港区高輪3-13-22
TEL03(3443)7855　URL=https://www.kokusen.go.jp/shikaku/shikaku.html

スマートマスター

スマートハウスのスペシャリストとして、消費者ニーズに合ったスマートハウスの構築を支援する資格。家の構造・性能、家電製品や住宅設備、エネルギーマネジメントに関する技術や製品動向など、製品やサービスを組み合わせた横断的知識が求められる。

公式テキスト　独学　講座　通信　CBT

受験者数	合格率
1,626人※	36.7%※
受験資格	**受験料**
なし	9,400円（2科目の場合）

※2科目合計数と平均合格率

受験資格	誰でも受験できる。期待されるレベルは以下のとおり ①スマートハウスの将来性とメリットについて説明できる ②ZEH（ネット・ゼロ・エネルギー・ハウス）構築のための構成要件と、その推進手順を理解している ③スマートハウス化に向けたリフォームビジネスのポイントを理解し、実務のための基礎ができている ④HEMSやスマートメーターなど、住まいの省エネ化・ZEH化のための基幹システムの構成や機能について説明できる ⑤太陽光発電や蓄電池ほか、主要なエネルギー関連商材の説明ができる ⑥暮らしの安全などの実現のための各種機器の基礎知識を有している ⑦IoTやAI、ロボットなどの新たな技術の基礎と、それらがインフラとなって実現される暮らしのサービスなどについて理解している ⑧スマートハウス構築に関連する必要な法規やルールを理解しているとともに、お客様に対する説明スキルを身につけている
試験日	**年2回（9月、3月）** ※受験申請受付は7月と1月から
受験料	【スマートハウスの基礎】【スマートハウスの関連機器・サービスの基礎】 2科目受験：**9,400円**、1科目の場合は**6,200円**（各税込）
試験地	全国約300カ所のCBT試験会場
試験内容	【スマートハウスの基礎】【スマートハウスの関連機器・サービスの基礎】の2科目が行われる 【スマートハウスの基礎】**〔スマートハウス概論〕**総論、中心課題となるエネルギー問題、住宅建築総論 **〔スマートハウスのコア知識〕**ZEH、住宅・建築の基礎、リフォーム、HEMS、スマートメーター、エネルギー機器・技術、関連法規 【スマートハウスの関連機器・サービスの基礎】 スマートハウスで期待されるさまざまな暮らしのサービス（ホームヘルスケアサービス、ホームセキュリティサービス、快適生活サービス）、スマートハウスに共通の機器と技術（モバイルサービスを実現する端末機器と技術、通信技術）、CSと関連法規

問い合わせ先
一般財団法人 家電製品協会 認定センター
〒100-8939 東京都千代田区霞が関3-7-1 霞が関東急ビル5F
TEL03(6741)5609　URL=https://www.aeha.or.jp/nintei-center/

独立 就職 趣味 評価

家電製品アドバイザー

家電製品の多様化や多機能化、デジタル化、システム化が進み、家電流通関係の販売・営業系業務従事者は、商品知識や接客スキルを要求される。最近は、本資格の取得を義務づけて人事制度と連動させている大手家電量販店もあり、業界内の注目を集めている。

受験者数	合格率
14,092人※	33.8%※
受験資格	**受験料**
なし	9,400円（1種目の場合）

※2種目合計数と平均合格率

受験資格	誰でも受験できる。期待されるレベルは以下のとおり ①販売実務知識、接客マナーおよびコミュニケーション力をもっている ②対象品目の基本動作原理、仕組み、上手な使い方、安全な使い方、禁止事項などに関する知識があり、わかりやすく説明できる ③据付、接続、セットアップ、調整などに関する技術知識並びに設置にまつわる業務知識を有し、適切なアドバイスができる ④不具合発生時の一時対応ができる。また、故障と間違われやすい事象について、製品故障か使用方法の不適切か、ある程度の切り分けができる ⑤消費者保護、製品安全、省エネ・環境などの関連法規に関する知識を有し、適切な運用ができる ⑥家電関連技術や家電製品の先端動向など消費者が関心を寄せる時事的なテーマについて適切かつ分かりやすく説明できる
試験日	**年2回（9月、3月）** ※受験申請受付は7月と1月から
受験料	【AV情報家電】【生活家電】**各9,400円** 2種目併願：**15,600円**（各税込）
試験地	全国約300カ所のCBT試験会場
試験内容	【AV情報家電】と【生活家電】で、それぞれ〔商品知識と取扱い〕と〔CSと関連法規〕の2科目が行われる 【AV情報家電】対象機器・項目：映像機器、音響機器、情報関連機器、通信技術　ほか **〔商品知識と取扱い〕** AV情報家電製品の商品知識・取扱の理解度を問う **〔CSと関連法規〕** ①CSに関する知識　②法規に関する知識 【生活家電】対象機器・項目：エアコン、換気扇、冷蔵庫、IHクッキングヒーター、洗濯機・洗濯乾燥機、照明器具　ほか **〔商品知識と取扱い〕** 生活家電製品の商品知識・取扱の理解度を問う **〔CSと関連法規〕** AV情報家電と共通 ※【AV情報家電】と【生活家電】の試験は併願が可能。両方の資格を取得すると【家電製品総合アドバイザー】になれる

問い合わせ先
一般財団法人 家電製品協会 認定センター
〒100-8939 東京都千代田区霞が関3-7-1 霞が関東急ビル5F
TEL03(6741)5609　URL=https://www.aeha.or.jp/nintei-center/

独立 就職 趣味 評価

DIYアドバイザー

民間

DIY（Do It Yourself）――。自分たちの生活の場を、自らの手で“もっと快適に”“もっと安全に”することが、ひとつのライフスタイルとして定着してきた。実際にDIYをやってみようとする人に、用具やノウハウを的確に指導し、助言するスペシャリストである。

公式テキスト　独学　講座　通信

登録必要

受験者数	合格率
1,317人※	46.8%※
受験資格	**受験料**
年齢	14,630円

※1次の場合

受験資格	試験実施年の4月1日現在、満18歳以上の者 学歴・性別・国籍の制限はない
申込期間	6月中旬～7月中旬（年によって異なる）
試験日	**〔1次〕7～8月**（年によって異なる） **〔2次〕11月**（年によって異なる）
受験料	**14,630円** 登録料（合格者のみ）：**14,300円**（各税込）
試験地	**〔1次〕**全国約200カ所のCBT試験会場 **〔2次〕**東京、大阪
試験内容	**〔1次〕**学科CBT （下記の①～⑤） **〔2次〕**実技 （下記の⑥） DIYアドバイザー資格試験に必要な知識と技能の範囲 ①住宅および住宅設備機器に関する基礎知識 ②DIY用品に関する知識 ③DIYの方法に関する知識 ④DIYの関連法規に関する知識 ⑤上記①～④に掲げるもののほか、DIYに関する基礎知識 ⑥DIYに関する実技の能力 ※テキスト：DIYアドバイザーハンドブック、試験問題集、DIY商品の解説、DVD教材（道工具編／電動工具編／塗装・接着編）など ※資格認定について：合格者を資格認定し、登録後にDIYアドバイザー認定証が交付される。認定の有効期間は5年間だが、所定の手続きを行えば、登録の更新ができる。1次試験の合格者は、翌年度および翌々年度は1次試験が免除され、2次試験から受験することができる

問い合わせ先
一般社団法人 日本DIY・ホームセンター協会（略称 日本DIY・HC協会）
〒101-0044 東京都千代田区鍛冶町1-8-5 新神田ビル5F
TEL03(3256)4475　URL=https://www.diy.or.jp/

独立 就職 趣味 評価

一般社団法人日本ジュエリー協会認定

ジュエリーコーディネーター検定

民間

宝飾品の販売は適切な提案により、お客さまに信頼と満足を提供することが必須。顧客ニーズを的確に把握し、アドバイスできる販売能力をもったジュエリーコーディネーターの育成を目的とした検定で、ジュエリー産業の従事者にとって必須資格といえる。

公式テキスト　独学　講座　通信　登録必要

受験者数	合格率
1,277人※	92.4%※
受験資格	**受験料**
なし	9,000円※

※3級の場合

受験資格	【3級】誰でも受験できる 【2級】ジュエリーコーディネーター3級資格登録者 【1級】ジュエリーコーディネーター2級資格登録者 ※ただし、日本国内に連絡可能な住所があること
試験日	【3級】**3月　8月**　【2級・1級1次】**8月** 【1級2次】**10月**（予定）
受験料	【3級】**9,000円** 【2級】3科目一括**13,000円**　2科目**10,000円**　1科目**5,000円** 【1級】1次：**10,000円**　2次：**5,000円**（各税込）
試験地	【3級】3月：札幌、仙台、東京、甲府、名古屋、大阪、広島、福岡 8月：盛岡、仙台、東京、名古屋、大阪、福岡、那覇 【2級】東京、大阪、名古屋、福岡 【1級1次】東京、大阪　【1級2次】東京
合格率	【3級】92.4%
試験内容	【3級】 公式テキストに基づき、関連する事項の学科試験（マークシート方式） 総合：①ジュエリー概論　②ジュエリー産業論 素材：①宝石の基礎知識　②ダイヤモンド　③真珠　④カラー・ストーン　⑤貴金属 製造：①デザインの基礎知識　②製造・加工・修理の基礎知識 商品：①商品概論　②商品知識 販売：①販売の基礎知識　②ジュエリーのコーディネート 【2級】 公式テキストに基づき、関連する事項の学科試験（マークシート方式） ①素材・総合、②製造・商品・総合、③販売・総合の3科目があり、すべての科目がそれぞれ合格基準に達した場合、2級合格となる（合格科目は合格年を含め3年間有効） 【1級】 **〔1次〕**記述、論文 **〔2次〕**ロールプレイング、実技、面接

問い合わせ先
一般社団法人 日本ジュエリー協会
〒110-8626 東京都台東区東上野2-23-25
TEL03(3835)8567　URL＝https://jja.ne.jp　E-MAIL＝jc@jja.ne.jp

アロマテラピー検定

民間

アロマテラピーは、植物から抽出した香り成分である精油を使って美と健康に役立てていく植物療法。家庭だけでなく、ビジネスシーンや、医療・介護の現場でも注目されている。検定試験では、アロマテラピーを正しく生活に取り入れる知識を問う。

オンライン

申込者数	合格率
約13,000人	約90%
受験資格	受験料
なし	6,600円

受験資格	誰でも受験できる
試験日	**年2回：5月　11月**
受験料	【2・1級】**各6,600円**（税込）
試験地	インターネット試験
試験内容	【2級】 アロマテラピーを正しく生活に取り入れるための知識を出題 ①香りテスト（9種：スイートオレンジ、ゼラニウム、ティートリー、フランキンセンス、ペパーミント、ユーカリ、ラベンダー、レモン、ローズマリーのうち数種の香りを嗅いで問いに答える問題） ②アロマテラピーの基本　③きちんと知りたい、精油のこと ④アロマテラピーの安全性　⑤アロマテラピーを実践する ⑥精油のプロフィール　ほか 【1級】2級の内容に加え、精油を目的によって使い分け、効果的に生活に取り入れるための知識を出題 ①香りテスト（17種：2級の9種に加え、イランイラン、クラリセージ、グレープフルーツ、ジュニパーベリー、スイートマージョラム、ベルガモット、レモングラス、ローマンカモミールのうち数種の香りを嗅いで問いに答える問題）②アロマテラピーの基本 ③きちんと知りたい、精油のこと　④アロマテラピーの安全性 ⑤アロマテラピーを実践する　⑥アロマテラピーのメカニズム ⑦アロマテラピーとビューティ＆ヘルスケア ⑧アロマテラピーの歴史をひもとく ⑨アロマテラピーに関係する法律　⑩精油のプロフィール　ほか ※2・1級の併願受験、1級のみの受験も可能。1級合格者は、さらに、AEAJのプロフェッショナルな資格であるアロマテラピーアドバイザー、アロマテラピーインストラクター、アロマセラピスト資格や、専科資格であるアロマハンドセラピスト、アロマブレンドデザイナー資格の取得へとつなげることができる

公益社団法人 日本アロマ環境協会（AEAJ）
〒150-0001 東京都渋谷区神宮前6-34-24 AEAJグリーンテラス
E-mail=aeaj-kentei@aromakankyo.or.jp　URL=https://www.aromakankyo.or.jp

繊維を通して消費者と企業を結ぶ　独立 就職 趣味 評価

衣料管理士（TA：Textiles Advisor）

民間

衣料をはじめとする繊維製品の用途や使用目的は実にさまざま。消費者のニーズや流行もめまぐるしく変化している。豊富な知識と確かな技術をもったテキスタイルアドバイザーの活躍の場は、アパレルメーカーからファッション、素材メーカーまで幅広い。

受験対策
大学

受験者数	合格率
366人※	98.4%※
認定条件	**認定手数料**
会員大学卒業	9,900円※

※1級の場合

取得方法	衣料管理士（TA）の資格を取得するためには、以下の2つの要件を満たし、協会に資格取得の申請をしなければならない ①日本衣料管理協会が認定した大学および短期大学における指定科目の単位修得 ②大学および短期大学卒業 ※現在、TA養成大学として協会が認定しているのは以下のとおり 2級TAが名古屋女子大学生活環境学科、大阪成蹊短期大学生活デザイン学科など12校 1級TAが共立女子大学被服学科、実践女子大学生活環境学科など12校である ③最終試験の合格 履修単位は、2級が28単位以上、1級が43～53単位（必修科目24単位、選択科目19～29単位） また、1級認定校における大学院で修士の学位を取得し、所定の単位を8単位以上修得したものは「衣料管理士専修」が取得できる 履修分野・範囲は2・1級同じで、以下のとおり ①材料・品質の分野　繊維、糸、布・品質管理の知識 ②加工・整理の分野　染色加工・衣服の取扱い・洗濯の知識 ③企画・設計・生産の分野　衣服の企画・設計・生産の知識 ④流通・消費・消費者問題の分野　消費者行動・調査法、産業や商品、販売などの知識　ほか
手数料	資格認定証交付手数料 【2級】**7,700円** 【1級】**9,900円**【専修】**3,300円**（各税込）
認定者数	【2級】190人 【1級】366人【専修】5人（2023年度）

問い合わせ先
一般社団法人 日本衣料管理協会
〒105-0011 東京都港区芝公園2-11-13-205
TEL03(3437)6416　URL=http://www.jasta1.or.jp　http://www.ta-shikaku.jp

繊維製品品質管理士（TES）

民間

繊維製品の品質や性能の向上を図り、消費者から品質に関してクレームが出ないよう、商品企画から販売までを通して活躍する繊維製品品質管理士は、その英文名Textiles Evaluation Specialistの頭文字を取って「TES＝テス」の愛称で呼ばれている。

申込者数	合格率
1,448人	20.7%
受験資格	受験料
なし	※14,300円

※初受験の場合

受験資格	誰でも受験できる
申込期間	4月下旬～5月下旬（※2024年度）
試験日	**7月の第2日曜日**
合格発表	9月中旬
受験料	**14,300円、学生は11,000円** （過去に受験経験があり、継続受験の場合は**11,000円（学生8,800円）**。各税込）
試験地	東京、名古屋、福井、京都、倉敷、福岡
試験内容	**〔短答式〕** 基礎知識を問う ①繊維に関する一般知識 繊維の種類と性質、糸・布地等の種類・製造・性質、染色・加工 ②家庭用繊維製品の製造と品質に関する知識 衣料品等の企画・設計・製造、衣料品等の要求項目と消費性能および試験法、品質管理と品質保証 ③家庭用繊維製品の流通、消費と消費者問題に関する知識 消費者行動とその調査方法、消費者問題と消費者政策　ほか **〔記述式〕** 応用能力を問う ①事例：繊維製品の品質・性能に関する消費者苦情の発生を未然に防止するための製品企画および品質管理に関する応用能力の有無を問う。評価は、苦情の発生原因の究明、再発防止策など問題解決の適確性に主眼をおく ②論文：出題は、社会および繊維産業の現状の理解のうえに、繊維製品品質管理士として必要な識見を問う。評価は、解答の論点の的確性、内容の深さおよび論旨の一貫性に主眼をおく ※試験に合格し、繊維製品品質管理士として登録すると「繊維製品品質管理士証」が交付される（登録料：12,100円）。登録の有効期限は、登録された日から5年間。更新の際は、有効期限の最後の1年間に協会の行う「登録更新試験（論文）」に合格することが必要

問い合わせ先
一般社団法人 日本衣料管理協会
〒105-0011 東京都港区芝公園2-11-13-205
TEL03(3437)6416　URL=http://www.jasta1.or.jp　http://www.tes-shikaku.jp

ブライダルプランニングのプロ

独立 就職 趣味 評価

ブライダルプランナー検定

婚礼担当者自身のスキルと対応能力が求められるブライダル市場。ブライダルプランナー検定は、欧米を中心に活躍するプランナーが属する国際的に最大規模の全米ブライダルコンサルタント協会（ABC協会）が、その求められる知識と能力を認定する試験である。

公式テキスト 独学 講座 通信 オンライン

申込者数	合格率
1,017人※	89.4%※
受験資格	受験料
なし	10,250円※

※2級の場合（2023年度）

受験資格	誰でも受験できる
申込期間	【2級】秋期：6月上旬～7月中旬 冬期：10月下旬～11月下旬 【1級】夏期：4月中旬～5月下旬 春期：12月中旬～1月中旬
試験日	【2級】**秋期：9月上旬** **冬期：1月中旬** 【1級】**夏期：7月上旬** **春期：2月中旬**
申込方法	一般受験：ブライダルプランナー検定事務局公式サイトから申し込む 団体受験：ABC協会認定校を通じて申し込む
受験料	【2級】**10,250円** 【1級】**15,300円**（各税込）
試験地	一般受験：オンライン試験 団体受験：全国各地のABC協会認定校
申込者数 合格率	【2級】1,017人、89.4% 【1級】726人、88.5%
試験内容	【2級】選択式（90分） ①日本における各挙式の基礎知識、衣裳・フラワーなど関連業務に関する知識 ②欧米でのリハーサルウェディングから、セレモニー、レセプションまでの流れ ③ウェディングパーティー各人の役割や欧米ブライダルプランナーの業務に関する知識 【1級】選択式、記述式（120分） ①コーディネート知識、見積作成、打合せなどのプランニング能力 ②欧米ウェディングの流れや各人の役割、各宗教に根づいた進行や慣習 ③業界で求められる人物像としての接客応対と言葉遣い

ABC協会認定 ブライダルプランナー検定事務局
〒160-0023 東京都新宿区西新宿7-8-10 オークラヤビル5F
TEL03(6682)2862　URL=https://www.bridalplanner.jp/　E-MAIL＝info@bridalplanner.jp

独立 就職 趣味 評価

葬祭ディレクター

民間

急速に高齢化が進み、死亡者数も増え続けることが予想される日本では、葬祭関連業務についている人の社会的責任が、一層重くなっている。葬祭ディレクターは、葬祭業界で働く人々に必要な知識と技能レベルを審査し、社会的地位向上を目指す資格である。

公式テキスト 独学 講座 通信

受験者数	合格率
828人※	67.6%※
受験資格	受験料
実務経験	60,000円※

※1級の場合

受験資格	【2級】葬祭実務経験2年以上の者　ほか 【1級】葬祭実務経験5年以上の者、または2019年度以前の試験で2級合格後に2年以上の葬祭実務経験を有する者
申込期間	6月上旬～6月下旬
試験日	9月
受験料	【2級】45,000円〔学科のみ〕15,000円〔実技のみ〕30,000円 【1級】60,000円〔学科のみ〕15,000円〔実技のみ〕45,000円 (各税込)
試験地	札幌、仙台、大宮、東京、横浜、名古屋、京都、福岡
受験者数 合格率	【2級】　743人、75.5% 【1級】　828人、67.6%
試験内容	審査の対象となる技能の範囲は以下のとおり 【2級】 個人葬における相談、会場設営、式典運営などの葬祭サービスの一般的知識と技能 【1級】 すべての葬儀における相談、会場設営、式典運営などの葬祭サービスの詳細な知識と技能 試験は以下のとおりに実施される。学科はCBT方式 【2級】〔学科〕正誤判定問題25問、多肢選択問題25問（30分） 〔実技〕①幕張（7分）　②司会（4分） ③接遇（2分）　④実技筆記試験（60問、30分） 【1級】〔学科〕正誤判定問題50問、多肢選択問題50問（50分） 〔実技〕①幕張（7分）　②司会（6分） ③接遇（2分）　④実技筆記試験（60問、30分） ※一部合格：学科試験と実技試験のいずれか一方が基準点に達した者は、3年度以内に同じ級を受験する場合は、合格している科目の受験が免除される 一部合格以外の学科試験のみ、または実技試験のみの受験はできない

問い合わせ先
葬祭ディレクター技能審査協会
〒105-0003 東京都港区西新橋1-18-12 COMS虎ノ門6F
TEL03(6206)1281　URL=https://www.sousai-director.jp

安全への知識・技能を備えたプロガードマン　独立　就職　趣味　評価

警　備　員

国家

時代の変化にともない、警備員の質的向上が求められて導入された検定制度である。いまや、安全に対する高度な知識と技能、その場に即した的確な判断力などが求められる警備業務には欠かせない資格であり、有資格者は約23万人以上に達した。

受検者数	合格率
ー	ー
受検資格	**受検料**
なし	14,000円（交通誘導の場合）

受検資格	【2級】誰でも受検できる　【1級】受けようとする種別の2級の合格証明書の交付を受けた後、当該種別の警備業務に1年以上従事した者 国家公安委員会登録講習機関の警備員特別講習事業センター〈TEL 03（5321）7655〉および航空保安警備教育システム〈TEL 03（5579）6955〉などが実施する講習会の修了者は、当該検定に合格したものとみなされ、資格が取得できる
試験日	**各都道府県により異なる**
受検料	【空港保安警備業務2・1級】【施設警備業務2・1級】 【核燃料物質等危険物運搬警備業務2・1級】 【貴重品運搬警備業務2・1級】　**各16,000円** 【雑踏警備業務2・1級】　**各13,000円** 【交通誘導警備業務2・1級】　**各14,000円**
試験地	各都道府県により異なる
試験内容	以下の警備業務内容に応じて、学科試験、実技試験の内容が決まる 【空港保安警備業務2・1級】 空港等の施設で航空機の強取等（航空機に持ち込まれる物件の検査にかかわるものに限る）の事故の発生を警戒し、防止する業務 【施設警備業務2・1級】 警備業務対象施設の破壊等の事故の発生を警戒し、防止する業務 【雑踏警備業務2・1級】 人の雑踏する場所における負傷等の事故の発生を警戒し、防止する業務 【交通誘導警備業務2・1級】 工事現場その他、人または車の通行に危険のある場所における負傷の事故の発生を警戒し、防止する業務 【核燃料物質等危険物運搬警備業務2・1級】 運搬中の核燃料物質等危険物の盗難等の事故の発生を警戒し、防止する業務 【貴重品運搬警備業務2・1級】 運搬中の現金、貴金属、有価証券等の貴重品の盗難等の事故の発生を警戒し、防止する業務

問い合わせ先　**各都道府県公安委員会、各都道府県警察本部**

サービス接遇検定

民間

流通をはじめ飲食業界などさまざまな業界で今、お客さまに接するスタッフ一人ひとりの広い視野に立った質の高いサービスが求められている。サービスマインドの育成を目指して行われ、サービス業界においては必携となる資格がサービス接遇検定である。

受験者数	合格率
13,918人※	72.0%※
受験資格	受験料
なし	5,200円※

※2023年度2級の場合

受験資格	誰でも受験できる
申込期間	4月上旬～5月上旬　9月上旬～10月上旬
試験日	【3級】【2級】【1級筆記】**6月　11月** 【準1級】**7～8月　12月** 【1級面接】**6～9月　11月～翌年2月**（試験地によって異なる）
受験料	【3級】　**3,800円**　【2級】**5,200円** 【準1級】**5,900円**　【1級】**7,800円**（各税込）
試験地	【3級】【2級】【1級筆記】 札幌、旭川、仙台、秋田、郡山、東京、横浜、新潟、上越、富山、金沢、福井、岡谷、静岡、名古屋、大阪、神戸、姫路、和歌山、倉敷、広島、光、松山、福岡、熊本、大分、宮崎、那覇 【準1級】【1級面接】 札幌、東京、仙台、金沢、新潟、名古屋、大阪、広島、高松、福岡、鹿児島、那覇（金沢・鹿児島は準1級のみ）
受験者数 合格率	【3級】　13,710人、73.7%　【2級】13,918人、72.0% 【準1級】4,212人、84.6%　【1級】　823人、45.9%
試験内容	【3級】サービス接遇実務について初歩的な理解をもち、基本的なサービスを行うのに必要な知識・技能をもっている 〔筆記〕①理論：サービススタッフの資質、専門知識、一般知識 ②実技：対人技能、実務技能 【2級】サービス接遇実務について理解をもち、一般的なサービスを行うのに必要な知識・技能をもっている 〔筆記〕【3級】と同じ 【準1級】面接試験のみ（2級試験合格が条件となる） 【1級】サービス接遇実務について十分な理解および高度な知識・技能をもち、専門的なサービス能力が発揮できる 〔筆記〕【3級】と同じ 〔面接〕筆記試験合格者のみ

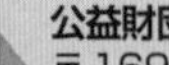

問い合わせ先
公益財団法人 実務技能検定協会 サービス接遇検定部
〒169-0075 東京都新宿区高田馬場1-4-15
TEL03(3200)6675　URL=https://jitsumu-kentei.jp/SV/index

アパレルなどで働く人の必須資格

独立 **就職** 趣味 **評価**

ファッションビジネス能力検定

民間

ファッションビジネスとは、素材・合織メーカーなどの産業からアパレル産業、流通分野まで広範囲な領域でのビジネスのすべてを指す。より知性・感性・技術が求められるなかで、業界で活躍するために基本となる検定試験である。

申込者数	合格率
非公開	非公開
受験資格	**受験料**
なし	7,150円※

※3級の場合

受験資格	誰でも受験できる
申込期間	【3・2級】4月上旬～4月下旬　8月下旬～9月下旬 【1級】11月上旬～12月上旬
試験日	【3・2級】**6月下旬　11月中旬** 【1級】**翌年1月下旬**
受験料	【3級】　**7,150円**　【2級】**7,700円** 【1級】**15,950円**（各税込）
試験地	【3・2級】協会が指定する会場【1級】東京
試験内容	【3級】マークシート形式 ①ファッションビジネス知識：ファッションビジネスの特性、ファッション消費と消費者行動、ファッションマーケティング　ほか ②ファッション造形知識：ファッションコーディネーション、ファッション商品知識　ほか 【2級】マークシート形式 ①ファッションビジネス知識：ファッション生活とファッション消費、ファッション産業構造、ファッションマーケティング　ほか ②ファッション造形知識：ファッションコーディネート、ファッション商品知識、ファッションデザイン　ほか 【1級】記述式および選択式 ①マーケティング戦略：マーケティング理論、メーカー系マーケティング戦略、新業態開発、業態革新、グローバルマーケティング　ほか ②マーチャンダイジング戦略：ファッションMD理論、メーカーブランドのMD、デザイン戦略、生産管理　ほか ③流通コミュニケーション戦略：アパレル企業の流通戦略、プロモーション戦略　ほか ④マネジメント知識：会計・財務の知識、人事管理、情報管理　ほか ⑤ファッションビジネス・商品知識：日本経済とファッション産業、ファッション産業構造、ファッションビジネスの変遷、スタイリング知識、素材知識　ほか

問い合わせ先
一般財団法人 日本ファッション教育振興協会 FB検定係
〒151-0053 東京都渋谷区代々木3-14-3 紫苑学生会館2F
TEL03(6300)0263　　URL＝https://www.fashion-edu.jp

花と緑の指導・助言者

独立 就職 趣味 評価

グリーンアドバイザー

家庭園芸の健全な育成を図り、快適な生活環境の形成に資することを目的に生まれたグリーンアドバイザー。生活者の視点に立ち、家庭園芸の普及活動に貢献する人を対象にした資格で、協会が実施する認定講習を受け、認定試験に合格後、登録すれば取得できる。

受験対策
講習＋修了試験合格
受講・登録必要
CBT

受験者数	合格率
922人	85.7%
受講・受験資格	受講・受験料
なし	40,700円（一般の場合）

受講・受験資格	誰でも受講・受験できる ※講習はインターネット経由で、視聴時間は約12時間
申込期間	講習・試験の申込みは4月上旬～8月下旬 試験会場予約は講習・試験申込後、インターネットで6月から受付開始。 詳細はホームページにて発表
試験日	**9月上旬～下旬**
受講・受験料	一般：**40,700円**（テキスト代含む）（税込） 学生：**20,350円**（テキスト代含む）（税込） 再受講・受験：**29,700円**（テキスト代含む）（税込）
開講・試験地	講習はインターネット経由で、公開期間中は好きなときに何度でも視聴可 全国300カ所以上のCBT試験会場 ※1人の人が同一年度に複数の会場で受講・受験することはできない
講習・試験内容	**〔講習〕** ①植物に関する生理学的基礎知識　②現代生活と花・緑 ③種子・球根・苗の基礎知識　④植物分類 ⑤植物の特性　⑥播種・定植の方法 ⑦繁殖・交配の方法　⑧用土・肥料の基礎知識 ⑨病害虫と薬品の基礎知識 ⑩園芸用品・用具の基礎知識 ⑪園芸作業 ⑫花壇・コンテナ・鉢物栽培の基礎知識 ⑬園芸デザインと飾り方　ほか **〔認定試験〕** CBT：1時間 ○×式40問、3者択一式40問 ※合格発表は受験者マイページにて発表

問い合わせ先
公益社団法人 日本家庭園芸普及協会
〒103-0001 東京都中央区日本橋小伝馬町17-12 堀ビル3-6F
TEL03(3249)0681　URL＝https://www.kateiengei.or.jp

美容師

国家
業務独占

より美しくなりたいという人間の願望をかなえるためにヘアスタイルの腕をふるうのが美容師。美容師として成功するには、もって生まれたセンスの良さと地道な努力で身につけたハイレベルなテクニックが決め手となる。試験は全国統一され、年2回実施されている。

受験者数	合格率
23,672人	81.8%
受験資格	受験料
学歴など	25,000円（実技・筆記の場合）

受験資格	美容師法に規定された美容師養成施設で所定の課程を修めた人
申込期間	5月 11月
試験日	**年2回：〔実技〕8月 〔筆記〕9月 〔実技〕2月 〔筆記〕3月**
申込方法	受験願書、卒業証明書類、写真などを、理容師美容師試験研修センターへ簡易書留で郵送する
受験料	**〔実技・筆記〕25,000円 〔実技のみ〕　12,500円 〔筆記のみ〕　12,500円**
試験地	**〔実技〕** 全国46都道府県の指定された会場 **〔筆記〕** 全国各地の16会場
試験内容	**〔実技〕** 美容実技（第1課題：カッティング、第2課題：ワインディングまたはオールウェーブセッティングおよび衛生上の取扱い） **〔筆記〕** ①関係法規・制度および運営管理 ②衛生管理（公衆衛生・環境衛生、感染症、衛生管理技術） ③保健（人体の構造および機能、皮膚科学） ④香粧品化学 ⑤文化論および美容技術論 ※実技試験で必要となる器具・用具は持参する 実技試験と筆記試験の両方を受験した者のうち、どちらか一方の試験のみに合格した者は、申請により次回の試験に限り当該試験の受験が免除される

問い合わせ先
公益財団法人 理容師美容師試験研修センター
〒151-8602 東京都渋谷区笹塚2-1-6 JMFビル笹塚01（8F）
TEL03(5579)6875　URL=https://www.rbc.or.jp

独立 就職 趣味 評価

理　容　師

業務独占

幅広い客層を相手とする理容師は、息の長い職業といえる。散髪、顔剃りはもちろん、一人ひとりその人に合った個性的な髪形を創りだすヘアデザイナーとして、センスをいかんなく発揮できる仕事でもある。試験は全国統一され、年2回実施されている。

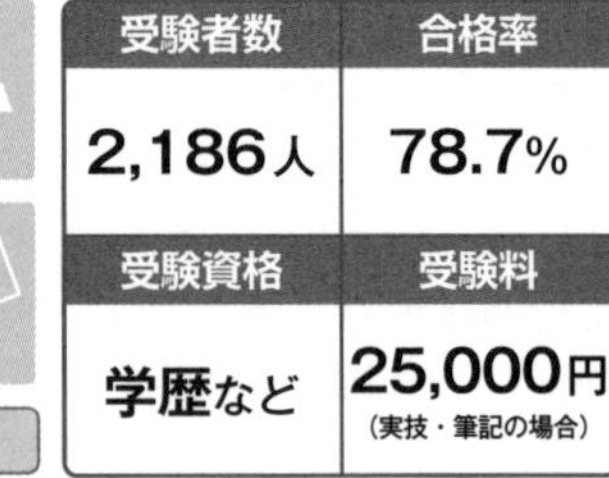

受験者数	合格率
2,186人	78.7%
受験資格	受験料
学歴など	25,000円（実技・筆記の場合）

受験資格	理容師法に規定された理容師養成施設で所定の課程を修めた人
申込期間	5月 11月
試験日	年2回：〔実技〕8月 〔筆記〕9月 〔実技〕2月 〔筆記〕3月
申込方法	受験願書、卒業証明書類、写真などを、理容師美容師試験研修センターへ簡易書留で郵送する
受験料	〔実技・筆記〕25,000円 〔実技のみ〕　12,500円 〔筆記のみ〕　12,500円
試験地	〔実技〕全国40都道府県の指定された会場 〔筆記〕全国各地の16会場
試験内容	〔実技〕 理容実技（カッティング、シェービング、顔面処置および整髪ならびに衛生上の取扱い） 〔筆記〕 ①関係法規・制度および運営管理 ②衛生管理（公衆衛生・環境衛生、感染症、衛生管理技術） ③保健（人体の構造および機能、皮膚科学） ④香粧品化学 ⑤文化論および理容技術理論 ※実技試験で必要となる器具・用具は持参する 実技試験と筆記試験の両方を受験した者のうち、どちらか一方の試験のみに合格した者は、申請により次回の試験に限り当該試験の受験が免除される

問い合わせ先
公益財団法人 理容師美容師試験研修センター
〒151-8602 東京都渋谷区笹塚2-1-6 JMFビル笹塚01（8F）
TEL03(5579)6875　URL=https://www.rbc.or.jp

独立 就職 趣味 評価

JMA日本メイクアップ技術検定試験

メイクアップのプロの技術力、接客力、知識力を高めることを目的とし、一般社団法人JMAが定める正しいメイク基準を基本に、3級・2級・1級の三段階で実施。美容業界を目指す人のほか、スキルアップしたい人、活躍の場を広げたい人におすすめ。

公式テキスト 独学 講座 通信

申込者数	合格率
−	82.3%※
受験資格	**受験料**
なし	11,220円※

※3級の場合

受験資格	【3級】誰でも受験できる 【2級】3級合格者（3級との併願可） 【1級】2級合格者
申込期間	4月上旬〜6月下旬 11月上旬〜翌年1月下旬
試験日	**年2回：7月下旬 翌年2月下旬**
受験料	【3・2級】**各11,220円**（税込） 【1級】**17,160円**（税込）
試験地	東京、名古屋、大阪、福岡
試験内容	各級とも実技試験が行われる 【3級】30分間 スキンケア〜ベースメイクとチーク・ハイライト・ローライトを行う ①事前審査（セッティング、身だしなみ、モデルのメイク状態） ②手指消毒 ③ポイントメイククレンジング ④クレンジング ⑤スキンケア ⑥メイクアップベース ⑦コントロールカラー ⑧ファンデーション ⑨コンシーラー ⑩フェイスパウダー ⑪チーク ⑫ハイライト ⑬ローライト 【2級】50分間 スキンケア〜フルメイクを行う ①〜⑩は【3級】と同じ ⑪リップケア ⑫アイブロウ ⑬アイシャドウ ⑭アイライン ⑮ビューラー＆マスカラ ⑯リップ ⑰チーク ⑱ハイライト ⑲ローライト 【1級】15分間（カウンセリングとスキンケアを行う） 30分間（ベースメイク〜イメージメイクを行う） 5分間（アドバイスシートの作成を行う） ①事前審査（セッティング、身だしなみ、スキンケア後のモデルの肌状態） ②カウンセリング ③〜⑳は【2級】の②〜⑲と同じ ㉑アドバイスシートの作成

問い合わせ先
一般社団法人 JMA（日本メイクアップ技術検定協会）
〒108-0073 東京都港区三田2-7-7 芳和三田綱坂ビル3F
TEL03(5765)9123 E-MAIL=info@j-makeup.jp URL=https://www.jma-makeup.or.jp/

独立 就職 趣味 評価

ネイルスペシャリスト技能検定試験

民間

ネイルの正しい技術の向上と国際水準のスペシャリストを認定する技能検定試験。グローバル・スタンダードの流れのなかで、国際的にも認められる知識と技術の習得は、これからネイルスペシャリストとして新しい時代に活躍していくための必須条件である。

申込者数	合格率
非公開	非公開
受験資格	**受験料**
なし	10,000円※

※A級の場合

受験資格	誰でも受験できる。対象者は以下のとおり 【A級】学生、初心者　【SA級】ネイルの仕事を目指す人 【PA/AA/AAA級】プロフェッショナル
申込期間	ホームページ参照
試験日	**ホームページ参照**
受験料	【A級】 **10,000円** 【SA級】**12,000円**　【PA/AA/AAA級】**各15,000円**（各税別）
試験地	北海道、東京、愛知、大阪、福岡、沖縄（試験日によって異なる）
試験内容	【A級】 **〔実技〕**80点以上で合格 ①ネイルケア ②カラーリング（マット赤） **〔学科〕**50問のうち40問以上（80点以上）で合格 ①ネイルの衛生学　②人体のしくみ　③ネイルとその異常 ④マニキュアリストの化学　⑤ネイル概論　⑥ネイルの技術 【SA級】 **〔実技〕**80点以上で合格 ①ネイルケア ②アーティフィシャルネイル ③カラーリング（パールホワイト） **〔学科〕**A級に同じ 【PA/AA/AAA級】 **〔実技〕** 80点以上でAAA級に合格 ①ネイルケア　②アーティフィシャルネイル前半 ③アーティフィシャルネイル後半 ④カラーリング（左手マット赤・右手パールホワイト） **〔学科〕**A級に同じ

問い合わせ先
NPO法人 インターナショナル ネイル アソシエーション 事務局
〒150-0013 東京都渋谷区恵比寿1-5-1 ボックスハツミ5F
TEL03(6277)3877　URL＝https://i-nail-a.org

ネイル業界で最も歴史と権威のある資格　独立 就職 趣味 評価

ネイリスト技能検定試験

民間

爪という小さいスペースから大きな夢を広げるのがネイリストの仕事。この検定は、国際的に通用するネイリストの育成を目指し、正しいネイル学のマスター基準によって実施されている技能検定試験である。1級合格者はトップレベルのネイリストとして認められる。

受験者数	合格率
8,604人※	90.7%※
受験資格	**受験料**
学　歴	6,800円※

※3級の場合

受験資格	【3級】義務教育修了者　【2級】3級資格取得者　【1級】2級資格取得者
試験日	【3・2級】**4月　7月　10月　翌年1月**　【1級】**4月　10月**
受験料	【3級】**6,800円**　【2級】**9,800円**　【1級】**12,500円（各税込）**
試験地	【3・2・1級】札幌、盛岡（4月・10月のみ）、仙台、東京、名古屋、新潟、金沢、大阪、広島、高松、福岡、沖縄 ※3級は全国の登録試験会場でも実施
受験者数 合格率	【3級】8,604人、90.7%　【2級】3,978人、54.8% 【1級】2,707人、52.1%
試験内容	【3級】**〔事前審査〕**10分 ①テーブルセッティング＆消毒管理　②モデルの爪の状態 **〔実技〕**65分　①ネイルケア（両手10本）　②カラーリング（両手10本） ③ネイルアート（右手中指） **〔筆記〕**30分　①衛生と消毒　②爪の構造（皮膚科学） ③爪の病気とトラブル（爪の生理解剖学）　④ネイルケアの手順　ほか 【2級】**〔事前審査〕**【3級】と同じ　**〔実技〕**前半30分、後半55分 ①ネイルケア（両手10本）　②チップ＆ラップ　③カラーリング　ほか **〔筆記〕**35分　①～④【3級】の①～④と同じ　⑤リペアの種類およびチップ＆ラップの手順　⑥その他実践的施術全般　ほか 【1級】**〔事前審査〕**【3級】と同じ **〔実技〕**150分 ①ネイルイクステンション：スカルプチュアネイル、チップ＆オーバーレイ　②ネイルアート：ミックスメディアアート **〔筆記〕**40分 ①～④【3級】の①～④と同じ　⑤化粧品学（材料、内容成分、効果等） ⑥　イクステンションの手順　⑦その他実践的施術全般 ⑧プロフェッショナリズム　⑨ネイルの歴史　ほか ※2023年10月より、全級の実施試験において「モデルを連れてくる」または「JNEC認定モデルハンドを持参する」のいずれかを選択可。詳細はHPを確認のこと

問い合わせ先
公益財団法人 日本ネイリスト検定試験センター
〒100-0014 東京都千代田区永田町2-13-10 プルデンシャルタワー7F
TEL03(3519)6830　URL=https://www.nail-kentei.or.jp/

AJYA認定ヨガインストラクター

民間

現在、ヨガ人口は100万人を超え、多様なスタイルのヨガが誕生している。求められる環境や目的も多様化するなか、全日本ヨガ協会（AJYA）では、ヨガの技術、知識、ホスピタリティをバランスよく身につけたヨガインストラクターの育成を目標としている。

受験対策
講習＋修了試験合格

受験者数	合格率
－	－
受験資格	**受験料**
講習など	11,000円（3級の場合）

取得方法	３級マスターコース・２級アドバンスコースは、各コースを修了後、認定試験に合格する
受験資格	【３級マスター・２級アドバンス】20歳以上の者 【1級シニア】20歳以上で２級会員取得者
試験日	【３級マスター・２級アドバンス】**随時** 【1級シニア】**年2回**
受験料	【３級マスター】**11,000円** 【２級アドバンス】**22,000円** 【1級シニア】**33,000円**（各税込）
試験地	【３級マスター】AJYA認定スクール 【２級アドバンス】AJYA認定校 【1級シニア】AJYA銀座本校
試験内容	【3級マスター】実技、倫理 【2級アドバンス】実技、倫理 【1級シニア】実技、倫理、面接 ３級合格者は、認定スクールおよび教室でインストラクターとしての指導が可能となる ２級合格者は、AJYA ２級会員登録により、認定教室独立開業プログラムを受けることができ、認定教室の開設が可能となる １級合格者は、AJYA １級会員登録により、認定スクール独立開業プログラムを受けることができ、認定スクールの開設が可能となる ※AJYA認定教室・認定スクール・認定校を開設する場合は、認定登録料および年会費が別途かかる

問い合わせ先
一般社団法人 全日本ヨガ協会（AJYA）
〒371-0045 群馬県前橋市緑が丘町16-36
TEL027(289)5598　URL=https://www.ajya-yoga.com

色彩のプロフェッショナル

独立 就職 趣味 評価

パーソナルカラリスト®

「人と色」の関係に着目し、色彩の知識とCUS®配色調和を学んで技術を身につければ、美容やファッション、ブライダル業界など幅広い分野の仕事で役立ち、また日常生活でも洋服選びやインテリアなどにも活かすことができる。3・2・1級の等級がある。

受験者数	合格率
ー	約75%※
受験資格	**受験料**
なし※	7,700円※

※3級の場合

受験資格	【3・2級】誰でも受験できる 【1級】2級取得者
申込期間	4月中旬～5月下旬　8月下旬～10月上旬 12月上旬～翌年1月中旬
試験日	**7月　11月　翌年2月**
受験料	一般・団体会場・CBT【3級】**7,700円**【2級】**11,000円**【1級】**17,600円**（各税込）IBT在宅・3級ペーパー【3級】8,800円【2級】12,000円【3級】18,600円
試験地	一般会場（東京・大阪・足利・和歌山、全国の団体校）・全国のCBTセンター・IBT（自宅2024年7月で終了）・在宅ペーパー（3級のみ）
試験内容	出題は各級の「パーソナルカラリスト検定公式テキスト」から 【3級】 色彩と文化：日本の文化と歴史、日本の伝統色　ほか 色彩理論：色のしくみ、CUS®表色系と配色効果　ほか 色彩とファッション：ファッション概論、ブライダルと色彩　ほか パーソナルカラー：ヘアメイク、パーソナルカラーの特徴　ほか 【2級】 色彩と文化：染料と染色、ヨーロッパ文化の歴史　ほか 色彩理論：混色、色の見え方、配色テクニック　ほか CUS®配色調和理論：アンダートーンの色相と色調　ほか 色彩を活かすテクニック：ファッション概論、ディスプレイ　ほか パーソナルカラー：ヘアカラー、ネイルカラー　ほか 加えて3級公式テキスト全般 【1級】 色彩論の系譜：色の分類のはじまり、実用的な色彩調和理論、CUS®表色系、17色調　ほか CUS®配色調和理論：アンダートーンと色調配色、知覚効果　ほか CUS®配色調和を活かすテクニック：色彩調和の応用　ほか 加えて3級および2・1級公式テキスト全般

問い合わせ先
一般社団法人 日本カラリスト協会
〒150-0001 東京都渋谷区神宮前6-25-8-609
TEL03(3406)8708　URL＝https://colorist.or.jp

色彩を駆使して人の心をつかむ

独立 就職 趣味 評価

カラーコーディネーター検定試験®

多くの色に囲まれている社会環境では、色の基本ルールを理解し、さまざまなビジネスシーンで活用・提案できる人材が求められている。色の専門知識だけでなく、デザイン、イメージ、プレゼンテーションまで含めた総合的なコーディネート能力を育てる検定である。

※カラーコーディネーター検定試験®は東京商工会議所の登録商標です。

公式テキスト　独学　講座　通信　オンライン

受験者数	合格率
5,253人※	74.3%※
受験資格	**受験料**
なし	5,500円※

※スタンダードクラスの場合

受験資格	誰でも受験できる
申込期間	5月中旬～下旬　9月下旬～10月上旬
試験日	**6月下旬～7月上旬　10月下旬～11月中旬**
受験料	【スタンダードクラス】**5,500円**　【アドバンスクラス】**7,700円**（各税込） ※CBT方式は利用料2,200円（税込）が別途発生
試験地	IBT・CBTの２方式
申込方法	①東商検定サイトから申込 ②試験プラットフォーム（Excert）でアカウントを作成 ③希望の受験日時を選択し、支払情報を入力 ④支払手続完了後、登録したメールアドレスに確認メールが届く
試験内容	【スタンダードクラス】多肢選択式（90分） ①生活と色の効用　②色を自在に操る方法 ③きれいな配色をつくる ④色を美しく見せる光のマジック ⑤背景色を上手に使って色の見え方を変えてみよう ⑥色で売り上げをアップするために 【アドバンスクラス】多肢選択式（90分） ①カラーコーディネーターの実務 ②色の見えの多様性とユニバーサルデザイン ③色をつくり、形をつくる　色材、混色から画像へ ④色彩と照明計画　⑤表色系と測定（測色）方法および色彩管理の手法 ⑥安全色彩　⑦製品の色彩調査手法－色彩分析と心理評価 ⑧さまざまな配色用語と実際　⑨ファッションカラーと色彩計画の諸条件 ⑩メイクアップ製品の色彩設計・管理とカラーコーディネーション ⑪インテリア製品の色彩の特徴とカラーコーディネーション ⑫プロダクツの色彩的特徴　⑬環境色彩 ⑭効果的なプレゼンテーションを生み出すカラーコーディネーション技術 ⑮近現代のデザインとカラーの歴史 ⑯ファッションカラーの変遷と時代背景

東京商工会議所 検定センター
URL=https://kentei.tokyo-cci.or.jp

資格のQ&A

Q この資格を取るメリットは？

A **色彩のスペシャリストとして、ビジネスに色を使用するアパレルやインテリア、広告、店舗運営などで幅広く活用できる検定です**。合格率も比較的高く、取得しやすいのが特徴です。就職活動の際には、自分の持っているスキルとして履歴書にも書けます。

Q この資格取得にかかる費用・期間は？

A 独学の場合、公式テキストは**スタンダードクラス3,000円、アドバンスクラス5,000円**です。通信講座は**スタンダードクラスで25,000～50,000円**程度です。類似資格もあるため、講座選択の際は注意しましょう。

Q 資格取得後に有利な業界はどこですか？

A 商品デザインの**アパレル業界**、マンション展示場などの**インテリア業界**、Webデザインの**IT業界**、商品陳列、照明などの店舗運営の**小売業界**などで多くのニーズがあります。ただ比較的合格率の高い検定であり、「カラーコーディネーター」として採用する会社は少ないため、ほかのビジネススキルを磨いたうえで、プラスしてカラーコーディネーションスキルを活用することを考えたいものです。また、この検定の商工会議所の認定講師となるルートもあります。

Q 次のステップとして、取得すべき資格はありますか？

A インテリアに一層の強みを発揮する**インテリアコーディネーター**、創造性の高い商品陳列に生かす**リテールマーケティング（販売士）検定**、Webデザインに独自の色彩要素を加える**Webデザイナー検定**などを持つと、ダブルライセンスとして幅広く活躍できます。

Q おススメの勉強方法・学習のポイントは？

A 昨年度の合格率は、**スタンダードクラスで約80%、アドバンスクラスで約60%**と比較的易しい試験です。独学が不安な方は、通信講座も併用すれば合格は確実になります。

回答者 上井光裕（資格アドバイザー）

空間を演出するインテリアの専門家　独立　就職　趣味　評価

インテリアコーディネーター　民間

生活にゆとりを求め、住環境を大切にする依頼主のニーズに合わせ、快適空間を演出するのがインテリアコーディネーター。プランニング、見積り、商品の選択、施工管理と仕事の範囲は広い。そのため建築士の資格などと併せもてば、活躍の場は一層広がる。

受験者数	合格率
8,156人	24.9%
受験資格	受験料
なし	14,850円（1・2次の場合）

受験資格	〔1次〕誰でも受験できる 〔2次〕過去3年以内に1次試験に合格している者
申込期間	7月中旬～8月下旬
試験日	**〔1次〕9月中旬～10月中旬（指定期間の希望日時）〔2次〕12月上旬**
申込方法	「インテリアコーディネーター資格試験」申込専用Webサイトから ※郵送による申込は廃止し、Webの申込のみ
受験料	**〔1・2次〕14,850円〔1次のみ〕〔2次のみ〕各11,550円**（各税込）
試験地	〔1次〕全国47都道府県のCBT会場〔2次〕北海道、岩手、宮城、群馬、東京、愛知、石川、大阪、広島、香川、福岡、沖縄（予定）
試験内容	〔1次〕学科（CBT方式による解答選択式）120分 ①インテリアコーディネーターの誕生とその背景に関すること ②インテリアコーディネーターの仕事に関すること ③インテリアの歴史に関すること ④インテリアコーディネーションの計画に関すること ⑤インテリアエレメント・関連エレメントに関すること ⑥インテリアの構造・構法と仕上げに関すること ⑦環境と設備に関すること ⑧インテリアコーディネーションの表現に関すること ⑨インテリア関連の法規、規格、制度に関すること 〔2次〕インテリア計画の提案に関すること（筆記試験）180分 ①プレゼンテーション：インテリアの基礎知識をもとに、住まいなどのインテリアに関する与えられた課題について、与条件を理解したうえでインテリアの計画を行い、図面作成や着彩により必要な情報をわかりやすく表現し伝達できる能力を有していること ②論文：住まいなどのインテリアに関する与えられた課題について、インテリアコーディネーターとして、これを理解し、判断したうえで的確な解答を文章で明瞭に表現できる能力を有していること ※1次試験に合格した場合は、次年度から3年間は1次試験を免除 新規登録料：14,300円（税込）　資格有効期間：5年間

問い合わせ先
公益社団法人 インテリア産業協会
〒160-0022 東京都新宿区新宿3-2-1 京王新宿321ビル8F
TEL03(5379)8600　URL=https://www.interior.or.jp

資格のQ&A

Q この資格を取るメリットは？

A インテリアコーディネーターは、快適な空間をつくるために適切な提言・助言を行うインテリアのプロフェッショナル資格です。受験者の約80%が女性で、女性のセンスを生かせる資格となります。インテリアに関する幅広い知識やプレゼンテーション能力を身につけることによって、**学生にとっては住宅メーカーや設計事務所などへの就職に有利になり、ビジネスパーソンには転職の武器にもなります**。さらに実力をつけ、顧客を持てば、独立してフリーで活躍することも可能です。

Q この資格取得にかかる費用・期間は？

A 受験料・登録料は合わせて**30,000円**程度です。学習にかかる費用は、通信講座の場合、1次、2次併せて**半年間30,000～60,000円**程度です。通学講座の場合は、期間や内容によって費用が異なります。

Q 資格取得後に有利な業界はどこですか？

A **住宅メーカー、リフォーム会社、マンション展示場・ショールーム**にはじまり、家具メーカーや家具販売店、設備・建材メーカー、建築事務所・デザイン事務所など、住宅関連で幅広いニーズがあります。

Q 次のステップとして、取得すべき資格はありますか？

A 建築の技術を学び、**建築士**を取得するというダブルライセンスが考えられます。また、女性ならではの感性を生かすなら、**カラーコーディネーター検定試験**®やさらに**キッチンスペシャリスト**を取得することで、強みをさらに強化できます。

Q おススメの勉強方法・学習のポイントは？

A 1次試験は択一式による専門知識を問う試験です。2次試験は論文とプレゼンテーション能力を問う試験で作図もあります。最近の試験結果では、1次試験の合格率が約30%、2次試験は約60%です。したがって**まずは1次試験に集中し、1次合格後は、3年間の有効期間を使って2次試験の対策をするのがいいでしょう。**

回答者　上井光裕（資格アドバイザー）

花の美しさをいっそう引き立てる

フラワーデザイナー資格検定試験

日本フラワーデザイナー協会（略称：NFD）が実施する、フラワーデザイナーの技能を検定するための試験。ブライダルのテーブルデコレーションやブーケをはじめさまざまな場面でニーズがあり、人気も高く活躍の場は広がっている。

公式テキスト　独学　講座　通信

受験者数	合格率
174人※	98.0%※
受験資格	**受験料**
必須単位履修	31,900円※（学科・実技の場合）

※1級の場合

受験資格	【3級】３級受験に必要な技術・知識を有する者 【2級】NFD ３級正会員として在籍し、NFD講師から受験日の２カ月前までに、受験必須単位として20単位以上を履修した証明を受けた者ほか 【1級】NFD ２級正会員として在籍し、NFD講師から受験日の２カ月前までに、受験必須単位として30単位以上を履修した証明を受けた者ほか
試験日	**随時**
合格発表	学科・実技ともに、試験日の約２週間後
受験料	【3級】〔学科〕**2,200円**　〔実技〕**18,700円** 【2級】〔学科〕**2,200円**　〔実技〕**24,200円** 【1級】〔学科〕**2,200円**　〔実技〕**29,700円**（各税込。実技は花材費込）
試験地	全国主要都市
試験内容	各級とも学科試験（45分）、実技試験（３題）の２区分で行われる 実技はアレンジメント３テーマから１テーマ、花束１テーマ、ブーケ１テーマ（試験日１カ月前にNFDホームページに発表）が指定される 【3級】①アレンジメント：共同形態、並行 - 装飾的、トライアンギュラー ②花束：丸い花束 ③ブーケ：モダン - 装飾的ブーケ 【2級】①アレンジメント：並行 - 植生的、構造的、交差 ②花束：モダン - 装飾的花束 ③ブーケ：非対称形のブーケ 【1級】①アレンジメント：新古典的、高く上昇する円錐形、相互に入りまじって ②花束：ほぐれた装飾的花束 ③ブーケ：流れるようなブーケ ※支給される一部花材と資材はあらかじめホームページで確認できる

問い合わせ先
公益社団法人 日本フラワーデザイナー協会（略称：NFD）資格検定試験係
〒108-8585 東京都港区高輪4-5-6
TEL03(5420)8741　URL=http://www.nfd.or.jp

色彩検定®

公的

「感覚」や「センス」で語られることの多い「色」を理論的・体系的に学ぶことで、理論的な色彩の実践活用能力が身につく。色彩の役割と効果についての関心が高まるなか、一般の人からプロまで幅広い受験者層がいる文部科学省後援の資格。

※２級の場合

受験資格	誰でも受験できる（何級からでも受験できる）
申込期間	4月上旬～5月中旬　8月上旬～10月上旬
試験日	【UC・3・2級】**6月下旬　11月上旬** 【1級1次】**11月上旬**　【1級2次】**12月中旬**
検定料	【UC級】**6,000円**　【3級】　**7,000円** 【2級】　**10,000円**　【1級】**15,000円**（各税込）
試験地	【UC・3・2・1級1次】全国11エリア：北海道、東北、関東、甲信越、北陸、東海、近畿、中国、四国、九州、沖縄 【1級2次】札幌、仙台、東京、名古屋、大阪、福岡、金沢、広島
申込者数 合格率	【UC級】5,091人、83.6%　【3級】29,449人、74.1% 【2級】15,872人、72.2%　【1級】　2,465人、41.4%
試験内容	マークシート方式（一部記述式）。試験の程度と内容は以下のとおり 【UC（色のユニバーサルデザイン）級】 配色における注意点や改善方法を理解している 色が見えるしくみ、色のユニバーサルデザイン　ほか 【3級】以下のような色彩に関する基本的な事柄を理解している 色のはたらき、色はなぜ見えるのか、色の分類と三属性、色の心理効果、色彩調和、ファッション、インテリア　ほか 【2級】3級の内容に加え、以下のような基本的な事柄を理解し、技能をもっている 色のユニバーサルデザイン、光と色、マンセル表色系、配色技法、配色イメージ、ビジュアルデザイン、ファッション、インテリア、景観色彩　ほか 【1級】 **〔1次〕**マークシート方式　**〔2次〕**記述式（一部実技） 3・2級の内容に加え、以下の事柄を十分に理解し、技能をもっている 色彩と文化、色彩調和論、光と色、色彩心理、色彩とビジネス、CMF、ファッション、景観色彩　ほか ※【1級1次】合格者は、その後2回に限り1次試験が免除される。なお、全ての級で併願が可能である

問い合わせ先
公益社団法人 色彩検定協会
〒108-0075 東京都港区港南2-16-4 品川グランドセントラルタワー6F
TEL03(6712)1900　　URL=https://www.aft.or.jp

レタリング技能検定

民間

ポスターなどに使われるデザイン文字や雑誌・テレビなどのタイトル、商品名などのロゴタイプを描く技術がレタリング。明朝体、ゴシック体、デザイン文字などでユニークで美しい文字を描くには、センスと正確な描線技術、造形理論、書体の理解が欠かせない。

受検者数	合格率
2,707人※	68.7%※
受検資格	**検定料**
なし	3,800円※

※３級の場合

受検資格	誰でも受検できる
申込期間	３月上旬～４月下旬
試験日	**6月の第１日曜日**　※団体のみ年2回（6月）の受検あり
検定料	【4級】**2,400円** 【3級】**3,800円** 【2級】**4,900円** 【1級】**6,000円** 【4・3級併願】**6,200円** 【3・2級併願】**8,700円**（各税込）
試験地	全国主要都市（団体の場合、特設会場設置可〈条件あり〉）
審査基準	各級の程度と審査基準は以下のとおり 【4級】基本の書体を理解し、整った文字が書ける **〔知識〕**常用漢字表に使われている明朝体の骨格を基礎的に理解している　ほか **〔実技〕**指定された手本の文字を一定時間内に見て書ける 【3級】基本の書体を理解し、その表現技術がある **〔知識〕**国語の用字・用語に対する基礎的な知識がある　ほか **〔実技〕**指定された基本の書体の文字を手本なしで一定時間内に表現できる　ほか 【2級】書体を選択または創作し、表現する技術がある **〔知識〕**印刷についての基礎知識がある　ほか **〔実技〕**語句の内容にふさわしい書体を選択または創作し、一定時間内で表現できる　ほか 【1級】レタリングおよび広く関連領域にわたる知識と高度な専門技術がある **〔知識〕**タイポグラフィを理解している　ほか **〔実技〕**文字の色彩的表現ができる　ほか ※【4・3級】【3・2級】の組み合わせで併願受検ができる

問い合わせ先

公益財団法人 国際文化カレッジ レタリング技能検定部

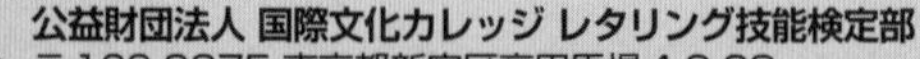

〒169-0075 東京都新宿区高田馬場4-2-38

TEL03(3361)3461　　URL=https://lettering-kentei.com/

サイドビジネスにも最適な資格

POP広告クリエイター

民間

店頭のポスターや公共機関の告知など、至るところで目にするPOP広告。POP広告には、販売促進ツールやコミュニケーションツールとしての役割があり、POPクリエイターは技術だけでなく、消費者の心理や時代をつかみとる洞察力、感性が要求される。

申込者数	合格率
582人	87.8%
受験資格	**受験料**
なし	5,500円

受験資格	誰でも受験できる
申込期間	5月中旬～6月下旬 11月下旬～翌年1月中旬
試験日	**8月上旬** **翌年2月中旬**
受験料	**5,500円**（税込） （ほかに郵送切手代として168円が必要）
試験地	全国主要都市の一般会場および団体会場
試験内容	店舗、サービス機関などにおける販売促進知識および販売促進ツール、コミュニケーションツールとしてのPOP広告作成に必要な能力 **〔学科〕** 正誤法（○×形式）、50問、30分 ①販売促進一般とPOP広告 ②POP広告の種類と役割（取付場所による分類など） ③POP広告作成の一般知識 ④POP広告作成に使用する用具、用紙の種類、用途および使用方法 **〔実技〕** 手書きによるPOP広告作成、160分 POP広告構成能力（商品・事項を的確に表現できる） POP広告作成技術 ①レタリング（角ゴシック・丸ゴシック・装飾文字などの手書きで、レタリングを工夫でき、コピー内容にそった「らしさ」「性格」を表現できる） ②装飾文字による横長熟語 ③ショーカード作成 ④プライスカード作成 ⑤訴求力（ひと目で内容が理解できるように作成できる） ⑥ポスター風POP作成 ※合格ラインは、学科、実技それぞれ100点満点で各60点以上

一般社団法人 公開経営指導協会
〒104-0061 東京都中央区銀座2-10-18 東京都中小企業会館6F
TEL03(3542)0306　URL=https://www.jcinet.or.jp/

住宅・店舗など照明の基礎を学ぶ

独立 就職 趣味 評価

照明コンサルタント®

快適な生活を送るために照明の果たす役割は大きい。照明（あかり）の演出ひとつで生活環境に変化をもたらし、私たちの暮らしや気持ちを豊かにしてくれる。照明関連の業務に就いている人だけでなく、照明に関心のあるすべての人を対象にしている資格である。

受験対策
通信教育のみで取得

受講必要

申込者数	合格率
1,248人	85.3%
受講資格	受講料
なし	29,590円（Web解答の場合）

受講資格	誰でも受講できる 受講対象者は、照明に関連する業務に従事している営業マン・新人技術者・新入社員、建築・インテリアを志す人で照明を勉強したい人、インテリアコーディネーター・インテリアプランナーの資格を取得しようとしている人、広く照明に関心のある社会人・学生など
申込期間	2024年4月1日～6月6日
講習期間	**7月～翌年3月**
受講料	Web（インターネット）解答：**29,590円**（税込） マークシート（郵送）解答：**33,000円**（税込） 学生割引（Web解答のみ、社会人学生も可）：**19,800円**（税込）
講習内容	通信講座と特別講義（オンライン）で取得できる。テキスト概要は下記 ①光の性質と視覚　②光と測光量 ③人工照明 ④昼光照明 ⑤照明計算 ⑥視環境評価 ⑦照明環境の基準 ⑧照明環境デザインの流れ ⑨施設別照明設計（店舗、住宅など各論） ※資格認定までの流れは以下のとおり ①専用テキストの独習、②演習問題の解答提出（計5回／選択式／60点以上で合格）、③課題テーマに対するレポート提出（60点以上で合格）、④オンラインにて特別講習動画（スクーリング）履修、合格者に「照明コンサルタント®」の称号を認定 ※認定期間は5年間。5年ごとの更新認定（レポート提出および特別講義履修）に合格することで更新。更新受講料；13,200円（税込） ※より高度な照明知識を習得するための上位プログラム「照明専門講座」（照明士®認定講座）も開講している

問い合わせ先

一般社団法人 照明学会 通信教育担当
〒101-0048 東京都千代田区神田司町2-8-4 吹田屋ビル3F
TEL03(5294)0105　URL=https://www.ieij.or.jp/educate/recruit.html

旅程管理主任者（ツアーコンダクター）

団体旅行の添乗員として働くために必要な資格。海外と国内の添乗員が行える総合旅行業務旅程管理主任者と、国内に限られる国内旅行業務旅程管理主任者の２種類。

【資格要件】 協会の会員である添乗員派遣会社に登録している者、旅行会社に所属している者、通訳案内士登録者

【取得方法】 基礎添乗業務研修（eラーニング講座もしくは所属会社で実施）を受講後、旅程管理者のための研修を受講。研修修了の前後1年以内に1回以上、または3年以内に2回以上の添乗実務の経験を経る

【旅程管理主任者のための研修】

〔国内〕 2日間：旅行業法・約款、国内添乗実務 **〔総合〕** 3日間：〔国内〕の内容に加え、添乗英語、海外添乗実務

【問い合わせ先】

一般社団法人 日本添乗サービス協会 事務局
〒141-0031 東京都品川区西五反田7-7-2　エスティメゾン五反田203
TEL03(6435)1508

イベント業務管理士（1級・2級）

イベントの立案から実施までを総合的に管理できる能力を問う。ディレクター職を評価対象とする1級、アシスタント・ディレクター職を評価対象とする2級がある。

【受験資格】〔2級〕 イベント業務に関する実務経験を３年以上有する者
〔1級〕 イベント業務に関する実務経験を5年以上有する者で、2級登録者

【試験日】〔2級〕 7月 11月 **〔1級〕** 翌年1月

【受験料】〔2級〕 16,500円（税込）
〔1級〕 22,000円（税込）

【試験科目】 ①イベント概論　②イベントの企画　③イベントの制作と運営　④イベントマネジメント

【試験地】 全国約340会場（テストセンター）のパソコンで受験するCBT方式

【問い合わせ先】

一般社団法人 日本イベント産業振興協会
〒102-0082 東京都千代田区一番町13-7　一番町KGビル3F　TEL03(3238)7821
URL=https://www.jace.or.jp/

ネットショップ実務士

Eコマースやネットショップ業界で働く人の就職・独立起業支援などを目的とした試験。

【受験資格】 誰でも受験できる

【試験科目】 四肢択一式、70問、80分
〔レベル1〕 ネットショップ業界で働くための基礎知識の理解度を問う
〔レベル2〕〔レベル1〕に加え、ネットショップ運営に必要な、サイト運用、集客業務など現場で必要な実践的知識と能力を問う

【受験方法】 全国約260会場（テストセンター）のパソコンで受験するCBT方式。通年の受験が可能

【受験料】
〔レベル1〕 7,000円
〔レベル2〕 7,500円（各税込）

【問い合わせ先】

一般財団法人 ネットショップ能力認定機構
〒102-0074 東京都千代田区九段南1-5-6
りそな九段ビル5F　TEL03(6403)0778
URL=https://acir.jp/

インバウンド実務主任者認定試験

インバウンドビジネスの実際と対策、インバウンドの集客、訪日外国人の理解と対応、ニューツーリズムや観光街づくりについてなどにまつわる知識を測定する。

【受験資格】 誰でも受験できる

【試験日】 9月　翌3月

【受験料】 11,000円（税込）

【試験科目】 マークシート方式120分
観光総論、インバウンド総論、現状と動向、消費、ビジネス、アフターコロナなど13項目から出題。
外国語検定合格者加点制度あり

【試験地】 全国主要都市およびオンライン受験、CBT受験

【問い合わせ先】

一般財団法人　全日本情報学習振興協会
〒101-0061 東京都千代田区神田三崎町3-7-12
清話会ビル５F
TEL03(5276)0030
URL=https://www.in-bound.or.jp/

シューフィッター

足に関する基礎知識と靴合わせの技能を習得し、正しく合った靴を提供する。
【受講・受験資格】
〔プライマリー（初級）〕 誰でも受講できる
〔バチェラー（上級）〕 プライマリー有資格者
【取得方法】〔プライマリー〕 通信講座受講、スクーリングと確認テスト、課題提出、足型計測審査
〔バチェラー〕 通信講座受講、スクーリング、課題提出、認定試験
【講習日】〔プライマリー〕 東京：4月　7月　10月　翌年1月　神戸：6月　大阪：2月
〔バチェラー〕 東京：7月　11月
翌年3月（各3日間）
【課題内容】〔バチェラー〕 足型計測、パッキングワークなどについてレポート提出

【問い合わせ先】
一般社団法人 足と靴と健康協議会（FHA）
〒111-0032 東京都台東区浅草7-1-9 皮革会館3F　TEL03(3874)7646

フラワーセラピスト認定試験

花の香りや色、薬効などで心と体を癒すフラワーセラピストを認定する試験。介護や医療の現場、一般企業でも注目されている。
【受講・受験資格】 講座：誰でも受講できる
試験：講座受講修了者
【取得方法】〔3級（基礎）〕〔2級（応用）〕〔1級（専門）〕 の3コースがある。各級とも、講座を受講し、認定試験に合格する
【試験内容】 ①フラワー：生花を中心にプリザーブドやアートも加え、季節の花を基礎から学習　②香り：花や植物の香りを基礎から学び、精油を用いてアロマクラフトを制作　③色彩：色彩の基礎から色彩心理までをカラーカードを用いて学習
④心理：心理学を用いてカウンセリングや花との関わりを考える

【問い合わせ先】
NPO法人 フラワーセラピー普及協会
〒650-0003 兵庫県神戸市中央区山本通3-5-5　TEL078(222)8100

クリーニング師

都道府県知事の免許を受けてクリーニング業務を行う。資格を取るにはクリーニング師試験に合格してから免許申請をすることが必要。クリーニング業界への就職はもちろん、独立開業の道も開ける。
【受験資格】
①中学卒業者
②厚生労働大臣が上記と同等以上の学力を有すると認定した者　ほか
【試験日】 各都道府県により異なるが、年1回は実施される
【試験科目】
学科試験：①衛生法規に関する知識
②公衆衛生に関する知識
③洗たく物の処理に関する知識
実地試験：①ワイシャツのアイロン仕上げ
②繊維の鑑別
③しみの鑑別としみ抜き

【問い合わせ先】
各都道府県の福祉保健局など

賞状技法士

賞状、目録などの毛筆文字を書くための技能と知識を習得できる。民間資格だが、3級以上は履歴書に書くことが可能。
【取得方法】 通学の場合　**〔3級〕** は実践コース、**〔2級〕** は応用コース、**〔準1級〕** は研究コースの講座を修了し、修了課題審査に合格、**〔1級〕** は公開検定試験に合格
【試験日】〔3～準1級〕 養成講座を修了次第、随時　**〔1級〕** 11月下旬
【講習・試験内容】〔3級〕 基本点画やのし袋、賞状の書き方　ほか　**〔2級〕** 各種賞状や式次第、祝辞などの書き方を中心に、実務知識、応用力、実践力　**〔準1級〕** A3以外の各種サイズの賞状を中心に、高度な技法と家族書、遺言書などの書法　ほか　**〔1級〕** 高度な賞状作品を仕上げる（2種類）、全体のレイアウト　ほか
【問い合わせ先】
日本賞状技法士協会
〒104-0061 東京都中央区銀座1-14-4 株式会社アテネ教育出版内　TEL03(6685)4831

鍵師技能検定試験

家や車の鍵をなくしたり忘れたりした場合の開錠やシリンダー交換など、鍵に関する業務全般の専門家。
【受験資格】〔2級〕 満16歳以上で、原則として日本国籍を有し、前科などのない者
〔1級〕 2級資格所持者
【取得方法】 鍵関係団体が独自の基準で鍵技術者を養成しているが、鍵師資格は日本鍵師協会のみが認定できる
【試験科目】〔2級〕 筆記：錠前全般の基礎知識　実技：一般普及錠をピッキング手法で開錠する技能　ほか **〔1級〕** 筆記：錠前全般の専門的知識　実技：数種類の錠前をピッキングの手法で開錠する技能　ほか
【試験日】〔2級〕 年10回程度
〔1級〕 10～11月（3年ごとに1回）

【問い合わせ先】
ビジネス教育連盟・日本鍵師協会
〒160-0022 東京都新宿区新宿5-4-1 新宿Qフラットビル707　TEL03(3356)5304

AJESTHE認定エステティシャン

公的な資格制度がないエステティシャンの知識、技術のレベルを測る目安となる。
【取得方法】 ①協会認定校で300時間以上コース修了後、試験に合格
②実務経験1年以上で試験に合格　ほか
【講習内容】 理論：①エステティック概論　②皮膚科学　③解剖生理学　ほか
技術理論：①フェイシャル理論　②ボディ理論　③ワックス脱毛理論
実技：①フェイシャル実技　②ボディ実技　③ワックス脱毛実技
【試験科目】 筆記：エステティシャンセンター試験　実技：技術力確認試験（フェイシャル手技、ボディ手技、コンサルテーションシート作成）

【問い合わせ先】
一般社団法人 日本エステティック協会
〒102-0082 東京都千代田区一番町25 JCIIビル3F　TEL03(3234)8496

エクステリアプランナー

1級は、一般住宅や共同住宅の建物周り全般の設計・工事・監理を任せられる専門知識と技術を、2級は、その設計に従事する基本的知識を有していることを認定する。
【受験資格】〔2級〕 誰でも受験できる
〔1級〕 1・2級建築士、木造建築士、1・2級建築施工管理技士、1・2級土木施工管理技士などの資格を有する者　ほか
【試験日】 11月
【試験科目】〔2級〕 学科：「エクステリア概論」「法規」「プランニング」「構成部材」「植栽」「原価管理」「工程管理（マークシート式50問）　実地：ゾーンニング図の作成　ほか **〔1級〕** 学科：2級の内容＋「構造」「施工」（マークシート式50問）　実地：設計図の作成　ほか

【問い合わせ先】
公益社団法人 日本エクステリア建設業協会
エクステリアプランナー試験係
〒111-0052 東京都台東区柳橋1-5-2　ツネフジビルディング5F　TEL03(3865)5671

パターンメーキング技術検定

デザイン画をもとに、洋服を作るためのパターンを起こす技術と知識を審査する。
【受験資格】 誰でも受験できる
【試験日】〔3級〕 筆記・実技：11月
〔2級〕 筆記：7月　実技：9月
〔1級〕 実技のみ：8月（東京）　9月（大阪）
【試験科目】〔3・2級〕 筆記：①理論（マークシート方式100問）　②製図（縮図・実寸、2級のみ）　実技：フラットパターンメーキングまたはドレーピングで、主題テーマに基づくパターンを完成
〔1級〕 課題のデザインと素材などに合わせて自由にパターンメーキングし、シーチングと工業用パターン、縫製仕様書を作成

【問い合わせ先】
一般財団法人 日本ファッション教育振興協会
協会事務局
〒151-0053 東京都渋谷区代々木3-14-3
紫苑学生会館内　TEL03(6300)0263

インテリアプランナー

インテリアデザイン事務所、設計・施工会社などで活躍するインテリアの専門家。住宅やオフィスなどのインテリア空間の計画・設計・管理、コンサルティングなど。
【試験内容】〔学科〕50問、四肢択一式：インテリア計画、インテリア装備、インテリア施工　ほか **〔設計製図〕**空間の使われ方、インテリアの設計　など
【受験資格】〔学科〕誰でも受験できる **〔設計製図〕**学科試験合格者　ほか
【申込期間】3月中旬～4月中旬
9月上旬～下旬
【試験日】〔学科〕6月下旬
〔設計製図〕11月中旬
【受験料】〔学科〕9,900円
〔設計製図〕16,500円（各税込）

【問い合わせ先】
公益財団法人 建築技術教育普及センター
〒102-0094 東京都千代田区紀尾井町3-6
TEL050(3033)3825

キッチンスペシャリスト

調理、食事、食育、団らん、憩いの場として、暮らしの中心となる現代のキッチン空間を作り出すスペシャリスト。
【試験内容】〔学科〕36問。CBT方式による解答選択式：住居と食生活、キッチン空間、キッチン機能など **〔実技〕**筆記（図面表現）によるキッチン空間の企画・提案に関すること
【受験資格】誰でも受験できる
※学科・実技のどちらかに合格した場合は、次年度から3年間はその試験を免除
【申込期間】9月中旬～10月中旬
【試験日】〔学科〕11月下旬 **〔実技〕**12月
【受験料】〔学科・実技（総合タイプ）〕14,300円 **〔学科のみ〕**11,000円
〔実技のみ〕11,000円（各税込）

【問い合わせ先】
公益社団法人 インテリア産業協会
〒160-0022 東京都新宿区新宿3-2-1
京王新宿321ビル8F　TEL03(5379)8600
URL=https://www.interior.or.jp

リビングスタイリスト

住生活商品の商品知識と販売技能を備え、顧客に適切な説明や提案を行うセールスアドバイザー。
【試験内容】〔3級〕マークシート方式50分 **〔2級〕**マークシート方式90分 **〔1級〕**記述式答案作成試験（在宅試験）
【受験資格】〔3・2級〕誰でも受験できる
〔1級〕2級合格者
【申込期間】〔3・2・1級〕試験日の3カ月～1カ月前
【試験日】〔3・2級〕7月上旬　11月中旬
〔1級〕2月上旬～中旬
【受験料】〔3級〕4,950円
〔2級〕6,930円 **〔1級〕**11,220円
【試験地】〔3・2級〕仙台、東京、名古屋、大阪、福岡　ほか **〔1級〕**在宅

【問い合わせ先】
一般社団法人 日本ライフスタイル協会
〒160-0023 東京都新宿区西新宿7-16-6
TEL03(5332)5125

ライフスタイルプランナー

住まいづくりを通じて快適な暮らし方を提案する専門家。住宅産業への就職に役立つ資格で、LSP試験と上級試験およびリフォームに関するLSRA試験がある。
【試験内容】〔LSP〕ライフスタイルに関する知識、インテリアに関する知識、ガーデニングに関する知識　ほか **〔上級〕**住宅販売に関する専門的知識、住宅空間計画と作図の技術 **〔LSRA〕**LSPの知識に加えリフォームに関する知識
【受験資格】〔LSP・LSRA〕18歳以上
〔上級〕LSP試験に合格し登録している者、2年以上の実務経験者　ほか
【申込期間】6月上旬～7月下旬
【試験日】8月中旬
【受験料】〔LSP・LSRA〕10,000円
〔上級〕15,000円　登録料15,000円
【問い合わせ先】
一般社団法人 輸入住宅産業協会
〒170-8630 東京都豊島区東池袋3-1-3 ワールドインポートマートビル6F
TEL03(3980)7311

物流技術管理士

物流・ロジスティクス全般にわたる専門知識・マネジメント技術を体系的に習得する。
【受講対象】 実務経験２年程度　ほか
【取得方法】 講座修了後、試験に合格
【講習日】 開催地により異なる（18日間）
【問い合わせ先】（公社）日本ロジスティクスシステム協会 TEL03(3436)3191

印刷営業士

印刷営業に関する技能審査認定試験。「印刷営業に関する知識と技能について通常有しなければならない能力の程度」について問われる。
【受験資格】 1年以上の実務経験者
【試験日】 9月（東京の場合）
【問い合わせ先】全日本印刷工業組合連合会
TEL03(3552)4571

物流現場改善士

物流現場の現状把握、改善企画、改善実行、評価・定着を実践するリーダーを育成する。
【受講対象】 物流業務のリーダー　ほか
【取得方法】 講座修了後、試験に合格
【講習日】 6月～10月（10日間）
【問い合わせ先】（公社）日本ロジスティクスシステム協会 TEL03(3436)3191

お客様対応専門員（CAP）

消費者対応、消費者保護法令、お客様相談に関する幅広い知識を評価する認定資格。
【受験資格】 誰でも受験できる
【試験日】 コンピュータ（CBT）で随時
【試験地】 全国300カ所
【問い合わせ先】（一財）日本産業協会
TEL03(3256)7731

消費生活コンサルタント

自治体や企業・団体の相談室などで活躍する消費生活の専門家を育成する。
【受講資格】 消費者問題に関心のある一般消費者
【取得方法】 講座修了後、試験と論文に合格
【問い合わせ先】（一財）日本消費者協会
TEL03(5282)5311
URL=https://jca-home.jp

遺品整理士

遺品整理の方法、遺品整理に関わる法規制などの知識を学ぶ。
【受講資格】 誰でも受講できる
【取得方法】 通信講座（２カ月間）を修了後、レポート提出
【問い合わせ先】（一財）遺品整理士認定協会
TEL0123(42)0528

遺品査定士

買取業務の不明瞭さや不正行為をなくし、危険、トラブルから依頼者を守る
【受講資格】 誰でも受講できる
【取得方法】 通信講座受講後、課題提出
【問い合わせ先】
（一財）遺品整理士認定協会
TEL0123(42)0528

セールススキル検定

セールスに必要なスキル・知識を科学的に測定し、スコア化によって認定する試験。
【受験資格】 3級：誰でも受験できる
【試験日】 3級：随時実施
【試験内容】 3級：CBT方式
【問い合わせ先】NPO法人セールスキャリア開発機構 TEL03(6820)2777

SC経営士

ショッピングセンター（SC）の経営戦略、開発、管理・運営などの専門知識・技能を問う。
【受験資格】 1次：誰でも受験できる
2次：実務経験5年以上　ほか
【試験日】 1次：9月　2次：12月
【問い合わせ先】（一社）日本ショッピングセンター協会 TEL03(5615)8523

接客サービスマナー検定

接客マナーの基本からプロとしての上質なサービスまで、4ランクに分けて認定。
【受験資格】 誰でも受験できる
【試験日】 5月　8月　11月　翌年2月
【試験内容】 3級・2級・準1級・1級
【問い合わせ先】NPO法人日本サービスマナー協会 TEL06(6809)4141

JREC認定リフレクソロジスト

手と指で足底を刺激する健康法、リフレクソロジー。そのスペシャリストを認定する。
【受験資格】 レギュラー：規定の講座修了者
【試験日】 レギュラー：3月　7月　11月
【試験内容】 レギュラー：筆記
【問い合わせ先】 **JREC日本リフレクソロジスト認定機構**　TEL03(5950)3211

光と色彩の能力テスト TOCOL®（トーコル）

色彩と光の実践的知識が習得できる。テストはレベル・分野別に実施、ネット受験も可能。
【受験資格】 ベーシック：誰でも受験できる
【試験内容】 ベーシック：選択、単語記述
※モバイル・Web・会場（筆記）テストがある
【問い合わせ先】 **トーコル事務局**
TEL03(6455)0770

ファッション販売能力検定

ファッション販売に携わる人の知識、能力向上を目的として実施される試験。
【受験資格】 誰でも受験できる
【試験日】 3・2級：7月　12月
【試験内容】 3・2級：マークシート
【問い合わせ先】 **（一財）日本ファッション教育振興協会**　TEL03(6300)0263

「家政士」検定試験

家事・介護・保育といった家政サービスの専門性を評価する厚労大臣認定の公的資格。
【受験資格】 実務経験5年以上　ほか
【試験日】 11月中旬～下旬
【試験内容】 学科・実技
【問い合わせ先】 **（公社）日本看護家政紹介事業協会**　TEL0120(041)817

スキンケアマイスター

化粧品、サプリメント、エステなどに関する美容の総合知識を習得。
【受験資格】 誰でも受験できる
【試験日】 通年（WEB受験）
【試験内容】 三肢択一
【問い合わせ先】 **（一社）日本コスメティック協会**　TEL03(3201)1118

アロマテラピーアドバイザー

精油の安全な使い方を習得し、日常でのアロマ活用法を提案できる資格。
【取得方法】 アロマテラピー検定1級に合格後、会員になり、講習会を受講
【講習日】 随時（認定スクール）
【問い合わせ先】 **（公社）日本アロマ環境協会**
URL=https://www.aromakankyo.or.jp/

日本健康マスター検定

人生100年時代を生きぬくために必要な知識とスキル「健康リテラシー」を学ぶ。
【受験資格】 誰でも受験できる
【試験日】 年3回ほど実施
【試験内容】 三肢択一（CBT方式）
【問い合わせ先】 **（一社）日本健康生活推進協会**　TEL03(5324)2778

アロマセラピスト

プロとして、第三者にアロマテラピートリートメントを提供できる能力を認定。
【受験資格】 アロマテラピーアドバイザー（会員）を取得後、所定の科目を修了
【試験日】 5月　11月※2025年3月以降変更予定
【問い合わせ先】 **（公社）日本アロマ環境協会**
URL=https://www.aromakankyo.or.jp/

アロマテラピーインストラクター

アロマテラピーの専門家として、健康維持への役立て方や幅広い利用法を指導できる能力を認定。
【受験資格】 アロマテラピーアドバイザー（会員）を取得後、所定の科目を修了
【試験日】 3月　9月
【問い合わせ先】 **（公社）日本アロマ環境協会**
URL=https://www.aromakankyo.or.jp/

フラワーデコレーター

3～1級があるが、プロを目指すなら2・1級取得が目安となる。
【試験日】 2級：年3回
【受験資格】 2級：規定のレッスン受講後、所定課題履修者
【問い合わせ先】 **フラワーデコレーター協会**
TEL03(5391)1831

Chapter 18

調理・衛生・フードサービス

栄養面から健康管理まで指導

管理栄養士

高度な知識と技術が要求され、複雑かつ困難な栄養指導業務を受け持つのが管理栄養士。一定数以上の食事を供給する施設では有資格者を置くことが義務づけられており、近年の高齢化や生活習慣病の増加により、ますますニーズは高まっている。

受験対策
大学 専門学校 など

受験者数	合格率
16,329人	49.3%
受験資格	受験料
他資格など	6,800円 (収入印紙)

受験資格	①2年制の栄養士養成施設を卒業して栄養士の免許を受けた後、以下に掲げる施設において3年以上、栄養の指導に従事した者 a. 寄宿舎、学校、病院等の施設であって、特定多数人に対して継続的に食事を供給するもの b. 食品の製造、加工、調理又は販売を業とする営業の施設 c. 学校教育法に規定する学校・専修学校・各種学校、幼保連携型認定こども園 d. 栄養に関する研究施設及び保健所その他の栄養に関する事務を所掌する行政機関 e. 上記のほか、栄養に関する知識の普及向上その他の栄養指導の業務が行われる施設 ②3年制の栄養士養成施設を卒業して栄養士の免許を受けた後、①に掲げる施設において2年以上、栄養の指導に従事した者 ③4年制の栄養士養成施設を卒業して栄養士の免許を受けた後、①に掲げる施設において1年以上、栄養の指導に従事した者 ④4年制の管理栄養士養成施設を卒業して栄養士の免許を受けた者　ほか
申込期間	11月中旬～12月上旬
試験日	**2月下旬～3月上旬**
受験料	**6,800円**（収入印紙）
試験地	北海道、宮城、埼玉、東京、愛知、大阪、岡山、福岡、沖縄
試験内容	①社会・環境と健康 ②人体の構造と機能及び疾病の成り立ち ③食べ物と健康 ④基礎栄養学 ⑤応用栄養学 ⑥栄養教育論 ⑦臨床栄養学 ⑧公衆栄養学　⑨給食経営管理論

管理栄養士 国家試験運営本部事務所
〒135-0063　東京都江東区有明3-6-11 TFTビル東館7F
TEL03(5579)6903　URL=https://www.mhlw.go.jp/

資格のQ&A

Q この資格を取るメリットは？

A **管理栄養士は国家資格であり、栄養指導のスペシャリストとして高く評価されています**。そのため、年齢に関係なく就職や転職にも有利です。また、高齢化や生活習慣病の増加、食育への関心の高まりなどから、今後もますますニーズが高まっていくでしょう。

Q この資格取得にかかる費用・期間は？

A 受験料・登録料は合わせて**22,000円**程度です。養成施設の授業料は、何年制かによって大きく異なります。取得には、最短でも**4～5年**の期間がかかります。

Q 取得後に有利な業界はどこですか？

A **病院**、**高齢者福祉施設**、**学校**、保育園、委託給食会社、保健所・保健センター、食品関連企業、食品分析センターなど多岐にわたります。最近では、スポーツ栄養分野も注目されています。

Q 次のステップとして、取得すべき資格はありますか？

A 管理栄養士として現場で働きながら、新しい知識や技術が学べる、専門分野ごとの**認定管理栄養士**制度があります。そのほか日本糖尿病療養指導士、公認スポーツ栄養士、健康運動指導士など数多くの資格があります。

Q おススメの勉強方法・学習のポイントは？

A ４年制の管理栄養士養成施設では、管理栄養士試験合格に向けたカリキュラムが組まれているので、４年制の養成施設に進学する場合や在学中であれば、まずはそれらにしっかり取り組むことです。一方、２～４年制の栄養士養成施設を卒業した場合には、働きながら受験をしなければなりません。**新しい制度や調査結果などは出題頻度も高いため、対策講座の受講や模擬試験受験で、押さえておくことをおすすめします**。そして毎日数問ずつでも解いていき、問題に“慣れる”ことが大切です。出題傾向や解答のコツがつかめてくるはずです。

回答者　小澤啓子（女子栄養大学短期大学部准教授）

調理師

国家

外食産業の発展で、腕のよい料理人はどこへいってもひっぱりだこ。料理がおいしいということだけでなく、見た目の美しさや独創性も肝心だ。免許の取得には、調理師養成学校を卒業するか、各都道府県が実施する調理師試験に合格するかの2つの方法がある。

受験者数	合格率
非公開	非公開
受験資格	**受験料**
学歴 & 実務経験	―

受験資格	下記の学歴と職歴の条件を満たしている者 〔学歴〕 ①中学校卒業以上の者 ②各種学校として認可されている外国人学校等修了者で、上記①と同等以上の学力を有すると厚生労働大臣が認定した者 〔職歴〕 次の①～④の営業施設で2年以上、調理業務に従事した経験のある者 ①飲食店営業（旅館、簡易宿泊所を含む） ②魚介類販売業（店舗で魚介類を販売する営業をいい、魚介類を生きたまま販売する営業、魚介類せり売営業は除く） ③そうざい製造業（煮物、焼物、揚物、蒸し物、酢の物等を製造する営業） ④学校、病院、寮などの給食施設（継続して1回20食以上、または1日50食以上調理し、提供している施設） ※試験に合格後、調理師免許の申請をし、免許証の交付を受ける
申込期間	各都道府県によって異なる
試験日	**各都道府県によって異なる**（年1回。神奈川県は年2回）
申込方法	次の書類に受験料を添えて申し込む ①受験願書（写真貼付）　②調理業務従事証明書　③卒業証明書　ほか
受験料	**各都道府県によって異なる**
試験地	各都道府県によって異なる
試験内容	書類審査後、筆記試験による次の6科目 マークシートによる四肢択一式 ①食文化概論 ②公衆衛生学 ③栄養学 ④食品学 ⑤食品衛生学 ⑥調理理論

各都道府県調理師試験担当課

“食”を通して人々の健康を守る

栄養士

公的

生活習慣病などの慢性疾患が増え、食と健康に対する関心は高まっている。保健所や学校・病院などでの栄養指導・管理、スポーツクラブでのコンサルタント活動、食品・製薬会社の社員、ボランティア活動など、健康管理の専門家として栄養士の活躍の場は広い。

受験対策
大学 専門学校 養成所など

受験者数	合格率
―	―
受験資格	**受験料**
学　歴	―

取得方法	栄養士の資格は、高校卒業後、厚生労働大臣から栄養士養成施設として指定認可された学校（昼間部のみ）で所定の専門課程を習得して卒業し、栄養士免許を申請することで取得できる。栄養士養成施設は全国の修業年限4年の大学、修業年限2年の短期大学、修業年限4・3・2年の各種専門学校があり、どの学校を卒業しても取得できる栄養士の資格は同じ 女子栄養大学（栄養学部保健栄養学科）の場合、資格取得のための必修科目は以下のとおりである ①食品衛生学実験　②解剖生理学　③栄養生理学実習 ④栄養生理学　⑤微生物学　⑥給食管理実習 ⑦ライフステージ栄養学　⑧食事療法実習　⑨食品衛生学 ⑩食事調査実習　⑪調理学　⑫食事計画実習 ⑬基礎調理学実習　⑭応用調理学実習　⑮食品化学実験 ⑯臨床栄養学　ほか
受験資格	以下は、養成施設のひとつである女子栄養大学の一般選抜実施要項から高校卒業者か高校卒業見込みの者、または高等学校卒業程度認定試験合格者
募集学科	栄養士の資格取得可能な学科は、栄養学部実践栄養学科・保健栄養学科(栄養科学専攻)
試験日	【一般選抜1期】 **1月下旬** 【一般選抜2期】 **2月上旬**
入試科目	【一般選抜1期】 次の①②③から2つ以上選択 ①外国語（コミュニケーション英語Ⅰ・Ⅱ）②国語（古文・漢文を除く国語総合と現代文B）または数学（数学Ⅰ・A・Ⅱ）③理科（化学基礎または生物の多様性・生態系を除く生物基礎） 【一般選抜2期】 ①外国語（コミュニケーション英語Ⅰ・Ⅱ）または国語（古文・漢文を除く国語総合と現代文B） ②理科（化学基礎または生物の多様性・生態系を除く生物基礎）

問い合わせ先
厚生労働大臣の指定した栄養士養成施設、または女子栄養大学 入試広報課
〒350-0288 埼玉県坂戸市千代田3-9-21
TEL049(282)7331

食生活アドバイザー®

民間

食品加工、流通、サービス形態、そして食育と、食生活にかかわる問題は多岐にわたり、消費者の関心も高まっている。食生活アドバイザー®は、広い視野で食生活全般をとらえ、家庭や企業に健康な生活を送るための提案ができる、食全般のスペシャリストだ。

受験者数	合格率
約5,000人※	約40%※
受験資格	**受験料**
なし	8,000円※

※2級の場合

受験資格	誰でも受験できる
申込期間	2月上旬～5月中旬　7月下旬～10月上旬
試験日	**年2回：6月の第4日曜日　11月の第4日曜日**
受験料	【3級】**5,500円**　【2級】**8,000円**　【3・2級併願】**13,500円**（各税込）
試験地	札幌、仙台、さいたま、千葉、東京、横浜、新潟、金沢、静岡、名古屋、大阪、神戸、広島、福岡
試験内容	【3級】選択問題（マークシート形式） 【2級】選択問題（マークシート形式）／記述式問題 試験科目は3・2級共通で、以下のとおり ①栄養と健康：栄養、病気予防、ダイエット、運動、休養など ②食文化と食習慣：行事食、旬、マナー、献立、調理、配膳など ③食品学：生鮮食品、加工食品、食品表示、食品添加物など ④衛生管理：食中毒、衛生管理、予防、食品化学、安全性など ⑤食マーケット：食品流通、外食、中食、メニューメイキング、食品販売など ⑥社会生活：消費経済、生活環境、消費者問題、IT社会、関連法規など ※現在、試験は3・2級のみが行われている。試験レベルは以下のとおり 【3級】育児や家庭内の食事を提供するうえで、健康的でおいしく食べることのできる食育レベル 【2級】企業と生活者のパイプ役となり、実務的にアドバイスができるコーディネーターレベル 試験対策として試験実施3週間前の土曜日・日曜日に2日間で開催される合格講座通学コース（2級のみ）と試験実施2週間前から土曜日・日曜日に、1日間開催される合格講座速習コース（3・2級）の2つのコースがある（希望者のみ） 受講地：仙台、東京、名古屋、大阪、福岡の5会場 速習コース受講料：【3級】13,000円　【2級】20,000円 通学コース受講料：【2級】30,000円（各税込）

問い合わせ先
一般社団法人 FLAネットワーク協会 食生活アドバイザー®検定事務局
〒160-0023 東京都新宿区西新宿7-15-10 大山ビル2F
TEL0120(86)3593　URL=https://flanet.jp

調理師の資格を力強く支援する

独立 就職 趣味 評価

調理 技術審査 技能検定 試験

豊かな食生活は生活そのものに潤いを与え、人を元気に楽しくする。「食」に対する関心が高まっている昨今、確かな腕をもつ調理師を求める声は多い。この国家試験に合格すると、「専門調理師」「調理技能士」と称することができ、調理師学校の教員資格も取得できる。

受験対策
大学 専門学校 養成所など

申込者数	合格率
550人	64.2%
受験資格	**受験料**
実務経験 & 他資格	28,900円※

※実技の場合

受験資格	①実務経験による者：実務経験8年以上（うち調理師の免許を有していた期間3年以上） ②厚生労働大臣の指定する調理師養成施設で1年以上調理に関する学科を修めて卒業した者：実務経験6年以上（うち調理師の免許を有していた期間3年以上） ③職業能力開発促進法に基づき、調理に関し専門課程の高度職業訓練または普通課程の普通職業訓練を修了した者：普通職業訓練または高度職業訓練を受けた期間を含めて実務経験7年以上（うち調理師の免許を有していた期間3年以上）
申込期間	前期：4月上旬～ 5月上旬（願書請求は4月上旬～ 5月上旬） 後期：9月上旬～10月上旬（願書請求は8月中旬～10月上旬）
試験日	**〔実技〕前期：7月下旬～8月中旬の指定日**（6月下旬に試験問題を公表） **後期：翌年1月中旬～2月上旬の指定日**（12月上旬に試験問題を公表） **〔学科〕前期：7月下旬　後期：翌年1月中旬**
受験料	**〔実技〕28,900円 〔学科〕8,900円**
申込者数 合格率	550人 64.2%
試験地	札幌、仙台、東京、名古屋、大阪、兵庫（神戸市、上郡町）、福岡、鹿児島（2024年度） ※料理区分・年度により異なるため確認のこと
試験内容	試験は前期・後期に分けて実施され、以下の6区分がある 前期：①すし料理　②中国料理　③給食用特殊料理 後期：①日本料理　②西洋料理　③麺料理 **〔実技〕** 各区分の調理作業と盛り付け作業など **〔学科〕** 全料理区分共通問題および料理区分別専門問題 ①調理一般　②調理法　③材料　④食品衛生および公衆衛生 ⑤食品および栄養　⑥関係法規　⑦安全衛生

公益社団法人 調理技術技能センター 調理技術技能評価試験担当
〒103-0012 東京都中央区日本橋堀留町2-8-5 JACCビル5F
TEL03(3667)1867　URL＝https://www.chouri-ggc.or.jp

「食の安全」を守る番人

独立 就職 趣味 評価

食品衛生責任者

公的

必置

食品を扱う営業所での衛生自主管理を目的に設定されたのが食品衛生責任者の資格である。飲食店の開業などには営業許可書とともに必要となる。従業員の衛生教育、食品取扱設備や食品取扱方法の管理などが職務。取得方法は、各都道府県により多少の違いがある。

受験対策
講習＋修了試験合格

受講必要

受講者数	合格率
ー	100%
受講資格	受講料
年　齢	12,000円※

※東京都の場合

受講資格	営業者は、許可施設ごとに自ら食品衛生責任者となるか、常時、施設・取扱いなどを管理できる食品衛生責任者1名を定めて配置しなければならない。この資格は、食品衛生責任者養成講習会を受講することで取得でき、各都道府県どこで取得しても全国共通で有効である 17歳以上の者（高校生を除く）であれば誰でも受講できる 講習の全課程修了者には受講修了証（食品衛生責任者手帳）が交付される ※下記の資格取得者は、講習会を受けなくても食品衛生責任者の資格を有する 栄養士、調理師、製菓衛生師、と畜場法に規定する衛生管理責任者、と畜場法に規定する作業衛生責任者、食鳥処理衛生管理者、船舶料理士、食品衛生管理者または食品衛生監視員になることができる資格取得者　など ※以下の内容は、東京都の取得方法 令和4年4月よりオンラインを利用したeラーニング型講習会を開催
申込期間	［会場集合型］先着順で、定員になり次第締め切る ［eラーニング型］協会ホームページにて随時受付
講習日	**［会場集合型］毎月10回前後** **［eラーニング型］協会ホームページにて随時**
申込方法	［会場集合型］都内各保健所、または協会出先事務所の窓口に置いてある申込書、もしくは協会ホームページより申込書をダウンロードして必要事項を記入のうえ、下記問い合わせ先に郵送する ［eラーニング型］協会ホームページより申し込む
受講料	会場集合型・eラーニング型いずれも **12,000円**（教材費を含む）
開講地	毎月、都内各所にて8～10会場程度開催
講習内容	1日6時間で、次の3科目について行われる ①食品衛生学（2.5時間）：食中毒、健康被害、事故、食中毒防止の基本 ②食品衛生法（3時間）：食品衛生法、関連法規、自主的衛生管理　ほか ③公衆衛生学（0.5時間）：環境衛生、労働衛生　ほか 講習の最後にテストが行われる

問い合わせ先

各都道府県衛生主管部、または指定機関　東京都の場合：一般社団法人 東京都食品衛生協会
〒111-0042 東京都台東区寿4-15-7 食品衛生センター内
TEL03(5328)7182　URL=https://www.toshoku.or.jp

食品表示を理解し食の安全を確保

食品表示検定

民間

消費者にとって食品表示は、品質や安全性を見極めるうえで大事な情報。しかし、実際の食品表示は事業者によってバラツキがあり、非常にわかりにくい。これらを理解したい消費者から生産・流通にかかわる人材までを対象に、食品表示の知識を深められる検定。

CBT

受験者数	合格率
7,939人※	41.8%※
受験資格	**受験料**
なし	8,800円※

※中級の場合

受験資格	【初・中級】誰でも受験できる 【上級】中級合格者
申込期間	【初・中級】4月上旬～5月中旬　9月上旬～10月中旬（予定） 【上級】8月下旬～10月中旬（予定）
試験日	【初級】**6月頃　11月頃** 【中級】**6月～7月頃　11月～12月頃（CBT）** 【上級】**11月下旬**
申込方法	インターネットでの申し込み 詳細は食品表示検定協会のホームページを参照のこと
受験料	【初級】　**5,280円** 【中級】　**8,800円** 【上級】**22,000円**（各税込）
試験地	【初・中級】全国約300カ所のテストセンター 【上級】札幌、仙台、東京、名古屋、大阪、広島、福岡（各回により異なる）
受験者数 合格率	【初級】5,840人、56.9% 【中級】6,951人、47.7% 【上級】1,063人、16.0%
試験内容	【初級】CBT方式による選択問題 「改訂8版食品表示検定認定テキスト・初級」からの基礎知識と、それを理解したうえでの応用力 【中級】CBT方式による選択問題 「改訂8版食品表示検定認定テキスト・中級」からの基礎知識と、それを理解したうえでの応用力 【上級】マークシート・記述式（150分） 食品表示全般に対する試験であり、実際に表示をチェック・作成する能力。認定テキスト・中級、法令、ガイドライン、Q&Aから出題される。 ※食品表示検定試験の最新情報は、食品表示検定協会ホームページで確認すること

一般社団法人 食品表示検定協会
URL=https://www.shokuhyoji.jp

家庭料理検定（料検®）

民間

食生活に関する正しい知識を広め、食習慣や味・栄養バランス・見た目を考えた料理が健康につながることを学んでもらうことを目的とした、文部科学省後援事業の検定。成績優秀者には、文部科学大臣賞他表彰制度もある。

申込者数	合格率
1,160人※	72.6%※
受験資格	検定料
なし	4,800円※

※３級１次の場合(2023年度)

受験資格	【5～1級】誰でも受験できる
申込期間	【5・4級】4～6月　9～11月 【3・2級】〔1次〕4～6月　9～11月〔2次〕7月　12月 【準1・1級】〔1次〕4～6月〔2次〕7月
検定日	【5・4級】**6月　10～11月** 【3・2級】〔1次〕**6月　10～11月**〔2次〕**9～10月　翌年1～2月** 【準1・1級】〔1次〕**6月**〔2次〕**9～10月**
検定料	【5級】**2,000円**【4級】**3,000円**【3級】〔1次〕**4,800円**〔2次〕**5,500円**【2級】〔1次〕**5,800円**〔2次〕**7,000円** 【準1級】〔1次〕**6,800円**〔2次〕**8,500円** 【1級】〔1次〕**7,800円**〔2次〕**10,000円**
受験地	【5・4級】IBT（自宅など） 【3・2級】〔1次〕CBT〔全国300会場〕〔2次〕全国約50会場 【準1・1級】〔1次〕CBT〔全国300会場〕〔2次〕東京、埼玉、名古屋、京都、大阪、岡山、福岡（1級は東京のみ）
検定内容	〔1次〕CBT・IBT：①食生活と栄養　②調理と衛生　※3～1級はCBT、5・4級はIBTのみ 〔2次〕3～1級のみ。実技：①基礎技能　②調理技能　実技問題は料検®のホームページで事前に公表される 【5級】食事の役割を理解し、健康で安全な食生活の基礎を知っている(IBT50問) 【4級】食事の基礎を理解し、健康で安全な食生活の仕方を知っている(IBT60問) 【3級】健康で安全な食生活で求められる知識をもって、初歩的な「切る」、「むく」および、基本的な日常料理を作ることができる（CBT60問・実技2問) 【2級】健康で安全な食生活で求められる専門的知識をもって、「切る」、「むく」および、日常料理を作ることができる（CBT60問・実技2問) 【準1級】健康で安全な食生活で求められる高度な専門知識をもって目的に応じた献立・調理ができる（CBT60問・実技2問) 【1級】健康で安全な食生活で求められるより高度な専門知識を生かし、対象者に応じた献立・調理を実践できる（CBT60問・実技2問)

問い合わせ先
学校法人 香川栄養学園 家庭料理検定事務局
〒170-8481 東京都豊島区駒込3-24-3
TEL03(3917)8230　URL=https://www.ryouken.jp

「食」をトータルプロデュース

独立 就職 趣味 評価

フードコーディネーター資格認定試験

「食」の仕事に携わるスペシャリストたちがさまざまな活動を行い、提言を行ってきている。多様な「食」の世界において、ものごとを総合的な視点でとらえ、ホスピタリティの精神をもって、あらゆる「食」の仕事の調和を図るのが、フードコーディネーターである。

公式テキスト 独学 講座 通信

登録必要

受験者数	合格率
550人※	89.5%※
受験資格	受験料
学　歴	12,000円※

※3級の場合（2023年度）

受験資格	【3級】中学校卒業以上　【2級】〔1次試験〕3級資格認定登録者 〔2次資格認定講座〕1次試験合格者および他分野の2級資格取得者 【1級】〔1次試験〕取得分野の2級資格認定登録者 〔2次試験〕1次試験合格者（前年度までの1次試験合格者を含む）
試験日	【3級】**11月**　【2級】〔1次試験〕**5～6月**　〔2次資格認定講座〕**8月** 【1級】〔1次試験〕**9月下旬**　〔2次試験〕**翌年2～3月（面接）**（予定）
受験料	【3級】**12,000円** 【2級】〔1次試験〕**12,000円**　〔2次資格認定講座〕**14,000円** 【1級】〔1次試験〕**12,000円**　〔2次試験〕**16,000円** 登録認定料：**21,000円**（3・2級）　**31,000円**（1級）
試験地	【3級】全国のCBTテストセンター 【2級】〔1次試験〕全国のCBTテストセンター　〔2次資格認定講座〕オンライン講座（オンデマンド配信）　【1級】東京
受験者数	【3級】550人 【2級】〔1次試験〕163人　〔2次資格認定講座〕154人 【1級】〔1次試験〕　37人　〔2次試験〕　15人
試験内容	【3級】基本知識の習得（CBT） 「文化」「科学」「デザイン・アート」「経済・経営」 【2級】深い専門知識とフードサービス・ビジネスにおける能力 〔1次試験〕（CBT） ①食市場の動向とマーケティング　②商品開発　③レストランプロデュース　④ホスピタリティと食生活のサポート　⑤食の表現と演出　⑥フードプロモーション 〔2次資格認定講座〕オンライン講座（オンデマンド配信） ①企画書の基礎 ②企画書作成のポイント（〔1次試験〕の②③⑥分野より一つ選択） 【1級】食のプロとしての専門知識と問題解決、プレゼンテーション能力 〔1次試験〕企画書審査：2級資格認定登録分野の企画書を提出 〔2次試験〕プレゼンテーションおよび質疑応答による面接

問い合わせ先
特定非営利活動法人 日本フードコーディネーター協会
〒104-0061 東京都中央区銀座1-15-6 銀座東洋ビル2F
TEL03(6228)7651　URL＝https://www.fcaj.or.jp/

ソムリエ

レストランなどで酒類・飲料の仕入れや保管管理、食卓で供される料理とワインの組み合わせの提案、販売サービスなど飲料に関するすべての業務を担当するのがソムリエ。資格を取得すれば、プロとして顧客の信頼度は高まる。

公式テキスト　独学　講座　通信　登録必要

受験者数	合格率
3,224人	17.7%
受験資格	**受験料**
実務経験&年齢など	29,600円～（一般の場合）

受験資格	ソムリエの職務が本職（主たる職業・職務）であり、全収入の60%以上をソムリエの職務により得ていることが必須条件 一般：20歳以上で以下の職務経験を通算3年以上有し、基準日（開催年の8月31日）においても従事し、月90時間以上勤務している者 会員：20歳以上で会員歴が2年以上あり、以下の職務経験を通算2年以上有し、基準日（開催年の8月31日）においても従事している日本ソムリエ協会正会員および賛助会員在籍者 酒類・飲料を提供する飲食サービス、酒類・飲料の管理・仕入れ、輸出入、流通・卸、販売、製造、教育機関講師、コンサルタント
申込期間	3月上旬～7月中旬
試験日	〔1次〕 **7月下旬～8月下旬**（CBT方式）〔2次〕**10月上旬** 〔3次〕**11月中旬**
申込方法	日本ソムリエ協会Webサイトの呼称資格認定試験「Web出願」で申し込む
受験料	一般：**29,600円～**　会員：**20,380円～** ※出願と同時にJ.S.A.正会員に申し込むと入会金が半額となる
試験地	〔1次〕47都道府県約340会場 〔2・3次〕札幌、仙台、東京、大阪、福岡、那覇など全国16カ所
試験内容	〔1次〕CBT試験　酒類・飲料の必須知識　〔2次〕テイスティング、論述試験　〔3次〕サービス実技：ワインの開栓およびデカンタージュ ※3次試験通過者に対して、書類審査が行われる ソムリエ資格取得後3年を経過して10年以上の経歴を有し、なおかつ基準日においても従事し、月90時間以上勤務しているソムリエ・エクセレンス資格試験の合格者は、ソムリエ・エクセレンスとして認定される。なお、ソムリエ・エクセレンス資格試験は毎年実施される

問い合わせ先
一般社団法人 日本ソムリエ協会
〒101-0042 東京都千代田区神田東松下町17-3 JSAビル2F
TEL03(3256)2020　URL=https://www.sommelier.jp/

野菜・果物の魅力を伝える

独立 就職 趣味 評価

野菜ソムリエ

野菜・果物の知識を身につけ、おいしさや魅力を理解し伝えることができるスペシャリスト。講座では青果物の品種を学び、流通の仕組みや食の歴史に触れ、青果物を取り巻く環境への理解も深める。資格のレベルは、野菜ソムリエ、野菜ソムリエプロなど3段階。

受講者数	合格率
約69,985人※	約89%※
受講資格	受講料
なし	148,000円※

※全コース累計

受講資格	【野菜ソムリエ・野菜ソムリエプロ】誰でも受講できる 【野菜ソムリエ上級プロ】野菜ソムリエプロの資格所有者で、専門領域の活動実績の審査を通過した者　ほか
受講料	下記は野菜ソムリエコースの場合 **148,000円**（税込）（入会金・1回分の試験料含む）
受講地	全国各地の開講会場（協会ホームページで受講日を確認のうえ申し込む）
試験地	全国各地の試験会場（協会ホームページで確認のうえ申し込む）
講習・試験内容	**〔講習〕**通学制、半通学制、通信制、オンラインコースなど多彩な受講スタイルがある。 野菜ソムリエコースの場合 講座は1科目2時間全7科目。通学制は、指定会場で全科目を受講する。半通学制は、野菜・果物の食べ比べなど4科目は通学で、その他3科目を通信教材で受講する。通信制は、すべての講義を通信教材で受講する。 カリキュラムは以下のとおり ①ベジフルコミュニケーション（2時間） 　コミュニケーション力や発見・感動の表現力を養う ②ベジフル入門（2時間×3回） 　生産や流通、品種、産地、旬、保存法などを学び、ベジフルカルテを作成 ③ベジフルサイエンス（2時間×2回） 　栄養の基本、正しい情報の選び方や日常での野菜・果物のとり入れ方を学ぶ ④ベジフルクッカリー（2時間） 　調理理論や野菜、果物の特徴を生かしたレシピの作り方を学ぶ **〔修了試験〕** 筆記試験（マークシート式、2時間） Web試験（マークシート式、60分）

問い合わせ先
一般社団法人 日本野菜ソムリエ協会
〒104-0045 東京都中央区築地3-11-6 築地スクエアビル7F
TEL03(6278)8456　URL＝https://www.vege-fru.com/

製菓衛生師

製菓衛生師として菓子製造の仕事をするための国家資格。菓子製造販売店、菓子メーカー、レストラン、ホテル、結婚式場、ベーカリーなど、活躍の場は広い。
【受験資格】 ①都道府県知事の指定する製菓衛生師養成施設で1年以上製菓衛生師として必要な知識・技能を修得した者
②中学校卒業以上の学歴があり、食品衛生法第55条第1項の許可を受けて営む菓子製造業施設で2年以上製菓業務に従事した者
【試験科目】 ①衛生法規
②公衆衛生学　③栄養学　④食品学
⑤食品衛生学　⑥製菓理論　⑦製菓実技
⑦は「和菓子」「洋菓子」「製パン」の3分野から1分野を選択して解答する
【申込期間】 各都道府県により異なる
【試験日】 各都道府県により異なる
【受験料】 各都道府県により異なる

【問い合わせ先】
各都道府県製菓衛生師試験担当

食品衛生管理者

ハム・ソーセージなどの食肉製品や添加物を製造・加工する営業施設には資格保有者の配置が義務づけられている。衛生管理・衛生教育・従事者の健康管理を行う。
【受講資格】 高校卒業相当以上で、食品衛生管理者の配置が義務づけられている施設での実務経験が2年以上の者
【講習内容】 一般共通科目：①公衆衛生概論　②食品衛生法および関係法令　③食品、添加物等の規格基準　④化学概論　ほか
関係科目：乳製品関係科目、食肉製品関係科目、添加物関係科目　ほか
【講習日】 開催者からの申請により都道府県知事が決定。詳細は日本食品衛生協会〈TEL03(5830)8803〉などに確認
【受講料】 開催者により異なる

【問い合わせ先】
厚生労働省健康・生活衛生局 総務課
〒100-8916 東京都千代田区霞が関1-2-2
TEL03(5253)1111

ふぐ調理師

ふぐの猛毒処理や販売・貯蔵・加工・調理などを行う際に資格の取得が必要となる。なお、資格の名称や受験資格などは都道府県ごとに異なり、免許は当該都道府県内でのみ有効。以下は東京都の場合。
【受験資格】 調理師法に定める調理師免許所持者で、次のいずれかに該当する者
①都知事の免許を受けたふぐ調理師のもとで、ふぐの取扱いに2年以上従事した者
②ふぐの取扱いに2年以上従事した者と同等以上の経験を有すると知事が認めた者
【試験日】 学科：7月下旬
実技：8月上旬
【試験科目】 学科試験：①東京都ふぐの取扱い規制条例・東京都ふぐの取扱い規制条例施行規則　②ふぐに関する一般知識
実技試験：①ふぐの種類の鑑別　②ふぐの内臓の識別、毒性の鑑別、ふぐの処理技術

【問い合わせ先】
各都道府県食品衛生主管課

食品冷凍技士

食品の低温による加工、品質保全に関する専門知識・技能があることを証明する。
【受験資格】
誰でも受験できる

【試験日】
2月中旬〜下旬の日曜日

【試験科目】
①食品冷凍の総論と物理
②食品冷凍の化学
③食品冷凍の品質管理
④冷凍設備と解凍設備

【受験料】 10,000円（税込）

【問い合わせ先】
公益社団法人 日本冷凍空調学会
〒103-0011 東京都中央区日本橋大伝馬町
13-7 日本橋大富ビル5F
TEL03(5623)3223

給食サービス管理士

給食サービスの提供に従事する者の資質の向上と顧客サービスの向上を図り、給食サービス産業の振興及び喫食者の健康で文化的な食生活の向上を図ることを目的とする。

【受講資格】 ①給食サービス士資格保有者 ②学校給食受託管理士資格保有者 ③給食会社で実務経験5年以上の者

【取得方法】 eラーニングによる講習と通信学習を修了後、学科試験に合格する

【eラーニング講習と通信学習日程】 6〜8月

【学科試験】 10月

【受講料】 協会の会員企業と非会員企業および受講資格により異なる

【講習内容】 ①食品産業の使命と課題 ②教育・訓練　③人事・労務管理　④販売サービス管理　⑤衛生管理　ほか

【問い合わせ先】

公益社団法人 日本給食サービス協会

〒101-0041 東京都千代田区神田須田町1-24-3 FORECAST神田須田町8F

TEL03(3254)4614

弁当HACCP管理士

弁当の質の向上により、消費者に安心と健康を提供することを目的とした資格。取得には通信教育で演習問題を提出して講座を修了し、認定試験に合格することが必要。

【受験資格】 弁当HACCP管理士としての所定の実務経験と資質を有すると所属企業が認めた者で当機関の通信教育講座修了者

【試験日】 年1回

【講座内容】 ①弁当給食サービス ②法規、通知類、法令集 ③衛生管理 ④メニュー管理 ⑤弁当調製の実際

【試験科目】〔1級〕 認定試験
〔特級〕 認定試験・論文

【問い合わせ先】

一般社団法人 日本弁当サービス協会

〒101-0063 東京都千代田区神田淡路町2-21 淡路町広瀬ビル3F

TEL03(5289)7470

缶詰主任技術者

食品缶詰・びん詰の製造技術者を対象に、主任者として認定する民間資格。巻締、品質管理、殺菌管理などの種類がある。

【受講資格】 ①食品専攻大学を卒業し、缶・びん詰・レトルト食品の製造実務が通算1年以上の者　②缶・びん詰・レトルト食品の実務経験が通算5年以上の者　ほか

【取得方法】 講習を受け認定試験に合格

【講習会日程】〔巻締〕 5月　8月
〔品質管理〕 翌年1月
〔殺菌管理〕 6月　9月　12月　翌年3月

【受講科目】〔巻締〕 学科：巻締理論　ほか 実技：①所定の巻締機の操作と調整　②巻締寸法の検査と管理　**〔品質管理〕** 学科：食品工場におけるGMP　ほか
〔殺菌管理〕 学科：食品衛生法　ほか

【問い合わせ先】

公益社団法人 日本缶詰びん詰レトルト食品協会

〒101-0042 東京都千代田区神田東松下町10-2 翔和神田ビル3F　TEL03(5256)4801

唎酒師（ききさけし）

日本酒の正しい知識をもち、香りと味わいの違いを把握し、お客さまの好みや要望に沿った提案力を養う。飲食店従事者はもちろん愛好家の受験者も増加している。

【受講資格】 20歳以上

【取得方法】〔受験で取得〕 会場受講・オンデマンド受講、または2日間集中コースのいずれかを受講し、試験に合格
〔課題提出で取得〕 通信コースまたはeラーニングコースのいずれかを受講し、すべての課題を提出して基準に達する。

【講習内容】 食品・飲料の基礎知識、日本酒の製法・表示・テイスティング　ほか

【試験科目】 食品・飲料全般の知識、日本酒の基礎知識、日本酒の個性の抽出、セールスプロモーションの考案　ほか

【問い合わせ先】

日本酒サービス研究会・酒匠研究会連合会（SSI）

〒112-0002　東京都文京区小石川1-15-17 TN小石川ビル7F　TEL03(5615)8205

食品保健指導士

健康食品や保健機能食品などについての情報提供、相談・指導を行う専門アドバイザー。
【受講資格】薬剤師、管理栄養士、栄養士、登録販売者、健康食品関連業務従事者　ほか
【講習日】7月、11月（予定）（オンデマンド配信）
【問い合わせ先】（公財）日本健康・栄養食品協会　TEL03(3268)3160

健康食品管理士／食の安全管理士

健康食品、保健機能食品などを安全・適正に利用するための指導的役割を担う人材の認定。
【受験資格】認定校卒業者、受験講座履修者、医師、薬剤師、獣医師ほか（HP参照）
【試験日】5月、11月
【問い合わせ先】（一社）日本食品安全協会
TEL059(381)1510

惣菜管理士

食品に関する専門知識を習得した食のプロフェッショナルを認定。3～1級がある。
【受験資格】協会が実施する養成研修の修了者
【試験日】4月～8月（予定）
【合格率】83.4%（2023年）
【問い合わせ先】（一社）日本惣菜協会
TEL03(6272)8515

ワインエキスパート／SAKE　DIPLOMA

ワイン／日本酒・焼酎愛好家が対象。知識とテイスティング能力を有しているかが問われる。
【受験資格】20歳以上
【試験日】1次：7月下旬～8月下旬（CBT方式）
2次：10月上旬
【問い合わせ先】（一社）日本ソムリエ協会

フードスペシャリスト

食に関する幅広い知識と技術を身につけた「食」の専門家を認定。試験区分は3種類。
【受験資格】養成機関認定大学・短期大学等で必修8科目を履修　ほか
【試験日】12月第3日曜日
【問い合わせ先】（公社）日本フードスペシャリスト協会　TEL03(3940)3388

スパイス&ハーブ検定

スパイスやハーブについて幅広く問う。
【受験資格】3・2級：誰でも受験できる
1級：2級合格者対象
【試験日】10月～11月
【試験内容】CBT（1級：択一・単語記述式）
【問い合わせ先】スパイス&ハーブ検定運営事務局　TEL03(6627)3698

ハーブアドバイザー（PAH）

ハーブの知識や使い方などを適切にアドバイスできると認められた資格。
【受験資格】誰でも受験できる
【試験日】年2回程度
【試験内容】五肢択一および記述式
【問い合わせ先】NPO法人 日本ハーブ振興協会事務局　TEL0120(802)459

チーズプロフェッショナル

チーズの基礎的な知識と取り扱いに関する習熟度を測り、チーズの専門家を認定する。
【受験資格】誰でも受験できる
【試験日】1次：7月　2次：10月
【試験内容】記述、試食（2次のみ）　ほか
【問い合わせ先】NPO法人 チーズプロフェッショナル協会　TEL03(3518)0102

食育アドバイザー

食育、食品の安全性、栄養学などの知識に基づいて食育活動が行える能力を証明。
【受験資格】指定認定教育機関等の教育訓練で全カリキュラムを修了した者
【試験日】随時（在宅受験）
【問い合わせ先】（一財）日本能力開発推進協会
TEL050(3665)9715

食育インストラクター

食育を基礎から幅広く学ぶ。入門編のプライマリーから、指導もできる1級まで5段階。
【受講資格】プライマリー：誰でも受講できる
【取得方法】プライマリー：協会が定める通信教育講座（3ヵ月）を修了
【問い合わせ先】NPO 日本食育インストラクター協会　TEL03(6381)6120

Chapter 19

自然環境・動物

独立 就職 趣味 評価

気象予報士

気象予報士は民間気象会社で配置が義務づけられている必携資格。観測データをもとに気象予測を行い、その情報を提供する。産業界でも気象会社と契約して得た気象情報を業務に活用している企業が多く、テレビやラジオの天気予報番組以外にも活躍の場は広い。

受験者数	合格率
8,218人	5.4%
受験資格	受験料
なし	11,400円

受験資格	誰でも受験できる
科目の免除	①学科試験の全部もしくは一部について合格した者は、申請により、合格通知をした日から1年以内に行われる試験において、合格した科目の学科試験が免除される ②予報業務または観測業務に従事する者の養成課程で、気象庁長官が定めるものを修了し、国の行政機関で3年以上予報業務または観測業務に従事した者は、学科試験が免除される ③国の行政機関において、予報業務または観測業務に7年以上従事した経歴のある者は、学科試験が免除される ④応用理学部門の技術士資格をもち、3年以上予報業務に従事した経歴のある者は学科試験が免除される　ほか
試験日	**年2回：8月下旬　翌年1月下旬**
受験料	**11,400円** 学科試験の免除科目により減額がある 1科目免除の場合：**10,400円**　2科目免除の場合：**9,400円**
試験地	北海道、宮城県、東京都、大阪府、福岡県、沖縄県
試験内容	**〔学科〕**多肢選択式 ①予報業務に関する一般知識 大気の構造、大気の熱力学、降水過程、大気における放射、大気の力学、気象現象　ほか ②予報業務に関する専門知識 観測の成果の利用、数値予報、局地予報、短時間予報、気象災害、予想の精度の評価、気象の予想の応用　ほか **〔実技〕**記述式 ①気象概況およびその変動の把握 ②局地的な気象の予報 ③台風等緊急時における対応

問い合わせ先
一般財団法人 気象業務支援センター 試験部
〒101-0054 東京都千代田区神田錦町3-17 東ネンビル
TEL03(5281)3664　URL=http://www.jmbsc.or.jp/

資格のQ&A

Q この資格を取るメリットは？

A **気象に関する唯一の国家資格で、気象予報のエキスパートです。**気象会社や教育機関など気象業界で働く場合はもちろん、気象と関連のある商品・サービスを扱っているビジネスパーソンにも役に立ちます。また近年の気象災害の多発から防災関係にもニーズが強くなっています。

Q この資格取得にかかる費用・期間は？

A 試験は年に２回あります。現在は、通信でもライブ講座またはe-ラーニング講座が主になっています。１年間で70,000～200,000円程度と高額になりますので、比較サイトなどでの検討をお勧めします。

Q 資格取得後に有利な業界はどこですか？

A 日本に**気象会社**は数十社あり、ここには必ず一定数の気象予報士が必要です。気温と商品の売れ行きを分析・予測するウェザーマーチャンダイジングなどを行っている企業ならば就職、転職で有利になります。難関ですが、**テレビ・ラジオのお天気キャスター**など、マスコミでの採用もあります。また教育機関では、質の高い研修講師としてのニーズもあり、教育産業で働く場合にも有利になります。

Q 次のステップとして、取得すべき資格はありますか？

A 近ごろ需要が多い防災分野なら**防災士**などの資格、ウェザーマーチャンダイジングなどの気象コンサルタントを目指すなら**中小企業診断士**がよい目標になります。

Q おススメの勉強方法・学習のポイントは？

A 高校物理程度の知識は必要ですが、学科試験は独学や通信講座などで取得可能です。**実技は多面的な知識が必要なため、経験豊富な講師の指導を受けることが合格の早道ですので、通信講座でも質問を多く受けてくれる講座を選ぶことが必要です。**合格率は毎年４～6%程度の厳しい試験です。

回答者　上井光裕（資格アドバイザー）

独立 就職 趣味 評価

eco検定(環境社会検定試験)®

公的

多様化・複雑化する環境問題に関して幅広い知識の習得を目指す試験。SDGsへの対応、環境マネジメントで必要となる社員教育に活用できる。検定取得でスキルアップにつなげよう。

受験者数	合格率
37,362人※	54.0%※
受験資格	受験料
なし	5,500円

※eco検定（環境社会検定試験）®は東京商工会議所の登録商標です。

受験資格	誰でも受験できる
申込期間	6月上旬～中旬　10月中旬～下旬
試験日	**7月中旬～8月上旬　11月中旬～12月上旬**
申込方法	①東商検定サイトから申込 ②試験プラットフォーム（Excert）でアカウントを作成 ③希望の受験日時を選択し、支払情報を入力 ④支払手続完了後、登録したメールアドレスに確認メールが届く
受験料	**5,500円**（税込）※CBT方式は利用料2,200円（税込）が別途発生
試験地	IBT・CBT方式の2方式
試験内容	多肢選択式（90分） 公式テキストの知識と、それを理解したうえでの応用力を問う 時事問題などについても出題予定。主な出題項目は以下のとおり ①地球を知る 地球の基礎知識（地球の自然環境、大気、水の循環と海洋、森林と土壌、生態系　ほか） いま地球で起きていること（人口問題、食料需給、資源と環境、貧困、格差、生活の質　ほか） ②環境問題を知る 地球温暖化と脱炭素社会、エネルギー、生物多様性・自然共生社会、地球環境問題、循環型社会（廃棄物処理、リサイクル制度）、地域環境問題、化学物質、災害・放射性物質　ほか ③持続可能な社会に向けたアプローチ 「持続可能な日本社会」の実現に向けた行動計画、環境アセスメント制度　ほか ④各主体の役割・活動 パブリックセクター（国際機関、国、自治体など）、企業の環境への取り組み（CSR、EMS）、個人の行動、各主体の連携による協働

問い合わせ先
東京商工会議所 検定センター
URL=https://kentei.tokyo-cci.or.jp

資格のQ&A

Q この資格を取るメリットは？

A 環境意識の高まりとともに、多くの商品やサービスが環境を意識したものに変わってきており、企業は環境問題に強い社員を求めています。この検定は、**環境教育の入門編として幅広い業種・職種で役立ちます**。多くの企業では環境ISOを取得していますが、ISOの運用に必要な内部監査員の認定基準にeco検定を採用する企業もあります。また、この検定を取得することにより、ビジネスパーソンにとっては顧客への提案力に差がつき、学生にとっては就職・進学時のアピール材料になります。

Q この資格取得にかかる費用・期間は？

A テキストや問題集を購入して独学する場合、費用は**5,000円**程度です。また、Web講座をはじめとするセミナーは複数あり、**5,000～10,000円**程度で利用できます。

Q 資格取得後に有利な業界はどこですか？

A **製造業、建設、エネルギー・ライフライン、電気通信・ソフトウェア、金融保険、サービス業**など多くの業界が環境分野に高い関心をもっています。受験も幅広く推奨されており、企業ぐるみで取り組むところも多くあります。

Q 次のステップとして、取得すべき資格はありますか？

A 環境の関連資格には、環境マネジメントシステム専門家、環境マネジメントシステム審査員があります。ボランティアなら自然観察指導員がおススメです。

Q おススメの勉強方法・学習のポイントは？

A 試験は年に2回の多肢選択式です。学習していると、**新聞やニュースで見かける用語が出てきて「ああ、あれか」と楽しく学べます**。また、平均合格率は70%と比較的高いため、公式テキストと過去問題集をていねいに学習すれば、1カ月の学習で半分以上の方が合格ラインに届いています。

回答者 上井光裕（資格アドバイザー）

樹木医

民間

「緑の文化財」である巨樹や古木林は、環境悪化などによって樹勢の衰えたものも多く、適切な保護が急がれている。樹木医はそうした樹木の診断や治療、後継樹の保護育成、樹木保護に関する知識の普及や指導を行う専門家。2019年度より登録更新が義務化された。

受講・登録必要

受験者数	合格率
446人	22.4%
受験資格	受験料
実務経験	18,000円※（受講者選抜の場合）

※樹木医補認定者は15,000円

受験・研修資格	①樹木の調査・研究、診断・治療、保護・育成・管理、公園緑地の計画・設計・設計監理、緑化樹木や果樹の生産などに関する実務あるいは研究に従事した期間が通算して5年以上の者　②樹木医補（樹木医補資格養成機関として認定を受けた大学などで指定分野の科目を履修・取得し、認定を受けた者）で業務経験1年以上の者。以下は業務経験となる例　1.造園業、植木生産業、農業（果樹栽培など）、林業（伐木作業は除く）などの従事者　2.農林業・緑化関係の公益法人、会社（公園緑地計画・設計）などの役職員　3.国、地方公共団体の農林・緑化関係職員　4.大学・研究所の教職員、研究員（林学、農学、造園学など）　5.農林高等学校・専門学校の教職員で上記に示す業務経歴に関する科目を指導する者　過去に上記の職種において実績のある者も対象となる
試験・研修日	研修前に、〔樹木医研修受講者選抜試験〕（研修定員90～100名を選抜）を実施**〔受講者選抜試験〕7月下旬　〔研修〕9月中旬～10月中旬**
受験・研修料	**〔受講者選抜試験〕18,000円**（樹木医補認定者 **15,000円**） **〔研修〕115,000円**（各税込）
試験・研修地	**〔受講者選抜試験〕**北海道、仙台、東京、名古屋、大阪、福岡 **〔研修〕**茨城県つくば市
試験・研修内容	〔受講者選抜試験〕は以下のとおり **〔筆記〕**樹木医が備えるべき一般教養および研修科目に関係する専門分野などから作成された択一式と論述式の出題 **〔業績審査〕**研修申込書・業務経歴証明書・業務経験事例などにより審査 〔研修〕は以下のとおり　講義はWEB配信によるビデオ視聴、実習は対面方式 ①樹木の分類　②樹木の生理　③樹木・樹林の生態 ④樹木の構造と機能　⑤樹木保護に関する制度　⑥土壌の診断 ⑦病害の診断と防除　⑧虫害の診断と防除　⑨腐朽病害の診断と対策 ⑩大気汚染害の診断と対策　⑪気象害の診断と対策 ⑫後継樹木の育成と遺伝子保存　⑬幹の外科技術と機器による診断 ⑭樹木の移植法　⑮植栽基盤の調査・判定と土壌改良　⑯総合診断 ※研修期間中、研修科目の筆記試験、樹種識別に関する適性試験を実施、最終日に面接試験を実施し、総合的評価のもと合格者を決定する

問い合わせ先

一般財団法人 日本緑化センター
〒162-0842 東京都新宿区市谷砂土原町1-2-29 K,I,Hビルディング
TEL03(6457)5218　　URL=http://www.jpgreen.or.jp/

造園施工管理技士

国家

造園工事での施工計画から現場での工程・安全管理まで、施工全般にわたる諸作業を任せられる技術者である。環境保護、緑化が叫ばれている今日、ビルなどの建築物の周囲には必ずといっていいほど造園工事が施されるため、今後のニーズの高まりは必至。

受験対策
大学 専門学校 養成所など

受検者数	合格率
2,754人※	35.2%※
受検資格	**受検料**
実務経験など	14,400円※

※1級第一次検定の場合

受検資格	令和6年度から令和10年度までの間は経過措置とし第2次検定は、旧受験資格と新受験資格の選択が可能。受験資格の詳細はホームページ参照。 【2級　第1次検定】 受験年度中における年齢が17歳以上の者 【2級　第2次検定】 1級第1次検定もしくは2級第2次検定合格後、所定の実務経験を有する者 【1級　第1次検定】 受験年度中における年齢が19歳以上の者 【1級　第2次検定】 第1次検定合格後、所定の実務経験を有する者
申込期間	【2級】〔第一次前期〕3月上旬～中旬 〔第一次・二次と第一次後期〕7月中旬～下旬 【1級】〔第一次・二次〕5月上旬～下旬
試験日	【2級】〔第一次前期〕6月上旬　〔第一次・二次と第一次後期〕11月中旬 【1級】〔第一次〕9月上旬　〔第二次〕12月上旬
受検料	【2級】〔第一次・二次〕14,400円　〔第一次〕〔第二次〕各7,200円 【1級】〔第一次〕14,400円　〔第二次〕14,400円
試験地	全国の主要都市
受検者数 合格率	【2級】〔第一次前期〕1,661人、53.9% 〔第一次後期〕956人、50.0% ［第一次検定・第二次検定（第一次検定）］1,844人、52.3% ［第一次検定・第二次検定（第二次検定）］2,676人、52.4% 【1級】〔第一次検定〕2,754人、35.2% 〔第二次検定〕1,453人、43.3%
試験内容	〔第一次〕①土木工学等　②施工管理法　③法規 〔第二次〕施工管理法

問い合わせ先
一般財団法人 全国建設研修センター 造園試験課
〒187-8540 東京都小平市喜平町2-1-2
TEL042(300)6866　URL=https://www.jctc.jp/

独立 就職 趣味 評価

日本農業技術検定

農業高校の生徒や大学生、就農準備校の受講生、農協や農業法人など農業関連企業の社会人などを対象にした、農業の研修教育の促進を目的とする検定試験。新規就農の推進や農業の担い手の確保・育成に向けて農林水産省と文部科学省が後援している。

受験者数	合格率
22,281人※	56.6%※
受験資格	受験料
なし	3,140円（3級の場合）

※全級合計数と平均合格率

受験資格	【3級】誰でも受験できる 【2級】〔学科〕誰でも受験できる　〔実技〕学科合格者 【1級】〔学科〕誰でも受験できる　〔実技〕学科合格者
試験日	【3・2級】〔学科〕7月上旬　12月上旬 【2級】　〔実技〕11月中旬　【1級】〔学科・実技〕12月上旬
受験料	【3級】〔学科〕　3,140円（団体2,620円、団体学割1,570円） 【2級】〔学科〕　4,190円（団体3,350円、団体学割2,090円） 【2級】〔実技〕15,710円 【1級】〔学科〕　5,240円（団体4,190円、団体学割2,620円） 【1級】〔実技〕　5,240円 ※同一試験日の複数級受験（3級と2級、2級と1級に限定）は割引（1,000円減額）
試験地	東京・大阪など主要都市の指定会場、全国の農業高校・農業大学校　ほか
試験内容	【3級】〔学科〕50問、マークシート方式（4者択一）、40分 ①共通：農業基礎（30問） ②選択：栽培系、畜産系、食品系、環境系から1科目選択（20問） 【2級】〔学科〕50問、マークシート方式（5者択一）、60分 ①共通：農業一般（10問） ②選択：作物、野菜、花き、果樹、畜産、食品から1科目選択（40問） 〔実技〕乗用トラクタ、歩行型トラクタ、運搬車、刈り払い機、背負い式防除機から2機種を選択し、実地研修試験を行う（別途受験料） 【1級】〔学科〕60問、マークシート方式（5者択一）、90分 ①共通：農業一般（20問） ②選択：作物、野菜、花き、果樹、畜産、食品から1科目選択（40問） 〔実技〕基礎的確認事項と専門選択分野における実践的知識・経験を問う論述式試験を行う（ペーパーテスト、別途受験料） ※【2級】【1級】ともに、農業高校、農業大学校などですでに実技水準に相当する内容を授業などで実施している場合、実技は免除される

日本農業技術検定協会（事務局：一般社団法人 全国農業会議所）
〒102-0084 東京都千代田区二番町9-8 中央労働基準協会ビル
TEL03(6910)1126　URL=https://www.nca.or.jp/support/general/kentei/

独立 就職 趣味 評価

一般計量士

国家 必置

産業技術の進歩に伴い、計量機器の検査や管理に携わる計量士の重要性が増している。一般計量士は、濃度や音圧レベル、振動加速度レベル以外の物象の状態の量に係る計量管理に必要とされる知識や技能を有しているかを判定する試験である。

登録必要

受験者数	合格率
766人	24.9%
受験資格	受験料
なし	8,500円（収入印紙）

受験資格	誰でも受験できる
申込期間	7月上旬～8月上旬
試験日	**12月中旬の日曜日**（予定） 6月上旬に、経済産業省ホームページか官報で確認する
受験料	**8,500円**（収入印紙）
試験地	北海道、東北、関東、中部、近畿、中国、四国、九州、沖縄
試験内容	**〔筆記試験〕**五肢択一式、1科目につき25問 ①計量に関する基礎知識 a. 物理　b. 数学 ②計量器概論および質量の計量 a. 計量一般に関する知識 b. 計量器に係る基礎原理、取扱い、保守管理、そのほか計量一般に関する知識 ③計量関係法規 a. 計量法の体系全般にわたる知識 ④計量管理概論 a. 計量管理および計量器の管理に関する基礎知識 b. 計量管理の計画・実施に関する知識 c. 計量管理に係る各種手法に関する知識 試験科目の一部免除： すでにいずれかの計量士試験区分で合格している者が、ほかの区分を受験する場合には、申請に基づき上記科目のうち、③計量関係法規と④計量管理概論の2科目が免除される ※計量士として、計量法上の計量管理などの職務を行うためには経済産業大臣の登録を受ける必要がある。その場合、計量に関する実務（特定計量器の定期検査・検定または計量証明検査業務、基準器検査業務、計量管理にかかる実務など）に1年以上従事していなければならない

問い合わせ先
経済産業省 産業技術環境局 基準認証政策課 計量行政室（計量士制度について）
〒100-8901 東京都千代田区霞が関1-3-1
TEL03(3501)1688　URL=https://www.meti.go.jp

独立 就職 趣味 評価

環境計量士（濃度関係／騒音・振動関係）

経済取引の発達や産業技術の進歩、環境計測に係る社会的要請に伴い、要求される計量技術は高度化・専門化している。試験は、濃度の計量管理に必要な知識・技術を判定する濃度関係、振動加速度レベルなど計量管理の知識・技術を判定する騒音・振動関係の2分野。

登録必要

受験者数	合格率
1,856人※	17.9%※
受験資格	受験料
なし	8,500円（収入印紙）

※濃度関係の場合

受験資格	誰でも受験できる
申込期間	7月上旬～8月上旬
試験日	**12月中旬の日曜日**（予定） 6月上旬に、経済産業省ホームページか官報で確認する
受験料	**8,500円**（収入印紙）
試験地	北海道、東北、関東、中部、近畿、中国、四国、九州、沖縄
受験者数 合格率	【環境計量士（濃度関係）】1,856人、17.9% 【環境計量士（騒音・振動関係）】616人、18.3%
試験内容	【環境計量士（濃度）】筆記試験、五肢択一式、1科目につき25問 ①環境計量に関する基礎知識（環境関係法規および化学に関する基礎知識） a. 環境関係法規（環境基本法、大気汚染防止法、水質汚濁防止法等） b. 化学 ②化学分析概論および濃度の計量：a. 化学分析の応用一般　b. 濃度の計量単位　c. 濃度計に係る基礎原理、取扱い、保守管理、そのほか濃度の計量一般に関する知識 ③計量関係法規：a. 計量法の体系全般にわたる知識 ④計量管理概論：a. 計量管理および計量器の管理に関する基礎知識 b. 計量管理の計画・実施に関する知識 c. 計量管理に係る各種手法に関する知識 【環境計量士（騒音・振動）】筆記試験、五肢択一式、1科目につき25問 ①環境計量に関する基礎知識（環境関係法規および物理に関する基礎知識） a. 環境関係法規（環境基本法、騒音規制法、振動規制法等）　b. 物理 ②音響・振動概論ならびに音圧レベルおよび振動加速度レベルの計量 a. 音響・振動の性質などに関する知識　ほか b. 音圧レベルおよび振動加速度レベルの計量一般に関する知識　ほか ③④【環境計量士（濃度）】の③④に同じ 試験科目の一部免除：一般計量士と同様。　※計量士として計量法上の計量管理などを行うためには、経済産業大臣の登録を受ける必要がある。その場合、計量管理に関する実務に1年以上従事するなどの計量法施行規則第51条に規定される要件を満たさなければならない

問い合わせ先
経済産業省 産業技術環境局 基準認証政策課 計量行政室（計量士制度について）
〒100-8901 東京都千代田区霞が関1-3-1
TEL03(3501)1688　URL=https://www.meti.go.jp

臭気判定士

国家資格である臭気判定士は、嗅覚測定法を行うための資格である。試料の採取、パネル選定、試料の調製と試験の実施、結果のまとめなど判定試験全体の責任者となる。試験開始、希釈倍数の決定などを行い、自らも一般的な嗅覚の持ち主でなければならない。

受験者数	合格率
503人	43.0%
受験資格	**受験料**
年　齢	18,000円（非課税）

受験資格	試験日に18歳以上であれば、誰でも受験できる
申込期間	7月上旬～9月上旬
試 験 日	**11月中旬**
合格発表	12月中旬
受 験 料	**18,000円**（非課税）
試 験 地	東京、愛知、大阪
試験内容	多肢択一式、マークシート方式 ①嗅覚概論：人の嗅覚とにおいの役割など　ほか ②悪臭防止行政：悪臭防止法・施行規則・告示などの内容と運用、地方自治体の条例による規制および指導と法令との関係　ほか ③悪臭測定概論：機器測定法・嗅覚測定法全般、嗅覚測定法に関する基本的な考え方と各種の測定方法　ほか ④分析統計概論：度数分布・代表値・散布度・単回帰・相関などのデータの基本構造　ほか ⑤臭気指数等の測定実務：判定試験の実施、測定に使用する器材とその取扱い、試料採取方法、パネルの選定とその管理　ほか ※臭気判定士の免状は、臭気判定士試験と嗅覚検査ともに合格し、申請をして初めて交付される。判定士免状を初めて申請するときは、申請日前1年以内に実施した〔嗅覚検査〕に合格しなくてはならない。以下は〔嗅覚検査〕の内容 **〔嗅覚検査〕** ①検査方法：におい紙5本中2本についた基準臭を嗅ぎ当てる。これを5種類の基準臭について繰り返す（所要時間約15分） ②期日：年間を通じて実施 ③検査地：北海道から沖縄まで全国36の検査機関 ④検査料：9,000円（非課税） ※においに関する知識・技術の習得を、また臭気判定士を目指している人のために、公益社団法人におい・かおり環境協会が「臭気判定技術講習会」を開いている

公益社団法人 におい・かおり環境協会 試験センター
〒160-0008 東京都新宿区四谷三栄町6-6　四谷MSビル4階
TEL03(6233)9011　URL=https://orea.or.jp

公害防止管理者

国家
必置

亜硫酸ガスを含んだばい煙や水質を悪化させる工場排液などが、自然環境に悪い影響を与えるのを防ぐのが使命。生産計画を立て、公害防止対策を講じる。一定規模以上の生産設備をもつ工場には、有資格者の配置および届け出が義務づけられている。

受験者数	合格率
20,494人※	23.6%※
受験資格	**受験料**
なし	12,300円（大気1種の場合）

※全種合計数と平均合格率

取得方法	公害防止管理者国家試験によるものと、一定の資格をもつ者を対象とした認定講習によるものがある。国家試験の場合は、以下のとおり
受験資格	誰でも受験できる
申込期間	7月上旬～下旬
試験日	**10月の第1日曜日**
受験料	【大気関係第3・1種、水質関係第3・1種、ダイオキシン類関係公害防止管理者、公害防止主任管理者】**各12,300円** 【大気関係第4・2種、水質関係第4・2種、騒音・振動関係、特定・一般粉じん関係公害防止管理者】　**各11,600円**
試験地	札幌、仙台、東京、愛知、大阪、広島、高松、福岡、那覇、 その他各周辺の府県
試験内容	【大気関係第4・3・2・1種公害防止管理者】①公害総論　②大気概論 ③大気特論　④ばいじん・粉じん特論　⑤大気有害物質特論（2・1種） ⑥大規模大気特論（3・1種） 【特定・一般粉じん関係公害防止管理者】①公害総論　②大気概論 ③ばいじん・粉じん特論（特定）　④ばいじん・一般粉じん特論（一般） 【水質関係第4・3・2・1種公害防止管理者】①公害総論　②水質概論 ③汚水処理特論　④水質有害物質特論（2・1種） ⑤大規模水質特論（3・1種） 【騒音・振動関係公害防止管理者】 ①公害総論　②騒音・振動概論　③騒音・振動特論 【ダイオキシン類関係公害防止管理者】 ①公害総論　②ダイオキシン類概論　③ダイオキシン類特論 【公害防止主任管理者】①公害総論　②大気・水質概論　③大気関係技術特論　④水質関係技術特論 ※同一試験区分を受験の場合、合格した科目は合格した年を含め3年までは申請により科目免除される。また、1つ以上の試験区分に合格した者がほかの試験区分を受験する場合、合格した試験区分に含まれる試験科目と同じ科目は申請により免除される

問い合わせ先
一般社団法人 産業環境管理協会 公害防止管理者試験センター
〒100-0011 東京都千代田区内幸町1-3-1 幸ビルディング3F
TEL03(3528)8156　URL=https://www.jemai.or.jp

動物の病気予防・治療を行う

独立 就職 趣味 評価

獣 医 師

国家
業務独占

犬、猫、牛、馬、豚といった飼育動物の診療や伝染病の予防などはもちろんのこと、公衆衛生面での指導、野生動物の保護、希少動物の人工繁殖なども行う。その他、国家公務員、地方公務員、農業団体職員、製薬・乳業・食肉関係の企業など、幅広い分野で活躍。

受験対策
大学 専門学校 養成所など

登録必要

受験者数	合格率
1,394人	72.7%
受験資格	**受験料**
学歴など	13,900円（収入印紙）

受験資格	①現行の大学の獣医学の正規の課程（6年制）を修めて卒業した者（卒業見込みの者を含む） ②外国の獣医学校を卒業、または外国で獣医師の免許を取得した者で、獣医事審議会が獣医師法の規定に基づき認定した者 ③昭和53年4月1日から同59年3月31日に大学に入学して獣医学の正規の旧課程（4年制）を修めて卒業し、大学院で修士課程を修了した者 ④獣医師国家試験予備試験に合格した者　ほか ※獣医学科等を設置している大学は、国立大学法人10大学（北海道大学、帯広畜産大学、岩手大学、東京大学、東京農工大学、岐阜大学、鳥取大学、山口大学、宮崎大学、鹿児島大学）、公立大学法人1大学（大阪公立大学）、私立6大学（酪農学園大学、北里大学、日本獣医生命科学大学、日本大学、麻布大学、岡山理科大学）がある 獣医学教育の詳細、大学への入学手続きなどについては、各大学へ直接照会する
試験日	**2月中旬の2日間**（試験前年の10～11月頃に官報で公示される）
受験料	**13,900円**（収入印紙）
試験地	北海道、東京、福岡
試験内容	飼育動物の診療上必要な獣医学ならびに獣医師として必要な公衆衛生に関する知識・技能について、以下の基準で必須問題、学説試験および実地試験に分けて筆記試験が行われる 必須問題50問、学説160問、実地120問（いずれも多肢選択・マークシート方式） ①獣医療の基本的事項：獣医師の役割・倫理、動物福祉、法・制度 ②獣医学の基本的事項：構造と機能、生殖と行動、薬理作用と毒性・放射線作用、病原体と寄生体、発症機序と病理・病態、主要症候、検査と診断、治療と処置 ③衛生学に関する事項：動物衛生と公衆衛生、動物の飼育・衛生管理、魚類の飼育・衛生管理、食品衛生、人獣共通感染症、環境衛生 ④獣医学の臨床的事項：栄養、感染症、中毒、呼吸器系の疾患、循環器系の疾患、消化器系の疾患　ほか

問い合わせ先
農林水産省 消費・安全局畜水産安全管理課 獣医事班
〒100-8950 東京都千代田区霞が関1-2-1
TEL03(3502)8111

トリマー

犬の種類によって決められたスタイルの基本を守り、そのうえで個性を生かすことを主たる職務とするトリマー。トリマーの本領はカットで発揮されるといわれるが、ブラッシングやシャンプーなどの世話も多く、犬の扱いに慣れ、犬に好かれることが成功のコツ。

受験者数	合格率
1,894人※	91.5%※
受験資格	**受験料**
年齢など	5,400円

※全級合計数と平均合格率（2022年度）

受験資格	【C級】 ①満18歳以上でジャパンケネルクラブの会員として、2年以上在籍し、居住地を管轄するブロック協議会が受験資格を与えた者。ただし、入会した日の、翌々年の同月に行う試験から受験できる ②満18歳以上で公認トリマー養成機関で所定の課程を修了した者。ただし、満18歳未満の者は養成機関会員として2年以上在籍した者 【B級】 ①C級資格を取得してから2年以上経過し、居住地を管轄するブロック協議会が受験資格を与えた者 ②公認トリマー養成機関でC級資格を取得後、引き続き1年以上在学し、所定の課程を修了した者 【A級】 ①B級資格を取得してから3年以上経過し、居住地を管轄するブロック協議会が受験資格を与えた者 ②公認トリマー養成機関でB級資格を取得後、引き続き2年以上在学し、所定の課程を修了した者 ③B級資格者で公認トリマー養成機関の実務に3年以上携わり、かつ、養成機関会員として3年以上在籍している者 ※さらに上級資格として【トリマー教士】【トリマー師範】が設けられている
試験日	**全国各14ブロックで年1回** 会報「JKC Gazette」、JKCホームページに掲載
試験地	ブロックトリマー委員会が指定する場所 公認トリマー養成機関
受験料	【C・B・A級】**各5,400円**（登録料は別途必要）
試験内容	【C・B・A級】筆記試験およびモデル犬1犬種による実技試験

問い合わせ先
一般社団法人 ジャパンケネルクラブ（JKC）事業部技術事業課
〒101-8552 東京都千代田区神田須田町1-5
TEL03(3251)1656　URL=https://www.jkc.or.jp

東京都公害防止管理者

公害発生のおそれがあると東京都が指定した工場に必ず選任・配置され、公害の防止の管理や地域住民への対応を行う。

【受講資格】第1・2・3種電気主任技術者、第1・2種ボイラー・タービン主任技術者、甲・乙種ガス主任技術者資格所持者　ほか

【取得方法】二種・一種に分かれ、講習後の修了テストに合格すれば、取得できる。

【申込期間】電子申請による申込：6月上旬の4日間

【講習日】7〜8月（対面）7月上旬の2日間

【講習内容】〔一般科目〕東京都の環境の現況と対策、環境保全に関する法令の概要　ほか **〔専門科目〕**大気汚染対策、水質汚濁対策　ほか **〔修了テスト〕**二種：正誤式　一種：三肢択一式

【問い合わせ先】

東京都環境局 環境改善部計画課 公害防止管理者担当

〒163-8001 東京都新宿区西新宿2-8-1
TEL03(5388)3435

省エネ・脱炭素エキスパート検定［家庭・ビル］

家庭、ビルの省エネ・節電を日常生活や企業などの活動において進めることのできる人材の発掘・育成がねらい。家庭分野とビル分野は別資格で別々に試験が行われる。

【受検資格】誰でも受検できる

【試験日】通年（インターネット試験）

【試験科目】回答方法は選択式
以下の分野が出題範囲となる。

〔家庭〕①エネルギーの基礎と家庭の省エネ
②機器による省エネルギー
③住宅の省エネルギー

〔共通〕カーボンニュートラルの基礎知識

〔ビル〕①ビルの管理とエネルギーの基礎
②空調および照明による省エネルギー
③ボイラ・受配電設備等による省エネルギー

【問い合わせ先】

一般財団法人 省エネルギーセンター 顧客支援部

〒108-0023 東京都港区芝浦2-11-5 五十嵐ビルディング4F　E-MAIL=expert@eccj.or.jp

森林インストラクター

森林や林業に関する適切な知識を伝えるとともに、森林の案内や森林内での野外活動の指導を行う。1次・2次試験に合格すれば資格が取得できる。

【受験資格】受験年の翌年4月1日現在において18歳以上の者

【試験日】1次：9月下旬　2次：11月中旬頃

【試験科目】1次（記述式を主体とした筆記試験）：①森林　②林業　③森林内の野外活動　④安全および教育　2次：実技（提示される素材の1つを使って、森林インストラクターとしての模擬演技）・面接

※協会の「森林インストラクター養成講習」や協会が認定する国や地方公共団体などの森林インストラクター講習修了者は実技が免除

【問い合わせ先】

一般社団法人 全国森林レクリエーション協会 森林インストラクター係

〒112-0004 東京都文京区後楽1-7-12 林友ビル6F　TEL03(5840)7471

土壌医検定

農作物の安定生産の基本となる土づくりの知識や技術水準を評価する。アドバイザーレベルから土壌医レベルまで3種類。

【受験資格】〔3級・土づくりアドバイザー〕〔2級・土づくりマスター〕誰でも受験できる **〔1級・土壌医〕**土づくり指導または就農実績5年以上

【試験日】2月中旬

【試験科目】〔3級〕マークシート：土づくりと作物生育との関係の基礎知識 **〔2級〕**マークシート：3級の知識に加え、施肥改善の処方箋が作成できる知識 **〔1級〕**マークシート・記述式・業績レポート：2級の知識に加え、土壌診断と対策の指導ができる知識と実績

【問い合わせ先】

一般財団法人 日本土壌協会 土壌医検定事務局

〒101-0051 東京都千代田区神田神保町1-54 英光ビル3F　TEL03(3292)7281
URL=http://www.doiken.or.jp/

ビオトープ管理士

自然を守る調査・研究などの活動・提案を行う自然事業の専門家。ビオトープ計画管理士とビオトープ施工管理士がある。1級は国土交通省登録資格。

【受験資格】〔2級〕誰でも受験できる
〔1級〕4年生大学卒業後満7年以上の実務経験者　ほか
【申込期間】6月上旬～9月中旬
【試験日】筆記：11月　口述：1月
【試験内容】〔2級〕筆記：生態学、ビオトープ論、環境関連法、専門科目、小論文
〔1級〕2級の試験に加え、記述問題、口述試験(1級筆記試験合格者のみ)
【受験料】〔2級〕7,200円
〔1級〕11,300円

【問い合わせ先】
公益財団法人 日本生態系協会 ビオトープ管理士係
〒171-0021 東京都豊島区西池袋2-30-20
音羽ビル　TEL03(5954)7106

犬訓練士

訓練はもちろん、飼育・管理も行う。公認訓練所に見習い訓練士として入所し、実績を積んだ後に資格試験に臨む。

【受験資格】5階級あるが、まずは協会の公認訓練士が経営する訓練所に入所し、〔三等訓練士〕受験のための実績をつくり、〔三等訓練士〕の試験に合格後、既定の経験を積み段階的に昇格するシステム
【申込期間】随時
【試験日】各地域年1回
【試験内容】〔学科〕犬に関する心得、犬学(概論)、訓練法、繁殖、飼育管理、畜犬に関する法令と規則　**〔実技〕**基礎訓練と応用
【受験料】ホームページ参照
【試験地】日本警察犬協会本部、支部連合会指定会場

【問い合わせ先】
公益社団法人 日本警察犬協会 本部
〒110-0015 東京都台東区東上野4-13-7
TEL03(5828)2521

アニマルセラピスト

福祉・教育・医療の現場で活躍が期待されるアニマルセラピスト。福祉に生き甲斐と充実・夢を感じ、社会貢献が出来る仕事。

【取得方法】
〔インテンシブコース〕
対面またはオンライン（全6回・3ヵ月間）
認定試験・論文に合格
〔通信コース〕1年間　認定試験・論文に合格
【受講内容】
〔初級〕動物介在活動（アニマルセラピストの使命、アニマルセラピーの意義と価値、犬の生体管理　ほか）
〔中級〕動物介在教育（大脳生理、幼児教育、早期教育、児童心理　ほか）
〔上級〕動物介在療法実施のため、医師・病院・患者との懸け橋役としての必要な知識（セラピストとしてのカウンセラー的な心得、感染症　ほか）

【問い合わせ先】
NPO法人日本アニマルセラピー協会
TEL046(263)1782

ドッグライフカウンセラー

愛犬との暮らしに必要な知識を伝え、愛情をもって親身にアドバイスし、犬と飼い主にとって強い味方になる。

【受験資格】誰でも受験できる
【申込期間】5月中旬～7月上旬
12月上旬～翌年1月中旬
【試験日】年2回：8月上旬　翌年2月上旬
【試験内容】筆記：選択肢、記述（90分）
①犬の歴史　②犬の種類と特徴
③犬の体と能力　④犬を取り巻く環境
⑤犬に関する法律　⑥病気の種類と予防
⑦ケガの発見と予防　⑧動物医療の環境
⑨フードの種類と選び方　ほか
【受験料】10,000円
認定登録料6,000円
【試験地】東京、大阪

【問い合わせ先】
NPO法人 社会動物環境整備協会
〒201-0002 東京都狛江市東野川1-23-4
TEL03(4560)2238

愛玩動物飼養管理士

動物の習性や適正な飼養管理の知識を備えたペット飼養のスペシャリスト。受講者はペットショップや動物病院スタッフ、ペットシッター、動物担当の公務員など多彩だ。

【受講資格】〔2級〕満15歳以上
〔1級〕2級認定登録者

【取得方法】 6〜8カ月間の通信教育課程を受けて認定試験に合格し、認定登録をする。教育期間中にスクーリングの受講と課題の提出が必要

【申込期間】 年2回：2〜4月　6〜8月

【受講内容】〔2級〕①愛玩動物学　②動物の行動としつけ　③動物愛護・適正飼養関連法規Ⅰ　④人と動物の関係学　⑤動物生活環境学　⑥ペット関連産業概論　ほか

【問い合わせ先】
公益社団法人 日本愛玩動物協会
受講受験センター
〒160-0016 東京都新宿区信濃町8-1
TEL03(5357)7725

ハンドラー

ドッグショーで、いかに自分の犬の優れた特徴をうまく引き出し、審査員にアピールできるかがハンドラーの腕の見せどころ。

【受験資格】 全級ともJKC会員であること
〔C級〕18歳以上、かつJKC会員1年以上で、居住地を管轄するブロック協議会（以下、協議会）が受験資格を与えた者
〔B級〕C級資格取得後2年以上経過し、協議会が受験資格を与えた者
〔A級〕B級資格取得後3年以上経過し、協議会が受験資格を与えた者
〔教士〕30歳以上で、A級資格取得後5年以上経過し、協議会が受験資格を与えた者

【試験科目】〔C級〕モデル犬1頭による実技　〔B級〕モデル犬2頭による実技　〔A級・教士〕モデル犬3頭による実技と学科

【問い合わせ先】
一般社団法人 ジャパンケネルクラブ（JKC）
〒101-8552 東京都千代田区神田須田町1-5
TEL03(3251)1656

初生雛鑑別師

卵からかえったばかりのヒヨコのオス・メスを見分ける技術をもつ特殊技術者。資格は高等鑑別師のみで、養成講習を修了し、試験に合格すれば取得できる。

【受験資格】〔予備考査〕養成講習初等科を修了した者　〔高等考査〕予備考査の合格者

【試験科目】 技術、面接

【試験日】 春と秋の年2回

【養成講習】〔受講資格〕①25歳以下で、高校卒業者またはこれと同等以上の資格のある者　②身体強健で、視力1.0以上（矯正可）の者　〔受講試験〕2月上旬　筆記、面接、書類審査
〔講習期間〕初等科：4月から5月開講で5カ月間

【問い合わせ先】
公益社団法人 畜産技術協会 技術普及部 初生雛鑑別課
〒113-0034 東京都文京区湯島3-20-9
緬羊会館内　TEL03(5807)8275

認定ペットシッター

飼い主の代わりにペットの世話をするペットシッターの資格を認定する。この資格は「動物取扱業」の登録要件を満たしているため、各自治体での動物取扱業登録ができ、開業が可能だ。通信講座でも勉強できる。

【受講資格】 ①16歳以上　②心身共に健康で、動物愛護の精神に富んだ者
※受講申込みには保証人が必要

【取得方法】 講座（通学・通信・オンラインコース）を受講し、修了時の検定試験に合格する

【受講内容】 ①ペットシッターの実務
②犬の行動と学習について　ほか

【試験科目】 筆記：動物愛護、動物基礎知識、動物医療、ペット行動学、適正飼育、グルーミング、小動物　ほか

【問い合わせ先】
ビジネス教育連盟・ペットシッタースクール
〒160-0022 東京都新宿区新宿5-4-1
新宿Qフラットビル707
TEL03(5379)4007

家畜人工授精師

家畜の人工授精、受精卵の移植などを行うのが主な仕事。農業協同組合や家畜試験場などでこの資格が生かせる。
【取得方法】 農林水産大臣の指定する大学、または都道府県が家畜の種類別に行う次の講習会を受講し、修業試験に合格する
①家畜人工授精に関する講習会　②家畜人工授精・家畜体内受精卵移植に関する講習会　③家畜人工授精・家畜体内受精卵移植・家畜体外受精卵移植に関する講習会
【講習日】 各都道府県により異なる
【講習内容】〔学科〕 一般科目：①畜産概論　②家畜の栄養　③家畜の飼養管理　④家畜の育種　⑤関係法規　専門科目：①生殖器解剖　②繁殖生理　③精子生理　④種付けの理論　ほか　**〔実習〕** ①家畜の飼養管理　②家畜の審査　③発情鑑定　ほか

【問い合わせ先】
各都道府県畜産課

飼料製造管理者

飼料の安全確保の見地から特別な注意を必要とする飼料などを製造する事業場で、製造全般の品質・安全を管理するため、設置が義務付けられている資格である。
【資格要件】 ①獣医師、薬剤師　②大学、高専などで薬学、獣医学、畜産学などの課程を修めて卒業　③飼料または飼料添加物の製造業務に3年以上従事し、農林水産大臣が定める講習会の課程を修了
【講習日】 1月～2月頃（オンライン講習の場合）
【講習内容】 ①飼料・飼料添加物概論
②飼料・飼料添加物の安全対策
③家畜栄養学・衛生学　ほか

【問い合わせ先】
独立行政法人 農林水産消費安全技術センター
肥飼料安全検査部 飼料管理課
〒330-9731 埼玉県さいたま市中央区新都心2-1
さいたま新都心合同庁舎検査棟
TEL050(3797)1857

実験動物技術者

薬品や化粧品、食品の開発において動物実験の果たす役割は大きい。その実験で使われる小動物を飼育、管理する資格である。
【受験資格】〔2級〕 ①実験動物に関する実務経験4年以上　②高校卒業後、実務経験1年以上　ほか　**〔1級〕** 2級技術者の認定後、実務経験2年6カ月以上　ほか
【試験日】〔2級〕 学科：8月　実技：11月（予定）　**〔1級〕** 学科：9月　実技：11月（予定）
【試験科目】〔2級〕 学科：①実験動物に関する総論　②選択動物種1科目
実技：学科で選択した動物種1科目
〔1級〕 学科：①実験動物に関する総論
②マウス　③選択動物種2科目
実技：①マウス　②学科で選択した動物種2科目のうち1科目

【問い合わせ先】
公益社団法人 日本実験動物協会
〒101-0051 東京都千代田区神田神保町3-2-5
TEL03(5215)2231

生物分類技能検定

野生生物調査にかかわる生物技術者の育成と、自然環境調査の精度向上を目的とする。4・3級は一般の人向け。2・1級はプロ向けで〔動物〕〔植物〕〔水圏生物〕の3部門。
【受験資格】〔4～2級〕 誰でも受験できる
〔1級〕 3年以上の業務経験があり、2級の当該部門に合格した者
【試験日】 8月～10月（級によって異なる）
【試験科目】〔4級〕 生物一般を対象：身近な生物の区別や形に関する基礎的問題　ほか　**〔3級〕** 生物一般を対象：分類に必要な基礎知識　**〔2級〕** ①共通問題　②専門問題　**〔1級〕** 論文・口頭
【受験料】〔4級〕 3,000円　**〔3級〕** 5,000円　**〔2級〕** 12,000円　**〔1級〕** 19,000円

【問い合わせ先】
一般財団法人 自然環境研究センター
生物分類技能検定事務局
〒130-8606 東京都墨田区江東橋3-3-7
TEL03(6659)6110

愛玩動物看護師

愛玩動物を対象とした獣医療の普及および向上、適正な飼育を図ることを目的とした国家資格。
【試験日】 2月
【問い合わせ先】
（一財）動物看護師統一認定機構
TEL03(5805)6061

EMS（環境マネジメントシステム）審査員

企業等の環境マネジメントシステムのJIS Q14001規格への適合性を監査する監査員。
【受講資格】 誰でも受講できる
【取得方法】 研修修了後、試験に合格※業務経験7年（うち、環境2年）などの要件がある
【問い合わせ先】（一財）日本要員認証協会
TEL050(1742)6446

3R・気候変動検定

持続可能な社会づくりに向け、3Rと気候変動に関する知識向上を目的に実施。
【受験資格】 誰でも受験できる
【試験日】 11月中旬
【問い合わせ先】（一社）持続可能環境センター 検定事務センター
TEL06(6210)1720

環境管理士

環境保全活動の指導的役割を担う人を育成・認定。環境省の認定事業で等級は6段階。4～2級は通信講座でも取得できる。
【受験対象】 誰でも受験できる
【試験日】 6月　11月
【問い合わせ先】NPO法人 日本環境管理協会
TEL06(6412)6545

グリーンセイバー資格検定

植物や生態系に関する知識を体系的に学ぶ。
【受験資格】 ネイチャー、カルチャー：誰でも受験できる（CBT方式）　マスター：前級合格者
【試験日】 8月　ほか
【問い合わせ先】NPO法人 樹木・環境ネットワーク協会　TEL03(5244)5447

こども環境管理士®資格試験

子どもたちが日常的に自然と触れ合える保育・幼児教育環境づくりの専門家。
【受験資格】 2級：誰でも受験できる
1級：2級取得後、3年以上の実務経験など
【試験日】 11月（1級口述は翌年1月）
【問い合わせ先】（公財）日本生態系協会 こども環境管理士係　TEL03(5954)7106

環境法令検定

環境法令順守は組織にとって必須であり、本試験が学びのきっかけとなることを目的としている。
【受験資格】 誰でも受験できる
【試験日】 年2回（9月、3月）各1か月
【問い合わせ先】株式会社パデセア
TEL03(5829)5963

環境再生医

環境の再生と保全に関する知識とスキルを証明する資格。初級・中級・上級がある。
【受講資格】 初級：18歳以上
【取得方法】 講習受講後、試験に合格
【講習日】 11月～翌年2月頃
【問い合わせ先】認定NPO法人 自然環境復元協会　TEL03(6273)1084

環境カオリスタ検定

植物やその香りを活用して、地球と環境にやさしい暮らしを実践するための検定。
【受験資格】 誰でも受験できる
【試験日】 随時（インターネット受験）
【問い合わせ先】
（公社）日本アロマ環境協会
https://www.aromakankyo.or.jp/

自然観察指導員

地域で自然観察会を開くなど、仲間とともに自然を守るボランティアリーダー。
【受講資格】 18歳以上
【取得方法】 講習受講後、登録
【講習日】 地域により異なる
【問い合わせ先】（公財）日本自然保護協会 保護・教育部　TEL03(3553)4101

環境アレルギーアドバイザー

アレルギーやシックハウス症候群などの知識をもち、環境改善をサポートする専門家。
【受験資格】誰でも受験できる
【試験日】随時（年末年始を除く）
【問い合わせ先】
（一社）日本環境保健機構
TEL03(6869)8270

ベタリナリー・テクニシャン（VT）

コンパニオンアニマルの医療・看護などにおいて指導的立場で活動できる能力を証明。
【受験資格】AHTを取得し、協会が指定する大学等を卒業または修了した者　ほか
【試験日】筆記：12月　面接：翌年2月
【問い合わせ先】**NPO法人 日本動物衛生看護師協会**　TEL03(5454)2531

ケーナイン・リハビリテーション・セラピスト（CRT）

犬の体を理解し、健康改善に向けたリハビリの基礎知識と技能があることを証明。
【受験資格】愛玩動物看護師、獣医師、理学療法士の資格取得者で講習を受講した者　ほか
【試験日】隔年夏期に1回程度
【問い合わせ先】**NPO法人 日本動物衛生看護師協会**　TEL03(5454)2531

家庭犬しつけインストラクター

犬の飼い主にしつけやトレーニングを教えるためのスキルや知識を習得する。
【受講資格】ベーシックコース修了者
【取得方法】インストラクター養成コース修了後、試験に合格
【問い合わせ先】**（公社）日本動物病院協会**
TEL03(6262)5252

アニマル・ペットロス療法士®

心理学、カウンセリングなどの知識をもち、ペットロスのケアをする専門家を認定する。
【受験資格】ペットロス・ハートケアカウンセラー™ 2級合格者　ほか
【試験日】9月　翌年3月（在宅受験）
【問い合わせ先】**メンタルケア学術学会**
TEL03(5326)7785

アニマル・ヘルス・テクニシャン（AHT）

動物の病気やけがに関する知識、ケアの技能などを問う資格。
【受験資格】筆記・面接試験を受験し、認定校を卒業または修了（見込み）者
【試験日】筆記：12月　面接：翌年2月
【問い合わせ先】**NPO法人 日本動物衛生看護師協会**　TEL03(5454)2531

コンパニオン・ドッグ・トレーナー（CDT）

「家庭犬としてのしつけとマナー」を教える訓練士であることを認定する資格。
【受験資格】認定校を卒業、または修了（見込み）し、講習を受講した者　ほか
【試験日】筆記：12月　面接：翌年2月
【問い合わせ先】**NPO法人 日本動物衛生看護師協会**　TEL03(5454)2531

キャット・グルーミング・スペシャリスト（CGS）

猫のグルーミングに関する知識と技能を有することを認定。猫の美容師の資格。
【受験資格】認定校を卒業または修了（見込み）し、講習を受講した者
【試験日】筆記：12月　面接：翌年2月
【問い合わせ先】**NPO法人 日本動物衛生看護師協会**　TEL03(5454)2531

ドッグ・グルーミング・スペシャリスト（DGS）

健康管理も含めた、総合的なグルーミングを行う犬の美容師の資格。
【受験資格】認定校を卒業、または修了（見込み）し、講習を受講した者　ほか
【試験日】筆記：12月　面接：翌年2月
【問い合わせ先】**NPO法人 日本動物衛生看護師協会**　TEL03(5454)2531

認定装蹄師・認定牛削蹄師

どちらも2級・1級・指導級の3種。2級装蹄師の講習は全寮制で行われる。
【受講資格】2級：入講年度の4月1日現在満18歳以上
【講習日】グレードなどにより異なる
【問い合わせ先】**（公社）日本装削蹄協会**
TEL03(6821)4450

Chapter 20

趣味・教養・スポーツ

日本さかな検定（ととけん）

魚介と日本人とのかかわりやうんちくをはじめ「魚を知り、旬をおいしく食す」ことを学び、日本に生まれた幸せを享受できる贅沢な検定。公式ガイドブックで学び、家庭で、外食先で、旅先でも使える情報が得られる。2022年からはオンライン試験に移行。

公式テキスト　独学　講座　通信　オンライン

受検者数	合格率
635人※	53.0%※
受検資格	受検料
なし	6,300円※

※2級の場合

受検資格	【3・2級】誰でも受験できる　【1級】2級合格者
申込期間	試験日の約1カ月前まで
試験日	**年1回実施予定**（公式ホームページで告知）
合格発表	専用ページにて発表
申込方法	①インターネットでの申し込み　②郵便払込票での申し込み
受検料	【3級】**5,200円**　【2級】**6,300円**　【1級】**8,200円** 【3・2級併願】**10,500円**（各税込。学生割引、ペア・団体割引もある。詳細はホームページを参照）
試験地	インターネットによる在宅受験、大分県佐伯市
試験内容	【3級】マークシート100問、四者択一方式、全100問中60問以上の正答で合格 初めて出会う発見や感動を通して魚にもっと親しみたい人を対象とした初級レベル 3級対応ガイドブック（1冊）:『からだにおいしい魚の便利帳』『ととけん副読本』 【2級】マークシート100問、四者択一方式、全100問中70問以上の正答で合格 魚好きにして通を自認する一般の人や漁業・流通・調理に携わる人で、もっと魚文化の奥深さを身につけたい人を対象とした中級レベル 2級対応ガイドブック（2冊）:『からだにおいしい魚の便利帳』『ととけん副読本』 【1級】マークシート100問、四者択一方式、全100問中80問以上の正答で合格。なお、70～79問の正答者は準1級に認定 魚と日本の魚食文化に関する広範囲の知識の頂点を目指す人を対象とした上級レベル 1級対応ガイドブック（2冊）:『からだにおいしい魚の便利帳』『ととけん副読本』

問い合わせ先
日本さかな検定協会
〒135-0045 東京都江東区古石場3丁目12番5　503号
E-MAIL=info@totoken　URL=http://www.totoken.com

歴史能力検定（歴検）

民間

歴史を学ぶことで先人が歩んできた道を振り返り、私たちの未来を考える力を養う一助となるよう、生涯学習推進の目的で生まれた資格。3～1級の日本史・世界史は高等学校卒業程度認定試験、2・1級の日本史は全国通訳案内士試験の科目免除指定になっている。

受験者数	合格率
8,600人※	59.3%※
受験資格	受験料
な し	3,100円（4級の場合）

※全級合計数と平均合格率（2023年度）

受験資格	誰でも受験できる どの級からでも受験できる
申込期間	5月下旬～10月中旬
試験日	**年1回：11月下旬**
申込方法	インターネットでの申込み・団体受験あり
受験料	【5級】 **2,900円** 【4級】**3,100円** 【準3級】**4,000円** 【3級】**〔日本史〕〔世界史〕各5,000円** 【2級】**〔日本史〕〔世界史〕各7,000円** 【1級】**〔日本史〕〔世界史〕各8,000円**（各税込）
試験地	北海道から沖縄まで全国主要都市の30会場
試験内容	新指導要項対応。学校で学ぶ歴史知識、国内外のさまざまな事柄の歴史的背景、テレビ・小説などでおなじみの出来事などについて幅広く出題 試験時間50分 【5級】**〔歴史入門〕**40問　三肢択一問題　小学校修了程度の基本的な日本史の問題 【4級】**〔歴史基本〕**50問　四肢択一問題　中学生程度の日本史と世界史を一つにした歴史の常識問題 【準3級】**〔日本史〕**50問　四肢択一問題　中学校で学ぶ程度の歴史知識を基本としながらも、それにとらわれない範囲からも出題 【3級】**〔世界史〕〔日本史〕**各50問　四肢択一問題　高校で学ぶ基礎的な歴史知識を問う問題 【2級】**〔世界史〕〔日本史〕**各50問　四肢択一問題と記述問題　高校で学ぶ程度のなかから比較的高度な歴史知識が要求される問題 【1級】**〔世界史〕〔日本史〕**各30問　四肢択一問題、記述、論述問題　学校での学習にとらわれない広い範囲からの問題 ※同じ試験時間帯の科目の併願はできないが、その他の併願受験は可能。合否にかかわらず、検定結果は郵送で通知する

問い合わせ先
歴史能力検定協会事務局
〒101-0042 東京都千代田区神田東松下町28-4 神田東松下町飯田鋲螺ビル3F
TEL03(6627)3725　　URL=https://www.rekiken.gr.jp

世界遺産検定

民間

世界遺産についての知識と理解を深め、学んだことを社会に還元することを目指した検定。世界遺産の保全活動の輪を広げることも目的としている。ランクは4・3・2・準1・1級・マイスターで、旅行業界内の資格取得や、大学のAO入試でも評価されている。

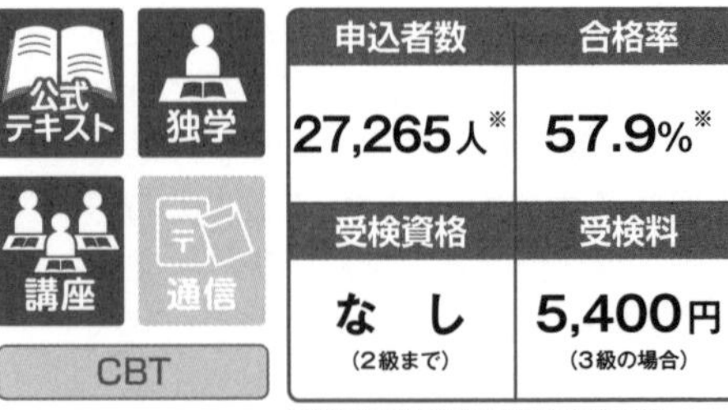

申込者数	合格率
27,265人※	57.9%※
受検資格	**受検料**
なし（2級まで）	5,400円（3級の場合）

※全級合計数と平均合格率（2022年度）

受検資格	【4・3・2級】誰でも受験できる 【準1・1級】①2級認定者　②2007年までの等級であるシルバー認定者 【マイスター】①1級認定者　②2008年までの等級であるプラチナ認定者
申込期間	12月中旬～翌年1月下旬　6月下旬～9月上旬 3月中旬～7月上旬 8月下旬～12月上旬※公開会場とCBTとで異なる
試験日	**2月下旬～3月中旬　6月下旬～7月上旬　8月下旬～9月上旬** **11月下旬～12月上旬**（公開会場およびCBT）
受検料	【4級】**3,800円**　【3級】**5,400円**　【2級】**6,500円**　【準1級】**7,600円**【1級】**10,900円**　【マイスター】**20,400円**　【4・3級併願】**8,800円**　【3・2級併願】**11,000円**（各税込、公開会場の場合）
試験地	札幌、仙台、高崎または前橋、さいたま、千葉、東京、横浜または川崎、金沢、静岡、名古屋、京都、大阪、神戸、広島、岡山、高松、福岡ほか、全国の公開会場（回、級により実施しない会場あり）CBTは全国のテストセンター
申込者数 合格率	【4級】 4,047人、82.4%　【3級】9,764人、71.2% 【2級】 8,029人、57.4%　【1級】2,706人、30.0% 【マイスター】174人、48.3%
試験内容	【4級】初めての受検者が対象 選択式、50問、50分（100点満点中、60点以上で認定） 【3級】初めての受検者が対象 選択式、60問、50分（100点満点中、60点以上で認定） 【2級】世界遺産や地歴の知識に自信のある受検者が対象 選択式、60問、60分（100点満点中、60点以上で認定） 【準1級】世界遺産をより踏み込んで学びたい受検者が対象 選択式、60問、60分（100点満点中、60点以上で認定） 【1級】世界遺産の知識を極めたい受検者が対象 選択式、90問、90分（200点満点中、140点以上で認定） 【マイスター】世界遺産の知識を極め、自らの見解をもち、啓発活動や保全活動に取り組みたい受検者が対象 論述式、3題、120分（20点満点中、12点以上で認定）

世界遺産検定事務局
〒101-0003 東京都千代田区一ツ橋2-6-3 一ツ橋ビル2F
TEL0120(804)302（平日10:00～17:00）　URL=https://www.sekaken.jp/

ニュース時事能力検定（N検）

民間

新聞やテレビのニュース、報道を読み解く「時事的な能力」を認定する検定。毎日新聞社や朝日新聞社のほか、全国33の地方新聞社などが主催。2～3級はインターネットを利用した自宅受験（IBT試験）も実施。大学入試や就職試験の優遇対象になっている。

申込者数	合格率
14,431人※	61.9%※
受検資格	検定料
なし	3,800円※

※3級の場合

受検資格	誰でも受検できる
検定日	**6月下旬** **11月中旬　翌年2月中旬**（IBT試験のみ）
検定料	【5級】**3,200円**　【4級】**3,300円** 【3級】**3,800円**　【準2級】**4,300円** 【2級】**5,300円**　【1級】**7,400円**（各税込）
受検地	公開会場：札幌、仙台、新潟、さいたま、東京、神奈川、名古屋、京都、大阪、広島、福岡、那覇など全国37カ所 IBT：インターネットによる在宅受験
申込者数 合格率	【5級】510人、86.1%　【4級】2,314人、77.1% 【3級】14,431人、61.9%　【準2級】7,088人、41.8% 【2級】4,528人、49.5%　【1級】404人、10.1%
試験内容	検定日の約1カ月前までのニュースを次の5分野から、1～5級のレベルに応じてバランスよく出題する ①政治　②経済　③暮らし　④社会・環境　⑤国際 【5級】四肢択一のマークシート方式、①～⑤の分野45問 小学校で学んだ社会科の知識・理解を生かせる 【4級】四肢択一のマークシート方式、①～⑤の分野45問 小・中学校社会科の地理的分野や歴史的分野で学んだことを生かせる 【3級】四肢択一のマークシート方式、①～⑤の分野45問 中学校社会科の公民的分野で学習したことを生かせる 【準2級】四肢択一のマークシート方式、①～⑤の分野45問 高校の公民科の「公共」「政治・経済」で学習したことを生かせる 【2級】四肢択一のマークシート方式、①～⑤の分野45問 新聞やテレビの主要なニュースを、背景も含めておおむね理解し、生かせる 【1級】四肢択一のマークシート方式（一部記述を含む）、①～⑤の分野45問 2級レベルの力を基に、世界的・歴史的な視点で現代社会を位置づけられる

問い合わせ先
日本ニュース時事能力検定協会事務局
〒100-0003 東京都千代田区一ツ橋1-1-1 パレスサイドビル
URL=https://www.newskentei.jp/

社会参画に必要な言語能力を問う

Literas(リテラス)論理言語力検定

民間

学生が社会に出てから必要となる言語能力と、社会の情報や課題を読み解く理解力を測る学校受検を対象にした検定。学校での学びを支え、社会で活躍するための語彙運用力、情報理解力、社会理解力の3つの領域で育成・測定する。

受検者数	合格率
22,467人※	77.4%※
受検資格	**受検料**
団体受検のみ	2,550円(標準検定料・3級の場合)

※2023年度3級の場合（準3級合格を含む）

受検資格	団体申込のみ。申込資格は以下。 ①団体責任者がいること　②規約などに同意すること
検定日	**11月中旬** ※級認定を行わないアセスメントは、団体の希望する時期に実施可能。検定日前の時期は前年度の検定問題で実施され（アセスメント第1回）、検定日以後は当年度の検定問題で実施される（アセスメント第2回）
検定料（標準検定料）	【3級】**2,550円** 【2級】**2,950円**　【1級】**3,650円**（各税込）
検定地	申込団体が設置する学校
試験内容	検定時間：50分 各級のレベルと出題内容は次のとおり 【3級】中学卒業までに身につけておきたい資質・能力レベル ①語彙運用力：実際の活用シーンを意識した出題（中学校の教科書で初出の語が中心） ②情報理解力：中高生の実生活に関連した身近な話題に関するニュース・会話文から出題（聴解）、中高生の実生活に関連した身近な話題をテーマにした新聞記事や図表・グラフなどの資料から出題（読解） ③社会理解力：身近な社会問題に関連する語や社会事象を出題 【2級】高校卒業までに身につけておきたい資質・能力レベル ①語彙運用力：実際の活用シーンを意識した出題（高校の教科書で初出の語が中心） ②情報理解力：社会課題に関する議論・ニュースから出題（聴解）、社会課題をテーマにした複数の資料からの出題（読解） ③社会理解力：客観的に考えられる社会問題に関連する語や社会事象を出題 【1級】大学初年度までに身につけておきたい資質・能力レベル 詳細は公式サイト参照。

株式会社ベネッセコーポレーションお客様サービスセンター
TEL0120(350)455（平日8:00～18:00　土曜日8:00～17:00 祝日、年末・年始を除く）
URL=https://literas.benesse.ne.jp

暗算検定

民間

そろばんを脳内に浮かべて、そのそろばんをはじくのが暗算検定。どの級からも挑戦できるが、下級から順に受験したほうがスキルアップの近道になる。高度な暗算技能を身につければ、記憶力の鍛練にもなるし、高い計算力で、社会に役立つこと請け合いだ。

受験者数	合格率
12,326人※	71.8%※
受験資格	**検定料**
なし	1,200円※

※2級の場合

受験資格	誰でも受験できる
試験日	【級位】**年12回：毎月** 【段位】**年6回：5月　7月　9月　11月　翌年1月　3月**
検定料	【6～4級】**各1,100円**【3～1級】**各1,200円**【段位】**1,900円**（各税込）
試験地	各都道府県の指定会場
受験者数 合格率	【3級】14,562人、79.0%　【2級】12,326人、71.8% 【1級】9,390人、62.0%　【段位】33,662人、40.2%
試験内容	10～1級の級位試験と準初段～十段の段位試験の26段階に分かれる。級位は各20題（1種目100点満点）、段位は各40題（1種目200点満点） 【6級】①かけ暗算：実法合わせて3桁の無名整数　②わり暗算：法商合わせて3桁の無名整数　③見取暗算：1～2桁で5口の無名整数の加算 【5級】①②【6級】の①②と同じ ③見取暗算：1～2桁および2桁で5口の無名整数の加算 【4級】①かけ暗算：実法合わせて3桁の無名整数 ②わり暗算：法商合わせて3桁の無名整数 ③見取暗算：2桁5口の無名整数の加算 【3級】①かけ暗算：実法合わせて4桁の無名整数　②わり暗算：法商合わせて4桁の無名整数　③見取暗算：2桁5口の無名整数の加算 【2級】①②【3級】の①②と同じ ③見取暗算：3桁で5～7口の無名整数の加減算 【1級】①かけ暗算：実法合わせて5桁の無名整数 ②わり暗算：法商合わせて5桁の無名整数 ③見取暗算：3桁で10口の無名整数の加減算 【段位】①乗暗算：法実合わせて4～8桁の無名整数ならびに無名小数。端数処理を含む　②除暗算：法商合わせて4～8桁の無名整数ならびに無名小数。端数処理を含む ③見取暗算：3～5桁で5～8口の無名整数の加減算 ※合格基準点：級位は各種目とも70点以上。段位は、準初段70点、初段80点、準弐段85点、弐段90点、準参段95点、参段100点、準四段105点、四段110点、準五段115点、五段120点、準六段125点、六段130点、七段140点、八段150点、九段170点、十段190点以上とする

問い合わせ先
公益社団法人 全国珠算教育連盟
〒601-8438 京都府京都市南区西九条東比永城町28
TEL075(681)1234　URL=https://www.soroban.or.jp/

キャンプインストラクター

民間

安全で楽しいキャンプの普及・発展を図るためにキャンプインストラクター養成講習会が開催されている。総合的な野外活動である「キャンプ」の指導者を目指して、キャンプの意義や参加者の対象理解、安全管理、さまざまなキャンプ技術指導法などの基礎を学ぶ。

受験対策
講習のみで取得

受講・登録必要

受験者数	合格率
非公開	99.0%
受講資格	受講料
年　齢	17,000円程度

受講資格	誰でも受講できるが、資格取得は18歳以上
受講料	主催団体により異なるが**14,000円〜20,000円程度**（税込） 講習会後さらに、登録申請料として**15,300円**（税込）が必要
開講地	全国各地
講習内容	3日間程度の講習会が年間を通して全国で実施される 以下の各時間数は必要最低時間数であり、各講習会によってプログラム内容や講習期間、形式（日帰り、宿泊、オンライン）は異なる **〔理論〕**10時間 ①キャンプの特性（2時間）：キャンプの目的と意義、キャンプの組織と種類、キャンプのルールとマナー、環境教育とキャンプ ②キャンプの対象（3時間）：人間と自然の関係、人間の理解、自然の理解 ③キャンプの指導（3時間）：キャンプインストラクターの役割、キャンプにおけるカウンセリング、指導者のためのコミュニケーションスキル、キャンパーの観察と記録 ④キャンプの安全（2時間）：キャンプにおける安全の考え方、安全管理の実際Ⅰ・Ⅱ、事故事例に学ぶ **〔実技〕**10時間 ①キャンプの安全（1時間）：ファーストエイドの実際、フィールド調査、危険予知とその対処 ②キャンプの生活技術（4時間）：テント設営、野外炊事、工具および道具使用法、ロープワーク、天気予報・観天望気 ③さまざまなアクティビティー（5時間）：野外ゲーム、キャンプソング、キャンプファイアー、登山、ハイキング、キャンプクラフト、星座観察、自然観察、野鳥観察、冒険プログラム、イニシアティブゲーム、創作芸術活動、雪上活動、地域研究、水辺活動、オリエンテーリング、サイクリング　ほか ※資格を取得し、要件を満たせば、上位資格である「キャンプディレクター」に挑戦できる

問い合わせ先
公益社団法人 日本キャンプ協会
〒151-0052 東京都渋谷区代々木神園町3-1　国立オリンピック記念青少年総合センター内
TEL03(3469)0217　　URL=https://www.camping.or.jp

スクーバダイビング

民間

水中で激しい動きをしないのが、スクーバダイビングの基本だ。競泳ではないので、タイムや泳げる距離などとは無関係に楽しめる。講習で正しい知識とテクニックを学び、ダイバーの証であるPADI・Cカードを取得すれば、水中世界への第一歩が踏み出せる。

受験対策
講習のみで取得

受講必要

申込者数	合格率
約35,000人	約100%
受講資格	受講料
年　齢	ー

受講資格	15歳以上なら、誰でも受講できる ※10歳以上15歳未満は、ジュニア・オープン・ウォーター・ダイバー
講習日	**ダイビングショップ、実習方法（国内・海外）などにより異なる**
受講料	**ダイビングショップ、実習方法（国内・海外）などにより異なる**
講習内容	初心者対象の【オープン・ウォーター・ダイバー】でCカード（PADIに代表される民間ダイバー教育機関が発行する認定証）を取得。このCカードの取得で、ダイビングツアーへの参加や、充てん済みのシリンダー（タンク）を借りて、世界の海で自分たちでダイビングができる さらに、海でのさまざまな経験を深められるステップアップコースとなる【アドベンチャーダイバー】【アドヴァンスド・オープン・ウォーター・ダイバー】では、より深いダイブや、夜のダイブ、水中写真、ボートダイブ、水中コンパスを使用してのナビゲーションなどがマスターできる ほかに、万一トラブルに遭遇しても、素早く的確な判断で次の行動をとれるスキルなどをマスターする【レスキュー・ダイバー】、アマチュア最高峰ランクの【マスター・スクーバ・ダイバー】などがある 【オープン・ウォーター・ダイバー】 ダイビングショップを選択し、学科講習と実技講習を受講して、講習内容をすべて身につけることでCカードが取得できる **〔学科講習〕**テキスト・オンライン動画またはeラーニング ダイビング器材の選び方・準備・手入れ方法、自然環境や生物に関する情報、水中での安全ルール　ほか **〔実技講習：プール（限定水域）ダイブ〕**海洋実習前に7～8時間 ダイビングの基本的テクニック、水中での安全テクニック、問題が起こったときの対処テクニック　ほか **〔実技講習：海洋（オープンウォーター）ダイブ〕**2日間 プールで身につけたテクニックを海で実施、スキルや安全ルールを修得して必要な基礎を完成、生物観察、水中散歩　ほか

問い合わせ先
（株）パディ（PADI）・アジア・パシフィック・ジャパン
〒104-6040 東京都中央区晴海1-8-10 晴海アイランド トリトンスクエア オフィスタワーX 40F
TEL03(6372)7234　URL=https://www.padi.co.jp

ライフセーバー

海岸での監視などの事故防止活動と、事故発生時の救助活動を行うのがライフセーバーである。応急手当・救助法の知識はもちろん、体力も必要とされる。一方で一次救命を学べるBLS、水辺で自身を守る術を学ぶウォーターセーフティは一般の方の受講が多い。

受験対策
講習＋ 修了試験 合格

受講・登録必要

受講者数	合格率
約5,000人 （更新者含む）	－
受講資格	**受講料**
年齢など	32,000円 （ベーシックの場合）

取得方法	資格認定講習を受講し、検定試験に合格すれば取得できる
受講資格	【ウォーターセーフティ】小学生を除く12歳以上、25m泳げること 【BLS】CPR+AED：小学生を除く12歳以上 【ベーシックサーフライフセーバー】中学生を除く15歳以上、BLS及びウォーターセーフティー取得者、泳力400m9分以内、50m40秒以内、潜行20m以上、立ち泳ぎ5分以上 【アドバンスサーフライフセーバー】16歳以上、ベーシック取得後海浜での監視・救助・救護等の活動経験、泳力800m14分以内、50m35秒以内、潜行25m以上、立ち泳ぎ10分以上 【プールライフガード】中学生を除く15歳以上、BLS取得者　ほか 【アドバンスプールライフガード】高校生を除く18歳以上、200m5分以内、プールライフガード取得者　ほか
講習日	**実施回数や期間は各資格により異なる**（公式ホームページを参照）
受講料	【ウォーターセーフティ】**4,500円**　【BLS】**7,500円** 【ベーシック】**32,000円**　【アドバンス】**27,500円** 【プール】**24,000円**　【アドバンスプール】**19,500円**
開講地	各資格により異なる（公式ホームページを参照）
講習内容	以下の内容について学科と実技の講習を行う 【ウォーターセーフティ】6時間：水の特性と事故防止、ウォーミングアップ、入水方法と水からの上がり方　ほか 【BLS】7時間：CPR（心肺蘇生法）の重要性、CPR・AEDを用いたBLS（一次救命処置）の習得 【ベーシック】28時間：ライフセービング概論、ライフセーバーの心がけ、フィットネストレーニング、サーフレスキュー　ほか 【アドバンス】28時間：サーフ技術とトレーニング理論、心肺蘇生、サーフパトロール、熟練救助者が実施するBLS　ほか 【プールライフガード】14時間：プールライフガーディングとは　ほか 【アドバンスプールライフガード】14時間：プールの構造と施設・衛生管理　熟練救助者が実施するBLS　ほか 【IRBドライバー】14時間：ドライビング、レスキュー、メインテナンス

問い合わせ先
公益財団法人 日本ライフセービング協会
〒105-0022 東京都港区海岸2-1-16 鈴与浜松町ビル7F
TEL03(6381)7597　URL=https://jla-lifesaving.or.jp/

公認水泳指導管理士

民間

水泳の基本泳法と監視法・救助法、事故防止と救急対応、プール施設のマネジメント（維持管理）、利用者サービスの向上などを学び、主にプールの管理責任者として活躍。日本水泳連盟の公認プールおよび標準プールには置かなければならないと規定されている。

受講・登録必要

受験者数	合格率
50人以下	87.2%
受験資格	**受験料**
年齢など	15,000円

受験資格	公認水泳指導管理士養成講習会を修了し、以下の条件を満たすこと ①20歳以上の者 ②競泳4泳法および横泳ぎができる者 ③同一泳法で200m以上泳げる者 ④立ち泳ぎが3分以上できる者
申込期間	協会ホームページを参照
試験日	**協会ホームページを参照**
申込方法	①受講後試験を受ける人：協会ホームページより申し込み。受講・受験決定後、受講料、受験料を銀行振込で納入 ②試験のみを受ける人：協会ホームページより申し込み。受験決定後、受験料を銀行振込で納入
受験料	**15,000円**（講習会会員および学生は**10,000円**） 受講料：**27,000円**（講習会会員および学生）、**34,000円**（一般） ※登録料が別途必要
試験地	東京都内
試験内容	理論と実技が行われる。受講者は最終日に理論および基本泳法・救助法の実技試験を実施 **〔理論〕** ①基本泳法、監視法、救助法 ②プール施設の安全管理 ③プール施設・設備の維持管理 ④水泳事故と法的責任 ⑤プール施設のマネジメント ⑥利用者サービスの向上と顧客満足度 ⑦スポーツ施設の事故防止と救急対応 **〔実技〕** ①基本泳法（競泳4泳法と横泳ぎ・立泳ぎ）　②救助法

問い合わせ先

公益財団法人 日本スポーツ施設協会 育成課
〒170-0002 東京都豊島区巣鴨2-7-14 巣鴨スポーツセンター別館3F
TEL03(5972)1983　E-MAIL=mail@jp-sfa.or.jp　URL=http://www.jp-sfa.or.jp

中国茶アドバイザー

中国茶を選び、おいしくいれるためのアドバイスを行う知識と技術を認定する資格。初級・中級・高級の3段階があり、さらに指導者向けの資格として中国茶コーディネーターや中国茶アドバイザー指導士もある。
【取得方法】〔初級〕初級養成講座に参加して6単位を取得し、講師からの推薦状を得て入会申請 **〔中級〕**中級養成講座に参加して12単位を取得し、講師からの推薦状を得て入会申請 **〔高級〕**筆記試験と実技試験を受験後に取得　ほか
【講座内容】〔初級〕中国茶概論、緑茶・紅茶、烏龍茶1、烏龍茶2、黒茶・花茶　ほか
【講座会場】全国13の認定教室

【問い合わせ先】
特定非営利活動法人 中国茶文化協会
〒150-0043 東京都渋谷区道玄坂1-18-6 3F
URL=https://cha-tea.org/
MAIL=info@cha-tea.org

旅行地理検定

旅先の知識を豊かにし、旅をより楽しく充実したものにするための検定試験。検定には、日本旅行地理と世界旅行地理の２種類がある。インターネットでも受験可能。
【受験資格】
誰でも受験できる
【試験日】６月
【受験方法】
CBT受験、インターネット受験（上級はCBT受験のみ）
【試験内容】〔初級〕参考書籍に掲載されている観光スポット **〔中級〕**初級の内容＋旅行地理に関する時事 **〔上級〕**主な観光スポット＋旅行地理に関する時事　ほか

【問い合わせ先】
旅行地理検定協会
〒140-0002 東京都品川区東品川2-3-14
東京フロントテラス 7F（株）JTB総合研究所内
URL=https://www.chirikentei.jp

夜景観光士検定

受験者は、夜景をより楽しみたい人、観光業界従事者などさまざまで、男性受験者が7割を占める。ビジネスに役立てるなら、ナイトツーリズムの幅広い知識をより得られる2級に挑戦。
【受験資格】〔3・2級〕誰でも受験できる
【試験日】〔3・2級〕12月
【試験科目】〔3・2級〕Web受験・択一式100問
「夜景観光士検定公式テキスト」と「日本夜景遺産」公式ホームページに掲載されている全認定地の情報から出題される
正解率70％で合格
【試験地】〔3・2級〕インターネット受験

【問い合わせ先】
一般社団法人 夜景観光コンベンション・ビューロー内 夜景検定運営事務局
〒104-0054 東京都中央区勝どき1-13-6
TEL03(6204)0115
URL=https://yakeikentei.jp

整理収納アドバイザー

単に片付けて終わりではなく、整理収納の理論に基づいて「散らかりづらく・片づけやすい」空間を作り、快適で機能的な環境づくりのアドバイスを行う、整理収納のプロフェッショナル
【受験資格】〔2・準1・1級〕誰でも受験できる
【受講日数】〔2級〕1日間**〔準1級〕**2日間**〔1級〕**1次試験と2次審査
【講座内容】〔2級〕基本的な「整理の考え方」、具体的な「整理の方法」、実践的な「収納のコツ」を事例を交えて学ぶ
【試験地】講座はオンラインに加えて、全国各地で開催

【問い合わせ先】
特定非営利活動法人ハウスキーピング協会
URL=https://housekeeping.or.jp

音楽能力検定制度（ヤマハグレード）

音楽を指導・学習する人の力量を評価する試験で、30を超える国と地域で実施されている。学習者のための10〜6級と指導者を目指すための5〜3級に大別される。

【受験資格】 誰でも受験できる
【申込期間】 試験の1か月前まで
【試験日】 ホームページに掲載
【受験料】 演奏グレードの場合
〔5級〕 9,500円
〔4級〕 10,500円
〔3級〕 12,500円(各税別)
【試験科目】
〔ピアノ・エレクトーン5〜3級〕演奏グレードの場合：即興演奏、初見演奏、楽曲演奏　※詳細は「要項」を参照のこと

【問い合わせ先】
一般財団法人 ヤマハ音楽振興会
〒153-8666 東京都目黒区下目黒3-24-22
TEL03(5773)0815
URL=https://www.yamaha-mf.or.jp/grade/

編物技能検定（毛糸・レース）

毛糸・レース編みの技能と知識、指導力を認定する。スクール講師、独立開業を目指す人は1級を取得しておきたい。

【受験資格】 誰でも受験できる
【試験日】 9月の第3日曜日
【検定基準】
毛糸：〔5級〕最も基礎的な技能と知識がある 〔4級〕基礎的な技能と知識がある 〔3級〕基礎的な技能と知識をもち、応用できる 〔2級〕専門的な技能と知識をもち、指導者補佐ができる 〔1級〕専門的な技能と知識をもち、指導ができる
レース：〔3級〕基礎的な技能と知識をもち、応用できる 〔2級〕専門的な技能と知識をもち、指導者補佐ができる 〔1級〕専門的な技能と知識をもち、指導ができる

【問い合わせ先】
公益財団法人 日本編物検定協会 事務局
〒112-0005 東京都文京区水道2-13-2-401
TEL03(5981)9137(平日13:00〜16:00)

和裁検定試験

全国和裁着装団体連合会・東京商工会議所共催。和裁＝着物を仕立てる知識と技能向上のための検定試験。

【受験資格】〔4〜2級〕誰でも受験できる
〔1級〕和裁検定試験2級合格者または国家検定和裁技能士2級合格者
【試験日】 9月中旬
【受験料】〔4級〕5,500円 〔3級〕11,000円 〔2級〕14,300円 〔1級〕16,500円（各税込）
【試験地】 東京
【試験科目】〔4級〕実技：女子用浴衣　筆記：和裁の常識と裁断図解 〔3級〕実技：女子用あわせ長着、部分縫い　筆記：職業としての和裁の常識と裁断図解
〔2級〕実技・筆記：3級に同じ
〔1級〕実技・筆記：3級に同じ

【問い合わせ先】
一般社団法人 全国和裁着装団体連合会
TEL03(3816)1858

着付け技能検定

着付けに関する知識と技能を測る国家検定制度で、学科試験と実技試験が行われる。合格すると「着付け技能士」の称号が付与される。等級は2級と1級がある。

【受験資格】〔2級〕実務経験2年以上　ほか 〔1級〕実務経験5年以上、2級資格取得者で実務経験1年以上　ほか
※実技試験は学科試験合格者　ほか
【試験日】 学科：6月　実技：9〜12月
【受験料】〔2級〕学科：8,900円　実技：23,000円 〔1級〕学科：8,900円　実技：23,000円
【試験科目】 学科：着物の知識および名称、男女の着物の違い、着物のたたみ方、着物の織物および染物　ほか
実技：定められた時間内での着付け

【問い合わせ先】
一般社団法人 全日本着付け技能センター
〒151-0053 東京都渋谷区代々木1-56-4 美容会館1F　TEL03(3370)1740

健康運動指導士

保健医療関係者と連携して個々人の心身の状態に応じた安全で効果的な運動プログラムを作成し、運動指導を行う者を認定する。
【受講資格】①保健医療系資格を有する者であって、4年制大学卒業者　②医師、保健師、管理栄養士　③4年制体育系大学卒業者　④健康運動実践指導者　ほか
【取得方法】健康運動指導士養成講習会（受講資格によって必要単位数は異なる）を受講、または健康運動指導士養成校の養成講座を修了後、健康運動指導士認定試験に合格
【申込期間】前期：2月中旬～3月中旬
後期：7月下旬～8月下旬
【講習期間】受講資格によって異なる

【問い合わせ先】
公益財団法人 健康・体力づくり事業財団 指導者養成部
〒105-0021 東京都港区東新橋2-6-10 大東京ビル7F　TEL03(6430)9113

健康運動実践指導者

健康づくりのための運動の専門知識を備え、自ら見本を示せる実技能力と、特に集団に対する運動指導技術にすぐれた指導者を認定する。
【受講資格】①体育系短期大学、体育専修学校（2年制）、もしくはこれと同等以上の学校の卒業者　②3年以上運動指導に従事した経験のある者　③指定した運動指導・保健医療・学校教育に関する資格を有する者
【取得方法】健康運動実践指導者養成講習会（33単位）を受講、または健康運動実践指導者養成校の養成講座を修了後、健康運動実践指導者認定試験に合格
【講習期間】9日間
【開催地】東京、神奈川、愛知、大阪、福岡

【問い合わせ先】
公益財団法人 健康・体力づくり事業財団 指導者養成部
〒105-0021 東京都港区東新橋2-6-10 大東京ビル7F　TEL03(6430)9113

コーチ1

地域のスポーツ推進に寄与する指導者として認定された者のことで、競技ごとの認定が行われている。
【受講資格】満18歳以上（競技により異なる）　その他の条件は各中央競技団体が定める
【取得方法】講習会を受講後、検定試験に合格する
【申込期間】都道府県・競技によって異なる
【実施期間】競技によって異なる
【講習内容】共通科目：45時間（JSPOが実施するオンライン講習）　専門科目：20時間以上（都道府県体育・スポーツ協会・中央競技団体において計画、実施。主に土日を使った講習と自宅学習）

【問い合わせ先】
公益財団法人 日本スポーツ協会（JSPO）スポーツ指導者育成部
URL=https://www.japan-sports.or.jp
E-mail=shidoin@japan-sports.or.jp

コーチ2

コーチ1の職務に加え、事業計画の立案など地域スポーツクラブや広域スポーツセンター等で指導者の中心的な役割を担う。
【受講資格】満20歳以上（競技により異なる）　その他の条件は各中央競技団体が定める
【取得方法】講習会を受講後、検定試験に合格する
【申込期間】実施都道府県・競技によって異なる
【実施期間】競技によって異なる
【講習内容】共通科目：135時間（日本スポーツ協会および都道府県体育・スポーツ協会で実施）
専門科目：40時間以上（都道府県体育・スポーツ協会・中央競技団体で実施）
【問い合わせ先】
公益財団法人 日本スポーツ協会（JSPO）スポーツ指導者育成部
URL=https://www.japan-sports.or.jp
E-mail=shidoin@japan-sports.or.jp

子ども身体運動発達指導士

保育所、幼稚園、小学校およびスポーツクラブにおいて、幼児・児童の発達に応じた運動感覚や基礎体力、コミュニケーション能力を伸ばす運動指導者の資格。

【受講資格】 満18歳以上

【取得方法】 講習会終了後、レポート審査に合格する

【実施期間】 8月下旬（3日間）

【講習内容】 講義：幼児・児童の運動指導のポイント、幼児・児童の身体発育・発達特性理解、幼児・児童と食育、幼児・児童にやさしい動きの指導法　ほか

実技：器械・器具における運動感覚つくりと交流、表現運動遊びと交流、幼児・児童の運動神経系トレーニング、幼児・児童のケガと応急処置　ほか

【問い合わせ先】

公益財団法人 日本スポーツクラブ協会

〒151-0052 東京都渋谷区代々木神園町3-1国立オリンピック記念青少年総合センター内

TEL03(6407)1425　FAX03(6407)1426

スポーツプログラマー

地域スポーツクラブなどで、おもに青年期以降の人を対象に年齢や性別、体力、希望などに応じて、スポーツの選択やトレーニング方法のアドバイス、プログラムづくりなどを行う。

【受講資格】 満20歳以上

【取得方法】 共通科目（事前学習、講習会、事後学習）と専門科目（講習会）受講後、検定試験に合格する

【講習内容】 共通科目：135時間（日本スポーツ協会において計画、実施）

専門科目：44時間（日本スポーツ施設協会において計画、実施）

【受講料】 共通科目：17,600円（別途リファレンスブック代金）専門科目：42,000円

【問い合わせ先】

公益財団法人 日本スポーツ協会（JSPO）スポーツ指導者育成部

URL=https://www.japan-sports.or.jp

E-mail=shidoin@japan-sports.or.jp

スポーツコーチングリーダー

地域のスポーツグループやサークルなどで上位資格者を補佐し、基礎的なスポーツ指導や運営にあたる資格。スポーツ指導を学びたい人や学校運動部の顧問教員・部活動指導員にも役立つ。

【受講資格】 満18歳以上

【取得方法】 JSPOが実施するオンライン講座と各団体が実施する集合講習のいずれかを受講し、所定のカリキュラムを修了する

【受講期間】 オンライン講座：約3カ月

集合講習：実施団体によって異なる

【受講内容】 共通科目45時間

【受講料】 オンライン：18,040円（税込）

集合講習：実施団体によって異なる

【問い合わせ先】

公益財団法人 日本スポーツ協会（JSPO）スポーツ指導者育成部

URL=https://www.japan-sports.or.jp

E-mail=sci@japan-sports.or.jp

アスレティックトレーナー

JSPO公認スポーツドクターや公認コーチとの緊密な協力のもと、プレイヤーの健康管理や外傷・障害予防、体力トレーニングおよびコンディショニングなどを行う。

【受講資格】 満20歳以上で、JSPO加盟団体、またはJSPOが特に認める国内統轄競技団体が推薦し、JSPOが認めた者

【取得方法】 講習会を受講し、修了後、検定試験に合格する

【実施期間】 7月～翌年8月

【講習内容】 共通科目：150時間（講習会および自宅学習）

専門科目：600時間（講習会190時間、自宅学習410時間）

【検定試験】 理論試験、実技確認テスト

【問い合わせ先】

公益財団法人 日本スポーツ協会（JSPO）スポーツ指導者育成部

URL=https://www.japan-sports.or.jp

E-mail=at@japan-sports.or.jp

クラブマネジャー

総合型地域スポーツクラブなどで、クラブ管理運営（経営）責任者を務める人のための資格。実際にクラブを安定的・継続的にマネジメントするための知識などを学ぶ。
【受講資格】満20歳以上で公認アシスタントマネジャー資格を有し、所属クラブなどからの推薦を受けることができ、総合型地域スポーツクラブなどでクラブマネジャーとして活動している者、または予定されている者　ほか
【取得方法】講習会を受講後、検定試験に合格する
【講習内容】専門科目：132.5時間（日本スポーツ協会が実施）集合講習：3日間　Web講習：1日　検定試験1日

【問い合わせ先】
公益財団法人 日本スポーツ協会（JSPO）スポーツ指導者育成部
URL=https://www.japan-sports.or.jp
E-mail=manager@japan-sports.or.jp

アシスタントマネジャー

総合型地域スポーツクラブなどで、クラブ会員が充実したクラブライフを送ることができるよう、クラブ運営をサポートする。
【受講資格】満18歳以上
【取得方法】講習会を受講後、検定試験に合格する
【講習内容】
共通科目：45時間（JSPOが実施するオンライン講習）
専門科目：35時間（各団体において計画実施　集合講習会14時間＋自宅学習21時間）
【検定試験】
①共通科目：課題およびオンラインテスト
②専門科目：筆記試験

【問い合わせ先】
公益財団法人 日本スポーツ協会（JSPO）スポーツ指導者育成部
URL=https://www.japan-sports.or.jp
E-mail=manager@japan-sports.or.jp

スポーツドクター

スポーツマンの健康管理、スポーツ障害やスポーツ外傷の診断などを行う。競技会などの際、医事運営やチームドクターとしてのサポートにあたる。
【受講資格】医師免許取得後4年を経過し、JSPOまたはJSPO加盟団体などから推薦され、協会が認めた者
【取得方法】講習会を受講後、JSPOがスポーツ医学の臨床経験の有無などについて審査を実施
【実施期間】9月～翌々年2月
【講習内容】基礎科目：25時間（計4日間・土日に開催）
応用科目：27時間（計6日間・土日に開催）
基礎科目の受講修了翌年度以降に、応用科目を受講すること

【問い合わせ先】
公益財団法人 日本スポーツ協会（JSPO）スポーツ指導者育成部
URL=https://www.japan-sports.or.jp
E-mail=sports-doctor@japan-sports.or.jp

スポーツ栄養士

地域のスポーツ活動の現場や都道府県レベルの競技者育成で、競技者の栄養・食事に関する専門的視点からの支援など、栄養サポートを行う。
【受講資格】満22歳以上の管理栄養士で、スポーツ栄養指導の経験者または予定者のうち、JSPOおよび日本栄養士会が認めた者
【取得方法】講習会を受講後、検定試験に合格する
【実施期間】6月～翌々年3月
【講習内容】共通科目：150時間（集合講習、事前・事後学習）　専門科目：116.5時間（集合講習および実技・実習、インターンシップ含む）

【問い合わせ先】
公益財団法人 日本スポーツ協会（JSPO）スポーツ指導者育成部
URL=https://www.japan-sports.or.jp
E-mail=coach@japan-sports.or.jp

剣　道

初段から8段までの「段位」と、錬士、教士、範士の「称号」の資格があり、いずれも定められた審査に合格すれば取得できる。
【受験資格】
①全日本剣道連盟団体会員の会員であること
②規定の修業年数を経過していること
③年齢の条件にかなうこと　ほか
【試験科目】
〔段位の審査〕①実技　②日本剣道形・学科試験（5段以下）
〔称号の審査〕①論文提出（錬士）　②筆記試験（教士）　ほか
【試験日】5段以下：各都道府県に委託して行われるため、都道府県ごとに異なる

【問い合わせ先】
公益財団法人 全日本剣道連盟
〒102-0074 東京都千代田区九段南2-3-14
靖国九段南ビル2F
TEL03(3234)6271

柔　道

段位はすべて講道館が発行する。少年の級は7級から1級まで、段位は初段から10段までである。8段までは、定められた審査に合格すれば取得できる。
【入門方法】入門願書（道場指導部または経理部で交付）に所要事項を記入のうえ、入門料を添えて申し込む。館員になると、毎月の月謝または道場費を納めて、講師、指導員について指導を受けることができる
【昇級・昇段】昇級・昇段は、修行年限、月次試合・紅白試合の成績などによって審議・決定される。有段者から黒帯になる
【入門費用】入門料：8,000円
道場費：月額5,500円または日額880円
昇段登録料：**〔初段〕**7,150円　ほか

【問い合わせ先】
公益財団法人 講道館
〒112-0003 東京都文京区春日1-16-30
TEL03(3818)4171
URL=http://kodokanjudoinstitute.org/

空手道

5級から1級までと、初段から10段まで、また、錬士、教士、範士の称号の資格がある。
【段位資格基準】〔初段〕1級取得者・満15歳以上で、義務教育修了者
〔2段〕初段取得後1年以上・満15歳以上で、義務教育修了者
〔3段〕2段取得後1年以上・満18歳以上
〔4段〕3段取得後2年以上・満23歳以上
〔5段〕4段取得後3年以上・満26歳以上
【称号資格基準】〔錬士〕5段以上取得後1年以上・40歳以上　**〔教士〕**6段以上取得後1年以上・50歳以上　**〔範士〕**8段以上・60歳以上　ほか
【認定団体】〔初段～3段〕所属する都道府県・競技団体の段位審査会
〔4・5段〕競技団体・地区の段位審査会
〔6・7・8段〕全空連で実施
【問い合わせ先】
公益財団法人 全日本空手道連盟
〒135-8538 東京都江東区辰巳1-1-20 日本空手道会館　TEL03(5534)1951

合気道

級は5級から1級まで、段は初段から9段までである（実技審査は4段まで）。
【受験資格】〔初段〕1級取得後70日以上稽古した者（15歳以上）**〔2段〕**初段允可後1年以上稽古した者（稽古日数200日以上）
〔3段〕2段允可後2年以上稽古した者（稽古日数300日以上）**〔4段〕**3段允可後3年以上稽古した者（稽古日数400日以上、22歳以上）
【審査内容】〔初段〕徒手技法
〔2段〕初段審査内容に短刀取・二人掛を加える（合気道に関する感想文提出）
〔3段〕2段審査内容に太刀取・杖取・多人数掛を加える（合気道の心に関する感想文提出）
〔4段〕3段審査内容に基づいて自由技を加える（合気道の心に関する小論文提出）

【問い合わせ先】
公益財団法人 合気会 合気道本部道場
〒162-0056 東京都新宿区若松町17-18
TEL03(3203)9236

健康生きがいづくりアドバイザー

人生100年時代のシニアライフの健康生きがいづくりを学び、実践する講座。
【受講資格】誰でも受講できる
【取得方法】養成講座、産能大・通信講座、eラーニング講座受講後、認定研修
【問い合わせ先】（一財）健康・生きがい開発財団　TEL03(3818)1451

登山ガイド

ステージⅠは、国内で無積雪期において、整備された登山道のガイドができる資格。
【受験資格】満18歳以上で健康な者　ほか
【試験日】1次：6月　2次：9月　ほか
【試験内容】1次：筆記　2次：実技
【問い合わせ先】（公社）日本山岳ガイド協会 TEL03(3358)9806

オリエンテーリング・インストラクタ

オリエンテーリング指導者としての技能を認定。ボランティアや趣味に活用できる。
【受講資格】18歳以上の経験者
【取得方法】養成講習を受講
【講習日】各都道府県協会により異なる
【問い合わせ先】（公社）日本オリエンテーリング協会　TEL03(5843)1907

温泉旅行検定

温泉の泉質や入浴方法の基本や日本全国温泉100選の詳細を学び、習得できる検定。
【受験資格】ベーシック：誰でも受験できる
【試験日】年4回（予定）　詳細はHPで確認
【試験内容】40問　多肢選択式
【問い合わせ先】（一社）日本総合検定資格センター　URL=https://onsen-kentei.jp/

JAFカート・ドライバー

JAFが発給する、カートレースに出場するためのライセンス。
【受講資格】カート国内B：15歳以上　ほか
【取得方法】講習受講後、筆記試験、実技講習を受ける
【問い合わせ先】（一社）日本自動車連盟 TEL048(840)0036／0570(00)2811

JAFカートオフィシャル

カートレースの審判員のライセンス。3～1級があり、実績により上の級に進める。
【受講資格】満18歳以上でJAF個人会員
【取得方法】3級：講習受講後、筆記試験に合格
【問い合わせ先】（一社）日本自動車連盟 TEL048(840)0036／0570(00)2811

ゲートボール公認審判員

3～1級があり、級によって務めることのできる大会や審判業務が異なる。
【受験資格】3級：満15歳以上（中学生を除く）
【試験日】都道府県団体により異なる
【試験内容】筆記試験・実技
【問い合わせ先】
（公財）日本ゲートボール連合

サッカー審判員

競技・試合の主催者により担当できる等級が異なり、4～2級、子1級がある。
【取得方法】4級：JFA ID取得後、認定講座を受講
【講習日】都道府県サッカー協会にて随時
【問い合わせ先】（公財）日本サッカー協会 TEL050(2018)1990

基礎水泳指導員

日本水泳連盟が認定する水泳指導者の資格。4年に1回以上の義務研修受講で継続される。
【受験資格】満18歳以上で100mの泳力を有す
【取得方法】養成講座終了後、検定試験合格
【講習日】開催地により異なる
【問い合わせ先】（公財）東京都水泳協会 TEL03(5422)6147

アーチェリー公認審判員

3級は県クラブレベル、2級は都道府県大会レベル、1級は全国大会レベルの審判。
【受講資格】3級：満18歳以上で会員登録1年以上　ほか
【取得方法】3級：講習受講
【問い合わせ先】（公社）全日本アーチェリー連盟　TEL03(6459)2812

アマチュア・ボクシング公認審判員

ジャッジとレフリーの２種があり、それぞれＣ級・Ｂ級・Ａ級に分かれる。
【受験資格】18歳以上で２年以上の経験者ほか
【取得方法】講習受講後、実技・筆記試験。Ｂ級・Ａ級は４年ごとに実績に基づき更新講習・試験
【問い合わせ先】（公社）日本ボクシング連盟　TEL03(6804)6751

ウエイトリフティング公認審判員

３級から１級まであり、級により審判できるレベルが異なる。
【受験資格】３級：満18歳以上
【取得方法】３級：筆記試験で80％以上を得点し、加盟団体会長が推薦・認定
【問い合わせ先】（公社）日本ウエイトリフティング協会　TEL03(6434)0681

サーフィン海上安全指導員

サーフィンの事故防止に向け、マナーの指導、訓練への呼びかけなどを行う人の資格。
【受講資格】JPSAまたはNSA公認指導員、サーフィン経験３年以上　ほか
【取得方法】講習受講後、試験に合格
【問い合わせ先】（一財）日本海洋レジャー安全・振興協会　TEL045(228)3066

スクーバ国際認定書（PADI Cカード）

講習修了で、世界の海で通用する、レベルごとの認定証「Cカード」が取得できる。
【受講資格】オープン・ウォーター・ダイバー・コース：15歳以上
【取得方法】講習受講後、申請
【問い合わせ先】㈱パディ・アジア・パシフィック・ジャパン　TEL03(6372)7234

セーリング公認審判員

公認審判員資格は、ジャッジ（Ｂ級・Ａ級）とアンパイアがある。
【受講資格】Ｂ級：８歳以上　Ａ級：23歳以上　アンパイア：20歳以上　ほか
【取得方法】講習受講後、試験に合格
【問い合わせ先】（公財）日本セーリング連盟　E-MAIL=rule@jsaf.or.jp

バスケットボール審判員

能力レベルにより、Ｅ級公認～Ｓ級公認（国際審判員）まで６段階の資格がある。
【受講資格】級により異なる
【取得方法】講習受講後、試験に合格
【講習日】各都道府県の協会により異なる
【問い合わせ先】（公財）日本バスケットボール協会　TEL03(6582)2010

バレーボール審判員

公認資格は、Ｃ級・Ｂ級・Ａ級候補・Ａ級・国際審判員の５種。
【受験資格】Ｂ級：18歳以上　Ａ級候補・Ａ級：20歳以上　ほか
【試験日】各都道府県の協会により異なる
【問い合わせ先】（公財）日本バレーボール協会　URL = https://www.jva.or.jp

ソフトボール公認審判員

第３種は支部内大会、第２種は地区大会、第１種は全国大会の審判ができる。
【受講資格】第３種：中学生以上　ほか
【取得方法】第３種：規定の講習を受講
【講習日】各都道府県の協会により異なる
【問い合わせ先】（公財）日本ソフトボール協会　TEL03(5843)0480

ハンドボール審判員

レベルによってＤ～Ａ級がある。昇級するには、所定の年数や試合経験が必要。
【受験資格】16歳以上　ほか
【取得方法】Ｄ級：各都道府県審判委員会が審査　Ｃ級：各ブロック審判長が審査　ほか
【問い合わせ先】（公財）日本ハンドボール協会　E-MAIL=info@japan-handball.jp

バドミントン公認審判員

公式試合には公認審判員の資格が必要。準３～１級の４種類がある。
【受講資格】準３級：18歳未満の協会会員
【取得方法】講習受講後、学科、実技試験に合格
【試験日】各都道府県協会により異なる
【問い合わせ先】（公財）日本バドミントン協会　TEL03(6434)5141

フェンシング公認審判員

種目（フルーレ、エペ、サーブル〉ごとに技能などにより5段階のグレードがある。
【受験資格】日本協会の登録会員で満15歳以上、かつ審判委員会指定講習会を受講
【試験日】年数回
【問い合わせ先】（公社）日本フェンシング協会 TEL03(5843)0040

陸上競技公認審判員

競技の監察、写真判定、記録計測、表彰・報道対応など、受け持つ役割は多岐にわたる。
【受講・受験資格】C級：16歳以上 ほか
【取得方法】各加盟団体の講義・テスト・実技研修を受けて合格すれば任用される
【問い合わせ先】（公財）日本陸上競技連盟 TEL050(1746)8410

スピードスケート公認審判員

F（ファースト）級とS（セカンド）級というランクに分かれる。
【受験資格】連盟に登録し、加盟団体の推薦をもらう
【試験日】随時（毎年8月頃まで）
【問い合わせ先】（公財）日本スケート連盟 TEL03(5843)0415

ホッケー公認審判員・ジャッジ（記録員）

審判員は国際、A～Dのランクに分かれる
【受験資格】誰でも受験できる
【取得方法】講義・筆記試験・実技
【試験日】随時（年10回程度）
【問い合わせ先】
（公社）日本ホッケー協会
TEL03(6812)9200

空手道公認審判員

組手・形審判員があり、全国、地区、都道府県に分かれている。
【受験資格】〔組手〕満25歳以上で3段以上ほか〔形〕満30歳以上で4段以上 ほか
【試験日】資格の種類により異なる
【問い合わせ先】（公財）全日本空手道連盟 TEL03(5534)1951

卓球審判員

公認審判員、上級公認審判員、公認レフェリー、名誉レフェリーの4ランクがある。
【受験資格】公認：中学以上卒業者 ほか
【取得方法】公認：受講とテスト ほか
【試験日】各都道府県協会により異なる
【問い合わせ先】（公財）日本卓球協会 TEL03(6721)0921

CSCS（認定ストレングス&コンディショニングスペシャリスト）

アスリート、スポーツチームを対象に安全で効果的なトレーニングを行う指導者を認定。
【受験資格】会員で4年制大学等を卒業し、CPRおよびAEDの認定保持者
【試験日】随時（本人希望日、CBT方式）
【問い合わせ先】NPO法人 NSCAジャパン TEL04(7197)2064

ボートレース審判員・検査員

日本モーターボート競走会の職員になることが資格取得の前提となる。
【受験資格】18歳以上35歳未満 ほか
【取得方法】全寮制のボートレーサー養成所で実務者養成訓練を受けたあと、国家試験に合格
【問い合わせ先】（一財）日本モーターボート競走会 TEL03(6807)4950

オートレース審判員

ルール違反のチェックやゴールの判定、レースの進行を統括する役割を担う。
【受験資格】20歳以上
【試験日】年2回程度（不定期）
【試験内容】身体・技能・学力・人物試験
【問い合わせ先】（公財）JKA オートレース業務・登録課 TEL03(4226)3518

スポーツ医学検定

一般の人を対象にした、身体のことやスポーツによるケガの予防について学べる検定。
【受験資格】誰でも受験できる
【試験日】5月 11月～12月
※初級向けのWeb検定は常時受験可能
【問い合わせ先】（一社）日本スポーツ医学検定機構 E-MAIL=support@spomed.or.jp

Chapter 21

ご当地検定・おもしろ検定

\\ 故郷や街の魅力、再発見! //

ご当地検定

全国各地の歴史や文化、観光などの知識力を測る「ご当地検定」。
地域の活性化や文化・産業振興などを目的として、多くの地方自治体や商工会議所が実施している。
生まれ育った故郷や自分の住む街についてもっと知りたい人はチャレンジしてみよう!

東京シティガイド検定®

東京の魅力紹介に必要な文化・歴史・生活や観光トレンドの理解度を測る。東京の街・文化を愛する人、観光関連業界の人にもお勧め。CBT方式(※)にて実施。
【受験資格】誰でも受験できる
【試験日】1月(予定)
【試験内容】公式テキスト「新版　江戸東京まち歩きブック」に準拠した問題や観光関連の一般知識問題などから計50問。選択・正誤問題100点満点中、70点以上で合格となる
※全国の提携テストセンターにて受験
【問い合わせ先】(公財)東京観光財団
TEL03(5579)2682

京都・観光文化検定試験®

国際文化観光都市として名高い京都の歴史、文化、神社・寺院、祭や行事、工芸、暮らしなど、幅広い視点から知識を問う。
【受験資格】3・2級:誰でも受験できる
【試験日(予定)】7月第2日曜(3級/京都)12月第2日曜(全級/京都・東京)
【試験内容】
「新版 京都・観光文化検定試験」公式テキストブックに準拠して出題。3・2級は四肢択一、正解70%以上で合格。1級は記述、正解80%以上で合格、70%以上で準1級認定
【問い合わせ先】京都商工会議所 検定事業課
TEL075(341)9765

北海道観光マスター検定

北海道の観光に関する幅広い知識、観光客をもてなす心をもった人材の育成を目指す。
【受験資格】誰でも受験できる
【試験日】11月
【試験内容】選択式問題
【問い合わせ先】(一社)北海道商工会議所連合会　TEL011(241)6308

秋田ふるさと検定

秋田県の歴史、観光、祭り・行事、自然、生活文化、産業の知識を問う検定試験。
【受験資格】3・2級:誰でも受験できる
【試験日】9月(県内6会場)
【試験内容】選択、記述(2・1級のみ)ほか
【問い合わせ先】秋田商工会議所
TEL018(866)6679

宮城マスター検定

宮城県の産業、観光、食材、歴史・文化などを知り、知識を深めることができる検定。
【受験資格】誰でも受験できる
【試験日】11月(会場試験)(予定)
【試験内容】四肢択一、記述
【問い合わせ先】宮城マスター検定事務局
TEL022(211)2791

新ふるさと日立検定

日立市の歴史や文化、自然、産業などについて知り、地域産業の振興発展を目指す。
【受験資格】誰でも受験できる
【試験日】5月中旬
【試験内容】3択(選択問題　時事含む)
【問い合わせ先】日立商工会議所商業観光課
TEL0294(22)0128

日光検定

観光都市、日光の活性化を目的として実施。歴史、文化、自然や観光などについて問う。
【受験資格】3級：誰でも受験できる
【試験日】9月（予定）
【試験内容】四肢択一（3級のみ）、記述、論文
【問い合わせ先】日光商工会議所
TEL0288(30)1171

ナマハゲ伝導士認定試験

男鹿の独自文化である「ナマハゲ」の風習や行事を正しく理解し、保存伝承に役立てる。
【受験資格】中学生以上
【試験日】12月上旬
【取得方法】講義受講後、筆記試験に合格
【問い合わせ先】（一社）男鹿市観光協会
TEL0185(24)4700

ようこそ！かわさき検定

川崎市に関するさまざまな話題や産業観光情報を取り入れて出題。
【受験資格】誰でも受験できる
【試験日】3月（予定）
【試験内容】四肢択一、記述
【問い合わせ先】川崎商工会議所 企画広報部
TEL044(211)4112

鎌倉検定

鎌倉に関する歴史、文化、観光、自然、暮らしなど多分野にわたって知識を問う。
【受験資格】3級：誰でも受験できる
【試験日】11月下旬（予定）
【試験内容】マークシート、記述（1級のみ）
【問い合わせ先】鎌倉商工会議所
TEL0467(23)2561

糸魚川ジオパーク検定

糸魚川ユネスコ世界ジオパークの地形や地質、歴史文化と人との関わりを学ぶ。
【受験資格】初級：誰でも受験できる
【試験日】11月上旬（糸魚川、新潟、東京）
【試験内容】三肢択一（初級）
【問い合わせ先】糸魚川ジオパーク検定事務局
（糸魚川商工会議所内） TEL025(552)1225

中央区観光検定

歴史や文化・伝統、名所などを学び、東京・中央区のファンになってもらうことが目的。
【受験資格】誰でも受験できる
【試験日】2月上旬（予定）
【試験内容】四肢択一（マークシート）
【問い合わせ先】一般社団法人 中央区観光協会
URL=https://www.chuoku-kentei.jp/

金沢検定

金沢の歴史、寺社・建造物、美術・工芸などの分野から初・中・上級とも100問出題。
【受験資格】初・中級：誰でも受験できる
【試験日】11月上旬
【試験内容】四者択一・マークシート
【問い合わせ先】金沢検定試験実行委員会
TEL 076(232)0352

ふるさと小松検定

石川県立小松商業高校の生徒が企画・運営・出題をする手作りのご当地検定。
【受検資格】初級・上級：誰でも受験できる
【試験日】11月中旬（予定）
【試験内容】五肢択一（マークシート）
【問い合わせ先】小松商工会議所
TEL0761(21)3121

NAGANO検定

長野市の歴史、文化、観光などを学び、その魅力の再発見につなげることが目的。
【受験資格】誰でも受験できる
【試験日】11月上旬
【試験内容】四肢択一（マークシート）
【問い合わせ先】NAGANO検定実行委員会
TEL026(227)2428

信長の台所歴史検定「津島の達人」

「信長の台所」と呼ばれる愛知県・津島市の歴史文化や産業・地域などについて問う。
【受験資格】初級・上級：誰でも受験できる
【試験日】2月中旬～3月中旬
【試験内容】四肢択一
【問い合わせ先】津島商工会議所
TEL0567(28)2800

みえ検定

三重の歴史・文化・自然・産業などの幅広い知識を認定する検定。
【受験資格】誰でも受験できる
【試験日】年2回（春期と秋期）
【試験内容】マークシートの100問
【問い合わせ先】（一社）三重県産業振興協会
https://miekentei.jp/index.html

伊賀学検定試験

伊賀の歴史や文化の伝承、その役割を担う人材育成を目的とする。
【受験資格】初級：誰でも受験できる
【試験日】2月中旬
【試験内容】初・中級：四肢択一　上級：記述
【問い合わせ先】上野商工会議所
TEL0595(21)0527

奈良まほろばソムリエ検定（奈良検定）

奈良ファンや奈良に精通している人を認定するための検定試験。
【受験資格】2級：誰でも受験できる
【試験日】3月
【試験内容】択一、小論文（ソムリエのみ）
【問い合わせ先】奈良商工会議所 奈良検定事務センター　TEL0742(23)1620

名古屋観光検定

名古屋の代表的な観光地、文化、イベント、なごやめし、スポーツ、ものづくりに関する知識を問う。
【受験資格】誰でも受験できる
【試験日】12月～翌年1月（予定）
【問い合わせ先】名古屋観光検定実行委員会事務局　TEL052(972)2406

宝塚学検定

宝塚に関する自然、風土、歴史、文化を知り、宝塚への愛着を深めてもらう検定。
【受験資格】小学生以上
【試験日】3月
【試験内容】マークシートによる四肢択一
【問い合わせ先】（公財）宝塚市文化財団
TEL0797(85)8844

姫路検定試験

世界文化遺産「姫路城」をはじめ、姫路の文化・歴史・産業などについて知識を問う。
【受験資格】誰でも受験できる
【試験日】12月（予定）
【試験内容】3・2級：択一　1級：記述
【問い合わせ先】姫路商工会議所 検定担当
TEL079(223)6558

晴れの国おかやま検定

岡山の歴史や自然、文化について問う。得点により60～89点で「晴れの国博士」、90～100点で「晴れの国の達人」の2ランクに認定。
【受験資格】誰でも受験できる
【試験日】2月上旬
【問い合わせ先】岡山商工会議所 地域振興課
TEL086(232)2262

境港妖怪検定

境港が生んだ妖怪の権威・水木しげる氏にちなみ、妖怪に関する知識を問う試験。
【受験資格】初・中級：誰でも受験できる
【試験日】11月中旬
【試験内容】初・中級：選択、記入　ほか
【問い合わせ先】境港商工会議所 境港妖怪検定係　TEL0859(44)1111

あわ検定

徳島の歴史・文化・自然・産業・くらしなどを掘り下げ、その魅力を再発見することが目的。
【受験資格】誰でも受験できる
【試験日】2月
【試験内容】四者択一（オンライン）
【問い合わせ先】四国大学 SUDAchi推進室「あわ検定」実行委員会　TEL088(665)9953

松山観光文化コンシェルジェ検定

松山についての知識、誇りと愛着を持ち、温かいおもてなしができる人材の育成が目的。
【受講・受験資格】初級：誰でも受験できる
【取得方法】初級：公式テキスト巻末の検定に解答し郵送、90点以上で認定
【問い合わせ先】松山商工会議所 地域振興部
TEL089(941)4111

いまばり博士検定

新今治市の地域資源の魅力を再認識し、文化や歴史などの情報発信を目的とした検定。
【受験資格】誰でも受験できる
【試験日】8月下旬
【試験内容】四者択一式
【問い合わせ先】**今治商工会議所**
TEL0898(23)3939

萩検定

萩の自然・文化・歴史・幕末維新について学び、萩ファンを増やすことが目的。
【受験資格】初級：誰でも受験できる
【試験日】初級：PC・スマホ（期間制限なし）中・上級：12月（予定）
【問い合わせ先】**萩検定実行委員会**
TEL0838(25)3290

やまぐち歴史・文化・自然検定（やまぐち検定）

昔「西の京」として栄えた山口市の歴史・文化・自然などについての知識を問う。
【受験資格】初級：誰でも受験できる、中級と併願可
【試験日】2月（予定）
【試験内容】初級：択一式
【問い合わせ先】**山口商工会議所**
TEL083(925)2300

福岡検定

福岡の魅力をより広く、深く知り、愛着を深めてもらうための検定試験。
【受験資格】誰でも受験できる
【試験日】1月下旬（予定）
(2020年度からWEB版で実施)
【問い合わせ先】**「福岡検定」実行委員会**
TEL092(711)4353

唐津検定

地元の人でもなかなか知らない唐津市のディープな魅力を発見できる検定。
【受験資格】小学生以上
【試験日】唐津検定公式HPで確認
【試験内容】3択問題　全100問　90分
【問い合わせ先】**唐津商工会議所**
TEL0955(72)5141

長崎歴史文化観光検定

長崎の歴史・文化を学ぶ機会の提供と、市民のホスピタリティ向上などを目的とする。
【受験資格】3・2級：誰でも受験できる
【試験日】1月下旬～2月上旬の1日
【試験内容】3・2級：択一　1級：記述
【問い合わせ先】**長崎商工会議所 業務課検定係**　TEL095(822)0111

いぶすき検定

いぶすきの自然、歴史、文化、産業経済の分野の知識を問うご当地検定。
【受験資格】初級：誰でも受験できる
中級・上級：前級の合格者
【試験日】8月
【問い合わせ先】**指宿商工会議所**
TEL0993(22)2473

みやざき観光・文化検定

宮崎に関する知識の習得、観光振興への意識とホスピタリティの向上を図るのが目的。
【受験資格】誰でも受験できる
【試験日】12月（予定）
【試験内容】択一、記述（1級のみ）
【問い合わせ先】**宮崎商工会議所 商工観光部**
TEL0985(22)2161

かごしま検定（鹿児島観光・文化検定）

自然や歴史、文化など、鹿児島のさまざまな魅力を広くアピールすることが目的。
【受験資格】マスター：誰でも受験できる　シニア・グランドマスター：前クラスの合格者
【試験日】年3回程度
【問い合わせ先】**鹿児島商工会議所 産業振興部**　TEL099(225)9540

沖縄歴史検定

沖縄の正しい歴史・文化・地理そして今を、多くの人に知ってもらうのが目的。
【受検資格】誰でも受験できる
【試験日】年1回（東洋企画印刷HPにて確認）
【受検料】2,000円
【問い合わせ先】**㈱ 東洋企画印刷**
TEL098(995)4444

自慢できる！おもしろ検定

温泉ソムリエ

温泉の正しい知識と正しい入浴法を身につけた温泉の専門家を認定する資格。セミナーやツアー参加のほかに、自宅でインターネット受講できる講座も用意されている。
【受講資格】 誰でも受講できる
【取得方法】 協会主催の認定セミナー（半日）・ツアー（1泊2日）に参加または自宅で温泉ソムリエ認定講座を受講
【受講内容】 温泉の基礎知識、入浴方法の基礎知識、温泉分析書の読み方　ほか
【受講料】 ワンデーセミナー：24,000円
1泊2日ツアー：32,000円
在宅講座：26,000円（各税別）
【受講地】 ワンデーセミナー：主に東京
1泊2日ツアー：主に新潟県赤倉温泉
【問い合わせ先】 温泉ソムリエ協会
URL=https://onsen-s.com/

パンシェルジュ検定

「パンシェルジュ」とは、「パン＋コンシェルジュ」の造語。食べるだけでなく、歴史や器具・材料、作り方など幅広い知識をもつパンの専門家であることを認定する。パン好きやプロを目指す人におすすめ。
【受験資格】〔3・2級〕 誰でも受験できる
〔1級〕 2級合格者
【試験科目】〔3級〕 パンの歴史、材料、器具、文化、マナー、衛生 **〔2級〕** 3級に加え、マーケット、トレンド、コンビネーション　ほか **〔1級〕** 3・2級に加え、健康、未来学、サービス学　ほか
【試験日】 年2回：9月　翌年3月（予定）
【受験料】〔3級〕 4,900円
〔2級〕 5,900円 **〔1級〕** 7,700円（各税込）
【問い合わせ先】 パンシェルジュ検定運営事務局　TEL03(6632)3496

くるまマイスター検定

「くるま」の最新ニュース・文化・歴史・メカニズムからカーライフや国内外のメーカーに関する知識までを幅広く習得できる検定。くるま好きが楽しく学べる。
【受験資格】〔ジュニア級〕 中学生以下 **〔カーライフ・3・2級〕** 誰でも受験できる **〔1級〕** 2級合格者
【試験科目】〔ジュニア・カーライフ級〕 4択50問 **〔3・2・1級〕** 4択　100問
※受験はパソコンまたはスマートフォン
【試験日】 11月
【受検料】〔ジュニア・カーライフ級〕 無料
〔3級〕 1,650円 **〔2級〕** 2,200円
〔1級〕 3,300円（各税込）

【問い合わせ先】（一社）日本マイスター検定協会
URL=https://www.meister-kentei.jp/car/

船の文化検定（ふね検）

ボートやヨットなどのプレジャーボートだけでなく、小舟から大型船、商船、客船など「船」に関する歴史・文化や船を使った遊びなどの知識を幅広く修得できる検定。
【受験資格】
〔オンライン初級〕 誰でも受験できる
【試験科目】
全50問：船の歴史、船の文化・慣習、船の仕組み、船の運航、船の遊び
【試験日】
パソコン・スマホなどオンラインにて
【受験料】
〔オンライン初級〕 4,000円（税込）

【問い合わせ先】
（一財）日本海洋レジャー安全・振興協会
TEL045(228)3068

神社検定

神社が好きな人や日本文化の知識を深めたい人が、神社について正しい知識を学ぶ。
【受験資格】 初級・3・2級：誰でも受験できる
1級：2級合格者
【試験日】 6月下旬（会場・オンライン）
【試験内容】 初級：3択　3級、2級、1級：4択
【受験料】 初級：3,500円　ほか
【問い合わせ先】 **神社検定運営事務局**
TEL03(6632)3823

お墓ディレクター検定

日本のお墓文化の発展、理解、普及を目指し、お墓についての幅広い知識と教養を兼ね備えた専門家を認定する。
【受験資格】 2級：墓・墓関連業に携わる者
1級：2級資格取得者
【試験日】 11月下旬（2級はオンラインと併合）
【試験内容】 正誤判定、多肢選択　ほか
【問い合わせ先】 **（一社）日本石材産業協会**
URL=https://www.japan-stone.org/ohaka/

動物葬祭ディレクター検定

動物の葬儀セレモニーや供養を適切に行える能力を認定する試験。協会公式テキスト「動物葬祭概論」（第4版）を基に出題される。
【受験資格】 2級：18歳以上　ほか
1級：3年以上の実務経験者　ほか
【試験日】 5月
【試験内容】 2級：4択　1級：複合4択
【問い合わせ先】 **（一社）日本動物葬儀霊園協会**　TEL076(266)5666

レザーソムリエ資格試験

皮革の基礎知識から手入れの方法まで実践的な知識を得ることができる。趣味および仕事のスキルアップとしても役立つ。
【受験資格】 初級：誰でも受験できる
【試験日】 年1回（11月）
【試験内容】 Basic（初級）：択一方式50問
【受験料】 Basic（初級）：5,500円（税込）
【問い合わせ先】 **レザーソムリエ事務局**
TEL03(3827)1991

定年力検定

老後に必要な基礎知識を問う検定。生活、税金、保険・年金・金融・相続など、自身や家族の生活を守るための経済的な知識を学ぶ。
【受験資格】 誰でも受験できる
【試験日】 7月　翌年1月
【試験内容】 正誤式50問　3択式50問
【受験料】 6,000円（税込）
【問い合わせ先】 **（一社）日本定年力検定協会**
TEL078(242)5667

タオルソムリエ資格試験

タオルの歴史・文化・製造過程・ブランドなどを多岐にわたって学び、お客様が「手にしたい」タオル選びができるアドバイザー。
【受験資格】 誰でも受験できる
【試験日】 9月中旬
【試験内容】 択一方式
【受験料】 8,800円　ほか
【問い合わせ先】 **今治タオル工業組合**
TEL0898(32)7000

洗車検定

洗車の基本から応用まで、洗車に関わる知識を総合的に習得できる検定。車好きの人におすすめ。
【受験資格】 誰でも受験できる
【試験日】 年4回（予定）HPで確認のこと
【試験内容】 多肢選択式40問
【受験料】 3級：6,500円 2級：8,600円 ほか
【問い合わせ先】 **日本自動車洗車協会**
URL=https://sensha-kentei.jp/

鉱物鑑定検定

鉱物についての知識普及と鑑定能力の向上を図る検定。鉱物を取り巻く自然に触れ親しみ、自然科学の楽しさを学ぶ。
【受験資格】 原則小学3年生以上
【試験日】 4月　8月　12月
【試験内容】 8級～5級：45分
4級～1級：60分
【問い合わせ先】 **（公財）益富地学会館**
TEL075(441)3280

ねこ検定

ねこへの理解を深め、ねことの豊かな生活を目指して、専門的な分野も学べる検定。
【受験資格】初級・中級：誰でも受験できる
上級：中級合格が必要
【試験日】年1回（予定）
【試験内容】四者択一　100問
【受験料】初級：4,900円（税込）　ほか
【問い合わせ先】ねこ検定運営事務局
TEL03(6627)6430

天文宇宙検定

科学をけん引する分野である天文宇宙の知識の有無を検定するだけではなく、科学本来の楽しさを学び、生きた科学の普及を目指す。
【受験資格】4～2級：誰でも受験できる
【試験日】6月　11月（予定）
【試験内容】四者択一（マークシート）
【受験料】4級：4,400円（予定）　ほか
【問い合わせ先】天文宇宙検定運営事務局
TEL03(3359)7373

敬語力検定

現在の敬語力をチェックし、最低限のマナーでもある正しい敬語表現を身につける。
【受験資格】4級・3級・2級・準1級・1級：誰でも受験可能
【試験日】オンライン受験（いつでも受験可能）
【受験料】1回4,000円（税込）、3回10,000円（税込）、5回15,000円（税込）
【問い合わせ先】NPO法人日本サービスマナー協会　TEL06(6809)4141

薬膳・漢方検定

薬膳・漢方について、日々の生活に活かせる正しい知識を学べる検定。漢方の理論や、気になる症状に役立つ知識が身につく。
【受検資格】誰でも受験できる
【試験日】9月　翌年3月
【試験内容】四者択一
【受験料】6,500円（税込）
【問い合わせ先】薬膳・漢方検定運営事務局
TEL03(6625)3529

四字熟語検定

現在の四字熟語の知識力をチェックし、その意味についても身につける。
【受験資格】4級・3級・2級・準1級・1級：誰でも受験可能
【試験日】オンライン受験（いつでも受験可能）
【受験料】1回4,000円（税込）、3回10,000円（税込）、5回15,000円（税込）

【問い合わせ先】NPO法人日本サービスマナー協会TEL06(6809)4141

日本城郭検定

日本の城が好きな人や、お城めぐりが趣味の人など、城を愛するすべての人のための検定。城のしくみや特徴を楽しく学べる。
【受験資格】3～準1級：誰でも受験できる
【試験日】6月　11月
【試験内容】四者択一
【受験料】3級：4,700円　ほか
【問い合わせ先】日本城郭検定運営事務局
TEL03(6632)5854

考古検定

考古学に親しみ、日本の歴史や遺跡に対する知的探求心を満たすことを目的とした検定。
【受験資格】入門～中級：誰でも受験できる
【申込期間】9月上旬～10月下旬
【試験日】11月上旬～下旬
【試験内容】入門～中級クラス：IBT
上級・最上級クラス：会場型のCBT
【問い合わせ先】日本文化財保護協会
TEL03(6206)2190

茶道文化検定/web版

日本を代表する伝統文化である茶道文化の知識を体系的に学べる検定。年齢層幅広く流儀に関係なく受験できる。
【受験資格】4・3級：誰でも受験できる
【試験日】8月、11月（各14日間）
【試験内容】4～2級：選択式
1級：選択式・入力式
【問い合わせ先】茶道文化検定コールセンター
E-mail：support@chado-kentei.com

声優能力検定

プロの声優を志す人の技術習得と向学心を高める指標として、声優の能力を客観的に評価する実技検定。
【受験資格】誰でも受験できる
【試験日】申込日の翌月10日～20日の間
【試験内容】スマートフォンで受験サイトにアクセスし音声を録音。プロによる採点
【問い合わせ先】NPO法人 日本声優能力検定協会　TEL03(3237)7888

美術検定

美術作品の観察力を深め、充実した美術鑑賞に役立てるだけでなく、美術の魅力を伝える活動にも活かせる美術鑑賞者を目指す検定。
【受験資格】4～2級：誰でも受験できる
【試験日】11月中旬　オンライン（4級は通年）
【試験内容】選択式・記述式（1級）
【受験料】4級：3,970円（税込）　ほか
【問い合わせ先】美術検定協会
E-mail：contact@bijutsukentei-online.com

似顔絵検定

趣味や入門的な6級から最上級の1級まで8段階のレベルで似顔絵の描画能力を問う検定。オンライン試験対応。
【受験資格】誰でも受験できる
【試験日】6月　11月　翌年3月
【試験内容】テーマに沿い描き分ける
【受験料】3級：5,500円　ほか
【問い合わせ先】NPO法人 日本似顔絵検定協会　TEL03(3237)8871

窓装飾プランナー

カーテンやブラインド等の多彩なアイテムの中から、顧客のニーズやライフスタイルに合った窓装飾を提案・販売する専門家。
【受験資格】誰でも受験できる
【試験日】9月
【試験内容】マークシート方式、記述式
【検定料】15,400円（税込）
【問い合わせ先】（一社）日本インテリア協会
E-mail：wt-plan@nif.or.jp

発酵検定

味噌や醤油などの発酵食品の効率的な食べ方や選び方、正しい保存方法など、発酵食品の知識を幅広く学ぶ。
【受験資格】誰でも受験できる
【試験日】11月日曜日（年1回）
【試験内容】四肢択一式　100問
【受験料】6,600円
【問い合わせ先】日本発酵文化協会
TEL03(5708)5255

お好み焼き検定

お好み焼きのことを深く学び、家庭でおいしいお好み焼きが焼けるノウハウも取得できる検定。
【受験資格】初級：誰でも受験できる
【試験日】年1回（予定）
【試験内容】選択、穴埋め、記述
【受験料】初級：4,300円　上級：6,000円
【問い合わせ先】お好み焼き検定運営事務局
TEL03(6627)3884

揚師検定

唐揚調理の一般家庭へのより深い普及と、プロの現場での活躍できる人材の教育を目的とした検定。
【受講資格】2級：誰でも受験できる
【受講内容】2級：家庭で美味しい唐揚げを揚げることができる
【受講料】2級：5,740円
【問い合わせ先】（一社）日本唐揚協会
TEL03(6416)0400

おさかなマイスター

魚介類の旬、栄養、産地、調理、取り扱い方法などを修得した魚のプロを認定する。水産業で働く人のスキルアップにも。
【受講資格】水産、調理・飲食業に2年以上の従事者、おさかなアドバイザー有資格者
【取得方法】規定の講座を受講後、修了試験
【受講料】241,500円（全22講義）
【問い合わせ先】日本おさかなマイスター協会
TEL03(6633)0000

和食検定

和食文化の魅力を知り正しく継承していくために、和食の専門知識と実務知識の理解度を測る試験。
【受験資格】初級・基本レベル：誰でも受験できる　実務レベル：基本レベル取得者
【試験日】10月下旬　翌年２月中旬
【受験料】初級レベル：4,100円　ほか
【問い合わせ先】（一財）日本ホテル教育センター　TEL03(3367)5663

だしソムリエ

「だし」の知識を中心に、食や料理に関して仕事にも役立つ内容を幅広く学ぶ。３～１級。
【受講資格】誰でも受講できる
【取得方法】養成講座受講後、２級はレポート提出、１級は試験合格+レポート提出
【受講料】初級：オンライン5,500円　通学8,800円（税込）
【問い合わせ先】合同会社 だしソムリエアカデミー　TEL03(6775)8962

チョコレート検定

古い歴史をもつチョコレートの奥深い魅力を知る検定。カカオの生態やチョコレートの製造に関する知識などが習得できる。
【受験資格】誰でも受験できる
【試験日】７～10月
【試験内容】CBT方式
【受験料】初級：5,800円　ほか
【問い合わせ先】チョコレート検定運営事務局　TEL03(6632)6289

C.P.A.チーズ検定

チーズの名前・産地・作り方・風味などチーズにまつわる問題に合格すると「コムラード・オブ・チーズ」を名乗ることができる。
【受験資格】誰でも受験できる
【試験日】４月　７月　９月
【取得方法】基礎講習受講後、検定試験実施
【問い合わせ先】NPO法人チーズプロフェッショナル協会 C.P.A.チーズ検定事務局　TEL03(3518)0102

菓子検定

お菓子好きの人からプロを目指す人までを対象に、菓子の材料・製造法・道具や菓子文化についての知識を問う検定。無料アプリあり。
【受験資格】誰でも受験できる
【試験日】年2回：6～8月　12月～翌年1月
【試験内容】CBT方式
【受験料】３級：2,000円　２級：2,500円
【問い合わせ先】辻調理士専門学校　料理・菓子検定事務局　TEL06(6624)6451

ハーブ&ライフ検定

身近なハーブとスパイス56種類の基本的な知識と、暮らしの中でのハーブの役立て方や料理のレシピ、育て方などを幅広く学ぶ検定。
【受験資格】誰でも受験できる
【試験日】年２回：３月　８月
【試験内容】選択式（オンライン）
【受験料】6,600円（税込）（学割あり）
【問い合わせ先】NPO法人 日本メディカルハーブ協会　TEL03(5809)0382

入浴検定

お風呂の効果や歴史、正しい入り方をまとめた検定。日本人の古くて新しい常識としての「入浴」を、楽しく学ぶことができる。
【受験資格】誰でも受験できる
【試験日】年２回：２月　９月
【受験料】6,600円（税込）
【試験内容】選択式（オンライン）
【問い合わせ先】日本入浴協会　TEL03(6435)3869

和ハーブ検定

「和ハーブ」は、日本の風土で育ち、暮らしに伝統的に取り入れられてきた有用植物のこと。その知識を系統的・段階的に学べる検定。
【受験資格】２級：誰でも受験できる　１級：２級合格者
【試験日】年３回：３月　７月　11月
【受験料】各級：6,600円　併願：12,000円（税込）
【問い合わせ先】（一社）和ハーブ協会　TEL03(6435)3863

メディカルハーブ検定

15種類のハーブを題材にして、メディカルハーブの安全性・有用性・使い方など知っておきたい基礎知識を身につける検定。
【受験資格】誰でも受験できる
【試験日】年2回：3月　8月
【試験内容】選択式（オンライン）
【受験料】6,600円（税込）（学割あり）
【問い合わせ先】NPO法人 日本メディカルハーブ協会　TEL03(5809)0382

オーガニックコンシェルジュ

オーガニックに関わる栽培・生産方法や管理制度などのルールを学び、食の安全安心に関する知識をもつことができる。
【受講資格】誰でも受講できる
【取得方法】インターネット講座。課題に対し、解答・レポートを提出。その内容で判定。受講期間6週間。
【問い合わせ先】NPO法人 オーガニックコンシェルジュ協会　info_d@oca.gr.jp

ダイエット検定

家庭や個人の健康増進から健康・美容・食関連のプロの仕事まで、有効活用できる健康と美の正しい知恵と知識を学ぶ。
【受験資格】2級：誰でも受験できる
1級：2級合格者
【受験料】2級：6,600円
1級：7,700円（各税込）
【問い合わせ先】日本ダイエット健康協会
TEL03(6435)3862

日本茶インストラクター

日本茶に関する専門的知識や技術を修得した日本茶のスペシャリストを認定。試験対策に「日本茶インストラクター通信講座」を開講。
【受験資格】20歳以上（翌年4月1日現在）
【試験日】1次：11月　2次：翌年2月
【試験内容】1次：筆記（マークシート方式による五肢択一）2次：実技
【問い合わせ先】NPO法人 日本茶インストラクター協会　TEL03(3431)6637

ビアテイスター

ビールの味わい方や評価方法などの知識とテイスティングなど、ビールに関する全般的な知識を学ぶ。
【受験資格】20歳以上で協会会員
【取得方法】セミナー受講後、試験に合格
【試験内容】筆記、官能評価（テイスティング）
【問い合わせ先】クラフトビア・アソシエーション（日本地ビール協会）
TEL0798(70)7171

ビア検（日本ビール検定）

ビールの歴史・製法・原料・種類やおいしく飲む方法・うんちくなど、ビールに関する知識が幅広く出題される。
【受験資格】20歳以上
【試験日】9～10月（予定）
【試験内容】3・2級：CBT方式（選択式）
1級：CBT方式（選択式、記述、論述）
【問い合わせ先】日本ビール検定運営事務局
URL=https://beerken.jp/contact/

ウイスキー検定

ウイスキーの歴史・文化・種類・原料・製法などの知識を問う検定。3・2・1級の3レベルと特別級がある。
【受験資格】20歳以上（1級は2級合格者もしくはコニサー資格保有者）
【試験日】2月、9月
【試験内容】マークシート（1級は記述あり）
【問い合わせ先】ウイスキー検定実行委員会
TEL03(3444)6577

ラジオ体操指導者

全国ラジオ体操連盟による統一した基準に基づく審査により認定される制度。指導員、2級指導士、1級指導士の3種類がある。
【受験資格】前年度末において18歳以上
各認定種類ごとに講習会修了や実務などの要件あり
【試験日】各試験会場による
【問い合わせ先】NPO法人 全国ラジオ体操連盟 事務局　TEL03(6240)9889

運転地理検定

自動車運転に必要な地理の知識の習熟度がわかる。プロの運転者からアマチュアまで幅広く受験できる。

【受験資格】都心部3級：誰でも受験できる
【試験日】年6回
【試験内容】択一・記述式（50問）
【受験料】1科目3,300円（2科目割引あり）
【問い合わせ先】（一社）運転地理検定協会
TEL03(3566)0086

日本の宿おもてなし検定

日本旅館の接遇に関する業界唯一の検定試験。宿泊業だけではなく、企業や学校の方も受験をしている。

【受験資格】3級のみ誰でも受験できる
【試験方法】Web試験
【受験料】3級：3,500円（税込）
2級：4,000円（税込）ほか
【問い合わせ先】日本の宿おもてなし検定事務局
TEL03(5688)8984

フォトマスター検定

レンズや光、レタッチ、周辺機材、写真の仕上げなど、よい写真を撮るために必要な知識を項目ごとに学べる検定。

【受験資格】誰でも受験できる
【試験内容】正誤問題、多肢択一問題ほか
【試験日】11月第3日曜日
【受験料】3級：4,500円（税込）ほか
【問い合わせ先】国際文化カレッジ フォトマスター検定事務局 TEL03(3361)2505

ドローン検定®

話題のドローンに関する検定試験。なぜドローンは空を飛べるのか、用語や法律に関する知識を確実に身につけることができる。

【受験資格】4級、3級：誰でも受験できる
【試験内容】四肢択一方式
【受験料】4級：3,200円、
3級：6,600円ほか
【問い合わせ先】ドローン検定協会（株）
TEL0942(85)9737

おもちゃコンサルタント

おもちゃ文化への理解と、おもちゃの見識を深める日本唯一の資格。おもちゃと遊びのチカラで社会の“笑顔”を増やす人を養成。

【受講資格】誰でも受講できる
【取得方法】通学コース、eラーニングコースの2種類
【受験料】一般：76,500円（税込）
【問い合わせ先】特定非営利活動法人 芸術と遊び創造協会 TEL03(5367)9605

アンティーク検定

アンティーク作品の由来や背景をよりよく理解し、愉しむための検定。入門級からスペシャリストまでのレベルがある。

【受験資格】16歳以上
【試験内容】装飾美術、アンティークに関する知識
【受験料】3級：5500円 ほか
【問い合わせ先】西洋アンティーク鑑定検定試験協会 URL=https://antique-kentei.or.jp

古文書解読検定

「古文書が読める歴史愛好者になれる！」郵送形式による検定。受験者中の順位がわかり、解読力のレベルを把握できる。

【受験資格】高校生以上
【試験日】年2回（1月 7月）
【試験内容】3級と2級は解読文を返送
【受検料】3級：4,000円（学割2,500円）～
【問い合わせ先】（一社）古文書解読検定協会
TEL042(644)5244

中国百科検定

中国の歴史・地理・政治経済・文化など、多方面の知識を問う。ビジネスで、留学先で中国人との会話に困らない知識が身につく。

【受験資格】初級～3級：誰でも受験できる
【試験日】年2回（予定）
【試験内容】初級～1級：四択 特級：記述式
【受験料】初級2,200円（学生1,000円）ほか
【問い合わせ先】日本中国友好協会中国百科検定事務局 TEL03(5839)2140

朗読検定®

日本語の文章を声に出して相手に伝える口述技能「朗読」における、知識や技能を測る検定試験。小学校1年生から受験可能。
【受験資格】 小学校1年生以上
【試験日】 年8回
【試験内容】 10級〜2級：学習解答方式と実技
【受験料】 10級：3,300円ほか
【問い合わせ先】（一社）日本朗読検定協会事務局 URL=https://www.roudokukentei.jp/

読み聞かせ検定®

市販の絵本を課題にした、読み聞かせの技能試験。初級から上級までのレベルがあり、上級合格で講師資格を取得できる。
【受験資格】 高校生以上
【試験日】 随時
【試験内容】 初〜上級：実技のみ（リモート可）
【受験料】 初級：8,800円ほか
【問い合わせ先】（一社）日本朗読検定協会事務局 TEL06(6920)3211

コーヒーマイスター

コーヒーに対するより深い知識と基本技術を習得し、お客様へ豊かなコーヒー生活を提案できるプロのコーヒーマンの認定資格。
【受験資格】 SCAJ会員
【試験日】 7月
【取得方法】 協会主催の養成講座と実技講習会を受講し、認定試験に合格
【問い合わせ先】（一社）日本スペシャルティコーヒー協会 TEL03(4416)8791

雑穀エキスパート認定試験

雑穀の基本を正しく理解し、雑穀の価値や魅力を伝えることができる、優れた人材を育てることを目的としている。
【受験資格】 誰でも受験できる
【試験日】 年2回（春・秋を予定）
【試験内容】 講義受講後、認定試験（選択式）
【受講料】 60,500円（税込）
【問い合わせ先】（一社）日本雑穀協会
URL=https://www.zakkoku.jp/

食の検定

食の検定とは、自分はもちろん、周囲の人々の健康増進に寄与できる知識と実践力を身につけることができる。
【受験資格】 4級、3級：誰でも受験できる
【試験内容】 4級：60問三択
3級・準2級・2級：100問四択
【受験料】 3級：6,600円（税込）ほか
【問い合わせ先】（一社）食の学問体系化研究所 TEL03(6721)0025

箸検定

箸文化の普及活動としてmy箸づくり教室やお箸の講座を開く講師への道がひらける世界で唯一の検定。
【受験資格】 誰でも受験できる
【試験日】 年4回予定
【試験内容】 選択方式ほか
【受験料】 ベーシック：10,000円（税込）ほか
【問い合わせ先】日本箸文化協会事務局
TEL03(5835)2184

メイクセラピー検定

メイクと心の仕組みを学べる美容・心理資格。「なりたい印象になるため」のメイク技法と心に寄り添う心理ケアを学ぶ。
【受験資格】 3〜2級：誰でも受験できる
【試験日】 オンライン試験
【試験内容】 3級：択一問題
【受験料】 3級：3,300円（税込）ほか
【問い合わせ先】メイクセラピー検定事務局
TEL03(3233)8524

きもの文化検定

「きもの」を学ぶことを通して「きもの文化」への理解を深め、「きもの」により親しんでもらうことを目的としている。
【受験資格】 5・4級：誰でも受験できる
3級〜：下位級の合格
【試験内容】 四肢択一方式ほか
【受験料】 5・4級：5,500円ほか
【問い合わせ先】きもの文化検定事務センター
TEL075(353)1102

index

50音順索引

A～Z

あ行

か行

さ行

index

た行

index

な行

は行

ま行

や行

ら行

わ行

編集協力　㈱エディポック
巻頭イラスト　いきものだものイラストレーション、フクハラミワ
本文イラスト　加納徳博

2026年版
資格取り方選び方全ガイド

編　者　高橋書店編集部
発行者　清水美成
発行所　株式会社 高橋書店
〒170-6014 東京都豊島区東池袋3-1-1 サンシャイン60 14階
電話　03-5957-7103

ISBN978-4-471-43180-8 Printed in Japan

定価はカバーに表示してあります。

本書の内容についてのご質問は「書名、質問事項（ページ、内容）、お客様のご連絡先」を明記のうえ、郵送、FAX、ホームページお問い合わせフォームから小社へお送りください。
回答にはお時間をいただく場合がございます。また、電話によるお問い合わせ、本書の内容を超えたご質問にはお答えできませんので、ご了承ください。本書に関する正誤等の情報は、小社ホームページもご参照ください。

【内容についての問い合わせ先】
書　面　〒170-6014 東京都豊島区東池袋3-1-1 サンシャイン60 14階　高橋書店編集部
ＦＡＸ　03-5957-7079
メール　小社ホームページお問い合わせフォームから　(https://www.takahashishoten.co.jp/)

【不良品についての問い合わせ先】
ページの順序間違い・抜けなど物理的欠陥がございましたら、電話03-5957-7076へお問い合わせください。
ただし、古書店等で購入・入手された商品の交換には一切応じられません。